山东地方史志年鉴

SHANDONG DIFANG SHIZHI NIANJIAN

2018

山东省地方史志办公室　编

方志出版社
Publishing House of Local Records

图书在版编目（CIP）数据

山东地方史志年鉴. 2018 / 山东省地方史志办公室编. --北京：方志出版社，2018.10
ISBN 978-7-5144-3355-5

Ⅰ. ①山… Ⅱ. ①山… Ⅲ. ①地方志－编辑工作－山东－2018－年鉴 Ⅳ. ①K295.2-54

中国版本图书馆CIP数据核字（2018）第227073号

山东地方史志年鉴（2018）

编　　者：山东省地方史志办公室
责任编辑：王　品

出 版 人：冀祥德
出 版 者：方志出版社
地址　北京市朝阳区潘家园东里9号（国家方志馆4层）
邮编　100021
网址　http://www.fzph.org
发　　行：方志出版社图书经销中心
电话（010）67110500
经　　销：各地新华书店
印　　刷：山东黄氏印务有限公司

开　　本：889×1194　1/16
印　　张：37
字　　数：696千字
版　　次：2018年10月第1版　2018年10月第1次印刷
印　　数：0001～1000册

ISBN 978-7-5144-3355-5　定　价：300.00元

编辑说明

一、《山东地方史志年鉴》是山东省地方史志办公室主办、编纂的专业性年鉴，2015 年创刊。主要反映全省地方史志工作的发展现状，展示全省史志系统的精神风貌，为社会各界了解山东史志工作提供系统权威的信息和资料。

二、《山东地方史志年鉴（2018）》，坚持以马克思列宁主义、毛泽东思想、邓小平理论、“三个代表”重要思想、科学发展观、习近平新时代中国特色社会主义思想为指导，坚持辩证唯物主义和历史唯物主义的立场、观点和方法，全面客观地记述 2017 年度全省史志工作的基本情况和取得的丰硕成果，更好地推动全省史志事业科学发展。

三、本卷年鉴对框架结构进行了调整完善，以省、市、县（市、区）史志工作为主轴线，各项主要业务工作分列其中，突出史志工作的亮点和特色。全书设特载、大事记、全省史志工作、省史志办公室工作、各市史志工作、人物、附录等 23 个类目。主体内容一般划分为类目、分目、条目，以条目为主体。个别类目下，在分目和条目之间增设一个层次。

四、本卷年鉴稿件由各市、县（市、区）史志工作机构和省史志办各处（馆）提供，部分资料由编辑部辑录整理。为保持某一事件的连续性和完整性，个别内容适当上溯或下延。

五、为方便读者查阅，在卷首设目录，卷末配有综合主题索引。

山东省地方史志工作首次写入省党代会报告

2017年6月13日，中共山东省委书记刘家义在中国共产党山东省第十一次代表大会上所作的工作报告中指出：

推进地方史志等事业创新发展。

山东省地方史志工作连续第五年写入省政府工作报告

2018年1月25日，中共山东省委副书记、省长龚正在山东省第十三届人民代表大会第一次会议上所作的《政府工作报告》中指出：

创新公共图书馆、博物馆、文化馆（站）、美术馆、方志馆等公共文化服务设施运行机制。

完成省市县三级第二轮修志和一年一鉴任务。

亲切关怀

中共山东省委副书记、省长龚正对全省史志工作作出批示

近年来，全省广大史志工作者秉承“修志问道、直笔著史”的方志人精神，改革创新，锐意进取，充分发挥史志“存史、资政、教化”作用，推动山东史志工作走在了前列，谨向同志们表示热烈祝贺和亲切问候！各级各部门要深入学习贯彻党的十九大精神，坚持以习近平新时代中国特色社会主义思想为指导，切实把史志工作摆在重要位置，全面落实省史志事业发展规划纲要，做到“一纳入、八到位”，尽快完成第二轮修志、综合年鉴“一年一鉴”全覆盖、方志馆建设等目标任务。全省广大史志工作者要牢记使命，勇于担当，再接再厉，不断推动编史修志工作再上新台阶、再创新辉煌，为实现由大到强战略性转变作出新的更大的贡献。

（2017年12月14日）

省政协主席付志方对省史志办《关于史志工作有关情况的报告》作出批示

省史志办勤奋修志，潜心问道；硕果累累，功不可没。

（2018年4月13日）

2017年9月18日，省委常委、宣传部部长孙守刚对山东省史志办《关于贯彻落实〈关于大力弘扬沂蒙精神的意见〉的情况报告》作出批示：

省史志办工作积极主动，富有开拓创新精神，在发掘传承山东革命文化方面做了大量卓有成效的工作。关于落实沂蒙精神意见的相关安排，各方面都应大力支持。

2017年12月12日，省委常委、组织部部长杨东奇对史志工作作出批示：

我省史志工作走在全国前列，创造出“山东经验”，成为排头兵和领头羊，成绩可喜可贺！希望广大史志工作者深入学习贯彻党的十九大精神，以习近平新时代中国特色社会主义思想指导史志工作，再接再厉，再创辉煌。史志事业具有“存史、资政、教化”重要作用，是经济文化强省建设的重要组成部分，对组织工作也有很大帮助。各级组织部门都应该关心史志队伍建设，积极支持史志部门开展工作，在新时代展现新气象、取得新作为！

亲切关怀

2017年12月25日，省委常委、宣传部部长王清宪对史志工作作出批示：

史志事业是党领导下的重要文化事业，是哲学社会科学和意识形态领域的重要组成部分。为党立言，为国存史，为民修志，责任重大，使命光荣。我省史志工作在省委、省政府的坚强领导下，取得丰硕成果，创造出“山东经验”，走在全国前列，谨向广大史志工作者表示热烈的祝贺！希望你们以习近平新时代中国特色社会主义思想为指导，继续发扬成绩、发挥优势，为经济文化强省建设作出新的更大的贡献。各级宣传部门也应该大力支持史志工作，传承弘扬优秀传统文化，讲好新时代山东故事。

2018年3月28日，省人大常委会副主任王良对省史志办《关于史志工作有关情况的报告》作出批示：

修志弘道，垂鉴后世，启迪未来，意义非凡，是弘扬社会主义核心价值观，记载传播正能量的有效载体，是树牢“四个意识”，坚持“四个自信”的实际行动，广大史志工作者忠诚履职，锐意进取，务实创新，扎实工作，成绩显著，特表祝贺！希望再接再厉，围绕中心，服务大局，认真做好存史资政、弘道育人工作，为振兴山东做出新的更大贡献。

2018年2月27日，副省长孙继业对史志工作作出批示：

近年来，我省史志系统提高政治站位，主动担当作为，创造出史志工作的“山东经验”，被国家专门发文推广，值得充分肯定和赞扬。希望全省史志系统以此为新起点，不断改革创新，更加奋发有为，围绕省委、省政府中心工作推出更多优秀成果，更好发挥史志“存史、资政、教化”作用，继续保持全国领先水平，为新时代现代化强省建设作出更大贡献。

◎ 2017年3月1日，中共中央委员、中国社会科学院院长、中国地方志指导小组组长王伟光（左）在北京听取省政府办公厅党组成员、省史志办主任刘爱军（右）关于山东省史志工作情况的汇报，对山东史志工作给予充分肯定

◎ 2017年2月16日，省政府办公厅党组成员、省史志办主任刘爱军（右）一行赴北京向中国社会科学院副院长、中国地方志指导小组常务副组长李培林（左）汇报工作。李培林对山东省史志工作给予肯定并作出批示

（本栏摄影 李 坤）

◎ 2017年12月26日，2018年全国地方志机构主任工作会议、第二次全国地方志工作经验交流会、中国名山志文化工程启动仪式开幕式在济南举行。中国社会科学院副院长、中国地方志指导小组常务副组长李培林（中）出席会议并讲话，副省长王随莲（右二）出席会议并致辞，中国地方志指导小组秘书长，中国地方志指导小组办公室党组书记、主任冀祥德（左二）主持开幕式。省政府办公厅党组成员、省史志办主任刘爱军（右一），中国地方志指导小组办公室副主任邱新立（左一）出席会议

◎ 2017年12月26日，齐鲁名镇名村志丛书新闻发布会暨赠书仪式在济南举行。中国社会科学院副院长、中国地方志指导小组常务副组长李培林（左三），副省长王随莲（右三），中国地方志指导小组秘书长，中国地方志指导小组办公室党组书记、主任冀祥德（左二），省政府办公厅党组成员、省史志办主任刘爱军（右二），中国地方志指导小组办公室副主任邱新立（左一）出席会议。省史志办副主任李刚（右一）主持会议

◎ 2017年12月26日，全省首家“方志书苑”揭牌仪式在济南市舜耕街道舜华社区举行。中国社会科学院副院长、中国地方志指导小组常务副组长李培林（右五），副省长王随莲（右四），中国地方志指导小组秘书长，中国地方志指导小组办公室党组书记、主任冀祥德（左五），省政府办公厅党组成员、省史志办主任刘爱军（右三），中国地方志指导小组办公室副主任邱新立（左四），济南市史志办主任李经发（右二）等出席仪式。省史志办副主任李刚（左一）主持仪式。与会领导为“方志书苑”揭牌，为省史志办捐赠的首批成果揭幕，并参观了舜华社区文化活动场所

◎ 2017年8月7日，副省长王随莲（右二）主持召开分管联系部门主要负责人会议。省政府办公厅党组成员、省史志办主任刘爱军（左七），省政府副秘书长卢杰（右一），以及省民委（省宗教局）、省卫生计生委、省体育局等部门主要负责人参加会议

（摄影　李坤）

◎ 2018年2月27日，副省长孙继业（右三）到省史志办调研。省政府办公厅党组成员、省史志办主任刘爱军（左五），省政府办公厅二级巡视员张连三（右二），省史志办二级巡视员王兴合（左六），省史志办副主任翟世林（左四）、李刚（左七），省史志办各处馆负责人和省政府办公厅秘书三处有关人员参加调研活动

◎ 孙继业看望省史志办工作人员

◎ 孙继业审阅方志馆图书资料

◎ 2017年4月11日，中国地方志指导小组秘书长，中国地方志指导小组办公室党组书记、主任冀祥德（左二），省政府办公厅党组成员、省史志办主任刘爱军（左三）到泰安市调研，就泰安市承办“中国名山志工程”启动仪式召开座谈会。泰安市委副书记、市长李希信，市委副书记张涛，市委常委、组织部长高尚山，副市长成丽、张红旗等参加了有关活动 （摄影　李坤）

◎ 2017年7月13日，中国地方志指导小组秘书长，中国地方志指导小组办公室党组书记、主任冀祥德（右四）到招远市调研史志工作并召开座谈会。省政府办公厅党组成员、省史志办主任刘爱军（右三）陪同调研 （摄影　李坤）

贯彻规划纲要 推进“三全”目标

2017年，全省深入贯彻省史志事业发展规划纲要，着力抓好第二轮修志、综合年鉴编纂、方志馆建设“三全”目标任务落实。督促市县两级出台史志事业发展规划纲要，在全国率先实现省市县三级史志规划纲要“全覆盖”。2月，省政府督查室分别对17市和11个省直部门有针对性地反馈2016年史志工作督查情况。12月18日，省政府办公厅印发《关于第二轮〈山东省志〉编纂工作进展情况的通报》和《关于全省第二轮市、县（市、区）志编纂工作进展情况的通报》，引起高度重视。年内，省史志办到10余家省直单位指导推进省志续修工作，深入9个市督导调研，召开“三全”目标推进会，争取党委、政府主要负责同志支持，有力推动了“三全”目标任务落实。

2017年5月26日，烟台市史志工作“三全”目标推进座谈会召开。省政府办公厅党组成员、省史志办主任刘爱军，烟台市副市长张波出席会议并讲话 （摄影 孙杰）

2017年7月25日，枣庄市史志工作“三全”目标推进座谈会召开。省政府办公厅党组成员、省史志办主任刘爱军，枣庄市副市长刘吉忠出席会议并讲话

2017年7月26日，青岛市史志工作“三全”目标推进座谈会召开。省政府办公厅党组成员、省史志办主任刘爱军出席会议并讲话，青岛市史志办主任高克力主持会议

2017年9月7日，潍坊市史志工作“三全”目标推进座谈会召开。省政府办公厅党组成员、省史志办主任刘爱军，潍坊市副市长李平出席会议并讲话

2017年9月21日，滨州市史志工作“三全”目标推进座谈会召开。省政府办公厅党组成员、省史志办主任刘爱军，滨州市副市长潘青出席会议并讲话

2017年9月26日，日照市史志工作“三全”目标推进座谈会召开。省政府办公厅党组成员、省史志办主任刘爱军，日照市副市长林彦芹出席会议并讲话

2017年11月2日，中国地方志指导小组秘书长，中国地方志指导小组办公室党组书记、主任冀祥德，省政府办公厅党组成员、省史志办主任刘爱军到临沂市调研史志工作，出席临沂市地方史志工作“三全目标”推进会议（摄影　李坤）

2017年11月15日，淄博市史志工作“三全”目标推进座谈会召开。省政府办公厅党组成员、省史志办主任刘爱军，淄博市副市长申延军出席会议并讲话

◀ 2017年12月14日，济宁市史志工作“三全”目标推进会召开。省政府办公厅党组成员、省史志办主任刘爱军出席会议并讲话，济宁市委常委、统战部长白山主持会议并讲话

（本栏除署名外均由魏振华摄影）

◎ 2017年4月11日，济宁市史志编修培训班举办。中国地方志指导小组秘书长，中国地方志指导小组办公室党组书记、主任冀祥德，省政府办公厅党组成员、省史志办主任刘爱军出席开班式并讲话。济宁市委书记王艺华、市长傅明先分别会见了冀祥德、刘爱军一行，济宁市副市长吴霁雯在开班式上致辞，济宁市人大常委会副主任杜昌华主持开班式

◎ 2017年6月26日，全省精品志书编修培训班在济南开班。中国地方志指导小组秘书长、中国地方志指导小组办公室党组书记、主任冀祥德出席开班式并授课，省政府办公厅党组成员、省史志办主任刘爱军作动员讲话。开班仪式由省史志办副主任翟世林主持

◎ 向第一届“山东史志”十大年度人物获奖者颁发证书

◎ 2017年7月13日，由中国地方志指导小组办公室（以下简称中指办）主办，山东省地方史志办公室、烟台市地方史志办公室承办的全国地方志优秀成果（年鉴类）评审系列会议暨《中国抗日战争志·军事志》编写研讨会在龙口市召开。中国地方志指导小组秘书长，中指办党组书记、主任冀祥德（左四）出席会议并讲话。中指办原党组书记田嘉（右四），中指办副主任邱新立（左三），省政府办公厅党组成员、省史志办主任刘爱军（右三）等出席

◎ 2017年7月14日，中国年鉴精品工程试点单位2017年卷年鉴篇目研讨会在龙口市召开。中国地方志指导小组秘书长、中国地方志指导小组办公室党组书记、主任冀祥德（中排左三）出席会议并讲话。中国地方志指导小组办公室副主任邱新立（中排右三），省政府办公厅党组成员、省史志办主任刘爱军（中排左二）出席会议并讲话

◎ 2017年1月11日，省政府办公厅党组成员、省史志办主任刘爱军（右三）主持召开年鉴工作改革创新座谈会，围绕《山东年鉴（2017）》《山东省情概览（2017）》《山东地方史志年鉴（2017）》进一步改革创新进行深入研讨。省史志办副主任翟世林（右二）、郭永生（右四），各处馆主要负责人，年鉴工作处全体人员参加会议。

◎ 2017年2月22日，省政府办公厅党组成员、省史志办主任刘爱军（右三）主持召开莱布尼茨研究中心筹建工作座谈会，研究贯彻落实郭树清省长批示精神、筹建莱布尼茨研究中心等工作。省教育厅、省外办、山东师范大学、省史志办等单位有关人员参加会议 （摄影 孙杰）

◎ 2017年3月21日，《济南市槐荫区志（1989—2006）》专家评审会召开。省政府办公厅党组成员、省史志办主任刘爱军（左三），济南市副市长巩宪群（右三）出席会议并讲话。省史志办副主任翟世林（左四），济南市政府副秘书长韩振国（右二）参加会议。槐荫区委副书记、区长朱玉明致辞，区委常委、副区长胡民安汇报编纂情况

◎ 2017年7月6日，《山东省志·共青团志（1994—2005）》志稿评议会在济南召开。省政府办公厅党组成员、省史志办主任刘爱军（左三），团省委书记陈必昌（右三）出席会议并讲话。省史志办、团省委相关人员和有关专家学者参加会议

◎ 2017年7月10日，《山东抗日根据地志》《山东解放区志》编纂工作启动会议在济南召开。省政府办公厅党组成员、省史志办主任刘爱军（右六）出席会议并讲话，省史志办副主任翟世林（右五）主持会议，各市史志办分管主任、联络员等50余人参加会议

◎ 2017年8月1日晚上，全省各市史志办主任工作会议暨“三全”目标调度会议在遵义市干部学院召开。省政府办公厅党组成员、省史志办主任刘爱军主持会议并讲话，省史志办副主任翟世林、郭永生，各市史志办主任，省史志办各处馆长等参加会议

◎ 2017年10月25日，全省名镇名村志编修培训班在济南举行。省政府办公厅党组成员、省史志办主任刘爱军出席开班仪式并讲话，省史志办副主任翟世林主持开班仪式，各市、县（市、区）史志办从事乡镇村志编修业务的工作人员，正在组织编纂乡镇村志的主编和业务骨干共计180余人参加培训 （摄影 魏振华）

◎ 2017年11月7日，全省方志理论研讨会在曲阜召开。省政府办公厅党组成员、省史志办主任刘爱军（左二）出席会议并讲话，济宁市副市长张胜明（右二）到会致辞，省史志办副主任翟世林（左一）主持会议。各市史志办负责人、业务科（处）长，优秀论文作者代表等80余人参加会议

◎ 2017年11月15日，全省方志期刊座谈会在淄博市周村区召开。省政府办公厅党组成员、省史志办主任刘爱军(左三）出席会议并讲话，淄博市副市长申延军（右三）、周村区委副书记胡敬涛（左一）致辞，省史志办副主任李刚（左二）主持会议，各市史志办分管主任、方志期刊主编、重点作者代表等40余人参加会议

（摄影 魏振华）

◎ 2017年11月23日，《山东年鉴（2018）》市县组稿培训会议在济南召开。省政府办公厅党组成员、省史志办主任刘爱军出席会议并讲话，省史志办年鉴工作处负责人主持会议，各市史志办分管主任、年鉴科（处）长，部分县（市、区）史志办年鉴主编或副主编110余人参加会议

◎ 2017年11月29日，全省史志系统学习贯彻《全省方志馆建设管理规范》座谈会在莱芜召开。省史志办副主任翟世林出席会议并讲话，莱芜市政府副秘书长郭文德到会致辞。各市史志办分管主任、方志馆负责人，省方志馆及莱芜市、莱城区、钢城区史志办有关人员等50余人参加会议

（摄影 邵明昌）

◎ 2017年12月18日，《烟台市志（1978－2002）》志稿专家评审会在烟台召开。省政府办公厅党组成员、省史志办主任刘爱军（左三），烟台市副市长张波（右三）出席会议并讲话，省史志办副主任李刚（左四）主持会议，省修志业务专家咨询组部分成员参加会议

◎ 2017年12月27日，全省各市史志办主任工作会议在济南召开。会议深入贯彻党的十九大精神，传达学习2018年全国地方志机构主任工作会议、第二次全国地方志工作经验交流会精神，总结交流2017年工作情况，安排部署2018年工作任务。省政府办公厅党组成员、省史志办主任刘爱军出席会议并讲话，省史志办副巡视员王兴合，副主任翟世林、李刚出席会议，各市史志办主任，省史志办处级干部等70余人参加会议

◎ 2017年6月26日，全省史志系统信息化建设培训会在济南举行。省史志办副主任郭永生出席会议并讲话，中国地方志指导小组办公室信息处处长杨海峰、省政府办公厅电子政务处副处长綦琳出席会议并授课。全省17市史志机构负责人、技术骨干及省史志办信息工作处全体人员参加培训

（本栏除署名外均由李坤摄影）

2017年5月23日，德国下萨克森州政府对华合作顾问迪特·舒伯特，柏林—勃兰登堡科学院莱布尼茨全集编辑部主任、汉诺威莱布尼茨大学莱布尼茨研究所所长、世界莱布尼茨学会秘书长李文潮访问省史志办。省政府办公厅党组成员、省史志办主任刘爱军会见了迪特·舒伯特及其夫人高欣和李文潮，就深化历史文化交流合作进行了座谈，聘请李文潮为省史志办与德国交流顾问，高欣为省方志馆与德国交流顾问，并颁发了聘书。

刘爱军代表省史志办向迪特·舒伯特夫妇和李文潮赠送了《山东地方史志年鉴》《山东省情概览》《山东简史》等成果。

◎ 刘爱军（右二）会见迪特·舒伯特（左二）及其夫人高欣和李文潮（左一）

◎ 向舒伯特赠送史志成果

◎ 向李文潮颁发聘书

◎ 向高欣颁发聘书

◎ 双方人员合影（摄影 吴亮）

2017 年 5 月 24 日，中德莱布尼茨研究中心成立仪式暨“莱布尼茨与中国文化”国际学术研讨会在山东师范大学举行。德国下萨克森州州长斯特凡·威尔，柏林—勃兰登堡科学院莱布尼茨全集编辑部主任、汉诺威莱布尼茨大学莱布尼茨研究所所长、世界莱布尼茨学会秘书长李文潮，省政府办公厅党组成员、省史志办主任刘爱军，山东师范大学党委书记商志晓、校长唐波等出席成立仪式，德国下萨克森州政府代表团成员以及来自德国、美国、日本等国家的莱布尼茨研究学者参加成立仪式。

中德莱布尼茨研究中心由省史志办倡议发起，得到省政府领导和世界莱布尼茨学会的充分肯定和大力支持。莱布尼茨是德国历史上十分重要的学者，长期生活于山东友好省州——下萨克森州，在数学、哲学、政治学、法学、伦理学、神学、历史学、语言学诸多领域成就斐然，是历史上少见的通才，与中国文化有很深渊源，十分推崇儒家文化。

该中心的成立得到德国下萨克森州政府、世界莱布尼茨学会等方面的高度认可和大力支持，为中德友好交往搭建起新的桥梁纽带，对传承弘扬齐鲁文化、扩大对外开放、深化文化交流、增进中西文明互鉴具有重要意义。

2017 年 5 月 24 日，中德莱布尼茨研究中心成立仪式暨“莱布尼茨与中国文化”国际学术研讨会在山东师范大学举行

斯特凡·威尔致辞

刘爱军出席仪式

出席仪式嘉宾合影留念

2017年6月9日—16日，应挪威国家档案局卑尔根分局、瑞典韦斯特曼省博物馆等邀请，省政府办公厅党组成员、省史志办主任刘爱军率省史志办考察交流团一行3人赴挪威、瑞典考察交流。期间，考察交流团分别拜访了挪威国家档案局卑尔根分局、奥斯陆电影农场历史纪录片公司、瑞典韦斯特曼省博物馆、瑞典远东博物馆、乌普萨拉博物馆等历史文化研究机构，拜会了挪威国家档案局卑尔根分局局长运格韦•奈德波、奥斯陆电影农场历史纪录片公司负责人阿兰•米莉甘，瑞典韦斯特曼省博物馆馆长马格努斯• 伽格、瑞典远东博物馆负责人李东、《安特生传》作者之一克里斯蒂娜等，就历史文化研究与合作、搜集山东旧志等问题进行了深入交流。

此次考察交流活动取得丰硕成果，进一步增强了与挪威、瑞典相关历史文化机构的交流和互动，特别是开创了6年多来山东公务团组与挪威交流的先河，学习到了先进的理念和经验，为宣传史志文化和齐鲁文化走出国门作出了积极贡献。

◎ 考察交流团与奈德波（右二）合影

2017年6月11日，省史志办考察交流团在挪威国家档案局卑尔根分局考察交流，这是6年多来到访挪威的第一个山东公务团组，受到挪威国家档案局卑尔根分局的高度重视和热情欢迎。挪威国家档案局卑尔根分局馆藏有部分挪威最早与中国交往交流的历史档案，在历史文献资料的搜集、整理、修复等方面形成了一套科学完善的制度。奈德波向考察交流团展示了部分珍贵的历史档案，双方就历史文献资料的搜集等工作进行了广泛深入的交流，在很多方面达成了共识。奈德波局长同时表示，将进一步协助联系挪威部分博物馆、图书馆等公共文化机构，为搜寻山东历史文献提供帮助。

◎ 与奈德波座谈交流

◎ 奈德波展示挪威与中国交往珍贵历史档案

◎ 向奈德波赠书

2017年6月10日，省史志办考察交流团在韦斯特曼省考察交流。韦斯特曼省是山东在瑞典的友好省，两省往来交流频繁。韦斯特曼省博物馆不但馆藏了大量文物，并且负责乡村概况（类同于我国乡镇村志）的编辑和搜集。马格努斯·伽格向考察交流团详细介绍了馆藏情况、面向大众并且注重互动和服务的办馆理念、乡村概况的有关情况等，使大家深受启发。刘爱军也介绍了山东文化、史志工作、方志馆建设等有关情况。双方表示将以此为契机，进一步开展文献、历史、人文等领域的合作与交流，为促进中西方历史文化互鉴贡献力量。

①

② ③

① 向马格努斯·伽格（左二）赠书 ② 与马格努斯·伽格座谈交流

③ 马格努斯·伽格介绍乡村概况有关情况

2017年6月14日-15日，省史志办考察交流团在瑞典远东博物馆考察交流。瑞典远东博物馆由瑞典著名考古学家、地质学家安特生于1926年创建，以收藏中国自新石器时代至晚清民国的文物文献为主要特色，馆藏文物约10万件，其中中国的各类文物占到80%以上，这些藏品主要来自于安特生等汉学家在中国历次探险和考察所得。远东博物馆收藏的中国文物文献总数在西方博物馆当中排名第二位，仅次于大英博物馆。李东向考察交流团介绍了馆藏文物文献情况，并带领考察交流团查找有关文献。在馆内，考察交流团发现了大量地方志目录及古代文献，双方就甄别、调查、引进有关文献进行了磋商，达成初步共识。

◎ 李东（右一）介绍远东博物馆有关情况

◎ 远东博物馆收藏的部分地方志目录和古代文献

◎ 在中国古代文献藏区驻足观览

◎ 向《安特生传》作者之一克里斯蒂娜赠书

◎ 到乌普萨拉博物馆寻访仅存的北京猿人牙齿，并在博物馆前合影

2017 年 8 月 1 日—3 日，全省史志系统领导干部培训班在遵义干部学院举行。省史志办班子成员，各市史志办主任，省政府办公厅有关人员，省史志办各处馆负责人、业务骨干，济南市章丘区、淄博市博山区、沂水县史志办主任等 45 人参加培训。

培训期间，学员们聆听了“遵义会议与遵义会议精神”“毛泽东在遵义会议前后”专题讲座，先后到遵义会议会址、遵义会议陈列馆，苟坝会议陈列馆、苟坝会议会址，红军长征过茅台陈列馆等开展现场教学，在娄山关战斗遗址进行重走长征路体验式教学。通过形式多样、内容丰富的教育培训，大家重温了中国共产党的光辉历史，追寻中国工农红军艰苦奋斗的曲折历程，感受了长征精神，特别是遵义会议精神的伟大。3 天的培训教学，既有专题教学，又有现场教学、体验式教学，课程丰富、行程紧凑，受益匪浅。遵义是中国革命的圣地，革命先烈的英勇事迹让人深受感动、备受鼓舞。大家表示在以后的工作学习中，要牢记宗旨意识，增强“四个意识”，继承和发扬长征精神、遵义会议精神，担当作为，开拓创新，敬业奉献，为促进全省史志事业全面转型升级科学发展作出积极贡献。

◎ 赠送优秀史志成果

◎ 颁发收藏证书

◎ 2017 年 8 月 1 日，全省史志系统领导干部培训班在遵义干部学院开班。省政府办公厅党组成员、省史志办主任刘爱军（左二），遵义干部学院教育长韦生彬（右二）出席开班仪式并讲话，省史志办副主任翟世林（左一）、郭永生（右一）参加 （摄影 魏振华）

◎ 现场教学

◎ 体验式教学

◎ 专题教学

（本栏除署名外均由李坤摄影）

◎ 2017年5月16日，内蒙古自治区地方志办公室一行7人到山东省考察方志馆建设工作。省政府办公厅党组成员、省史志办主任刘爱军（右五）会见考察组一行，并主持召开座谈会，省史志办有关处馆负责人参加座谈

◎ 2017年3月30日，广东省政府地方志办公室党组成员、副主任丘洪松（左三）等一行6人到山东省考察交流地方志立法等工作。省政府党组成员、省史志办主任刘爱军会见考察组一行，省史志办副主任翟世林（右三）主持召开座谈会，济南市史志办副巡视员郭建群（右四），省史志办有关人员参加座谈

2017年省史志办史志成果

志书类

年鉴类

齐鲁历史名人传略丛书
齐鲁历史名人传略
QILU LISHI MINGREN ZHUANLUE

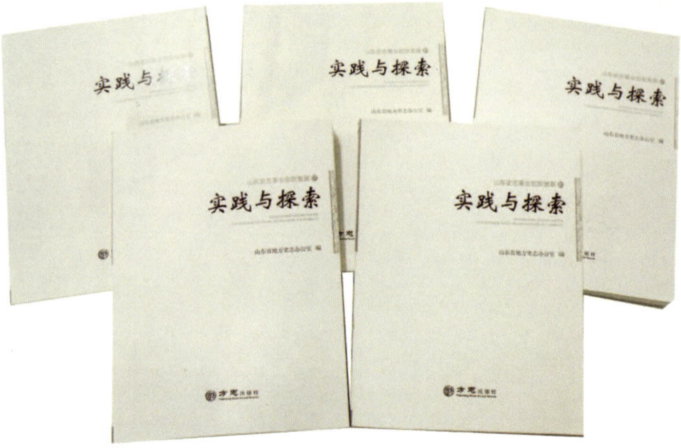
实践与探索
实践与探索
实践与探索
实践与探索
实践与探索

成果丰硕

地情类

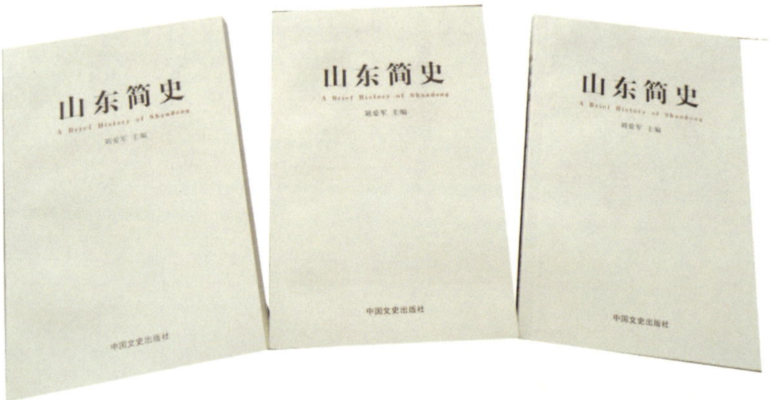
山东简史
山东简史
山东简史
中国文史出版社
中国文史出版社
中国文史出版社

山东史志
SHANDONG LOCAL CHRONICLES
山东省地方史志办公室 主办
2017 · 1
总第33期
2017 · 2
总第34期
2017 · 3
总第35期
2017 · 4
总第36期

山东省情概览
(2017)

2017 年各市史志成果

2017年各市史志成果

目 录

特载

大事记

全省史志工作

省地方史志办公室工作

济南市史志工作

青岛市史志工作

淄博市史志工作

枣庄市史志工作

东营市史志工作

烟台市史志工作

潍坊市史志工作

济宁市史志工作

泰安市史志工作

威海市史志工作

日照市史志工作

莱芜市史志工作

临沂市史志工作

德州市史志工作

聊城市史志工作

滨州市史志工作

菏泽市史志工作

人　物

附　录

索　引

特 载

在2018年全国地方志机构主任工作会议 第二次全国地方志工作经验交流会 中国名山志文化工程启动仪式上的讲话

（2017年12月26日）

李培林

今天，召开2018年全国地方志机构主任工作会议、第二次全国地方志工作经验交流会，同时还要参加中国名山志文化工程启动仪式。在此，我谨代表中国地方志指导小组（以下简称中指组）和王伟光组长，向各位代表表示热烈的欢迎！向给予本次会议大力支持的山东省委、省政府，以及为承办会议付出艰辛劳动的山东省地方史志办公室的同志们表示衷心的感谢！

这次会议的主题是：深入学习贯彻习近平新时代中国特色社会主义思想和党的十九大精神，按照《全国地方志事业发展规划纲要（2015—2020年）》（以下简称《规划纲要》）要求，总结第五届中国地方志指导小组成立以来全国地方志工作取得的成绩和经验，研究中国特色社会主义进入新时代地方志事业发展的新形势、新内涵、新要求，统一思想，凝心聚力，在新的历史起点上，进一步在全国范围内全面推进地方志工作转型升级，为实现国家“两个一百年”奋斗目标、实现中华民族伟大复兴的中国梦贡献方志人的力量。

一、四年来全国地方志的主要工作回顾

第五届中指组于2013年12月成立，至今整整四年时间。四年来，在党中央、国务院的正确领导和高度重视下，全国地方志系统全面贯彻党的十八大精神，深入学习贯彻习近平新时代中国特色社会主义思想和党的十九大精神，贯彻习近平总书记系列重要讲话、李克强总理重要批示和刘延东副总理重要讲话、重要批示精神，紧紧围绕党和国家利益要求，以经济社会发展和人民诉求为中心，深化地方志改革，创新地方志发展，一面抓规划、抓落实，一面抓指导、抓督查，把2015年确定为调研培训年，把2016年确定为顶层设计年，把2017年确定为督查年、落实年，凝心聚力，稳扎稳打，持续发力，步步为营，久久为

功。在全国范围内全面推动地方志工作转型升级。四年来，全国地方志形势和地方志工作者精神面貌发生了深刻的变化，取得了卓越的成绩。主要表现在：

（一）立梁架柱健全体系，突出五大亮点

四年来，王伟光组长和我走遍全国31个省（区、市）及新疆生产建设兵团，深入进行调查研究，在弄清形势、摸对问题、找准原因的基础上，制定规划，采取措施，精准发力，效果显著。

第一，顶层设计绘蓝图。四年来，中指组及其办公室出台了一系列新政策新规划新制度。一是提出“一纳入、八到位”。即把地方志工作纳入国民经济与社会发展规划、各级政府工作任务中，做到认识到位、领导到位、机构到位、编制到位、经费到位、设施到位、规划到位、工作到位。二是协助国务院办公厅出台《全国地方志事业发展规划纲要（2015—2020年）》。规定到2020年，必须实现省、市、县三级志书和年鉴的双覆盖，一个都不能少。三是把地方志纳入国家经济和社会发展规划，明确发展道路。2016年3月，《中华人民共和国国民经济和社会发展第十三个五年规划纲要》将地方志工作纳入国民经济和社会发展规划，纳入党中央、国务院部署的工作任务。2017年1月，中共中央办公厅、国务院办公厅印发《关于实施中华优秀传统文化传承发展工程的意见》，在重点任务中明确要求“做好地方史志编纂工作，巩固中华文明探源成果，正确反映中华民族文明史，推出一批研究成果”，将地方志工作纳入了中华优秀传统文化传承发展工程。2017年5月，中共中央办公厅、国务院办公厅印发《国家“十三五”时期文化发展改革规划纲要》，强调“加强中国共产党史、中华人民共和国史编修，加强地方史编写和边疆历史地理研究。完成省、市、县三级地方志书出版工作。开展旧志整理和部分有条件的镇志、村志编纂”，将地方志工作纳入社会主义文化强国建设任务之中。四是制定一系列全国性规范文件，规划地方志发展。例如制定《全国年鉴事业发展规划（2016—2020年）》《全国地方志信息化发展规划（2016—2020年）》《方志馆建设规定（试行）》等全国性规范文件。五是召开若干第一次全国性专业性会议。例如召开第一次全国年鉴工作会议、第一次全国地方志基层基础工作会议、第一次全国方志馆工作会议、第一次全国地方志科研工作会议、第一次全国地方志信息化工作会议、第一次全国地方史志期刊工作会议、第一次全国地方志工作经验交流会，以及首届全国名镇论坛、首届全国方志馆馆长论坛、首届全国年鉴论坛等。六是成立若干学术专业委员会，强化理论研究。四年来，先后成立中国地方志学会方志学研究分会、年鉴分会、方志馆分会、信息化分会、史志期刊分会、编辑出版分会等，聚合高校、科研机构人才、凝聚社会各界力量，强化方志学理论研究与实践探索。

第二，依法治志固根本。四年来，按照法治国家、法治政府、法治社会一体建设要求，地方志工作全面落实依法治志。一是地方志法规体系不断健全。以《地方志工作条例》为参照，除天津、辽宁、重庆外，已有28个省（区、市）

出台省级地方志法规规章。以《规划纲要》为参照，截至目前，除重庆以外的所有省级地方志工作机构，均已出台本地地方志事业发展的规划性文件，实现了有法可依。二是依法履职严格规范。北京、上海、福建、江西、广东、广西、四川等省（区、市）政府正式公布本省（区、市）地方志工作机构权力清单、责任清单。北京市规范行政许可工作程序，加强执法检查调研工作。四川省依法梳理行政执法依据，加强地方志行政权力依法规范公开运行平台建设。河北、辽宁、黑龙江、江苏、山东、海南、四川、贵州等省依法对第二轮市县志编修工作进行督促检查。三是法治环境不断优化。上海、福建、宁夏坚持每年开展地方志法规宣传活动；辽宁、广西、海南、陕西、新疆等省（区）组织开展纪念《地方志工作条例》颁布施行 10 周年纪念活动，开展法规宣传。各地把法治教育纳入方志系统培训内容，通过组织法治培训班、法治宣讲团、知识竞赛、法治内容考试等方式，不断提升各级政府和地方志部门对《规划纲要》贯彻的自觉性，增强地方志工作者运用法治思维和法治方式开展地方志工作的能力。

第三，开拓创新见成效。四年来，全国地方志机构按照国家全面深化改革的战略布局，围绕三大方向开拓创新，陆续推出全国地方志“十大工程”。三大方向：一是以地方志国家利益为导向开拓创新。利用地方志连绵不断记载地方自然、经济、政治、文化、社会的优势，维护国家主权，捍卫国家利益。如举行南海主权与地方志论坛，启动《中国南海志》《三沙市志》编纂，通过整理、挖掘历朝历代和当代关于南海的史料，用无可辩驳的事实证明南海诸岛自古以来就是中国的领土；启动国家社科基金抗日战争研究专项工程项目《中国抗日战争志》及地方抗日战争志编纂工作，全面系统、客观真实记述中国抗日战争基本情况，引导国际社会正确认识中国人民抗日战争在世界反法西斯战争中的地位和作用。二是地方志以经济社会发展为中心开拓创新。四年来，我们相继启动中国名镇志、中国名村志、中国名酒志等，今天还要启动中国名山志；启动中国影像方志、中国名镇影像志拍摄工作，向世界展示中国多姿多彩的地域文化和独具特色的华夏文化；围绕政治生态建设，开展中华家训文化建设、中国官箴文化建设，编纂出版《中华家训精编 100 则》《中国古代为官箴言》等。三是地方志以人民为中心开拓创新。如开通中国国情网、中国地情网，推出《中国地情报告》《中国方志发展报告》《中国年鉴发展报告》，谋划编纂社区志、居民小区志，建立村史馆、村情网等，利用“三网一馆两平台”建设，让地方志走进寻常百姓家。十大工程，即民族地区与贫困地区志书出版资助工程、中国精品志书工程、中国精品年鉴工程、中国名镇志文化工程、中国名村志文化工程、全国地方志“一体两翼”用志工程、全国信息方志与数字方志建设工程、方志馆研究建设及全国地方志专业出版基地建设工程、中国地方志学科建设与人才队伍建设工程、中国方志文化走向世界工程。

第四，直笔著史树精神。四年来，广大方志人凝聚力、向心力不断增强，精神面貌焕然一新。主要包括三个方面：一是“修志问道，直笔著史”的方志人精神。习近平总书记近年来多次提出弘扬中华优秀传统文化精神。2014年以来李克强总理三次对地方志作出重要批示，其中，“修志问道，以启未来”，是对新时代地方志工作的新定位；“为当代提供资政辅治之参考，为后世留下堪存堪鉴之记述”，是对新时代方志人的新定位。《规划纲要》把“修志问道，直笔著史”明确为方志人精神，既是对千百年来无数代方志人精神风骨和价值追求的总结凝练，又明确了方志人的时代自觉和当代使命。二是冷部门的奉献精神。地方志是一个冷部门，但方志人有使命感和热心肠，甘于淡泊、甘于冷板凳。四年来，广大地方志工作者不断把地方志功能向社会各界和千家万户拓展，使地方志的影响力越来越大。三是方志担当精神。四年来，方志人自我加压、主动担当，拷问“在中华民族伟大复兴的中国梦的实现进程中，什么是我们方志人的贡献？”全国地方志机构和广大地方志工作者充分发挥地方志存史、育人、资政的功能，加强方志资源开发利用，服务国家经济社会事业发展，在社会主义文化强国建设中勇挑重担，在引领中华文化走向世界进程中积极作为，在小部门干出了大事业，展现出方志人强烈的担当精神。

第五，推动方志文化走向世界。四年来，中指组及其办公室团结率领全国广大地方志工作者，积极采取措施，推动方志文化走向世界。一是实施中华文化“走出去”战略，推介一批高质量地方志成果。首部中英文版名镇志《中国名镇志·乌镇志》亮相世界互联网大会，充分展示地方志的当代价值及永恒魅力。二是召开国际性会议，扩大方志文化影响力。如举行走向世界的中国方志文化国际学术研讨会，来自中国、美国、德国、日本、越南等国家和地区的代表150多人与会，各国学术精英相聚一堂讨论中国方志文化，不同的观点交流碰撞，激荡出新的思想火花。三是加强与中国香港、台湾地区以及欧洲文化机构的交流与合作。中指办、山东、上海、浙江、内蒙古等地方志机构与中国香港、台湾地区及德、英、法等国开展多次学术交流活动，宣传中国方志文化，讲述中国故事，传播中国声音，推动中国方志文化走向世界。

（二）统筹引领强化支撑，推动十业并举

“不谋全局者，不足谋一域。”四年来，中指组牢牢把握统筹战略思想，统筹兼顾、突出重点，强力突出“志鉴馆网库用刊会研史”十业并举，带来地方志事业发展综合效应。

第一，三级志书编修总量翻番。四年来，第二轮志书编修取得丰硕成果，全国出版规划内三级地方志书1200余部，累计出版2610部，较2013年年底总量翻番。广东省已提前数年全面完成第二轮修志规划任务，吉林、江苏、安徽、山东、湖北、湖南、四川、西藏、宁夏等省（区）第二轮省、市、县三级志书编修任务完成过半，安徽、湖北等省的市、县两级志书规划任务已完成，河北、吉林等省的市、县两级志书规划任务完成90%以上，西藏的市级志书规划任务已完成。少数民族文字志书编译出版

工作稳步推进。部门志、行业志、专题志编修成果丰富，累计出版约24100部。乡镇志、村志编修方兴未艾，累计出版5200多部。中指组及其办公室加强业务指导，多次组织召开志书编纂工作经验交流会议，总结交流经验，研究解决存在问题，推动《地方志书质量规定》贯彻落实。各地狠抓志书质量，健全和落实质量责任体系，严格志稿编写、审查验收、质量评估等制度，采取加大业务培训力度、建立健全评审专家库、开展质量建设年、举办优秀志书评比活动等措施，千方百计提高志书编纂质量。

第二，地方综合年鉴提高覆盖率。进一步理顺地方综合年鉴管理体制，多措并举推动年鉴编纂提速保质，扩大中国年鉴对外影响力。截至目前，全国省市县三级共启动综合年鉴2760种，较2013年年底增加62.4%。其中，31个省（区、市）和新疆生产建设兵团中，有28种省级综合年鉴和新疆生产建设兵团的兵团级综合年鉴实现公开出版；353个市级行政区划全部启动综合年鉴编纂，实现一年一鉴的有307种，实现公开出版的有296种；2844个县级行政区划中，2379个县编纂县级综合年鉴，其中1938种实现一年一鉴，1705种年鉴实现公开出版。中指组及其办公室加大指导和规范年鉴编纂力度，定期召开全国年鉴工作会议部署落实各项工作；启动中国年鉴精品工程，修订《地方综合年鉴编纂出版规定（试行）》，提升年鉴质量；举办中国地方志学会年鉴研究会年度会议，创刊《中国年鉴研究》，提高年鉴理论研究水平。各地积极制定年鉴编纂规范，印制编纂教材和编辑手册，开展队伍培训，建立会议点评、互评互审、集中审读制度，对提高年鉴编纂质量起到了促进作用。

第三，旧志成果不断攀升。四年来，各地通过成立旧志整理工作机构、建立完善旧志整理办法制度、开展旧志普查工作、联系高校科研机构开展深度合作等方式加大旧志整理力度。截至目前，四年来共整理旧志1100余种，累计整理3100多种。目前，广东在完成《广东历代方志集成》基础上开始了新一轮旧志整理工作；上海点校出版《上海府县旧志丛书》；江苏、四川分别影印《江苏历代方志全书》《四川历代方志集成》；北京制订旧志整理规划；黑龙江与国家图书馆出版社签订《黑龙江旧志》战略合作协议。福建、山东、河南、广东、贵州、陕西、宁夏等省（区）继续推进《闽台历代方志集成》《山东省历代方志集成》《河南历代方志集成》《民国广东年鉴资料汇编》《贵州历代方志集成》《陕西历代旧志文库》《宁夏旧方志丛书》编辑、出版工作。福建、江西、湖南、广西、重庆、四川、云南等省（区、市）出版部分旧志点校本、影印本。

第四，方志馆建设成果丰硕。中指组印发《方志馆建设规定（试行）》，创刊出版《中国方志馆研究》年刊，举办首届全国方志馆馆长论坛，指导全国方志馆建设；举行首届全国方志馆讲解员大赛，提升方志馆服务能力和水平；推动国家方志馆基础设施建设，国家方志馆布展完成，黄河分馆展陈深入进行，长江分馆选址完成。运行中的北京、吉林、黑龙江、上海、江苏、江西、山东、湖南、广西、陕西等省级方志馆不断丰富馆藏，举办各种专题展，提升服务力，增强影响力。湖北等省级方志馆完成改扩建，福建、广东、海南等省级方志馆开始布展，辽宁省内方志馆建设实现零的突破。天津、河北、山西、吉林、重庆、四川、西藏、新疆等省级方志馆建设也取得实质性进展。各地市、县级方志馆逐渐增多。截至目前，全国共建成方志馆586个，其中，国家方志馆1个，省级方志馆17个，地市级方志馆140个，县区级方志馆428个。

第五，信息化建设突飞猛进。全国地方志系统按照“互联网+地方志”的新理念，加快推进网站、数据库、微信平台等建设。中指组印发《全国信息方志与数字方志建设工程实施方案》，指导各地信息化工作。全国地方志网站群覆盖面进一步扩大，河北省情网、内蒙古区情网蒙文版、内蒙古区情网手机版、宁夏方志网、重庆地情网正式上线；吉林、黑龙江、山东、湖北、广西、四川、贵州、陕西等省完成网站改版升级；“辽宁省地方志”网站获批“辽宁省地方志·政务”中文域名。数字方志馆建设稳步推进，国家数字方志馆正式揭牌；国家数字方志馆平台建设稳步推进；北京、江苏、陕西、湖南等省数字方志馆已经建成并投入运营，一些市县的数字方志馆陆续建成上线。方志新媒体初具规模，天津、河北、山西、内蒙古、湖北、湖南、福建、宁夏、四川、安徽、重庆、广西、陕西、江苏等省（区、市）新开设微信公众号；内蒙古、贵州开通手机报，湖北、河北、江苏、广西、四川开通今日头条号或一点资讯号。办公平台和编纂业务系统建设取得新进展，《浙江通志》在线编纂信息系统用户达2400余名，收录的资料超过6亿字，数据规模超过1T；吉林省方志委办公自动化（OA）系统正式应用于实际办公，实现了无纸化网上办公；安徽开始使用“中国通”年鉴在线编纂云平台编纂《安徽年鉴》。地情资源开发利用实现新突破，山东史志地理信息系统—俯瞰齐鲁上线运行，实现了“地理信息+地方史志”的深入融合和创新发展；上海以“地方志知多少”网络和微信知识竞赛活动为依托，开展地方志社会认知度调查。截至目前，全国31个省（区、市）和新疆生产建设兵团，省市县三级地情网站建成总数为844个，较2013年年底增加21．3%，其中省级地情网站30个、市级地情网站220个、县级地情网站594个。数字方志馆（数据库）建成总数为222个，其中省级数字方志馆（数据库）21个、市级数字方志馆（数据库）51个、县级数字方志馆（数据库）150个。新媒体建成总数为373个，其中省级新媒体29个、市级新媒体130个、县级新媒体214个。

第六，地方志理论研究持续深入。四年来，中指组及其办公室依托中国地方志学会及分会，定期召开年会或学术会议，充分发挥学会的学术引领作用。定期组织全国地方志科研工作会议，多次举办中华一统志编修可行性相关会议，积极制定《地方史工作规定》《地方史编写基本规范》等基础性文件。提出地方志学科建设，与中国社会科学院研究生院联合举办公共管理硕士（MPA）（地方志方向）专业学位研究生班；联合中国社会科学院、北京大学在方志出版社设立博士后科研工作站，招收第一批方志学博士后。推进《中国地方志》名刊建设，组织全国期刊工作会议和主编培训会，充分发挥方志期刊的理论阵地和引导作用。各级地方志工作机构和地方志学会积极举办学术年会和理论研讨会，设立专项研究课题，组织优秀论文评选，编辑出版论文集，努力推动地方志基础理论研究、编纂理论研究、应用理论研究和工作管理研究。其中，河北、安徽两省联合举办三届“冀皖方志理论研讨会”，吉林推进“方志理论研究三百工程”；北京健全科研工作体制，发布年度地方志课题；广东推行课题研究制度化，公开向社会征集研究成果；上海主办地方志与地方史理论研讨会，深化地方志理论认识。四年来，全国地方志系统共出版著作、教材180余部，可谓成果丰硕。

第七，全国地方志专业出版基地建设卓有成效。四年来，按照中指组把方志出版社建设成全国地方志专业出版基地的要求，方志出版社全体职工勠力同心，攻坚克难，确定“团结立社，制度治社，质量强社，效益兴社”的方针，提出“一年一小步、三年一大步”的目标，制定《方志出版社发展规划（2014—2020年）》，建章立制，依法治社，陆续在成都、长沙、太原、哈尔滨、潍坊、绍兴成立6个分支机构，今天又将揭牌成立济南工作站，为地方志机构志鉴编辑出版提供优质服务。四年来，出版总量、销售码洋、利润年年创历史新高，2017年出版总量达579种图书，再创历史最高水平。全国地方志专业出版基地初具规模。

四年来各项成绩的取得，离不开党中央国务院的高度重视和亲切关怀，离不开地方各级党委政府的大力支持和强力推动，离不开有关部门和社会各界的协同配合和积极参与，更是各级地方志工作机构和广大地方志工作者团结一致、勇于担当、开拓创新、辛勤奉献的结果。在此，我谨代表中国地方志指导小组，代表王伟光组长，向长期以来一直关心、支持地方志事业发展的有关方面、有关部门、有关人士表示衷心的感谢！向全国广大地方志工作者致以崇高的敬意和亲切的慰问！特别是，我要代表中指组，向在座的全国各省市区的地方志机构主任们表示衷心的感谢。

回顾四年所取得的成绩，我们也应清醒地看到，《规划纲要》任务的完成还任重道远，地方志事业发展还面临诸多“瓶颈”问题。如一些地区机构、编制、经费落实还不到位，事业发展水平地区差别明显，第二轮志书编修进度形势逼人、质量参差不齐，理论研究亟需加强，服务大局能力还需提升，方志人才青黄不接，等等。面对这些制约事业发展的难题，我们必须高度重视，要以改革的精神、创新的理念、实干的作风认真加以解决。

二、深入学习贯彻习近平新时代中国特色社会主义思想和党的十九大精神，引领地方志事业转型升级

全国地方志系统要把学习贯彻落实习近平新时代中国特色社会主义思想和十九大精神作为当前和今后一个时期的首要政治任务，指导地方志事业的繁荣发展。

（一）挖掘新内涵，深刻理解地方志

事业转型升级的重要意义

全国地方志系统应以党的十九大精神为指引，跟上时代、与时俱进，不断提升发展理念，挖掘新时代地方志事业的科学内涵，以回应时代的要求。

第一，明确地方志事业转型升级新方位。自 20 世纪 50 年代以来，中指组引导全国地方志事业逐步发展壮大，使地方志不再是一个可有可无的部门，不再是一项可有可无的工作，而是一项为党立言、为国存史、为民修志的伟大事业。新时代新要求，地方志面临承前启后、继往开来新局面，将继续推进“十业并举”，推动转型升级，实现地方志事业的大局化、全面化、法治化、社会化、信息化、国际化。通过这“六化”，使地方志成为记录、传承中华民族文化的重要载体，成为展示中国国情、地情的重要窗口，成为“为当代提供资政辅治之参考、为后世留下堪存堪鉴之记述”的智慧宝库。

第二，确立实现地方志“两全”奋斗新目标。根据《规划纲要》，到 2020 年地方志系统将全面完成第二轮修志规划任务，实现省、市、县三级综合年鉴全覆盖，即“两全目标”，是一个近在咫尺即将实现的短期目标。这个目标完成之后，我们将着手开展中华一统志编修工作，争取到 2030 年左右，全面建成国志、省志、市志、县志、乡镇志、村（社区）志、居民小区志和综合年鉴从中央到基层社会的完整志书体系和数据库。这是一个长期目标。

第三，强化地方志资源开发利用新能力。修志为用，地方志存在的价值就是“为当代提供资政辅治之参考，为后世留下堪存堪鉴之记述”，就是围绕党委政府中心工作，服务经济社会发展大局。进入新时代，全国方志人要不懈奋斗、开拓创新，让地方志的影响“强起来”，不断开拓地方志的功能，让每一个中国人都能在地方志中找到自己的位置。

第四，展现勠力同心、奋发向上新风貌。“新时代，新气象，新作为。”全国方志人携手为共同的目标努力奋斗，以更高的方志效率、更快的方志速度、更崇高的方志情怀、更昂扬的方志精神、更坚定的方志自信、更勇敢的方志担当，助推中国特色社会主义文化强国建设。

第五，肩负弘扬中华文化、贡献中国智慧新使命。审视世界不同文明的源流演变，只有中国建立了专门机构，以官修志书的方式把民族文化真实客观地记载下来并代代相传。方志具有民族性、地域性、包容性、功能性、资料性、权威性等特点，这些特殊属性彼此交融、相互作用，形成方志文化的独特魅力，成为方志文化自信的生成原因与牢固基础。未来，我们要以国际视野谋划地方志发展，推动方志文化走向世界文化舞台。

（二）明确新要求，牢牢把握地方志事业转型升级的“五个坚持”

地方志事业全面转型升级，绝不是轻轻松松、敲锣打鼓就能实现的。我们必须明确新要求，以钉钉子精神，持之以恒地抓落实。

第一，坚持以人民为中心。要深入贯彻以人民为中心的发展思想，不忘初心，为民修志，积极发挥地方志存史、资政、育人功能，不断满足人民群众日益增长的美好生活需要。一是牢记使命，用地方志忠实记录党领导人民全面建成小康社会、夺取新时代中国特色社会主义伟大胜利的光辉历程。二是紧紧围绕服务大局，以人民的需求为导向，始终坚持修志为用，全面提升方志资源开发利用能力与水平，推动地方志更加服务经济社会，更接地气。三是发挥地方志优势，推动培育和践行社会主义核心价值观，深化中国特色社会主义和中国梦宣传教育，加强爱国主义、集体主义、社会主义教育，引导人们树立正确的历史观、民族观、国家观、文化观。

第二，坚持依法治志。依法治志是依法治国的应有内涵，是依法治国方略在地方志事业中的必然体现，也是开拓地方志事业发展新局面的根本要求。要抓住历史机遇，注重运用法治思维、法治方式推动地方志事业。要加快《地方志工作条例》的修改和完善，加快推进全社会依法治志良好环境的形成。

第三，坚持创新发展。近几年地方志在服务大众方面取得了一些成绩，但仍然面临着“藏在深山无人识”的尴尬，必须立足传统、突破传统，依托现实、推动变革，在继承基础上创新，利用创新驱动，抓重点、补短板、强弱项，确保地方志事业发展永葆活力；要进一步拓宽服务渠道，增强服务功能，创新服务手段，加快方志馆建设，充分利用“互联网＋地方志”平台，推动方志文化进机关、进农村、进社区、进校园、进企业、进军营，更好地满足人民美好生活需求。

第四，坚持协调推进。各级地方志机构要根据《规划纲要》要求，认真贯彻“一纳入、八到位”，健全地方志事业发展体制机制，为各地方志事业发展提供良好基础。要切实推动十业并举，必须多种业务均衡发展，除了修志编鉴主业，方志馆建设、信息化建设、方志学学科建设等齐头并进，以地方志编修体系、理论研究和学科建设体系、质量保障体系、资源开发利用体系、工作保障体系为核心，打造科学、完善、成熟的“五位一体”地方志事业发展综合体系。要做好援藏援疆工作，保证在完成“两全目标”、向全面建成小康社会献礼时，全国一个县都不能少。

第五，坚持开放治志。方志文化作为绵延2000余年的具有中国特色的传统文化，应当具备高度的文化自觉，推动方志文化走向世界，增强方志文化影响力。要采用多种形式，加强与国内外的高等院校、科研机构、档案机构与图书馆等单位的学术交流与合作。要服务国家文化“走出去”战略，推介一批高质量地方志成果，充分展示方志文化的当代价值及永恒魅力。

三、明年及未来五年地方志工作设想

未来五年，全国地方志系统要继续深入学习贯彻习近平新时代中国特色社会主义思想和党的十九大精神，在学通、弄懂、做实上下功夫，并以此指导五年地方志工作实践。全国地方志工作总的趋势是要在国家发展战略中定位更加清晰，位置更加重要，要求更加明确，顶层设计更加完善，工作任务更加具体。未来五年，要继续围绕贯彻落实《规划纲要》，以决胜“两全目标”为中心，为全面建成小康社会献礼。要在总结地方志经验的基础上，科学规划下一阶段主要工作，编制《全国地方志事业发展规划纲要（2021—2025年）》（以下简称《规划纲要（2021—2025年）》），做好《中华人民共和国志》、省市县第三轮修志、乡镇志、村（社区）志、居民小区志启动准备工作，着手实现从中央到地方综合年鉴、行业年鉴全覆盖，把地方史纳入地方志工作范畴，继续夯实方志馆、信息化、方志学理论、人才队伍等地方志基础建设，为实现地方志事业全面繁荣奠定坚实的基础。

（一）稳中求进，按时保质完成“两全目标”

按时保质完成“两全目标”，是党和国家对各级党委、政府下达的法定任务，是依法治志的硬指标，法定职责。当前，距离2020年只剩下3年时间，倒计时的钟声已然敲响，完成“两全目标”时间紧、任务重，要以踏石留印、抓铁有痕的信心和决心、科学有效的工作规划和手段措施推动“两全目标”任务完成。一是要狠抓“时间表、路线图”。各地要尽快拿出切实可行的“时间表、路线图”，分级管理、上下联动、认真执行。中指办要统筹指导，建立相应的统计分析系统，实时掌握全国地方志系统“两全目标”推进情况；各省（区、市）地方志工作机构要统筹协调、靠前指导，精确掌握每一部志书、每一部年鉴的进度安排，加强管理，全力推进。二是要狠抓行政督查。要将“两全目标”完成情况纳入各级政府的督查工作内容，强化督查手段，建立督查通报机制，明确责任追究，提升工作效能。三是要狠抓援藏援疆工作。完成“两全目标”，全国一个县都不能少。目前西藏、新疆志鉴完成率整体低于其他省（区、市），是完成“两全目标”的短板，必须补齐这块短板。中央确定的各对口支援地区要积极作为、主动作为，结合两地实际做好援助工作；其他没有被中央列入对口支援的地区，在条件允许的情况下，也要伸出援手；西藏、新疆地方志工作者要明确“两全目标”责任主体意识，主动作为。对口支援西藏、新疆，责任重大，使命光荣，一定要以高度的政治责任感，围绕维护西藏、新疆社会稳定和长治久安这个总目标，认真做好援助工作。

（二）科学部署，制定《规划纲要（2021—2025年）》

地方志事业发展规划纲要是关乎地方志全局的发展计划方案，是事业健康、有序发展的顶层设计。《规划纲要（2015—2020年）》总结了发展基础与机遇，阐明了发展的目的与方向，明确了主要任务和重大举措，解决了发展中面临的一些突出矛盾和主要问题。全国性的规划纲要出台之后，各地纷纷出台本地规划纲要，以上带下，层层推进，有效指导了全国地方志事业转型升级。“凡事预则立，不预则废。”《规划纲要（2015—2020年）》主要任务完成以后，我们的工作要如何开展，这是必须提前考虑的问题，因此及时起草新一轮规划纲要势在必行。要在总结前一阶段工作的基础上，根据新时代的要求、新矛盾的变化明确2020年以后的主要工作任务，制定新一轮规划纲要，科学部署全面建成小康社会以后开局阶段的地方志工作。编制草案过程中要注意把握好方向性、科学性和可操作性，坚持问题导向，充分吸收以往经验，突出新形势、新问题，在深入调研的基础上广泛征集各方意见，问计求策，使《规划纲要（2021—2025年）》具有可操作性，真正发挥指导全局的作用，推进地方志依法治志进入新时代。

（三）依法治志，适时启动国志、第三轮修志

根据《规划纲要》要求，我们将于2020年完成第二轮修志任务。目前我们正处于两轮修志的交汇期，一方面要全力完成二轮修志任务，另一方面要制定第三轮修志规划。在第三轮修志正式启动之前，要强本固基，做好相关基础性工作。一是要建立系统的资料年报制度。加大依法收（征）集地方志资料力度，建立和完善地方志资料收（征）集、保存、管理制度，推行地方志资料年报制度并形成常态机制，为第三轮修志打下坚实的资料基础。二是要切实强化质量建设。在第一、二轮修志过程中，我们积累了丰富的经验，在第三轮修志正式开始之前，认真总结提炼这些经验教训，并融入第三轮修志。要围绕《地方志书质量规定》《地方综合年鉴编纂出版规定（试行）》，规范志书编纂各环节，严格把好质量关，真抓实干、稳扎稳打积小胜为大胜，全面提高志书、年鉴质量。

（四）修志为用，进一步提高地方志资源开发利用水平

提高地方志资源开发利用水平是《地方志工作条例》《规划纲要》规定的主要任务之一，是建设中国特色社会主义文化、展示文化自信的名片，更是修志编鉴的“出口”。提高地方志资源开发利用水平是地方志事业永远的课题，未来五年，要加强地方志开发利用平台建设。一是要加强方志馆建设。各级方志馆要立足构建公共文化服务体系、展示国情地情、培育家国情怀、弘扬中华优秀传统文化、树立方志文化自信，全力打造中国方志文化传播平台。要着力强化办馆特色，突出全方位地情展览展示和地情信息服务特点；着力提升方志馆服务能力，广泛开展和参与公益性文化活动，加快方志馆数字化、网络化、信息化建设步伐；着力构建从国家到省、市、县的方志馆服务网络，集中塑造方志馆服务品牌，在全国公共文化服务体系建设中充分发挥出全国各级方志馆的能量和作用。二是要加强信息化建设。对照党中央国务院对信息化建设的新要求、新部署，以及《信息化发展规划》确定的目标，地方志信息化建设还有很大的提升空间，如全国信息方志与数字方志建设工程的推进力度不够，信息化标准建设亟待新突破，信息报送制度亟待建立，信息化队伍整体素质亟待提高等。未来五年，信息化工作要立足地方志实际，坚持互联网思维，准确把握新形势，从单一纸媒体志向广泛运用数字媒体志转变。明确工作思路，以贯彻落实《规划纲要》和《信息化发展规划》为主线，以全国信息方志与数字方志建设工程为抓手，进一步推进顶层设计，深入推进“三网一馆两平台”建设，在制度体系、标准体系建设等方面取得新突破。突出工作重点，有序推进全国信息方志与数字方志建设工程，加快信息化相关标准规范的制定，大力加强信息化业务培训，探索信息化研究会发挥作用的有效途径，扎实推进

地方志信息化建设转型升级，让人们共享地方志成果。

（五）夯实基础，加强地方志理论研究和学科建设

地方志理论研究和学科建设是推动地方志修志编鉴实践工作的理论基础，也是地方志实践的升华。目前，方志学科的理论研究、学科建设仍是地方志事业发展中的薄弱环节，远远落后于地方志实践。未来五年，我们要抓住推动地方志理论建设的“牛鼻子”，做好以下三方面的工作：一是充分发挥方志期刊和各级地方志学会的作用。定期召开年会或学术会议，活跃学术研讨，推动理论建设，为方志实践提供最坚实的理论基础和不竭的动力。二是大力推进学科建设。目前，方志理论研究及学科体系建设有机制优势、人员优势和平台优势，数以万计的地方志工作者参与方志理论研究，各级地方志学会、各级地方史志期刊也为方志学研究提供了舞台，但是学科定位、地位不够清晰，虽然有个别院校曾在其历史学学科招生中设置了方志学本科专业，但没有一个能够坚持连续招生。接下来，我们考虑利用中国社会科学院大学等平台，推动方志学学科建设。三是继续开展《中华人民共和国志》可行性研究。《中华人民共和国志》是国家兴盛在文化领域中的充分体现，是涉及多部门、多系统的浩大工程，必须有科学的理论指导、周密的计划部署、详细的规划论证、完备的实施方案才能正式启动。目前该项目已经开过两次可行性论证会议，但是方案还很不成熟，还需要加大调研论证力度。四是稳妥开展地方史工作。《规划纲要》指出：“具备条件的，可将地方史编写纳入地方志工作范畴，统一规范管理。”目前，中指办已经陆续开展了一些工作，起草了《地方史工作规定（征求意见稿）》《地方史编写基本规范（征求意见稿）》，接下来要与有关部门积极沟通，争取尽早出台相关文件，规范地方史活动，开拓国家史志工作新领域。

（六）提高素质，加强人才队伍建设

人才队伍素质是地方志事业发展的决定性因素。未来五年，要坚定不移将加强人才队伍建设摆在重要位置，打造一支政治素质、理论素质、文化素质、专业素质兼备的地方志队伍，为地方志事业的长远发展奠定坚实基础。要建立健全分级分类培训制度，尤其是注重对地方志高端人才的培养储备和基层地方志工作者的培训。要拓宽、加大与高校、科研机构人才培养的方式、力度，鼓励和支持地方志工作者参加继续教育。要探索适合地方志事业发展的人才政策和机制，重视人才的选拔、引进和任用。要不断优化人才成长环境，鼓励各级地方志工作机构开展多种形式的人才交流活动，建立科学的人才评价和激励机制。

（七）服务大局，建设全国地方志专业出版基地

未来五年，方志出版社要牢记，为全国各级地方志工作机构提供高端出版服务是方志出版社的中心工作，编辑出版高质量的志鉴图书是方志出版社的独具优势，创建全国地方志专业出版基地是方志出版社的发展目标，着力推进出版社向强社、大社发展，向规模化、集团化发展，建成全国地方志专业出版基地。

新春新气象，新年新作为。2017

年马上过去了，2018年即将到来。新的目标激励我们承前启后、继往开来；新的征程需要我们开拓进取、拼搏奋进。让我们以更饱满的热情、更昂扬的斗志、更务实的作风，更强烈的担当，创造无愧于党、无愧于人民、无愧于时代的新业绩，共同谱写好中华民族伟大复兴中国梦的地方志新篇章！

在2018年全国地方志机构主任工作会议 第二次全国地方志工作经验交流会 中国名山志文化工程启动仪式上的致辞

（2017年12月26日）

王随莲

今天，第二次全国地方志工作经验交流会暨2018年全国地方志机构主任工作会议在山东召开，我谨代表山东省政府对会议的召开表示热烈祝贺！向出席会议的同志们表示诚挚欢迎！对中国地方志指导小组和兄弟省区市长期以来对山东工作的关心支持表示衷心感谢！

山东位于我国东部沿海，是一个经济大省、人口大省、资源大省和文化大省，陆域面积15.7万平方公里，海岸线3345公里，总人口9947万，现辖17市、137个县（市、区）。山东是中华文明的重要发祥地和儒家文化的发源地，历史悠久，文化灿烂，人文荟萃，素有“孔孟之乡、礼仪之邦”的美誉。改革开放以来特别是党的十八大以来，在以习近平同志为核心的党中央坚强领导下，山东经济持续健康发展，综合实力显著增强，人民生活水平不断提高。2016年，山东实现生产总值6.7万亿元，居全国第三位，增长7.6%；地方一般公共预算收入5860.2亿元，增长8.5%。今年以来，全省上下以新发展理念为引领，牢牢把握走在前列的目标定位，继续深化供给侧结构性改革，大力推进新旧动能转换重大工程，全省经济运行保持总体平稳、稳中有进、进中向好的态势，前三季度实现生产总值5.49万亿元，增长7.5%。

地方史志具有“存史、资政、教化”重要功用，史志事业是传承文明、服务当代、垂鉴后世的重要基础性文化事业。党和国家领导人高度重视史志工作。习近平总书记强调“要高度重视修史修志”。李克强总理连续两年对史志工作作出重要批示，提出了“修志问道、以启未来”的史志工作新定位，要求“各级政府都要关心和支持地方志事业发展”。这充分说明这项工作大有可为，大有作为。第五届中国地方志指导小组抓大事、谋长远，紧紧围绕党和国家发展大局做了大量创新性工作，为基层做了大量实事、好事，使全国地方志事业迈上了一个新台阶。中国地方志指导小组领导对山东史志工作也十分关心，王伟光组长、李培林常务副组长、冀祥德秘书长多次到山东调研指导工作，给予了大力支持，极大地促进了山东史志事业的发展。我们相信，在中国地方志指导小组的带领下，地方志事业一定会越来越好。

山东省委、省政府十分重视史志工作，始终坚持“党委领导、政府主持”的工作体制，把史志工作纳入国民经济和社会发展规划，不断加大投入力度，完善各项措施，确保史志工作与经济社会各项事业同步协调发展。省委书记刘家义同志在省第十一次党代会报告中明确要求“推进地方史志等事业创新发展”，史志工作连续4年写入政府工作报告。4年多时间，刘家义书记、龚正省长等省领导对史志工作作出113次批示。全省广大史志工作者紧紧围绕“走在全国前列”的目标定位，辛勤耕耘、无私奉献，形成了“志、鉴、库、馆、网、用、会、刊、研、史”十业并举的工作格局。2018年将全面完成第二轮修志任务、实现省市县“一年一鉴”编纂全覆盖，比国家规定的时间提前两年完成任务。省政府办公厅印发《全省方志馆建设管理规范》，进一步加强方志馆建设，到2020年省市县三级方志馆将全部建成。推出了《山东简史》《山东省历史地图集》《山东省历代方志集成》等大批具有重要价值的优秀成果，为加快经济文化强省建设作出积极贡献。当前，全省各级史志机构正深入学习贯彻党的十九大精神，以习近平新时代中国特色社会主义思想为引领，深入贯彻史志事业发展规划纲要，努力促进全省史志事业转型升级、创新发展、再上新水平。

多年来，中国地方志指导小组和兄弟省区市史志机构对山东史志事业给予了大力支持和帮助。这次会议在山东召开，既是对我省史志工作的有力推动和鼓舞，也为山东提供了一次难得的学习机会。我们将以此为契机，认真学习借鉴先进经验，全面推动山东史志事业创新发展、持续发展。

保持高位运行态势　决胜“两全目标”做“活”做“热”地方志事业

——在2018年全国地方志机构主任工作会议、第二次全国地方志工作经验交流会上的总结讲话

（2017年12月27日）

冀祥德

在全体与会代表的共同努力下，2018年全国地方志机构主任工作会议、第二次全国地方志工作经验交流会暨中国名山志文化工程启动仪式圆满完成各项议程，马上就要闭幕了。下面，我代表中国地方志指导小组办公室（以下简称中指办）对会议作总结。

四年来，我们牢记方志家国情怀，肩负方志使命担当，树立方志自信，发扬方志人精神，创造出方志速度、方志效率，勠力同心，砥砺前行，地方志事业发生了深刻的变化。这次会议不仅是深入学习贯彻习近平新时代中国特色社会主义思想和党的十九大精神的一次重要会议，而且是梳理地方志四年来的深刻变化及明确新时代地方志事业内涵、发展方向的一次重要会议。这次会议系统梳理第五届中国地方志指导小组（以下简称中指组）成立以来全国地方志工作取得的成绩，分析了存在的问题，挖掘了新时代地方志事业新内涵，明确了地方志事业转型升级的新要求，谋划部署了全国地方志系统未来五年的工作，进一步统一了思想，形成共识，凝聚了力量，是一次成功的年度主任工作会议和经验交流会。

一、四年来的主要经验

四年内，中指组及其办公室观大势，谋全局，着力顶层设计，开拓创新，真抓实干，实施依法治志，在全国范围内全面推动地方志从一项工作向一项事业转型升级，为地方志跨越式发展绘蓝图、制规划、定措施，取得了骄人成绩，得到了社会各界和全国地方志系统的充分肯定。各级地方志工作机构及广大地方志工作者实字当头，干字为先，取得了令人满意的好成绩，积累了行之有效的经验。这些经验，可以说是明珠熠熠。其中，山东省创造出“围绕一个目标、提高两个站位、突破三个重点、落实‘六全’任务，促进山东史志事业实现创新发展、持续发展、领先发展”的先进经验，四年时间获得山东省领导批示113次，成为推动全国地方志事业发展的重要力量，为新时代地方志事业转型升级提供了有益参考，这也是我们选择在济南召开这次会议的原因。

博观而约取，厚积而薄发。认真梳理这些经验，对于地方志的高质量发展具有十分重要的意义。为此，我们认真

梳理了31个省，以及山东、天津、黑龙江、陕西、宁夏等省部分市县的好做法，形成了十条经验，希望大家继续坚持、落实、深化和发扬。

（一）必须坚持正确的政治方向。地方志必须坚持四项基本原则，坚决与以习近平总书记为核心的党中央保持思想上、政治上、行动上的一致。四年来，在第五届中指组的带领下，各级地方志机构积极组织学习党的十八大和十八届三中、四中、五中、六中全会精神，学习党的十九大精神及习近平新时代中国特色社会主义思想，与党中央保持思想上、政治上、行动上的高度一致，深刻认识并解决好地方志工作“为了谁、依靠谁、我是谁”的问题，在事关大是大非和政治原则问题上，划清是非界限，澄清模糊认识，做到为党立言、为国存史、为民修志。例如，新疆坚持以马列主义、毛泽东思想和中国特色社会主义理论体系、习近平总书记系列重要讲话精神为指导，运用辩证唯物主义和历史唯物主义的方法，坚持实事求是的原则，客观、全面、系统地记述了民族地区自然、政治、经济、文化和社会的历史与现状。四川强化思想政治建设，把牢正确政治方向，推动“两学一做”学习教育常态化制度化，落实从严管党治党责任，切实转变工作作风，等等。

（二）必须抓住机遇、乘势而上。“来而不可失者时也，蹈而不可失者机也。”机遇对事业的发展至关重要。党的十八大以来，党中央和国务院高度重视地方志工作，习近平总书记、李克强总理、刘延东副总理多次就地方志工作作出重要指示、批示。中办、国办出台一系列重要文件，将地方志工作纳入国民经济和社会发展规划，纳入党中央、国务院部署的工作任务，加强地方志顶层设计，明确地方志发展道路。回顾四年的发展历程，全国各级地方志工作机构正是紧跟时代、抓住机遇，才获得跨越性的发展。例如，山东紧抓发展机遇，围绕走在全国前列，积极贯彻落实党中央国务院的战略部署、中指组的规划部署以及省委省政府决策部署，积极发挥史志“存史、资政、教化”作用，树立方志文化自信，弘扬优秀齐鲁文化，赢得重视，彰显价值，等等。全国地方志系统要继续抓住机遇、乘势而上，高质量持续地方志的黄金时代。

（三）必须坚持“党委领导、政府主持、地方志工作机构组织实施、社会各界广泛参与”的工作体制，明确“一纳入、八到位”的工作要求。第五届中指组成立以来，在完善地方志事业发展保障体系的问题上做出了卓越的贡献，深入基层开展调研，从省到市、到县，有的甚至到乡镇和村，了解地方志工作的实际情况，针对各地普遍存在的机构、编制、经费等问题，提炼形成了“一纳入、八到位”总体要求，并由刘延东副总理在与第五次全国地方志工作会议部分代表座谈时明确提出，将地方志工作纳入各地经济社会发展规划之中，做到认识到位、领导到位、机构到位、编制到位、经费到位、设施到位、规划到位、工作到位。在中指组的积极推动和督促下，各地积极落实“一纳入、八到位”。例如，北京在首都发展大格局中谋划地方志事业发展蓝图，将地方志事业纳入首都总体发展一体规划、整体工作一体部署和重点工作一体督查，激发事业发展的动力和活力，等等。实践证明，“一纳入、八到位”是推进地方志高质量发展的牛鼻子，贯彻落实的好，地方志事业发展就红红火火、后劲充足。

（四）必须坚持依法治志。依法治志，是依法治国的应有内涵，是依法治国方略在地方志事业中的必然体现，也是开拓地方志事业发展新局面的根本要求。四年来，各地坚持依法治志，通过地方志立法、建章立制、督促检查考核等深化制度化、法治化建设。例如，山西、吉林、安徽、山东、四川、江苏等省以地方立法为抓手，为地方志高质量发展提供法治保障。北京、天津、山西、上海、安徽、福建、江西、广东、广西、四川等省（区、市）将地方志工作纳入政府绩效考核体系，提升了地方志工作的法治化水平，有效地开创了各区地方志工作新局面。北京、河北、河南、湖北、海南、西藏等省（区、市）建立督促检查考核机制，山西将地方志工作进展缓慢市县列入省政府“13710”督办系统，取得阶段性成果，成效显著。上海、河北、福建、湖南、甘肃、宁夏等省（区、市）开展法规宣传，尤其宁夏坚持连续多年开展形式多样的“5•18”地方志宣传推介活动，普及方志知识，提升地方志的社会影响力，等等。

（五）必须坚持科学规划、统筹发展。四年来地方志发生质的变化，取得令人惊叹的成绩与科学的顶层设计、全面的统筹规划密切相关，这是新时代赋予的最重要经验之一。《全国地方志事业发展规划纲要（2015—2020年）》（以下简称《规划纲要》）的出台，“十个指头弹钢琴”“志、鉴、馆、网、库、用、刊、会、研、史”全面铺开，地方志事业发展综合效应明显。在中指组及其办公室的带领下，各地注重谋划布局，构建地方志事业发展格局。例如安徽结合全省地方志工作实际，先后提出“三个定位 ”“三个服务”“六大建设”“七个讲”“九个扎实推进”和“六项工程”的总体工作思路，从总体上定好位，布好局，把好安徽省地方志事业的方向。贵州通过“四个转变”和“六项措施”，合理布局，科学谋划，推动省志编纂取得新成效。陕西、重庆等省（市）着眼全局，服务发展，突出重点，补齐短板，牵住“两全目标”这个牛鼻子，以重点突破推动全面建设，等等。

（六）必须坚持“创造性转化、创新性发展”。创新是引领发展的第一动力，要调动全系统积极性、主动性、创造性，才能推动地方志高质量发展。中指组及其办公室以国家利益为导向、以经济社会发展为中心、以人民为中心开拓创新，陆续推出全国地方志“十大工程”，聆听时代的呼唤，回应时代的要求。12月29日，在北京人民大会堂召开的首届中国地情论坛、首届全国名村论坛就是我们创造性转化、创新性发展的重要成果。各地不断创新工作理念、工作方式、工作手段，打造地方特色。河北、安徽重视地方志科研创新，连续举办三届“冀皖方志理论研讨会”，扩大了交流范围，提升了方志理论研究水平。吉林省创新实施“吉林省方志理论研究三百工程”。福建省创新思路，率先用文艺晚会形式表现地方志，从地方志角度拍摄、展示红色文化，拓宽了工作领域。湖南省在充分调研的基础上，以永州为试点，有效推进“一年一鉴，公开出版”全覆盖工作，等等。

（七）必须坚持“互联网＋地方志”。依托互联网，地方志事业理念不断提升，管理不断创新，领域不断拓展。中指组及其办公室适应新形势，有步骤地推进“三网一馆两平台”建设。各地加快推进网站、数据库、新媒体平台等建设。例如内蒙古、上海、江苏、浙江、福建、山东、湖南、广东、广西、四川、新疆等省（市、区）打造“互联网＋地方志”模式，推动志鉴信息化和数字化建设步伐。尤其内蒙古经过数年努力，通过购买服务形式，完成了以内蒙古区情网汉文网站、蒙古文网站、手机网站、内蒙古地情网站集群、方志内蒙古微信公众平台、多功能数据库等为主要内容的“四网、两平台、双系统、一库（馆）”的发展战略格局，等等。

（八）必须坚持质量第一、打造精品。质量是地方志的生命。近年来中指组及其办公室推出中国志书精品工程、中国年鉴精品工程，研究出台一系列质量制度，严把地方志质量关。各级地方志工作机构不断完善质量控制体系，制定编纂规范，健全志稿评议、审查验收、质量评估等制度，在确保志鉴质量方面做了大量工作。例如，吉林、河南、湖北、海南、云南等省（区）分别建立健全规范业务质量体系、质量控制体系、质量监督保证体系、志鉴质量保障机制、编审制度等，严格流程管理，把质量建设摆在突出位置，将精品意识贯穿于地方志工作全过程。福建省泉州市探索形成了日记、月志、年鉴、志书“四位一体”系统有效保存地情资料的工作机制，通过年鉴、月志、日记全方位整合编辑资料信息，变被动占有材料为主动占有材料，为存史修志提供全面翔实资料，从源头确保了地方志工作的高质量。广西适应时代发展需要，及时修订志书评审、出版制度，建立志书审查验评分制，从程序上和制度上保证志书的质量，等等。

（九）必须坚持以有为谋有位，服务经济社会发展大局。几年的实践证明，地方志要高质量发展，要得到各级党委、政府重视，社会各界支持，一定要把开发利用地方志文化资源摆在更加重要的位置，围绕中心、服务大局，有所作为。中指组及其办公室以“一体两翼”、名镇志、名村志等工程为抓手，不断提升服务中心工作的水平和能力。各地地方志工作机构主动作为，强化对地方志资源的深加工，为各级党委政府科学决策提供重要的借鉴和依据，为中国特色社会主义建设服务，为广大人民群众服务。例如，上海创新保护性开发利用、拓展普及性开发利用、开展各区特色性开发利用、推进研究性开发利用，翻译出版“上海地方志外文文献丛书”，编辑出版“上海地情普及系列丛书”，并启动系列研究课题及项目，留存地方历史记忆。江苏省围绕“特”字做文章，组织编纂了一批区域特色鲜明、人文气息浓厚的特色专业志书，服务中心大局，以有为谋有为，获得省委、省政府高度重视，省政府工作报告连续两年要求“做好地方志和年鉴的编修工作”。广东省着力推进方志馆建设，省、市、县三级方志馆从无到有，社会影响面逐步扩大，实现了方志馆建设的新突破。山西、黑龙江、江西、河南、云南等省紧贴中心、服务大局，编辑出版一系列地情丛书，做好资政服务，扩大地方志工作的影响力和话语权，等等。

（十）必须坚持方志人的价值导向，强化人才队伍建设。近年来，广大方志人凝心聚力，精神面貌焕然一新，并逐渐形成了群体认同的以“修志问道、直笔著史”方志人精神、“三耐一强”仙人掌精神等为核心的价值取向和主导意识。各地以机关建设为支撑，打造政治坚定、业务精通、作风过硬的队伍，奋力营造干事创业新环境，并通过多种途径，弘扬方志人精神，强化人才队伍建设。例如，山西、辽宁、内蒙古、吉林、黑龙江、浙江、安徽、福建、江西、山东、四川、贵州、宁夏等省（区）注重固本强基，以弘扬方志人精神为核心，建立健全方志人才培养长效机制。其中吉林以综合年鉴编辑人员的队伍建设为抓手，加强业务培训，强化队伍支撑，定期举办年鉴编纂人员培训班，加强实战演练，交叉点评、分层施训，取得良好效果。河南新增职能，明确机构，实现“史”“志”兼备，在全省严控人员编制的情况下，成功增设两个处，为地方史编修工作提供了组织保障和人才准备，等等。

四年内，各市县也形成了一些值得学习和借鉴的经验。如：山东济南和青岛抓住志鉴主业，科学谋划，深入贯彻落实《规划纲要》。天津市西青区主动作为、统筹谋划，大力实施村村建档修志工程；北辰区发扬工匠精神，勇于担当作为，推进北辰史志事业再攀新峰。黑龙江哈尔滨围绕中心、服务大局，以有为谋有位。陕西西安狠抓地情书籍编纂和信息化工作，努力服务西安经济社会发展。宁夏银川全面推进志书、年鉴、旧志、信息化等各项工作任务，加强地方志质量建设、人才队伍建设等基础工作，服务经济社会水平进一步提升。

四年来，方志人精神面貌发生了深刻变化，形成了“方志六有”：一是有一种精神叫方志精神。这种精神就是“修志问道、直笔著史”的方志人精神，要修新时代中国特色社会主义之志，问全面建设社会主义现代化强国之道，启中华民族伟大复兴的中国梦实现的未来；就是“三耐一强”的仙人掌精神，要耐得住炎热（默默无闻）、干旱（人才不足）、贫瘠（待遇低下），富有极强生命力，不断艰苦奋斗精神、开拓创新，地方志功能向社会各界和千家万户拓展。二是有一种速度叫“方志速度”。长期以来，方志部门被误认为是一群白发老年人数十年修一书，似蜗牛缓慢爬行。近年来，中指办率先垂范，带头转变工作作风，系列名志工程、“一体两翼”工程等迅速开花结果，方志速度不再是蜗牛速度，而是高铁速度。三是有一种效率叫“方志效率”。在速度加快的同时，方志人抓质量、重效益蔚然成风，方志效率日益提高。四是有一种情怀叫“方志情怀”。方志人凝心聚力，在加快推进地方志事业转型升级过程中，形成了共同的职业情怀、家国情怀，结下了深厚的方志情义。五是有一种自信叫“方志自信”。地方志是中华文明的根，是中华文化的魂，在世界历史长河中，只有中国方志文化是最独特、最灿烂的明珠。在地方志的传承中，孕育了方志人自信的情怀、自信的根源。在中华文化走向世界的过程中，方志文化应该起到领头羊和排头兵的作用。当中华文化走上世界舞台的时候，方志文化应该站在世界舞台的中央。六是有一种担当叫“方志担当”。四年来，广大地方志工作者就是凭着敢于担当的精神，主动拷问“在国家实现‘两个一百年’目标，在中华民族伟大复兴的中国梦的实现过程中，什么是方志人的贡献？”在冷部门做出了热事业。

经验是宝贵的，精神是可贵的。2018年是贯彻落实“十九大”精神的开局之年，在改革开放40周年，在决胜全面建成小康社会、实施“十三五”规划承上启下的关键一年，全国方志人要进一步凝聚共识、激发自信、提振信心、开疆辟土、开拓创新，进一步推进地方志事业全面转型升级，开创新时代地方志工作新局面。

二、2018年的主要工作

（一）明确方向，以习近平新时代中国特色社会主义思想为指导

当前和今后一个时期，全国地方志系统要继续认真学习、贯彻落实党的十九大精神，深刻领会和全面贯彻习近平新时代中国特色社会主义思想，切实提高政治理论水平，强化理论武装。习近平新时代中国特色社会主义思想包含着十分丰富的内容，要在全面学习的基础上，着重把握其精神实质、基本内涵和主要观点，做到学通、弄懂、做实。要充分认识、认真思考、深刻理解党的十九大精神和习近平新时代中国特色社会主义思想对全国地方志事业转型升级的重大指导意义，明确方志人在把我国建成富强民主文明和谐美丽的社会主义现代化强国中所肩负的新使命和新担当。要准确把握新时代地方志事业转型升级五大内涵，确立地方志事业发展的“两个一百年”奋斗目标，坚持以人民为中心，坚持依法治志、创新发展、协调发展和开放理念，不忘初心，牢记使命，奋力拼搏，砥砺前行，为决胜全面建成小康社会、夺取新时代中国特色社会主义伟大胜利，实现中华民族伟大复兴的中国梦，实现广大人民对美好生活的向往作出方志人应有的贡献。

（二）依法治志，进一步推进地方志事业法治化

中指组及其办公室要积极推动《地方志工作条例》修订工作，开展《中华人民共和国地方志法》立法可行性研究。加大《地方志工作条例》落实情况的检查力度，与国务院办公厅督察室联合就《地方志工作条例》《规划纲要》贯彻落实情况开展督查，尤其是“两全目标”的完成情况。督促各地各部门根据《规划纲要》的要求，加大组织推动力度，确保《规划纲要》任务的如期完成。加大调研力度，针对推进依法治志、“一纳入、八到位”过程中发现的困难和问题，开展对策性研究，提出意见建议。

各级政府、地方志工作机构，要进一步完善地方志法规规章体系，尤其没有制定或正在制定地方志工作法规规章的地方，要力争早日出台。要严格贯彻落实《地方志工作条例》《规划纲要》，依法全面履行相关职能，推行政府权力清单制度。建立督察考核机制，进一步将地方志工作列入政府年度重点工作目标绩效考核。加大地方志法规规章的宣传力度、执行力度。

（三）全力以赴，加大二轮志书任务完成力度

2018年，全国第二轮修志任务将进入攻坚期。规划任务已经完成的地区，要认真总结首轮、第二轮修志经验教训，做好第三轮修志启动前的准备工作和为当地发展大局服务的工作。规划任务未完成的地区，要进一步提高认识，把完成“两全目标”当作头等大事来抓，按照“时间表、路线图”蹄疾步稳推进二轮修志；切实做好行政督查，将“两全目标”的完成情况纳入各级政府的督查

工作内容。中指组及其办公室要着手研究制定《关于第三轮地方志书编纂的若干意见（试行）》《关于第二轮志书政法部分编纂的若干意见》《关于第二轮志书政治部类编纂的若干意见》。稳步推进民族地区与贫困地区志书出版资助工程，积极推进中国志书精品工程。进一步深化质量建设，推动《地方志书质量规定》的贯彻落实。

（四）精准发力，进一步扩大年鉴覆盖面

中指组及其办公室要召开第三次全国年鉴工作会议，全面部署安排年鉴工作。深入推进民族地区与贫困地区年鉴资助工程，积极推动《全国年鉴事业发展规划（2016—2020年）》贯彻落实工作，继续推进中国年鉴精品工程。启动专业年鉴试点单位工作，加强对试点单位的业务指导，加强对军事、武警、行业、部门、高校等各类专业年鉴编纂的指导和管理。各地区要继续高度重视年鉴工作，尚未理顺地方综合年鉴工作管理体制的，要加大工作力度，做到地方综合年鉴由地方志工作机构组织编纂；坚持一年一鉴，公开出版，积极推进地方综合年鉴编纂覆盖工作，争取尽早实现全国省、市、县三级综合年鉴编纂全覆盖。

（五）科学规范，有计划、有步骤开展旧志整理

中指组及其办公室要有计划地推动全国旧志整理、保护工作，继续开展与海外相关机构的交流合作；继续做好与哈佛大学哈佛燕京图书馆善本中国地方志数字化项目后期加工工作；积极推动旧志数字化建设；启动《清代方志序跋汇编·府县志卷》编辑工作。各级地方志工作机构要继续有计划、高质量地集中整理本地历代方志，让优秀遗产方便于用。要分类整理旧志资料，做到古为今用。要加强与国内外高等院校、科研院所、公共图书馆、档案馆等单位的交流、合作，开展旧志点校、提要、考录、辑佚等工作。

（六）以点带面，积极推进方志馆建设

加强方志馆建设，规范方志馆管理。国家方志馆要不断丰富方志馆馆藏，通过购买、征集多种途径增加馆藏图书资料和实物资源，做好期刊入库、整理工作；做好捐赠图书的接收、整理工作；继续开展年鉴编目工作。做好国家方志馆“方志中国”“魅力中国”展览工作，提高服务水平。组织召开全国方志馆工作会议、全国方志馆建设经验交流会、中国地方志学会方志馆分会年会、方志馆培训会议。推动国家方志馆黄河分馆、长江分馆建设，指导国家方志馆分馆建设。深入推进全国各级方志馆申报立项和建设工作，全面提升各级方志馆的公共文化服务水平，倾力打造方志馆品牌，不断扩大方志馆的社会影响力。

（七）立足现实，大力发展“互联网+地方志”

中指组及其办公室要稳步推进全国信息方志与数字方志建设工程，完成国家数字方志馆（一期）建设和中国国情网一期项目建设，继续做好中国方志网、中国地情网、中国国情网的日常维护、信息发布、安全保障等工作；进一步做好“方志中国”微信公众平台、“方志中国”手机报。筹备召开全国地方志系统信息化工作会议暨信息化分会年会，指导各地信息化工作；研究部署信息化研究会工作。要加快推进各级地方志信息

化建设步伐，支持民族地区地方志信息化建设。加快信息化相关标准规范的制定。

（八）立足国情，继续围绕“三个服务”开拓创新

中指组及其办公室要继续围绕“三个服务”开拓创新，彰显地方志价值、展示地方志魅力、提升地方志影响力。一是以国家利益为导向开拓创新。稳步推进《中国南海志》《三沙市志》《八一镇志》编纂工作，召开中国抗日战争志项目和中国地方抗日战争志工程推进会，大力推动《中国抗日战争志》编纂和中国抗日战争志系列丛书编纂。各级地方志工作机构要加强对地方志资源的深加工，做好抗战研究相关工作。二是地方志以经济社会发展为中心开拓创新。继续推进中国名镇志文化工程、中国名村志文化工程，深入推进中国名山志、中国名酒志等文化工程，启动中国名街志、名水志等文化工程，做好《中国影像方志》及中国影像志名镇系列的制作和播出工作等。继续编辑信息简报、编写地方史和地情书籍、开展专题研究，进一步拓宽服务渠道，增强服务功能，创新服务手段。三是地方志以人民为中心开拓创新。继续实施以《中国地情报告》为主体、《中国方志发展报告》《中国年鉴发展报告》为两翼的“一体两翼”工程。进一步谋划编纂社区志、居民小区志，推动方志文化进机关、进农村、进社区、进校园、进企业、进军营。

（九）强化科研，高度重视方志学一级学科建设

中指组及其办公室要扩大学术交流与合作，推动方志理论研究，培养高层次专业人才，与高等院校、科研机构合作培养硕士、博士研究生，联合培养博士后等，完善方志学学科体系建设，为方志学一级学科建设奠定理论、人才基础。承办第十七届中国社会科学院历史学部史学理论研讨会。要发挥中国地方志学会及其各分会的作用，做好中国地方志学会及分支机构管理工作；召开第八届中国地方志学术年会及年鉴、信息化、方志学、编辑出版、史志期刊、方志馆分会年会，推动方志理论研究，加强方志学术交流。充分发挥史志期刊平台和阵地作用，推进《中国地方志》名刊建设，完善《中国地方志》期刊网采编系统，严格审稿流程，完善审稿制度。优化中指办各报刊的选题和稿源，加强各刊专业性和学术性。继续做好《中国年鉴研究》《方志馆研究》，打造年鉴、方志馆理论研究新平台。召开全国地方史志期刊年度工作会议，提高全国地方志期刊工作水平。

（十）统筹规划，积极推进全国地方志系统援藏援疆工作

进入“两全目标”攻坚期，全国地方志系统要认真贯彻中央一系列援藏援疆工作会议精神，出台《关于全国地方志系统支援西藏、新疆地方志工作的意见》，落实《关于进一步做好全国地方志系统援藏援疆工作实施方案》，确保到2020年全面完成“两全目标”，全国一个县都不能少。根据实际情况，适时召开工作推进会，规范和督促在全国地方志系统的援藏援疆工作。坚持依法支援，推动全国地方志系统对口支援西藏新疆志鉴编纂协议的签订。坚持问题导向，结合援助双方实际，牢牢把握志鉴主业，兼顾其他各业整体推进。

（十一）大力推行资料年报制度，强

化地方志资料建设

要进一步加大依法征集地方志资料的力度，出台地方志资料收（征）集、保存、管理制度，为推行地方志资料年报制度并形成常态机制打好基础。要创新方式，大力拓展资料收（征）集范围和渠道，建立能够全方位适应地方志编纂、地方志事业发展和方志文化建设需要的地方志资料保障机制。

（十二）积极推动把地方史纳入地方志工作范畴，拓宽地方志疆土领地

按照《规划纲要》和中央宣传部办公厅、国家新闻出版广电总局办公厅印发《关于进一步做好地方史编写出版工作的通知》（新广出办发〔2015〕45 号）的要求，继续加强对地方史编写出版工作的统筹规划、组织领导，联合相关部门出台《地方志工作规定》及《地方志编写基本规范》等规范性文件，稳步推进地方史纳入地方志工作范畴，统一规范管理，拓展地方志机构工作领域。

（十三）面向世界，向人类贡献中国方志智慧

继续组织人员赴欧美国家进行地方志学术交流，进一步走出去传播中国方志文化，推介新方志编纂成果，服务国家文化建设"走出去"的战略，让各国人民近距离或者直接感受到中华方志文化的丰富多彩和独特魅力。组织赴台湾地区进行地方志学术交流，充分发挥方志文化交流的正能量作用。

（十四）切实重视队伍建设，为国志编修培养储备人才

进一步凝练方志人精神追求，锻造方志人品格特征，形成方志人精神风骨，树立方志人胸怀情操，振奋方志人士气，扩大地方志影响，提高地方志热度。努力培养一支素质更高、视野更广、技能更强的现代化、专业化人才队伍。要完善教育培训制度，分级、分类组织业务培训，举办全国方志馆业务培训班、全国地方志系统行政管理队伍培训班、全国年鉴主编培训班、全国地方志史志期刊主编（编辑）培训班、信息化业务培训班、全国地方志工作机构新任负责人培训班。建立国家级、省级地方志专家库，选拔一批方志和年鉴专业领军人才。总结经验，继续做好干部交流和任免工作。

（十五）加强中国地方志指导小组办公室自身建设，进一步提高工作水平

中指办要继续深入学习、贯彻落实党的十九大精神，牢固树立"四个意识"，进一步深化十大意识，更加坚定地维护以习近平同志为核心的党中央的权威，更加自觉地在思想上政治上行动上同以习近平同志为核心的党中央保持高度一致。按照中共中央和社科院党建工作精神，完善机关党的工作体制机制，制定系列规章制度，认真开展党内政治生活；组织学习《中国地方志指导小组办公室管理工作制度汇编》，营造守规矩、讲纪律、循规范的工作环境；在中指办、国家方志馆各部门"四定"方案基础上制定《岗位目标责任制方案》，建立岗位目标责任制，完善处室内部管理机制；组织中指办人员开展多种形式的学习、培训，提升干部人员素质。要结合办公室工作实际，不断加强制度建设，通过建章立制，列出制度清单，建立长效机制，规范工作责任，强化刚性执行。

三、勇于创新，做"活"做"热"地方志事业

同志们，中国特色社会主义进入新时代，为地方志事业发展指明了新方向、

提出了新目标，当前全国地方志事业也进入到转型升级的关键期、推进“两全目标”的攻坚期。大家要努力做“活”做“热”地方志事业，开创地方志高质量发展的新局面，首先就是要准确理解和把握这次会议的主题和精神实质。会议结束后，大家要及时向当地政府和上级主管领导汇报，尽快把会议精神传达到各级地方志工作机构以及每一位地方志工作者，把思想和行动统一到此次会议的精神上来。同时要结合本地实际，吸收各地好的经验，不断创新，形成适合自身高质量发展的新经验。

（一）统一思想，坚持以习近平新时代中国特色社会主义思想为指导

党的十九大为党带领全国人民砥砺奋进踏上新征程提供了行动指南，也为方志事业高质量发展提供了根本遵循和思想源泉。学懂、弄通、做实十九大精神和习近平新时代中国特色社会主义思想是每个方志人义不容辞的责任，是地方志事业始终在正确政治方向指引下大发展大繁荣的力量之源和不竭动力。一要有与党中央保持高度一致的自觉性，要有准确快速领会中央精神并及时用以指导实践的敏锐性。二要在深刻领会十九大精神和习近平新时代中国特色社会主义思想的基础上，提出地方志的新思想与新判断，明确地方志的新方位、新目标、新能力、新风貌和新使命。三要建立方志文化自信。要从地方志与文化、传统文化的关系入手，深刻领会方志文化自信建立的时代价值，明确建立方志文化自信不仅对地方志高质量发展有着重要意义，而且对于文化自信的进一步增强、对于社会主义文化强国的建设、对于中华民族伟大复兴中国梦的实现都有着非比寻常的意义。

（二）牢记使命，明确地方志“两个一百年目标”

中指办紧扣中国共产党决胜“两个一百年”奋斗目标的历史征程，为把以习近平同志为核心的党中央团结带领全国各族人民实现中华民族伟大复兴中国梦的过程真实记录并传承下去而提出的奋斗目标。即在2020年全面建成小康社会之时，实现省省、市市、县县有志有鉴的“两全目标”，开创一项世界文化创举，这是地方志第一个百年目标；在本世纪中叶中华人民共和国成立100周年即建成富强民主文明和谐美丽的社会主义现代化强国之际，实现中华人民共和国国志、省市县三级志书，乡镇志、村志、社区志和地方综合年鉴全覆盖，使地方志成为国家、民族、社会、各级党委政府不可或缺的伟大事业，这是地方志第二个百年目标，也是一个长期目标。目前地方志系统正处于“两个一百年”奋斗目标的历史交汇期，一要明确新任务，牢记新使命，认清新形势，切实增强地方志全面转型升级的紧迫性。二要不弛于空虚，不骛于虚声，脚踏实地，将责任扛在肩上，勇于挑最重的担子，敢于啃最硬的骨头，善于接最烫的山芋，一步一个脚印走好地方志新长征路。三要勇于开拓创新，让地方志存在于社会生活的每一个角落，让每一个中国人都能在地方志里寻找到自己的位置。

（三）提高认识，坚持以地方志质量建设为发展要义

“万山磅礴，必有主峰；龙衮九章，但挈一领。”质量就是主峰、就是生命。一要强化责任意识。在2017年中央经济工作会议上，习近平总书记发表重要

讲话，明确强调“推动高质量发展”。刊文中 7 次提到“高质量发展”，指出这是当前和今后一个时期，我国确定发展思路、制定经济政策、实施宏观调控的根本要求。这为地方志质量建设指明方向，具有很强的时代意义、理论意义和实践意义。李克强总理明确指出，地方志要“为当代提供资政辅治之参考，为后世留下堪存堪鉴之记述”。《规划纲要》也将“质量第一”作为基本原则。对于质量建设的要求，是各级地方志工作机构，以及我们每一位方志人肩上沉甸甸的责任。所以，我们要有责任意识，要将对质量建设的重视、推进贯穿至地方志工作的始终。二要培养质量观。推动高质量发展，是遵循地方志发展规律、地方志生成规律的必然要求，是方志事业长盛不衰、永葆生命力的必然要求，是以方志文化引领中华文化、建设社会主义文化强国的必然要求。推动高质量发展是当前和今后一个时期确定地方志发展思路的根本要求。三要正确处理质量与进度的关系。严把政治关、史实关、体例关、文字关、出版关，编纂出版经得起历史检验、具有鲜明时代特征和地域特色的地方志成果。经过 2015 的培训年、调研年，2016 的改革年、创新年，2017 的督查年、落实年，我们志书、年鉴出版呈井喷之势，数量之多前所未有。目前出现了重进度，轻质量，甚至无视质量的苗头。2018 年我们定位在攻坚年、质量年，必须在质量上下功夫，严抓、狠抓、猛抓质量，将质量观念和质量管理贯穿于地方志的全过程，推动全国地方志事业进入高质量发展阶段。四要加快形成推动地方志高质量发展的指标体系、政策体系、标准体系、统计体系、评价体系、考核体系，进一步探索创新提高地方志质量的手段与方法。五要加强组织领导，加强监督指导，加强责任追惩，结合本地区的地方志工作实际，开拓思路，建立有效的质量保障体系。

（四）戮力同心，全面推动地方志转型升级

当前，地方志进入从一项工作向一项事业转变，从传统的“一本书主义”到“十业并举”转型升级的关键时期。面临新的时代、新的历史方位，面对实现“两个一百年”奋斗目标的伟大任务，我们要准确把握地方志高质量发展的时代要求、主要目标、重点任务及重大举措，上下一心、团结协作、脚踏实地、多管齐下，全力推动地方志事业转型升级，实现地方志高质量发展。一要进一步明确当前工作的重点。当前，地方志工作的工作重心仍然是《规划纲要》的贯彻落实。《规划纲要》既有“两全”目标等硬任务，又有加快信息化和方志馆建设、加强理论研究、开发利用、旧志整理等弹性指标，涵盖“十业”，完成《规划纲要》既定任务，基本形成地方志编修体系、理论研究和学科建设体系、质量保障体系、资源开发利用体系、工作保障体系建设“五位一体”的地方志事业发展综合体系，就是实现地方志事业转型升级，就是推动地方志高质量发展。二要进一步强化问题意识，提高解决问题的能力。当前各地地方志事业发展不平衡、“十业”之间发展不平衡等问题严重阻碍了地方志事业的发展。我们要提高统筹规划、组织协调、督促指导的能力，从全局高度，立足长远，把握主动，精准发力，切实解决发展难题。尤其是解决“一纳入、八到位”落实不到位等难题。

三是进一步弘扬“修志问道、直笔著史”的方志人精神、“三耐一强”的仙人掌精神，不断激发地方志高质量发展的内生动力。

同心掬得满庭芳。在座各位来自天南海北，但我们有一个共同的名字那就是“方志人”，我们有一个共同事业那就是“方志事业”，我们有一个共同目标那就是地方志“两个一百年”奋斗目标！历史只会眷顾坚定者、奋进者、搏击者，而不会等待犹豫者、懈怠者、畏难者。方志人要以舍我其谁的担当意识和时不我待的创新精神，勇抓机遇、开拓进取，戮力同心、埋头苦干，在新时代推动方志事业的新辉煌！

今天的奋斗筑就明天的基石。让我们聚焦目标、脚踏实地，总结经验、乘胜前行，以永不懈怠的精神状态和一往无前的奋斗姿态，在夯实基础中奋力前行，在转型升级中奋力前行，在做“活”做“热”地方志事业进程中奋力前行，为打好地方志事业第一个百年目标的攻坚之战而努力奋斗！

在2018年全国地方志机构主任工作会议第二次全国地方志工作经验交流会上的发言

（2017年12月26日）

刘爱军

中指组把这次会议安排在山东召开，对我们是极大的鞭策和鼓励。我们一定全力做好会务工作，为各位领导、同仁服好务。借此机会，我谨代表山东1300多名史志工作者，向前来参加会议的各位领导、各位同仁表示热烈的欢迎和崇高的敬意！第五届中指组成立以来，在伟光组长、培林组长、祥德秘书长的团结带领下，全国史志事业呈现出前所未有的大好形势。山东史志事业和全国一样，取得丰硕成果。下面我简要汇报一下近年来山东史志工作情况，概括起来是：围绕一个目标、提高两个站位、突破三个重点、落实“六全”任务。

一、坚持以走在前列为目标定位，不断完善顶层设计

目标决定了事业发展的高度。以习近平同志为核心的党中央对山东发展寄予厚望。2013年，习近平总书记来山东考察，明确要求“在全面建成小康社会进程中走在前列”。山东省委、省政府认真贯彻习近平总书记重要指示精神，将走在前列作为各级各部门的行动指南。近四年多来，山东史志工作始终把走在前列作为我们的目标定位。一是在贯彻落实党中央国务院决策部署方面走在前列。2014年中央作出隆重纪念抗战胜利70周年的决策部署，我们迅速编纂了纪念抗战胜利70周年从

书。2015 年 8 月 25 日，国务院办公厅印发全国地方志事业发展规划纲要，10 月 20 日，省政府办公厅在全国率先印发山东省史志事业发展规划纲要。二是在贯彻落实中指组决策部署方面走在前列。中指组领导提出援疆援藏要求后，我们从 2015 年起连续三年邀请西藏、新疆等同仁来山东参加培训班，累计培训 145 人次。中指组提出编纂地方史要求后，我们组织编纂出版了《山东简史》《山东地方治理历史经验参考》等书籍。中指组实施中国名镇志、名村志文化工程后，我们很快启动了齐鲁名镇名村志文化工程，准备用三年时间编修 100 部“齐鲁名镇名村志”，每部资助印刷资金 2 万元。三是在贯彻落实省委省政府决策部署方面走在前列。凡是省委省政府工作部署与史志工作有关联的，我们都是第一时间响应，拿出方案并狠抓落实。2017 年省委制定出台《关于大力弘扬沂蒙精神的意见》，我们立即着手开展《沂蒙精神志》《沂蒙红嫂志》编纂。2015 年省政府工作报告对“挖掘利用好丰富的齐鲁文化资源”作出部署，我们立即启动山东历代方志集成、乡镇村志编修、齐鲁历史名人动漫等文化工程。

为确保走在前列的目标定位，我们在加强顶层设计上狠下功夫。为深入贯彻“依法治志”理念，2014 年 12 月我们完成了省市县三级史志法规规章全覆盖。为落实“规划到位”要求，2015 年 10 月以省政府办公厅名义印发史志事业发展规划纲要，并推动市县两级出台史志规划纲要，2017 年 8 月实现省市县三级史志规划全覆盖。为加快方志馆建设，今年 11 月省政府办公厅印发了《全省方志馆建设管理规范》，对方志馆功能、规模、选址、人员、管理、保障等方面作出明确规定。为提升年鉴编纂质量，今年我们出台了《山东省地方综合年鉴编纂出版业务规范》。为深入推进乡镇村志编修，2016 年 8 月省政府办公厅转发了《关于做好乡镇村志编修工作的意见》。这些完善的顶层设计，为山东史志工作走在前列打下坚实的基础。

二、提升政治站位和文化站位，融入经济文化强省建设大局

站位决定了事业发展的格局。地方志具有鲜明的政治属性和文化属性，要求我们必须大力提升政治站位和文化站位，既要聚焦中心，又要扩大影响，不断开拓史志事业发展新格局。

（一）提升政治站位，围绕中心，服务大局

历代修志都是官职、官责，是法定的政府行为。进入新的历史时期，史志工作成为党领导下的重要意识形态工作。政治方向正确、政治站位明确成为检验史志工作的首要标准。我们始终以党的方向为方向，以党的意志为意志，坚持“围绕中心，服务大局”理念。

一是将“旗帜鲜明讲政治”作为最重要的工作要求。坚持以习近平新时代中国特色社会主义思想为指导，牢固树立“四个意识”，将“为党立言、为国存史、为民修志”的政治要求贯穿始终。在修志编鉴核心主业方面，建立严密的审查验收程序和质量管理体系，制定 13 项志书质量管理制度，紧抓评审和审批关键环节，省里统一组织专家评审、严格把关，没有出现任何政治问题。在史志媒体宣传方面，不论是期刊、网

站，还是微信平台、头条号，始终紧跟党中央宣传重点，与党中央保持高度一致，冀祥德秘书长曾评价说，“山东史志”微信公众号是全国方志系统最讲政治的宣传平台。在意识形态建设领域，我们始终坚持社会主义核心价值体系，杜绝历史虚无主义，作为省委党管意识形态相关责任单位，定期参加省委常委、宣传部长召集的意识形态会商研判协调会，发挥了积极作用。

二是将“围绕中心、服务大局”作为最基本的工作遵循。找准工作的切入点和着力点，不断推出有重要影响的史志成果。为了纪念抗战胜利 70 周年，编纂了山东纪念抗战胜利 70 周年丛书 5 部。随后又推出山东抗战研究丛书 4 部。今年又组织编纂了《山东抗日根据地志》《山东解放区志》《沂蒙精神志》《沂蒙红嫂志》等，为建国 70 周年献礼。为了全面记录中国艺术节这一文化盛会，编纂出版了《第十届中国艺术节志》，是 1987 年中国艺术节举办以来首次修志。为了配合中央援疆援藏部署，组织编纂了《山东省对口支援新疆志》《山东省对口支援西藏志》。

（二）提升文化站位，树立方志文化自信，扩大方志文化影响

党的十九大报告指出“文化自信是一个国家、一个民族发展中更基本、更深沉、更持久的力量”。地方志是中华优秀传统文化的重要载体，是坚定文化自信的力量源泉。

我们始终坚持“大史志”的理念，将史志工作定位为延续文脉的基础性工作，紧抓修志编鉴核心主业、大力推进方志馆和信息化平台等公共文化服务基础设施建设，积极推出弘扬优秀齐鲁文化史志成果。近年来陆续出版了《山东省历史地图集》《山东简史》《山东地方治理历史经验参考》《山东省情概览》《齐鲁历史名人传略丛书》等，启动整理影印《山东省历代方志集成》，推出齐鲁历史名人动漫、抗战纪录片等，多个项目填补省内空白。通过这些扎实有效的工作，赢得了应有的文化地位。今年以来，省委制定出台的《关于大力弘扬沂蒙精神的意见》，省委办公厅、省政府办公厅印发的《山东省传承发展中华优秀传统文化工作方案》，省委宣传部等 40 个部门出台的《山东省文化领域供给侧结构性改革实施方案》，都将史志工作列为重要内容，把史志部门作为责任单位、委以重任。

我们始终坚持“大文化”的理念，不断彰显地方志的文化魅力和社会价值，扩大方志文化的社会影响乃至世界影响。一是完善传播体系。打造完善地情网站、新媒体平台、方志期刊“三位一体”的方志文化传播体系。与省委党校、中国孔子基金会等展开多方面合作，启动“方志书苑”工程，为弘扬方志文化搭建更多平台。二是打造文化品牌。2013 年聘请著名学者、书法家、教育家欧阳中石先生担任省方志馆名誉馆长，设立“史志大讲堂”，请欧阳中石先生举办了三次讲座。在“山东史志”微信举办两届“山东史志”年度人物评选活动，2016 年 8.5 万人投票，2017 年 40 余万人投票。为《第十届中国艺术节志》、纪念抗战胜利 70 周年丛书举行新闻发布会，山东省委机关报《大众日报》和山东电视台多次报道史志工作。三是开展国际交流。积极配合国家文化“走出去”战略，先后组织赴

英国、德国、挪威、瑞典考察交流。聘请德国下萨克森州政府对华合作顾问迪特·舒伯特、国际莱布尼茨学会秘书长李文潮等友人担任文化交流顾问。推动山东大学、山东师范大学同时成立两个莱布尼茨研究中心。今年德国下萨克森州州长斯特凡·威尔等国际友人来山东出席莱布尼茨研究中心成立仪式，给予高度评价。

三、重点在改革创新、完善机制、作风建设三个方面取得新突破，为史志事业发展提供内生动力

我们将创新驱动、机制保障和作风建设作为史志事业发展的重要基石，始终坚持"苦练内功"，在这三个方面不断寻求突破。

（一）以改革创新精神引领发展

习近平总书记强调"创新是引领发展的第一动力"。省第十一次党代会明确要求"推进地方史志等事业创新发展"。古老的史志事业要在新时代焕发新生机，必须走创新发展的道路。一是坚持将改革创新作为推动发展的驱动力量。我们每年召开方志理论研讨会，将理论创新纳入省优秀史志成果奖，树立崇尚创新的工作导向。年鉴编纂按以往的惯例都是年底出版，我们提出"改革创新、提速增效"的工作思路，《山东年鉴》每年进行20多项改革创新，通过提早谋划、改进流程、压茬推进等措施提高效率、缩短编纂周期，2014卷7月出版，从2015卷开始稳定在6月出版，带动全省年鉴编纂全面提速增效。《山东年鉴》被纳入中国年鉴精品工程，获全国地方志优秀成果（年鉴类）特等奖。二是将改革创新作为攻坚克难的重要手段。在第二轮修志进度严重滞后的情况下，提出"倒排工期"的思路，制定倒排工期"计划表"，明确每部志书完成时限，发放"明白纸"，细化目标任务，每半年进行一次情况调度通报。到进度相对较慢的市县召开推进会，市政府和所属县（市、区）政府分管负责人参加会议，取得良好效果。省志编审通过提前介入、全程跟进指导等方式提升效率，进度明显加快，今年下半年就出版省志分志14部。4年时间我们完成省志分志33部、市志7部、县级志书59部，是前12年的1.4倍。2018年74部省志分志、17部市志、138部县级志书将全部完成。三是将改革创新作为提升服务的重要抓手。依托抗战研究成果，制作了18集电视专题片，6集口述史专题片，创新传播方式，留存历史记忆。开展了齐鲁历史名人动漫项目，将《齐鲁诸子名家志》改编成动漫作品，制作了《孔子》《孟子》《姜太公》等6部，不断满足社会各界需求。

（二）以健全完善机制保障发展

良好的体制机制是事业发展的坚强保障。我们始终坚持"党委领导、政府主持"的工作体制，探索形成了一系列有利于事业发展的工作机制。一是督查落实机制。从2013年开始，每年提请省政府进行政务督查，王随莲副省长亲自带队到市县督查，帮助解决困难和问题。二是人才培养机制。从2011年起每年举办综合性业务培训班，从2014年起每年举办乡镇村志编修培训班。省财政每年拨付60万经费，培训业务骨干两千余人。三是典型带动机制。注重发现和培育先进典型，先后总结推广了临朐、济南、河口、博山、天桥、青岛、费县等经验，起到很好的示范带动

作用。四是制度保障机制。全面修订完善规章制度，出台32项管理制度和28项业务规范，用制度管人管事，不断提升管理的规范化水平。五是激励引导机制。每年以省政府办公厅名义组织“山东省优秀史志成果奖”评选；每两年组织一次优秀年鉴评选；每四年以省政府办公厅、人力资源社会保障厅、公务员局名义开展一次史志工作评比表彰活动，有效地调动了全省史志系统和广大史志工作者干事创业的积极性。

（三）以加强作风建设助推发展

作风建设对史志事业发展至关重要。我们始终把加强作风建设作为基础性工作紧抓不放。一是扎实开展“三严三实”“两学一做”学习教育。连续两年在井冈山干部学院和遵义干部学院举办全省史志系统领导干部培训班，锤炼干部队伍。二是坚持开展以“讲政治、讲学习、讲团结、讲道德、讲实绩、讲规矩”为主要内容的文明和谐机关建设，深入开展“作风建设年”“能力建设年”活动，形成鲜明的作风导向。三是大力弘扬“修志问道、直笔著史”的方志人精神，开展“齐鲁方志人”征文活动，举办演讲比赛，树立身边典型，形成比学赶帮的浓厚氛围。大家面对辛苦、艰苦、清苦的史志工作，始终保持昂扬向上的精神状态，培育了正能量，铸就了精气神，开创出事业发展新局面。广大史志干部得到历练成长，省史志办机关2016年提拔13名处级干部，2017年1名同志提任为班子成员，2名同志到省政府驻外办事处担任副处级干部，1名同志被中组部录用。多名市县史志办主任交流到开发区、妇联、人大、政协等岗位担任领导职务。史志队伍不断出人才、出干部，成为推动事业发展的不竭动力。

四、统筹落实“六全”目标任务，全面推进史志事业转型升级、创新发展

我们围绕走在前列的目标定位，谋划了省市县三级史志法规规章、规划纲要、地情网站、第二轮修志、综合年鉴编纂、方志馆建设全覆盖“六全”目标任务，将其作为重要抓手扭住不放、狠抓落实。目前已完成省市县三级史志法规规章、规划纲要和地情网站全覆盖“三全”目标任务，正全力攻坚第二轮修志、综合年鉴编纂、方志馆建设全覆盖“三全”目标任务。

1. 完成史志法规规章全覆盖。2013年以来，认真贯彻落实“依法治志”部署，通过下发文件、调度通报等措施，推动17市和137个县（市、区）制定出台史志法规、规章或规范性文件，2014年12月在全国率先实现省市县史志法规体系全覆盖。

2. 完成史志发展规划纲要全覆盖。2015年8月全国史志事业发展规划纲要出台后，2015年10月我们在全国第一个出台了以省政府办公厅名义印发的省史志事业发展规划纲要，同时积极推动市县两级颁布实施史志规划纲要，至2017年8月，完成了省市县三级规划纲要全覆盖。

3. 完成地情网站全覆盖。我们在全国率先建成省市县三级地情网站，2016年完成了市县两级地情网站第二轮改版升级。省情网完成了第7次改版升级，开通“山东史志”微信和头条号，完成首轮县志数字化工作，策划实施“齐鲁方志影像工程”和“山东省志鉴编纂资源库工程”，不断加强信息化

建设。

4. 推进第二轮修志全覆盖。山东第二轮修志自2001年启动以来进展缓慢。从2013年开始，我们通过倒排工期、定期调度、现场督查、召开推进会等方式，大大加快了编纂进度。2014年，以省政府名义召开了全省史志工作电视会议，参会总人数近5000人，有力推动了第二轮修志等工作，2018年将全面完成第二轮修志任务。同时加强质量管理，制定了13项志书管理制度，实现质量和进度同步推进。

5. 推进综合年鉴编纂全覆盖。在省市两级综合年鉴编纂“全覆盖”的基础上，经过两年努力推动，今年年底全省137个县（市、区）除少数几个以外，绝大多数实现“一年一鉴”。下步将狠抓质量管理，实现更高水平、更高层次的全覆盖。

6. 推进方志馆建设全覆盖。省史志事业发展规划纲要明确规定2020年省市县三级方志馆全部建成。为了加快方志馆建设步伐，省委办公厅、省政府办公厅印发文件，明确要求方志馆与档案馆合建。今年11月省政府办公厅印发了方志馆建设管理规范，成为全省方志馆建设的重要依据。目前，省市县三级方志馆建设正在顺利推进。省方志馆新馆建设方案已经省政府同意，计划建设面积2万多平方米。市级方志馆大都按要求落实馆舍，国家方志馆黄河分馆暨东营市方志馆面积2万平方米，今年投入使用，莱芜市方志馆面积2万多平方米，青岛、潍坊等市方志馆1万多平方米。全省已建成、在建或已规划新建县级方志馆中，面积1000平方米以上的有90多家，2000平方米以上的25家。我们还率先建立全省志类成果交换平台，以信息化手段促进各级方志馆之间互通有无、完善馆藏。

这些年，山东史志工作之所以能取得一些成绩，归纳起来，我们的体会是：一是得益于党中央、国务院对史志事业的关怀重视，为我们指明了前进的方向。二是得益于中指组创造的良好环境。第五届中指组可以说是有史以来最坚强有力的一届领导集体。伟光组长、培林组长、祥德秘书长等领导高瞻远瞩，真抓实干，为基层办了很多实事、好事。中指组领导多次来山东考察调研、作出批示指示，为我们营造出良好发展氛围。三是得益于省委、省政府的重视支持。省第十一次党代会报告明确要求“推进地方史志事业创新发展”，史志工作连续4年写入省政府工作报告。四年多时间，省领导对史志工作作出113次批示，省委书记刘家义同志批示“全省各级党委要高度重视修史修志，关心支持史志事业”，省长龚正同志批示“各级各部门要切实把史志工作摆在重要位置，全面落实省史志事业发展规划纲要，做到‘一纳入、八到位’”。原省长郭树清同志23次批示，在方方面面关心、支持史志工作。各级党委、政府普遍提高了认识，加强了领导，有关部门在机构改革、人员编制等方面加大支持力度，财政部门在逐年压减经费的情况下，给我们的专项经费逐年增长，基本上只要有项目、经费就有保障。四是得益于全国史志同仁的关心支持，广东等兄弟省（区、市）创造出很多先进经验，给了我们很多启示，让我们学有标杆、做有榜样。五是得益于全省广大史志工作者的爱岗敬业、无私奉献。这些年省史志办 50 多名同志中有一多半没有正常休假。200 万字的《第十届中国艺术节志》仅用 1 年时间完成，200 万字的纪念抗战胜利 70 周年丛书仅用 7 个月时间完成，都是同志们加班加点、无怨无悔的付出换来的。

党的十九大引领史志事业发展进入新时代，史志工作责任重大、使命光荣、任重道远。我们将以本次会议为契机，再接再厉，不忘史志人的初心，在新时代展现新气象、取得新作为，推动山东史志事业再上新台阶，为全国地方志事业转型升级、创新发展作出应有贡献。

在各市史志办主任工作会议上的讲话

（2017 年 12 月 27 日）

刘爱军

这次会议主要是深入贯彻党的十九大精神，传达学习 2018 年全国地方志机构主任工作会议、第二次全国地方志工作经验交流会精神，总结交流 2017 年工作情况，安排部署 2018 年工作任务。下面，就 2017 年工作总结和 2018 年工作安排谈几点意见。

一、关于 2017 年工作回顾

2017 年，在省委、省政府的正确领导和中指组的精心指导下，全省史志系统认真学习贯彻党的十八大和十九大精神，以习近平新时代中国特色社会主义思想为指引，深入贯彻落实省史志事业发展规划纲要，全面推进史志事业转型升级、创新发展，圆满完成各项任务，取得了明显成效。

（一）史志事业受到高度重视，“山东经验”产生重要影响

今年以来，史志事业得到省委、省政府前所未有的高度重视。省委书记刘家义在省第十一次党代会报告中明确要求“推进地方史志等事业创新发展”，史志工作连续第四年写入省政府工作报告。12 月 14 日，省委书记刘家义同志和省长龚正同志在同一天对史志事业作出批示，12 月 12 日，省委常委、组织部长杨东奇，12 月 25 日，省委常委、宣传部长王清宪也作出批示。省委书记和省长在同一天对史志事业作出大段批示，在我省史志事业发展史上前所未有，在全国也是绝无仅有的。这两个批示加上标点都是 282 个字，既有对史志工作的充分肯定，也有对下步工作的具体要求，同时要求各级党委、政府和有关部门都要关心支持史志事业发展，站位非常高、内涵非常丰富、要求非常到位、措施非常有力、影响非常深远，是鼓励也是鞭策，请各市史志系统认真学习贯彻四位领导的批示精神，并且要向党委、政府主要负责同志和分管负责同志汇报好。此外，今年还有 11 位省领导对史志事业作出 26 次批示，四年多时间，省领导对史志工作批示达 114 次。今年省委出台的《关于大力弘扬沂蒙精神的意见》，省

委办公厅、省政府办公厅印发的《山东省传承发展中华优秀传统文化工作方案》《关于省扶贫工作重点村加快建设美丽乡村的意见》，省委宣传部等40个部门出台的《山东省文化领域供给侧结构性改革实施方案》，都将史志工作列为重要内容，将省史志办列为责任单位。各级党委、政府主要领导都十分重视支持史志事业。枣庄市委书记李同道，潍坊市委书记刘曙光、市长李宽端，济宁市委书记王艺华、市长傅明先，日照市委书记刘星泰、市长齐家滨，临沂市委书记林峰海、王玉君，市长张术平，德州市长陈飞，滨州市委书记张光峰、市长崔洪刚，菏泽市委书记孙爱军、市长解维俊等领导都多次对史志事业作出批示、指示。

我省史志工作取得的成绩得到中指组领导的充分肯定。李培林常务副组长批示“山东省地方志工作不仅在修史编志的主业上成绩显著，更重要的是在围绕中心、服务大局方面创造性地开展工作，值得认真总结经验，加以推广”。今年我省年鉴、方志馆、信息化、科研等方面的工作都受到中指组通报表扬。四年多来，全省广大史志工作者团结拼搏、奋发有为，创造出“围绕一个目标、提高两个站位、突破三个重点、落实‘六全’任务”的“山东经验”。这次全国会议具有现场会的性质，在我省史志事业发展史上具有里程碑式的重要意义。这次会议是党的十九大之后全国地方志系统召开的一次重要会议，对第五届中指组成立以来全国地方志工作取得的成绩和经验进行了系统的梳理和总结，强调党的十九大精神尤其是习近平新时代中国特色社会主义思想对全面推进史志事业转型升级的引领作用，系统阐述史志事业转型升级的重要意义、丰富内涵和实现路径，并对未来五年工作进行了规划部署，为下步工作指明了方向。为了筹备好这次会议，我们不但深入总结提炼了“山东经验”，还组织编纂了《山东史志事业转型升级的实践与探索》《山东史志事业文件资料汇编》《全省史志事业发展规划纲要汇编》《齐鲁方志人》等材料，制作了《山东地方史志事业创新发展纪实》画册、专题片等，在会场摆放了省市史志工作成绩展板和近年来的史志成果，会务工作也是搞得热情周到，充分展现了我省史志事业的突出成就和广大史志工作者的风采，得到了中指组领导的高度评价和全国史志同仁的一致认可，产生了积极的反响。

（二）“三全”目标扎实推进，取得重要的阶段性成果

1. 加强顶层设计，狠抓督查落实。2015年我们在全国第一个以省政府办公厅名义印发省级史志事业发展规划纲要，率先提出“三全”目标任务。市县两级史志机构结合实际出台史志事业发展规划，2017年8月在全国率先实现省市县三级史志规划“全覆盖”，到目前也是全国唯一，明确了“十三五”时期史志事业发展的时间表、路线图，实现一张蓝图绘到底。在此基础上我们狠抓督查落实。对17市和11个尚未完成省志分志初稿的省直部门有针对性地反馈督查情况，引起高度重视。深入烟台、枣庄、青岛、潍坊、滨州、日照、临沂、淄博、济宁等地现场督导，召开“三全”目标推进会，争取党委、政府主要负责同志支持。淄博、烟台、潍坊、济宁、泰安、滨州、菏泽等市也对“三全”目标任务贯彻落实情况开展了督查。

2. 第二轮修志进展顺利。在今年这个关键的时间节点，我们进一步加大了工作力度，省政府办公厅专门印发第二轮修志进展情况通报，这个力度可以说是空前的。各市、县（市、区）史志办也把第二轮修志作为重点工作牢牢抓在手上。济南、青岛、淄博、泰安、日照、莱芜、菏泽完成了市县两级第二轮修志任务。东营、德州、聊城市志即将评议，三个市的县级二轮修志任务已经完成。截至目前，74 部省志分志完成 49 部，占计划的 66%；17 部市志完成 12 部，占计划的 70%；138 部县级志书完成 116 部，占计划的 84%。在加快进度的同时，严格执行志书质量管理规定，抓好志书评议等质量控制关键环节，今年评议省志分志 10 部、市级志书 3 部、县级志书 11 部，《胶州市志》《芝罘区志》被确定为省级重点志书，通过一系列扎实有效的措施，第二轮修志实现质量和进度同步推进。

3. "一年一鉴"实现重大突破。今年年鉴工作在省市县三级的共同努力下，可以说上了一个很大的台阶。我们推动 64 个尚未实现"一年一鉴、公开出版"的县（市、区）全部启动相关工作，截止到 12 月底，尚有 24 部年鉴未出版，其中，有 20 部年鉴已交出版社审核或送印刷厂，2018 年 2 月底前均能出版，只有烟台市芝罘区、福山区和潍坊市坊子区、青州市困难比较大，预计 2018 年 5 月出版。应该说，这也是个重大突破。省里出台《山东省地方综合年鉴编纂出版业务规范》，进一步规范年鉴编纂工作，提升年鉴编纂质量。全省年鉴编纂继续提速增效，《山东年鉴》2017 卷继续保持在 6 月份出版，进一步改革创新，增强了实用性和可读性，《山东省情概览》《泰安年鉴（袖珍本）》今年 4 月出版，时效性大为增强。年鉴质量也有了很大提高，中指组通报表扬了全国地方志优秀成果（年鉴类），《山东年鉴（2016）》获省级综合年鉴第三名，《淄博年鉴（2016）》《乳山年鉴（2016）》获特等年鉴，全国获特等年鉴的，地市级综合年鉴仅有 6 部，县区级综合年鉴仅有 17 部。

4. 方志馆建设形势良好。省政府办公厅印发《全省方志馆建设管理规范》，是全国第一个由省级政府印发的关于方志馆建设的规范性文件，在全省乃至全国方志馆建设工作中具有里程碑意义。《规范》明确规定市级馆不低于 2000 平方米、县级馆不低于 1000 平方米，提出每 1000 平方米配备 3 至 5 名工作人员等保障措施，成为推动方志馆建设"全覆盖"的强有力抓手。省方志馆新馆建设方案已经省政府同意，计划建设面积 2 万多平方米。市级方志馆大都按要求落实馆舍，面积 4500 平方米的日照市方志馆建成开馆，反响很好。国家方志馆黄河分馆暨东营市方志馆面积达 2 万平方米，春节前将投入使用。莱芜市方志馆争取到 2 万多平方米的馆舍并争取创建国家方志馆冶炼分馆和全国方志文化主题公园，青岛、潍坊等市方志馆规划 1 万多平方米。全省已建成、在建或已规划新建县级方志馆中，面积达到 1000 平方米以上的有 90 多家，25 家在 2000 平方米以上，其中寿光市方志馆已建成馆舍达 1 万平方米，诸城市方志馆已建成馆舍达 8000 平方米，其余县（市、区）正在按要求抓紧落实馆舍。莱芜市编办批复成立莱芜市方志馆，为市史志办所属正科级公益一类事业单位，核定编制5名，配备馆长1名、副馆长1名。

（三）史志事业创新发展，各项工作取得新进展

1．信息化建设深入推进。我省史志信息化建设一直走在全国前列，不但在全国率先实现省市县三级地情网站全覆盖，而且率先实现了第二轮改版升级。今年省情网完成第7次改版升级，更新信息5000多篇，总访问量达1370多万人次。在“今日头条”手机客户端开通“山东史志”头条号，发布信息700多篇，阅读量230万人次。搞好“山东史志”微信平台运行，发布稿件1000多篇，1.7万人关注。完成首轮县志数字化项目，今年42部志书4600万字信息录入省情资料库，全部项目总计新增65部志书7000万字信息。印发《关于规范地情网站管理工作的通知》，加强县级地情网站建设管理指导。实施“山东省志鉴编纂资源库工程”，增强修志编鉴信息化、数字化水平。淄博、济宁、泰安、威海、日照、临沂、德州、菏泽和部分县级史志机构等23家单位开通了史志微信。“即墨谱牒”博客、“智慧临沂”手机客户端等史志信息化平台也在弘扬方志文化、扩大社会影响等方面发挥了积极作用。

2．旧志整理再创佳绩。完成《山东省历代方志集成》青岛、淄博、枣庄、东营、烟台卷整理影印，收录旧志96种、2200余万字、33册，整个项目任务过半，进展顺利。此外枣庄、东明、巨野都出版了旧志集成，《历乘》、康熙《济宁州志》、乾隆《泰安府志》、光绪《日照县志》、康熙《莱芜县志》、《德州乡土志集》等一批旧志整理成果出版发行。

3．乡镇村志编修蓬勃开展。2016年8月，省政府办公厅转发《关于做好乡镇村志编修工作的意见》。2017年3月，我们又印发《齐鲁名镇名村志文化工程实施方案》，准备用三年时间编修100部“齐鲁名镇名村志”，每部资助印刷资金2万元，今年4月份召开启动会并举办两期培训班，培训250人次。各市积极响应，济南、泰安、莱芜印发了相关文件，淄博、济宁召开现场会，推动面上工作开展。威海市史志办出版90万字的《威海传统村落》，德州市史志办编纂完成800万字的《德州乡村志略》。邹城《中心店镇志》入选第二批中国名镇志丛书，首批16部齐鲁名镇名村志文化工程志书出版发行，在昨天召开了新闻发布会，引起社会各界的广泛关注。

4．服务中心工作成效显著。省市史志机构通力合作，积极推进《山东省对口支援新疆志》《山东省对口支援西藏志》编纂，完成初稿60万字。启动了《山东抗日根据地志》《山东解放区志》编纂，共计300万字，计划2019年出版，向建国70周年献礼。启动编纂《沂蒙精神志》《沂蒙精神概述》《沂蒙红嫂志》，大力弘扬沂蒙精神。着手研究编纂《京杭大运河山东段志》。此外，潍坊市史志办编纂了《潍坊解放战争史辑》，济宁市史志办编纂了《济宁大事记》《济宁市对口支援新疆志》，莱芜市史志办出版了《莱芜金石志》，积极发挥优势，服务中心工作。

5．史志资源开发利用成果丰硕。省里出版了《山东省历史地图集》、《齐鲁历史名人传略》丛书、《山东简史》、《山东地方治理历史经验参考》等史志成果。制作完成6集《山东抗战将士记忆》口述史专题片，推进齐鲁历史名人动漫项目，《辛弃疾》《李清照》《曾子》《姜太公》

完成，《孟子》《孔子》正在进行后期制作，策划“齐鲁方志影像工程”。东营市史志办与电视台制作了25集历史文化专题片《黄河口史话》，编纂了《东营市老民谣》，潍坊市史志办编纂的《潍坊历史青少年读本》，济宁市史志办编纂的《济宁老照片》，聊城市史志办编纂的《聊城古今五千年》《聊城市历史文化遗存》等都很好地传承弘扬了优秀传统文化，产生积极的社会影响。

（四）自身建设再上台阶，转型升级动力更加强劲

1. 加强队伍建设。一是着力提高政治素质，全省史志系统深入学习贯彻党的十九大精神和省第十一次党代会精神，大力推进“两学一做”学习教育常态化制度化，在做好“规定动作”的同时搞好“自选动作”，省里组织开展学习党的十九大精神、省第十一次党代会精神答题等活动，丰富学习形式和内容。抓好关键少数，在遵义干部学院举办全省史志系统领导干部培训班，45人参加培训，取得良好效果。二是积极开展文明单位创建。省史志办成功创建省级文明单位。济南市史志办、泰安市史志办、莱芜市史志办、临沂市史志办等积极参加文明城市创建活动，济宁市史志办、聊城市史志办成功创建市级文明单位。三是继续加强人才培养，省里举办了全省精品志书编修培训班，参训学员111人，中指组秘书长冀祥德等10位领导和全国知名专家授课。同时邀请西部6省区41名史志工作者参加培训。济宁、临沂专门举办了修志业务培训班。四是继续发挥典型引路作用，总结推广了青岛市志续修工作经验和费县完成“三全”目标的经验做法。

2. 加强文化建设。推进《山东省志·地方史志志》，完成初稿140万字。连续出版第三卷《山东地方史志年鉴》。各市县积极开展相关工作，《淄博市地方史志志》《莘县地方史志志》出版，《枣庄史志志》启动。省里召开了全省方志理论研讨会，加强方志理论研究。召开方志期刊座谈会，提升全省史志系统办刊水平。《山东史志》刊物由单色印刷改为四色彩印，进行11项改革创新。日照市史志办创作《光荣使命——日照史志之歌》，德州市史志办出版《德州方志人文集》，莘县史志办出版《我们方志人》，为方志文化建设添砖加瓦、增光添彩。

3. 加强宣传合作。一是争取主流媒体支持，大众日报、山东电视台等20余家媒体对中指组在我省召开经验交流会、齐鲁名镇名村志文化工程等工作进行了报道。《东营日报》《济宁日报》《莱芜日报》等也对当地史志工作进行了集中报道。二是充分利用自有媒体加强宣传，各级地情网站、微信公众号关注度不断提高，利用“山东史志”微信平台开展第一届十大年度人物评选活动，十天时间40余万人在“山东史志”微信投票，产生很大反响。三是扩大交流合作，省里落实2016年出访德国成果，推动山东大学、山东师范大学同时成立两个莱布尼茨研究中心。德国下萨克森州州长斯特凡·威尔出席了山东师范大学中德莱布尼茨研究中心成立仪式。邀请世界莱布尼茨学会秘书长李文潮教授等德国友人访问，聘请他担任顾问，为对德交流合作牵线搭桥。组团访问挪威和瑞典，是山东6年多到访挪威的第一个公务团组，为史志文化和齐鲁文化走出去作出积极贡献。济南市史志办开展了“史志开放周”活动，

淄博市史志办开展了“志鉴进万家”活动，莱芜市史志办与市委党校等联合建立莱芜地情资料中心，不断扩大史志工作的社会影响。

近年来，我们之所以创造出“山东经验”，走在全国前列，受到各级领导和社会各界的一致好评，这既是省委、省政府高度重视和关心支持的结果，也得益于全省广大史志工作者齐心协力、顽强拼搏，干事创业、无私奉献，大家保持了昂扬向上的精神风貌，弘扬“修志问道、直笔著史”的方志人精神，凝聚起转型升级、创新发展的强大力量。这些年省里给各市县史志办安排了很多任务，但大家都顾全大局，给予了大力支持，形成了全省上下一心一意谋发展、同心同德干事业的良好局面。可以说“山东经验”是全省1300多名史志工作者共同创造的，是集体智慧的结晶。借此机会，我代表省史志办，向各位主任并通过你们向全省广大史志工作者致以崇高的敬意和衷心的感谢！

二、深入学习贯彻党的十九大精神，在史志事业发展新时代展现新气象、取得新作为

（一）以习近平新时代中国特色社会主义思想为指导，推进史志事业转型升级、创新发展

党的十九大确立了习近平新时代中国特色社会主义思想，开启了全面建成小康社会、建设社会主义现代化强国的新征程，为实现中华民族伟大复兴的中国梦绘就了宏伟蓝图，为史志事业发展提供了根本遵循。习近平总书记在十九大报告中指出“这个新时代，是承前启后、继往开来、在新的历史条件下继续夺取中国特色社会主义伟大胜利的时代，是决胜全面建成小康社会、进而全面建设社会主义现代化强国的时代，是全国各族人民团结奋斗、不断创造美好生活、逐步实现全体人民共同富裕的时代，是全体中华儿女勠力同心、奋力实现中华民族伟大复兴中国梦的时代，是我国日益走近世界舞台中央、不断为人类作出更大贡献的时代”。中国特色社会主义进入新时代，引领史志事业发展迈进了新时代，迎来了新的历史起点和新的历史方位。辨明历史方位，才能把握发展大势。作为记录历史的“史官”，我们一定要有高度的政治站位、历史敏感和文化自信，把思想和行动统一到党的十九大精神上来，切实做到学懂、弄通、做实，以习近平新时代中国特色社会主义思想为指导，以开拓进取的精神，开启史志事业发展新征程，全力推进史志事业转型升级、创新发展，展现新气象、取得新作为。

1．以“新目标”为引领，放大史志事业新格局。党的十九大提出到本世纪中叶把我国建设成富强民主文明和谐美丽的社会主义现代化强国的战略目标。这一目标，使我们对实现社会主义现代化的认识更加深刻而全面，为史志事业指明了前进方向。我们必须紧紧围绕这个目标，更加紧密地团结在以习近平同志为核心的党中央周围，朝着实现现代化强国的战略目标前进。习近平总书记强调“要高度重视修史修志，把历史智慧告诉人们，激发我们的民族自豪感和自信心，坚定全体人民振兴中华、实现中国梦的信心和决心”。李克强总理批示“修志问道，以启未来”“为当代提供资政辅治之参考，为后世留下堪存堪鉴之记述”。我们从事的是志载天下、为公为

民的神圣事业，我们留下的是传承百代、历久弥新的千秋伟业。在实现中华民族伟大复兴的中国梦和“两个一百年”奋斗目标的伟大征程中，在史志事业大步迈进新时代的新形势下，真实客观记录这一伟大征程并传承后世，史志工作者责任重大、使命光荣。我们要在新的历史起点上承前启后、继往开来，在新的历史条件下推动史志事业转型升级、创新发展，做到“志、鉴、库、馆、网、用、会、刊、研、史”十业并举。我们要大力传承弘扬修志文化传统，让史志成为党和国家不可或缺的伟大事业。我们要开拓创新，不断扩大史志功能和影响力，让史志进入各行各业、千家万户，惠及社会各界和人民群众。我们要发扬专业精神，以专业能力挖掘和弘扬地方历史文化、助力建设社会主义文化强国，为中国梦凝聚史志力量。我们要大力弘扬方志文化，为中华文化走出中国、走向世界贡献力量。我们史志人一定要有大情怀、大境界、大格局，切实肩负起建设社会主义现代化强国的历史使命，在这个伟大的时代发挥出更加重要的作用。

2. 以“新矛盾”为导向，开创史志事业新境界。党的十九大指出“我国社会主要矛盾已经转化为人民日益增长的美好生活需要和不平衡不充分的发展之间的矛盾”，这是中国特色社会主义进入新时代最重要的阶段性特征。对当前中国社会主要矛盾的准确分析，为做好史志工作提供了更加明确的方向性依据。我国社会主要矛盾的转化，对于做好史志工作提出了更高更新的要求。一方面，要以人民日益增长的美好生活需要为导向，做好各项文化服务工作。随着中国从“富起来”到“强起来”的转变，老百姓也不再满足于吃饱穿暖，对美好生活的渴望更加强烈，要求有更丰富的精神文化生活。我们必须牢固树立“为民”“惠民”理念，精心策划地情开发利用选题，力促史志成果贴近实际、贴近生活、贴近群众，推出更多具有地方特色、反映群众需求的史志成果，满足群众文化需求。积极主动地融入公共文化服务体系建设，以方志馆和地情网站、信息化平台为依托，打造史志公共文化服务体系。开展更多的群众性史志文化活动，开辟更多服务窗口和渠道，研究传播规律、创新传播方式方法，激发大众兴趣，为不同层次的对象提供独具特色和魅力的史志文化服务。另一方面，全力解决发展不平衡不充分的核心问题。近年来，我省史志事业蓬勃发展、高位运行，创造出“山东经验”，走在了全国前列。但我们也要清醒地看到，我们并不是每项工作都是排头兵，在某些方面对照全国先进还有差距，史志事业发展依然不平衡不充分。长期以来制约史志事业发展的一些重大问题，比如个别地方和部门对史志工作重要性认识不够，相关法规规章和规划纲要落实不到位，史志机构不健全、不完善，编制、人员和经费不足，史志成果质量有待进一步提高，史志人才队伍青黄不接、人员素质亟待提升，方志馆与信息化等公共文化平台建设依然比较滞后，方志文化影响力依然不足、有待彰显，等等，当前这些问题较以往虽然有很大的好转，但并没有得到根本解决。发展是解决史志事业面临所有问题的基础和关键，要解决不平衡不充分这个矛盾，必须要依靠高质量的发展，要求我们勇于直面突出问题和主要矛盾，抓重点、补短板、强弱项，继续埋头苦干，推动实现更高质量、更有效率、更可持续的发展。

3. 以“新思想”为指引，开拓史志事业新思路。党的十九大最重要的成果就是确立了习近平新时代中国特色社会主义思想，这是与马克思列宁主义、毛泽东思想、邓小平理论、“三个代表”重要思想、科学发展观一脉相承的马克思主义中国化最新理论成果，是指导新时代推进中国特色社会主义事业新发展的理论指南，是做好新时代史志工作的基本遵循。习近平新时代中国特色社会主义思想的精神实质和科学内涵非常深刻和丰富，针对各项工作提出了明确的具体要求，要求我们切实用党的创新理论武装头脑、指导实践、推动工作，将习近平新时代中国特色社会主义思想的精神实质、科学内涵和基本要求贯彻到史志工作方方面面。习近平总书记在党的十九大报告中指出，“创新是引领发展的第一动力，要不断认识规律，不断推进理论创新、实践创新、制度创新、文化创新以及其他各方面创新”。习近平新时代中国特色社会主义思想本身就是新时代我党最重大的理论创新成果。当前史志事业处于发展的关键时期，只有全面创新，用创新的理念、创新的方法、创新的举措，不断深化改革、优化发展，适应经济社会发展需要并满足人民群众日益增长的文化需求，推进史志事业转型升级，才能不辜负党和国家重托，在全面建成小康社会和建成社会主义现代化强国的过程中永葆活力。大家一定要树立崇尚创新的发展观，把认识和行动凝聚到转型升级、创新发展上来，形成抓创新就是抓发展、谋创新就是谋未来的共识，在丰富的工作实践中求突破，筑牢以创新引领史志事业转型升级的思想基础。尤其是要把理论研究、理论创新摆在更加重要的位置，突出理论研究的前瞻性、系统性、科学性，透过现象看本质，揭示史志事业转型升级、创新发展的一般规律，不断开拓史志事业发展的新思路，引领史志事业发展迈上新的台阶。

（二）做好2018年有关工作

总的指导思想是：以习近平新时代中国特色社会主义思想为统领，深入学习贯彻党的十九大精神和省第十一次党代会精神，认真贯彻落实《山东省地方史志事业发展规划纲要（2016—2020年）》，狠抓“三全”目标落实，以继续走在全国前列为目标，围绕中心、服务大局，展现新气象、取得新作为，不断推进全省史志事业转型升级、创新发展，为加快推进由大到强战略性转变，奋力开创经济文化强省建设新局面作出新的更大贡献。重点开展以下工作：

1. 深入学习贯彻党的十九大精神，认真落实全国会议各项部署。全省史志系统要把学习贯彻党的十九大精神作为当前和今后一个时期首要的政治任务，进一步增强政治意识、大局意识、核心意识、看齐意识，切实把思想和行动统一到党的十九大精神上来，与贯彻省委、省政府和中指组各项决策部署结合起来，与落实省史志事业发展规划纲要和全国会议精神结合起来，推动各项工作落到实处、见到实效。

2. 全面完成第二轮修志任务。省史志事业发展规划纲要规定，2018年全面完成第二轮修志任务，目前已经到了十分关键和紧迫的冲刺阶段。尚未完成市志编修任务的东营、潍坊、临沂、德州、聊城，以及临沂的兰山、罗庄、河东、蒙阴、郯城、平邑，枣庄的薛城、峄城、滕州、台儿庄，济宁的市中、兖州、曲阜、汶上，潍坊的潍城、寒亭、青州，烟台的海阳、长岛，威海的荣成、乳山，滨州的阳信等22部县（市、区）志，都要加快推进，一个都不能掉队，对届时完不成任务的市、县（市、区）省政府将予以通报批评，追究有关人员的领导责任。此外，《山东省志·人物志》进入总纂阶段，相关书稿将陆续反馈给各市修改，请大家高度重视，务必在2018年第一季度完成修改任务，以免耽误整体进度。

3. 全面完成“一年一鉴”任务。今年没实现“一年一鉴”的县（市、区），尤其是烟台市芝罘区、福山区和潍坊市坊子区、青州市，要在明年全面完成，实现省市县三级地方综合年鉴编纂“一年一鉴、当年出版”。《山东年鉴》和《山东省情概览》继续坚持“改革创新、提速增效、服务现实”的工作理念，进一步改革创新、提升内涵，保持在6月份和4月份出版。继续搞好《山东地方史志年鉴》编纂。同时抓好《山东省地方综合年鉴编纂出版业务规范》贯彻落实，加强各级各类年鉴的规范化建设，争取更多年鉴实现上半年出版，实现更高水平的年鉴全覆盖。推动更多省直部门编纂年鉴。

4. 全力搞好方志馆建设。明年第二轮修志和“一年一鉴”任务都将全面完成，方志馆建设成为“三全”目标任务最后的堡垒，成为史志系统以实际行动落实党的十九大精神、在新时代展现新作为最为紧迫的重要环节，大家务必要引起高度重视。尽管当前的形势比较好，但我们也要清醒地看到，按照方志馆《规范》规定的馆舍标准，还有相当一部分市和县（市、区）馆舍不达标或尚未落实到位，有新建或改造提升计划的不少还停留在纸面上，有的已经落实了馆舍但是还面临装修布展等大量后续工作要做。方志馆的建设周期比较长，虽然我们计划到2020年方志馆全部建成达标，但是算上基建和装修布展的时间，可以说时间紧、任务重。《规范》的出台可以说为方志馆建设搞好了顶层设计，下一步，关键是抓好落实。大家要牢牢抓住馆舍这个“牛鼻子”，积极争取各级党委、政府支持，多措并举、持之以恒地做工作，尚未达标的要继续积极争取，已经落实的要加快推进工程进度，坚持高起点规划、高标准建设、高效能管理，尽快开馆运行、管好用好、发挥作用，为到2020年省市县三级方志馆全部建成达标打下坚实的基础。

5. 加快信息化建设步伐。运用“互联网+”思维提升信息化建设水平，完善省情网第7次升级改版后续工作，开发省情网新功能，推动云计算、大数据等创新融合，搞好“山东省志鉴编纂资源库工程”建设，进一步提高资料库系统技术水平。市县两级史志机构要加强信息化建设，探索应用更多新技术手段，创新史志系统信息化服务模式。按照国家和省里的要求，目前县级政府部门网站正在进行整合、关停、迁移，已经关停47个县级地情网站，另有7个被整合到县级政府门户网站，10个处于不管理、不更新状态。地情网站是信息化建设的重要阵地、主要方式和有效渠道，实行规范化管理是必要的，但绝不能“一关了之”、“只关停不迁移内容”。我们要树立“在夹缝中求生存”的理念，把资源进行整合，实现集约运行，争取在政府门户网站开设史志专栏或地情专栏，建立独立的入口页面，或将原独立网站内的资料迁移过去，建立地情分站点，坚决守住我们的“一亩三分地”。

6．做好围绕中心、服务大局有关工作。一是做好纪念改革开放40周年有关工作。编纂《山东改革开放四十周年大事记》，反映山东改革开放历史发展脉络和山东区域特点。编纂《山东改革历史镜鉴》，挖掘山东历史上改革变法史料，总结区域改革历史规律和特点，为全面深化改革提供历史借鉴。二是推进《山东省对口支援西藏志》《山东省对口支援新疆志》《山东抗日根据地志》《山东解放区志》《沂蒙精神志》《沂蒙精神概述》《沂蒙红嫂志》等专项志书编纂。适时召开《京杭大运河山东段志》编纂工作启动会。创新方志文化传播形式，继续推进齐鲁历史名人动漫项目，制作《走近山东民俗之二十四节气》动漫，实施“齐鲁方志影像工程”，推出更多围绕中心、服务大局、弘扬优秀齐鲁文化、群众喜闻乐见的史志成果。

7．大力推进旧志整理和乡镇村志编修。完成《山东省历代方志集成》潍坊、济宁、临沂卷的出版工作。深入推进齐鲁名镇名村志文化工程，适时在先进单位召开现场会，总结推广好的经验做法，力争2018年出版20部以上，推出一批体现山东特色、具有齐鲁韵味的精品佳志。

8．搞好交流合作和宣传推介。继续加强与国内外和港澳台地区高等院校、科研机构、档案机构、图书馆等单位的交流合作。积极邀请有关专家来山东访问交流，扩大与兄弟省（区、市）史志机构的交流，继续支援西部省区修志工作。加强与主流媒体的合作，为史志事业转型升级、创新发展营造良好的社会氛围。

9．打造高素质人才队伍。发挥领导干部的带头作用和党员的先锋模范作用，加强文明机关建设和党风廉政建设。继续开展有针对性的培训活动，举办全省史志系统领导干部培训班、全省精品志书编修业务培训班和乡镇村志编修培训班。通过全省方志理论研讨会、方志期刊座谈会等，交流工作经验，提高理论水平，培养更多优秀人才，打造高素质史志队伍。

10．搞好表彰评比。明年我们将组织开展三项表彰，分别是四年一度的以省政府办公厅、人力资源社会保障厅、公务员局名义开展的史志工作先进集体和先进个人评比表彰，两年一度的优秀年鉴评选，一年一度的以省政府办公厅名义组织的“山东省优秀史志成果奖”评选。各市史志办要高度重视，广泛发动，精心组织，积极配合，通过开展表彰活动，充分调动广大史志工作者的工作热情，积极营造干事创业良好氛围。

（三）切实增强责任感和使命感，狠抓工作落实

习近平总书记在十九大报告中指出“中华民族伟大复兴，绝不是轻轻松松、敲锣打鼓就能实现的”。他多次强调“一分部署，九分落实”。当前和今后一个时期，是史志事业转型升级、创新发展的战略机遇期。“三全”目标任务是省政府下达的法定目标任务，是史志部门的工作重点和抓落实的关键，我们一定要切实增强责任感和使命感，紧紧抓住“三全”目标任务这个关键，推动史志事业再上新的台阶，为加快推进由大到强战略性

转变、奋力开创经济文化强省建设新局面作出应有的贡献。各位主任作为“当家人”和“一把手”，是史志事业成败的关键少数，你们的工作格局、思路措施和精神状态直接影响一个市的史志工作水平。大家要深入思考一下，这几年省里把顶层设计都给大家做好了，营造了一个良好的干事创业的氛围，大家都在同一个政策体系下，为什么有的市工作搞得风生水起，有的市工作被动落后？我看很大程度上要从我们各位主任身上找原因。近几年来，我与各位主任也经常有工作沟通，有的主任说起工作情况和下步打算踌躇满志，有说不完的话；但也有些主任一说到工作就唉声叹气，摆出一大堆困难。我们当主任的，主要任务就是抓班子带队伍，去解决那些一般同志解决不了的困难，而不是在那里畏难发愁。2018 年我们要完成修志编鉴“两全”任务，责任非常重大，这也是考验我们各位主任能力水平的关键时候，要以踏石留印、抓铁有痕的精气神狠抓“三全”目标任务落实，振奋精神，鼓足干劲，敢于担当，积极作为，不怕困难，勇往直前。对那些进度慢、完成任务有困难的“硬骨头”，要咬住不放，靠上做工作，一抓到底，有什么问题解决什么问题，切实把“三全”目标任务贯彻落实好。要想方设法争取党委、政府重视支持，向党委、政府主要负责同志宣传好史志事业目标任务和大好形势，明确奋斗目标，理清工作思路，推动转型升级、创新发展。在这里我要特别表扬一下潍坊，面对历史遗留问题，魏永阳主任迎难而上，对上积极争取支持，对下狠抓贯彻落实，做了大量艰苦细致的工作，推动青州这种基本上处于停滞状态的老大难地区落实“三全”目标任务，扭转了被动落后的局面。最近省政府办公厅印发了第二轮修志情况通报，这是个很好的抓手，工作落后的地方一定要利用好这次机会，抓紧赶上进度。省里将继续通过政务督查等方式，进一步引起各级各部门重视支持，切实贯彻落实“一纳入、八到位”要求，省市县三级同心协力、共同努力，确保完成“三全”目标任务。

在这里，我还要特别强调一下党建工作。习近平总书记在党的十九大报告中强调“党政军民学，东西南北中，党是领导一切的”，党中央从来没有像今天这样重视党建工作。大家要坚持把抓好党建作为最大政绩，切实履行好管党治党重大责任，认真落实全面从严治党要求，做到守土有责、守土负责、守土尽责，牢牢把握“旗帜鲜明讲政治”的首位要求，积极开展好“不忘初心、牢记使命”主题教育，确保史志事业在党的领导下朝着正确的方向前进。在当前的形势下，尤其要高度重视党风廉政建设，一方面，要以身作则，严于律己，自觉遵守党的政治纪律、组织纪律、廉政纪律，管好家属和身边工作人员，为干部职工做好表率。另一方面，要抓好班子，带好队伍，在做好业务工作的同时，落实“一岗双责”，抓好本单位的党风廉政建设，做到“两手抓，两手都要硬”，确保史志干部不违纪违法，维护史志系统风清气正的良好氛围，为史志事业发展保驾护航。

（责任编校：王复生）

大事记

2017 年大事记

1 月

7 日

《山东省志·民俗志》新书发布会暨民俗志书写与民间文化传承学术研讨会在济南召开。省政府办公厅党组成员、省史志办主任刘爱军出席会议。

9 日

济宁市史志办组织召开全市史志工作会议。济宁市政府副市长吴霁雯出席会议并讲话，市政府办公室副主任范秀瑞主持会议，市史志办主任张树礼作工作报告。

11 日

年鉴工作改革创新座谈会在济南召开。省政府办公厅党组成员、省史志办主任刘爱军主持会议并讲话。会议围绕《山东年鉴（2017）》《山东省情概览（2017）》《山东地方史志年鉴（2017）》进一步改革创新进行了深入的研讨。

△ 威海市史志办召开主任工作会议，传达学习全省史志办主任工作会议精神，总结 2016 年全市史志工作，研究部署 2017 年工作任务。

13 日

荣成市地方史志办公室设立年鉴科。

14 日

省长郭树清对省史志办《关于〈山东省对口支援新疆志〉〈山东省对口支援西藏志〉编纂工作情况的报告》作出批示：现代人修现代史要注意避免人为因素干扰，尽最大可能客观叙事、记载重要活动，充分体现实事求是。另外，编后是否先以内部文稿征求意见，持续时间尽量长一些，对象范围尽可能广一些。请王华、齐涛同志阅示。6 日，省委常委、常务副省长孙伟批示：报请树清、东奇、随莲同志阅。10 日，省委常委、组织部长杨东奇圈阅。9 日，副省长王随莲圈阅。16 日，省政府秘书长王华批示：请爱军同志落实好树清省长批示精神。

18 日

省史志办召开述职述廉和抓党建工作述职大会，全体干部职工参加会议。

19 日—20 日

《济南市市中区志（1991—2006）》志稿专家评审会召开。省政府办公厅党组成员、省史志办主任刘爱军，济南市副市长巩宪群出席会议并讲话。济南市市中区副区长李咸梁致辞。

23 日

省委常委、常务副省长孙伟对史志事业作出批示：近年来，我省史志工作围绕中心，服务大局，开拓创新，积极进取，取得了丰硕成果，走在了全国前列。望再接再厉，创造新的更大的成绩。各级政府和有关部门都要高度重视史志工作，深入贯彻落实省史志事业发展规划纲要，切实做到“一纳入、八到位”，尽快完成第二轮修志、综合年鉴“一年一鉴”全覆盖、方志馆建设等目标任务，充分发挥史志“存史、资政、教化”作用，为加快经济文化强省建设作出应有贡献。

△ 副省长王随莲对史志事业作出批示：2016年，省史志办在省委、省政府的坚强领导下，加强组织领导，完善工作措施，狠抓任务落实，第二轮修志加快推进，“一年一鉴”全覆盖工作稳步开展，方志馆建设得到进一步加强，各项工作都取得了新的明显成绩。特别是，结合山东实际，突出山东特色，在全国率先出台乡镇村志编修工作意见，启动援疆志、援藏志编纂，推出抗战研究丛书和电视专题片，出版《山东省历史地图集》《山东简史》和一批旧志整理成果，《山东年鉴》获得全国最高奖项，史志工作的整体水平、影响力进一步提升。我代表省政府，对一年来全省史志工作取得的成绩表示热烈祝贺，向史志系统的干部职工致以诚挚问候！2017年是实施“十三五”规划的重要一年。希望全省史志系统，全面贯彻党的十八大和十八届三中、四中、五中、六中全会精神，深入贯彻习近平总书记系列重要讲话精神，以走在全国前列为目标，狠抓“三全”目标落实，围绕中心、服务大局，勇于担当，主动作为，创造经得起实践和历史检验的实绩，不断开创史志工作新局面，以优异成绩迎接党的十九大和省第十一次党代会胜利召开！

△ 省政府秘书长王华对史志事业作出批示：2016年，史志工作思路清晰，工作扎实，开拓创新，成绩突出，走在了全国前列，创造出山东史志品牌，得到各级领导的充分肯定，这是史志办全体同志团结拼搏、无私奉献的结果。望进一步发扬成绩，提升能力，抓好落实，以更加优异的成绩迎接党的十九大和省十一次党代会胜利召开。

24日

省长郭树清对《山东省地方史志办公室关于2016年工作总结和2017年工作打算的报告》作出批示：请孙伟、守刚、夏耕、随莲、王华同志阅示。我省史志工作取得较好成绩，望能在此基础上更上层楼。修史编志一定要静得下心来，内容材料务必扎实，不能只注重数量，更要注重质量，请各相关部门都要关心支持史志工作。2月3日，省委常委、常务副省长孙伟圈阅。25日，副省长夏耕圈阅。25日，副省长王随莲圈阅。26日，省政府秘书长王华圈阅。

26日

副省长赵润田对《山东省地方史志办公室关于2016年工作总结和2017年工作打算的报告》作出批示：爱军同志，祝贺《山东年鉴》获得全国最高奖项，山东史志走在全国前列，感谢省史志办诸同志辛勤努力，使我们不断读到好书，从中获取教益，期盼奋发努力，有更多好书问世！

本月

省政府办公厅党组成员、省史志办主任刘爱军主编的《山东简史》由中国文史出版社出版发行。

△《烟台市工商业联合会志》出版

发行。该志是全国工商联系统出版的第一部行业志。

△ 蔡学平任德州市德城区地方史志办公室主任。

△ 张之江任宁津县地方史志办公室主任。

2 月

6 日

省长郭树清在省十二届人大六次会议政府工作报告中强调“继续抓好第二轮修志”，这是全省史志工作连续第四年写入省政府工作报告。

9 日

齐鲁历史名人动漫《李清照》评审会在济南召开。省政府办公厅党组成员、省史志办主任刘爱军出席会议并讲话。

△ 省史志办入驻资讯客户端“今日头条”，开通头条号“山东史志”。

14 日

德州市市长陈飞对德州史志工作作出批示：认真落实省长批示要求，扎实做好我市史志工作。

16 日

中共中央候补委员、中国社会科学院副院长、中国地方志指导小组常务副组长李培林在北京听取省政府办公厅党组成员、省史志办主任刘爱军工作汇报，对山东史志工作给予充分肯定。中国地方志指导小组办公室主任冀祥德参加活动。

△ 中共中央候补委员、中国社会科学院副院长、中国地方志指导小组常务副组长李培林对省史志办《2016 年工作总结和 2017 年工作打算》作出批示：祥德、爱军同志，山东省地方志工作得到省委、省政府高度重视，郭省长要求“各相关部门都要关心、支持史志工作”，多位省领导作出重要批示。这说明山东省地方志工作不仅在修史编志的主业上成绩显著，更重要的是在围绕中心、服务大局方面创造性地开展工作，值得认真总结经验，加以推广。

△ 省政府办公厅党组成员、省史志办主任刘爱军一行到北京向中国地方志指导小组办公室汇报工作，中国地方志指导小组办公室主任冀祥德，中国地方志指导小组办公室副主任刘玉宏、邱新立出席活动。

19 日

省人大常委会副主任宋远方对《山东省地方史志办公室关于 2016 年工作总结和 2017 年工作打算的报告》作出批示：祝贺省史志办所取得的工作成绩，感谢所赠《山东省历史地图集》等好书。史志工作非常重要、非常光荣，同时从事该项工作也非常辛苦。希望同志们再接再厉、围绕中心、服务大局，发挥好史志工作存史、资政、育人等重要作用，为建设经济文化强省做出更大的贡献。

21 日

临沂市委书记、市人大常委会主任林峰海对临沂市史志工作作出批示：“史志是文化建设的重要方面。搞好史志工作的标志，一是为现实政治、经济、文化建设服务，二是为将来留下翔实可靠的历史资料。望你们本着对现实和历史负责的态度，努力进取、扎实工作，把各方面工作提高到一个新水平，为加快社会主义大美新临沂建设做出应有贡献”。

22 日

省政府办公厅党组成员、省史志办

主任刘爱军主持召开莱布尼茨研究中心筹建工作座谈会，研究贯彻落实省长郭树清批示精神、筹建莱布尼茨研究中心等工作，省教育厅、省外办、山东师范大学等有关单位负责人参加会议。

△ 《山东省志·工业志》国防科工篇评议会召开。省政府办公厅党组成员、省史志办主任刘爱军，省国防科工办分党组书记、主任王超英出席会议并讲话，省国防科工办分党组成员、副主任王犍夫主持会议。

24 日

在日照市第十八届人民代表大会第一次会议上，日照市委副书记、市长齐家滨在《政府工作报告》中强调："完成首部《日照市志》（地级市）总纂稿"。这是日照市史志工作继 2013、2014 年后第三次写入《政府工作报告》。

28 日

刘志强任临沂市地方史志办公室主任。

△ 孙启东任莱芜市莱城区党史史志办公室主任。

本月

省史志办整理的《山东省历代方志集成》（省卷、济南卷）由齐鲁书社出版，收录 41 种旧志、42000 余筒子页、2000 余万字，精装 35 册。

△ 《商河县志（1991—2010）》出版。

3 月

1 日

中共中央委员、中国社会科学院院长、中国地方志指导小组组长王伟光在京听取省政府办公厅党组成员、省史志办主任刘爱军工作汇报，对山东史志工作给予充分肯定。

14 日

《山东省志·文物志》编纂工作推进会在济南召开。省政府办公厅党组成员、省史志办主任刘爱军，省文物局党组副书记、副局长周晓波出席会议并讲话，省文物局副局长董立新主持会议。

△ 祁桂菊任临沂市河东区地方史志办公室主任。

15 日

省政协主席刘伟对《山东省地方史志办公室关于 2016 年工作总结和 2017 年工作打算的报告》作出批示：省史志办工作做得很好。

16 日

《定陶县志（1991—2015）》志稿专家评审会召开。省政府办公厅党组成员、省史志办主任刘爱军，菏泽市政府党组成员郭保存出席会议并讲话。

17 日

省委常委、常务副省长孙伟对省史志办《关于筹建莱布尼茨研究中心等情况的报告》作出批示：同意随莲同志批示。此事也请省编办、教育厅、省外办研究提出意见。16 日，副省长王随莲批示：请孙伟常务副省长阅示。所提建议中涉及山东师范大学的内容很多，是否请山师提出意见。13 日，省政府秘书长王华批示：请随莲同志阅示。

△ 淄博市史志办召开淄博市区县史志办主任工作会议。会议传达全省各市史志办主任工作会议精神，各区县汇报了 2016 年工作情况和 2017 年工作打算，市史志办主任毕建国讲话。

20 日

菏泽市召开全市史志办主任工作会

议，传达全省各市史志办主任工作会议精神，总结交流2016年工作，安排部署2017年工作任务。

21日

《济南市槐荫区志（1989—2006）》专家评审会召开。省政府办公厅党组成员、省史志办主任刘爱军，济南市副市长巩宪群出席会议并讲话。槐荫区区长朱玉明致辞，区委常委、副区长胡民安汇报工作情况。

22日

淄博市政府办公厅印发《关于加强市、区县两级方志馆建设的工作方案》（淄政办字〔2017〕38号）。

23日

青岛市召开地情网站工作暨业务培训会议，各区市史志办主任、分管副主任和网站管理员参加会议。

23日—24日

德州市召开全市史志办主任工作会议。

28日

省委常委、组织部长杨东奇对《山东省地方史志办公室关于2016年工作总结和2017年工作打算的报告》作出批示：史志办工作做得有声有色，在全国走在了前列。望再接再厉，2017年再上新台阶！

△ 临沂市委书记林峰海对临沂市史志工作作出批示：史志工作是我市文化建设的重要内容，担负着传承历史文脉、记录当代文化、弘扬时代精神，特别是弘扬新时期沂蒙精神的重要使命。近年来，全市史志部门始终坚持“四个自信”，以修志编鉴为重心，认真负责、扎实工作，取得了较好成绩。希望全市广大史志工作者，深入学习党的十八大及十八届历次全会精神，深刻领会习近平总书记系列重要讲话精神，全面把握党中央治国理政新理念新思想新战略，牢固树立爱岗敬业、脚踏实地、严谨细致、积极进取的优良作风，以高度的政治责任感和历史使命感，为党立言、为政存绩、为民立传、为史留鉴，全力开创地方史志工作新局面，为加快社会主义“大美新”临沂建设作出新的更大贡献。

△ 临沂市委副书记、市长张术平对临沂市史志工作作出批示：史志工作是文化事业的重要组成部分，编修史志，传承历史智慧，可为当代发展提供有效借鉴。史志工作在提振精气神、坚持文化自信、促进经济社会发展方面具有重要作用。全市史志工作者要在传承和弘扬沂蒙精神上动脑筋、下功夫，全力推进我市第二轮志书编修工作，保质保量地完成任务目标，以史书的形式写好沂蒙精神，并不断赋予沂蒙精神新的内涵。要多出精品、多出佳作，在更广范围、更宽领域上促进文化事业持续发展，为建设“大美新”临沂作出贡献。

△ 临沂市召开全市史志工作会议。

30日

广东省政府地方志办公室党组成员、副主任丘洪松等一行到山东考察交流。省政府办公厅党组成员、省史志办主任刘爱军会见考察组一行。

△《山东省志·少数民族志》评议会召开。省政府办公厅党组成员、省史志办主任刘爱军，省民委（宗教局）主要负责人马传凯出席会议并讲话。

31日

魏永阳任潍坊市地方史志办公室主任。

△ 费县方志馆新馆正式对外开放。

本月

第一届“山东史志”十大年度人物评选活动举行，10 天时间 408243 人在“山东史志”微信投票。李世恩、侯玉杰、徐革、于芹、惠正法、吕俊峰、孙善英、毕泗国、徐杰、于文华当选第一届“山东史志”十大年度人物。

4 月

10 日

临沂市史志办主办的“沂蒙史志”公众号入驻搜狐公众平台。

10 日—12 日

济宁市史志编修培训班举办。中国地方志指导小组秘书长，中国地方志指导小组办公室党组书记、主任冀祥德，省政府办公厅党组成员、省史志办主任刘爱军出席开班式并讲话。济宁市委书记王艺华、市长傅明先分别会见了冀祥德、刘爱军一行，济宁市副市长吴霁雯在开班式上致辞，济宁市人大常委会副主任杜昌华主持开班式。

11 日

中国地方志指导小组秘书长，中国地方志指导小组办公室党组书记、主任冀祥德，省政府办公厅党组成员、省史志办主任刘爱军到泰安市调研，就泰安市承办“中国名山志文化工程”启动仪式召开座谈会。泰安市长李希信，市委副书记张涛，市委常委、组织部长高尚山，副市长成丽、张红旗，市政府秘书长张韧等参加活动。

13 日

山东省申报中国名镇志文化工程的《棘洪滩街道志》《王村镇志》《刘家沟镇志》《中心店镇志》四部志稿终审会在济南召开。省政府办公厅党组成员、省史志办主任刘爱军出席会议并讲话。

△ 泰安市地方史志工作会议召开。副市长成丽出席会议并讲话。各县（市、区）分管县（市、区）长、史志办主任，市直各部门（单位）等 200 余人参加会议。

14 日

《大众日报》专版刊发省政府办公厅党组成员、省史志办主任刘爱军介绍《山东省历史地图集》的署名文章《展现五千年自然人文变迁传承弘扬齐鲁优秀传统文化》。

15 日

济宁市委书记王艺华对史志工作作出批示：做好史志工作责任重大、意义深远。各级各部门都要重视支持史志工作，加强组织领导，强化工作保障，推动我市史志工作上台阶上水平，在服务全市经济社会发展上实现更大作为。

△ 枣庄市情网实现第五次改版运行。

26 日

省政府办公厅印发《关于 2016 年度山东省优秀史志成果的通报》（鲁政办字〔2017〕73 号），通报表彰 94 项优秀史志成果。

27 日—28 日

济南市史志办公室召开史志系统培训暨工作交流会。

28 日

齐鲁名镇名村志文化工程启动会议暨编修培训班在济南召开。

△ 省委宣传部等 40 个部门印发《山东省文化领域供给侧结构性改革实

施方案》（鲁宣发〔2017〕15号），明确省史志办作为责任单位，把史志工作纳入其中。

△ 李贞锋任莱芜市地方史志办公室主任。

本月

省史志办编纂的《山东省情概览（2017）》出版。

△《寿光市志（1991—2010）》《临清旧志》〔《临清州志》（康熙十二年）、《临清州志》（乾隆十四年）、《临清直隶州志》（乾隆五十年）、《临清县志》（民国二十三年）合订本〕出版发行。

5月

5日

全省年鉴工作座谈会在济南召开。会议交流了《山东年鉴（2017）》供稿、县级综合年鉴“一年一鉴、公开出版”情况，部署《山东地方史志年鉴（2017）》供稿任务，研究全省参加全国地方志优秀成果（年鉴类）评审年鉴。

12日

张振华任东营市河口区地方史志办公室主任。

14日

李经发任济南市史志办公室党组书记、主任。

15日

省政府办公厅党组成员、省史志办主任刘爱军一行到沂水县调研史志工作。临沂市副市长常红军，沂水县委书记薛峰、县长陈永生等参加活动。

16日

内蒙古自治区地方志办公室主任胡满达一行到山东考察方志馆建设工作。省政府办公厅党组成员、省史志办主任刘爱军会见考察组一行。

23日

柏林—勃兰登堡科学院莱布尼茨全集编辑部主任、汉诺威莱布尼茨大学莱布尼茨研究所所长、世界莱布尼茨学会秘书长李文潮，德国下萨克森州政府对华合作顾问、省史志办与德国交流顾问迪特·舒伯特及其夫人高欣访问省史志办。省政府办公厅党组成员、省史志办主任刘爱军会见客人一行，聘请李文潮为省史志办与德国交流顾问，高欣为省方志馆与德国交流顾问。

24日

中德莱布尼茨研究中心成立仪式暨“莱布尼茨与中国文化”国际学术研讨会在山东师范大学举行。德国下萨克森州州长斯特凡·威尔，柏林—勃兰登堡科学院莱布尼茨全集编辑部主任、汉诺威莱布尼茨大学莱布尼茨研究所所长、世界莱布尼茨学会秘书长李文潮，省政府办公厅党组成员、省史志办主任刘爱军等出席仪式。

25日

《烟台市芝罘区志（1983—2002）》志稿评议会召开。省政府办公厅党组成员、省史志办主任刘爱军出席会议并讲话，烟台市史志办主任季胜林、烟台市芝罘区副区长慕程杰等参加会议。

△《莱阳市志（1978—2005）》首次发行会召开。省政府办公厅党组成员、省史志办主任刘爱军，烟台市副市长张波，著名历史学家阎崇年，中国民主法制出版社社长、总编辑刘海涛，莱阳市市长慕欣等出席会议。

26日

烟台市史志工作“三全”目标推进

会召开，省政府办公厅党组成员、省史志办主任刘爱军，烟台市副市长张波出席会议并讲话。烟台市长张永霞、市委副书记王继东、副市长王晓军会见刘爱军一行。

△ 日照市委副书记、市长齐家滨对史志工作作出批示："市史志办工作积极主动，成绩值得肯定和表扬。《日照市志》编纂工作量大，社会关注，希望尽职尽责，保质保量，为日照的历史、文化、经济社会发展书写一部华章。"

31日

日照市委书记刘星泰对史志工作作出批示：《日照年鉴》2016卷很有特色，令人耳目一新，值得肯定。望大家继续努力，下足功夫，把《日照市志》打造好！

△ 张志强任临沂市罗庄区史志办公室主任。

本月

王付明任菏泽市牡丹区史志办主任。

6月

2日

《苍山县志》首次发行暨《荀子志》编纂启动工作会议召开。省政府办公厅党组成员、省史志办主任刘爱军，临沂市副市长、兰陵县委书记郑连胜出席会议并讲话，兰陵县委副书记吴恩坤、县人大常委会副主任张同峰、县政协副主席王克洪等参加会议。

7日

省政府秘书长王华对省史志办《关于〈山东年鉴（2017）〉编纂情况的报告》作出批示：在爱军同志带领下，《山东年鉴（2017）》以优良的组稿、编辑出版了，体现了严谨、细致、规范、创新的理念和作风，树立了史志人与作品的良好形象。望再接再厉，以精益求精的工匠精神做好史志工作。

9日

中央电视台《地理中国》栏目组走进市史志办，为云台山、马耳山、红柱石等地质地貌寻根究源。

9日—16日

省政府办公厅党组成员、省史志办主任刘爱军率省史志办考察交流团一行3人赴挪威、瑞典考察交流。分别拜访了挪威国家档案局卑尔根分局、奥斯陆电影农场历史纪录片公司、瑞典韦斯特曼省博物馆、瑞典远东博物馆、乌普萨拉博物馆等历史文化研究机构，拜会了挪威国家档案局卑尔根分局局长运格韦·奈德波、奥斯陆电影农场历史纪录片公司负责人阿兰·米莉甘、瑞典韦斯特曼省博物馆馆长马格努斯·伽格，瑞典远东博物馆负责人李东，《安特生传》作者之一克里斯蒂娜等，就历史文化研究与合作、搜集山东旧志等问题行深入交流。

10日

杨雪莹任淄博市博山区史志办公室主任。

21日

日照市政府副市长林彦芹对史志工作作出批示：盛世修志，以鉴未来。希望市史志办站在时代发展的高度，把握历史发展的规律，打破常规，创新思维，客观、真实、全面记录我市改革发展中的新变化、新成就，在日照发展史上写下精彩的一页。

26日—27日

全省史志系统信息化建设培训会在济南召开。

26日—30日

全省精品志书编修培训班在济南举办。中国地方志指导小组秘书长，中国地方志指导小组办公室党组书记、主任冀祥德出席开班式并授课，省政府办公厅党组成员、省史志办主任刘爱军出席开班式并讲话。

28日

王茂春任日照市东港区委党史研究室主任。

29日

《山东年鉴（2017）》出版发行，在省级综合年鉴中连续第四年保持全国最早出版。

30日

省政府任命王兴合为省史志办副巡视员。

△ 省史志办机关举办“齐鲁方志人”演讲比赛。

本月

《莒县书画志》出版发行。该志是全省第一部书画志。

△ 影印版《莘县乡土志（莘县乡土志、朝城县乡土志、观城县乡土志）》印刷，该书一函三册，含光绪《莘县乡土志》一册，光绪《朝城县乡土志》一册，光绪《观城县乡土志》一册。

7月

3日

安丘市史志办与景芝酒业股份有限公司联合举办《景芝酒志》发行会，中指办副主任刘玉宏、省史志办副主任翟世林、潍坊市史志办主任魏永阳，中国酒业协会部分领导及专家出席会议。

6日

《山东省志·共青团志》志稿评议会在济南召开。省政府办公厅党组成员、省史志办主任刘爱军，团省委书记陈必昌出席会议并讲话。

10日

《山东抗日根据地志》《山东解放区志》编纂工作启动会议在济南召开。省政府办公厅党组成员、省史志办主任刘爱军出席会议并讲话。

13日

全国地方志优秀成果（年鉴类）评审系列会议暨《中国抗日战争志·军事志》编写研讨会在龙口市召开。中国地方志指导小组秘书长，中国地方志指导小组办公室党组书记、主任冀祥德出席会议并讲话。中指办原党组书记田嘉，中国地方志指导小组办公室副主任邱新立，省政府办公厅党组成员、省史志办主任刘爱军，河北省地方志办公室主任杨洪进，烟台市政府副秘书长张焕伟，龙口市长吕波，龙口市委常委、副市长马吉嘉参加会议。

△ 中国地方志指导小组秘书长，中国地方志指导小组办公室党组书记、主任冀祥德，省政府办公厅党组成员、省史志办主任刘爱军到招远市调研史志工作，招远市委常委、常务副市长王浩参加活动。

14日

中国年鉴精品工程试点单位2017年卷年鉴篇目研讨会在龙口市召开。中国地方志指导小组秘书长，中国地方志指导小组办公室党组书记、主任冀祥德，省政府办公厅党组成员、省史志办主任刘爱军出席会议并讲话。

△ 中国地方志指导小组秘书长，中国地方志指导小组办公室党组书记、主任冀祥德，省政府办公厅党组成员、省史志办主任刘爱军到烟台市莱山区调研史志工作，烟台市副市长张波参加活动。

25 日

枣庄市史志工作“三全”目标推进会召开。省政府办公厅党组成员、省史志办主任刘爱军，枣庄市副市长刘吉忠出席会议并讲话。枣庄市委书记李同道，市委常委、秘书长朱国伟会见刘爱军一行。

26 日

青岛市史志工作“三全”目标推进会召开。省政府办公厅党组成员、省史志办主任刘爱军出席会议并讲话。

△《胶州市志（1987—2013）》志稿专家评审会召开。省政府办公厅党组成员、省史志办主任刘爱军出席会议并讲话，胶州市长张友玉参加活动，副市长高燕致辞。

28 日

《山东省志·建设志》志稿评议会在济南召开。省政府办公厅党组成员、省史志办主任刘爱军，省住房和城乡建设厅厅长王玉志出席会议并讲话，省住房和城乡建设厅副厅长周善东介绍有关情况。

本月

《山东省志·证券志（1880—2005）》出版。

8 月

1 日—3 日

全省史志系统领导干部培训班在遵义干部学院举办。培训期间，召开了全省各市史志办主任工作会议。

5 日

中国地方志指导小组印发《关于对地方志优秀成果（年鉴类）的通报表扬》（中指组字〔2017〕4 号）文件，山东省申报的 20 部年鉴全部获通报表扬。

11 日

菏泽市人民政府办公室印发《关于加强县区方志馆建设的指导意见》。

14 日—19 日

省史志办赴内蒙古考察交流史志信息化建设工作。

16 日

淄博市区县史志办主任会暨名镇名村志推进工作现场会在周村区召开。

21 日

中国地方志指导小组办公室《关于对全国地方志科研工作先进单位通报表扬的通知》（中指办字〔2017〕137 号），通报表扬了山东省史志办等 33 个单位。

△ 潍坊市委书记刘曙光对史志工作作出批示：地方志是中国传统文化的瑰宝，地方史志工作是传史鉴今、资政辅治的重要事业。近年来，全市广大地方史志工作者以服务经济社会发展为己任，积极作为、扎实工作，在方志理论研究、地方史志编修及开发利用等方面都取得了新的成绩。希望全市史志部门和史志工作者继续秉持崇高信念，发扬优良作风，认真贯彻落实全国、全省地方史志事业发展规划纲要，多出精品佳

志，为国存史、为政存绩、为民立传，推动全市史志工作创新发展。

22 日

省政府办公厅党组成员、省史志办主任刘爱军应邀出席在内蒙古通辽召开的第二次全国地方志科研工作会议暨中华一统志编修可行性论证会议，中国地方志指导小组秘书长，中国地方志指导小组办公室党组书记、主任冀祥德，中国地方志指导小组办公室副主任邱新立出席会议。

23 日

省委办公厅印发《关于大力弘扬沂蒙精神的意见》(鲁办发〔2017〕40号)，明确省史志办作为责任单位，把史志工作纳入其中。

24 日

潍坊市长李宽端对史志工作作出批示：地方志是发掘历史、传承文明的重要载体，功在当代，惠及后世。各级各部门都要提高认识，落实措施，按时完成"三全"目标任务。全市史志工作者要牢记使命，凝心聚力，潜心钻研，修鉴世佳作，更好地服务潍坊"四个城市"建设。

31 日

中国地方志指导小组办公室《关于通报表扬全国方志馆工作单位和个人的决定》(中指办字〔2017〕146号)，通报表扬了山东省方志馆等28个单位和省方志馆编审杨三军、东营市史志办主任杜金华、崂山区史志办副主任臧先锋、菏泽市方志馆馆长乔方辉等59名个人。

本月

山东省在全国率先实现省市县三级史志事业发展规划纲要全覆盖。

△《山东省志·海关志(1993—2005)》出版。

△ 省方志馆完成馆标评选。

9 月

1 日

省政府办公厅党组成员、省史志办主任刘爱军应邀出席在浙江丽水市举办的第二次全国方志馆工作会议暨方志馆业务培训班。

6 日

省政府办公厅党组成员、省史志办主任刘爱军到潍坊市潍城区调研督导史志工作，出席潍城区史志工作"三全"目标推进会并讲话，潍坊市副市长李平出席会议并讲话，省政府督查室副主任鲍彩耀，潍城区长杨晓辉，副区长曹春等参加会议。

7 日

潍坊市史志工作"三全"目标推进会召开。省政府办公厅党组成员、省史志办主任刘爱军，潍坊市副市长李平，省政府督查室副主任鲍彩耀出席会议并讲话。潍坊市长李宽端会见刘爱军一行。

△ 省政府办公厅党组成员、省史志办主任刘爱军到青州市调研督导史志工作，出席青州市史志工作"三全"目标推进会并讲话，潍坊市副市长李平出席会议并讲话。省政府督查室副主任鲍彩耀，青州市长鞠立强，副市长翟敏等参加会议。

△ 省委办公厅、省政府办公厅印发《山东省传承发展中华优秀传统文化工作方案》(鲁办发〔2017〕45号)，明确省史志办作为责任单位，把史志工作纳入其中。

8日

省委常委、组织部长杨东奇圈阅省史志办《关于〈山东省志·人物志〉编纂工作有关事项的请示》。

14日

副省长王随莲圈阅省史志办《关于支援西藏日喀则市、新疆喀什地区史志工作的请示》。

18日

省委常委、宣传部长孙守刚对省史志办《关于贯彻落实〈关于大力弘扬沂蒙精神的意见〉的情况报告》作出批示：省史志办工作积极主动，富有开拓创新精神，在发掘传承山东革命文化方面做了大量卓有成效的工作。关于落实沂蒙精神意见的相关安排，各方面都应大力支持。

19日

中国方志文化国际学术研讨会在北京开幕。中国地方志指导小组常务副组长李培林出席开幕式并致辞。中国地方志指导小组秘书长，中国地方志指导小组秘书长，中国地方志指导小组办公室党组书记、主任冀祥德主持开幕式并作主旨发言。省政府办公厅党组成员、省史志办主任刘爱军应邀参加研讨会，并与美国哈佛大学哈佛燕京图书馆馆长郑炯文，美国国会图书馆负责人邱颀等进行了交流。

△ 省政府秘书长王华圈阅省史志办《关于编撰〈京杭大运河山东段志〉的请示》。

19日—23日

省史志办赴河南、江苏考察交流史志信息化建设工作。

20日

由莒南县史志办主办的“莒南史志”微信公众号开通上线。

21日

滨州市史志工作“三全”目标推进会召开。省政府办公厅党组成员、省史志办主任刘爱军，滨州市副市长潘青出席会议并讲话，省政府督查室督查专员郝首庆等参加会议。滨州市委书记张光峰、市长崔洪刚会见刘爱军一行。

22日

省政府办公厅党组成员、省史志办主任刘爱军到阳信县调研督导史志工作，出席阳信县史志工作“三全”目标推进会并讲话，滨州市副市长潘青出席会议并讲话。省政府督查室督查专员郝首庆，阳信县委书记栾兴刚、副县长李美等参加会议。

△ 王海燕任潍坊市寒亭区史志办公室主任。

26日

日照市史志工作“三全”目标推进会召开。省政府办公厅党组成员、省史志办主任刘爱军，日照市副市长林彦芹出席会议并讲话。日照市委书记刘星泰、市长齐家滨会见刘爱军一行。

△《日照市志（1989—2013）》志稿专家评审会召开。省政府办公厅党组成员、省史志办主任刘爱军，日照市副市长林彦芹出席会议并讲话。

27日—28日

临沂市地方史志业务培训班举办。省史志办市县基层志编纂指导处处长李刚出席并为学员授课，临沂市史志办主任刘志强主持开班式并作动员讲话。各县区分管负责人和史志办业务骨干、市直部门从事志鉴编纂工作人员共150余人参加培训。

29 日

省政府办公厅党组成员、省史志办主任刘爱军应邀出席章丘旧志整理评审会，济南市章丘区人大常委会主任王继民致辞，章丘区副区长王玉洁主持会议。

本月

《青岛市志（1978—2005）》8 卷全部出版完毕。

10 月

13 日

省史志办公室转发《青岛市志续修工作经验》。

18 日

省史志办组织全体人员收看党的十九大开幕会现场直播，认真聆听习近平总书记报告。

18 日—20 日

淄博市政府督查室与市史志办组成联合督查组，赴八个区县对《淄博市地方史志事业发展规划纲要（2016-2020)》落实情况进行专项督查。

19 日

全省齐鲁名镇名村志文化工程首批 16 部志稿评审会在济南召开。省政府办公厅党组成员、省史志办主任刘爱军出席会议并讲话。

23 日

《山东省志·侨务志》志稿评议会在济南召开。省政府办公厅党组成员、省史志办主任刘爱军出席会议并讲话，省政协常委、社会法制委员会副主任刘方会出席会议，省侨办党组副书记、副主任孙传尚主持会议并讲话。

25 日

省委省直机关工委副书记魏春明率考核组对省史志办省级文明单位创建工作进行现场考核。省政府办公厅党组成员、省史志办主任刘爱军，省政府办公厅党组成员、副主任、机关党委书记张建德参加活动。

△ 全省名镇名村志编修培训班在济南举行。

△ 东营市机构编制委员会批复东营市史志办机构编制，同意东营市史志办加挂国家方志馆黄河分馆牌子，为市政府直属事业单位，规格调整为正处级，职责增加“承担国家方志馆交办的资料搜集、学术研究和业务交流等工作”。

26 日

仇勃任淄博市周村区史志办公室主任。

27 日

李刚任山东省地方史志办公室副主任。

31 日

《山东地方史志年鉴（2017)》由中国文史出版社出版发行。

本月

《山东省志·煤炭工业志（1991—2005)》《山东省志·冶金工业志（1986—2005)》《山东省志·供销合作社志（1991—2005)》《禹城市志（1986—2010)》《阳谷县卫生志》出版。

11 月

2 日

中国地方志指导小组秘书长，中国地方志指导小组办公室党组书记、主任冀祥德，省政府办公厅党组成员、省史志办主任刘爱军到临沂市调研史志工作，出席临沂市地方史志工作“三全”

目标推进会，临沂市副市长常红军等参加会议。临沂市委书记王玉君、市长张术平会见冀祥德、刘爱军一行，临沂市委常委、组织部长姜仕礼，市委常委、统战部长边峰参加活动。

△ 莱芜市编办批复设立莱芜市方志馆，为市地方史志办公室所属正科级公益一类事业单位，核定编制 5 名，配备馆长 1 名、副馆长 1 名。

3 日

《山东省志·工业志（下）》建材篇、化工篇编纂工作座谈会召开。省史志办副巡视员王兴合、省经济和信息化委副巡视员王晓出席会议并讲话。

6 日

省政府办公厅印发《全省方志馆建设管理规范》(鲁政办字〔2017〕177 号)，是全国第一个由省级政府印发的关于方志馆建设的规范性文件。

7 日

全省方志理论研讨会在曲阜召开。省政府办公厅党组成员、省史志办主任刘爱军出席会议并讲话，济宁市副市长张胜明致辞。

△ 曲阜市史志工作会议暨志书谱牒文化研究会成立揭牌仪式举行。省政府办公厅党组成员、省史志办主任刘爱军，济宁市政府副市长张胜明共同为曲阜市志书谱牒文化研究会揭牌。市委副书记、市长彭照辉主持揭牌仪式。

△ 北京市方志馆副馆长刘宗永一行到山东省方志馆考察交流。

13 日—14 日

中央电视台制作组一行到邹城市中心店镇，开展中国名镇志宣传片拍摄工作。

14 日—17 日

滨州市政府督查室与市史志办组成市政府督查组，赴各县区督查史志工作“三全”目标推进完成情况。

15 日

淄博市史志工作“三全”目标推进会召开。省政府办公厅党组成员、省史志办主任刘爱军，淄博市副市长申延军出席会议并讲话。淄博市委书记周连华会见刘爱军一行。

△ 全省方志期刊座谈会在淄博市周村区召开。省政府办公厅党组成员、省史志办主任刘爱军出席会议并讲话，淄博市副市长申延军、周村区委副书记胡敬涛致辞。

△ 威海市委书记孙述涛，市委副书记、代市长张海波为《威海市志》作序，并作出批示。孙述涛批示：十年磨一剑，成绩跃然志书。张海波批示：功在当代，利在千秋。

16 日

《莱州市志（1978—2003)》志稿评审会召开。省政府办公厅党组成员、省史志办主任刘爱军，烟台市政府副秘书长张焕伟，莱州市副市长马立平参加会议。

23 日

《山东年鉴（2018)》市县组稿培训会议在济南召开。省政府办公厅党组成员、省史志办主任刘爱军出席会议并讲话。

24 日

《武城县志（1986—2013)》志稿评审会召开。省政府办公厅党组成员、省史志办主任刘爱军出席会议并讲话，德州市副市长商怀君，武城县委书记张磊，县委常委、组织部长刘之荣等参加会议。

25 日

“中国梦·方志情”首届全国方志馆讲解员大赛在广州落幕。东营市史志办贾月明取得第二名成绩，获“全国方志馆十佳讲解员”称号，省史志办获“优秀组织奖”。

29 日

《山东省志·体育志》志稿评议会召开。省政府办公厅党组成员、省史志办主任刘爱军，省体育局局长李政出席会议并讲话。

△《山东年鉴（2018）》省直部门组稿会议召开。省史志办副巡视员王兴合出席会议并讲话。

△ 临沂市委书记王玉君对史志工作作出批示：史志工作是社会主义文化事业的重要组成部分，是宣传社会主义核心价值观、传播正能量的主阵地，担负着传承优秀传统文化、记录当今中国特色社会主义的发展进程、弘扬时代精神，特别是弘扬沂蒙精神的历史使命。近年来，全市史志部门始终以习近平新时代中国特色社会主义思想为指导，牢记“四个意识”，坚持“四个自信”，以修佳志、编好鉴为目标，紧紧围绕市委工作大局开展工作，大力弘扬沂蒙精神，扎实工作，尽心尽责，取得了较好成绩。希望全市广大史志工作者，深入学习党的十九大精神，在学深悟透上下功夫，全面把握习近平新时代中国特色社会主义思想的实质和精髓，切实把党的十九大精神落实到史志工作中去。要做到爱岗敬业，以从事史志工作为荣，脚踏实地，甘于寂寞，牢固树立严谨细致、积极进取的优良作风，以高度的政治责任感和使命担当，为党立言、为政存绩、为民立传、为史留鉴，全面开创地方史志工作的新局面，为进一步弘扬沂蒙精神，加快社会主义“大美新”临沂建设作出新的更大贡献。

29 日—30 日

全省史志系统学习贯彻《全省方志馆建设管理规范》座谈会在莱芜召开。

30 日

《山东省志·水利志》志稿评议会召开。省史志办副巡视员王兴合，省水利厅党组成员、南水北调局局长刘建良出席会议并讲话。

本月

省政府办公厅党组成员、省史志办主任刘爱军主编的《山东地方治理历史经验参考》由方志出版社出版，省史志办组织编纂的10卷本《齐鲁历史名人传略》由中国文史出版社出版，《山东史志事业创新发展的实践与探索》《齐鲁方志人》由方志出版社出版，《山东史志工作文件资料汇编》《全省史志事业发展规划纲要汇编》出版。

△ 莱芜市情网站实现第四次升级改版。

12 月

2 日

省委副书记、省长龚正对中国地方志指导小组办公室《关于在山东召开有关会议的函》作出批示：做好对接工作。11月30日，省委常委、常务副省长李群圈阅。11月27日，副省长王随莲圈阅。

7 日

省史志办公室印发《费县完成史志工作“三全”目标经验做法》。

11 日

青岛市史志办公室举行《青岛市志》出版新闻发布会。市史志办主任高克力就第二轮《青岛市志》的出版情况及主要特色等进行发布。

12 日

省委常委、组织部长杨东奇对史志事业作出批示：我省史志工作走在全国前列，创造出“山东经验”，成为排头兵和领头羊，成绩可喜可贺！希望广大史志工作者深入学习贯彻党的十九大精神，以习近平新时代中国特色社会主义思想指导史志工作，再接再厉，再创辉煌。史志事业具有“存史、资政、教化”重要作用，是经济文化强省建设的重要组成部分，对组织工作也有很大帮助。各级组织部门都应该关心史志队伍建设，积极支持史志部门开展工作，在新时代展现新气象、取得新作为！

△ 日照市方志馆开馆。

14 日

省委副书记、省长龚正对史志事业作出批示：近年来，全省广大史志工作者秉承“修志问道、直笔著史”的方志人精神，改革创新，锐意进取，充分发挥史志“存史、资政、教化”作用，推动山东史志工作走在了前列，谨向同志们表示热烈祝贺和亲切问候！各级各部门要深入学习贯彻党的十九大精神，坚持以习近平新时代中国特色社会主义思想为指导，切实把史志工作摆在重要位置，全面落实省史志事业发展规划纲要，做到“一纳入、八到位”，尽快完成第二轮修志、综合年鉴“一年一鉴”全覆盖、方志馆建设等目标任务。全省广大史志工作者要牢记使命，勇于担当，再接再厉，不断推动编史修志工作再上新台阶、再创新辉煌，为实现由大到强战略性转变作出新的更大的贡献。

△ 济宁市史志工作“三全”目标推进会召开。省政府办公厅党组成员、省史志办主任刘爱军出席会议并讲话，济宁市委常委、统战部长白山主持会议并讲话。济宁市委书记王艺华会见刘爱军一行。

△《济宁市志（1991—2010）》志稿评审会召开。省政府办公厅党组成员、省史志办主任刘爱军，济宁市委常委、统战部长白山出席会议并讲话。

15 日

莱芜市长梅建华对莱芜市史志办《冀祥德同志在听取莱芜市史志工作汇报后的讲话》作出批示：衷心感谢祥德秘书长对莱芜史志工作的充分肯定和大力支持。祥德秘书长听取桂爱同志汇报后的讲话非常重要，指明了地方志工作的努力方向，很有针对性、指导性和可操作性。我市要认真学习领会，抓好贯彻落实，进一步提升我市地方志工作水平。要以此次汇报为契机，加快国家方志馆冶炼分馆的可行性研究论证、方案设计，争取国家、省史志办的帮助、指导和支持，力争早日完成申报批复，努力把冶炼分馆建设成行业方志馆的标杆。

△ 山东省史志办印发《关于印发费县完成史志工作“三全”目标经验做法的通知》（鲁史志办发〔2017〕21 号）。

18 日

《烟台市志（1978—2002）》志稿评审会召开。省政府办公厅党组成员、省史志办主任刘爱军，烟台市副市长张波出席会议并讲话。

△ 省政府办公厅印发《关于全省第二轮市、县（市、区）志编纂工作进展情况的通报》（鲁政办字〔2017〕202号）、《关于第二轮〈山东省志〉编纂工作进展情况的通报》（鲁政办字〔2017〕203号）。

19日

《文登市志（1991—2013)》志稿评审会召开。省史志办副主任李刚出席会议并讲话，文登区委副书记黄峻峰、副区长孟艳玲等参加会议。

22日

《山东省志·信息产业志》志稿评议会召开。省政府办公厅党组成员、省史志办主任刘爱军，省经信委副巡视员王晓出席会议并讲话。

23日

省史志编委会印发《山东省地方综合年鉴编纂出版业务规范》。

25日

省委常委、宣传部长王清宪史志事业作出批示：史志事业是党领导下的重要文化事业，是哲学社会科学和意识形态领域的重要组成部分。为党立言，为国存史，为民修志，责任重大，使命光荣。我省史志工作在省委、省政府的坚强领导下，取得丰硕成果，创造出“山东经验”，走在全国前列，谨向广大史志工作者表示热烈的祝贺！希望你们以习近平新时代中国特色社会主义思想为指导，继续发扬成绩、发挥优势，为经济文化强省建设作出新的更大的贡献。各级宣传部门也应该大力支持史志工作，传承弘扬优秀传统文化，讲好新时代山东故事。

△ 省委办公厅、省政府办公厅印发《关于省扶贫工作重点村加快建设美丽乡村的意见》（鲁办发〔2017〕56号），明确省史志办作为责任单位，把史志工作纳入其中。

26日

2018年全国地方志机构主任工作会议、第二次全国地方志工作经验交流会、中国名山志文化工程启动仪式开幕式在济南举行。

△ 齐鲁名镇名村志丛书新闻发布会暨赠书仪式在济南举行。中国社会科学院副院长、中国地方志指导小组常务副组长李培林，副省长王随莲，中国地方志指导小组秘书长，中国地方志指导小组办公室党组书记、主任冀祥德，省政府办公厅党组成员、省史志办主任刘爱军，中国地方志指导小组办公室副主任邱新立出席会议。

△ 全省首家“方志书苑”揭牌仪式在济南市市中区舜耕街道舜华社区举行。中国社会科学院副院长、中国地方志指导小组常务副组长李培林，副省长王随莲，中国地方志指导小组秘书长，中国地方志指导小组办公室党组书记、主任冀祥德，省政府办公厅党组成员、省史志办主任刘爱军，中国地方志指导小组办公室副主任邱新立，市中区区委常委、组织部长王国顺，副区长李咸梁出席仪式。

27日

全省各市史志办主任工作会议在济南召开。省政府办公厅党组成员、省史志办主任刘爱军出席会议并讲话。

28日

《山东省志·气象志》志稿评议会召开。省政府办公厅党组成员、省史志办主任刘爱军，省气象局局长史玉光出席会议并讲话。

△ 莱芜市副市长张桂爱对学习贯彻中国地方志指导小组秘书长，中国地方志指导小组办公室党组书记、主任冀祥德讲话精神和省政府办公厅党组成员、省史志办主任刘爱军，莱芜市委副书记、市长梅建华的批文作出批示：史志人也能有“大作为”。全市史志系统要认真学习冀秘书长的讲话，刘爱军主任和梅市长的批示精神，发扬史志人“仙人掌”的精神，按照各位领导的要求，抓好各项工作的落实，再创我市史志工作新业绩！

△《淄博市地方史志志》出版发行。

29 日

省史志办公室被省精神文明建设委员会命名为省级文明单位（鲁文明委〔2017〕26 号）。

本月

《山东省志·共青团志（1994—2005）》《山东省志·出入境检验检疫志（19 世纪后期至 2005 年）》《山东省志·建设志（1986—2005）》《山东省志·电力工业志（1986—2005）》《山东省志·教育志（1991—2005）》《山东省志·旅游志（1994—2005）》《山东省志·粮食志（1986—2005）》《山东省志·卫生志（1986—2005）》《威海市志（近代—2007）》《日照市志（1989—2013）》《济南市市中区志（1991—2006）》《槐荫区志（1989—2006）》《青岛市市南区志（发端—2012）》《胶州市志（1987—2013）》《青岛市市北区志（近代—2002）》《昌邑市志（1986—2005）》《梁山县志（1993—2013）》《惠民县志（1979—2005）》《邹平县志（1986—2005）》、民国二十四年《茌平县志》出版。

责任编校：宋　涛

全省史志工作

综 述

【全省志书编纂与出版概况】 2017年，全省史志系统按照山东省史志事业发展规划纲要2018年全面完成第二轮修志任务的要求，不断建立和完善志书质量管理体系，创新工作思路，加强督导检查，实现志书编纂与出版质量与进度同步推进。

省志编纂与出版。2017年，省志编纂出版工作始终保持高位运行，扎实推进，成效显著。通过上门走访、电话联络、召开业务座谈会等，联系调度承编单位200余次，先后对省科技厅、省妇联、省经济和信息化委、省文化厅、省文物局、省侨办、大众报业集团、山东出版集团、省旅发委、省粮食局等单位调研15次，加强了调度、指导、督促和帮扶。全年总纂完成分志15部（篇）、750万字，编纂2200余万字；评议志稿9部（篇）、550万字；督促16部未完成初稿的分志全部完成初稿，共计审查编纂样稿、初稿660万字。截至2017年底，74部省志分志完成编纂出版56部（62册），占总任务的76%。

市县基层志编纂与出版。2017年，全省史志系统坚持质量和进度并重，正确处理数量与质量的关系，加强制度建设，形成长效机制，全面推进市县基层志编修工作。截至2017年12月底，全省共出版市级志书10部1册，《济南市志》《青岛市志》《淄博市志》《枣庄市志》《泰安市志》《威海市志》《日照市志》《莱芜市志》《滨州地区志》《菏泽市志》，以及《临沂市志》第一册，2017年度评审市级志书3部《烟台市志》《济宁市志》《日照市志》。

截至2017年12月底，全省共出版县级志书106部、评审12部。其中，2017年度评审县级志书10部，《济南市市中区志》《济南市槐荫区志》《青岛市市南区志》《青岛市市北区志》《胶州市志》《烟台市芝罘区志》《莱州市志》《武城县志》《定陶县志》《威海市文登区志》；出版县级志书12部，《济南市历下区志》《济南市市中区志》《济南市槐荫区志》《青岛市市南区志》《青岛市市北区志》《胶州市志》《莱阳市志》《昌邑市志》《寿光市志》《禹城市志》《邹平县志》《惠民县志》。

全面推进乡镇村志编修。2017年3月24日，印发《齐鲁名镇名村志文化工程实施方案》，先后召开启动会并举办两期培训班，培训250人次，出版首批齐鲁名镇名村志16部，在全国会期间召开了新闻发布会暨赠书仪式，引起社会各界的广泛关注。截至2017年12月底，全省已编纂出版乡镇村志1000余部，数量和质量得到大幅提升，《冶源镇志》《中心店镇志》《古现东村志》《陶家夼社区志》《李家疃村志》等镇村志入选中国名镇、名村志文化工程，其中《冶源镇志》还成为第一批的样板工程，名镇名村志编修呈现出良好的发展势头。

旧志整理与出版。山东省历史文化资源丰厚，修志传统源远流长。据初步统计，山东省旧志可考者925种，现存647种，860种版本，占全国现存旧方志的7.8%，在中国地方志的编纂史上名列前茅。

截至2017年底，全省共整理出版旧志500余种。整理出版的旧志大都以标点、影印为主。

（王阳阳　李天程　罗　毅　孟召际）

【全省年鉴编纂与出版概况】　2017年，全省年鉴工作以国务院《地方志工作条例》和《山东省地方史志工作条例》为总抓手，深入贯彻《全国地方志事业发展规划纲要（2015—2020年）》和《山东省地方志事业发展规划纲要（2016—2020年）》，认真落实《地方综合年鉴编纂出版规定》和《山东省地方综合年鉴编纂出版业务规范》，按照“改革创新、提速增效、服务社会”的工作思路，推动全省年鉴事业科学发展。省史志办先后到烟台、枣庄、青岛、潍坊、滨州、日照、临沂、淄博、济宁召开“三全”目标推进会，各地党委、政府高度重视，迅速行动起来，迎难而上，补齐短板，全部启动县级综合年鉴“一年一鉴”工作。截至2017年底，全省编纂出版省级综合年鉴1部，市级综合年鉴17部，县级综合年鉴127部，专业年鉴80多部。省史志编纂委员会印发《山东省地方综合年鉴编纂出版业务规范》，成为中指组印发《地方综合年鉴编纂出版规定》后，第一个出台年鉴编纂业务规范的省份。在中国地方志指导小组通报表扬的全国地方志优秀成果（年鉴类）中，山东省申报的20部年鉴全部获通报表扬。其中，特等年鉴2部、一等年鉴2部。在山东省人民政府办公厅关于2017年度山东省优秀史志成果通报中，有81部年鉴被评为2017年度“山东省优秀史志成果”。

《山东年鉴（2017）》于6月29日出版发行，这是1987年创刊以来的第31卷年鉴。本卷年鉴设特载、大事记、山东概况等32个栏目，收录2016年度发生在山东行政区域内的大事要闻，《山东年鉴（2017）》进行20多项改革创新，使用二维码等新技术，不断增强服务现实功能，成为全国唯一在出版年度内上半年出版的省级综合年鉴，连续四年保持全国第一。

全省17个市均编纂出版综合年鉴，做到当年编纂，当年出版。其中，《淄博年鉴》已连续出版31卷，是山东省创办最早的市级综合年鉴;《青岛年鉴》《济南年鉴》《烟台年鉴》已分别连续出版30卷、29卷和28卷。各市加快年鉴编纂工作节奏，年鉴出版时间均提前1—2个月。《威海年鉴（2017）》7月出版，《莱芜年鉴》《滨州年鉴》《济南年鉴》《青岛年鉴》《淄博年鉴》《济宁年鉴》2017卷均做到9月前出版。

截至年底，全省137个县（市、区）中，编纂出版“一年一鉴、公开出版”的县级综合年鉴127部，占全省县级综合年鉴总数的92.7%。《沂水年鉴（2017）》《德城年鉴（2017）》实现5月份出版，《东港年鉴》《五莲年鉴》《费县年鉴》《齐河年鉴》实现6月份出版，是全省上半年出版的县级综合年鉴。《黄岛年鉴》《莒县年鉴》《河东年鉴》《庆云年鉴》《夏津年鉴》《崂山年鉴》《东营区年鉴》《莘县年鉴》等县级年鉴加快编纂出版进度，8月份出版。

省直部门编纂专业年鉴的积极性不断增强，全省长期坚持专业年鉴“一年一鉴、公开出版”的部门、单位已经有40多家，省政府办公厅、省委党史研究室、省教育厅、省科技厅、省人力资源社会保障厅、省国土资源厅、省住房城乡建设厅、省水利厅、省商务厅、省卫生计划生育委、省旅游发展委、省地税局、省新闻出版广电局、省统计局、省食品药品监管局、省档案局等单位，都坚持编纂部门年鉴，在积累资料、资政辅政、扩大宣传等方面发挥了重要作用，办出了各自的特色。据不完全统计，全省共编纂出版各级各类专业年鉴80多部，其中《山东商务年鉴（2017）》6月出版，是省内最早出版的专业年鉴。

（宋　涛）

【全省信息化建设概况】 全省信息化建设以创新为动力，全面推进转型升级。运用“互联网+”思维提升信息化建设水平，开发省情网新功能，推动云计算、大数据等创新融合，成功实现了山东省情网第7次升级改版；搞好“山东省志鉴编纂资源库工程”建设，进一步提高资料库系统技术水平；省市县三级史志机构全面加强地情资源研究开发，整合资源，区链合作，互联互通，资源共享，积极探索应用移动互联网、3D技术、音频全媒体、地理信息平台等新技术手段，建设微信、微博等新媒体平台，创新史志系统信息化服务模式，全面提升史志事业服务经济社会发展能力，加快史志工作现代化进程。2017年，山东省被评为全国地方志系统信息化工作成绩突出单位。

全省信息化工作指导和服务保障。2017年，省史志办信息处为济南、青岛、枣庄、威海等市，沂水、禹城、东平等县（市、区）网站建设提供技术指导、帮助处理问题120多次；协助临清市情网、肥城市情网等完成网站迁移。中共党的十九大会议期间，为保障网络安全，省史志办对省情网软硬件全面检查，并向省委网信办呈报《关于山东省地方史志办公室官网专项网络安全检查情况的报告》。

组织全省信息化建设培训，邀请专家解读热点难点。2017年6月26日—27日，省史志办组织全省史志系统信息化建设培训会，17市史志机构负责人、信息化建设方面的技术骨干、省史志办信息处全体人员参加培训。中指办信息处处长杨海峰、省政府办公厅电子政务处副处长綦琳等进行了授课。会议要求各市县网站建设进一步做好地情网站信息资料更新工作，做好供稿工作，做好资料保存、入库和山东史志地理信息系统——俯瞰齐鲁的资料标注工作，建立值班制度，加强网站信息保密安全，确保网站安全正常运转。会议期间，还下发全省史志系统信息化建设情况调研统计表，对全省信息化建设成果进行统计。

地情网站的规范管理。2017年5月，国务院办公厅印发《政府网站发展指引》，对政府部门网站作出要求，部分县级地情网站关停或整合到政府网站，全省关停47个县级地情网站，另有7个被整合到县级政府门户网站，10个处于不管理、不更新状态。为进一步做好市县级地情网站工作，省史志办组织人员对全省关停的地情网站进行统计，结合史志工作的实际，9月20日，制定下发《关于规范地情网站管理工作的通知》，要求县级史志机构认真做好县级地情网站的迁移整合工作，把资源整合集约运行，争取在政府门户网站开设史志专栏或地情专栏，建立独立的入口页面，或将原独立网站内的资料迁移过去，建立地情分站点。部分关停地情网站按照国家和省里的要求，进行整合、关停、迁移。

获评全国地方志系统信息化工作先进单位先进个人 在2017年7月8日召开的全国地方志系统信息化工作会议上，中国地方志指导小组办公室通报表扬全国地方志系统信息化工作中成绩突出的21个单位和40名个人，并颁发荣誉证书。山东省地方史志办公室被评为全国地方志系统信息化工作先进单位，山东省史志办公室吕思诺、东营市史志办公室李中华被评为全国地方志系统信息化工作先进个人。

（黄建华）

【全省方志馆建设概况】 2017年11月6日，省政府办公厅印发《全省方志馆建设管理规范》，成为全国第一个由省级政府印发的关于方志馆建设的规范性文件，对于推动全省方志馆建设“全覆盖”、推进全省方志馆工作的科学化、规范化发展具有根本性、全局性的重要意义。同月底在莱芜组织学习贯彻《规范》座谈会进行宣传推动落实。省方志馆新馆获得省政府同意，新馆建设取得重大突破。建立市县方志馆建设情况调度和通报制度，加强对全省方志馆建设指导。赴青岛、莱芜、淄博、日照等地调研指导方志馆建设，为济南、济宁、沂水、海阳等地方志馆申请立项提供资料支持和业务指导，对淄博、威海等地方志馆展陈方案设计进行业务指导，切实解决市县方志馆建设中的困难，推动全省方志馆建设“全覆盖”。4月21日，在江苏省苏州市召开的首届全国方志馆馆长论坛上，省方志馆负责人作了《抓好全省方志馆建设全覆盖，为方志事业转型升级打基础》的典型发言，介绍方志馆建设全覆盖经验做法，受到中指组和兄弟省区市同仁充分肯定。9月1日，在浙江省丽水市举办的第二次全国方志馆工作会议上，山东省方志馆受到通报表扬。11月25日，组织3名选手参加中指组在广州举办的贯彻落实十九大精神“中国梦·方志情”首届全国方志馆讲解员大赛，东营市史志办贾月明在比赛中取得第二名的好成绩，获“全国方志馆十佳讲解员”称号，省史志办获“优秀组织奖”。截至2017年底，全省各级方志馆共有107家，其中省级方志馆1家，市级方志馆17家，县级方志馆89家。

（王　赟）

【全省地方志资源开发利用概况】 **出版史志成果** 出版《山东省历史地图集》《齐鲁历史名人传略》丛书、《山东简史》《山东地方治理历史经验参考》等史志成果。制作完成6集《山东抗战将士记忆》口述史专题片，推进齐鲁历史名人动漫项目，《辛弃疾》《李清照》《曾子》《姜太公》完成，《孟子》《孔子》正在进行后期制作，策划“齐鲁方志影像工程”。东营市史志办与电视台制作了25集历史文化专题片《黄河口史话》，编纂《东营市老民谣》，潍坊市史志办编纂《潍坊历史青少年读本》，济宁市史志办编纂《济宁老照片》，聊城市史志办编纂《聊城古今五千年》《聊城市历史文化遗存》等都很好地传承弘扬了优秀传统文化，产生积极的社会影响。

服务中心工作　省市史志机构通力合作，积极推进《山东省对口支援新疆志》《山东省对口支援西藏志》编纂，完成初稿60万字。启动《山东抗日根据地志》《山东解放区志》编纂。启动编纂《沂蒙精神志》《沂蒙精神概述》《沂蒙红嫂志》，大力弘扬沂蒙精神。着手研究编纂《京杭大运河山东段志》。潍坊市史志办编纂《潍坊解放战争史辑》，济宁市史志办编纂《济宁大事记》《济宁市对口支援新疆志》，莱芜市史志办出版《莱芜金石志》。

【全省史志规划概况】　2017年，省史志办督促市县两级结合实际出台史志事业发展规划纲要，在全国率先实现省市县三级史志规划纲要“全覆盖”。2015年10月山东省在全国第一个出台以省政府办公厅名义印发《山东省地方史志事业发展规划纲要（2016—2020年）》，率先提出“三全”目标（到2018年全面完成第二轮修志任务、实现省市县三级综合年鉴编纂“一年一鉴、公开出版”全覆盖，到2020年省市县三级方志馆全面建成），科学谋划史志事业发展方向。同时推动市县两级颁布实施史志规划纲要，一张蓝图绘到底。经过推动和督导，至2017年8月，市县两级规划纲要全部由政府办公室（厅）印发，明确具体时间表、路线图，增强工作计划性，史志工作由过去可有可无的“软指标”变成必须完成的“硬任务”。

【地方志优秀成果（年鉴类）】　2017年8月5日，中国地方志指导小组印发《关于对地方志优秀成果（年鉴类）的通报表扬》（中指组字〔2017〕4号）文件，山东省申报的20部年鉴全部获通报表扬。其中，《淄博年鉴（2016）》《乳山年鉴（2016）》为特等年鉴，《山东年鉴（2016）》《山东建设年鉴（2016）》为一等年鉴。《青岛西海岸新区・青岛市黄岛区年鉴（2016）》《东营区年鉴（2016）》《垦利年鉴（2016）》《山东地方史志年鉴（2016）》为二等年鉴，《济南年鉴（2016）》《东营年鉴（2016）》《高青年鉴（2016）》《崂山年鉴（2015）》《兰陵年鉴（2016）》《诸城年鉴（2016）》《天桥年鉴（2016）》为三等年鉴。《招远年鉴（2016）》《曲阜年鉴（2016）》《东昌府年鉴（2016）》《曹县年鉴（2016）》《山东商务年鉴（2016）》为提名年鉴。

【山东省优秀史志成果】　2017年4月26日，山东省人民政府办公厅印发《关于2016年度山东省优秀史志成果的通报》（鲁政办字〔2017〕73号），通报表彰94项优秀史志成果，涵盖“优秀省志分志”“优秀市县级志书”“优秀基层（专门）志”“优秀年鉴”“优秀信息化建设成果”“优秀方志馆”“优秀旧志整理成果”“优秀地情研究成果”八个方面的成果。

优秀省志分志：《山东省志・外经贸志（1991—2005)》《山东省志・海洋与渔业志（1986—2005)》《山东省志・民俗志（1840—2005)》（上、下）、《山东省志・金融志（1991—2005)》《山东省志・工业志（1986—2005)》（中册）、《山东省志・环境保护志（1996—2005)》。

优秀市县级志书：《苍山县志（2016

版)》《岱岳区志(1985—2013)》《济南市志(1986—2010)》(第四、五、八册)、《青岛市志(1978—2005)·经济卷(中)》《青岛市志(精编)》(卷七)、《枣庄市志(1986—2005)》《单县志(1986—2010)》《烟台经济开发区志(1984—2003)》《济南市历下区志(1986—2005)》《安丘市志(1986—2013)》《莒县志(1997—2010)》《莱芜市钢城区志(发端—2005)》《商河县志(1991—2010)》《博兴县志(1986—2007)》《鄄城县志(1991—2010)》。

优秀基层(专门)志:《泰安市地方税务志》《景芝酒志》《古现东村志》(烟台开发区)、《东关村志》(平阴县)、《博山区饮食志》《桑梓店镇志》(济南市天桥区)、《胜坨镇志》(东营市垦利区)、《章丘市妇幼保健院志》《得利斯集团公司志》《五莲县水利志》《沂水县建设志》《文登南桥村志》《潍坊市审计志》《白浮图镇志》(成武县)、《丁坞镇志》(乐陵市)、《莱芜民革十年》《怀仁镇志》(商河县)、《孟子故里山水志》(邹城市)。

优秀年鉴:《山东年鉴(2016)》《济宁年鉴(2016)》《日照年鉴(2016)》《菏泽年鉴(2016)》《济南年鉴(2016)》《莱芜年鉴(2016)》《泰安年鉴(2016)》《聊城年鉴(2016)》《威海年鉴(2016)》《天桥年鉴(2016)》《招远年鉴(2016)》《诸城年鉴(2016)》《曲阜年鉴(2016)》《乳山年鉴(2016)》《武城年鉴(2016)》《曹县年鉴(2016)》《郓城年鉴(2016)》《崂山年鉴(2016)》《沂水年鉴(2015)》《泗水年鉴(2016)》《东营区年鉴(2016)》《山东地方史志年鉴(2016)》《山东人力资源和社会保障年鉴(2016)》《山东中小企业年鉴(2016)》《山东旅游年鉴(2016)》《山东省农业科学院年鉴(2015)》《山东建设年鉴(2016)》。

优秀信息化建设成果:东营市情网、"淄博史志"微信、招远市情网、济宁市情网、肥城市情网、东明县情网。

优秀方志馆:临沂市方志馆、菏泽市方志馆、济宁市方志馆、费县方志馆。

优秀旧志整理成果:《续修平阴县志》(民国点校本),《莘县志》(清光绪点校本),《莱芜县志》(清宣统)、《续修莱芜县志》(民国)、《莱芜县乡土志》,《利津县旧志集成》(清康熙、乾隆、光绪,民国),《山东青州府临淄县乡土志》(清光绪),《费县志》(清光绪),《庆云县志》(民国)。

优秀地情研究成果:《山东省历史地图集(远古至清)》《山东抗战研究丛书(沂蒙)》《沂蒙史志典藏书系》(临沂市史志办)、《广饶新志稿》(广饶县史志办)、《莱芜记忆》(莱芜市政协)、《记忆中的市北(第七辑)》(青岛市市北区史志办)、《家·城阳(小学版)》(青岛市城阳区史志办)、《东原星火——万里在东平早期革命活动资料专辑》(东平县史志办)、《德州大事记》(德州市史志办)、《"一带一路"视野下的地方志创新路径探索》(聊城市史志办孙善英)、《黄河口老物件》(东营市史志办)、《天南地北章丘人》(章丘市史志办)。

(魏振华)

机构与队伍

【概况】 全省17个市都设有史志机构,隶属市政府或市政府办公室领导,其中副厅级单位 2 个，正处级单位 12 个，副处级单位 3 个，全部参照公务员法管理。137 个县（市、区）均设有史志机构。全省三级史志机构共有编制 1200 余名，加上聘用和兼职人员，全省史志系统有工作人员近 2000 人。行政管理人员中，副厅级 4 人，正处级 60 人，副处级 83 人，正科级 257 人，副科级 258 人，科员及以下 378 人；专业技术人员中，高级职称 55 人，中级职称 96 人，初级及以下 102 人；全部工作人员中，博士学历 2 人，硕士 106 人，本科 811 人，大专 213 人，高中及以下 51 人。

2017 年全省史志系统工作人员情况统计表

项目 种类	定编	在编	聘用	在编人员情况														
				行政管理人员							专业技术人员			学历学位情况				
				局级	副局级	正处级	副处级	正科级	副科级	科员及以下	高级	中级	初级及以下	博士	硕士	本科	大专	高中以下
省级	61	55			1	11	14	16	1	3	5		4	1	9	41	3	1
地市级	270	254	20		3	34	46	90	36	31	3	4	4	1	49	172	14	8
县区级	882	838	90			15	23	151	221	344	47	92	94		48	598	196	42
合计	1219	1147	110		4	60	83	257	258	378	55	96	102	2	106	811	213	51

【山东省地方史志编纂委员会】 山东省地方史志编纂委员会成立于 1981 年，是省政府批准成立的组织开展史志工作的议事协调机构，负责征集利用全省地方史志资料，指导各地各部门史志工作开展。按照“党委领导、政府主持”的新编地方史志工作体制，从 1993 年起，省地方史志编纂委员会由省委书记兼任名誉主任、省长兼任主任。2017 年 6 月 26 日，省地方史志编纂委员会印发通知，调整组成人员。省委书记刘家义任名誉主任，省委副书记、省长龚正任主任，副省长王随莲任第一副主任，省政府秘书长王华，省委副秘书长、办公厅主任刘永巨，省政府副秘书长、办公厅主任孙建功，省委副秘书长、省档案局局长李世华，省军区副司令员唐岩峰，省人大常委会研究室主任王树忠，省政府办公厅党组成员、省地方史志办公室主任刘爱军，省委宣传部常务副部长王红勇，省机构编制委员会办公室主任刘维寅，省发展改革委主任张新文，省财政厅厅长于国安，省人力资源和社会保障厅厅长韩金峰任副主任，卢杰、任延波、左敏、刘为民、佘春明、王磊、马青山、司安民、陈迪桂、张忠明、赵国卿、傅绍万、林建宁、唐洲雁、张志华、胡长青任委员。

（魏振华）

责任编校：王复生

省地方史志办公室工作

综　述

【工作概况】 史志工作纳入经济文化强省建设大局，“山东经验”产生重要影响。2017年，全省史志事业得到省委、省政府前所未有的高度重视。省委书记刘家义在省第十一次党代会报告中明确要求“推进地方史志等事业创新发展”，史志工作连续第四年写入省政府工作报告。全年，省委书记刘家义、省长龚正等15位省领导对史志工作作出30次批示。8月23日，省委办公厅印发《关于大力弘扬沂蒙精神的意见》，9月7日，省委办公厅、省政府办公厅印发《山东省传承发展中华优秀传统文化工作方案》，12月25日，印发《关于省扶贫工作重点村加快建设美丽乡村的意见》。4月28日，省委宣传部等40个部门印发《山东省文化领域供给侧结构性改革实施方案》，都把史志工作列为重要内容。近年来，全省史志系统围绕走在前列的目标定位，提高政治站位和文化站位，重点在改革创新、完善机制、转变作风等方面不断实现新的突破，统筹推进史志法规规章、发展规划、第二轮修志、综合年鉴编纂、方志馆建设和信息化建设全覆盖“六全”目标任务，全面推动史志事业转型升级、创新发展，创造出“围绕一个目标、提高两个站位、突破三个重点、落实‘六全’任务，促进山东史志事业实现创新发展、持续发展、领先发展”的“山东经验”，走在了全国前列。12月25日—27日，中国地方志指导小组在济南召开第二次全国地方志工作经验交流会，重点推介史志工作“山东经验”。为配合宣传推介山东经验，省史志办编纂出版了《山东史志事业创新发展的实践与探索》《山东史志工作文件资料汇编》《全省史志事业发展规划纲要汇编》《齐鲁方志人》等材料，制作了《山东地方史志事业创新发展纪实》专题片和画册，举办“山东省地方史志事业创新发展成就成果展”等，产生积极影响。

深入贯彻省史志事业发展规划纲要，着力抓好第二轮修志、综合年鉴编纂、方志馆建设“三全”目标任务落实。省史志办督促市县两级出台史志事业发展规划纲要，在全国率先实现省市县三级史志规划纲要“全覆盖”。2月，省政府督查室分别对17市和11个省直部门有针对性地反馈2016年史志工作督查情况。12月18日，省政府办公厅印发《关于第二轮〈山东省志〉编纂工作进展情况的通报》和《关于全省第二轮市、县（市、区）志编纂工作进展情况的通报》，引起高度重视。年内，省史志办到10余家省直单位指导推进省志续修工作，深入9个市督导调研，召开“三全”目标推进会，争取党委、政府主要负责同志支持。在8月1日和12月27日召开全省各市史志办主任工作会议，调度工作，部署任务，有力推动“三全”目标任务落实。

第二轮修志工作。每季度调度一次工作进展，督促加快工作进度，截至2017年底，74部省志分志完成56部，占计划的76%；17部市志完成13部，占计划的76%；138部县级志书完成118部，占计划的86%。加快进度的同时，加强志书评议等质量控制关键环节，全年评议省志分志9部（篇）、市级志书4部、县级志书12部，确定《胶州市志》《芝罘区志》为省级重点志书，发挥示范引领作用，狠抓志书质量。

年鉴工作。《山东年鉴》2017卷保持在6月份出版，连续四年保持全国最早出版，进行20多项改革创新，增强实用性和可读性。《山东省情概览》2017卷提前到4月份出版，时效性大为增强。推动64个尚未实现“一年一鉴、公开出版”的县（市、区）全部启动编纂工作。12月23日省史志编纂委员会印发《山东省地方综合年鉴编纂出版业务规范》，规范年鉴编纂工作，提升年鉴编纂质量。出版《山东地方史志年鉴》2017卷，展示全省史志系统工作成绩。

信息化建设。山东省情网更新信息5000多篇，总访问量达1376万人次。在“今日头条”手机客户端开通“山东史志”头条号，发布信息700多篇，总阅读量230万人次。搞好“山东史志”微信平台运行，发布稿件1000多篇，1.4万人关注。完成首轮县志数字化项目，42部志书4600万字信息录入省情资料库，全部项目总计新增65部志书7000万字信息。9月20日，省史志办印发《关于规范地情网站管理工作的通知》，加强县级地情网站建设管理指导。启动实施志鉴编纂资源库建设项目，增强修志编鉴信息化、数字化水平。

方志馆建设。2017年11月6日，省政府办公厅印发《全省方志馆建设管理规范》，是全国第一个由省政府办公厅印发的关于方志馆建设的规范性文件。推进方志馆建设全覆盖，督促市县两级方志馆按《规范》要求落实馆舍，市级方志馆普遍落实相关要求，县级方志馆达到1000平方米标准的有90多家，其中25家在2000平方米以上。争取建设省方志馆新馆，建设方案经省政府同意，计划建设面积2—3万多平方米。加强省方志馆自身建设，完成馆标征集，翻印缺失省志，增加馆藏近3万册，完成地下书库改造、陈列室改造和多媒体应用等工程。

专题志书编纂。推进《山东省对口支援新疆志》《山东省对口支援西藏志》编纂，完成初稿60万字。启动编纂《山东抗日根据地志》《山东解放区志》，共计300万字，计划2019年出版，向建国70周年献礼。启动编纂《沂蒙精神志》《沂蒙精神概述》《沂蒙红嫂志》，大力弘扬沂蒙精神。着手研究编纂《京杭大运河山东段志》。筹备编纂《山东改革开放四十周年大事记》《山东改革历史镜鉴》。

弘扬齐鲁文化。出版《山东省历史地图集》，共8个分册，地图1000余幅。2017年4月14日《大众日报》专版刊发刘爱军同志关于《山东省历史地图集》的署名文章《展现五千年自然人文变迁 传承弘扬齐鲁优秀传统文化》。出版《齐鲁历史名人传略》丛书，共10个分卷，300万字，收录历史名人770个。出版《山东地方治理历史经验参考》，为治省理政提供历史借鉴。制作完成6集《山东抗战将士记忆》口述史专题片，传承红色文化。继续推进齐鲁历史名人动漫项目，组织制作《孔子》《孟子》。

旧志整理。完成《山东省历代方志集成》青岛、淄博、枣庄、东营、烟台卷整理影印，收录旧志96种、2200余万字、33册，整个项目任务过半。

乡镇村志编修。2017年3月27日，省史志办印发《齐鲁名镇名村志文化工程实施方案》，召开启动会并于4月28日和10月25日举办两期培训班，共培训250人次。出版首批16部志书，12月27日举办了新闻发布会暨赠书仪式。

对外交流。落实2016年度出访德国成果，推动山东大学、山东师范大学同时成立两个莱布尼茨研究中心。2017年5月24日，德国下萨克森州州长斯特凡·威尔出席山东师范大学中德莱布尼茨研究中心成立仪式。邀请世界莱布尼茨学会秘书长李文潮教授等德国友人访问，聘其担任与德国交流顾问。6月9日—16日，组团访问挪威和瑞典，是山东6年多到访挪威的第一个公务团组。

自身建设。推进“两学一做”常态化制度化，2017年8月1日—3日，在遵义干部学院举办全省史志系统领导干部培训班，45人参加培训。加强业务培训和理论研究，6月26日—30日，举办全省精品志书编修培训班，参训学员170人，邀请新疆、西藏、青海、云南、内蒙古、甘肃6省区41名史志工作者参加培训。11月7日，召开全省方志理论研讨会，80余人参会。《山东史志》刊物从2017年第1期开始由单色印刷改为四色彩印，进行11项改革创新。11月15日，召开全省方志期刊座谈会，40余人参会。3月，组织开展第一届“山东史志”十大年度人物评选活动，10天时间40余万人在“山东史志”微信投票。省史志办机关创建省级文明单位。

（魏振华）

【全国地方志机构主任工作会议】 2017年12月26日，2018年全国地方志机构主任工作会议、第二次全国地方志工作经验交流会、中国名山志文化工程启动仪式在济南举行。中国社会科学院副院长、中国地方志指导小组常务副组长李培林出席会议并讲话，副省长王随莲出席会议并致辞，中国地方志指导小组秘书长，中国地方志指导小组办公室党组书记、主任冀祥德主持开幕式。省政府办公厅党组成员、省史志办主任刘爱军，中国地方志指导小组办公室副主任邱新立出席会议。全国各省（自治区、直辖市）地方志工作机构和新疆生产建设兵团志办公室、解放军党史军史研究中心主要负责人，部分市、县两级地方志工作机构主要负责人，中国名山志文化工程特邀代表等150余人参加会议。李培林在讲话中对第五届中指组成立以来全国地方志工作取得的成绩和经验进行系统梳理总结，要求未来五年继续围绕贯彻落实《全国地方志事业发展规划纲要（2015—2020年）》，全面推进地方志事业转型升级，为实现“两个一百年”奋斗目标、实现中华民族伟大复兴的中国梦贡献方志人的力量。王随莲要求认真贯彻落实党的十九大精神，全面落实史志事业发展规划纲要，全方位推进各项史志工作任务，更好发挥史志工作在经济文化强省建设中的重要作用，推进山东史志工作再上新台阶。刘爱军在会上介绍“围绕一个目标、提高两个站位、突破三个重点、落实‘六全’任务”的山东经验。举行中国名山志文化工程启动仪式，为方志出版社济南工作站揭牌。与会领导和来宾参观“山东省地方史志事业创新发展成就成果展”。

【全省各市史志办主任工作会议】 2017年8月1日，全省各市史志办主任工作会议在遵义市干部学院召开。省政府办公厅党组成员、省史志办主任刘爱军主持会议并讲话，省史志办副主任翟世林、郭永生，各市史志办主任，省史志办各处馆长等参加会议。会议听取各市史志办主任关于第二轮修志、综合年鉴编纂、方志馆建设“三全”目标任务贯彻落实情况的汇报，就进一步贯彻落实好“三全”目标任务提出明确要求。

2017年12月27日，全省各市史志办主任工作会议在济南召开，深入贯彻党的十九大精神，传达学习2018年全国地方志机构主任工作会议、第二次全国地方志工作经验交流会精神，总结交流2017年工作情况，安排部署2018年工作任务。省政府办公厅党组成员、省史志办主任刘爱军出席会议并讲话，省史志办副巡视员王兴合，副主任翟世林、李刚出席会议，各市史志办主任，省史志办处级干部等70余人参加会议。翟世林传达省委书记、省人大常委会主任刘家义，省委副书记、省长龚正，省委常委、组织部长杨东奇，省委常委、宣传部长王清宪等省领导批示精神，李刚主持会议。会上，各市史志办就深入贯彻落实各项工作任务，结合各自工作实际讨论交流。

（魏振华）

【齐鲁名镇名村志丛书新闻发布会暨赠书仪式】 2017年12月26日，齐鲁名镇名村志丛书新闻发布会暨赠书仪式在济南举行。中国社会科学院副院长、中国地方志指导小组常务副组长李培林，副省长王随莲，中国地方志指导小组秘书长，中国地方志指导小组办公室党组书记、主任冀祥德，省政府办公厅党组成员、省史志办主任刘爱军，中国地方志指导小组办公室副主任邱新立出席会议。省史志办副主任李刚主持会议。刘爱军介绍了齐鲁名镇名村志文化工程实施情况及丛书编纂情况，指出国家和省里高度重视乡镇村志编修工作，中央办公厅、国务院办公厅印发《国家“十三五”时期文化发展改革规划纲要》，明确要求“开展旧志整理和部分有条件的镇志、村志编纂”。中国地方志指导小组实施中国名镇、名村志文化工程，成为全国地方志系统重要的文化品牌。2016年8月18日，省政府办公厅转发《关于做好乡镇村志编修工作的意见》。2017年9月7日，省委办公厅、省政府办公厅印发《山东省传承发展中华优秀传统文化工作方案》，提出“推进‘乡村记忆’工程”“广泛开展乡镇村志编修”，把省史志办列为责任单位。2017年3月24日，省地方史志办公室印发《齐鲁名镇名村志文化工程实施方案》。经过半年努力，编纂工作取得阶段性成果，16部名镇名村志印刷出版，为经济文化强省建设做出积极贡献。与会领导为“齐鲁名镇名村志文化工程”标识揭牌，向编纂单位颁发奖牌和证书，向山东省档案馆、山东省图书馆、山东大学图书馆、山东师范大学图书馆、济南市图书馆等藏书单位赠送志书。

【齐鲁名镇名村志文化工程启动会议暨编修培训班】 2017年4月28日，齐鲁名镇名村志文化工程启动会议暨编修培训班在济南召开。会议印发省政府办公厅党组成员、省史志办主任刘爱军的书面讲话。省史志办副主任翟世林出席会议并讲话，中国地方志指导小组办公室方志处处长陈旭出席会议并授课，省史志办市县基层志编纂指导处负责人主持会议。各市史志办分管副主任、名镇名村志文化工程联络员、名镇名村志主编等共70多人参加。

【全省精品志书编修培训班】 2017年6月26日—30日，全省精品志书编修培训班在济南举办。中国地方志指导小组秘书长、中国地方志指导小组办公室党组书记、主任冀祥德出席开班式并授课，山东省政府办公厅党组成员、省地方史志办公室主任刘爱军作动员讲话。来自

② ③ ④
①
⑤ ⑥ ⑦

①领导班子
②人事秘书处
③省志编审处
④市县基层志编纂指导处
⑤年鉴工作处
⑥信息工作处
⑦省方志馆

新疆、西藏、青海、云南、甘肃、内蒙古六省区的41名史志工作者,省内各市、县(市、区)史志办分管业务的主任、主编及部分省志承编单位的修志人员等170余人参加培训。

【全省名镇名村志编修培训班】 2017年10月25日,全省名镇名村志编修培训班开班式在济南举行。省政府办公厅党组成员、省史志办主任刘爱军出席开班式并讲话。各市、县(市、区)史志办从事乡镇村志编修业务的工作人员,组织编纂乡镇村志的主编和业务骨干共计180余人参加培训。

【全省史志系统领导干部培训班】 2017年8月1日—3日,全省史志系统领导干部培训班在遵义干部学院举办。山东省政府办公厅党组成员、省史志办主任刘爱军,遵义干部学院教育长韦生彬出席开班式并讲话,省史志办副主任翟世林、郭永生,各市史志办主任,省政府办公厅有关同志,省史志办各处馆负责人、业务骨干,济南市章丘区、淄博市博山区、沂水县史志办主任等45人参加培训。

(孟召际)

【机构编制】 2017年,山东省地方史志办公室内设人事秘书处、省志编审处、市县基层志编纂指导处、年鉴工作处、信息工作处5个处,编制45人,在编40人,主要职责为负责山东省史志资料的编纂和指导工作。省方志馆为省地方史志办公室所属全额拨款事业单位,编制16人,在编15人。省地方史志办公室领导班子编制主任1名,副巡视员职位1名,副主任3名。

(魏振华)

省志编审

【概况】 2017年,省志编审紧紧围绕提质增效这个中心,抓住总纂这个重点,突破全面完成剩余分志初稿这个难点,统筹初稿撰写、志稿评议、总纂出版三个环节,坚持质量第一,着力加快进度,省志编纂与出版工作整体进展顺利,成效显著。全年总纂完成分志15部(篇)、750万字,总计编纂2200余万字;评议志稿9部(篇)、550万字;16部未完成初稿的分志全部完成初稿,审查编纂样稿、初稿660万字。截至2017年底,74部省志分志完成编纂出版56部(62册),占总任务的76%。为全面完成二轮修志任务打下坚实基础。

围绕总纂出版这个重点,完善省志总纂机制,加快总纂进度。增加了执行总纂、副总纂,进一步充实总纂力量,形成主审、总纂、执行总纂、副总纂、责任编纂、编纂六级审查体系;细化副总纂分工,及时对责任编纂进行业务指导和工作督导;细化编纂工作过程管理,明确编纂工作量和时间节点,压茬推进,总纂工作不断提质增效。全年完成15部(篇)分志总纂,分别为《海关志》《证券志》《煤炭工业志》《粮食志》《供销合作社志》《冶金工业志》《卫生志》《出入境检验检疫志》《电力工业志》《教育志》《共青团志》《建设志》《旅游志》

《电信志》《工业志》国防科技工业篇，同时还初编完成《社会科学志》《工业综合管理志》。其中，《共青团志》《建设志》当年评议、当年送审、当年编纂出版。

着眼未完成初稿撰写的分志这个难点，强化督促和帮扶力度，推进省志整体工作取得新突破。实施动态管理。以《全省第二轮修志倒排工期计划表》为总抓手，帮助落后承编单位制定完成工作任务的“明白纸”。改季度工作安排为月工作计划，根据每部分志进展情况，动态管理，压茬指导，逐月推进，保障计划落实。加大督查力度。全省政府系统秘书长办公厅（室）主任座谈会议和省政府办公厅印发《关于第二轮〈山东省志〉编纂工作进展情况的通报》后，借势发力、主动出击，通过上门走访、电话联络、召开业务座谈会等，联系调度200余次，加强了调度、指导、督促和帮扶。对情况特殊、工作难度特别大的承编单位，省政府办公厅党组成员、省史志办主任、《山东省志》总纂刘爱军和二级巡视员、《山东省志》执行总纂王兴合分别带队，逐个召开工作推进会，先后对省科技厅、省妇联、省经济和信息化委、省文化厅、省文物局、省侨办、大众报业集团、山东出版集团、省旅发委、省粮食局等单位调研15次。刘爱军主任还亲自给省经济和信息化委等部门写信，通过主要领导协调推动，效果明显。落实责任，传导压力。以提速增效为目标，以确保志书编纂质量为重点，继续强化执行总纂、副总纂、责任编纂逐级负责制，其中每位副总纂包干负责10部分志的工作管理、业务指导和总纂任务，每位责任编纂负责3—5部分志的工作管理和初次编纂任务，责任到人，一包到底；各个层次每月列出任务计划清单，建立工作台账，报分管领导监督。月末汇总讲评完成情况，总结经验，查找不足，提出完善措施，不断提高能力水平。以抓进度为重点，前移工作关口，实施精准指导。明确每部分志的工作节点时间，实施倒排工期，责任编纂把志稿修改完善工作前移到分志评议之前，同时充分利用好评议后修改这一重要阶段，与编写人员一起确定修改方案，逐章逐节把关验收，提出精准修改意见，确保各分志送审稿一次审查合格。主动到省住房城乡建设厅、省经济和信息化委、省旅发委、团省委、省教育厅、省科技厅、山东出版集团等单位协调解决工作难题，对志稿进行把关修改，有的志稿问题久拖不决，积极上门帮助搜集和筛选资料，共同撰稿，耐心沟通编纂思想。靠着主动细致的工作作风，很多老大难单位领导和编写人员深受感动，工作的主动性明显提高，保证了各分志按计划推进。经过一年努力，《山东省志》整体工作明显加快，成效显著。至年底，剩余的《侨务志》《共青团志》《体育志》《信息产业志》《气象志》《水利志》《妇联志》《人物志》《科技志》《总凡例·总目录》《文化志》《报业志》《出版志》《文物志》《宗教志》《工业志（下册）》16部分志全部完成初稿。全年指导审查样稿和初稿660万字，确保各分志按时完成初稿；督导督促《证券志》《煤炭工业志》《供销合作社志》《粮食志》《共青团志》《出入境检验检疫志》《冶金工业志》《电力工业志》《社会科学志》《教育志》《建设志》《卫生志》《电信志》《旅游志》《工业综合管理志》《工业志》国防科技工业篇16部（篇）

分志上报送审稿；评议《少数民族志》《共青团志》《建设志》《侨务志》《体育志》《水利志》《信息产业志》《气象志》《工业志》国防科技工业篇9部（篇）志稿；《人物志》初编工作基本完成，形成80余万字的初稿，形成修改意见，分批返回各市补充完善；《地方史志志》完成17市初稿和大事记编纂，对各处馆初稿进行汇总整理、分类编排，总计112万字。

严格质量标准和审查验收程序，把好质量关。严把初稿撰写和评议修改关。坚持关口前移，副总纂和责任编辑从初稿形成阶段就随时到编纂单位进行指导，变事后检查为事前指导、事中引导，避免编写工作跑偏误时。在志稿评议后的修改阶段，副总纂和责任编纂一起参与，及时给予指导，提高修改质量，确保送审稿一次审查合格，避免工作反复造成时间浪费。强化交叉审稿。每部志稿由责任编辑全面初审、负责到底，同时组织分工审读，解决一人审稿的局限性。充分发挥出版社三审作用，提高志稿质量。针对2017年下半年《山东省志》审查任务繁重的实际情况，省史志办与山东人民出版社召开对接会，出版社同意加大责任编辑力量，认真履行三审三校职责，加快审查进度，严把质量关。强化对印制单位的检查指导，确保印制质量。各分志承编单位及时与中标的印刷单位联系，提供《山东省志》印制规范，明确省志印制基本质量要求。坚持印制前样书审查制度，避免印制过程中的质量问题。

立足整体，统筹安排，协调推进。着眼志书编纂全过程，搞好工作阶段统筹安排。每位责任编纂在修改志稿时，为节约时间，提高改稿质量，均到印刷厂盯着改稿；及时提醒承编单位开展经费申请和印制招标工作；提前介入出版印刷工作，提前向出版社报送出版选题计划，与出版社协商，按时完成志稿审查，提前审批办理制版和印刷手续，缩短出版印刷周期；与印制单位协商，固定专门排版人员，提高编排质量，加快志稿编校速度。同时，优化编纂力量和工作环节，减少工作交叉重复和窝工，加快稿件流转，提高工作效率。

·业务工作会议·

【《山东省志·工业志（1986—2005）》国防科工篇志稿评议会】 2017年2月22日，《山东省志·工业志（1986—2005）》国防科工篇志稿评议会在济南召开。省政府办公厅党组成员、省史志办主任刘爱军，省国防科工办分党组书记、主任王超英出席会议并讲话，省国防科工办分党组成员、副主任王楗夫主持会议，省国防科工办有关离退休人员和机关各处室负责人，省史志办省志编审处、省方志馆有关人员参加会议。

2017年2月22日，《山东省志·工业志（1986—2005）》国防科工篇志稿评议会在济南召开

【《山东省志·少数民族志（1991—2005）》志稿评议会】 2017年3月30日，《山

东省志·少数民族志（1991—2005）》志稿评议会在济南召开。省政府办公厅党组成员、省史志办主任刘爱军，省民委（宗教局）相关领导、机关各处室负责人，济南、淄博、聊城等市民族宗教事务局负责人，省人大民族侨务与外事委员会办公室，省史志办省志编审处有关人员参加会议。

2017 年 3 月 30 日，《山东省志·少数民族志（1991—2005）》志稿评议会在济南召开

与会人员从篇目、资料、内容、行文等方面对志稿进行了全方位的评议，指出存在问题和不足，提出建设性意见和修改建议。省史志办工作人员与编纂人员围绕主要评议意见进行深入交流，统一思想，明确志稿下一步的修改方向和工作方法，为《少数民族志》的修改工作奠定了良好基础。

【《山东省志·共青团志（1994—2005)》志稿评议会】 2017 年 7 月 6 日，《山东省志·共青团志（1994—2005)》志稿评议会在济南召开。省政府办公厅党组成员、省史志办主任刘爱军，团省委书记陈必昌出席会议并讲话。省史志办、团省委相关人员和有关专家学者参加会议。

与会人员从体例、结构、内容、行文等方面对志稿进行了全方位评议，指出存在问题和不足，提出建设性意见和建议，为《共青团志》修改工作奠定了良好基础。

【《山东省志·建设志（1986—2005)》志稿评议会】 2017 年 7 月 28 日，《山东省志·建设志（1986—2005)》志稿评议会在济南召开。省政府办公厅党组成员、省史志办主任刘爱军出席会议并讲话，省住房城乡建设厅厅长王玉志主持会议并讲话，省住房城乡建设厅副厅长周善东介绍志稿编纂情况，省史志办副巡视员王兴合、省住房城乡建设厅相关人员和有关专家参加会议。

2017 年 7 月 28 日，《山东省志·建设志（1986—2005）》志稿评议会在济南召开

与会人员从体例、结构、内容、行文等方面对志稿进行了全方位评议，指出存在问题和不足，提出建设性意见和建议，为《建设志》的修改完善奠定了良好基础。

【《山东省志·侨务志（1991—2005)》志稿评议会】 2017 年 10 月 23 日，《山东省志·侨务志（1991—2005)》志稿评议会在济南召开。省政府办公厅党组成员、省史志办主任刘爱军出席会议并讲话，省政协常委、社会法制委员会副主任刘方会出席会议，省侨办党组副书记、副主任孙传尚主持会议并讲话，省侨办副主任吴冠，省史志办副巡视员王兴合、省志编审处和省方志馆有关人员，省侨办各业务处室负责人和有关专家学者等20余人参加会议。

2017年10月23日，《山东省志·侨务志（1991—2005）》志稿评议会在济南召开

与会人员从体例、结构、内容、行文等方面对志稿进行了全方位的评议，指出存在问题和不足，提出建设性意见和建议，为《侨务志》修改完善工作奠定坚实基础。

【《山东省志·体育志（1986—2005）》志稿评议会】 2017年11月29日，《山东省志·体育志（1986—2005）》志稿评议会在济南召开。省政府办公厅党组成员、省史志办主任刘爱军，省体育局局长李政出席会议并讲话，省史志办副巡视员王兴合、省史志办省志编审处有关人员，省体育局办公室及有关专家学者等参加会议。

2017年11月29日，《山东省志·体育志（1986—2005）》志稿评议会在济南召开

【《山东省志·水利志（1986—2005）》志稿评议会】 2017年11月30日，《山东省志·水利志（1986—2005）》志稿评议会在济南召开。省史志办副巡视员王兴合，省水利厅党组成员、南水北调局

2017年11月30日，《山东省志·水利志（1986—2005）》志稿评议会在济南召开

局长刘建良出席会议并讲话。省水利厅总工程师徐希进主持会议。省志编审处有关人员、省水利信息中心及有关专家、工作人员参加会议。

【《山东省志·信息产业志（1986—2005）》志稿评议会】 2017年12月22日，《山东省志·信息产业志（1986—2005）》志稿评议会在济南召开。省政府办公厅

2017年12月22日，《山东省志·信息产业志（1986—2005）》志稿评议会在济南召开

党组成员、省史志办主任刘爱军，省经济和信息化委副巡视员王晓出席会议并讲话，省史志办副巡视员王兴合、省志编审处有关人员，有关专家学者等参加会议。

【《山东省志·气象志（1986—2005）》志稿评议会】 2017年12月28日，《山东省志·气象志（1986—2005）》志稿评议会在济南召开。省政府办公厅党组成员、省史志办主任刘爱军，省气象局局长史玉光出席会议并讲话，省气象局副局长李春虎、张志光，省史志办副巡视员王兴合、省志编审处有关人员，有关专家学者等参加会议。会议由省气象局纪检组组长朱键主持。

2017年12月28日，《山东省志·气象志（1986—2005）》志稿评议会在济南召开

【《山东省志·文物志（1991—2005）》编纂工作推进会】 2017年3月14日，《山东省志·文物志（1991—2005）》编纂工作推进会在济南召开。省政府办公厅党组成员、省史志办主任刘爱军，省文物局党组副书记、副局长周晓波出席会议并讲话，省文物局副局长董立新主持会议，省文物局原副局长由少平，省史志办有关人员，17市文物局（文广新局）、泰山管委、刘公岛管委、省直文博分管《文物志》编纂工作负责人和撰写责任人，编纂工作编辑组成员等70余人参加会议。

2017年3月14日，《山东省志·文物志（1991—2005）》编纂工作推进会在济南召开

【《山东省志·科技志（1986—2005）》编纂工作座谈会】 2017年9月13日，省史志办副巡视员王兴合带领省志编审处工作人员一行4人，到省科技厅调研座谈《科技志》编纂工作。省科技厅副巡视员许勃、原副厅长孙伟、办公室主任何伟，以及省科技情报研究院负责人等，省史志办省志编审处有关人员参加座谈会。

2017年9月13日，《山东省志·科技志》编纂工作座谈会在济南召开

《科技志》作为《山东省志》74部分志之一，由省科技厅牵头，与省科协共同承编。

【《山东省志·妇联志（1995—2005）》编纂工作座谈会】 2017年9月20日，省史志办副巡视员王兴合带领省志编审处工作人员一行4人，到省妇联调研座谈《妇联志》编纂工作。省妇联副巡视员张海花、办公室主任王淑萍，省史志办省志编审处有关人员，以及编写人员参加座谈。

《妇联志》共设八篇，正在进行初稿修改工作，已完成前五篇正文和八篇篇下序的改写工作，约28万字。其间，省志编审处对省妇联多次进行业务指导，与编纂人员就志稿中存在的问题反复讨论修改，已经指导修改完成第一篇。计划在2017年年底形成评议稿。

【《山东省志·出版志（1988—2005）》编纂工作座谈会】 2017年9月27日，省史志办副巡视员王兴合带领省志编审处工作人员一行4人，到山东出版集团调研座谈《出版志》编纂工作。省新闻出版广电局新闻研究所负责人，山东出版集团总编辑迟云，山东出版传媒股份有限公司常务副总经理陈刚、出版业务部、战略与投资规划部和山东新华书店原负责人，省史志办省志编审处有关人员，以及相关编纂人员参加座谈会。

2017年9月27日，《山东省志·出版志（1988—2005）》编纂工作座谈会在济南召开

《出版志》作为《山东省志》74部分志之一，由省新闻出版广电局牵头，山东出版集团承编。多年来，编修工作进展缓慢。2017年6月，省政府办公厅党组成员、省史志办主任刘爱军，在全省政府秘书长和办公室（厅）主任座谈会上，对《出版志》等编纂工作进展缓慢的部分分志提出加快进度的要求。

座谈会落实刘爱军同志的要求，重申了《出版志》牵头单位与承编单位的具体分工和职责；进一步明确，凡山东出版集团不好调度的资料，提出清单，由省新闻出版广电局新闻研究所负责协调调度；山东出版集团要解决好编修人员专职与兼职、总体调度和初稿撰写等问题，确保有关人员有足够的时间精力投入编纂工作。

【《山东省志·工业志（1986—2005）》建材篇、化工篇编纂工作座谈会】 2017年11月3日，《山东省志·工业志（1986—2005）》建材篇、化工篇（以下简称“两篇”）编纂工作座谈会在济南召开。会议落实省政府办公厅党组成员、省史志办主任刘爱军，省经济和信息化委主任钱焕涛关于做好“两篇”编纂接续工作的要求，沟通交流情况，具体研究“两篇”接续修改完善等编纂工作。省史志办副巡视员王兴合、省经济和信息化委副巡视员王晓出席会议并讲话，参与“两篇”编写工作的原省建材协会、省化工协会有关人员，省史志办省志编审处、省经济和信息化委政策研究室有关人员10余人参加座谈会。

“两篇”由原省建材协会、省化工协会承编，已基本形成初稿。因个别资料不够完整系统、缺少图表照片、志稿不够规范、内容统一性不强等，需要进一步修改完善。2015 年 12 月，随着省级工业协会改革的实施，两协会撤销，“两篇”编纂工作搁置。

省史志办高度重视“两篇”编纂工作。鉴于机构改革变化，按照行政职能承接和“管什么写什么”的原则，刘爱军在 2017 年 6 月 29 日召开的全省政府系统秘书长、办公室（厅）主任座谈会上，就“两篇”接续编纂工作提出请省经济和信息化委给予关心支持。9 月 19 日，王兴合与省史志办省志编审处有关人员，在前期联系沟通基础上约请王晓与省经济和信息化委研究室有关人员进行了专题座谈研究。9 月 28 日，刘爱军致信钱焕涛，提出请省经济和信息化委接续完成“两篇”编纂工作。10 月 10 日，钱焕涛作出批示安排，要求省经济和信息化委协调有关方面在原有基础上尽快完成“两篇”编纂工作。

【《山东省志·报业志（1991—2005）》编纂工作座谈会】 2017 年 11 月 8 日，省史志办副巡视员王兴合一行 3 人到大众报业集团调研座谈《报业志》编纂工作。省新闻出版广电局新闻研究所所长李德泉，大众报业集团党委常委、副总编辑魏武，省史志办省志编审处有关人员以及相关编纂人员参加座谈会。

《报业志》作为《山东省志》74 部分志之一，由省新闻出版广电局牵头，大众报业集团承编。由于多种原因，编修工作进展缓慢。2017 年 6 月，省政府办公厅党组成员、省地方史志办公室主任刘爱军，在全省政府秘书长和办公室（厅）主任座谈会上，对加快《报业志》等分志编纂工作提出要求。

座谈会落实刘爱军主任的要求，研究提出加快《报业志》编纂工作的思路和具体打算，拟安排专人负责尚未完成两篇初稿的撰写工作，同时组织力量对全志初稿进行通稿，交叉进行，加快进度，确保年底前形成评议稿。

【《山东省志·文化志（1986—2005）》编纂工作座谈会】 2017 年 11 月 28 日，省史志办副巡视员王兴合带领省志编审处工作人员一行 4 人，到省文化厅调研座谈《文化志》编纂工作。省文化厅副厅长胡上山，省艺术研究院副院长张鹏举，省史志办省志编审处，以及省文化厅、省文联、省作协、省艺术研究院相关编写人员参加座谈会。

2017 年 11 月 28 日，《山东省志·文化志（1986—2005）》编纂工作座谈会在济南召开

《文化志》由省文化厅牵头编纂，省文化厅、省文联、省作协共同参编，具体业务由省艺术研究院组织协调。会上，省艺术研究院、省文联、省作协分别汇报了《文化志》所负责篇章的编写工作进展情况。至 2017 年 11 月，《文化志》初稿撰写工作基本顺利，大部分初稿已形成，个别章节因资料搜集困难尚未成稿。

【《山东省志·文物志（1991—2005）》编纂工作座谈会】 2017年12月4日，省史志办副巡视员王兴合带领省志编审处工作人员一行3人，到省文物局调研座谈《文物志》编纂工作。省文物局党组副书记、副局长周晓波，省文物局原副局长由少平，省文物局综合处，省史志办省志编审处有关人员和省文物局相关人员参加座谈会。

2017年12月4日，《山东省志·文物志（1991—2005）》编纂工作座谈会在济南召开

省文物局领导班子高度重视修志工作，专门成立了编纂工作办公室，并在人才、资金等方面切实给予条件保障。特别是2017年3月14日《文物志》编纂工作推进会召开后，省文物局采取多项措施推进工作，续修工作进度明显加快。至2017年11月，《文物志》资料收集工作基本完成，全省共报送文物志资料100余万字。《文物志》编辑组人员在各地报送材料的基础上按照分工进行初稿撰写工作，总体进度完成2/3。

【《山东省志·报业志（1991—2005）》初稿撰写业务培训会】 2017年4月20日，省史志办、省新闻出版广电局有关人员应邀参加大众报业集团组织的《报业志》初稿撰写业务培训会，大众报业集团办公室负责人、志稿编写人员参加培训会。会议贯彻落实省政府督查室意见要求，就如何进一步抓好工作落实进行研讨沟通。会议采取以会代训的形式，就志稿撰写基本原则和要求、常见问题及处理方法等进行业务培训，并现场解惑答疑。会议提出，初稿撰写工作要兼顾进度和质量，严格遵循撰写原则，立足省志高度，把握好记述角度与重点，处理好主次详略关系，确保编写质量。省新闻出版广电局工作人员表示，将全力支持配合大众报业集团的修志工作，在资料补充征集等方面提供全方位服务。大众报业集团表示，将严格按照省史志办、省新闻出版广电局的意见建议，集中时间、集中力量进行攻关，力争2017年6月底前形成全部初稿，为下一步志稿评议和送审总纂工作奠定良好基础。

·编纂与出版·

【《山东省志·人物志（1986—2005）》编纂】 《山东省志·人物志（1986—2005）》编纂工作于2016年10月启动。10月10日，省委组织部、省史志办印发《〈山东省志·人物志（1986—2005）〉编纂工作方案》。10月21日，《人物志》启动会议在济南召开，省政府办公厅党组成员、省史志办主任刘爱军出席会议并作动员讲话，部署编纂工作。省委组织部和省史志办及时开展业务指导和工作督导检查，各市委组织部、市史志办和省直有关单位资料搜集和上报工作开展顺利，2017年6月基本结束，17市报送资料涉及传主2089人，19个省志单位报送资料涉及传主233人，总计传主2322人、80.27万字。

2017年7月，省史志办对各市报送资料开始初编；对所有资料进行统一编号整理，确保人物记述不重不漏；核对史实、统一格式、规范行文；统一编纂思想和修改标准，形成编纂规范。

在工作开展的同时，省史志办着力从建立工作机制等方面保障编纂工作的顺利进行。建立工作通报制度。及时与省委组织部沟通工作进展情况，分头解决有关事项；与省委组织部反复沟通，协商编纂出版经费和编委会领导成员调整事宜，杨东奇部长亲自作出批示。建立工作督导制度。省委组织部由部研究室负责协调调度各市委组织部配合各市史志办做好人物资料审核有关工作；省史志办负责督导各市史志办按计划推进工作，按时上报初稿，同时制定省史志办《人物志》编纂工作进度计划，每周二上午汇总情况，检查工作成果，提出工作要求。建立业务研讨制度。每周汇总编纂业务问题，及时统一编纂思想，研究解决编纂中遇到的特殊问题。根据各市志稿存在的问题，拟制《关于进一步修改完善〈山东省志·人物志〉资料的通知》和《〈山东省志·人物志（1986—2005）〉资料修改意见》，及时有效地指导各市进一步修改完善初稿。

至2017年底，初编工作基本完成，形成80余万字的初稿，编纂工作整体进展顺利。

【《山东省志·地方史志志》编纂】 2017年初，在完成资料搜集和长编编写基础上，省史志办进一步对资料长编进行梳理分类，结合初稿撰写需要优化调整篇目，对撰稿内容要点进行细化提示；结合篇目调整，进一步明确省史志办各处馆撰写初稿的任务分工，确定各处馆联络人。3月3日，省史志办组织召开各处馆初稿撰写人员对接会，启动初稿撰写工作。会议传达刘爱军主任重要批示："请各处馆高度重视，按照分工及时限，优质高效的完成编写任务。"会议印发调整后的篇目和淄博市样稿，并根据任务分工，向各处馆提供梳理后的分类资料，供撰写初稿参考使用。

在初稿撰写工作开展的同时，省史志办部署有关编辑人员对大事记部分和17市上报的初稿进行初编。至5月底，大事记部分经过多次研讨修改、筛选编辑，由原有的基本初稿27万字，压缩至12万字左右，下半年又进行了第二遍编辑，压缩至10万字左右；17市初稿按照淄博样稿确定的思路和省志编纂要求，进行了统一和规范处理，计63万字。

年内，各处馆陆续提交完成后的初稿。经初步汇总整理、分类编排，各处馆供稿部分大致形成49万字基本初稿，但个别部位资料尚缺，总体质量参差不齐，后续志稿编纂工作较为困难。

至2017年底，总计形成初稿112万字，资料补充与初稿编辑、修改工作不断深入，编纂工作总体进展顺利。

【《山东省志·证券志（1880—2005）》出版】 2017年7月，中国证券监督管理委员会山东监管局组织编纂的《山东省志·证券志（1880—2005）》由山东人民出版社出版。主编赵洪军，副主编刘常建、王殿祥。16开本，40万字，印数1500册，ISBN 978-7-209-10728-0，160.00元/册。2004年10月，中国证券监督管理委员会山东监管局成立《证券志》编纂委员会，下设史志办公室，

具体负责志书的综合协调、篇目拟订、资料收集、撰稿统稿及评议修改和送审工作。2016年12月形成送审稿，报省史志办总纂。省史志办于2017年3月完成初审，6月完成复审。7月，总纂审定后，报主审终审，交付出版。该志为《山东省志》新立分志，设早期证券与期货、证券发行、证券、期货经营与服务机构、证券业务、期货业务、监督管理6篇，全面客观地记述了1880年—2005年山东证券行业的发展历程，完整系统地反映出山东证券行业在全省经济社会发展中所发挥的重要作用及所占有的举足轻重地位。

【《山东省志·海关志（1993—2005)》出版】 2017年8月，青岛海关组织编纂的《山东省志·海关志（1993—2005)》由山东人民出版社出版。主编牟家骏，副主编国恩松。16开本，33万字，印数2500册，ISBN 978-7-209-10987-1，160.00元／册。2005年，青岛海关成立《海关志》编纂委员会，下设史志办公室，具体负责志书的综合协调、篇目拟订、资料收集、撰稿统稿及评议修改和送审工作。2016年11月形成送审稿，报省史志办总纂。省史志办于2017年3月完成初审，6月完成复审。8月，总纂审定后，报主审终审，交付出版。该志为首轮《山东省志·海关志》续志，设监管、征税、缉私、统计、科技应用、机构与管理6篇，全面客观地记述了1993年—2005年山东海关事业的发展历程，完整系统地反映出海关工作为国把关的重要地位，是国家税收的重要来源和促进国家进出口贸易发展的重要事业，在全省经济社会发展中发挥了重要作用。

【《山东省志·煤炭工业志（1991—2005)》出版】 2017年10月，省煤炭工业局组织编纂的《山东省志·煤炭工业志（1991—2005)》由山东人民出版社出版。主编郭强，副主编刘雪荣。16开本，48万字，印数2000册，ISBN 978-7-209-11026-6，220.00元／册。2006年，省煤炭工业局成立《煤炭工业志》编纂委员会，下设史志办公室，具体负责志书的综合协调、篇目拟订、资料收集、撰稿统稿及评议修改和送审工作。2017年3月形成送审稿，报省史志办总纂。省史志办于2017年8月完成初

审，10 月完成复审。10 月，总纂审定后，报主审终审，交付出版。该志为首轮《山东省志·煤炭工业志》续志，设管理体制与管理机构、煤炭资源与勘探、煤矿建设、煤炭生产、煤矿安全、非煤产业、经营管理、环境保护与节能减排、科学技术与教育培训 9 篇，全面客观地记述了 1991 年—2005 年山东省煤炭工业改革发展的历程，完整系统地反映出山东煤炭工业在全省经济社会发展中所发挥的重要作用，展现了山东煤炭大省的地位。

【《山东省志·冶金工业志（1986—2005）》出版】 2017 年 10 月，山东省冶金工业总公司组织编纂的《山东省志·冶金工业志（1986—2005）》由山东人民出版社出版。主编耿庆山，副主编宫鸿仓。16 开本，44.1 万字，印数 1000 册，ISBN 978-7-209-11130-0，218.00 元／册。

2002 年，山东省冶金总公司成立《冶金工业志》编纂委员会，下设史志办公室，具体负责志书的综合协调、篇目拟订、资料收集、撰稿统稿及评议修改和送审工作。2017 年 4 月形成送审稿，报省史志办总纂。省史志办于 2017 年 6 月完成初审，9 月完成复审。10 月，总纂审定后，报主审终审，交付出版。该志为首轮《山东省志·冶金工业志》续志，设冶金矿山与耐火原材料、黑色金属冶炼加工和焦化碳素制品生产、有色金属生产与加工、多元化生产经营、冶金节能与环境保护、科技与教育、行政管理与改革、冶金企业 8 篇，全面客观地记述了 1986 年—2005 年山东省冶金工业改革发展的历程，完整系统地反映出山东冶金工业在全省经济社会发展中所发挥的重要作用，展现了山东冶金大省的地位。

【《山东省志·供销合作社志（1991—2005）》出版】 2017 年 10 月，山东省供销合作社联合社组织编纂的《山东省志·供销合作社志（1991—2005）》由山东人民出版社出版。主编侯成君，副主编张美华、张荣庆、宋生跃、杜鸣鸣。16 开本，43 万字，印数 3000 册，ISBN 978-7-209-11138-6，168 元／册。2003 年 6 月，省供销社成立《供销合作志》编纂委员会，下设史志办公室，具体负责志书的综合协调、篇目拟订、资料收集、撰稿统稿及评议修改和送审工作。2017 年 5 月形成送审稿，报省史志办总纂。省史志办于 2017 年 7 月完成初审，9 月完成复审。10 月，总纂审定后，报主审终审，交付出版。该志为首轮《山东省志·供销合作社志》续志，设业务经营、企业管理、农村社会化服务、现代流通服务网络、组织机构 5 篇，全面客观地

记述了1991年—2005年山东省供销合作事业改革发展的历程，完整系统地反映出全省供销合作社坚持为农服务的根本宗旨，锐意改革、理顺体制，创新发展，为发展农业生产、繁荣农村经济、增加农民收入做出的重要贡献。

【《山东省志·卫生志（1986—2005）》出版】

2017年12月，省卫生计生委组织编纂的《山东省志·卫生志（1986—2005）》由山东人民出版社出版。主编袭燕，副主编于富军。16开本，65万字，印数3000册，ISBN 978-7-209-10351-9，200元/册。2002年6月，省卫生厅成立《卫生志》编纂委员会，下设史志办公室，具体负责志书的综合协调、篇目拟订、资料收集、撰稿统稿及评议修改和送审工作。2017年8月形成送审稿，报省史志办总纂。省史志办于2017年10月完成初审，11月完成复审。12月，总纂审定后，报主审终审，交付出版。该志为首轮《山东省志·卫生志》续志，设卫生行政、卫生监督、药品与医疗器械监督管理、疾病预防控制、中医、西医、城乡基层卫生、妇幼保健、教育 科研 团体与科技期刊（医学类）9篇，全面客观地记述了1986年—2005年山东省卫生事业的发展历程，完整系统地反映出这一时期山东卫生事业蓬勃发展、改革创新的新气象；初步呈现出统筹城乡、强化预防、中西医并重、协调发展的新局面；医疗卫生科技水平、保障水平和服务能力大幅跃升，城乡居民健康水平持续改善，各项工作取得重大成效的新成就。

【《山东省志·电信志（1996—2005）》出版】 2017年12月，省通信管理局组织编纂的《山东省志·电信志（1996—2005）》由山东人民出版社出版。主编高勇，副主编王静。16开本，38万字，印数1500册，ISBN 978-7-209-10612-2，168元/册。2001年，省通信管理局成立《电信志》编纂委员会，下设史志办公室，具体负责志书的综合协调、篇目拟订、资料收集、撰稿统稿及评议修改和送审工作。2017年8月形成送审稿，报省史志办总纂。省史志办于2017年10月完成初审，11月完成复审。12月，总纂审定后，报主审终审，交付出版。该志为首轮《山东省志·邮电志》续志，设组织机构、行业监管、电信业务、网络建设、企业管理、经营与服务6篇，全面客观地记述了1996年—2005年山东省电信事业的发展历程，完整系统地反映出山东电信事业在全省经济社会发展中所发挥的重要作用。

【《山东省志·出入境检验检疫志（19 世纪后期至 2005 年）》出版】 2017 年 12 月，山东出入境检验检疫局组织编纂的《山东省志·出入境检验检疫志（19 世纪后期至 2005 年）》由山东人民出版社出版。主编姚志杰，副主编刘炳军、郑珂。16 开本，52 万字，印数 1000 册，ISBN 978-7-209-10988-8，268 元／册。2007 年 7 月，山东出入境检验检疫局成立《出入境检验检疫志》编纂委员会，下设史志办公室，具体负责志书的综合协调、篇目拟订、资料收集、撰稿统稿及评议修改和送审工作。2016 年 12 月形成送审稿，报省史志办总纂。省史志办于 2017 年 4 月完成初审，10 月完成复审。12 月，总纂审定后，报主审终审，交付出版。该志为首轮《山东省志·出入境检验检疫志》续志，设进出口商品检验鉴定、国境卫生检疫、进出境动植物检验检疫、检验检疫科技与实验室、监督管理 5 篇，全面客观地记述了 1986 年—2005 年山东出入境检验检疫事业的发展历程，完整系统地反映出山东出入境检验检疫事业在全省改革开放和对外经济贸易发展中所发挥的重要作用。

【《山东省志·建设志（1986—2005）》出版】 2017 年 12 月，省住房城乡建设厅组织编纂的《山东省志·建设志（1986—2005）》由山东人民出版社出版。主编潘岚君，副主编张文成、孙增桂。16 开本，67 万字，印数 3000 册，ISBN 978-7-209-11183-6，220 元／册。2007 年 3 月，省建设厅成立《建设志》编纂委员会，下设史志办公室，具体负责志书的综合协调、篇目拟订、资料收集、撰稿统稿及评议修改和送审工作。2017 年 9 月形成送审稿，报省史志办总纂。省史志办于 2017 年 10 月完成初审，12 月完成复审。12 月，总纂审定后，报主审终审，交付出版。该志为首轮《山东省志·城乡建设志》《山东省志·建筑志》续志，设城市规划、城市建设、住宅与房地产业、村镇建设、建筑业与工程建设、勘察设计与抗震救灾、建设科技与人才培养、法制建设、组织机构 9 篇，全面客观地记述了 1986 年—2005 年山东省建设组织改革发展的历程，完整系统地反映出山东建设事业在全省经济社会发展中所发挥的重要作用。

【《山东省志·共青团志（1994—2005）》出版】 2017 年 12 月，共青团山东省委组织编纂的《山东省志·共青团志（1994—2005）》由山东人民出版社出版。主编陈必昌。16 开本，38 万字，印数 2000 册，ISBN 978-7-209-11190-4，180 元／册。2009 年 5 月，团省委成立《共青团

志》编纂委员会，下设史志办公室，具体负责志书的综合协调、篇目拟订、资料收集、撰稿统稿及评议修改和送审工作。2017年9月形成送审稿，报省史志办总纂。省史志办于2017年10月完成初审，11月完成复审。12月，总纂审定后，报主审终审，交付出版。该志为首轮《山东省志·共青团志》续志，设团的组织、团的建设、思想引领、建功奉献、服务维权、统战外事、团校教育和理论研究、其他青少年组织8篇，全面客观地记述了1994年—2005年山东省共青团事业的发展历程，完整系统地反映出这一时期山东省共青团事业取得的重大成效。

【《山东省志·电力工业志（1986—2005）》出版】 2017年12月，国网山东省电力公司组织编纂的《山东省志·电力工业志（1986—2005）》由山东人民出版社出版。主编蒋斌、孙可奇。16开本，53.7万字，印数1000册，ISBN 978-7-209-11310-6，298元／册。2001年9月，山东电力集团公司成立《电力工业志》编纂委员会，下设史志办公室，具体负责志书的综合协调、篇目拟订、资料收集、撰稿统稿及评议修改和送审工作。2017年3月形成送审稿，报省史志办总纂。省史志办于2017年5月完成初审，11月完成复审。12月，总纂审定后，报主审终审，交付出版。该志为首轮《山东省志·电力工业志》续志，设电力建设、发电、供电、用电与营销、电网调度、农电、科技与教育、管理8篇，全面客观地记述了1986年—2005年山东省电力工业的发展历程，完整系统地反映出山东电力工业深化改革，调整发展战略，为促进和保障全省经济社会发展做出的重要贡献。

【《山东省志·教育志（1991—2005）》出版】

2017年12月，省教育厅组织编纂的《山东省志·教育志（1991—2005）》由山东人民出版社出版。主编荆戈，副主编张文哲。16开本，58万字，印数1500册，ISBN 978-7-209-11321-2，280元／册。2006年2月，省教育厅成立《教育志》编纂委员会，下设史志办公室，具体负责志书的综合协调、篇目拟订、资料收集、撰稿统稿及评议修改和送审工作。2017年7月形成送审稿，报省史志

办总纂。省史志办于 2017 年 10 月完成初审，11 月完成复审。12 月，总纂审定后，报主审终审，交付出版。该志为首轮《山东省志・教育志》续志，设基础教育、职业教育与成人教育、普通高等教育、教师、教育法制建设与教育督导、教育行政、科学研究与教育研究、交流合作与宣传、招生与考试 9 篇，全面客观地记述了 1991 年—2005 年山东省教育事业的发展历程，完整系统地反映出这一时期山东教育事业取得的各项成就。

【《山东省志・旅游志（1994—2005）》出版】 2017 年 12 月，省旅游发展委员会组织编纂的《山东省志•旅游志（1994—2005）》由山东人民出版社出版。主编于凤贵，副主编张鲲、孙其海、尚玉轩。16 开本，35 万字，印数 2000 册，ISBN 978—7—209—11326—7，180.00 元／册。2005 年 9 月，省旅游局成立《旅游志》编纂委员会，下设史志办公室，具体负责志书的综合协调、篇目拟订、资料收集、撰稿统稿及评议修改和送审工作。2017 年 6 月形成送审稿，报省史志办总纂。省史志办于 2017 年 10 月完成初审，11 月完成复审。12 月，总纂审定后，报主审终审，交付出版。该志为首轮《山东省志・旅游志》续志，设旅游资源、旅游规划与法制建设、市场开发、旅游服务与监管、机构队伍 5 篇，全面客观地记述了 1994 年—2005 年山东省旅游事业的发展历程，完整系统地反映出山东旅游事业在全省经济社会发展中所发挥的重要作用。

【《山东省志•粮食志（1986—2005）》出版】 2017 年 12 月，省粮食局组织编纂的《山东省志・粮食志（1986—2005）》由山东人民出版社出版。主编温洪镭。16 开本，38 万字，印数 1500 册，ISBN 978—7—209—11369—5，180 元／册。2002 年，省粮食局成立《粮食志》编纂委员会，下设史志办公室，具体负责志书的综合协调、篇目拟订、资料收集、撰稿统稿及评议修改和送审工作。2016 年 12 月形成送审稿，报省史志办总纂。省史志办于 2017 年 3 月完成初审，11 月完成复审。12 月，总纂审定后，报主审终审，交付出版。该志为首轮《山东省志・粮食志》续志，设粮油购销、储备保管、军粮供应、企业改革与产业发展、财务管理、机构人员・教育培训・理论研讨 6 篇，全面客观地记述了 1986 年—2005 年山东省粮食事业的发展历程，完整系统地反映出山东粮食事业在全省经济社会发展中所发挥的重要作用。

（省史志办省志编审处）

市县基层志编纂指导

【市级志书编纂指导】 2017年，省史志办根据实际情况，制定实施《山东省志书质量管理规定》《山东省市县级志书审查验收规定》《山东省省级重点市县级志书申报办法》《山东省史志系统修志业务专家咨询组志稿评议管理办法》等多项业务规范，对志书编纂程序、工作流程、质量要求、审查验收及责任追究等作出详细规定，使每个工作环节都有章可循、有规可依。市县史志机构也根据自身实际，制定一批业务规范。威海市史志办公室实施史志资料年报制度，对资料内容、装订形式、报送时间等都作出明确要求，这些制度规范以国家和省地方史志工作条例为依据，结合实际工作，总结经验教训，有利于最大限度地提高质量、加快进度，推出高质量史志成果。

坚持“倒排工期”的工作方法，制定明确的“计划表”，及时调整发放“明白纸”，定期调度情况、通报进展、落实任务。加大政府督查力度，督促任务完成情况。按照办公室的安排部署，先后到烟台、枣庄、青岛、潍坊、滨州、日照、临沂、淄博、济宁等市进行督查，各单位高度重视，主要负责人主持会议，分管负责人汇报工作情况。通过督查，解决大量阻碍工作的困难和问题。及时形成工作进展情况通报，实施动态管理，适时汇总、更新、通报进度一览表，进一步加强调度，督促进度，增加调度频次，每月调度2次工作进展，督促加快工作进度。

抓进度的同时，为确保志书质量，省史志办不断优化、完善质量管控体系，严格执行质量管理规定，抓好质量管控关键环节，明确各环节质量控制指标。进一步探索质量关口前移、中心下沉的有效方法，对有关志书编纂工作提前介入，做好跟踪服务，加强点对点的业务培训与指导，尽量少走弯路。派员到基层参加当地业务培训班进行专题辅导，参加市县志篇目研讨会及时提出修改建议。年内，先后评审《烟台市志》《济宁市志》《日照市志》，为《聊城市志》《潍坊市志》《德州市志》等市志编纂工作进行业务指导，并对撰稿人员进行专业培训，提高工作效率。

【县级志书编纂指导】 为实现全省第二轮修志工作质量和进度同步推进，省史志办不断总结推广先进经验，发挥示范带动作用，打造重点优秀志书，培育典型样板，树立问题导向，建立有效激励机制。在全省形成“比、赶、超”的浓厚氛围，进一步增强工作的主动性，确保各项工作梯次推进，全省一盘棋。在县级志书编纂方面，积极发挥示范引领作用，在抓进度的同时，努力提升编纂质量，积极发挥示范引领作用，在总结推广淄博市博山区、济南市天桥区等先进经验的基础上，又及时总结推广青州、崂山、费县等市（县、区）加快志书编修工作的经验做法。近年来，省里每年推介2部至3部省级重点志书，发挥典型引路作用。对拟推荐申报的全省重点志书，实行全省史志系统修志业务专家咨询组评议、评审全程介入，直接参与。对基础较好的志稿，经专家咨询组成员二次评审后，推荐为省级重点志书。2017 年，《胶州市志》《芝罘区志》被推荐为本年度省级重点志书。通过系列举措，充分发挥先进典型示范带动作用，在全省掀起学习先进经验的热潮，收到良好效果。

2017 年，为解决县级志书编纂工作进展不平衡问题，省政府办公厅党组成员、省史志办主任刘爱军亲自带队先后到烟台、枣庄、青岛、潍坊、滨州、日照、临沂、淄博、济宁等市督导调研，召开“三全”目标推进会，争取有关县（市、区）党委、政府主要负责人支持，取得了很好的效果。通过督导调研，进度较慢的县（市、区）纷纷对标先进，列出时间表，奋起直追。

【乡镇村志编纂指导】 2017 年，按照中指办的统一部署，省史志办评审申报中国名镇志文化工程志稿 4 部：青岛市城阳区《棘洪滩街道志》、淄博市周村区《王村镇志》、蓬莱市《刘家沟镇志》、邹城市《中心店镇志》，其中《中心店镇志》列入第二批出版；评审申报中国名村志文化工程志稿 3 部：烟台开发区《古现东村志》、淄博市周村区《李家疃村志》、威海市环翠区《陶家夼社区志》，3 部志书全部顺利入选。

2017 年 3 月，省史志办制定实施《齐鲁名镇名村志文化工程实施方案》，提出用 3 年时间编修 100 部“齐鲁名镇名村志”。 4 月 28 日，齐鲁名镇名村志文化工程启动会议暨编修培训班在济南举办，10 月 25 日—26 日，全省名镇名村志编修培训班在济南举办，两期培训班共计培训 250 余人次。年内，评审指导并出版齐鲁名镇志、名村志 16 部，分别是：垦利区的《胜坨镇志》，岱岳区的《山口镇志》，莱城区的《方下镇志》，费县的《上冶镇志》；周村区青年路街道的《桃园社区志》，滕州市官桥镇的《北辛村志》、薛城区陶庄镇的《奚村志》，烟台开发区的《金东社区志》，邹城市郭里镇的《爷娘庙村志》，肥城市新城街道的《伊家沟村志》和《古店村志》，莱城区鹏泉街道的《郭家沟村志》，钢城区里辛镇的《棋山观村志》，临沭县曹庄镇的《朱村志》、沂水县沂水镇的《牛岭埠村志》，巨野县田庄镇的《田庄村志》。10 月 19 日，召开集中评审会。12 月 26 日，齐鲁名镇名村志丛书新闻发布会暨赠书仪式在济南举行。中国社会科学院副院长、中国地方志指导小组常务副组长李培林，副省长王随莲，中国地方志指导小组秘书长，中国地方志指导小组办公室党组书记、主任冀祥德，省政府办公厅党组成员、省史志办主任刘爱军，中国地方志指导小组办公室副主任邱新立出席会议。省史志办副主任李刚主持会议。与会领导为“齐鲁名镇名村志文化工程”标识揭牌，向编纂单位颁发了奖牌和证书，向山东省档案馆、山东省图书馆、山东大学图书馆、山东师范大学图书馆、济南市图书馆等藏书单位赠送志书。人民网、《大众日报》、山东电视台等多家媒体进行宣传报道，进一步扩大了史志事业的影响力。

旧志整理与出版

【概况】 2017年，省史志办按照2016年制定的《山东省旧志整理“十三五”规划》，启动了《山东省历代方志集成》（青岛卷、淄博卷、枣庄卷、东营卷、烟台卷）的影印出版工作，5月，完成招标工作，11月，完成印刷出版。

【《山东省历代方志集成》（青岛卷、淄博卷、枣庄卷、东营卷、烟台卷）影印出版】 2017年11月，省史志办整理的《山东省历代方志集成》（青岛卷、淄博卷、枣庄卷、东营卷、烟台卷）完成影印工作，由天津古籍出版社出版发行。

新整理出版的《山东省历代方志集成》（青岛卷、淄博卷、枣庄卷、东营卷、烟台卷），由省政府办公厅党组成员、省史志办主任刘爱军任整理委员会主任，聘请山东师范大学、山东大学教授安作璋、山东师范大学教授李伯齐、山东大学教授杜泽逊、山东师范大学教授朱亚非、济南社会科学院研究员张华松为专家委员会顾问。在2014年整理出版《山东省历代方志集成》（宣统版《山东通志》），2015年整理出版《山东省历代方志集成》（府州志），2016年整理出版《山东省历代方志集成》（省卷、济南卷）的基础上，2017年整理出版了《山东省历代方志集成》（青岛卷、淄博卷、枣庄卷、东营卷、烟台卷）。收录了新中国成立前历朝历代编撰、现存且可查、分散收藏在国内外的现青岛、淄博、枣庄、东营、烟台区域内的各种版本的府志、县志、乡土志、专志共96种，42000余筒子页、2000余万字，精装33册。此次整理出版，整理委员会秉持保存珍稀文献、传承历史文化、服务学术研究的宗旨，本着保留原貌、修旧如旧的原则，按照底本影印，不作点校；依据原装订规制，精装缩印出版。

《山东省历代方志集成》（青岛卷、淄博卷、枣庄卷、东营卷、烟台卷）的出版，填补了山东省内现市级行政区域内旧志汇集整理的学术空白，为文史研究者和爱好者提供了一份真实可靠的历史文献资料，同时也使这些珍贵的典籍文献得以更好地保存、传播，完成了一项抢救古籍、惠及学林的文化工程。

《山东省历代方志集成》（青岛卷、淄博卷、枣庄卷、东营卷、烟台卷）书目

〔民国〕胶澳志　赵琪修　袁荣叜纂
〔康熙〕胶州志　（清）孙蕴韬修　高国楹纂
〔乾隆〕胶州志　（清）周于智　宋文锦修　刘恬纂
〔道光〕重修胶州志　（清）张同声修　李图纂
〔光绪〕胶州直隶州乡土志　（清）佚名纂
〔民国〕增修胶志　袁励杰等修　匡超纂
〔康熙〕纂修即墨县志　（清）佚名纂
〔乾隆〕即墨县志　（清）尤淑孝修　李元正纂
〔同治〕即墨县志　（清）林溥修　周翕鐄纂

〔光绪〕即墨县乡土志　（清）周铭旗撰
〔康熙〕平度州志　（清）李世昌纂修
〔道光〕重修平度州志　（清）保忠等修　李图　王大钥纂
〔光绪〕平度志要　（清）陈尔延修　王崧翰纂
〔光绪〕平度州乡土志　（清）张世卿修　王崧翰　于莲纂
〔民国〕平度县续志　丁世平修　尚庆翰纂
〔天启〕崂山志　（明）黄宗昌著
〔光绪〕崂山艺文志　（清）黄肇颚纂
〔乾隆〕崂山纪略　（清）纪润撰
〔嘉靖〕淄川县志　（明）王琮纂修
〔万历〕淄川县志　（明）朱万春纂修
〔乾隆〕淄川县志　（清）王康修　臧岳纂
〔乾隆〕淄川县志　（清）张鸣铎修　张廷寀　王佳宾纂
〔宣统〕三续淄川县志　（清）方作霖修　王敬铸纂
〔民国〕重刊乾隆淄川县志　（清）张鸣铎修
〔康熙〕淄乘征　（清）毕际有纂
〔康熙〕颜神镇志　（清）叶先登修　冯文显纂
〔乾隆〕博山县志　（清）富申修　田士麟纂
〔乾隆〕博山志稿　（清）洪銮纂修
〔民国〕续修博山县志　王荫桂修　张新曾纂
〔康熙〕临淄县志　（清）邓性修　李焕章纂
〔康熙〕临淄县乡土志　（清）郑斗南修　边风岐　于子春纂
〔民国〕临淄县志　舒孝先修　崔象榖纂
〔康熙〕新城县志　（清）崔懋纂修　严濂曾纂
〔康熙〕新城县续志　（清）孙元衡修　王启涑纂
〔民国〕重修新城县志　袁励杰　张儒玉修　王采廷纂
〔民国〕桓台志略　袁励杰修　王采廷纂
〔民国〕新修桓台县志　王元一纂修
〔康熙〕高苑县志　（清）宋弼纂修
〔康熙〕高苑县续志　（清）古今誉修　刘大量纂
〔乾隆〕高苑县志　（清）张耀璧纂修
〔乾隆〕青城县志　（清）方凤修　戴文炽　周瑊纂
〔民国〕青城续修县志　杨启东修　赵梓湘纂
〔康熙〕峄县志　（清）田显吉修　褚光镆纂
〔乾隆〕峄县志　（清）忠琏修　孙新吉纂
〔光绪〕峄县志　（清）王振录　周凤鸣修
〔光绪〕峄县乡土志　（清）周凤鸣编纂
〔万历〕滕县志　（明）杨承夫修　王元宾纂
〔康熙〕滕县志　（清）黄浚修　王特选纂
〔道光〕滕县志　（清）王政修　王庸立　黄来麟纂
〔光绪〕滕县乡土志　（清）高熙喆编
〔宣统〕滕县续志稿　（清）生克中编辑
〔民国〕续滕县志　崔公甫等修　高熙喆等纂　生克中等续纂
〔康熙〕利津县新志　（清）韩文焜纂修
〔乾隆〕利津县志续编　（清）刘文确修　刘永祚纂
〔乾隆〕利津县志补　（清）灵泰修　程士范纂

〔光绪〕利津县志　（清）盛赞熙修　余朝棻等纂
〔民国〕利津县续志　王廷彦修　盖尔佶纂
〔万历〕乐安县志　（明）孟楠修　蒋奇铸纂
〔雍正〕乐安县志　（清）李方膺纂修
〔民国〕乐安县志　李传煦　陈同善修　王永贞纂
〔民国〕续修广饶县志　王文彬　潘莱峰修　王寅山纂
〔顺治〕登州府志　（清）施闰章修　杨奇烈纂
〔乾隆〕续登州府志　（清）永泰纂修
〔光绪〕增修登州府志　（清）方汝翼　贾瑚修　周悦让　慕荣榦纂
〔万历〕莱州府志　（明）龙文明修　赵耀纂
〔康熙〕莱州府志　（清）陈谦修　孔尚任　刘以贵纂
〔乾隆〕莱州府志　（清）严有禧修　张桐续修
〔光绪〕莱州府乡土志　（清）李恩祥修　董锦章纂
〔万历〕福山县志　（明）宋大奎修　郭如泰纂
〔康熙〕福山县志　（清）罗博修　鹿兆甲纂
〔乾隆〕福山县志　（清）何乐善修　肖劼　王积熙纂
〔民国〕福山县志稿　王陵基修　于宗潼纂
〔嘉靖〕宁海州志　（明）李光先修　焦希程纂
〔康熙〕宁海州志　（清）杨引祚修　王枢纂
〔同治〕重修宁海州志　（清）舒孔安修　王厚阶纂
〔民国〕牟平县志　宋宪章等修　于清泮纂
〔康熙〕黄县志　（清）李藩修　范廷凤纂
〔乾隆〕黄县志　（清）袁中立修　毛贽纂
〔同治〕黄县志　（清）尹继美修　王棠纂
〔康熙〕莱阳县志　（清）万邦维修　卫元爵　张重润纂
〔民国〕莱阳县志　梁秉锟修　王丕煦纂
〔乾隆〕掖县志　（清）张思勉修　于始瞻纂
〔道光〕掖乘　（清）侯登岸纂
〔道光〕再续掖县志　（清）杨祖宪修　侯登岸纂
掖县全志　（清）魏起鹏辑
〔民国〕四续掖县志　刘国斌修　刘锦堂纂
〔康熙〕蓬莱县志　（清）高岗修　蔡永华纂
〔道光〕重修蓬莱县志　（清）王文焘修　张本　葛元昶纂
〔光绪〕蓬莱县续志　（清）江瑞采修　王尔植纂
〔顺治〕招远县志　（清）张作砺修　张凤羽纂
〔道光〕招远县续志　（清）陈国器　边象曾修　李荫纂
〔康熙〕栖霞县志　（清）胡璘原本　郑占春增修　牟国珑增纂
〔乾隆〕栖霞县志　（清）卫苌纂修
〔光绪〕栖霞县续志　（清）黄丽中修　于如川纂
〔乾隆〕海阳县志　（清）包桂纂修
〔光绪〕海阳县续志　（清）王敬勋修　李尔梅纂

（孟召际）

年鉴编纂工作

【概况】 2017年，《山东年鉴（2017）》进行20多项改革创新，继续使用二维码等新技术，不断增强服务现实功能，继续保持在6月份出版，仍然是全国唯一在出版年度内上半年出版的省级综合年鉴，连续四年保持全国第一。《山东省情概览（2017）》进一步改革创新，增强实用性和可读性，4月初出版，比上卷提前近3个月出版，时效性大为增强。《山东地方史志年鉴（2017）》充分反映2016年度全省地方史志工作的发展现状，展示全省史志系统的精神风貌，10月底出版发行，较上卷提前近半个月。出台《山东省地方综合年鉴编纂出版业务规范》，进一步规范全省年鉴编纂工作，提升年鉴编纂质量，是全国第一个落实中指组《地方综合年鉴编纂出版规定》的省份。年鉴质量有很大提高，《山东年鉴（2016）》获全国地方志优秀成果（年鉴类）省级综合年鉴第三名。

《山东省地方综合年鉴编纂出版业务规范》出台。根据全省年鉴形势发展变化，省史志办加强顶层设计，进一步提升编纂水平和编纂质量，着手起草《山东省地方综合年鉴编纂出版业务规范》。对初稿进行反复修改、完善，形成征求意见稿，两次征求全省史志系统的意见建议，并征求中指组的意见建议。根据中指组《地方综合年鉴编纂出版规定》修订情况，再次对《规范》进行修改完善。12月23日，《山东省地方综合年鉴编纂出版业务规范》出台，设总则、框架、资料、内容、行文、出版、附则，共六章、四十九条。《规范》适应全省经济社会发展以及年鉴事业转型升级的新形势，强化顶层设计意识，严格按照年鉴理论依据或实践基础，在框架设计、资料收集、收录内容、条目编写、记述行文、出版印刷等方面都做了详细规定，适当增加一些具有操作性的硬性质量要求，并对民族宗教、港澳台事务、保密等方面做了明确要求，增强对年鉴质量建设的引领、规范作用。

以改革创新统领年鉴工作。2017年1月11日，省政府办公厅党组成员、省史志办主任刘爱军主持召开年鉴工作改革创新座谈会，围绕《山东年鉴（2017）》《山东省情概览（2017）》《山东地方史志年鉴（2017）》进一步改革创新进行深入的研讨，就年鉴调整框架设计、紧跟时代步伐、突出重点内容、反映地方特色、探索创新点等方面展开深入交流。2月6日，年鉴工作处召开年鉴编纂业务研讨会议，就落实年鉴改革创新工作座谈会精神，进一步提高年鉴编纂质量开展业务研讨。2月28日，年鉴工作处组织“学《意见》、学‘批示’，话改革、话发展，推动年鉴工作再上新台阶”主题演讲活动，围绕推动年鉴工作改革发展，切实履行史志工作者责任，自觉增强文化自信，提高《山东年鉴（2017）》编纂质量等方面进行演讲。《山东年鉴（2017）》，进行20多项改革创新，使用33个二维码，收录25个视频资料和8个一次性文献资料，比上卷增加23个。《山东地方史志年鉴（2017）》，卷首收录图片97幅，收录领导批示10件，收录第一届“山东史志”十大年度人物，充分反映2016年度全省地方史志工作的发展现状，展示全省史志系统的精神风貌，展现史志人的风采。《山东省情概览（2017）》，进一步改版创新，增加实用性强的内容，开本进一步缩小，内容进一步压缩，比上卷减少7万多字。

严格年鉴编纂质量。《山东年鉴（2017）》编纂伊始，年鉴工作处秉持“开门办鉴”的理念，充分借鉴外省市好的经验做法，对年鉴组稿方案进行多次补充、修改、完善，调整部分栏目。在年鉴编纂过程中，坚持“三审五校”制度，将年鉴质量管理落实到编纂、出版、发行的全过程，确保年鉴质量。实行报送单与稿件同步报送制度，要求供稿单位的分管领导审核、主要领导签发，质量从源头上得到有效保证。编辑审查制度，对质量不高、不符合体例要求的稿件要坚决退回重写，内容要素不全的要加以补充。主编审查制度，各编辑按照分工，精心编辑稿件，报送副主编、执行主编层层审阅。实行灵活送审制度，打破以往每个栏目稿件全部齐全后再送审的惯例，减少极少数稿件拖整个栏目的后腿的现象，同时留给副主编、主编更充裕的审阅时间。

统筹规划，提高年鉴出版时效。年初，年鉴工作处将《山东年鉴（2017）》《山东省情概览（2017）》《山东地方史志年鉴（2017）》三本书的编纂出版进行统筹规划，提早筹划《山东年鉴（2017）》，同步展开《山东省情概览（2017）》编纂，压茬推进《山东地方史志年鉴（2017）》编纂工作，做到“五个提前”，在组稿、编辑、校对、排版、印刷、出版等各个环节都作出科学合理的安排，加快编校节奏，保证了三本书按时出版发行。

加强制度建设。年鉴工作处根据工作实践，逐步形成了学习制度、沟通联络制度、编纂校对制度、总结提升制度。建立学习制度。在年鉴编纂之初，年鉴工作处组织学习20余部全国优秀年鉴，从谋篇布局到内容形式寻求新的突破。处内分成三个业务小组，针对年鉴编纂过程中发现的问题，重点围绕条目撰写方面进行分析研究。沟通联络制度。年鉴工作处确定由年鉴分工编辑与省直部门供稿人、单位负责人、市县组稿负责人组成的年鉴供稿人员联络网，建立起年鉴供稿人联络机制，深入供稿单位沟通交流，落实供稿任务，明确供稿时间，解决稿件编写中的问题。完善编辑校对制度。年鉴工作处年初即制订周密的编纂计划，在组稿、编辑、校对、排版、印刷、出版等各个环节都做出科学合理的安排。在年鉴编纂过程中，按照规范的运作方式，实行倒排工期制度。5月22日，《山东年鉴（2017）》（评议稿）按计划报中指办专家组，评议稿比上卷提前近半个月。总结提升制度。年鉴出版后，12月20日至21日，年鉴工作处召开研讨会，每个人结合各自分工，认真分析、研究年鉴编纂工作中出现的新情况、面临的新形势，讲问题、谈观点，经过认真研讨，形成有价值的可行性意见和建议，为下卷年鉴编纂提供思路。

【《山东年鉴(2017)》出版】 6月29日，《山东年鉴（2017）》出版发行。卷首设置2016年二十国集团民间社会会议图片专版，刊登国家主席习近平致2016年二十国集团民间社会会议的贺信，设亲切关怀图片专版，收录国务院总理李克强参加山东代表团审议政府工作报告的照

片，设置省领导活动图片专版，收录39名省领导2016年度围绕省委、省政府的中心工作调研活动照片；设置山东半岛国家自主创新示范区和国际孔子文化节的图片专版。根据全省经济社会发展情况，正文中首设“会展业”内容，“法治”栏目增加“仲裁”内容，“人物”栏目增加“山东省第一届全国文明家庭”“齐鲁时代楷模”“齐鲁最美”系列及“见义勇为模范群体”等等。在年鉴表现形式方面，使用33个二维码，收录25个视频资料和8个一次性文献资料，比上卷增加23个，丰富年鉴的内容，形象直观地展示有关工作。

【《山东地方史志年鉴（2017）》出版】 10月31日，《山东地方史志年鉴（2017）》由中国文史出版社出版发行。全书设特载、大事记、工作综述、志书编纂与出版、年鉴编纂与出版、信息化建设、方志馆建设、旧志整理与出版、开发利用、学术交流与活动、规划与管理、机构与队伍、人物、附录14个栏目，60万字，为社会各界了解山东史志工作提供系统权威的信息。卷首设“亲切关怀”栏目，收录中国地方志指导小组及省委、省人大常委会、省政府、省政协有关领导对2016年度山东史志工作的批示10件，体现了各级领导对山东史志事业发展的关怀。卷首图片中收录重要活动、重要会议、交流合作、成果丰硕等内容图片97幅，充分反映2016年度全省地方史志工作的发展现状，展示全省史志系统的精神风貌。在“人物”栏目中，收录第一届“山东史志”十大年度人物，展现史志人的风采。

【《山东年鉴（2018）》市县组稿培训会议】 2017年11月23日，《山东年鉴（2018）》市县组稿培训会议在济南召开，省政府办公厅党组成员、省史志办主任刘爱军出席会议并讲话。这次会议主要是学习贯彻党的十九大精神和习近平新时代中国特色社会主义思想，安排部署《山东年鉴（2018）》组稿、撰稿任务，扎实推动县级综合年鉴“一年一鉴、公开出版”全覆盖工作，全面提高全省年鉴编纂质量。会上，各市史志办结合学习贯彻十九大精神，汇报交流了年鉴编纂及县级综合年鉴“一年一鉴、公开出版”情况。省史志办年鉴工作处就《山东年鉴（2018）组稿方案》进行了解读，在年鉴供稿时间、条目质量、随文图片等方面提出了明确要求，并对相关人员进行了业务培训。各市史志办分管主任、年鉴科（处）长，部分县（市、区）史志办年鉴主编或副主编110余人参加会议。

【《山东年鉴（2018）》省直部门组稿会议】 2017 年 11 月 29 日，《山东年鉴（2018）》省直部门组稿会议在济南召开。会议以习近平新时代中国特色社会主义思想为指导，贯彻党的十九大精神，回顾总结了《山东年鉴(2017)》编纂工作，安排部署了《山东年鉴（2018）》组稿、撰稿任务。省史志办副巡视员王兴合出席会议并讲话，省史志办年鉴工作处对《〈山东年鉴（2018）〉组稿方案》进行了解读，在供稿时间、条目质量、随文图片等方面提出了明确要求。省直有关部门、单位，有关企业年鉴撰稿人共 130 多人参加了会议。

信息工作

【概况】 2017 年，山东省情网第 7 次改版升级上网运行，全年权威发布山东省情和全省史志工作动态等 2000 余篇，再次实现了全年安全无事故，连续保持了 20 年的零差错、无泄密、无事故纪录，截至 12 月 31 日，用户总访问量 1376 万人次。开通“山东史志”头条号，发布地方史志信息 700 余篇，总阅读量 230 万人次。山东史志微信发布信息 1000 余篇，直接订阅人数 1.7 万余人。山东省情网与“山东史志”微信平台、“山东史志”头条号形成山东地方史志“三位一体”的线上宣传格局，在宣传史志工作和史志成果等方面发挥了重要作用，进一步提升了山东史志工作影响力。

在山东省情网站先后创建“两学一做”学习教育和“宣传贯彻党的十九大精神”专题栏目，并根据形势任务需要，

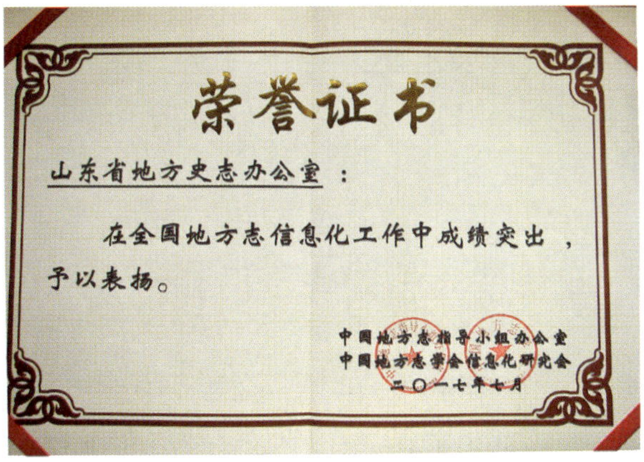

适时开辟学习教育子栏目。“两学一做”学习教育共先后开辟“在线辅导”“学习贯彻”“习近平总书记‘七一’重要讲话”“习近平总书记‘7·26’重要讲话精神”4 个子栏目，栏目内容及时得到更新。党的十九大召开后，充分利用好山东省情网站这个平台，及时编辑发布省市县三级史志机构学习贯彻情况，搞好学习心得体会交流，不断充实丰富网站“学习贯彻党的十九大精神”专题栏目内容，努力做到学习好、领会好、宣传好、贯彻好。截至 12 月 31 日，两个栏目共发布信息 233 篇。

按照省政府办公厅、省史志办“能力建设年”各项要求，信息处制定《信息工作处“能力建设年”实施方案》，为深入学习贯彻郭树清等省领导批示和刘爱军主任讲话精神，有针对性地组织处内人员开展业务升级研讨月活动和业务岗位练兵研讨会，信息处每人结合工作实际，围绕如何讲奉献、论中华传统文化与大数据、网站后台管理及规范操作方法、近期信息编辑应注意的几个问题等内容开展业务讲座。全年共举办 8 次业务研讨活动，有力地推动了工作的开展。

【山东省情网】 2017年1月1日，山东省情网第7版正式上线运行，设新闻中心、政务公开、山东概览、省情资料库、齐鲁方志、山东地方史六大版块，新增10个栏目，全年更新信息5000余篇，用户总访问量1376万人次。新版突出交互性、服务性和拓展性，按照政务网站建设要求优化调整，增设微信、QQ、微博分享功能；开通了山东省情网手机站点（m.sdsqw.cn），方便移动客户端阅览。

开设“学习贯彻郭树清省长等领导批示”专题栏目。2017年1月，省委副书记、省长郭树清，省委常委、常务副省长孙伟，副省长王随莲、赵润田，省政府党组成员、省政府秘书长王华等先后对史志事业作出批示。领导的批示立意高远、内涵丰富、深刻精辟、语重心长，具有很强的战略性、针对性和指导性，提出了新的更高要求，对广大史志工作者是极大的鞭策和鼓舞。按照省史志办《关于深入学习贯彻郭树清省长等领导批示精神的通知》要求，信息处在山东省情网开设“学习贯彻郭树清省长等领导批示”专题栏目，整理发布各级史志机构和广大史志工作者学习省领导批示贯彻落实信息，搭建学习交流平台，凝聚起推动全省史志事业转型升级、科学发展的强大力量，开创史志事业发展新局面。

山东省情网第7次改版升级。改版前后，信息处有关人员分别到省政府办公厅电子政务处、省政府网络中心，听取意见建议；与中指办信息处联络，听取意见；吸纳各处馆意见建议。对栏目设置、排版布局进一步调整，整合有效栏目，修改完善功能。如一级栏目“山东民俗”改为“山东风物”；新增齐鲁民俗、民间艺术、地方曲艺、鲁菜名吃、传统节日5个二级栏目等。

开通“山东史志”头条，形成三位一体格局。2月9日，省史志办入驻“今日头条”APP资讯客户端，开通“山东史志”头条号，以文、图、视频等多种形式，宣传山东省情，展示优秀传统文化和史志工作成果。“今日头条”APP累计用户7亿人次，日活跃用户7800万人次，有3.5万多个党政机关开通了头条号。2017年，“山东史志”头条共发布地方史志有关700余篇，总阅读量230多万人次。“山东史志”头条与山东省情网、“山东史志”微信平台形成山东地方史志“三位一体”对外宣传格局，共同为社会各界提供优质的史志信息资源，提升了山东史志工作服务经济文化强省的影响力。

权威发布山东省情，及时更新重要信息。2017年，山东省情网发布“山东概况”“省政府领导和省政府机构”“2016年山东省国民经济发展公报”、2016年全省大事，发布2015年、2016年山东史志大事记，发布方志新成果140余篇。更新齐鲁方志、山东地方史等栏目有关学术专著、志鉴论坛、领导讲话等信息1000余篇。将全省人文自然摄影比赛照片整理录入图说山东。年内，因省政府领导成员发生多次变化，对“山东省人民政府领导成员”这一栏目内容先后进行5次更新，创造了近年来本栏目更新次数的纪录。全年共接收全省史志机构来稿1800余篇，编辑编审上网1159篇，处理选用图片700余幅。中指办和外省信息200余篇；“省史志工作动态”208篇。整理全省市县史志事业发展规划纲要20

余篇。

近年来，国务院和省政府多次开展政府网站普查工作，为确保不出问题，信息处组织对国务院有关文件和省政府办公厅文件进行专项学习，向办公室呈报《信息工作处贯彻落实〈关于2016年全国政府网站抽查情况的通报〉的情况汇报》，制定栏目更新方案，落实到每个人。按照网站检测结果自查，有针对性处理有关问题200多个。

“山东史志”微信平台。抓好微信日常发布，弘扬优秀传统文化。“山东史志”微信平台实现工作日每天发布，时效性、知识性、趣味性不断提高。2017年，共发稿1000余篇，关注人数17000余人。3月23日至4月1日，省史志办组织全省“山东史志年度人物评选”活动，吸引了40万人投票。“山东史志”微信在宣传贯彻党的十九大精神、发布全省重要史志工作情况，宣传优秀传统文化、弘扬中华传统文化等方面起到了积极作用。

【山东省情资料库】 2017年，完成《汶上县志》《费县志》等18部县志2000万字的数字化工作，完成《莒县志》《鄄城县志》等24部县志2600万字的标引工作。

完成首轮县级志书数字化任务。省市县三级志书、年鉴及各地出版的地情资料是省情资料库内容主体，将这部分资料数据化，并及时、高质量录入资料库，已纳入全省法制化管理轨道。在全省史志系统信息化建设人员共同努力下，省市县级志书年鉴陆续标引上传到地情资料库中，并免费发布，越来越多的用户利用地情数据库进行科研、地情研究、查询等相关工作，极大方便了史志资源的开发利用。

由于出版较早等原因，首轮69部县（市、区）志无电子版留存，需要投入人力、资金等进行数字化加工，多数县级史志办无能力完成这项工作。为加快全省史志系统数字化步伐，自2016年始，省史志办在业务经费中拨出专款，帮扶尚未完成首轮县级志书录入省情资料库工作的单位，完成首轮志书数字化工作。信息工作处积极跟进，印发《关于对首轮县级志书进行数字化的通知》，征集样书，派员到数字化公司实地考察，拟定项目实施计划，制定项目实施细则。两年来，信息工作处征集县级志书34部，结合省方志馆馆藏志书，完成了65部志书7000万字数字化工作。至2017年底，山东省首轮128部县级志书约1.5亿字资料全部数字化。

启动山东省志鉴编纂资源库项目。为保存志鉴编纂中产生的数字化文本、图片和视频，收集、留存和交付的稿件资料等，避免资料遗失，以备将来对资料再利用再挖掘，实现数字化资料集中管理存档，供志鉴编纂资料资源的二次开发和信息共享，2017年10月，向省经济和信息化委员会递交《山东省志鉴编纂资源库项目实施方案》，启动山东省志鉴编纂资源库项目。11月15日进行专家论证、质询，12月12日，经济和信息化委批复，作为第二批申报项目立项。2018年6月4日，山东省政务服务管理办公室发文“原则同意省史志办建设‘山东省志鉴编纂资源库’项目”。该项目投资概算53.60万元。

（黄建华）

山东省方志馆建设

【概况】 制定管理规范，推进全省方志馆建设制度化。2017年11月6日，省政府办公厅印发《全省方志馆建设管理规范》。在制定过程中，多次组织研讨，参考博物馆、图书馆等领域的相关文件资料，广泛征求各市、县（市、区）史志机构的意见，不断完善改进。在会签过程中，积极与省编办、省发展改革委、省财政厅、省住房和城乡建设厅、省文化厅等主管部门沟通协调，最终由省政府办公厅正式印发。成为全国第一个由省级政府印发的关于方志馆建设的规范性文件，对于推动全省方志馆建设"全覆盖"、推进全省方志馆工作的科学化、规范化发展具有根本性、全局性的重要意义。

抓好三级方志馆建设，推动全省方志馆建设"全覆盖"。通过积极协调省发改委、省国土资源厅等部门，7月12日，省发改委同意建设新省方志馆。先后与济南市规划局、济南市国土局、济南市高新区管委会、济南市历城区政府等对接，咨询政策及考察建馆地块。建立市县方志馆建设情况调度和通报制度，每月调度一次进度，针对存在的问题，及时沟通，传达方志馆建设"全覆盖"的标准和要求。

加大投入，省方志馆软硬件水平再上新台阶。在硬件上，2017年，省方志馆投入150多万元，完成地下书库优化提升，成果库存条件得到较大改善，增加书库存放面积300余平方米，新入库成果近3万册，完成陈列室展陈改造及多媒体应用，完成书墙展示柜施工布展、门厅展示改造、书画室布展、走廊加挂欧阳中石先生书法作品等多项工程和工作，提升了设施水平，更加突出公共文化服务设施特点。在软件上，完成志类交换平台设计并上线运行，成为志类成果信息发布与管理平台。完成馆标征集工作，制作馆标印章，在陈列室等处进行了馆标应用，提升了方志馆整体形象。

严格管理，做好资料征集保存利用工作。省方志馆全年累计增加馆藏28783册，包括征集、交换176册，接受捐赠7次22册，新书入库二轮省志11569册，《山东省历史地图集》、纪念抗战胜利70周年丛书1570套，府州志120套，历代方志集成之省卷、济南卷70套，史志成果评选上报成果1057册，全国精品年鉴会议用书226册等。缺失首轮省志翻印工作全面完成，共计翻印17000册，首轮省志馆藏达300套以上。完成出库279册。加强馆藏管理，严把资料出库、入库、查阅、发放各流程，实行三级审批制度，做好日常"六防"，确保馆藏安全。

拓展渠道，提升公共文化服务功能。强化服务意识，创新服务方式，全年接待考察交流、查阅资料、捐赠成果200余人次。热情周到的服务，受到史志同仁和社会各界好评。在济南市市中区舜耕街道办事处舜华社区成立了全省首家"方志书苑"，是方志文化进机关、进农村、进社区、进校园、进企业、进军营的重大突破，成为方志馆开展社会服务新平台。为弘扬优秀传统文化，打造惠及更多人民群众的方志文化传播体系开辟了新途径。

【《全省方志馆建设管理规范》座谈会】 2017年11月29日—30日，全省史志系统学习贯彻《全省方志馆建设管理规范》（以下简称《规范》）座谈会在莱芜市召开。省史志办副主任翟世林出席会议并讲话，莱芜市政府副秘书长郭文德到会致辞，省方志馆负责人主持会议。各市史志办分管主任、方志馆负责人（或负责方志馆工作的科处室负责人），省方志馆及莱芜市、莱城区、钢城区史志办有关人员等50余人参加会议。

会议深入学习贯彻党的十九大精神，以习近平新时代中国特色社会主义思想指导方志馆事业发展，抓紧抓好《规范》贯彻落实，推动全省方志馆事业再上新台阶，促进全省史志事业转型升级、创新发展，始终走在全国前列。强调要正确分析形势，准确把握方志馆建设工作呈现出数量不断增加、标准不断提升、重视程度不断提高的特点，要抢抓发展机遇，及时、高效推进方志馆建设各项工作。要狠抓《规范》贯彻落实，各级史志部门务必高度重视，要千方百计争取支持，持之以恒地做工作，紧抓馆舍建设不放松，同时还要进一步加强管理搞好服务，促进方志馆建设"全覆盖"工作持续推进，不断提升全省方志馆建设水平。

座谈会上，介绍了《规范》相关情况，莱芜市、潍坊市、菏泽市史志办负责人作典型发言，分别结合各市方志馆工作实际从馆舍建设、机构人员配备、政府督查、运行管理等方面介绍经验。与会代表分别发言，介绍了如何结合党的十九大精神做好《规范》贯彻落实，并结合各自实际，提出了许多可行性建议。会议达成共识，要以《规范》颁布实施为契机，主动争取支持，认真研究制定措施，提前着手征集馆藏资料，高起点规划、高标准建设、高水平管理，保证在2020年底不打折扣地完成方志馆建设"全覆盖"任务。

【全省首家"方志书苑"揭牌】 2017年12月26日，全省首家"方志书苑"揭牌仪式在济南市舜耕街道舜华社区举行。中国社会科学院副院长、中国地方志指导小组常务副组长李培林，副省长王随莲，中国地方志指导小组秘书长，中国地方志指导小组办公室党组书记、主任冀祥德，省政府办公厅党组成员、省史志办主任刘爱军，中国地方志指导小组办公室副主任邱新立，济南市史志办主任李经发，济南市市中区区委常委、组织部部长王国顺，副区长李咸梁出席仪式。省史志办副主任李刚主持仪式，舜耕街道党工委书记许胜勇致辞。

刘爱军介绍了设立"方志书苑"有关情况，指出，连绵不断地编修地方志是中华民族特有的文化基因，为传承文明与推动进步发挥了重要作用。国家和省史志事业发展规划纲要明确要求"推动方志文化进机关、进农村、进社区、进校园、进企业、进军营，推动城乡方志文化建设"。为更好地发挥史志成果"存史、资政、教化"作用，省史志办决定启动"方志书苑"工程，在社区、学校等地广泛设立"方志书苑"，向基层赠送优秀史志成果，开展读志用志活动，弘扬优秀传统文化，打造惠及更多人民群众的方志文化传播体系，让大家近距离感受中国优秀传统文化魅力，更加坚定实现中华民族伟大复兴中国梦的文化自信。舜华社区人居环境优雅，居民整体素质较高，社区依托丰厚的大舜文化底蕴，着力发展社区文化，搭建了良好的活动平台，营造了浓郁的文化氛围。中共中央政治局委员、中宣部部长黄坤明等领导到社区视察给予高度评价。省史志办经过多方面考察，决定把全省第一个“方志书苑”设在舜华社区，作为样板向全省推广，希望以此为起点，带动全省“方志书苑”工程更好开展，让方志文化走进千家万户，让更多的中国人在史志中找到自己的位置。

与会领导为“方志书苑”揭牌，为省史志办捐赠的首批成果揭幕，并参观了舜华社区文化活动场所。

【山东省方志馆馆标评选】 为进一步提升山东省方志馆的社会形象、完善服务功能、加强对外宣传，2016年年底省方志馆面向社会公开征集馆标设计方案。《大众日报》《齐鲁晚报》、人民网、舜网等主流媒体，新浪、网易等门户网站以及中国方志网、“方志中国”微信公众号、山东省情网、“山东史志”微信公众号等系统内媒体都发布了相关消息，产生较大反响，也起到了很好的宣传效果。

在规定的时限内，共收到有效稿件50份，经过初步筛选，32个设计方案进入评选范围。经过三轮专家评议和投票，最终确定济南甲骨文化传媒有限公司设计的标志为山东省方志馆馆标。该标志以红色为标准色，既体现方志馆具有中国传统的历史厚重，又表现出方志馆将来发展的生机与活力；整体以同心圆环、欧阳中石题写的“山东省方志馆”书法字体中“志”文字、方志馆的英文字母为设计元素，外部采用同心圆图形，象征充满动力的车轮，方志的悠久历史长河中不断发展至今乃至未来，同心圆环内部上方嵌入省方志馆英文名，标志下方放有欧阳中石先生题写的馆名，寓意方志要中外结合，面向现代化、面向世界、面向未来。设计构图和谐稳健，简洁完整，理念到位，寓意深刻。

山东省方志馆馆标应用工作，将采取馆内外公开展示、印制宣传折页、制作相关纪念品等形式，进一步丰富方志馆的文化内涵，扩大社会影响，不断打造完善的公共文化服务平台。

（王　赟）

开发利用

【《山东简史》出版】 2017年1月，省政府办公厅党组成员、省史志办主任刘爱军主编的《山东简史》由中国文史出版社出版。全书采用章目式体裁结构，共设15章，约10万字，按照朝代顺序系统记述了从四五十万年前的“沂源人”到1949年中华人民共和国成立这一时间断限内山东历史发展的主要历程，填补了山东有通史无简史的学术空白。

【《山东地方治理历史经验参考》出版】 2017年11月，省政府办公厅党组成员、省史志办主任刘爱军主编的《山东地方治理历史经验参考》由方志出版社出版。该书选介明清有代表性的山东著名地方官员施政事迹，在对山东巡抚施政进行量化研究的基础上，总结治省理政的历史规律，同时转录清代沂水县知县吴树声所著《沂水桑麻话》，反映县域治理特点规律，对当前具有现实参考价值。

【《山东省情概览（2017）》出版】 2017年4月，由山东省地方史志办公室（以下简称省史志办）编纂的《山东省情概览（2017）》出版发行。该书设特载、十大新闻、省情概况、经济和社会发展、各市概况、统计数据和便览资料7个栏目，共11万多字，简要记述了2016年度全省自然、经济、文化、社会等方面的发展情况，注重突出地方特点和年度特色，有较强的资料性、知识性，是社会各界人士简明实用、携带方便的“袖珍版”资料性口袋书。

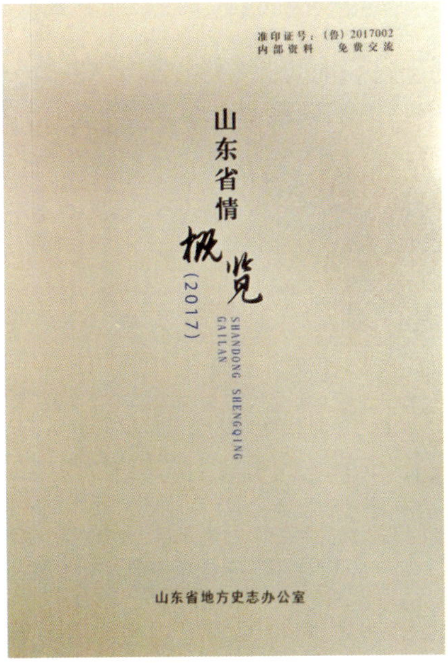

【《齐鲁历史名人传略》丛书出版 】 2017年11月，省史志办组织编纂的10卷本《齐鲁历史名人传略》丛书由中国文史出版社出版。包括《政治卷》《军事卷》《思想卷》《文学卷》《艺术卷》《学术文献卷》《科技卷》《教育卷》《实业卷》《英烈卷》10个分卷，计300多万字，共收录1949年以前历代各类历史名人770个。整个编纂工作历经五年，参考了二十五史、十三经、历代学者笔记文集、近现代山东地方志等1000多种文献资料，展现了齐鲁先贤的事迹和精神，承载了优秀齐鲁传统文化。

【服务社会】 2017年，省史志办服务领导决策，促进对外文化交流。落实出访德国成果，推动山东大学、山东师范大学同时成立两个莱布尼茨研究中心。2017年5月24日，德国下萨克森州州长斯特凡·威尔出席山东师范大学中德莱布尼茨研究中心成立仪式。邀请世界莱布尼茨学会秘书长李文潮教授等德国友人访问，聘其担任顾问，为对德交流合作牵线搭桥。2017年6月9日—16日，省史志办考察交流团访问挪威和瑞典，是山东6年多到访挪威的第一个公务团组，为史志文化和齐鲁文化走出去作出积极贡献。

编纂专题志书，服务经济文化强省建设。推进《山东省对口支援新疆志》

《山东省对口支援西藏志》编纂，完成初稿60万字。启动《山东抗日根据地志》《山东解放区志》编纂，共计300万字，计划2019年出版，向建国70周年献礼。启动编纂《沂蒙精神志》《沂蒙精神概述》《沂蒙红嫂志》，大力弘扬沂蒙精神。着手研究编纂《京杭大运河山东段志》。

创新史志成果，弘扬齐鲁优秀传统文化。出版《山东省历史地图集》，共8个分册，填补省内空白，《大众日报》专版介绍，产生良好社会反响。出版《齐鲁历史名人传略》丛书，共10卷，彰显齐鲁文化魅力。出版《山东简史》，填补山东尚无简史的空白。出版《山东地方治理历史经验参考》，为治省理政提供历史借鉴。制作完成6集《山东抗战将士记忆》口述史专题片，传承革命文化。推进齐鲁历史名人动漫项目，完成《辛弃疾》《李清照》《曾子》《姜太公》历史名人动漫制作，《孟子》《孔子》历史名人动漫正在进行后期制作。

（魏振华）

学术交流与活动

【山东省地方志学会】 2017年，山东省地方志学会按照《关于征集第七届中国地方志学术年会论文的通知》，组织机关及各市县（市、区）向会议报名和提交论文，省史志办王耀生的《地方史编写的新视角》、黄建华的《论方志文化的继承创新和发展》等文章入选大会交流。5月—7月，学会完成《社会团体年度检查报告书》、党建情况年报表的网上填报及现场审核，配合会计师事务所对学会进行年度审计，提交省地方志学会2017年工作总结、党建工作情况等材料，通过2017年度学会年检。协助省史志办公室编辑出版《山东史志》刊物，全年出版四期。

（何　莹）

【山东省年鉴学会】 2017年，山东省年鉴学会（以下简称“学会”）充分发挥群众性学术团体专业齐全、人才密集、联系广泛的优势，通过多种形式开展学术活动，指导年鉴业务工作开展。年内，学会先后到烟台、枣庄、青岛、潍坊、滨州、日照、临沂、淄博、济宁召开“三全”目标推进会，推动县级综合年鉴“一年一鉴”工作。截至年底，全省17个市、127个县（市、区）实现综合年鉴“一年一鉴”，公开出版覆盖率93.55%，在全国遥遥领先。截至年底，全省各级各类年鉴260多种，其中12个市实现市、县两级综合年鉴逐年编纂、当年出版发行。

学会继续宣传国务院《地方志工作条例》《山东省地方史志工作条例》，贯彻落实《山东省地方史志事业发展规划纲要（2016—2020年）》，年内制定出台《山东省地方综合年鉴编纂出版业务规范》，要求会员单位和广大会员自觉贯彻执行两个《条例》以及《规范》的要求，从法制高度认识年鉴质量问题，把提高年鉴质量落到实处。各会员单位结合自身实际情况，根据《条例》规定的年鉴质量要求，建章立制，规范内部质量管理制度，使年鉴质量从制度上得到保障。

学会通过年鉴组稿会、撰稿人培训班等形式，普及年鉴知识，提高年鉴编纂人员和撰稿人的业务素质。学会组织业务骨干深入各地各单位调查研究年鉴工作开展情况，指导年鉴编纂业务。指导专业年鉴编纂，派员为省水利厅、省交通学院、省电力协会等单位进行年鉴业务知识培训，提供业务支持。

组织开展年鉴编纂理论研讨活动，广大会员紧密结合业务实际，发表了许多有针对性和指导性的业务论文。年内，学会参加了中国地方志指导小组组织的第二期全国年鉴主编培训班、首届全国年鉴论坛暨《中国年鉴发展报告》出版座谈会、第二次全国年鉴工作会议、第二次全国省级综合年鉴编纂研讨会等。全省各级各年鉴编纂单位先后多次接待省外年鉴同仁到访，同时多次组织业务人员赴外省市学习年鉴编纂经验或派员参加全国性年鉴学术活动。广大年鉴编纂单位积极主动与全国各地兄弟单位广泛交换年鉴，据不完全统计，共交换各类年鉴 200 余种。

【《山东省志·民俗志》新书发布会暨民俗志书写与民间文化传承学术研讨会】 2017 年 1 月 7 日，中国民俗学会、省史志办、省政协文史委、山东人民出版社、山东省民俗学会、山东大学文化遗产研究院联合举办的《山东省志·民俗志》新书发布会暨民俗志书写与民间文化传承学术研讨会在济南召开。文化部民间文化发展中心主任李松，全国人大代表、

省政协原副主席王志民，省政府办公厅党组成员、省史志办主任刘爱军，省文化厅副厅长李国琳，省政协文史委副主任刁仕军，山东社科院副院长王志东，山东人民出版社社长胡长青，山东大学副校长胡金焱，省社科联原党组书记、中国民俗学会副会长、省民俗学会会长刘德龙，中国民俗学会副会长兼秘书长、中国社科院研究员叶涛，中国民俗学会副会长、复旦大学教授郑土有，中国民俗学会副会长、中国社科院研究员施爱东等出席会议。刘爱军对《民俗志》的出版发行表示热烈祝贺，并指出，编史修志是中华民族的优良文化传统，是社会主义先进文化的重要组成部分，是建立文化自信的基础性工作，得到党中央、国务院和省委、省政府的高度重视，迎来前所未有的发展良机。山东民俗文化源远流长，以志书的形式，系统梳理总结齐鲁大地民风民俗的形成和演变历程，具有“存史、资政、教化”的重要意义。省社科联、省民俗学会积极承担起这项重要任务，完成 100 余万字的宏篇大作，全面、系统、翔实地记述了山东省各领域、行业、门类、民族的民俗事象及其变化与变迁情况，具有重要的文化价值，也为省志编修工作提供了宝贵借鉴。会上，刘爱军、胡金焱向有关单位赠送《民俗志》，与会专家围绕民俗志书写与民间文化传承展开研讨，对《民俗志》的出版发行给予高度评价。

（魏振华）

【全省方志理论研讨会】 2017 年 11 月 7 日，全省方志理论研讨会在曲阜市召开。省政府办公厅党组成员、省史志办主任刘爱军出席会议并讲话，济宁市副市长张胜明到会致辞，省史志办副主任翟世

林主持会议。各市史志办负责人、业务科（处）长，优秀论文作者代表等 80 余人参加会议。刘爱军指出，召开这次会议主要是认真学习贯彻党的十九大精神和传达第二次全国地方志科研工作会议要求，总结实践经验、展示最新成果、活跃学术氛围，推进理论研究深入开展。会议期间，刘爱军出席曲阜市志书谱牒文化研究会成立大会，并为研究会揭牌。会上共收到方志理论研究论文 70 篇，淄博、济宁、日照、临沂等市的优秀论文作者作了典型发言。与会人员进行了分组讨论，就当前方志理论研究的热点、难点问题进行了充分交流。

（王耀生）

【全省方志期刊座谈会】 2017 年 11 月 15 日，全省方志期刊座谈会在淄博市周村区召开。省政府办公厅党组成员、省史志办主任刘爱军出席会议并讲话，淄博市副市长申延军、周村区委副书记胡敬涛致辞，省史志办副主任李刚主持会议，周村区副区长李寅萍，各市史志办分管副主任、方志期刊主编、重点作者代表等 40 余人参加会议。会上，济南史志办、青岛市史志办、周村区史志办、东平县史志办的有关同志作了典型发言。与会人员结合学习贯彻十九大精神，就借鉴先进经验、提高办刊水平、服务史志事业创新发展和经济文化强省建设等进行了深入的研讨交流。

【《山东史志事业创新发展的实践与探索》出版】 2017 年 11 月，省史志办编纂的《山东史志事业创新发展的实践与探索》由方志出版社出版，全书共 33 万字，分省志编纂、市县志编纂、年鉴编纂、信息化建设、方志馆建设、乡镇村志编修、旧志整理、方志期刊与理论研究、人才培训、史志资源开发利用、先进集体和个人、转型升级等 12 部分，反映了各地、各有关单位近年来推动史志事业创新发展的好经验好做法。

（魏振华）

2017 年全省史志系统在《山东史志》发表理论文章一览表

作 者	题 目	单 位	期 数
刘爱军	在 2016 年度总结表彰大会上的讲话（选编）	省史志办	2017 年第 1 期
周广志	浅析档案与修志的关系	邹城市政府史志办	2017 年第 1 期
马震刚	地方综合年鉴应强化对日常生活的记载	淄博市史志办	2017 年第 1 期
王复兴	村志的编写	省史志办	2017 年第 1 期
张敬忠 兰玉富	文庙书院建筑概述	省史志办	2017 年第 1 期
张敬忠 兰玉富	府邸 衙署 会馆建筑简述	省史志办	2017 年第 1 期
贾若瑜	难忘的胶东战斗经历	烟台市胶东红色文化办公室	2017 年第 1 期
魏振华	锤炼极端负责的工作作风 提升狠抓落实的能力	省史志办	2017 年第 1 期
刘爱军	展现五千年自然人文变迁 传承弘扬齐鲁优秀传统文化	省史志办	2017 年第 2 期

续表

作　者	题　目	单　位	期　数
韩光辉 尹钧科 丁　超	大省大图——简评《山东省历史地图集》	北京大学　北京社会科学院 中国人民大学	2017 年第 2 期
耿祥星	史志编修呼唤工匠精神	威海市史志办	2017 年第 2 期
王现军	树立精品意识 推进制度创新 努力实现史志事业科学发展	青岛市史志办	2017 年第 2 期
程森枝	几组常用词语的用法辨析	潍坊市史志办	2017 年第 2 期
黄建华	传统地方志与现代互联网融合发展的实践探索	省史志办	2017 年第 2 期
吕福堂	守正出新 为民立言——读《莱州南关史志》	烟台市史志办	2017 年第 2 期
任天庆	乡土的色彩 ——读《志说威海——古村的前世与今生》	威海市史志办	2017 年第 2 期
郑新道	泰山之子 最可爱的人——范天恩	泰安市史志办	2017 年第 2 期
刘荣昌	别有风趣的方言字词（上）	沾化县史志办	2017 年第 2 期
吴德明	浅议胶州湾地域文化的发展和培育	青岛市城阳区史志办	2017 年第 2 期
陈冬生 张敬忠	汉唐时期丝绸之路的东方源头	山东省社会科学院	2017 年第 2 期
厉彦林	十字路	山东省委组织部	2017 年第 2 期
李培林	聚焦主业　履职尽责　用优异的成绩迎接党的十九大胜利召开 ——在“新疆四会”开幕式上的讲话	中国地方志指导小组	2017 年第 3 期
孙方之 袁志华	发挥优势　主动作为　全力推进名镇名村志编修工作	周村区史志办	2017 年第 3 期
史宗义	深化旧志整理　　提高资政水平	莒县史志办	2017 年第 3 期
徐　革	健机构　强内功　创佳绩　优服务 ——新时期招远史志工作的经验和做法	招远市史志办	2017 年第 3 期
韩章训	论古代山东方志理论要点（一）	浙江省衢州市史志办	2017 年第 3 期
	地方志概述民俗文化之初探	巨野县地方志办公室	2017 年第 3 期
刘　云	浅议如何打造县级综合年鉴精品卷首图片专栏	诸城市史志办	2017 年第 3 期
翟世林	小清河的前世今生	省史志办	2017 年第 3 期
陆洋宇诗	省府大院寻踪：泉与文化的交融	《齐鲁周刊》编辑部	2017 年第 3 期
刘荣昌	别有风趣的方言字词（下）	沾化县史志办	2017 年第 3 期
张敬忠 兰玉富	庄园村落及名人故居简述	省史志办	2017 年第 3 期
马鸣棠	临朐县《胡梅涧村志》的启示	潍坊市政府	2017 年第 3 期
刘爱军	在各市史志办主任工作会议上的讲话	省史志办	2017 年第 4 期
青岛市史志办	加强组织领导　创新编纂体例　高质量完成《青岛市志》续修工作	青岛市史志办	2017 年第 4 期
韩章训	论古代山东方志理论要点（二）	浙江省衢州市史志办	2017 年第 4 期
庞新华	对地方志书发展方向的探索与思考	济南市史志办	2017 年第 4 期
王光辉	二轮志稿编纂中容易出现的细节问题	枣庄市市中区史志办	2017 年第 4 期
綦国瑞	抓住历史的主体 写出历史的活性—《莱州南关史志》编纂实践	烟台市政府办公室	2017 年第 4 期

续表

作　者	题　目	单　位	期　数
孙善英	“一带一路”视野下的地方志创新路径探索	聊城市史志办	2017 年第 4 期
周日杰	探析山东人闯关东成因与恋山东情结 ——以旧莱阳籍人“闯东北”为例	莱西市史志办	2017 年第 4 期
韩光辉 韩光灿	一位担当责任的区志编纂者	北京大学城市与环境学院 泗水县方志办	2017 年第 4 期

（解　阳）

【《山东史志》】 《山东史志》的前身是《志与鉴》（1996 年创刊），是山东省唯一一家省级方志理论刊物，由山东省地方史志办公室主办。内部季刊，大 16 开，56 个页码，每期发行 3000 册，至 2017 年 12 月已发行 36 期。自 2017 年第 1 期始由黑白印刷改为四色彩印和胶装，使正文实现图文并茂，增强了可读性。2017 年共出版 4 期，刊登各类文章 53 篇，40 余万字。2017 年刊物进一步丰富栏目设置，深化栏目内容，活跃版面设计，力求刊物从内容到形式上不断提升，增加地方史及地域文化研究的内容，如设立“山东省历史地图集撷萃”栏目，精选、刊发图集的部分内容奉献给广大读者。古地图栏目陆续展示国内外多家图书馆、博物馆、档案馆收藏的几百幅古地图，其中藏于美国国会图书馆的明清时期手绘《山东运河全图》《山东海航图》非常珍贵，具有极强的鉴赏和收藏价值，在国内同类型期刊中并不多见。这些栏目和内容从不同角度、不同形式展现了山东的历史文化，具有很强的可读性。活跃版面设计，自 2017 年第 1 期起将刊物由黑白印刷改为四色彩印、胶装，对封面和内文版式、书眉等进行重新设计。内文设计无论是版面的分配、颜色的搭配还是图片的选用都符合刊物的定位，既端庄大气又不失活泼，富有浓郁的时代气息和鲜明的地域特色，正文配有与主题相关的图片，实现图文并茂，提高了可读性。《山东史志》为山东省优秀连续性内部资料出版物。

（何　莹）

【中德莱布尼茨研究中心成立】 2017 年 5 月 24 日，中德莱布尼茨研究中心成立仪式暨“莱布尼茨与中国文化”国际学术研讨会在山东师范大学举行。德国下萨克森州州长斯特凡·威尔，柏林—勃兰登堡科学院莱布尼茨全集编辑部主任、汉诺威莱布尼茨大学莱布尼茨研究所所长、世界莱布尼茨学会秘书长、山东省史志办与德国交流顾问李文潮，省政府办公厅党组成员、省史志办主任刘爱军，省编制办公室副主任邵长才，省教育厅总督学孟庆旭，省外事办公室副主任李永森，山东社科院院长张述存，山东师范大学党委书记商志晓、校长唐波等出席成立仪式，德国下萨克森州政府代表团成员以及来自德国、美国、日本等国家的莱布尼茨研究学者参加成立仪式。中德莱布尼茨研究中心由山东省史志办倡议发起，得到山东省政府、德国下萨克森州政府、世界莱布尼茨学会等方面的高度认可和大力支持，为中德友好交往搭建起新的桥梁纽带。

【省史志办赴挪威、瑞典考察交流】 2017 年 6 月 9 日—16 日，应挪威国家档案局卑尔根分局、瑞典韦斯特曼省博物馆等邀请，省政府办公厅党组成员、省史志办主任刘爱军率山东省史志办考察交流团一行3人赴挪威、瑞典考察交流。其间，考察交流团分别拜访了挪威国家档案局卑尔根分局、奥斯陆电影农场历史纪录片公司、瑞典韦斯特曼省博物馆、瑞典远东博物馆、乌普萨拉博物馆等历史文化研究机构，拜会了挪威国家档案局卑尔根分局局长运格韦·奈德波、奥斯陆电影农场历史纪录片公司负责人阿兰·米莉甘、瑞典韦斯特曼省博物馆馆长马格努斯·伽格，瑞典远东博物馆负责人李东，《安特生传》作者之一克里斯蒂娜等，就历史文化研究与合作、搜集山东旧志等问题行了深入交流。

【省史志办赴内蒙古考察交流】 2017年8月14日—19日，省史志办副主任郭永生带领信息工作处人员一行3人，到内蒙古自治区考察交流史志系统信息化建设工作。先后到内蒙古自治区编委会地方志办公室、锡林郭勒盟党史地方志办公室及锡盟西乌珠穆沁旗党史地方志办公室、兴安盟地方志办公室实地考察并座谈交流。

【省史志办赴河南、江苏考察交流】 2017年9月19日—23日，省史志办副主任郭永生带领信息工作处一行3人，先后到河南、江苏两省学习交流地方史志信息化建设工作。考察组在河南省地方史志办公室、开封市地方史志办公室，江苏省地方志编纂委员会办公室和常州市地方志办公室实地考察并座谈交流。

【广东省政府地方志办公室到山东考察交流】 2017年3月30日，广东省政府地方志办公室党组成员、副主任丘洪松等一行6人来山东考察交流地方志立法等工作。省政府办公厅党组成员、省史志办主任刘爱军会见考察组一行，省史志办副主任翟世林主持召开座谈会，济南市史志办、省史志办相关处室人员参加座谈。双方就地方志立法、史志机构设置、方志馆建设等进行了深入交流和探讨。会后，考察组一行参观了省方志馆。

【内蒙古自治区地方志办公室到山东考察交流】 2017年5月16日，内蒙古自治区地方志办公室主要负责人一行7人到山东考察方志馆建设工作。省政府办公厅党组成员、省史志办主任刘爱军会见考察组一行，并主持召开座谈会，省史志办有关处馆负责同志参加座谈。双方就方志馆建设等问题进行了交流和探讨。会前，考察组一行参观了省方志馆。

【北京市方志馆到山东考察交流】 2017年11月7日，北京市方志馆副馆长刘宗永一行4人到山东考察交流。山东省方志馆负责人陪同参观了方志馆书库、成果展示，并在随后的座谈会上介绍了山东方志馆建筑规划、编制和职能设置、设施设备的运用、馆藏资料的收集保存、全省方志馆建设“全覆盖”等方面的情况。双方就资料收集、文献编研、课题研究、新媒体宣传、建立交流合作机制等相关工作进行了深入交流探讨。

（魏振华）

责任编校：张亚　刘敏　宋涛　郭焱　郭敏

济南市史志工作

综　述

【工作概况】 全面完成全市第二轮修志任务。在《济南市志（1986—2010）》共8册全部完成出版印刷的同时，按照第二轮修志全覆盖的要求，加强对县区修志工作的指导，全市10个县区第二轮修志工作顺利完成，年底全部印刷出版，实现市、县区两级第二轮修志全覆盖的目标。围绕扩大宣传和强化史志成果的运用，做好发放赠阅《济南市志（1986—2010）》工作，截至年底，共为360余家单位及个人发放志书近千套。

根据中指组、省地方史志办公室关于实施名镇名村志文化工程的要求，印发《济南市镇（街道）村（社区）志文化工程实施方案》，加强业务指导，商河县《白桥镇志》、济南高新区《草山岭村志》等镇村志编纂工作取得阶段性成果。

打造精品年鉴。在年鉴编纂过程中，及时调整工作思路，创新工作方法，对各撰稿单位上报稿件进行修改，采取流水作业，压茬进行。8月底，《济南年鉴（2017）》编纂完成，同时还编纂出版《济南市情概览（2017）》。按照全国地方志工作会议和全省史志工作会议的安排部署，贯彻落实县区综合年鉴“一年一鉴”的要求，加大督促指导力度，10个县（区）全部完成当年年鉴编纂工作。

地方文献整理工作。整理出版《历乘》，该书是济南现存最早的方志，市史志办邀请史志专家对点校整理初稿进行补充完善，形成评审稿，并组织业内知名专家学者集中审读，年底前完成印刷出版。结集出版《清·民国济南游记笔记八种》。全面反映清末、民国时期济南的历史风貌和民风民俗，对该时期游历济南的文人学者所撰写的游记、笔记进行整理，进一步丰富济南历史文献宝库，为从历史的角度对济南的自然资源、社会结构、国民经济等各方面进行研究提供依据。

提升公共文化服务能力。推进方志馆建设。根据省政府关于到2020年省、市、县三级方志馆全面建成的要求，针对方志馆建设多次进行专题调研，制定落实推进措施。完成与省会城市和中心城市80余家单位的志书、年鉴交换工作，进一步丰富馆藏资源。举办“史志开放周”活动，在龙奥大厦等场所设立宣传台和咨询台，免费赠阅史志书籍1000余册。充实市情网站内容。继续做好网站日常管理与维护，不断充实完善栏目内容，及时更新工作动态，加快研究成果上网进程，全年完成4部电子书的上网工作。做好《济南史志》期刊发行工作。全年编辑出版《济南史志》期刊4期，刊发文章60余篇，30多万字，图片80余幅，对外赠阅6000余册。

完成《山东省对口支援西藏志》和《山东省志·人物志（1986—2005）》济南部分撰稿工作。《山东省对口支援西藏志》济南部分共5万余字，全面、客观、系统记述全市援藏工作，总结援藏工作经验，宣传援藏工作成就，展示援藏干部风采。《山东省志·人物志（1986—2005）》共收录人物141人，总字数6万余字，系统梳理对济南发展有较大贡献和重大影响的各界人物以及在济南市以外各个领域中有国际性、全国性影响的济南籍人物。

【工作会议】 2017年4月27日—28日，济南市史志办召开史志系统培训暨工作交流会，学习市第十一次党代会精神，举办摄影知识讲座，进行座谈交流工作。济南市史志办全体人员、部分离退休老干部和各县区史志办负责人以及业务人员共60余人参加会议。会上，认真贯彻市第十一次党代会精神，重点对全面完成第二轮修志任务、县区一年一鉴全覆盖、村镇志编修和方志馆建设工作进行座谈交流。

【业务培训】 2017年5月17日，《山东省对口支援西藏志·济南部分》初稿审议暨培训会召开。市委组织部、市发改委、市建委、市教育局、市农业局、市畜牧局等10家承编单位的撰稿人参加会议。会上，市史志办业务人员具体介绍各单位报送稿件情况，从记述内容、篇幅安排、文体文风等方面进行详细阐述，并就下一步核实数据、图片提供等工作进行安排部署。各单位撰稿人分别就撰写过程及思路进行介绍，围绕援藏工作的组织机构建设、各批次援藏干部选派、工作成就、典型事迹等内容进行座谈交流，并提供大量的资料和线索。

（济南市史志办）

【志书评议】 2017年3月21日，《济南市槐荫区志（1989—2006）》专家评审会召开。省政府办公厅党组成员、省史志办主任刘爱军，济南市副市长巩宪群出席会议并讲话。与会专家从篇目设置、资料完善、语言表述、图表运用等方面指出志稿存在的问题和不足，提出切实可行的修改意见建议。

9月29日，章丘旧志整理专家评审会在珍珠泉宾馆召开，省政府办公厅党组成员、省史志办主任刘爱军出席会议并讲话。与会专家围绕旧志整理体例版式、异体字转换、句读标点等方面进行了全面评审，提出了许多建设性意见建议。章丘区史志办向国家图书馆、天一阁博物馆、省图书馆、山东大学图书馆赠送了章丘区史志办整理影印的光绪《章丘县乡土志》，道光、乾隆、康熙、万历、嘉靖《章丘县志》。

10月31日，为进一步提高旧志整理质量，平阴县史志办组织召开清嘉庆《平阴县志》整理评审会。济南市史志办公室、平阴县人民政府有关领导及部分专家参加会议。清嘉庆《平阴县志》全书共29卷，近30万字，成书于清嘉庆十三年（1808年），是平阴县迄今为止所发现的字数最多的一部平阴旧志，同时也是唯一绘有平阴八景图的旧志，对其整理出版具有重要意义。会上，省知名专家、山东师范大学文学院教授、该志审稿李伯齐，济南文史专家、该志点校刘书龙分别介绍了点校、审稿、整理的有关情况；与会人员围绕评审稿提出修改意见建议，研讨了点校过程中发现的问题，有效地提高了点校质量。

（济南市史志办）

机构与队伍

【济南市史志办公室】 济南市史志办公室为市政府正局级直属事业单位，内设秘书处、市志编审处、年鉴工作处 3 个处，编制 19 人。领导职数核定主任 1 名，副主任 2 名，处长 3 名，副处长 3 名。现有 20 人：主任 1 名，副主任 2 名，副巡视员 3 名；50 岁以上 9 人，40-50 岁 6 人，40 岁以下 5 人；研究生学历 6 人，大学本科 13 人，高中 1 人。

下设 1 个正处级事业单位——济南市方志馆。筹备期间编制 6 人，实有 8 人，领导职数核定馆长 1 名，副馆长 1 名。50 岁以上 1 人，40—50 岁 5 人，30—40 岁 2 人；大学本科 6 人，大专以下 2 人。

主任：李经发

副主任：杜加臣　牛继兴

副巡视员：张云雷　郭建群

地址：济南市历下区龙奥大厦 C 区 14 楼

电话：0531—66602370

邮编：250099

济南市各区县史志工作机构及负责人情况统计表

单位	隶属关系	规格	负责人	地址	电话	邮编
济南市历下区史志办公室	历下区政府	正处级	赵光臣	济南市历下区解放东路99号历下大厦1402室	0531—88711402	250014
济南市市中区史志办公室	市中区政府办公室	正处级	侯江地	济南市市中区胜利大街53号	0531—82078398	250001
济南市槐荫区史志办公室	槐荫区政府办公室	正处级	杨军	济南市经十路29851号	0531—87589687	250117
济南市天桥区史志办公室	天桥区政府办公室	正处级	王封军	济南市天桥区无影山中路86号	0531—81601139	250000
济南市历城区史志办公室	历城区政府办公室	正处级	韩士春	济南市洪家楼南路2号区政府第三办公大院	0531—66899773	250100
济南市长清区史志办公室	长清区政府	正处级	陶明东	济南市长清区清河街1617号	0531—87221856	250300
济南市章丘区史志办公室	章丘区政府	正处级	孙东	济南市章丘区龙泉大厦4036房间	0531—83212880	250200
平阴县地方史志编纂委员会办公室	平阴县委办公室、县政府办公室	正科级	李秀芝	平阴县府前街25号县档案馆楼三层	0531-87883720	250400
济阳县史志办公室	济阳县委	正科级	刘斌	济阳县开元大街129号政务中心西辅楼1楼	0531—84232706	251400
商河县史志办公室	商河县委	正科级	陈丽梅	商河县明辉路119号县政府3楼315室	0531-84880380	251600

济南市各区县史志工作人员情况统计表

单位	定编	在编人员情况												
		行政管理人员					专业技术人员			学历学位情况				
		正处级	副处级	正科级	副科级	科员及以下	高级	中级	初级及以下	博士	硕士	本科	大专	高中以下
济南市历下区史志办公室	4	1	5	2	1	1					1	9		
济南市市中区史志办公室	5	1	2	2	1	1						5	2	
济南市槐荫区史志办公室	14	1		1		1						3		
济南市天桥区史志办公室	7	1	3	2	1							6	1	
济南市历城区史志办公室	9	3	2	3	1						2	4	3	
济南市长清区史志办公室	6	1	1	1		1	1					3	2	
济南市章丘区史志办公室	9		4	1		6						10		1
平阴县地方史志编纂委员会办公室	12			4	2	6					1	9	2	
济阳县史志办公室	5			2	2	2						5		1
商河县史志办公室	10			1	2	6	1					8	2	

志书编纂与出版

【概况】 《济南市志（1986—2010）》（8册）于2016年底全部编纂出版。2017年，编纂完成《济南市历下区志（1986—2005）》《济南市市中区志（1991—2006）》《济南市槐荫区志（1989—2006）》，全市10个县区第二轮修志工作完成，年底全部印刷出版，实现市、县（市、区）两级第二轮修志全覆盖的目标。行业志和部门志工作有序开展，11月份启动《济南市12345市民服务热线志》，计划2018年9月出版；积极推进镇村志编纂工作，取得阶段性成果，历城区《合二庄村志》《大辛庄村志》、高新区《草山岭村志》、平阴县《前阮二村志》相继印刷出版；同时认真安排部署名镇名村志编纂工作，白桥镇志、玉皇庙街道志、东阿镇志等一批名镇特色镇启动镇志编纂。旧志整理工作成果丰硕，《历乘》校注、《清·民国济南笔记游记八种》、清道光《章丘县志》（影印本）（繁、简点校版）、清光绪《章丘县乡土志》（影印本）（繁、简点校版）、清嘉庆《平阴县志》（点校本）出版。《历乘》校注、《济南市市中区志（1986—2005）》、《济南市槐荫区志（1989—2006）》、《章丘县志》（清道光点校本）、《章丘县乡土志》（清光绪点校本）、《平阴县志》（清嘉庆点校本）、《清·民国济南笔记游记八种》被评为2017年度全省优秀史志成果（优秀志书）。

（济南市史志办）

【《历下区志》出版】 《历下区志（1986—2005）》于2016年11月通过省、市专家评审，并根据专家评审意见，进行资料审核补充，增加图片，丰富内容，先后印制完成《历下区志（1986—2005）》第8稿、第9稿。经八修篇目，十易其稿，于2017年12月出版。《历下区志（1986—2005）》是1992年版《历下区志》的续志，编纂工作于2006年开始，志书上限自1986年，下限至2005年，全书共设十篇，105万字，采用图片222幅，全面、客观、准确、系统地记述历下区区域内自然、政治、经济、文化和社会的历史与现状。专设“山泉湖河城”“区域中心”两篇，以突出地方特色，凸显当地的人文风貌、经济发展，增强志书的可读性，具有较高的使用、研究和收藏价值。

（李　燕）

【《济南市市中区志（1991—2006）》出版】 2017年10月，《济南市市中区志（1991—2006）》由方志出版社出版，该志上限自1991年，下限至2006年，共91.7万字，插图200余幅，共设25篇，志首设序、彩页、地图、凡例、目录、综述、大事记，志末设附录、编后记，体裁以志为主，兼用述、记、传、图、表、录。内容涵盖自然、政治、经济、文化、社会等诸多方面，全面、系统、客观记述近16年来市中区政治、经济、文化和社会各项事业的发展变化，既记述改革开放和现代化建设取得的丰硕成果，也记述全区发展进程中走过的不平凡历程。该书体例严谨、内容全面、图文并茂，严格按照中国地方志指导小组《地方志书质量规定》装帧设计，特色突出、印制规范，集思想性、科学性、资料性于一体，具有较高的使用、研究和收藏价值。

（刘　静）

【《槐荫区志（1989—2006）》出版】 2017年10月，《槐荫区志（1989—2006）》由方志出版社出版。该志由济南市槐荫区人民政府主办，济南市槐荫区史志办承编。

该志上限自1989年，下限至2006年，共120万字，插图200余幅。全书共设17编，志首设序、彩页、凡例、地图、目录、概述、大事记，志末设人物、附录、主题索引和编后记，体裁以志为主，兼用述、记、传、图、表、录。内容涵盖自然、政治、经济、文化、社会等诸多方面，全面、系统、客观记述近18年来槐荫区经济社会发展的伟大历程和光辉业绩。《槐荫区志（1989—2006）》篇目设置科学合理，根据地域特点，突出城乡建设、农业、工业、商贸等编。农业编突出“农业产业化”，商贸编突出“市场建设”，均单独设章；工业编体现槐荫区为济南市“工业重地”，将“工业门类”单独设章。全书观点正确、体例严谨、内容全面、图文并茂，严格按照中国地方志指导小组《地方志书质量规定》装帧设计，特色突出、印制规范。全书彩色印刷，大16开本，印数3000册，定价590元，书号ISBN 978-7-5144-2628-1。

（金　颖）

【《商河县志（1991—2010）》出版】 2017年5月，商河县史志编纂委员会编纂的《商河县志（1991—2010）》由方志出版社正式出版，主编陈丽梅。该志是1994版《商河县志》的续志，上限自1991年，下限至2010年，全书编纂工作始于2009年3月，历时8年编纂完成，通过全县100多家供稿单位，200余名供稿人员的共同努力，数易其稿，并经省市史志专家、方志出版社审核、评议、终审，最后付梓出版。该志采用纲目体结构，设27编，志首设序、彩页、地图、凡例、目录、综述、大事记，志末设附录、编后记，体裁以志为主，兼用述、记、传、图、表、录等形式。该志体例严谨、内容全面、图文并茂、特色突出、印制规范。真实、准确、系统、全面记述20年来商河县境内的自然、社会、政治、经济、军事、文化、人物等方面的历史及现状，是商河县的“百科全书”，对商河的发展具有良好的资政和教化作用，是一部集资料性、咨询性、指导性和鉴戒性于一体的地情资料著述。全书共156万字，大16开本，印数4000册，定价598元，书号ISBN 978-7-5144-2137-8。

（李增花）

【《济南12345市民服务热线志》编纂工作启动】 2017年11月2日，市史志办有关处室人员到济南政务服务中心，与市政府热线办就《济南12345市民服务热线志》的编纂启动工作进行座谈交流，市政府热线办相关业务人员参加会议。双方就《〈济南12345市民服务热线志〉编纂工作方案》和《〈济南12345市民服务热线志〉篇目框架》进行研讨。

2008年，济南市12345市民服务热线成立以来，已经成为党委、政府与群众沟通的“连心桥”，成为为民服务的重要渠道，充分实现“民生直通车、发展助推器、行风监测仪、决策信息源、形象代言人”五大功能，在方便市民诉求、助推经济发展、加强效能建设、服务领导决策、塑造和改善政府形象等方面发挥不可替代的作用。2018年是济南12345市民服务热线开通十周年，这部志书将全面、客观、系统记录这段历史，总结好济南经验，为服务经济和社会发展作出贡献。

（济南市史志办）

【《济阳公路志》出版】 2017年5月，《济阳公路志》由济南出版社出版。该志由济阳县公路局编纂，主编张立军，上限自1961年10月，下限至2015年12月，共47万字。记述济阳县公路事业发展55年的发展历史。

（卢成燕）

【历下区村志编纂】 历下区史志办贯彻落实省、市《关于做好乡镇村志编修工作的意见》精神，结合历下区实际，2017年5月，制定《济南市历下区史志编纂委员会关于在全区开展村志编纂工作的意见》，7月，召开全区村志编修工作会议，村志编纂工作全面推开，10月，对村志编修人员进行业务培训，重点就村志编修凡例、村志基本篇目、编纂规范和村志编修突出问题及解决途径进行讲解，姚家、智远、龙洞3个办事处19个村38名编纂人员参加培训。截至年底，姚家村、石河岭村、刘智远村已完成村志初稿编纂，孟家村等10个村村志工作有序推进。

（李　燕）

【历城区街镇、村居志编纂】 历城区史志办先后3次到唐冶街道、唐王镇召开座谈会，调度街镇、村居志编纂工作。在全福街道办进行街道志、社区志编纂工作培训会，山大路街道、洪家楼街道、全福街道、东风街道分管负责人及撰稿人参加培训。5月4日，区政府召开全区街镇志编纂工作调度会议。14个街镇分管负责人及撰稿人参加会议，各街镇分别汇报街镇志进展情况。截至年底，全区有《合二庄村志》《大辛庄村志》相继印刷出版。《大辛庄志》由大辛庄村委会编纂，主编许建胜，上限1773年，下限2016年，共有46.8万字。

（张吉强）

【《草山岭村志》出版】 2017年11月，《草山岭村志》由人民日报出版社出版。该志由草山岭村志编纂委员会编纂，主编李茂禄，上限自明代，下限至2017年10月，全书39万字。

（济南市史志办）

【平阴县《前阮二村志》出版】 2017年10月，济南市平阴县锦水街道前阮二村志编纂委员会编纂的《前阮二村志》出版。主编丁华亭，执行主编王培奇、丁传元，副主编丁海军、丁建忠、丁翊涛。该志为通志，上限自有文字记载起，下限至2017年6月底，全面客观的记述自建村以来的历史，展现村庄政治、经济、文化等方面的真实面貌。全书23万字，图片450幅，印数500册，共分为建置区划、地理环境、人口和计划生育、村党组织及群团组织建设等11篇，另收录村名的由来、大事记、附录等相关资料，是前阮二村有史以来第一部完整的村志。

（付媛媛）

【《历乘》校注整理出版】 《历乘》为明代学者刘敕所著，为济南现存最早的方志，保存有关明代济南城市详细的记载。为更好地了解济南的城市发展历史，2017年6月，济南市史志办公室成立《历乘》编审委员会，负责整理方案的制订、聘请专家、志书评审等重要环节和志稿质量的把关、审核。《历乘》校注采用市史志办具体组织实施、专业人士进行点注、高校权威专家和史志专家把关评审的工作模式。工作环节规范有序，确保整部志书质量。《历乘》在记载济南城市历史发展演变方面，其自身已具有独特的文献价值，而这次整理进一步放大这种价值，填补济南方志领域旧志整理的空白，可以更好发挥读志用志普及优秀传统文化的功能作用。12月，该志书正式印刷出版。

（济南市史志办）

【《清·民国济南笔记游记八种》出版】 2017年12月，由济南市史志办公室主编，中国文史出版社出版的《清·民国济南笔记游记八种》出版。该书收录清代、中华民国期间陈秉灼、沈默撰《潭西精舍纪年》，王贤仪撰、王钟霖补记的《辙环杂录》，孙点撰《历下志游》，陈德征撰《济南游记》，范烟桥撰《历下烟云录》，李子全撰《山东省垣名胜记》，倪锡英撰《济南》，孙松龄撰《明湖客影录》8种稀见文献，并对其进行点校整理，每篇均附点校说明，介绍文献作者、主要内容和创作背景。这些文献是对当时济南各方面情况的直接记载，为研究清及民国时期济南的政治、经济、社会、民俗等提供第一手资料。

（济南市史志办）

【清道光《章丘县志》（影印本）出版】 2017年8月，清道光《章丘县志》（影印本）、（繁、简点校版）出版。该志书于清道光十三年（1833年），由知县吴璋任总纂，刑部主事翰林院庶吉士吴县曹

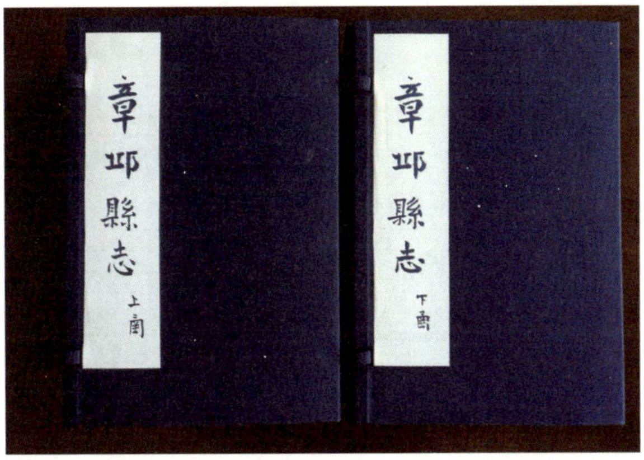

楙坚编纂，该志共上下两函，每函4册。全书设星野志、建置志、山水考、古迹考、赋役志、礼俗志、职官表、选举表、名宦志、人物志（上、下）烈女志、艺文志、金石录、轶事志、外编（上、中、下）共16卷。

（王　波）

【清光绪《章丘县乡土志》（影印本）出版】 2017年8月，清光绪《章丘县乡土志》（影印本）、（繁、简点校版）出版。该书于光绪三十三年（1907年），由知县杨学渊任总编，乡绅高钟璐、孟继笙为总纂，

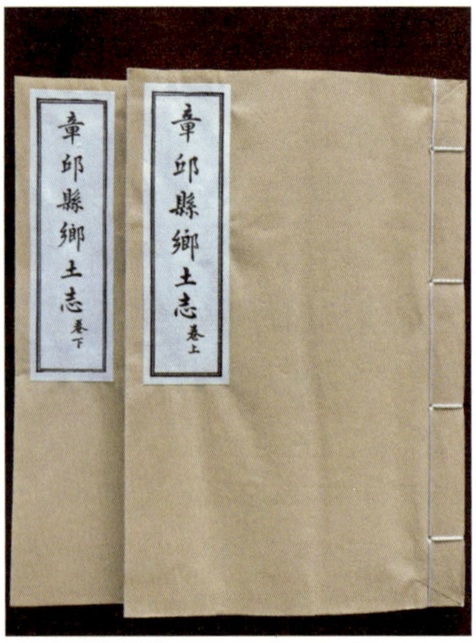

共1册。该书设历史、政绩录、兵事、耆旧录、人类、户口、氏族、宗教、实业、地理、山、水、道路、物产、商务15个门类。

（王 波）

【清嘉庆《平阴县志》（点校本）出版】 2017年12月，清嘉庆《平阴县志》（点校本）由中国文史出版社出版。全书共29卷，近30万字，成书于清嘉庆十三年（1808年）。除卷首设图外，主要记述星野、疆域、城池、赋役、山川、里社、风俗、物产、灾祥、艺文等。该志为平阴县新发现的旧志版本，改写了既往嘉庆《平阴县志》仅有4卷本、4万字的记载，并通过山东大学专家鉴定，是迄今为止所发现的字数最多的一部平阴旧志，同时也是唯一绘有平阴八景图的旧志，对其整理出版具有重要意义。该点校本整理工作组组长李秀芝，特邀点校刘书龙，审稿李伯齐，全一册，16开本，印数1000册，定价350元，书号ISBN978-7-5034-9727-8。

（付媛媛）

年鉴编纂与出版

【概况】 2017年，《济南年鉴（2017）》紧紧围绕“打造四个中心，建设现代泉城”的中心任务和年度大事要事，在用文字详细记述全市各行各业的发展和变化的基础上，在卷首彩页重点反映打造“四个中心”工作取得的巨大成就。8月底，完成《济南年鉴（2017）》的全部编纂工作。市史志办按照中指组和山东省史志办要求，贯彻落实县区综合年鉴“一年一鉴”要求，督促各县区开展年鉴编纂工作，对县区年鉴的栏目框架设置提出合理建议，帮助开展撰稿人业务培训，对业务编辑答疑解惑，给予帮助和指导，全市10个县区全部启动年鉴编纂工作，截至年底，历下区、市中区、槐荫区、天桥区、历城区、长清区、章丘区、平阴县、济阳县、商河县当年完成编纂、出版工作，实现“一年一鉴全覆盖”，提前一年完成上级要求的目标任务。《济南年鉴（2017）》《济南市中年鉴（2017）》《济阳年鉴（2017）》《商河年鉴（2017）》《历下年鉴（2017）》被评为2017年度山东省优秀史志成果奖（优秀年鉴）。

【《济南年鉴（2017）》出版】 2017年9月，《济南年鉴（2017）》出版，该书是创刊以来连续出版的第二十九卷，由济南市史志办公室编纂，主编周云平，副主编谭伟、李经发、綦延辉、杜加臣、郭建群、张云雷。《济南年鉴（2017）》从内容上紧紧围绕济南市“打造四个中心，建设现代泉城”的中心任务，努力贴近现实、贴近基层、贴近群众，详细记述全市各行各业的发展和变化，重点反映打造“四个中心”工作取得的巨大成就。《济南年鉴（2017）》在编纂的过程中，牢固树立精品意识，创新工作思路，扩大信息容量，根据实际情况对栏目进行适当的调整，不断提高编纂质量，全面、真实、客观地反映全市各项事业改革和发展的历史，集资料性和实用性于一体。全书设25个栏目，95万字，大16开本，书号ISBN 978-7-5488-2709-2，印数2000册。

（济南市史志办）

【《历下年鉴（2017）》出版】 2017年11月，《历下年鉴》（2017）由天津古籍出版社出版。该书全面、系统、翔实地记载2016年历下区经济和社会发展的基本情况，反映历下区在推进经济建设、政治建设、文化建设、社会建设以及生态文明建设等方面取得的新成就。全书分设特载、专记、大事记、历下区概况、组织机构、政党·政协·人民团体等20个栏目。全文四色印刷，卷首设立反映重点工作的彩页，栏目插入“大美历下”摄影图片，卷尾设民间艺术作品展，图文并茂，生动形象，全书共计57.5万字，力求全面体现历下特色，为各级领导决策和社会各界了解历下提供翔实资料和依据。

（李　燕）

【《济南市市中年鉴（2017）》出版】 2017年11月，《市中年鉴（2017）》由方志出版社出版，该书科学设计篇目，突出地方特色和年度特点，注重特色条目编写和整体框架创新，突出对改革开放、改善民生、项目建设等重点工作的记述，准确反映市中区经济社会发展成就，同时优化栏目设置，将工业和信息产业栏目合并，分类更趋科学合理；缩减“概况”文字量，增设条目的编辑形式；多角度反映各部门工作情况，在文字记述上做到精炼简洁。全书共设23个栏目，共计40余万字，收录图片100余幅，装帧印刷精美，充分反映市中区各部门在经济建设、政治建设、文化建设、社会建设、生态文明建设等方面取得的重大成就，为领导把握地情、实施科学决策服务，为各部门、各单位学习交流提供信息服务。

（刘　静）

【《槐荫年鉴（2017）》出版】 2017年，济南市槐荫区史志办首次启动槐荫年鉴编纂工作。年初，区史志办开始研究制定《槐荫年鉴（2017）》篇目框架，多方征求专家意见，学习借鉴外县区已出版的优秀年鉴，结合槐荫区实际，对篇目设置进行反复修订完善。2月23日，召开《槐荫年鉴（2017）》编纂工作动员大会，各街道办事处、区有关部门分管负责人共90余人参加会议。会上下发《〈槐荫年鉴（2017）〉编纂工作实施方案》《槐荫年鉴（2017）》篇目设计（征求意见稿），对年鉴编纂工作进行部署。3月1日，邀请市年鉴编纂专家对全区80余个年鉴供稿单位进行业务培训。5月，区史志办对各单位报送的年鉴材料进行编辑、统编，甄选彩页及随文图片，全

书共计 61 万字。《槐荫年鉴（2017）》正文设 20 个类目：特载、大事记、槐荫概况、政党·政协·人民团体、政权·政务、法治·军事、经济管理与监督、工业·信息产业、农业·水利、商贸·旅游、财税·金融、城乡建设·环境保护、教育·科技、文化·体育·卫生、社会生活、街道、人物、政策文件选编、统计资料、附录。卷首安排反映槐荫风光、各行各业发展成就和活动的图片，随文插有相关图片。全书彩色印刷，大 16 开本，印数 1000 册，定价 260 元，书号 ISBN 978-7-5488-3150-1。

（金　颖）

【《天桥年鉴（2017）》出版】 2017 年初，济南市天桥区史志办启动《天桥年鉴（2017）》组稿编辑工作。12 月，《天桥年鉴（2017）》出版，主编王封军，副主编何其臻、李延庆、李旭亮、刘小华。全书紧贴时代发展，彰显地方特色，卷首精选彩页 20 余张，正文分设特载、大事记、天桥概览、政党政权政协、军事法治等 23 个栏目，书中插入大量的图片、统计表和统计图，图文并茂、版式新颖。该书在以往年鉴基础上进一步改进提升，改进篇目设置、增加便民服务内容，时效性和可读性大大增强。该书大 16 开本，书号 ISBN 978-7-5528-0674-8。

（曹天然）

【《历城年鉴(2017)》出版】 2017 年 12 月，《历城年鉴（2017）》由中国文史出版社出版。该书主要记述 2016 年历城区行政区域内各行各业的发展变化，为完整叙述某项事物的全貌，部分内容适当上溯下延。采用分类编辑法，主体内容划分为特载、大事记、历城概况、中共济南市历城区委员会、济南市历城区人民代表大会、济南市历城区人民政府、中国人民政治协商会议历城区委员会、民主党派·工商联、群众团体、法治·军事、经济综合管理、经济开发区、农业、工业、商贸·服务业、财税·金融、交通·邮电·旅游、城建·环保、科技·教育、文化·体育、卫生和计划生育、社会生活、街道·镇、人物、附录 25 个栏目。全书共 55 万字。

（张吉强）

【《历城年鉴（2008—2015）》出版】 2016 年，济南市历城区史志办公室开展《历城年鉴（2008—2015）》编纂工作，2017 年 10 月，由中国文史出版社出版。主要记述 2008—2015 年历城区各行各业的发展变化，内容划分为特载、大事记、历城概况、中国共产党济南市历城区委员会、历城区人民代表大会、历城区人民政府、中国人民政治协商会议济南市历城区委员会、民主党派·群众团体、法治·军事、经济综合管理、济南临港经济开发区、农业、工业、商贸·服务业、财税·金融、交通·邮电、城建·环保、科技·教育、文化·体育、卫生和计划生育、社会生活、街道·镇、人物、附录 24 个栏目。全书约 52 万字。

（张吉强）

【《长清年鉴（2017）》出版】 2017 年 12 月，《长清年鉴（2017）》由线装书局出版。本卷年鉴由济南市长清区人民政府主办、长清区史志办公室承编，是自创刊以来出版的第二部年鉴，也是实行“一年一鉴”后的首部年鉴。主编陶明东，副主编边绍林。全书设特载、大事记、

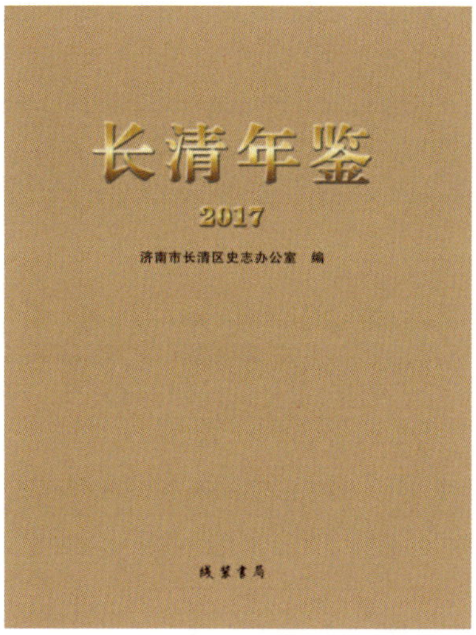

长清概况、政党政协群团、政权政务、法治军事、经济管理、园区建设、农业、工业、商贸、交通邮电、城建环保、教育科技、文化卫生体育、文物旅游、社会生活、街镇、人物、附录共20个栏目，卷首置彩页，内文设随文照片、统计图表，图文并茂、全面翔实地记载2016年长清区经济和社会发展的基本情况，突出反映全区在推进经济建设、政治建设、文化建设、社会建设和生态文明建设等方面取得的新成就。全书共80万字，全彩印刷，大16开本，印数1000册，定价298元。

（边绍林）

【《章丘年鉴（2017）》出版】 2017年12月，济南市章丘区史志办编纂的《章丘年鉴》2017卷，由天津古籍出版社出版。

该年鉴为章丘实行“一年一鉴”后的首部年鉴。主编孙东，执行主编于庆，副主编高长海、亓远程、袁传民。《章丘年鉴》2017卷设特载、大事记、章丘概况、政党政权政务、工业、农业等19个栏目，内文设随文图片、统计图表、图文并茂，全面、系统、翔实地介绍2016年章丘政治、经济、文化、社会诸方面的发展状况，为各级领导提供决策依据，为各行各业提供咨询服务，为编修区志储备资料，同时也为国内外各方人士了解、研究章丘起媒介作用。全书共56万字，16开本，定价380元，书号ISBN978-7-5528-0591-8。

（王　波）

【《平阴年鉴（2011—2015）》出版】 2017年8月，《平阴年鉴（2011—2015）》由中国文史出版社出版。主编李秀芝，执行主编于瑞东，副主编林克松、张霞、焦立卿。设特载、专记、大事记、平阴概况、政党·人民团体、政权·政协、法治·军事等23个栏目，128个分目（子分目）、673个条目，穿插表格173个、随文图片（示意图）140幅、时政图片（彩页）24码。该书编纂工作历时一年零四个月，历经栏目设计、部署培训、稿件撰写编辑、定稿出版4个阶段，是平阴县第一部全彩印刷的大型地情类书籍，全面、系统、真实地记述平阴县政治、经济、文化、社会诸方面的基本面貌和社会主义现代化建设中出现的新进展、新情况、新问题，为各行各业提供咨询服务，为各级领导提供决策依据，为续修地方志储备资料，同时也为国内外人士了解研究平阴起媒介作用。为提高编纂质量，特邀请山东人民出版社原副社长、编审李金湖对该书进行审读。该书大16开本，63.7万字，印数1000册，定价268元，书号ISBN 978-7-5034-9464-2。

（付媛媛）

【《平阴年鉴（2017）》出版】 2017年12月，《平阴年鉴（2017卷）》由中国文史出版社出版，该年鉴是平阴县全面实现“一年一鉴，当年出版”的创刊年鉴。主编李秀芝，执行主编于瑞东，副主编于瑞东、林克松、张霞、焦立卿，执行副主编付媛媛。设特载、大事记、平阴概况、中国共产党平阴县委员会、平阴县人民代表大会、平阴县人民政府、政协平阴县委员会等25个栏目，131个分目（子分目）、671个条目，穿插表格74个、随文图片108幅、时政图片（彩页）24码。该书编纂工作历经部署培训、稿件撰写、编辑定稿、排版设计、征求意见5个阶段，是一部全彩印刷的大型地情类书籍，全面、系统、真实地记述平阴县政治、经济、文化、社会诸方面的基本面貌和社会主义现代化建设中出现的新进展、新情况、新问题，为各行各业提供咨询服务，为各级领导提供决策依据，为续修地方志储备资料。该书大16开本，64.4万字，印数1000册，定价268元，书号ISBN 978-7-5034-9903-6。

（付媛媛）

【《济阳年鉴（2017）》出版】 2017年11月，《济阳年鉴（2017）》由方志出版社出版，这是济阳县第二部综合年鉴。该年鉴由济阳县史志编纂委员会办公室编纂，主编刘斌，副主编孙长根、肖端良。设特载、大事记、专记、济阳概况、组织机构领导任职、中国共产党济阳县委员会、济阳县人民代表大会常务委员会、济阳县人民政府、中国人民政治协商会议济阳县委员会、社会团体、法治、军事、经济综合与管理、招商引资·园区建设、农业、工业、商贸、建设·环保、交通·通信、财政·税务、金融、教育·体育、卫生、科学、文化、社会生活、镇街道、人物、附录29个栏目。全书53.8万字，大16开本，书号ISBN978-7-5144-2764-6，印数800册。

（卢成燕）

【《商河年鉴（2017）》出版】 2017年11月，《商河年鉴（2017）》由中国文史出版社出版，这是商河县实施“一年一鉴、公开出版”的第一卷。该卷年鉴由商河县史志办公室编纂，主编陈丽梅，副主编潘成方。设特载、专记、大事记、县情概况、组织机构、政党政协、人民团体、政权政务、法治军事、综合管理、招商引资、农业、工业、商贸、城建环保、交通邮电、财税金融、科教文卫、社会生活、镇（街道）、人物、附录22个栏目，卷首设彩页、卷末设索引。该鉴全面、系统、翔实地记载2016年度商河县在政治、经济和社会事业等方面的发展情况，客观反映商河的地方特色。为各级领导了解商河县情、实施科学决策，为社会各界人士认识商河、熟悉商河提供翔实的资料。全书55万字，大16开本，印数1000册，定价198元，书号ISBN 978-7-5034-9554-0。

（李增花）

信息化建设

【概况】 根据国务院办公厅印发的《政府网站发展指引》(国办发〔2017〕47 号)，乡镇、街道、县级政府部门不再开设政府网站，通过县级政府门户网站开展政务公开，提供政务服务。省政府办公厅印发《关于 2017 上半年政府网站有关问题的通报》，要求各市将县级政府部门及乡镇（街道）网站关停工作作为今后一段时期的重点任务，推动现有的乡镇、街道、县级政府部门尽快将网站内容整合至县级政府门户网站，2017 年 9 月底前实现应关尽关。截至年底，济南市各县区史志办网站都已关停，将原网站整合至县区级政府门户网站。济南市情网全年独立用户访问总量 132412 人次，网站总访问量 3691115 人次，信息发布总数 648 条，政务动态信息更新量 100 条，信息公开目录信息更新量 44 条，对宣传史志事业，服务全市中心工作发挥重要作用。

【济南市情网】 济南市情网网址：http://jnsq.jinan.gov.cn/。主要栏目有济南概况、地情资料库、古韵济南、史志文萃、信息公开、机构设置、历史人物、民俗风情。2017 年，济南市史志办继续充实丰富完善网站栏目内容，在济南市情网站管理工作中，积极做好网站的日常管理与维护，及时更新工作动态，录入相关资料、采集大量的山、泉、湖、河、城资料照片，经过筛选入库照片 100 余张；加快史志成果上网进程，全年完成 10 部电子书的上网工作。为进一步加强全市地方志图片信息搜集整理工作，提高地方志图片工作者的理论水平和业务素质，4 月，举办全市史志系统摄影培训班。此次培训的主要内容为摄影理论、拍摄技巧及照片修复技术等，县区 30 多名工作人员参加培训。

（济南市史志办）

【济南市天桥区情网】 2017 年 11 月，天桥区史志办积极协调区政务信息中心，天桥区情网全面改版升级完成，通过政府网站“走进天桥”栏目进入区情网。内设天桥概况、建制改革、行政区划、图说天桥、文化传承、经典推荐、人文景观、自然资源、地情资料库等板块，上传“天桥年鉴”和“天桥区志”，方便公众查阅。天桥区情网站全年共刊登信息 100 余条，为群众了解天桥区的发展变迁和风土人情提供信息保障。

（曹天然）

方志馆建设

【概况】 济南市委、市政府非常重视方志馆的建设工作，市方志馆建设项目已列入济南市国民经济和社会发展十三五规划和市政府 2018 年重点工作目标，根据全市统一规划，研究提出相关建设方案。历下区、槐荫区、历城区、平阴县方志馆新馆的建设进展顺利。为贯彻落实全省方志馆工作会议精神以及省方志馆2017年工作部署，市方志馆每月定期报送一次市、县（区）方志馆建设工作情况。年初，确定各县（区）联系人并进行对接，按要求，及时上报统计情况，完成省史志办、省方志馆安排的各项统计工作。

【济南市方志馆】 济南市方志馆现有书库面积约260平方米以及资料室20平方米。馆内收藏地情资料、各地志书、年鉴、工具书等书籍15000余册。办公设备有计算机4台、打印机3台、密集架16组、书架3组、书柜12组。济南市方志馆建设项目已列入济南市十三五规划和市政府2018年重点工作目标，根据全市统一规划，研究提出相关建设方案。方志馆计划建在新旧动能转换先行区，规划面积符合省里要求，分为地情展厅、阅览大厅、馆藏和编研交流厅，以及共享多媒体厅、多功能报告厅和办公区等。

（济南市史志办）

【济南市历下区规划方志馆建设】 历下区政府统一规划选址在长岭山片区建设多馆合一的区文体中心综合类场馆，方志馆设计面积1000平方米，设计规划方案已完成。为更好地做好方志馆馆内设计工作，6月，组织史志办工作人员赴淄博市方志馆和淄博市文化展览馆参观学习，在规划设计、展览展示、馆藏布置等方面学到很好的经验，为历下区方志馆的建设提供借鉴。

（李　燕）

【济南市市中区方志馆】 2015年7月，市中区方志馆投入使用并免费向社会公众开放，为社会各界提供读志用志服务。方志馆位于王官庄大众广场全民健身中心三楼，面积约40平方米，区方志馆制定完善的方志馆图书管理、借阅规定，馆内收藏地情资料、志书、年鉴、党史资料、历史图书、工具书等2500余册书籍。有书架22组、书桌1张、椅子4把。经向市中区政府申请，市中区方志馆建设已纳入公共文化服务设施建设规划。2017年，市中区方志馆新增各级各类志书、年鉴、地情资料200余册，并及时做好图书的登记入库工作。

（刘　静）

【济南市槐荫区方志馆】 2017年9月，槐荫区方志馆先后经过区长办公会、区委常委会通过，决定与区档案馆同步建设，选址在槐荫政务中心东侧，待完成投标设计后报济南市发改委立项，预计建筑面积2000平方米。

现有方志室面积50平方米，馆内设16组密集柜（可藏书1万册）、3台电脑、2台打印机，制定《槐荫区方志室图书管理规定》《槐荫区方志室图书借阅规定》馆藏书目全部录入微机。2017年，省市赠送书籍50余册，与友邻区县交换史志类书籍杂志6册。为各部门修志读志提供服务。图书外借20余册；为部门及个人提供电子版、纸质复印资料90余次。截至2017年底，书籍管理全部实现电子化，方志室共藏书5350余册（套）。

（金　颖）

【济南市历城区方志馆】 历城区方志馆位于区文化博览中心，用房85平方米，库房50平方米。区方志馆购入部分书架，用于现存书籍的整理存放，并配置除湿机等设备。入馆藏书籍500余种，近万余册。其中，各类史志资料书籍1000余册，《历城区志（1986—2007）》《历城年鉴》《历城建区20年大事记》《历城区大事记（2007—2011）》等6000余册。

2017年4月，经区政府研究同意建设方志馆，面积2000平方米，方志馆建设列入区政府议事日程。5月，方志馆进入选址阶段，地点确定在唐冶东路北首（历城二中西邻）。12月，区政府委托山东大卫国际设计院对方志馆进行设计。

（张吉强）

【平阴县方志馆】 平阴县新方志馆与县档案馆、城建档案馆一并规划，2016年2月25日完成项目立项。先后完成平面图设计、县规委会评审、发改委初步评审和投资概算评审、施工图纸评审、施工单位招标等环节，2017年9月14日正式进入施工阶段。9月16日，平阴县新方志馆破土动工。新方志馆规划面积2000平方米左右，主要有存储区、阅览区、展览区和共享多媒体室、多媒体报告厅等部分组成。该项目被列为县政府2017年度十件实事之一。

（付媛媛）

【济阳县方志馆】 济阳县方志馆位于济阳县政务中心西一楼，投资30余万元，面积600平方米，集阅览、展览、藏书于一体。2016年7月，投入使用并免费向社会开放。截至2017年底，馆内藏书4300余册，涉及13余个门类。购置书架6组，并添置办公桌椅、数字电视等设备，馆内办公条件日益改善。投入使用以来，接待单位和个人地情咨询200余人次，为服务全县经济发展发挥积极作用。

（卢成燕）

【商河县方志馆】 商河县方志馆位于县图书馆三楼，与图书馆采取两馆共建、两馆共管、资料共享的管理模式，建筑面积约100平方米。方志馆收藏地情资料、志书、年鉴、党史资料、工具书、报刊等10余个门类的4000余册书籍，有书架8排16组。截至年底，方志馆共接待社会各界查阅资料者100余人次，协助读者查阅、复印资料50余份。同时，与有关省、市、县取得联系，交流购买志书、年鉴及其他地情资料，不断增加馆藏。商河县已规划建设新方志馆，新建方志馆位于市民服务中心内，已完成选址、立项等基础工作，并开工建设。预计2019年年底完成主体施工。

（李增花）

开发利用

【《济南泉水故事》出版】 2017年2月，由济南市史志办公室编辑、线装书局出版的《济南泉水故事》印制完成，受到社会各界读者广泛好评。济南泉水众多，古城内外，街巷山野，众泉密布，成为济南的文化内核。千百年来，济南有关泉水的历史典故、民间传说不胜枚举，历史悠久，美妙动人，成为济南泉水文化的一部分。本书选录泉水故事，配以泉水图片，意在传承济南悠久的历史文化，彰显古城的人文底蕴，使济南的泉水美景和文化韵味完美融合，让人们更加深入地体味济南泉水之都的独特魅力。

（济南市史志办）

【《章丘区情概览（2017）》出版】 2017年11月，由章丘区史志办编纂的《章丘区情概览（2017）》出版。该书设数字章丘、特载、十大民生工程、章丘概况、经济和社会发展、便览资料、统计数据7个栏目，简要记述2016年全区自然、经济、文化、社会等方面发展的基本情况，注重体现年度特征和地方特色，内容丰富，资料便览，为广大读者认识章丘、了解章丘提供一个渠道和窗口，是社会各界人士随身携带、简明实用的区情资料口袋书。该书为32开本，共计7.3万字，印数1000册。

（王　波）

【商河县口述史资料征集】 2017年1月，商河县启动编写社会主义建设时期县委书记口述史资料征集工作。安排专人分别从党史资料、档案馆、网络中查找老领导的口述文章和署名文章，根据其出生地、工作地、退休地等线索，与县委老干部局、德州市、乐陵市、临邑县联系，请其协助查找当事人资料，征集到资料20余篇，经过筛选转化，整理口述资料3万余字。

（李增花）

【史志开放暨史志成果赠阅活动】 为提高地情书籍服务功能，展示史志文化成果，扩大史志工作知名度，2017年3月27日和11月3日在龙奥大厦二楼北大厅举办第四届、第五届“史志开放暨史志成果赠阅活动”。 活动展示济南市方志馆馆藏的全国各地的志书、年鉴，特别是济南市史志系统近年来编纂出版的各类志书、年鉴、地情研究资料以及整理的旧志等，吸引众多参观者。每天定时进行史志期刊和有关志书口袋书赠阅活动，共赠阅图书1000余册。

（济南市史志办）

【包挂共建同创文明城】 按照济南市文明办组织万名干部下基层、下社区活动安排，作为省级文明单位，济南市史志办与历下区智远街道办事处济炼社区结成对子，包挂共建，共创文明城市，6月2日，双方签署共建协议，市史志办将协助社区做好维护公共设施、环境秩序、文化活动、志愿服务、材料整理、入户宣传等工作，在村居志编修、宣传推广社区工作等方面向济炼社区提供支持和帮助，提炼社区特色文化，把社区建设成为文化社区、文明社区。

（济南市史志办）

【济南市历下区开展史志“六进”活动】 历下区史志办开展史志成果进社区、进学校、进图书馆等活动，分别到教育局、文化局图书馆、有关社区将350多本《历下区志》《历下年鉴（2015）》《历下年鉴（2016）》赠送50多个中小学和100个社区图书馆。开展史志成果交流活动，与全国、省、市区20余个史志系统单位交流志鉴30余册，丰富馆藏种类和数量，起到宣传历下，展示成果的效果。

（李　燕）

【平阴县开展党史宣教活动】 2017年，对纪念馆软硬件设施进行修缮、改造和提升，照明线路、消防线路重整，照明灯、消防监控更换，增加监控点、更新灭火器；制定卫生清理制度、消防管理制度以及重要节点的接待服务方案。新安装电子语音播放器材4套、音响1部，全方位提升讲解服务水平；重新设计印刷县委旧址纪念馆宣传折页5000份；及时更新陈列馆展览内容，更换展板20块；更新党旗和入党誓词两块移动展板。全年接待各类团体、支部等组织1200余个，接待党员、学生、群众3.5万余人次。清明节前夕，会同团县委组织开展“清明祭英烈”主题活动，为职教中心学生赠送《平阿烽火》党史教育读本，并以“清明时节祭忠魂，不忘初心绽青春”主题为广大团员上团课，加强对青少年进行革命传统教育和爱国主义教育。9月15日，到孔村镇开展“党史进校园”赠书活动，向孔村镇中小学赠送《平阿烽火》《中共平阴历史大事记》《平阴县志（1840—1987）》《平阴县志（1988—2003）》《平阴年鉴（2004—2010）》《红玫颂》光盘等党史、史志书籍和音像资料120套（盘），供在校师生学习使用。

（付媛媛）

【济阳县史志工作服务社会】 2017年7月，济阳县史志办向崔寨镇清宁村清宁书院及联系单位华阳社区赠送《济阳县志（1840—1990）》《济阳县志（1990—2011）》《济阳年鉴（1991—1995）》等志鉴书籍100余套，并组织村民代表参观县方志馆。先后多次组织“史志成果进校园”“史志成果进机关”等活动，坚持修志为用、修用并举的原则，为相关部门和群众提供资料、咨询服务。济阳县史志办年内接待社会各界登门查询资料50余次，赠送各类史志书籍200余套。

（卢成燕）

【商河县史志办开展史志“六进”活动】 2017年7月、8月、12月，商河县史志办分别以《商河县志（1991—2010）》和《商河年鉴（2017）》出版为契机，开展史志成果“六进”活动，充分发挥地方志以史鉴今、资政育人的作用。开展史志成果进基层活动，向全县12个镇（街道）赠送书籍200册。开展史志成果进校园活动，向全县县直学校和12所镇（街道）中学赠送书籍200余册。开展史志成果进单位活动，向全县县直各单位赠送书籍1000余册。

（李增花）

学术交流与活动

【《济南史志》】 《济南史志》为山东省新闻出版广电局批准出版的内部期刊，由济南市史志办公室主办，准印证号：（鲁）0110025号，创刊于2012年8月，原为双月刊，2014年改为季刊。《济南史志》16开本，64页，每期印刷1500册。截至2017年底，已连续出版25期，刊发文章350余篇、200余万字，图片500

余幅，累计赠阅5.5万册。主要面向济南市和全国史志系统免费赠阅交流。《济南史志》充分发挥地方志期刊的优势，组织与地方志内容密切相关的稿件，同时又拓展组稿领域，扩大作者范围，有针对性地刊用一些反映济南地方文化、有理论深度的文章，进一步提高杂志的学术性，凝聚一批在济南市有影响的专家、学者，使《济南史志》成为社会各界有关人士开展学术探讨和理论研究的新阵地。

（济南市史志办）

【四川省地方志工作重点课题组到济南考察交流】 2017年8月29日，四川省绵阳市地方志办公室主任余正道率领四川省商务厅志编办主任王荣国，以及四川省巴中市志办、阿坝自治州志办、达州市志办、南充市志办、德阳市志办、绵阳市北川县史志办等单位组成的四川省地方志工作重点课题组成员一行9人，来济南市史志办开展工作交流。双方就地方志工作的开展，特别是地方志与地方史兼容发展问题，方志馆在地方史志资料收集整理、地情资源开发利用中所起的重要作用，第二轮志书编修情况等，进行充分交流和探讨。

（济南市史志办）

【哈尔滨市地方志编纂办公室到济南考察交流】 2017年12月25日，哈尔滨市政府地方志编纂办公室党组书记、主任赵竹帛等一行9人来济南市史志办公室考察交流。济南市史志办党组书记、主任李经发，副主任牛继兴，副巡视员张云雷、郭建群，以及相关业务处（馆）负责人参加座谈交流。双方就史志机构和队伍建设情况、第二轮修志情况、方志馆建设情况、专业志书的编纂情况进行深入交流。

（济南市史志办）

责任编校：王复生

青岛市史志工作

综　述

【工作概况】 2017年，青岛市史志办认真贯彻市委、市政府工作部署，以传承优秀历史文化、服务经济社会发展为目标，深入贯彻落实国家和省、市三级史志事业发展规划纲要，统一思想，凝心聚力,以“三全”目标为硬抓手、硬任务，多策并举，提质增效，全面推进史志事业转型升级。

紧扣文化强市建设，提前全面完成第二轮《青岛市志》编修工作。第二轮《青岛市志》编修工作是省政府下达的工作任务和市委、市政府重点工作目标，是青岛市实施文化强市战略的重要组成部分。该工作启动于2002年，共规划编纂《青岛市志(1978—2005)》1部和区（市）志10部。2017年9月22日，《青岛市志(1978—2005)》社会卷交付印刷，《青岛市志》续修工作全面完成，并提前一年实现《山东省地方史志事业发展规划纲要(2016—2020年)》确定的奋斗目标。年内市南区、市北区、胶州市完成区市志送印出版。

在《青岛市志(1978—2005)》总纂出版阶段，市史志办以编修精品志书为目标，创新修志模式和编纂业务，探索形成了总编纂室制度、专家深度参与机制和五轮十校审校机制等青岛经验。已参评的6卷《青岛市志》(大事记卷、城市卷、政治卷、文化卷、经济中卷、经济下卷)全部获山东省优秀史志成果。另外，《崂山区志》《黄岛区志》《城阳区志》《李沧区志》《即墨市志》等5部区市志先后获评省级优秀志书，《胶州市志》入选山东省重点志书。10月13日，山东省史志办公室正式印发通知，在全省推广青岛市第二轮市志编修经验，并将安排青岛市在第二次全国地方志工作经验交流会上做经验介绍。

发挥资政育人功能，全心全意做好资政辅政和社会服务。市史志办主动作为，把史志工作融入青岛市经济社会发展大局，拓展工作领域和工作内涵，充分挖掘地方志存史、资政、育人的社会功能。坚持“资政辅治、堪存堪鉴”的编纂理念，围绕中心，彰显特色，创新编纂《青岛年鉴》。《青岛年鉴》创刊于1988年，每年一鉴，已连续出版30卷，是全面记载青岛政治、经济、文化、社会事业等方面的地情类资料性工具书，也是宣传推介青岛的重要窗口。同时，强化对区市年鉴工作的督查指导，全市10个区市的地方综合年鉴编纂全部实现了“一年一鉴、公开出版”，一直走在全省乃至全国的前列。在2016年度全省优秀年鉴评审中，《青岛年鉴》被评为特等市级综合年鉴，《崂山年鉴》《城阳年鉴》《黄岛年鉴》《即墨年鉴》被评为特等县级综合年鉴。在2017年8

月全国地方志优秀成果（年鉴类）评审中，《黄岛年鉴》《崂山年鉴》分别被评为二等年鉴和三等年鉴，受到通报表扬。主动参与，承编《青岛世园会志》。2014 年 4 月—10 月世界园艺博览会在青岛举办。为了总结青岛世园会建设经验，为全市文化和园艺建设提供借鉴，市史志办与世园集团主动对接，承编《青岛世园会志》，已完成文字编写 67 万字，收集照片 600 余幅，正积极组织专家评审修改，计划明年出版发行。弘扬援藏精神，编纂《青岛援藏志》。青岛市自 1995 年开展援藏工作以来，先后选派 8 批 59 名党政干部和 17 批 94 名技术干部参与西藏的城市建设、工农业、科技文化以及医疗卫生等各项事业，为受援地的经济社会发展做出了突出贡献。年内组织联络部分援藏干部和 22 个相关单位，收集整理资料 200 余万字，编写完成初稿 50 余万字。深入挖掘地情资料，组织指导编纂地情研究成果。2017 年，青岛市共编纂完成地情资料成果 30 余部。《棘洪滩街道志》、莱西市孙受镇《西杨格庄村志》入选全国名镇名村志；胶州、平度和莱西 6 处镇、村入选齐鲁名镇名村志文化工程。《崂山区情概览》《黄岛区情概览》《家·城阳》《即墨古城望族文化丛书》《平度史鉴》等丰硕的研究成果，为传承优秀传统文化及本区域的经济文化社会建设提供有力支撑。

创新服务方式，弘扬青岛地方优秀传统文化。通过互联网 + 史志，加快史志成果数字化速度，完善市情资源数据库。年内，青岛市情网站新增资料 200 余万字，并研究开发网络多媒体动态交互式仿真电子书 3 部（《青岛市志》城市卷、政治卷、文化卷），实现动态交互式翻页、交互式索引、内容搜索、选择复制、选择截图、添加标签与注释等实时在网查阅功能，为社会公众读志用志提供了更加生动直观、方便快捷的服务。

扩大《史鉴》期刊的发行范围，为全市各级党政领导、党政群管理部门和部分大企业服务，同时还面向全市 166 个镇、街道办事处，市区两级图书馆、档案馆，驻青各高等院校及部分中学发放。《史鉴》集聚一批文史研究者，积累挖掘青岛历史文化，开展历史地情研究，全年共编纂出刊 4 期，发表文章 100 余篇，发行 1 万余册，为社会提供了研究青岛、了解青岛、宣传青岛的信息平台，构架起地情资料与社会利用之间的桥梁。

开展志书年鉴“进社区、进学校、进企业、进科研院所、进军营、进机关”（“六进”）活动，推动各区市积极举办《走进崂山》《九街通衢话市北》《印象城阳》《白沙河风情》等专题展览 10 余次，使史志成果走向社会、走向大众，提升青岛的吸引力和市民认同感，鼓励广大市民了解青岛、热爱青岛，为建设美丽青岛做出积极贡献。

【工作会议】 2017 年 5 月 10 日—11 日，青岛市史志办召开年鉴工作座谈会，贯彻落实全省年鉴工作座谈会精神，部署《山东地方史志年鉴（2017）》编纂工作任务。市史志办党组成员、巡视员王现军出席会议。青岛市史志办处社长、区市史志办分管领导、编纂人员共 30 多人参加会议。7 月 26 日，青岛市史志工作“三全”目标推进座谈会召开。省政府办公厅党组成员、省史志办主任刘爱军出席会议并讲话，青岛市史志办公室主任高克力主持会议，省史志办市县基层志编纂指导处、省方志馆负责人，青岛市各区（市）史志办主任等参加会议。

【业务培训】 2017年3月23日，青岛市地情网站工作暨业务培训会议召开，各区市史志办主任、分管副主任和网站管理员共36人参加了会议。会议总结前期全市地情网站工作，安排部署年度工作，并组织网站管理员业务培训。10月13日，青岛市史志办公室举办青岛市年鉴编纂出版工作培训会，各区市史志办公室和相关单位的年鉴工作者参加培训。

【志书评议】 2017年1月17日，青岛市史志办公室召开《青岛市志》（精编）卷五专家评审会。12月19日，青岛市史志办公室召开《青岛世园会志》初稿专家评审会。市史志办主任高克力、巡视员王现军、副主任王书高、特邀评审专家16人和编纂小组成员等参加会议。召开《胶州市志（1987—2013）》意见征求座谈会、研讨会10次。7月26日—27日，省政府办公厅党组成员、省地方史志办主任刘爱军带领“山东省重点志书”评审专家组成员到胶州对续修《胶州市志》志稿进行严格评审，该志被省史志办公室列为全省重点志书。

机构与队伍

【青岛市史志办公室】 青岛市史志办公室是青岛市政府直属的正局级事业单位，参照公务员法管理，设置秘书处、编审处、业务指导处3个职能处室，编制20人。2017年在编行政管理人员20人。下设公益一类事业单位青岛年鉴社，正处级，编制12人，在编行政管理人员和专业技术人员8人。

主任：高克力

巡视员：王现军

副主任：任银睦 王书高

地址：青岛市香港中路17号1921室

电话：0532-85911669

邮编：266071

青岛市各区市史志工作机构及负责人情况统计表

单位	隶属关系	规格	负责人	地址	电话	邮编
青岛市市南区史志办公室	市南区委办公室	正处级	吴大钢	青岛市市南区宁夏路286号区政府大楼5楼	0532—88729892	266071
青岛市市北区史志办公室	市北区委办公室	正处级	刘伟	青岛市市北区延吉路80号区行政办公大楼	0532-85017329	266033
青岛市李沧区史志办公室	李沧区委办公室	正处级	王学青	青岛市李沧区黑龙江中路615号	0532—87610916	266100
青岛市崂山区史志办公室	崂山区委办公室	正处级	张星	青岛市崂山区市民文化中心B座1102室	0532-88996592	266071
青岛市黄岛区史志办公室	黄岛区委办公室	正处级	薛维来	青岛市黄岛区长江中路369号4号楼	0532-86988905	266555
青岛市城阳区史志办公室	城阳区委办公室	正处级	辛克寿	青岛市城阳区正阳路201号政府综合楼四楼	0532—87866454	266101
青岛市即墨区史志办公室	即墨区政府办公室	正科级	张可先	青岛市即墨区创智新区宁东路166号科创中心D710	0532—88553108	266200
胶州市史志办公室	胶州市委办公室	正科级	李兆进	胶州市行政服务中心西楼	0532-82206251	266300
平度市史志办公室	平度市委办公室	正科级	张树林	平度市北京路79-3号楼	0532—88385275	266700
莱西市史志办公室	莱西市委办公室	正科级	陈伟	莱西市文化中心东区2楼	0532-884662970532-88469512	266600

青岛市各区市史志工作人员情况统计表

单位	定编	在编人员情况												
		行政管理人员					专业技术人员			学历学位情况				
		正处级	副处级	正科级	副科级	科员及以下	高级	中级	初级及以下	博士	硕士	本科	大专	高中以下
青岛市市南区史志办公室	3				1			1			1	1		
青岛市市北区史志办公室	4	2		1		2					1	4		
青岛市李沧区史志办公室			1				1						2	
青岛市崂山区史志办公室		1	4	1		1		1	1		1	8		
青岛西海岸新区史志办公室		1	1	1	1	1						5		
青岛市城阳区史志办公室		1	1		1		1	1				5		
青岛市即墨区史志办公室	9			1	1	3			3		1	3		4
胶州市史志办公室	5					5		2	3		1	4		
平度市史志办公室	4							2	2			3	1	
莱西市史志办公室	5				2	3		1				4	3	

志书编纂与出版

【概况】 2017年,青岛市史志办完成《青岛市志·经济上卷(1978—2005)》和《青岛市志·社会卷(1978—2005)》出版工作。其中,经济上卷共计76万字、图表90余幅、照片301幅。社会卷共计52万字、图表100余幅、200余幅照片。至此,《青岛市志(1978—2005)》(共8卷)全部完成。全市第二轮修志工作历时15年,比全国规划提前三年、比山东省规划提前一年完成目标任务。《青岛市志》8卷全部获山东省优秀史志成果,《崂山区志》《黄岛区志》《城阳区志》《李沧区志》《即墨市志》等5部区市志先后获评省级优秀志书,《胶州市志》入选山东省重点志书。10月13日,山东省地方史志办公室印发通知,在全省推广青岛市第二轮市志编修经验,副市长栾新做出批示,肯定广大史志工作者牢记使命、攻坚克难、开拓创新取得的巨大成绩,鼓励全市史志工作者再接再厉,无愧于伟大新时代,不断做出新贡献。开展《青岛世园会志》编纂工作,完成文字编写67万字、收集照片600余幅。开展《青岛援藏志》编纂工作,先后分三批召开编纂培训会议,组织联络援藏干部和22个相关单位收集整理资料200余万字,完成初稿50余万字。全面推进区市志编修和基层修志工作,完成《市南区志》《市北区志》《胶州市志》出版,至此,10区市全部完成第二轮修志工作。街道(镇)志、社区(村)志编纂工作取得新成绩。年内,出版了《记忆中的市北》系列丛书、《崂山十一中校志》《崂山图志(野鸟卷)》《家·城阳(市民读本)》等32部基层地方志成果。

【《青岛市志·经济上卷(1978—2005)》编纂出版】 2017年5月,《青岛市志·经济上卷(1978—2005)》完成出版,计76万字,图表90余幅,照片301幅。该卷志书包括经济综述、工业经济、纺

织与服装工业、家电与电子工业、机械与冶金工业、化学与石化工业、食品与医药工业等共15篇,系统翔实地记述全市经济体制改革、工业行业、百家优秀企业及交通运输等事业改革开放27年间的发展轨迹及巨大变化。共涉及10个承编单位和100家企业。

在编纂过程中,创新工作方法开门修志,充分发挥退休领导干部和专家的作用,先组织召开6次由市退休领导干部、行业专家参加的座谈会,全面回顾1978年—2005年青岛市经济体制改革、工业、交通邮电等方面发展历程,梳理各行业的发展脉络。在创新工作方法的同时,学习借鉴外地优秀地方志书的编

纂经验，结合青岛市工业改革发展的实际，对志书记述方式进行了创新，明确“线与点相结合，兼顾规模企业”的编纂思路。“线”就是对全市工业各个行业的发生、发展及现状进行系统记述。“点”就是在每个行业中选择若干个重点企业进行重点记述。反映1978年—2005年期间企业改革开放、技术改造、科技研发、名牌产品、市场开拓、企业管理等变化情况，记述影响企业发展的重要决策、重大事件、重要创新成果和优秀人物，讲好“青岛故事”。

【《青岛市志·社会卷（1978—2005）》编纂出版】
2017年9月，《青岛市志·社会卷（1978—2005）》出版。全书共计52万字、图表100余幅、200余幅照片。该卷志书包括劳动管理、社会保险、民政、精神文明、残疾人老龄慈善、民族宗教、风俗共7篇和人物部分，系统翔实地记述全市劳动与社会保障、风俗及人物等社会事业改革开放27年间的发展轨迹及巨大变化。至该卷出版，《青岛市志（1978—2005）》共8卷全部完成。在全国提前3年、全省提前1年圆满完成续修任务。

2017年1月，启动该卷出版工作，经照片收集、审核校对、审计排版等工作，于9月送印刷厂出版。在编纂过程中，牢牢抓住“以人为本”这一主旨，把握记述内容“凸显民生”这一根本，围绕青岛改革开放过程中社会生活重大变化这一特点，浓墨重彩地记述在改革开放浪潮中青岛地区社会生活的发展和演变。在编纂方法上，升格篇章记述在全国有影响的、各个角度记述有地方代表性的、浓笔重抹记述有鲜明地域特征的内容和事物。另外，注重把握记述新兴事物、风土民情、先进模范等内容。多层次、多角度地突出青岛地方风俗民情特色，增加志书中人文的分量。

【《青岛市志》（精编）卷五编纂出版】
2017年10月23日，《青岛市志》（精编）卷五交付印刷。全书分计划、统计、物价、

财税、计量、工商管理、金融、海关、海运、铁路、公路、邮电和民航13篇，共67万字，图片188幅，表格88张。《青岛市志》（精编）卷五，每篇一般设章、节、目3层次。本志上限起自事物发端，下限断至1985年，以首轮志书 69卷1400万字为基础，同时吸收最新研究成果，以新视角、新观点、新方法、新资料进一步突出时代特点和地域特色，编纂《青岛市志》精编本8卷，卷一已于2012年出版发行。《青岛市志》（精编）卷五编修工作于 2011年1月启动，采用专家全程参与编修的方式，经过篇目研讨和论证、调整框架和归属、纂写概述和初稿、编辑整理和编审、资料征集和补充、选取照片和编排、专家审阅和评审、总编室审核和修改、出版审校和统稿等阶段，于2016年12月移交中国海洋大学出版社付梓印刷。被山东省地方史志办公室评为2017年度优秀史志成果（优秀志书）。

本卷志书涵盖首轮《青岛市志》中

“财务税务审计”“物价”“计量标准”“工商行政管理”“金融”“海关”“海港”“交通”“邮电”9部分志内容，增设“计划”“统计”两篇，补寄青岛市在计划和统计方面所做的工作及成果。按照精简篇幅、去粗存精、纠错补遗、扩大信息、科学创新的编修思路，去除冗余杂陈，保留主要信息和重要事件；添设原志缺项，增记最新研究成果，补记遗漏内容。本卷志书编修采用点线结合的方式，篇章下设概述，主要反映归属内容的发展脉络、轨迹及特点；节下设目，选用事物进程中起推动、延缓或停滞作用的关键事件或关节点，力求一方面通过概述对归属内容有一个全面、清晰地把握；另一方面，通过深化记述关节点，方便读者对该内容的发展变化有更生动、具体和翔实的认识。

【《青岛市市南区志》出版】 2017年9月，《青岛市市南区志》由方志出版社出版。该志由青岛市市南区史志编纂委员会编，主编刘宇，副主编吴大钢、王蜀鲁。该志分上、下卷，主体部分共23篇、104章、417节，共计160.9万字。该志时间跨度大，上限起自事物发端，下限至2012年，资料翔实，内容丰富，较好地吸纳了市内外、省内外与该志内容相关的市南区自然、政治、经济、社会和文

化研究的最新成果，图文并茂，有效地发挥了志书各种体裁的作用。该志兼具行业志与综合志的特点，体例新颖，具有一定的创新性，将最能体现时代特点和地方特色的内容在篇目设计上进行升格处理，较好地体现了市南区的地域特色。该志大16开本，印数4000套，定价866元，书号为ISBN 978-7-5144-2566-6 。

【《青岛市市北区志》出版】 2017年12月，青岛市市北区史志办公室编纂的《青岛市市北区志》由中国文史出版社出版发行。主编刘伟，副主编高京东。该志上限起自青岛建制初年，下限断至2002

年底，为彰明个别事物因果，断限适当上溯或下延。框架结构采用篇、章、节、目体，以志为主体，述、记、志、传、图、表、录为表现形式，设19篇、80章、331节、图表360份，共计127万余字。《青岛市市北区志》是青岛市市北区第一部综合志书，历时五年完成编纂。该志以《〈市北区志〉资料长编》为主要资料基础，结合方志工作发展理念和要求，全面客观记述市北区经济、政治、文化、社会、生态文明等各方面的发展变化状况，力求体现市北区的时代特色和地域特色。全书彩色印刷，大16开本，印数2000册，

定价 568 元，出版号为 ISBN：978-7-5034-9846-6。

【《胶州市志（1987—2013）》编纂出版】 2017 年 12 月，胶州市史志编纂委员会编纂的《胶州市志（1987—2013）》由方志出版社出版发行，主编李兆进，执行副主编王世俊，副主编迟增芬、徐桂梅。该书为断代志，上限起于 1987 年，下限止于 2013 年 12 月，个别图片适当下延。体裁以志为主，首设总述、大事记统领全志，中设专志 25 编，附录、编后记殿后，共 915 页、152.6 万字，图片 300 余幅。全书彩色印刷，大 16 开本，印数 6000 册，定价 800 元，书号 ISBN 978-7-5144-2772-1。按照略古详今的原则，简记 1987 年胶州市撤县建市以来域内政治、经济、文化和社会各项事业的发展状况。《胶州市志（1987—2013）》是胶州市编纂的第二部社会主义新方志，历经 3 年半，六易其稿。《胶州市志》续修工作是近年来胶州市史志工作的重中之重，确定 2017 年底印刷、出版的目标任务。年内，先后完成《胶州市志（1987—2013）》征求意见稿、研讨稿、评审稿、送审稿、终审稿。同时，先后召开《胶州市志（1987—2013）》意见征求座谈会、研讨会 10 次。通过了全省重点志书评审。《胶州市志》编纂效率和质量受到省政府办公厅党组成员、省地方史志办公室主任刘爱军的充分肯定。编纂过程中，被省史志办公室列为全省重点志书。经过全体史志工作者的不懈努力，《胶州市志（1987—2013）》于 2017 年底印刷出版。

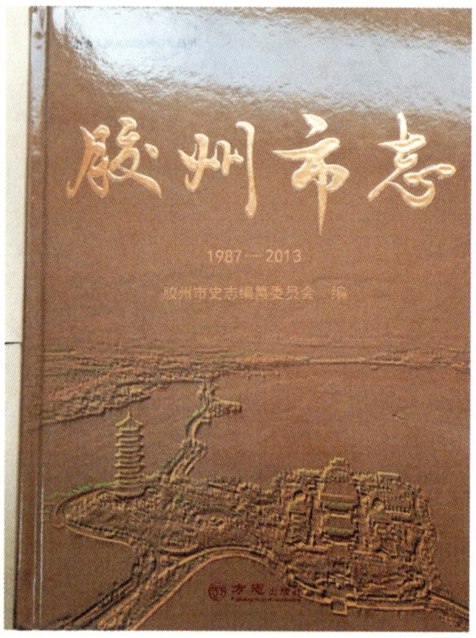

【青岛市市南区《亢家庄志》出版】 2016 年 9 月，《亢家庄志》由方志出版社出版，2017 年 9 月，举行发行仪式。该志由《亢家庄志》编纂委员会编，主编亢正鼎，执行主编闫盛奎。书号 ISBN 978-7-5144-2019-5，大 16 开本，印数 6000 册，定价 560 元。该志上限起自建村，下限至 2010 年。共 9 篇 36 章，90.4 万字。

该志按“略古详今”的原则，记述了亢家庄古人变迁活动，农、蔬生产及工商企业发展始末，特别是近百年从蕞尔之村到现代城市的演变过程。该志图文并茂，集资料性、教育性及收藏性于一体，具有较强的可读性。尤其“人口与姓氏篇”，详细记录了全村各姓族人迁徙活动、辈名世录，有着其他村庄志所不具备的特点。

【青岛市崂山区《〈沟崖村志〉续编》出版】 2017 年 1 月，青岛市崂山区《沟崖村志》编纂委员会编纂的《沟崖村志》印制发行。主编臧福峰。全志为通志，上限追溯事物发端，下限截至 2014 年底，该志为崂山区首部续修村志。2006年，《沟崖村志》发行，该志所载内容下限为2004年。为了体现近十年来沟崖村发生的新变化，2014年启动了《〈沟崖村志〉续编》的

编纂工作，2016年6月底形成终审稿。全书近60万字，采用卷目结构，设7卷80目及概述、大事记、附录等，7卷分别是自然、村庄、村民、政治、经济、文化、人物。相较于《沟崖村志》，续志的篇目布局更为合理，人文元素更加突出，对村内主要姓氏进行了探源、绘制九族五服图；同时，增加了图片和表格的刊载量，绘制1949年、2015年该村民居分布示意图，并采用四色印刷，资料性、观赏性及可读性大幅度提高。

【青岛市崂山区《栲栳岛村志》出版】 2017年1月，青岛市崂山区《栲栳岛村志》编纂委员会编纂的《栲栳岛村志》印制发行。主编段存良。全志为通志，上限追溯事物发端，下限截至2014年底。全书

48万字，采用章节体，除概述、大事记、附录外共设8篇42章，载入图片578幅、统计表格32个，包括地理自然、村庄人口、经济综述、党政兵事、文教卫生、村民风俗、居民生活、人物等。该志历时3年，四易其稿，2016年5月末完成终审稿。该志所载资料翔实准确，地域特点较为突出，是社会各界了解东陈村历史、直观认识栲栳岛村的一部资料性文献。

【青岛市崂山区《大石头村志》出版】 2017年1月，青岛市崂山区《大石头村志》编纂委员会编纂的《大石头村志》印制发行。主编刘永胜。全志为通志，上限追溯事物发端，下限截至2015年底。全书43万字，采用章节体，除概述、大事记、附录外共设12篇43章113节，包括建置沿革、自然环境、姓氏人口、党政兵事、村庄建设、经济管理、教育、文体卫生、民俗方言、村民生活、旅游观光、人物等，载入图片450余幅、统计表格69份。该志记载了大石头村200年的历史文明、经济、人口等方面的发展，重点描写了大石头村的自然地理、人口繁衍、政治经济、历史人文等方面的内容，真实还原了大石头村的发展历史。

【青岛市崂山区《孙家村志》出版】 2017

年1月，青岛市崂山区《孙家村志》编纂委员会编纂的《孙家村志》印制发行。主编孙可英、孙敏贵，主笔姜相才、孙德锡、孙可照。全志为通志，上限追溯事物发端，下限截至2015年底。全书40余万字，采用章节体，除概述、大事记、附录外共设10篇46章，包括建置沿革、自然地理、人口、政治、经济、教体文卫、民生、民俗、语言、人物等。全书图文并茂、特色突出，全面反映了孙家村发展的历史风貌，尤其是展现了近年来孙家村村民发展经济、创新进取，推动社会主义和谐新农村建设日新月异的历史进程。

【青岛西海岸新区《辛安街道志》出版】 2017年9月，青岛西海岸新区《辛安街道志》编纂委员会编纂的《辛安街道志》出版发行。主编赵继梅，编辑薛丽、孙瑜、王义宽、潘进和。该志为《辛安镇志》的续志，上限起自1993年，部分编、章、节适当上溯；下讫2014年底，详近略远，叙事简记起始，重发展阶段及现状。本书共60余万字，采用述、记、志、传、图、表、录等体裁，以志为主体，志分编、章、节、目等层次，图、表插入各章节。本书内容从自然到社会，从历史到现状，从政治到经济，从人文景观到风俗民情，从人物风采到盛世风貌，全面记述了辛安街道发展轨迹。

【青岛西海岸新区《西南庄村志》出版】 2017年 12月，青岛西海岸新区《西南庄村志》编纂委员会编纂的《西南庄村志》出版发行。主编丁绍华，编辑戴鸿涛、李子飞。该志为通志，上限自事物发端，原则上自明初建村始，下限原则上断至2013年。本着详今略古、立足当代的原则，着重记述中华人民共和国成立以后，特别是中共十一届三中全会后各项事业的发展变化。全书50余万字，以概述总揽全志，主体部分按门类分篇记述，最后设人物、附录。体裁采用志、记、传、述、图、表、录、照等，总体上以志为主。全书图文并茂、特色突出，记载西南庄村的各个历史阶段的历史轨迹和西南庄村人民改造社会、改造自然的实践史实。

【青岛市城阳区《东田社区志》出版】 2017年10月，青岛市城阳区《东田社

区志》编纂委员会编纂的《东田社区志》由黄河出版社出版发行。主编王乃明，主笔王正旭，副主编王世显、刘红梅。该志为通志，上限追溯事物发端，下限截至2015年底，记述东田社区700年间的发展变化。全书50余万字，图片226幅，采用篇目结构，设11篇40章149节，包括大事记、建置沿革、自然环境、人口、村庄建设、经济、政治军事、民政、精神文明建设、文化、教体卫生、民俗、人物和附录，全书图文并茂、特色突出，全面反映了东田社区发展的历史风貌，尤其是展现近年来东田社区发展经济、创新进取，推动社会主义和谐新农村建设日新月异的历史进程。

【青岛市城阳区《棘洪滩街道志》编纂】 根据中国地方志指导小组制定的《中国名镇志丛书》编修规范和省市相关要求，集中人力，精益求精，全力以赴展开中国名镇志——《棘洪滩街道志》编修工作，先后3次、近2个月的时间采取封闭方式进行志稿的编纂和修改工作。志稿记述反映渔盐小镇、交通要镇、水源大镇、园区强镇、动车重镇等地域特色和时代特点，全文30余万字、200幅图片。年内先后通过市史志办、省史志办和中指组的审核，交付方志出版社列入中国名镇志丛书出版计划。

【青岛市《崂山区图志·野鸟卷》出版】 “野鸟卷”为《崂山区图志》系列丛书第六卷，采取上、下卷形式，记载部分崂山境内野生鸟类。2016年、2017年分别出版了上、下卷，由黄河出版社出版，主

编张星，副主编王清华、张冰、臧先锋、闫雪梅、王希明、陈素伟。主要载录栖息于崂山域内野鸟233种，按照栖息地生态类型的不同分为游禽、攀禽、涉禽、猛禽、陆禽、鸣禽六大类，既有国内外珍稀的扁嘴海雀、丑鸭、黑叉尾海燕、中华攀雀、震旦鸦雀、小天鹅等，也有近年来境内新发现的黑翅鸢、鸥嘴噪鸥、赤颈鸫、红腹灰雀等。全书采用中、英、日三种语言注释，近18万字，千余幅照片，多角度展示野生鸟类的生活、栖息形态。该志大16开本，印数1000套，定价268元，书号ISBN978-7-5460-0725-0。

【青岛市城阳区《白沙河志》编纂】 为全面翔实地记述白沙河两岸人文、历史及现状，年初成立《白沙河志》编纂委员会，启动城阳区首部河流志编修工作。聘请水利、文史等专家作为顾问，拟定志书编修基本框架，并全面展开对白沙河流域相关社区的实地考察和调研工作。年内，按计划完成15个社区考察调研工作，

形成图片资料2000余幅、文字资料2万余字。

【《崂山方志文化系列·崂山太清宫志（校注）》出版】 《崂山方志文化系列·崂山太清宫志（校注）》于2017年11月由中国海洋大学出版社出版。该书为《崂山方志文化系列》丛书第七卷，由崂山区史志办公室与岛城史志专家寿杨宾合作校注，历时两年多，历经十几轮完善修改。全书共20余万字（含原志稿38000余字），16开本，220余页。《崂山太清宫志》成稿于20世纪40年代初，共十卷，由时任太清宫监院周宗颐编撰，是崂山道教有史以来的第一部志书。1962年，青岛市政府宗教处曾油印100余本，分发有关领导和人士，目前几乎无存。1987年，青岛市政府宗教事务局（即前青岛市政府宗教处）对《崂山太清宫志》进行删节、整理，该本现存世亦不多。崂山区史志办公室征集《崂山太清宫志》手抄本。此抄本用朱线竖行元素纸账簿，每页15行，每行9个蝇头正楷，每页135字，无标点，全部繁体字，且多生僻字和异体字，共2大本。因该书几经易手，并多次被埋入地下或泥于壁间，迭经烟熏水浸，又遭虫蛀磨损，漫漶不清，约略可识。2008年，经过整理进行点校出版，但不尽完备。此次校注，

在第一次点校的基础上，通过大量文献查阅互证、实地调查采访等工作对志书内容进行详细的校勘、注释，为读懂原著、了解崂山道教历史提供有益参考，对于崂山道教文化的研究和宣传具有积极意义。

年鉴编纂与出版

【概况】 2017年，青岛市提前完成市、区两级综合年鉴一年一鉴、公开出版的目标。学习借鉴优秀年鉴的编纂经验，不断完善工作机制，成立年鉴专家库，建立年鉴专家审读评议制度，进一步提高全市年鉴整体质量和编纂效率。2017年8月，《青岛年鉴（2017）》出版。全书设20个栏目，正文130万字。在该卷年鉴编纂中，注重内容的丰富充实、体例的规范完善和表现形式的和谐统一。在条目编写方面，动态性条目和常规性条目配置比例科学，条目编写类型齐全、要素齐备，语言规范，信息密度大、质量高。全书使用互见法和纪事本末体，有效增加阅读使用的便利性。在记载范围方面，涵盖全社会各行各业和各个领域，抓住主流和本质，反映行业发展重要特征和趋势，做到大事不漏、小事不收。时间上由年初截至年末，重点用数据资料说话，彰显青岛在加快建设全国蓝色经济领军城市进程中取得的显著成就。采用大16开装帧设计，展现年鉴作为工具书的厚重感。在检索应用方面，除设有中、英文目录外，还设有正文、

彩页的中文索引，检索手段全、检索简便，方便读者阅读和查阅。《青岛年鉴(2017)》以及崂山、黄岛、市北、李沧、即墨、胶州、市南等7区市综合年鉴被评为2017年度山东省优秀史志成果（优秀年鉴）。

【《青岛年鉴（2017）》编纂】 青岛年鉴社加强与全市400余个撰稿单位的沟通协调，重视质量提升和流程管控，于8月底前按期完成《青岛年鉴（2017)》印刷出版工作。及早启动《青岛年鉴2017》框架制订和“青岛市2017年大事记”撰写等工作。结合市委、市政府工作要点，与市贸促会、市发展改革委等单位研讨框架内容调整等问题。编纂过程中，贯彻落实国务院《地方志工作条例》《山东省地方史志工作条例》《青岛市地方志工作规定》的各项要求，多次到市委办公厅、市委组织部、市委宣传部、市委政研室、市政府办公厅等沟通协调相关工作。紧抓关键环节，确保年鉴编纂工作有序有法开展。同时，组织召开《青岛年鉴（2017)》校对工作动员培训会、《青岛年鉴（2017)》校对工作提醒会并组织全社人员学习《新华社新闻信息报道中的禁用词和慎用词》。11月，就如何打造精品年鉴、推动年鉴工作提质增效组织青岛年鉴社及各区市年鉴编纂人员赴长沙市、武汉市进行专题调研，与两市地方志办公室年鉴工作分管领导及年鉴处围绕优化年鉴框架设计、加快年鉴编纂进度、提高编纂质量、规范年鉴条目、年鉴图片编排以及扩大年鉴的社会影响力、发挥年鉴的服务功能等方面工作进行了广泛交流。

【《青岛年鉴（2017）》出版】 由青岛市人民政府主管、青岛市史志办公室主办、青岛年鉴社编纂的《青岛年鉴（2017)》2017年8月出版。这是《青岛年鉴》自1988年创刊以来连续出版的第30卷地方综合年鉴。主编高克力，副主编王现军，该书围绕青岛市加快建设宜居幸福的现代化国际城市，及时跟进经济和社会发展情况，以时代特征、地域特色和年度特点为切入点，合理调整栏目设置和入

鉴内容，突出青岛市作为山东半岛蓝色经济区核心区的龙头城市在全面深化改革方面的重大政策与成就，增加青岛在功能区建设和高等院校、科研院所引进等方面的有关资料，刊载年内在青岛市举行的有代表性的会展、节庆活动，充分体现青岛市科学发展、和谐发展的时代风貌，打造综合性地情年刊和权威性地情工具书；设计、排版、印刷首次列入政府采购，采用招投标的形式，并首次使用四色印刷工艺。全书设20个栏目，正文130万字，图片122幅，印数2600册，定价200元。国际标准刊号ISSN1671-9883，国内统一刊号CN37-1395/Z。

【《市南年鉴(2017)》出版】 2017年12月，中共青岛市市南区委员会、青岛市市南区人民政府主办，青岛市市南区史志办

公室、青岛市市南区档案局（馆）承编的《市南年鉴（2017）》由中国海洋大学出版社出版，这是自创刊以来出版的第8卷年鉴。主编吴大钢，副主编王蜀鲁。全书设特载、区情综述、大事纪要、政治·政务、经济、城区建设与管理、社会生活与各项事业、街道概况、附录等九个栏目。该卷年鉴首次采用四色印刷，图文并茂，突出体现了年度特色和地域特色，反映了市南区在经济建设和社会发展中取得的新经验、新成就。该书大16开本，55万字，印数600册，定价298元，书号ISBN 978-7-5670-1639-2。

【《市北年鉴（2017）》出版】 2017年11月，《市北年鉴（2017）》由中国文史出版社出版，这是自创刊以来出版的第6部年鉴，也是青岛市市北区结束以往“两年一鉴”惯例，开始实行“一年一鉴”后的第2部年鉴。主编刘伟，副主编高京东。设特载、大事记、区情综述等19个栏目。该卷年鉴根据区域特点调整框架结构，由原来8个板块调整为19个板块。该书大16开本，53万字，印数1000册，定价268元，书号ISBN 978-7-5034-9735-3。

【《李沧年鉴（2017）》出版】 2017年12月，中共青岛市李沧区委员会、青岛市李沧区人民政府主办，青岛市李沧区档案馆（局）、李沧区史志办公室承编的《李沧年鉴（2017）》由中国海洋大学出版社出版，这是自创刊以来出版的第8卷年鉴。主编王学青，副主编孙丕乐、杨惠春。全书设特载、区情综述、大事记、政治·政务、政法·军事、经济综合管理、三区建设、工业、商贸·服务业·外经、招商·会展、城建·环保、旅游·节庆、交通·物流、财政·税务、科技·文化、教育·体育、医疗卫生、社会各项事业、街道工作、人物、附录21个栏目。该卷年鉴全面、系统、真实地记录李沧区自然、政治、经济、文化和社会生活等方面的基本情况，为领导决策提供依据，为中外人士了解和研究李沧提供资料，也为地方史志留下宝贵资料。被评为山东省优秀史志成果（优秀年鉴），青岛市图书馆收藏。该书大16开本，51万字，582幅图片，印数800册，定价200元，书号ISBN 978-7-5670-1599-9。

【《崂山年鉴（2017）》出版】 2017年8月，《崂山年鉴（2017）》由中国海洋大学出版社出版，这是自创刊以来出版的第13卷年鉴。主编张星，副主编王清华、张冰、臧先锋、闫雪梅，执行主编臧先锋。设特载、区情综述、大事纪要、政治·政务等11个栏目，49个分目，随

文图片160余幅、时政图片（彩页）24码。该卷年鉴将“经济”类目调整为“经济事务管理”“工业·农业”“贸易·金融”“旅游·节庆·会展”，将“社会生活与各项事业”调整为“社会事业”，设置“人物”栏目，使框架内容紧跟崂山区工作中心，特点展示更加突出。正文链接与正文内容相关的“小资料”“区情网网址”“崂山史志微信二维码”等内容，读者可做区情延伸阅读，提升了可读性。该书大16开本，48万字，四色印刷，印数1000册，定价268元，书号ISBN 978-7-5470-1535-7。

【《黄岛年鉴（2017）》出版】 2017年7月，由青岛市黄岛区政府主编、区史志办承编的《黄岛年鉴（2017）》由线装书局出版。这是自创刊以来出版的第12卷年鉴。主编薛维来，副主编刘靖、徐桂珍、唐

惠衍，该卷设彩页、青岛西海岸新区（黄岛区）2016年概况、特载、特辑、环境、历史·人文、大事记、2016年机构设置、中共青岛西海岸新区工委（黄岛区委员会）、中共黄岛区纪律检查委员会（监察局）、黄岛区人民代表大会、青岛西海岸新区管委（黄岛区人民政府）、中国人民政治协商会议青岛市黄岛区委员会、民主党派、人民团体、法治·军事、功能区·指挥部、外经及港澳台经济贸易·国内贸易、工业·信息化、服务业、农业、财政·金融、经济管理、行政管理、口岸管理、城乡建设·城市管理、交通·港口·能源、社会事务、教育·体育·科技、文化·传媒、卫生·计划生育、镇街概况、人物、附录等34个栏目。该书16开本，50万字，印数1000册，定价258元，书号ISBN978-7-5120-2815-9。

【《城阳年鉴(2017)》出版】 2017年10月，《城阳年鉴（2017）》由线装书局出版发行，是自创刊以来出版的第11卷年鉴。主编辛克寿，副主编吴德明，执行主编唐德州。全书图文并茂，全面记载青岛市城阳区2016年政治、经济与社会发展的基本情况和物质文明、政治文明、精神文明的新成果、新经验。设特载、区情综述、大事记、政治·政务、法治·人民武装等21个栏目，设卷首图片专辑，

随文刊登彩色图片200余幅。主要有以下3个特点：框架结构更趋于科学规范。在组织全体编纂人员学习借鉴全国、全省获奖年鉴框架设计的基础上，针对2016年城阳区部分机构调整，对全书框架内容进行全面系统的梳理完善，力求归属得当、布局合理、图文并茂、特色突出。该书图表录用量大幅增加，图片和数据突出了记述内容的直观性，有效提升读者的接受度和满意度，地域特色亦更加突出。核校质量全面提升。全书编纂完成后，全文反馈全部供稿单位进行核实、校对、征求意见，并重点将全文数据交由区统计局核校把关，全面提升该卷年鉴的核校质量和重要数据的精准性。该书16开本，70万字，印数1000册，定价280元，书号ISBN 978-7-5120-2885-2。

【《即墨年鉴（2017）》出版】 2017年10月，《即墨年鉴（2017）》由黄河出版社出版，这是自创刊以来出版的第28卷年鉴。主编张可先，副主编陈晓磊。设特载、大事记、市情综述、政党·政务等24个栏目，记述形式分栏目、分目、条目3个层次。前彩18页，内文收录图片80余幅，表格28个，记述2016年即墨区（市）各领域、各行业、各部门基本情况和重要事件，集中反映青岛市即墨区2016年在经济建设、政治建设、文化建设、社会建设、生态文明建设和功能区建设等方面的新发展、新成就、新经验，汇集全区经济和社会发展的基本资料和重要信息，保存丰富的年度史料，为党政机关单位、行业实体以及中外投资者了解即墨综合区情提供翔实的一手资料。该卷年鉴获评山东省优秀史志成果(优秀年鉴)。该书16开本,42.9万字，印数1000册，定价120元，书号ISBN 978-7-5460-0558-4。

【《胶州年鉴(2017)》出版】 2017年10月，《胶州年鉴（2017）》由山东省地图出版社出版。

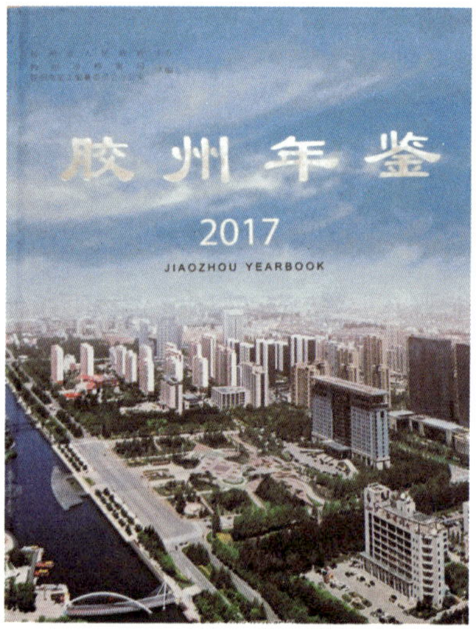

这是自创刊以来出版的第14卷年鉴，主编1人，副主编3人。卷首设胶州市行政区划图，前设彩页12页，正文分设特载、专记、大事记、市情综述、政党·政务、政法·军事、经济管理、经济发展“引擎”建设、工业、农业、商贸、城建·环保、交通·邮电、金融·保险、文化·科技、教育·体育、卫生·计划生育、社会管理·人民生活、人物、街道·镇概况、附录等21个栏目。该卷年鉴从框架结构、内容记述、资料编排等方面都做出创新与突破。全书不再刊登宣传彩页，回归年鉴本色，而是插入随文图片，坚持图随文走，文图并茂，全书插入随文图片近300幅。同时，突出重点，突出特色。在卷首设置“数字胶州 2016”，介绍胶州市 2016 年统计重点数据。针对胶东国际机场的落户，在特载后设“专记”栏目，重点记述胶东国际机场建设进展情况。针对胶州经济技术开发区、青岛胶东临空经济区、青岛欧亚经贸合作产业园、青岛胶州湾国际物流园四大国家级平台，专门设置“经济发展引擎建设”栏目，重点记述招商引资、项目建设等进展情况。该书大 16 开本，57 万字，印数 2000 册，定价 220 元，书号 ISBN 978-7-5572-0321-4。

【《平度年鉴（2017）》出版】 2017 年 12 月，由平度市市委、平度市人民政府主办，平度市史志办公室、平度市档案局编纂，中国海洋大学出版社出版。这是《平

度年鉴》自 2004 年创刊以来连续出版的第 13 卷地方综合年鉴（平度年鉴 2012 年与 2013 年合并为一卷），也是实现公开出版的首部年鉴，主编张树林，副主编陶瑞法、陈云猛。该卷设特载、市情综述、大事记、重大事项纪略等 24 个栏目，128 个分目（子分目）、503 个条目，穿插示意图 3 幅、表格 14 个、卷首图片 31 幅，大 16 开本，28 万字，印数 2000 册，定价 180.00 元，书号 ISBN 978-7-5670-1663-7。

【《莱西年鉴（2017）》出版】 2017 年 11 月，《莱西年鉴（2017）》由天津古籍出

版社出版，这是自创刊以来出版的第 13 卷年鉴。主编陈伟，常务副主编张太安，副主编于如宽、陈磊。设特载、大事记、市情综述、政治等 23 个栏目，156 个分目（子分目），穿插表格 10 个、（彩页）30 个。大 16 开本，64 万字，印数 3000 册，定价 200 元，书号 ISBN 978-7-5528-0587-1。

【平度统计年鉴（2017）》出版】 2017 年 6 月，《平度统计年鉴》（2017）由平度

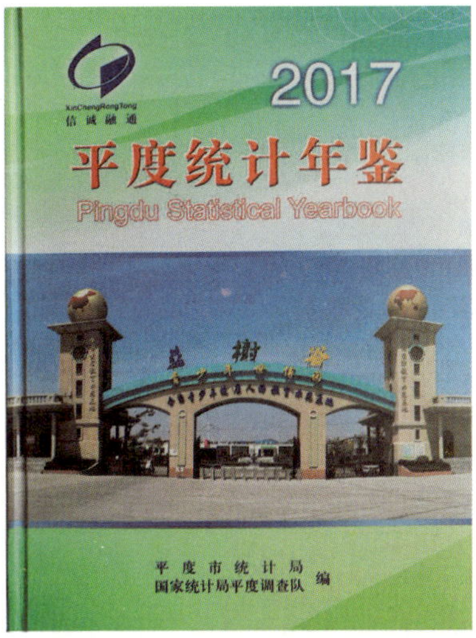

市统计局、国家统计局平度调查队编辑出版。该年鉴是在《一九七八年国民经济统计资料》《1979 年国民经济统计资料》《国民经济和社会发展统计资料》（统计局内部资料）基础上发展而来，1979 年创办，1995 年正式更名为《平度统计年鉴》，这是自创刊以来的第 38 卷。主编宋曙光，副主编张玉侠。该年鉴收录 2016 年

平度市国民经济和社会发展方面的基本统计数据，翔实记录平度在经济社会发展进程中所发生的巨大变化。主要内容分为 14 个部分：统计公报、政府工作报告；综合；行政村数与乡村从业人员；农林牧渔业；工业；固定资产投资、房地产和建筑业；邮电通信、城市环保；批发零售住宿餐饮、个体及私营企业登记注册；外经；财政、金融；教育、科技、文化、卫生；居民生活；统计大事记；附录。统计年鉴为大 16 开本，字数约 20 万。

信息化建设

【概况】 2017 年，青岛市史志办依托青岛市情网平台，研究开发网络多媒体动态交互式仿真电子书，实现动态交互式翻页、交互式索引、内容搜索、选择复制、选择截图、添加标签与注释等实时在网查阅功能，年内完成《青岛市志（1978—2005）》城市卷、政治卷、文化卷 3 部仿真电子书制作，并在市情网发布。制定印发《青岛地情网站资料编辑工作规范》，进一步规范地情网站建设管理。加快市情网整改步伐和改版升级进度，全年累计上传资料 200 余万字，青岛市情网发布新闻动态类信息 460 余条。各区市史志办积极创新媒体传播形式，市南区打造市南“指尖上的史志宣传平台”，崂山区开通“崂山史志”公众微信号，即墨区创建“即墨谱牒”新浪博客，通过挖掘传播区域文化，构筑交流平台，推动地方历史文化的研究和传承。

【青岛市情网】 地情网站建设。制定印发《青岛地情网站资料编辑工作规范》，进一步规范地情网站建设管理。加快市情网整改步伐和改版升级进度，做好网站日常维护工作。各区市史志办积极创新媒体传播形式，大力宣传地方志工作。市南区打造市南“指尖上的史志宣传平台”，崂山区开通“崂山史志”公众微信号，即墨区创建“即墨谱牒”新浪博客，通过挖掘传播区域文化，构筑交流平台，推动地方历史文化的研究和传承。

史志产品信息化。青岛市情网录入《史鉴》3 期 30 余万字、图片 200 余幅。对二轮市志城市卷、政治卷、文化卷、大事记卷、经济卷（中、下）6 部志书和 6 部青岛年鉴进行了重新整理录入，共计录入 1120 余万字、图片 1600 余幅、表格 600 余个。完成《市史志办 2017 年工作报告摘要》电子图版和《市史志办 2017 年工作述职报告》相关照片的拍摄、编辑和 PPT 演示文件的设计制作，并进行电视直播演示操作。

对外信息发布。认真执行《青岛地情网站管理规定》，把好上网信息资料的审核关、时效关，做好网站信息资料的上传与发布，网站资料更新效率大幅提高，达到或超过《政府网站发展指引》关于政府网站普查的相关时效性标准。青岛市情网发布新闻动态类信息 460 余条。

开发制作仿真电子书。2017 年，青岛市史志办公室依托青岛市情网平台，引进和利用最新网络多媒体技术，研究开发网络多媒体动态交互式仿真电子书，实现动态交互式翻页、交互式索引、内容搜索、选择复制、选择截图、添加标签与注释等实时在网查阅功能，创新地方志工作成果的网上展现方式，为社会公众读志用志提供更加生动直观、方便快捷的服务。年内，完成二轮《青岛市志》文化卷、城市卷、政治卷3部志书仿真电子书的研发制作，并在青岛市情网发布。

2017年青岛市地情网站建设情况表

网站名称	网址	主要栏目	录入资料		
			文字（万字）	图片（幅）	视频（分钟）
青岛市情网	http://qdsq.qingdao.gov.cn/	首页、机构设置、青岛概况、史志动态、聚焦青岛、图片新闻、青岛市志、青岛年鉴、区市志、专业志、旧志、史鉴、魅力青岛、史志业务、青岛大事、青岛人物	1120	1600	—
青岛市市南区情网	http://qdsq-sn.qingdao.gov.cn/	机构设置、市南概况、史志动态、市南要闻、图片新闻、市南年鉴、地情文献、市南区志、市南名胜、史志业务、区情研究、地情书讯、画说市南、民俗风情、市南大事、市南人物等	80	200	—
青岛市市北区情网	http://qdsq-sb.qingdao.gov.cn/	史志动态、市北要闻、图片新闻、市北名胜、史志业务、区情研究、民俗风情、画说市北等	140	450	
青岛市李沧区情网	http://cmsdept.qingdao.gov.cn:8081/	机构设置、李沧概况、图片新闻、史志动态、李沧要闻、李沧e网通、李沧区志、李沧年鉴、地情文献、青岛百业、业务信息、李沧名胜、史志业务、区情研究、地情书讯、画说李沧、民俗风情、李沧大事、李沧人物、部门（专业）志、村（社区）修志、艺术天地等	74	254	—
青岛市崂山区情网	http://qdsq-ls.qingdao.gov.cn/	机构设置、崂山概况、史志动态、崂山要闻、崂山志书、崂山年鉴、部门修志、街道修志、村村修志、史志业务、区情研究、地情书讯、地情文献、崂山记忆、崂山春秋、网上展厅、崂山风物、崂山名胜、崂山大事、崂山人物、民俗风情、志鉴信息系统、青岛百业	1100	522	—
青岛市黄岛区情网	qdsq-hd.qingdao.gov.cn/	黄岛概况、史志动态、黄岛要闻、黄岛区志、黄岛年鉴、史志业务、区情研究、地情文献、黄岛名胜、黄岛人物、民俗风情、地区书讯、机构设置、画说黄岛、黄岛大事。网站设黄岛概况、史志动态、黄岛要闻、黄岛区志、黄岛年鉴、史志业务、地情研究等	70	1500	—
青岛市城阳区情网	http://qdsq-cy.qingdao.gov.cn/	城阳新闻、城阳概况、史志业务、史志动态、区情研究、民俗风情、城阳大事、街道志、社区志等	800	1000	—
青岛市即墨区情网	http://qdsq-jm.qingdao.gov.cn/	即墨市志、即墨年鉴、围绕即墨地域特色旧志、镇村志、专业志和谱牒研究等	1500	113	—

续表

网站名称	网址	主要栏目	录入资料		
			文字（万字）	图片（幅）	视频（分钟）
胶州市情网	http://qdsq-jz.qingdao.gov.cn/	机构设置、胶州概况、史志动态、胶州要闻、胶州方志、胶州年鉴、地情文献、胶州名胜、史志业务、古城印迹、地区书讯、画说胶州、民俗风情、胶州风物、胶州大事、胶州人物等	200	—	—
平度市情网	http://pdsq-pd.qingdao.gov.cn/	地情文献、平度概况、史志动态、平度要闻、图片新闻、史志业务等	600	600	—
莱西市情网	http://qdsq-lx.qingdao.gov.cn/n18810860/index.html	机构设置、莱西名胜、史志业务、莱西概况、市情研究、史志动态、地情书讯、莱西要闻、沽文水声、莱西市志、月湖艺影、莱西年鉴、莱西大事、基层修志、莱西人物、地情文献、莱西县志、旧志等	100	20	—

方志馆建设

【概况】 青岛市及各区市方志馆规划建设取得明显进展。青岛方志馆新馆建设列入青岛图书阅览中心建设规划，规划建筑面积1万平方米。崂山区、平度市、莱西市等3个区市完成新建方志馆工作并投入使用。馆舍建筑面积分别为：崂山区1800平方米、平度市510平方米、莱西市730平方米。市南区在原有方志馆基础上，馆舍建筑面积调整为740平方米，市北区、李沧区、黄岛区、城阳区、即墨市新方志馆建设已经全部开工，规划建筑面积1000—2000平方米。胶州市方志馆建设选址工作经胶州市政府办公会研究通过，规划面积1000平方米。上述在建的区市方志馆均与区市档案馆合建。

在馆藏方面，各区市新增各类地情书籍3000余册，全市方志馆馆藏总量达到近10万册。年内，崂山区方志馆新增进馆书籍195册，分类完成资料整理和信息采集，实现目录数据信息化。引进省内旧志电子书489册，对乾隆版《莱州府志》、光绪版《山东郡县图考》、民国版《青岛指南》等6部古籍进行复制。莱西市方志馆建筑面积230平方米，预留面积500平方米。年内累计馆藏文献达到300余种、2000余册。平度市积极争取市政府支持，2016—2018年每年拨付专项资金10万元，2019年之后每年拨付专项资金5万元，用于购买各类志书资料。年内购买方志图书370余册。市北区通过信函、走访等形式，收集志、鉴、地情资料共228种，合计500余册。

2017 年青岛市方志馆建设情况统计表

单位	分管领导	馆长	建馆时间	馆舍面积（平方米）	人员编制	经费来源（数额）	现有藏书（册）	新馆建设规划
青岛市史志办	王书高		2004	60	0		6000	在建 规划 1 万平方米
青岛市市南区史志办	管寿果	刘　宇	2011	740	0		3.6 万	2016 年 3 月扩建 2018 年竣工
青岛市市北区史志办	高　波	刘　伟	2012	20	0	7700 万	1000	在建 规划 4100 平方米 2018 年 4 月竣工
青岛市李沧区史志办	刘春花	王学青	2014.10	160	0	1.6 亿	600	在建 规划 3500 平方米
青岛市崂山区史志办	郭振栋	张　星	2013.08	2000	0		4.3 万	
青岛市黄岛区史志办	张丽娜	薛维来	2006	60	0		1 万	在建 2018 年竣工
青岛市城阳区史志办	吕永翠	辛克寿	2009	60	0	2.1 亿	860	在建 规划 2200 平方米 2018 年竣工
青岛市即墨区史志办	宋宗军	王洪涛	2010	100	0		3000	在建 规划 4000 平方米 2018 年竣工
胶州市史志办	姜青华	李兆进	2006	180	0		2 万	正在筹备
平度市史志办	于敬军	陶瑞法	2015.12	300	0		2000	—
莱西市史志办	丁朝霞	陈　伟			0		1000	在建 规划 525 平方米 2017 年竣工

【青岛市方志馆】 青岛市方志馆坐落于市北区延吉路 109 号青岛图书馆内，由青岛市史志办公室、青岛市文化局及青岛市图书馆共同创办，于 2004 年 11 月 15 日正式开馆。场馆面积 220 平方米，可同时容纳 60 名读者阅览，馆藏史志、年鉴等图书 6000 余册。青岛市史志办资料室完成资料室志鉴类图书编排目录、清点库存量、查阅借阅清单、制度建设管理等工作。全年，年内编制各种统计报表 17 份，整理志书 3000 册，交流志书 47 册，接待查阅借阅志书 59 起。购买志书、图书 200 余册。接收《青岛市志》39 册，刻录光盘 2 份，收集区市志电子资料 6 份，整理《青岛年鉴》（2008—2016）照片资料刻录光盘 13 张。另外，青岛方志馆新馆建设规划和意向在建规划 1 万平方米。青岛市方志馆已立项，规划建设面积 10000 平方米。崂山区、平度市、莱西市完成新馆建设并投入使用。市南区在原有方志馆基础上增建面积至 740 平方米，并开展社区方志馆建设。市北区、李沧区、西海岸新区、城阳区、即墨区新方志馆建设均已开工，采取方志馆、档案馆合建模式，旨在实现资源共享，相互促进，融合发展，统一完工时间为 2018 年。胶州市方志馆建设选址工作经胶州市政府办公会研究通过，规划面积 1000 平方米。

【青岛市市南区方志馆】 2016年，市南区方志馆改扩建，扩建后确保方志馆总面积达到1000平方米。2017年，鼓励和支持具备条件的街道和社区建设方志馆和地情馆。截至年底，市南区方志馆共有馆藏书籍3.6万余册，方志类图书藏量1000余册。2017年，交流及购买方志类图书200余册。分类完成资料整理和信息采集，实现目录数据信息化。全年共接待查阅人员30余人。

【青岛市市北区方志馆】 青岛市市北区方志馆新馆位于绥宁路19号，按照被动式超低能耗、绿色建筑三星级（最高级）标准设计。已通过住建部评审，入选首部《中国超低／近零能耗建筑最佳实践案例集》，成为青岛市第一个绿建三星级及超低能耗示范项目。总建筑面积约1.1万平方米，由收藏保护区、展览体验区、编纂研究区、学术交流区、信息技术区、公共服务区等功能区组成。2017年5月31日，新馆完成主体工程建设，顺利封顶。9月13日，市北区区政府下发督查通报，将新馆建设工作列入区办实事挂牌督办。新方志馆预计于2018年底投入试运行。

【青岛市李沧区方志馆】 李沧区委、区政府高度重视新档案馆、方志馆建设，不断加大支持力度，持续跟踪调度督导，为项目的顺利实施提供坚实保障。区委书记王希静、区长李兴伟、常务副区长魏瑞雪等领导，多次在区委、区政府常委会等会议上进行调度。区委常委、区委办主任纪明涛靠上抓建设工作，及时掌握项目进度，多次帮助协调解决工作中的实际困难和问题，使新档案馆、方志馆建设稳步推进。3月，李沧区图书馆、档案馆项目顺利开工。新馆位于金液泉路以西、区政府办公区东北处。项目计划总投资2.63亿元，规划总用地面积7975.1平方米，总建筑面积29600.8平方米，为10层独栋建筑。地上六层总建筑面积13400.3平方米，地下四层总建筑面积16200.5平方米。其中，区档案馆与方志馆建筑面积9770.97平方米。馆内主要设置藏书厅、展览厅、档案与技术服务厅等。项目主体工程于12月28日封顶。

【青岛市崂山区方志馆】 崂山区方志馆面积约1800平方米，设库藏区、家谱陈列展区、地情综合展厅三大部分。库藏区采用电子密集架管理，配备了消毒设备、恒温恒湿设备。截至2017年底，已形成地情、方志、古籍、年鉴等9大门类，馆藏资料4.3万卷册，其中，地情资料39000卷册；家谱260卷类，涉及姓氏110余个；志鉴资料4000余册。2017年，新增进馆书籍539册，将首批全国名镇志和民国版《胶西徐氏族谱》原件收入馆中，进一步丰富了馆藏。全年接待查阅资料者百余人次，提供文献资料、音像资料1300余册（件）。年内，家谱陈列展区正式对外服务，该展区收集了本行政区及青岛市、山东省内1500多套家（族）谱，通过实物与展板的形式，直观展示不同时期家谱，透过家谱的装订、纸张、样式、编写模式等历史印记，参观者可以进行家谱文化的研究与探讨。

【青岛西海岸新区方志馆】 青岛西海岸新区方志馆面积约50平方米。截至2017年底，青岛西海岸新区方志馆各类图书、期刊等资料已达30500余册，照片约3.1万张。2017年，新增进馆书籍200余册，照片500余张。为各级领导提供区情资料。通过向领导和各个部门赠阅年鉴，在区今日信息刊物上发布信息等，为旅游资源开发和项目规划等提供科学的历史依据和丰富的史料。新方志馆于2015年5月立项，2016年7月至9月，方志馆可研报告及建设方案通过青岛市发改委审批。2017年10月，方志馆施工方正式进场开始施工建设。新方志馆建筑面积约5000平方米，投资约2400万，设有方志资料室、对外利用服务大厅，大厅内有方志陈列区域及对外人工服务和自助查阅等，计划2020年投入使用。

【青岛市城阳区方志馆】 城阳区方志馆建设项目于2016年12月30日举行开工典礼，计划2018年完工并交付使用。2017年重点结合区方志馆土建工程，及早运作，积极筹划区方志馆功能规划建设工作。展开方志馆展厅规划，在学习借鉴先进区市工作经验的基础上，结合城阳实际，深入探讨展厅布展设计及整体工作计划安排，年内完成“城阳经济社会发展综合展览”“档案发展历程展览”2个展览布展大纲草案编写工作。加大志书收集力度，丰富馆藏储备。以新建方志馆工程为依托，全面加大全国范围内征集（购买）各级地方志书工作力度，为城阳区方志馆筹建储备资源。全年共收集各级各类志书265部，是自1999年区修志工作启动以来地方志书收集量最多的一年，占馆藏总量的25.5%。至年底方志馆馆藏各级志书、年鉴1125余部、图书资料2000余册。

【青岛市即墨区方志馆】 即墨区原方志馆于2010年10月正式挂牌向读者开放，地方文献服务进入一个新时代。区方志馆作为地方文献阅览室位于区图书馆大楼四层北端，建筑面积100余平方米，馆藏图书以市史志办多年积存的地情资料书为主体，包括县（市）志、年鉴、方志理论、历史典籍、族谱等种类约3000册（含存放于市档案馆部分）。但由于没有专业人员管理，所以没有很好地发挥其价值。2016年，即墨市将方志馆建设纳入新建综合档案馆项目中，规划面积2000平方米。拟设大型历史展览、名人生平展、谱牒展览研究区和地情研究中心四部分。大型历史展览（使用面积600平方米），以即墨历代丰富的地方志与族谱为史料基础，按历史分期，综合展示古代即墨历史，通过文字、画面、多媒体影像以及实物展出等形式，表现即墨深厚的历史文化积淀和传承不绝的方志编修传统。名人生平展（使用面积600平方米），规划为即墨九贤展、明清望族展、郭琇生平展、清四大奇案之查赈大员李毓昌被害案始末展、炮兵将军陈锐霆、院士黄劭显等近现代名人展等10个展团。谱牒展览研究区（使用面积400平方米），包含谱牒展示中心、谱牒阅览中心、谱牒整理研究中心、谱牒收藏中心等。地情研究中心（使用面积400平方米），是一个以收藏、保护、研究、交流、开发、阅览史志为主体的综合性场所，包含阅览室、小型学术报告厅、藏书区及办公区四部分。

【胶州市方志馆】 2017年，以续修市志为契机，不断加大从全国各地交流征集志书成果力度，加强方志馆建设，年内征集、交流各地方志、年鉴成果近百余部。积极争取市财政支持力度，申请经费10余万元，采取购买的形式，购入全国各地出版的市县（区）志400余部（册），极大丰富了方志馆馆藏。重新规划布局现有方志馆馆藏，方便查阅使用。年内，经过多次向市主要领导汇报争取，完成胶州市新方志馆选址、规划设计工作。

【平度市方志馆】 平度市方志馆面积约1000平方米，设志鉴书籍室、方志资料外借室、方志资料摘编室、方志阅览室、方志档案资料接受整理室等5个专用室和地情展览中心。其中，地情展览中心400平方米，共设三个展厅，展览主题分别为“历经风雨”“铸就辉煌”和“走向明天”，成为平度市中小学生加强爱国主义教育、干部群众学习借鉴历史提供的平台和载体。年内，通过交换、购买和接受赠送等途径，增加馆藏资料200余册。截至2017年底，平度方志馆馆藏地情、方志、年鉴等三大门类资料5200余卷册。

【莱西市方志馆】 截至2017年末，莱西市方志馆使用面积为1200平方米。馆藏志鉴及其他种类书籍共500余种，3000余册。在建设过程中，莱西市史志办结合实际，在方志馆的馆藏面积、馆内设计、功能布局、运营规划、管理系统、人员配备等问题多次进行专题研究，并派出专人赴外地进行实地考察学习，力争最大限度地发挥方志馆功效。在硬软件建设方面，2017年中旬，市方志馆在原有设施的基础上，再投资10万元新增30套书架和电脑硬件设备，与档案馆库房同步加装除湿机和温控系统，并参照档案馆库房日常管理维护模式进行管理，做到每日三巡查（查温湿度、查电路电器、查霉虫），每月做到核查清点整理书籍并及时录入管理系统，做到实物与数据同步。自建馆以来，莱西市史志办重点开展两次各级志书、年鉴等的收集和征集工作，并明确每年都要适时开展各类志鉴与图书资料的搜集和征集活动充实方志馆的馆藏数量。莱西市方志馆被省政府评为2017年度优秀方志馆。

开发利用

【《记忆中的市北》（第八辑）出版】 该系列丛书是记录青岛市市北区历史文化和风俗人情的地情书刊之一，每年编撰一辑。2017年12月，《记忆中的市北》（第八辑）由团结出版社出版发行，主编高波、刘伟，副主编高京东，收录文章70篇，20万字，书号ISBN 978-7-5126-5668-0，16开本，印数1000册。本辑在沿用前几辑选材和行文风格的基础上，将笔触到更广阔、更细微的历史空间中去，力求挖掘出真实、生动的历史记忆，从而呈现出更加多元丰厚的历史文化底蕴。

【《崂山区情概览（2017）》出版】 2017年8月，由青岛市崂山区史志办公室编纂的《崂山区情概览（2017）》以内部准印

的形式出版，主编张星，副主编王清华、张冰、臧先锋、闫雪梅。《崂山区情概览（2017）》资料来源以《崂山年鉴（2017）》资料为主，兼收其他相关资料，侧重记述2016年全区经济、社会和城市发展新情况，兼顾历史文化积淀，注重资料的简洁和实用。全书设概述、文化遗产、组织机构、重大事件、政治政务、经济状况、城区建设、社会事业、旅游节庆、街道概况10个栏目，文字总量14万字，印数1000册。该书与《崂山年鉴（2017）》同步发行。

【《青岛西海岸新区区情资料手册（2017）》出版】 2017年11月，由青岛西海岸新区史志办公室编纂的《青岛西海岸新区区情资料手册（2017）》出版，主编薛维来，副主编刘靖、徐桂珍、唐惠衍。本书资料来源于《黄岛区志》《胶南县志》、历年《黄岛年鉴》，以及有关部门和单位的资料，内容涵盖自然情况、重大事件、重要人物、名胜古迹，以及政治、经济、社会、文化等方面的内容，力求为各级部门和社会有关方面提供一本简明实用的便于了解熟悉区情的“掌中宝”。

全书设概述、重大事件、重要人物、文化遗产、组织机构与主要领导、经济状况、城乡建设、交通·港口、社会事业、旅游节庆、功能区·指挥部镇街概况12个栏目，23万字，印数500册。

【《秋怀》出版】 2017年12月，青岛西海岸新区史志办联合社会力量编纂地情资料《秋怀》，线装书局出版，该书主编胡敬斌，编委张国光、葛春臻、候方臣，全书10万字，16开本，印刷3000册，

定价416元。该书主要收集大珠山石门寺平山和尚的题壁诗《秋怀》十七首，并用诗、书、画、印的形式表现了平山和尚题壁诗的诗情画意，对研究探讨琅琊文化大有裨益。

【市民版乡土教材《家·城阳》编纂】 为充分发挥方志资源优势和志类书籍经世致用的教化功能，有效传承地域历史文

化，青岛市城阳区史志办在初中版、小学版乡土教材《家·城阳》先后荣获全省优秀地情研究成果的基础上，不断总结经验，创新工作思路，年初启动市民版乡土教材——《家·城阳》编纂工作。市民版《家·城阳》的编纂广泛征求区委宣传部、区人力资源社会保障局等单位的意见和建议。在选材上，除介绍城阳丰厚的历史文化底蕴外，更加注重记述城阳建区以来经济社会进步取得的辉煌成就，旨在让广大市民和新市民了解城阳、热爱城阳、扎根城阳、建设城阳。全书设醇美城阳、宜居城阳、文化城阳、阳光城阳 4 篇、14 节内容。该书于 10 月份完成总纂稿，11 月份完成送审稿，12 月份报送区委审核。区委主要领导针对市民版《家·城阳》的编纂，对档案史志工作作出重要批示："区档案局、史志办立足城阳，创新服务，编纂出版的《家·城阳》对于传承城阳历史文化、服务"阳光城阳"建设很有意义。望继续努力，推动区档案史志事业再上新台阶。"

【《即墨古城望族文化丛书》编纂出版】《即墨古城望族文化丛书》一函五册，按历史形成的即墨"周黄蓝杨郭"五大望族，每家自成一书，每书 20 万字左右，图文并茂，彩色印刷。《即墨蓝氏》于 2017

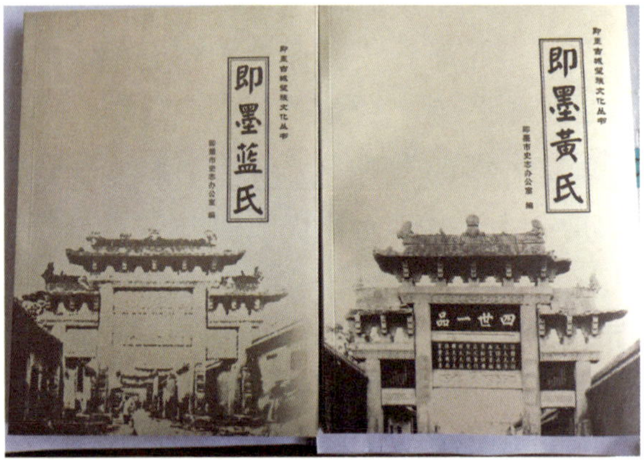

年初率先成书。2017 年史志办采取四项举措，全面展开其他四姓的编纂研究，开门修志，每个家族选定 1 人为执行主编；领导班子率先带头示范，坚持"一对一"业务指导、培训与审核；加强调度，掌控编纂情况与进度，增进业务交流；落实出版经费，做好跟踪服务。现《即墨黄氏》已出版发行。截至 2017 年底，《即墨杨氏》《即墨郭氏》《即墨周氏》已形成初稿。

【《平度史鉴》出版】 2017 年 12 月，平度市史志办公室编撰的《平度史鉴》，由中国文史出版社出版发行。书中的数字资料多数截至 2015 年底，个别事件资料延至 2016 年或成书前。该书立足于辩证唯物主义和历史唯物主义的立场、观点

和方法，客观地记录平度地情。本书是由中共平度市委、平度市人民政府主办，平度市史志办公室承编的平度市综合性地情手册；是为各级领导了解市情、实施科学决策，为各级各部门查询资料信息，为国内外各界人士认识平度、了解平度的资料性工具书。

《平度史鉴》采用章、节、目的形式进行分类编辑。节下设目，目为记述

的基本单位，其标题用黑体字加“【】”表示。全书共28.5万字，图片300余幅，16开本，工本费62.50元，书号ISBN 978-7-5034-9476-5。

【《平度市地名志》出版】 2017年5月，平度市民政局编印的《平度市地名志》已出版，主编王文涛，副主编王蓬勃。该志是在地名普查、地名公共服务工程和地名数据库建设基础上，历时近两年编纂而成。由各镇（处）和市直单位撰（供）稿，市史志办指导，民政局地名办完成全书总纂。上限从有名称始，下限2015年止，清朝以前的年代按照传统习惯写法，括注公元年份，民国以后用公元纪年。

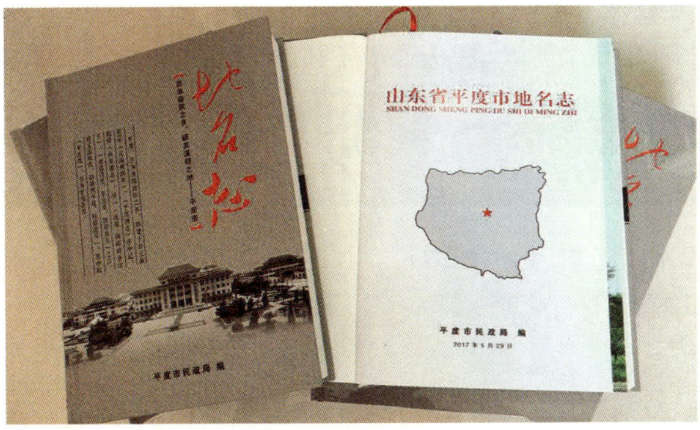

《平度市地名志》是平度市第一次普查地名至第二次普查地名间30多年来的首个系统性成果，是记载市域内各类地名历史与现状的专志，全面反映该市的政区建制沿革和地名演变、存续、文脉及现状。全书58万字，共收录各类地名2563条，其中：政区、居民地1850条；人工建筑地名33条、自然地理实体173条；行政、企事业单位74条；水利电力、交通、通讯261条、古迹、纪念地18条；文体教育地名33条；医疗卫生47条；其他地名63条。地图30余幅，考证材料20余篇，概况材料20余篇，各类表格20余份，名人选录10余人，其他资料20余篇。图片专辑（卷首）主要刊登平度市重要地名和重要文物的有关图片；板块系列主要选登历史地图、政区图、城区图、地名图等。

【《平度历史名人》出版】 2017年6月，由平度市政协组织编纂的《平度历史名人》出版，主编马晓梅，编辑焦子谦、耿敏群。该书共收录历史名人150名，他们在平度不同历史时期中具有代表性。其中，部分名人在全省政治、经济、军事、科技、教育、文化、医疗、华侨、宗教等领域有重要影响力。

《平度历史名人》中的名人，多数祖籍是平度市。有的祖籍虽不是平度，但其本人出生或官居、客居平度，或一生主要活动于平度。该书中的人物原则上按照名人的出生和活动的年代先后顺序编排。该书由中国文史出版社出版，大16开本，30万字，工本费59.00元，书号ISBN 978-7-5034-9297-6。

【《见证者·咱们的老干部》出版】 由老干部局组织编纂的《见证者·咱们的老干部》于2017年9月出版。该书以翔实的情节，记录376位平度市离休老干部的生平事迹，是一部平度老干部的成长史、奋斗史和革命史，也是平度现代革命斗争史、生产建设史和改革开放史的精彩缩影和生动写照。该书对于传承老干部身上根植灵魂的红色基因和先进本色具有十分重要的意义，是进行爱国主义教育、革命传统教育和平度党史教育的珍贵资料。该书由中国文史出版社出版，图文并茂，16万字，图片1291幅，（老照片、老物件由老干部本人或家属提供，所反映的故事或工作生活片段，是根据当事人的口述整理。）16开本，工本费92.80元，书号ISBN978-7-5034-9608-0。

【青岛市市南区地情馆建设】 2017年，市南区史志办积极打造“八大关历史文化展览馆”。组建专家团队，多次到现场勘察，调取相关图纸资料，召开专家评审会，确定设计方案和展陈文本，征集有关展品。组织工作人员到北京大学图书馆、北京大学档案馆、青岛市档案局、城建档案馆等查阅档案资料3000余件，整理汇总可利用档案资料400余件。

【青岛市市南区区域历史文化挖掘整理】 2017年，市南区史志办开展区域历史文化挖掘整理工作。建立市南文史资料库，收集挖掘老市南、八大关等档案历史资料，与市档案局、市史志办、市图书馆、城建档案馆以及文史专家等联系，征集整理与青岛有关的档案资料。

【举办“市北印迹”大事记展】 2017年1月21日至26日，青岛市市北区史志办举办“市北印迹”大事记展。展览共分“健－体魄、厚－家底、耀－新姿、惠－民生、润－情怀”五个板块，着重以市北区建区以来重大事件为脉络，通过一组组文字、数据、照片，反映市北区大融合大发展的生动景象。展览同时编印

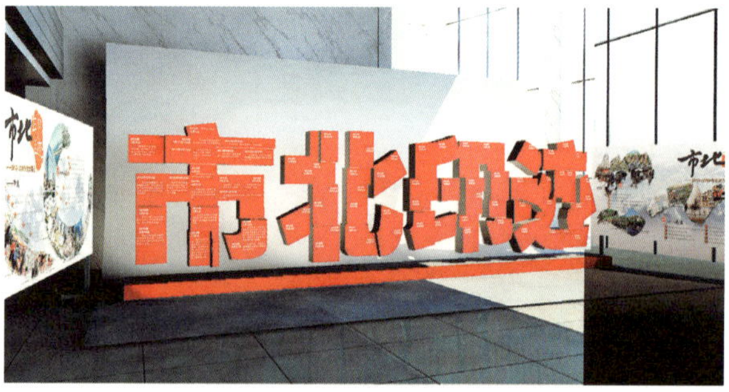

《市北印迹（2012.12—2016.12）》大事记袖珍册。

【举办“九街通衢话市北”历史文化街区展览】 2017年6月5日，青岛市市北区史志办举办“九街通衢话市北”历

2017年6月5日，青岛市市北区史志办举办“九街通衢话市北”历史文化街区主题展览

史文化街区主题展览。九街口，因山海特色而形成，在市北历史上具有重要的地理意义和文化意义。本次展览，选取200余幅珍贵历史照片，借对“九街口”以及道路适度延展的发掘和呈现，引领大家走进市北区历史文化街区，领略浓厚历史文化风情。展览后市北区史志办编制《九街通衢话市北》史料画册，成为市北区相关部门开展工作的重要参考资料。

【青岛市李沧区服务社会】 2017年6月4日，结合“国家档案馆日”活动，区史志办围绕李沧区政治、经济、军事、文化、社会等9个方面，收集整理青岛历史知识库词条67条，约7.45万字，发布在青岛历史知识库中，为市民了解李沧区历史和现状，提供参考与学习平台。

扎实开展史志成果“六进”活动（进机关、进校园、进企业、进军营、进社区、进乡村），吸引更多人读志用志。在全区九所初中学校开展以《我们共同的记忆》为主题的班会及征文活动，举办学生成长史展览。各学校展示出精心布置的展台，通过照片实物等资料，把个人成长经历精彩地呈现在学生面前。学校师生利用课间时间参观展览，使学生们重视史志的意识得到增强，对史志工作的重要性进一步认识与了解。

邀请市民参观区爱国主义教育基地展厅，通过展览从不同角度了解李沧历史和当今发展成就，对未来把李沧区建设成“宜业宜居宜身宜心”的创新型中心城区充满憧憬和信心。

【青岛市城阳区区情知识进课堂活动】 2017年，城阳区史志办深入打造“阳光城阳　史志相伴”服务品牌。5月11日，区史志办联合区教体局在城阳实验二中举行“传承文明　教化育人——初中版乡土教材《家·城阳》颁书仪式”，全区每名初中学生人手1册，加印发行量近1.5万余册，拉开本年度面向全区中、小学生宣讲区情知识的序幕。

6月7日，区史志办在区实验小学举行“小学版乡土教材《家·城阳》首发式暨示范课”。在向实验小学赠送教材的同时，史志办工作人员精心准备了一堂示范课，授课老师依据教材为线索，旁征博引，将历史故事、课堂知识与现实生活相结合，及时设置探究性问题，加强课堂师生互动，信息量大，课堂气氛活跃，使学生在愉悦的气氛中了解家乡的历史，教学效果明显，受到学校师生的高度评价。读志用志工作的深入开展，是城阳区史志办做好新时期条件下史志工作、践行区委区政府“阳光城阳”建设的积极探索与实践，也是贯彻创新思想、大胆改进传统工作方式、拓展档案史志社会化功效的一种创举，有效发挥了方志资源成果存史、资政、教化的作用，增强了史志部门服务功能。

2017年5月11日，《家·城阳》颁书仪式在城阳实验二中举行

【"胶东王都·大美平度"2017（北京）文化展览周】 2017年11月17日，"胶东王都·大美平度"2017（北京）文化展览周在北京民族文化宫完美收官，取得了丰硕成果。展览周共分开幕式、招商推介会、中国智慧产业联盟座谈会三个板块。开幕式上，与会嘉宾参观由《平度从历史走来》《平度，在改革中崛起》《印象平度，书画之乡》组成的"胶东王都·大美平度"主题展，共同见证平度市大泽山镇农民刘元久向国家博物馆捐赠家庭生产生活明细账本。为期7天的文化展览周活动，全面宣传推介了平度悠久的历史、灿烂的文化和国家中小城市综合改革成果，在社会上引起强烈反响，先后有5000余名北京市民前来观展，

2017年11月17日，"胶东王都·大美平度"2017（北京）文化展览在北京举行

有21个项目在招商推介会上集中签约，投资总额超过200亿元。

学术交流与活动

【学术交流概况】 围绕"地方志事业转型升级""如何充分发挥志鉴馆网服务社会功能"等不同的选题策划，依托集中学习日、专题讨论之机开展业务研讨，方志理论与成果在交流研讨中得以升华。近年来，莱西市先后向省内外史志机构与学术团体等期刊社提报有价值的理论研究文章30余篇，有10多篇见刊见报，如：2017年度，山东《闯关东文化》2017年第1期刊载周日杰《探析山东人"闯关东"成因与"恋山东"情结》一文，《山东档案》2017年第1期刊载周日杰《以莱西、莱阳为例谈同一旧域档案资源的共享同拓》一文，《青岛党史》2017年第一、三、五期分别刊载周日杰《莱西持续推进村级组织建设工作思路与实践》《以莱西、莱阳为例谈同一旧域党史资源同享共拓》《"知北游"民主人士歇宿莱西前前后后》文章，《山东党史》2017年第5期刊载周日杰《"知北游"民主人士山东之旅的前前后后》一文，《山东史志》2017年第4期刊载周日杰《探析山东人闯关东成因与恋山东情结——以莱西、莱阳为例》。5月，城阳区史志办报送的参会论文《关于以环境资源记述彰显城市发展特色的思考——以〈厦门市志（1996—2005)〉为例》入编由方志出版社出版的《精品志书与第二轮市县志编纂创新——第五届中国地方志学术年会论文集》。

参加年鉴论坛开展论文研讨。在2017年10月中国地方志学会方志学分会第二次年会、2017年11月山东省方志理论研讨会上，莱西市史志办陈伟、周日杰提交的《谈同一地缘县域间史志资源同享共拓》一文分别获评为优秀论文，并受邀参加集中交流。2017年12月21日—22日，首届全国年鉴论坛暨《中国方志发展报告（2017)》《中国年鉴发展报告（2017)》出版座谈会在广东省深

圳市召开。论坛实行“以文入会”，莱西市史志办公室周日杰提交的《新时代年鉴实现“年编、年见、年新”新探》论文经过全国地方志专家筛选、评审，从130余篇论文中脱颖而出，获邀参加全国范围的首次年鉴论坛，并汇编成册，在会上集中交流。

【即墨谱牒研究会】 谱牒征集。截至2017年12月底，研究会谱书库存总数达到167个姓氏、756种、2115册。其中，2017年征集到59个姓氏（新增6个）的108种、177册。9月中旬，协助即墨杨氏到南京图书馆查找到几乎囊括明清时期杨氏族人著述20余部作品总集——《杨氏诗文集》。与崂山区档案局、中国谱牒研究会的谱书和目录交流工作正在筹备之中；谱牒研究。编辑出版《即墨姓氏述略》第1辑。本辑按照在即墨人口多少排序，收入前13个姓氏，有王、刘、孙、张、李、于、宋、姜、周、徐、黄、杨、江诸姓。在内容上，按照姓氏起源与分布、全国历史人物、即墨姓氏入迁与分布、各支派的相互关系与发展、即墨历史人物等方面进行述写，给读者一个比较系统、完整的了解。刊印内部使用工具书《中国帝王世系暨朝代年表》、《古代汉语常用词释义》。编辑出版了《即墨谱牒》会刊第12、13期（合刊）；指导续修族谱。先后指导续修和初修族谱14家，其中有2部家乘。他们分别是：通济街道王家院村张氏，环秀街道西城村郑氏、河南村赵氏，北安街道邹家疃邹氏，鳌山卫街道绕山河村刘氏、西里钟氏、北里焦氏、北泊子朱氏、盘龙庄陈氏，金口镇李家周疃李氏、店集南里村邹氏，大信镇金家金氏、韩家韩洼村韩氏，移风店镇七级隋氏。其中，完成修谱的有8家：钟氏、韩氏、李氏、邹氏（2家）、赵氏、金氏（家乘）、焦氏（家乘）。应邀参加钟氏、金氏、李氏3家颁谱、乘仪式；协助寻根问祖。接待全国各地寻根问祖11家，有：台湾嘉义市萧修元、内蒙古呼伦贝尔扎兰屯市杨德蒙、黑龙江宾县刘景耀、吉林孙开基、辽宁庄河黑岛镇张乐财、大连王宗德、河北沧州市周氏、湖北武汉刘启安、山东德州武城县韩旭涛、沂水县诸葛镇王春壮、青岛城阳区范政钦。经提供线索和协助联系，除了台湾萧修元、吉林孙开基、辽宁张乐财和湖北刘启安4家外，其余7家皆圆了寻根问祖梦。另外，7月4日和10月19日，分别接待青岛大学李岫、李辅斌等教授和温州大学研究生姚莺歌的考察和交流。

【《史鉴》期刊】 2017年，青岛市史志办公室先后召开4次《史鉴》编纂人员会议，研究栏目设置、内容编排和挖掘稿源、拓展发行等工作。截至12月，完成《史鉴》期刊4期的组稿、校对、排版及出版发行工作。编纂《史鉴》期刊4期，刊登历史、地情和方志理论等文章100余篇、约40万字，8000余册。面向全市各级党政领导、部分大企业负责人、10区市领导，以及全市近200个《青岛市志》承编单位发行。同时，寄送到全市166个镇、街道一级行政单位，配发到各市区交通、旅游等重要公共场所，并将每期内容录入青岛市情网，拓展了史志工作的服务领域。主编高克力，副主编王现军、任银睦、王书高。设特载、要事纪略、志鉴论坛、口述实录、百年企业、岛城人物、历史回眸、史海钩沉、岛城人家、文化视野、地理人文、短信

平台等，准印证（鲁）0210023号。在11月份省方志期刊座谈会上，青岛市史志办公室做了题为“树立新观念、开拓新思路，办出刊物特色”的典型发言，介绍和推介了《史鉴》期刊的办刊经验和做法。

【《崂山春秋》】 《崂山春秋》是由崂山区史志办主办的区域历史文化刊物，创刊于2003年9月，内部季刊，每期发行500册。2017年，出版了55—58期，每期发稿20余篇。主编张星，副主编王清华、张冰、臧先锋、闫雪梅。刊物内部设卷首语、关注崂山、崂山研究、崂山风物、修志论坛、乡情民俗、走读崂山、文化经纬、工作动态等栏目，每期约7万字。青岛市人大常委会秘书长杨鹏鸣、崂山区委副书记王清源对《崂山春秋》的办刊质量给予高度评价。

【《城阳纵横》】 《城阳纵横》由城阳区史志办主办，创刊于2012年，内部季刊，年内出版4期，每期发稿20余篇，每期字数约5万字，16开本、印数300册，主编吴德明。该刊物以荟萃史籍精华、传承优渥文脉、弘扬文明风尚、促进工作创新为办刊宗旨。2017年，为提升办刊质量，彰显工作特色，突出工作亮点，根据新年度档案史志工作特点，编刊内容增加了“社区修志”“业务研究”等栏目，对重点栏目文章进行深入调研组稿，全年完成21—24期编刊工作，向党政机关、街道等发行1200余册，较好地发挥了史志工作服务现实、资政辅政的作用。

【《即墨古今》】 2017年，编辑出刊《即墨古今》1期。该刊物于1986年创刊，青岛市出版局批准内部报刊资料登记第73号，至今已发行46期，每期1000册，在全区发行。该刊秉承“求真、创新、探索”的精神，深入挖掘即墨深厚而悠久的历史内涵，积极推动即墨地情历史文化研究，为地方史志工作和经济社会可持续发展服务。

（青岛市史志办）

责任编校：王复生

淄博市史志工作

综　述

【工作概况】 2017年，淄博市史志办以贯彻落实《淄博市地方史志事业发展规划纲要（2016—2020年）》为总抓手，坚持以走在前列为目标定位，围绕中心，服务大局，凝心聚力，用心干事，志、鉴、馆“三全”目标和其他各项工作取得重大进展，为推动史志事业转型升级奠定良好基础。

履行工作职责情况。依法治志，深化《规划纲要》贯彻落实，认真履行国家、省、市三级《地方史志工作条例》赋予的各项职责，不断探索提升依法治志的能力和水平。认真贯彻《淄博市地方史志事业发展规划纲要（2016—2020年）》要求，推动纲要精神向基层延伸，截至2017年6月，淄博市8个区县均由政府办公室印发《地方史志事业发展规划纲要》，构筑起完整的史志事业发展规划体系。10月，与市政府督查室联合对各区县《规划纲要》落实情况进行专项督查。11月，省史志办到淄博市召开淄博市史志工作“三全”目标推进会，并就落实情况进行专项督查。省市两次督查，对淄博市史志工作进行全面摸底，发现问题和不足，提出整改措施，推动各级政府、有关部门对史志工作进一步重视支持，为事业发展提供坚强保障。

高标准落实“三全”目标任务。完成“三全”目标是当前全省史志工作的硬任务，即“到2018年全面完成第二轮修志任务、实现省市县三级综合年鉴‘一年一鉴、公开出版’全覆盖，到2020年省市县三级方志馆全面建成。”淄博市第二轮修志工作于2013年在全省率先整建制完成，市（区、县）两级地方综合年鉴全面实现“一年一鉴、公开出版”，方志馆建设在2017年有实质性进展。

综合年鉴编纂。《淄博年鉴（2017）》于2017年9月底出版发行。该卷年鉴设置特载、大事记、专记等26个部类，大16开本，全彩印刷，110万字。8月，《淄博年鉴（2016）》被中国地方志指导小组评为全国特等年鉴，为全国6部地市级特等年鉴之一。年内，市、区（县）两级地方综合年鉴全面实现“一年一鉴、公开出版”。

方志馆建设。方志馆建设是2017年淄博市史志工作的重点任务。建成市方志馆馆舍，建筑面积3000平方米，设备购置和基础建设资金全部到位，12月中旬完成展陈设计施工一体化招标。淄博市史志办与市档案局、市党史委共同承办的淄博历史展览展陈面积2610平方米，2017年3月建成开馆。区县方志馆建设被列入市政府重点督查项目。年初，以省政府督查方志馆建设为契机，按照市政府领导批示精神，专题研究如何推进市、区县两级方志馆建设。3月22日，由市政府办公厅印发《关于加强市、区县两级方志馆建设的工作方案》（淄政办字〔2017〕38号），对方志馆建设任务再部署、再要求，进一步明确加强市、区县两级方志馆建设的指导思想、目标任务和保障措施。10月，市史志办与市政府督查室对各区县的专项督查中，重点督导方志馆新馆项目。至年底，淄博市五区三县方志馆新馆项目均按照《全省方志馆建设管理规范》规定的“县级馆1000平方米以上”的标准列入规划。

开拓创新，提高史志工作服务大局能力。第二轮修志完成后，市史志办深入贯彻落实中指办、省史志办关于名镇名村志文化工程的实施方案，以推进名镇名村志的编修作为修志工作的重点，全力推动基层志书编修工作。8月，在周村区召开名镇名村志推进工作现场会，推动面上工作开展。对列入第一批中国名村志文化工程的周村区《李家疃村志》、列入第一批齐鲁名镇名村志文化工程的周村区《桃园社区志》进行指导评审，12月底分别由中指办、省史志办召开出版发布会。对列入全国名镇志文化工程的周村区《王村镇志》进行指导，完成评审。对桓台县《东孙村志》、临淄区《南马坊村志》《聂仙村志》以及《淄博工会志》等志书进行编纂指导。《博山区传统村落记忆》、博山区《南域城村志》、周村区《李家村志》、《沂源县教育志》等一批基层志书出版发行。相关志书的编修与供稿方面。全面反映淄博市地方史志事业发展的《淄博市地方史志志》于年底正式出版。完成《山东省志·人物志（1986—2005）》《山东年鉴（2017）》《山东地方史志年鉴（2017）》淄博部分的供稿任务。《山东省对口支援西藏志·淄博市援藏工作》《山东省对口支援新疆志·淄博市援疆工作》稿件编纂完成。《山东省抗日根据地志》《山东解放区志》淄博部分完成资料搜集、初编工作，正在修改完善。

信息化建设。“淄博市情网”于10月完成与市政府网站的整合。抓好地情网站的管理服务，动态栏目及时更新。全年发布史志动态145条，聚焦淄博240条。被省情网采用信息67条，其中市级42条。及时更新和充实淄博概况、淄博大事、领导简介、历史上的今天、志鉴理论等栏目。《淄博市志（1986—2002）》和《淄博年鉴（2016）》数据导入市情资料库，入库总字数近500万字。认真自查并清除网站上的涉密内容。做好市政府门户网站的资料保障工作。督促各区县加强管理力度，大力补充资料。“淄博史志”微信平台坚持每个工作日推送信息，2017年4月被评为2016年度全省优秀信息化建设成果。年初，市史志办、博山区史志办被省史志办表彰为2016年山东省情网优秀供稿单位。临淄区、博山区、周村区开通史志微信公众号。

地情研究与开发利用。《淄博市情手册（2017）》于6月出版。全书16.4万字，32开本，立足于综合反映淄博市整体面貌，重在展示改革开放以来的发展成就和2016年度淄博市经济社会发展的最新成果，是一本简明实用的工具书。《淄博史志》期刊坚持每季度出版一期，不断丰富内容、提高编辑质量，发放范围覆盖至镇（街道）、村（社区）。11月，在周村承办全省方志期刊座谈会。各区县编辑出版的成果有：《周村史志之窗》（季刊）《博山区情手册 2017》《博山指南 2016》。

创建服务品牌。2017 年，市史志办在淄博市史志系统开创“志鉴进万家”服务品牌创建活动，并与“六进”活动相结合，赠送地情文化书籍，让史志成果贴近群众、贴近生活、贴近工作，为社会各界了解地方历史文化及社会发展提供有益帮助，得到广泛赞誉，进一步提升地方史志工作社会影响力。

（淄博市地方史志办公室）

【淄博市区县史志办主任工作会议】 2017 年 3 月 17 日，淄博市史志办召开淄博市区县史志办主任工作会议。市史志办领导班子成员及各科室负责人、区县史志办主要负责人及高新区、文昌湖旅游度假区有关领导参加会议。会上，

2017 年 3 月 17 日，淄博市区县史志办主任工作会议召开

传达全省各市史志办主任工作会议精神，各区县围绕 2016 年工作情况和 2017 年工作打算作汇报发言，市史志办主任毕建国作讲话，全面总结 2016 年工作，对 2017 年工作任务作出安排部署。

【淄博市传达学习全省各市史志办主任会议精神】 2017 年 8 月 7 日，淄博市史志办召开全体人员会议，传达学习全省各市史志办主任会议精神，安排部署贯彻落实意见。市史志办党组书记、主任毕建国主持会议并讲话。

【淄博市区县史志办主任会暨名镇名村志工作现场会】 2017 年 8 月 16 日，淄博市区县史志办主任会暨名镇名村志工作现场会在周村区政务中心召开。市史志办班子成员、各科室负责人，各区县史志办主任参加会议。周村区副区长毛永康出席会议并致辞。周村区就名镇名村志编修工作作经验介绍，各区县就推进“三全”目标落实、名镇名村志编纂等情况进行交流。主任毕建国传达全省各市史志办主任工作会议精神，对前段主要工作情况进行回顾，并就下一步工作作出部署。

【全省方志期刊座谈会】 2017 年 11 月 15 日，全省方志期刊座谈会在淄博市周村区召开。省政府办公厅党组成员、省史志办主任刘爱军出席会议并讲话，淄博市副市长申延军、周村区委副书记胡敬涛致辞，省史志办副主任李刚主持会议，淄博市史志办主任毕建国，周村区副区长李寅萍，各市史志办分管副主任、方志期刊主编、重点作者代表等 40 余人参加会议。

【淄博市史志工作“三全”目标推进会】 2017 年 11 月 15 日，淄博市史志工作“三全”目标推进会召开。省政府办公厅党组成员、省史志办主任刘爱军，淄博市副市长申延军出席会议并讲话。省史志办副主任李刚，淄博市政府办公厅副主

任赵博、市史志办主任毕建国，淄博市各区（县）政府分管负责人、史志办主任等参加会议。淄博市委书记、市人大常委会主任周连华会见刘爱军一行。

【淄博市史志办召开全体人员会议】 2017年11月16日，市史志办召开全体人员会议，传达学习省史志办刘爱军主任在淄博市史志工作“三全”目标推进会、全省方志理论研讨会和全省方志期刊座谈会上的讲话精神，安排部署贯彻落实意见。市史志办党组书记、主任毕建国主持会议并讲话。

（胡　滨）

【《沂源县公安志》编纂业务培训】 2017年3月2日，沂源县公安局组织召开史志工作会议，安排部署《沂源县公安志》编纂工作。会议由沂源县公安局有关领导作动员部署，邀请淄博市公安局史志办及沂源县史志办有关领导到会并作讲话。会议期间，市公安局有关人员对志书编纂常识和行文规范等业务知识进行专门培训。沂源县公安局各单位主要负责人、联络员及县史志办人员共86人参加会议和培训。《沂源县公安志》的编纂工作正式启动。

（任嗣民　尹雪原）

【《齐陵街道志》编纂业务指导】 经过紧张的筹备，2017年3月9日，淄博市临淄区《齐陵街道志》编纂工作正式启动，并召开动员部署大会。临淄区政府办公室副主任、区政府研究室主任梁小明致辞，淄博市地方志办公室副主任徐杰应邀参加并授课。该志分24篇104章366节，计划2018年年底出版。前设概述、

2017年3月9日，《齐陵街道志》编纂工作动员部署大会召开

大事记，后设附录。资料搜集工作基本完成，在资料搜集过程中，遇到部分资料缺失和数据不一致等问题，需要进一步充实和勘误。6月8日，《齐陵街道志》编纂人员一行3人到临淄区史志办就《齐陵街道志》的编纂工作进行交流。区史志办针对上述问题提出建议，并提供《临淄区卫生志》《临淄区粮食志》《临淄区水利志》《临淄邮电志》《临淄文物志》等相关志书及《临淄年鉴（2004—2016）》以供参考。

【《永顺村志》编纂业务指导】 2017年5月22日，淄博市临淄区齐都镇永顺村志编纂委员会成员一行到临淄区史志办学习交流村志业务知识。根据《永顺村志》刚刚启动的实际情况，区史志办指导人员对《永顺村志》的篇目设计提出意见和建议，并提供参照范本，确保志书篇目设计遵循志书的总体规范要求。

【《田旺村志》编纂业务指导】 2017年6月6日，淄博市临淄区田旺村志编纂人员到临淄区史志办学习探讨村志编纂业务知识。《田旺村志》年内启动，并于3

月30日召开篇目论证会。在村志编纂过程中，编纂人员遇到搜集资料困难和部分档案材料缺失等难题，区史志办逐一作答，并提供相关志书及年鉴以供参考。

（临淄区史志办 胡滨）

【《后草村志》启动培训会议】 2017年7月27日，淄博市周村区后草村撰修《后草村志》启动仪式举行，周村区文化局原局长孙方之，区史志办主任吴卓春等出席。会议要求统一思想，提高对志书编纂工作重要意义的认识，增强责任感和紧迫感，坚持时间服从质量的原则，要精心组织策划，本着“求真、务实、客观、理性”的原则，通过志书的编纂，能够更好展示该村的历史沿革，特别是改革开放以来取得的新成果、新特点、新经验，探索其发展规律，编写出一本经得起历史检验的精品志书。孙方之、吴卓春对志书编纂人员进行培训，就志书编纂的内容、要求和行文规范作阐述和讲解。

（周村区史志办）

【《金山镇志》编纂工作动员会议】 2017年9月12日，淄博市临淄区《金山镇志》编纂工作动员会议召开，标志着《金山镇志》的编纂工作正式启动。

（胡 滨）

【《田旺村志》篇目论证会】 2017年，淄博市临淄区史志办公室深入贯彻落实《关于做好乡镇村志编修工作的意见》（鲁政办字[2016]15号）及《关于做好淄博市基层志编修工作的意见》(淄志编[2014]4号）文件精神，全力推动区内镇村志书编修工作。年内，继《齐陵街道志》《金岭回族镇志》启动后，《田旺村志》顺利启动，于3月30日召开篇目论证会，与会人员对志书篇目进行了评议，并对志书编修人员进行业务知识培训。

【《中国名镇志丛书·王村镇志》志稿终审会】 2017年4月13日，《中国名镇志丛书·王村镇志》志稿终审会在济南举行，省史志办主要领导出席会议并对评审工作提出要求，省史志办各处室负责人及专家、各相关市县镇分管领导、志书主编人员参加会议。

2017年4月13日，淄博市周村区《中国名镇志丛书·王村镇志》志稿终审会在济南举行

淄博市周村区《王村镇志》编修工作2016年3月启动，5月按照全国名镇志编纂要求转入名镇志编修工作，历经近1年时间完成终审稿。与会专家对志稿给予充分肯定，归纳出“人文特色突出、结构合理、资料翔实、语言流畅、有学术价值”等五大特点，同时也从篇目设置、资料完善、语言表述、图表运用等方面指出存在的问题和不足，并提出修改意见和建议

【《李家村志》志稿评审会】 2017年1月21日，周村区南郊镇《李家村志》志

稿评审会召开。周村区副区长李寅萍出席会议并讲话，市、区、镇有关部门领导和专家学者参加会议。与会人员对该志稿给予充分肯定，并指出志稿在体例、史实、内容记述和文体文风等方面存在的问题。

【《山东抗日根据地志》《山东解放区志》淄博部分编纂工作启动会议】 2017年7月20日，《山东抗日根据地志》《山东解放区志》淄博部分编纂工作启动会议召开，淄博市史志办主任毕建国出席会议并讲话。各区县、高新区史志办分管主任、撰稿人参加会议。

【《博山区琉璃志》编纂工作启动会】 2017年7月25日，淄博市博山区史志办组织召开《博山区琉璃志》编纂工作启动会，正式启动《博山区琉璃志》编纂工作。副区长康义文出席会议并讲话，区委宣传部、区陶琉办、文化出版局等7个单位的分管领导及编纂组成员参加会议。会议由区史志办主任杨雪莹主持。会议强调，编纂出版《博山区琉璃志》，不仅可以有效保护和开发利用博山区琉璃文化资源，推动文旅之都建设，更是对历史负责、对子孙后代负责的大事。希望有关部门、单位充分认识编纂《博山区琉璃志》的重要意义，加强组织领导，精心组织，确保按时、高质量地完成《博山区琉璃志》的编纂任务。会议对编纂工作提出具体要求，希望各单位、各部门要高度重视，各司其职，按时完成承担的编写任务，区史志办将统筹协调，为编纂工作在人力、物力和财力等方面给予充分保障，确保高质量、高标准、如期完成该部志书的编纂任务，助力文旅之都建设。

【《东孙村志》志稿评审会】 2017年7月28日，桓台县《东孙村志》志稿评审会在东孙村召开，该村志自2013年启动编纂，历时5年，于2017年6月完成总纂，桓台县史志办相关人员及东孙村有关修志人员参加会议。《东孙村志》主编首先对志稿编纂情况作简要介绍，县史志办评审组就志稿的编修理念、框架设计、文体、文风等方面进行全面评议，并就相关章、节存在的主要问题进行具体点评。评审组对编纂工作表示充分肯定，认为该村志体例比较完整，结构科学合理，资料翔实丰富，特色鲜明。在肯定成绩的同时，要求抓好后续工作，集中力量、集中时间对发现的问题加以修改完善，努力打造一部高质量的精品志书。

【《南马坊村志》志稿评审会】 2017年9月14日，淄博市临淄区齐都镇《南马坊村志》志稿评审会召开。评审会邀请淄博市史志办副主任徐杰和史志科副科长张爱云，临淄区史志办公室有关人员、齐都镇有关领导及《南马坊村志》编委

2017年9月14日，《南马坊村志》志稿评审会

会成员参加会议。《南马坊村志》初稿共40余万字。徐杰、张爱云和临淄区史志办公室有关编辑分别对《南马坊村志》志稿作评审并提出意见。

【《桓台县公安志》志稿评审会】 2017年9月29日，《桓台县公安志》志稿评审会议在县公安局会议室召开，淄博市公安局、桓台县公安局，县史志办，县保密局有关领导、专家及编纂人员出席会议，县史志办主任董杰出席会议并作讲话。该志编纂工作自2016年5月份启动，至2017年9月形成送审稿，共分为22章，详细记述桓台县公安局自1941年4月成立到2016年4月间的机构沿革、指挥决策、各项业务工作、人员情况及重要文献。会议充分肯定志稿的质量，同时，就志稿在语言表述、史实、资料取舍、图表、技术规范等方面提出修改意见和建议。

【《博山区镇村志略》编纂工作督导协调会】 2017年9月29日，淄博市《博山区镇村志略》编纂工作督导协调会在博山镇召开。博山镇党委副书记、镇长史全祥，区史志办主任杨雪莹出席会议并讲话。协调会上，史全祥介绍博山镇修镇志的整体情况，并重点介绍博山镇镇村志略编纂的进展情况和保障措施。杨雪莹对博山镇史志工作给予充分认可，从地方史志工作的重要性、史志编纂的意义和紧迫性、志书的广泛用途等方面进行阐述，并对镇村志略编纂工作提出具体要求。各镇（街道）片区负责人对近期工作进展情况、面临的实际困难和解决办法进行交流，博山区史志办副主任陈立波就编辑过程中存在的突出问题进行业务指导。

【《淄博市地方史志志》编纂工作会议】 2017年10月9日，淄博市史志办召开《淄博市地方史志志》编纂工作会议，专题研究《淄博市地方史志志》评审稿征求意见情况及后续修改完善工作。市史志办主任毕建国及领导班子成员、史志科全体人员参加会议，会议由副主任徐杰主持。

【《淄博工会志》（第一卷）评审会】 2017年11月17日，淄博市总工会召开《淄博工会志》（第一卷）评审会议。市人大常委会副主任、市总工会主席王树槐、市史志办主任毕建国出席会议并讲话，

2017年11月17日，《淄博工会志》（第一卷）评审会议召开

市总工会副主席宋海杰主持会议，《淄博工会志》（第一卷）主编马瑞才汇报志书编修工作情况。

（胡　滨）

【“淄博史志”微信公众号获山东省优秀史志成果】 2017年4月26日，“淄博史志”微信公众号被省政府办公厅评为2016年度山东省优秀史志成果“优秀信息化建设成果”。2016年3月21日，“淄博史志”微信公众号正式开通，该公众号是淄博市史志办开放式的官方社交平台，与淄

博市情网互为补充。除固定栏目之外，在每个工作日推送转发 2 条以上权威史志、地情信息。信息传播方式更加灵活方便有效。开通一年来，共推送发布信息 700 余条，群众反响良好。淄博史志微信平台被列入市政府“政务督查”微信矩阵，是淄博史志系统强化服务、开拓创新的一项重要举措。

【《淄博年鉴（2016）》获评特等年鉴】 2017 年 8 月 8 日—9 日，由中国地方志指导小组办公室主办的 2017 全国年鉴工作会议召开，《淄博年鉴（2016）》在第四届全国地方志优秀成果（年鉴类）质量评审中，被评定为特等年鉴。此次年鉴评审，从 2015 年—2016 年全国范围内编纂并公开出版的 3512 部各级各类年鉴中，筛选推荐出具有较高质量的优秀年鉴 384 部参加评审。经过评审专家整体评估与分项打分、分工审读与集中研讨，《淄博年鉴（2016）》脱颖而出，成为全国 6 部地市级特等年鉴之一。

（胡 滨）

【《高青年鉴（2016）》获评“全国优秀年鉴”】 2017 年 8 月，《高青年鉴（2016）》在第四届全国地方志优秀成果（年鉴类）质量评审中，被评为全国优秀年鉴三等奖。《高青年鉴（2016）》是淄博市唯一推送的县级年鉴，这是高青县自年鉴编纂以来获得的最高奖项。高青县自 2012 年起，实现一年一鉴，做到当年编纂当年公开出版发行，成为县内重要的史册类官方文献。

（于领娣）

【《山东青州府临淄县乡土志》获评省优秀旧志整理成果】 《山东青州府临淄县乡土志》是临淄历史上仅存的一部乡土志，编写于光绪戊申年（公元 1908 年），是受清光绪皇帝明诏而编修。书稿写成后只是誊抄上报，并未刊行。原文分为历史、政绩录、兵事录、耆旧录、人类、户口、氏族、宗教、实业、地理、山水、道路、物产商务等 15 门，详细介绍临淄境内的名胜古迹、山川河流、植被物产、庙宇学堂等内容，是一部百读不厌的地域文明教科书。临淄区史志办对该书进行校注出版，2017 年被评为山东省优秀旧志整理成果。

（临淄区史志办）

【其他获奖情况】 2017 年 4 月 13 日，市史志办被市精神文明建设委员会授予市级文明单位称号。

《李家疃村志》《桃园社区志》《博山区饮食志》被评为 2017 年度山东省优秀史志成果“优秀基层（专门）志”。2017 卷《张店年鉴》《博山年鉴》《临淄年鉴》被评为 2017 年度山东省优秀史志成果优秀年鉴。

博山区事业单位考核委员会办公室组织对全区 197 个事业单位进行 2016 年度绩效考核，根据考核情况，确定博山区史志办等 31 个单位为考核“A 级单位”。

周村区史志办被中共周村区委、周村区人民政府表彰为 2016 年度经济社会发展综合考核优秀单位。

（胡 滨 刘海芹 周村区史志办）

机构与队伍

【淄博市地方史志编纂委员会】 2017年，淄博市地方史志编纂委员会组成人员名单为：市委书记、市人大常委会主任周连华任名誉主任，市委副书记、市长于海田任主任，副市长张庆盈任第一副主任，市政府秘书长董云波，市委副秘书长、办公厅主任周京明，市人大常委会副秘书长、办公厅主任王志勇，市政协副秘书长、办公厅主任任汝刚，市政府办公厅副主任赵博，市委宣传部常务副部长张洪兴，市发展改革委主任陈思林，市财政局局长卜德兰，市史志办主任毕建国任副主任，吕光亮、王克海、于军、于秀栋、周茂松、勾东升、邱承江、任传斗、潘海涛、徐和锋、闫佳敏、安永善、徐杰任委员。

2017年9月5日，鉴于部分人员工作变动，根据工作需要，淄博市地方史志编纂委员会决定对淄博市地方史志编纂委员会组成人员进行调整，并通过淄志编〔2017〕2号文件予以公布。

【淄博市地方史志办公室】 淄博市地方史志办公室成立于1981年10月，原名淄博市市志编纂委员会办公室。根据中共淄博市委、淄博市人民政府《关于印发〈淄博市市级机构改革实施意见〉的通知》（淄发〔1996〕15号），淄博市市志编纂委员会办公室更名为淄博市地方史志办公室。2001年7月，根据《淄博市人民政府办公厅关于印发淄博市地方史志办公室职能配置内设机构和人员编制规定的通知》（淄政办发〔2001〕96号），市史志办归口市人民政府办公厅管理，为全额拨款的正县级事业单位，内设秘书科、史志科、年鉴科和资料科四个职能科室。财政拨款事业编制总额为20名，可配备主任1名，副主任2名，科级领导职数9名，科级非领导职数5名。2008年4月，根据《关于淄博市市委党史资料征集研究委员会等36个事业单位参照公务员法管理的批复》（鲁人字〔2008〕91号），山东省委组织部和山东省人事厅批准市史志办为参照《中华人民共和国公务员法》管理的事业单位。全办实有21人，其中20～29岁1人，30～39岁7人，40～49岁4人，50岁以上9人；研究生学历3人，本科学历17人，专科学历1人，聘用人员1人。淄博市五区三县、高新区均设立正科级史志工作机构，其中，张店区史志办与张店区档案局合署办公，周村区史志办、博山区史志办为独立机构（其中周村区为行政编制），其他区县史志办均为区县政府办公室的二级机构。文昌湖区史志工作由管委会办公室负责。

淄博市各区县史志工作机构及负责人情况统计表

单　位	隶属关系	规格	负责人	地　址	电 话	邮 编
淄博市张店区地方史志办公室	张店区委	正科级	聂树鑫	淄博市张店区世纪路 30 号创业大厦 B 座 5 楼	0533-2229803	255000
淄博市淄川区史志办公室	淄川区政府办公室	正科级	朱玉锋	淄川区般阳路 35 号区政府机关大院内	0533-5181372	255100
淄博市博山区地方史志办公室	博山区政府办公室	正科级	杨雪莹	淄博市博山区县前街 46 号	0533-4110190	255200
淄博市临淄区史志办公室	临淄区政府办公室	正科级	梁小明	淄博市临淄区临淄大道 308 号齐文化博物院办公区 205 室	0533—7219990	255400
淄博市周村区史志办公室	周村区政府办公室	正科级	仇　勃	周村区新建东路 201 号政务中心 2 号楼	0533-6195393	255300
桓台县地方史志编纂委员会办公室	桓台县政府办公室	正科级	王　建	桓台县卫生街 126 号	0533—2393315	256400
高青县地方史志编纂委员会办公室	高青县政府办公室	正科级	吕　波	高青县黄河路 81 号县政府二楼	0533-6967072	256300
沂源县史志办公室	沂源县政府办公室	正科级	任嗣民	沂源县振兴路 61 号政府办公大楼 4 楼	0533—3241143	256100

淄博市各区县史志工作人员情况统计表

单　位	定编	在编人员情况												
		行政管理人员					专业技术人员			学历学位情况				
		正处级	副处级	正科级	副科级	科员及以下	高级	中级	初级及以下	博士	硕士	本科	大专	高中以下
淄博市张店区地方史志办公室	3			1	1	2	1	1				4		
淄博市淄川区史志办公室	3			1	2	4						4	2	1
淄博市博山区地方史志办公室	4			1	2	2		1	1			4	1	
淄博市临淄区史志办公室	4			1	1	1						3		
淄博市周村区史志办公室	6			1	2	1						3	1	
桓台县地方史志编纂委员会办公室	3			1	1	1						3		
高青县地方史志编纂委员会办公室	4			1	2							3		
沂源县史志办公室	5			1	1	1						2	1	

志书编纂与出版

【概况】 淄博市第二轮修志中规定的市、区县共10部志书的编修出版工作，于2013年在全省率先整建制完成。2017年，编纂完成《淄博市地方史志志》，11月下旬志稿定稿付梓，12月底出版。该部志书，是全省首部“方志志”，全书90余万字，照片近200张（不含人物照片），全面系统地反映淄博的修志历程和取得的丰硕成果。完成《山东省志·人物志(1986—2005)》供稿工作。此次共收录入传人物53人、简介人物34人、名录人物138人，共7万余字。完成《山东省对口支援西藏志》《山东省对口支援新疆志》供稿工作。于10月完成8万余字的供稿任务，上报省史志办，得到好评。

指导乡镇村志与其他基层志的编修。深入落实省、市两级关于加强乡镇村志及基层志编修工作的意见，推动乡镇村志及基层志编纂工作持续发展。在乡镇村志方面，继续指导博山区、周村区开展《镇村志略》的编纂。推进中国名镇名村志文化工程和齐鲁名镇名村志文化工程，对列入中国名镇志的《王村镇志》，列入中国名村志的《李家疃村志》，列入齐鲁名镇名村志的《桃园社区志》，及时跟进指导，并多次审改《李家疃村志》。在其他基层志方面，指导《南马坊村志》《淄博工会志（第一卷）》《金山镇志》《东孙村志》《聂仙村志》《齐鲁股权交易中心大事记》编纂工作。其中，参与评审《南马坊村志》《淄博工会志（第一卷）》，《淄博工会志（第一卷）》《聂仙村志》审改工作有序进行。

（淄博市地方史志办公室）

【淄博市张店区基层志书编纂】 2017年，淄博市张店区史志办及时掌握全区基层编修志书情况，依法治志，不断推动基层志书的编修工作。对车站街道王舍社区和房镇镇谢营村、天乙村、马尚金鑫园社区的村志编修工作进行业务指导。

（张店区史志办）

【淄博市淄川区基层志书编纂】 2017年，淄博市淄川区史志办开展基层志书指导工作，年内双杨镇《金马村志》出版发行，《淄川区医院志》《东石门村志》、双杨镇《杨寨村志》、龙泉镇《韩庄村志》初稿完成。

（淄川区史志办）

【淄博市博山区基层志书编纂】 2017年，淄博市《博山区传统村落记忆》出版发行，《博山区琉璃志》编纂工作启动。博山区史志办大力推进《博山区镇村志略》编纂工作，召开全区镇村志略编纂工作督导协调会，就编纂工作中出现的突出问题进行业务指导。年内，将白塔镇、博山镇、樵岭前村、乐疃村列入名镇名村志的编修计划并按要求完成申报。

（刘海芹）

【淄博市周村区基层志书编纂】 2017年，淄博市周村区《李家疃村志》《桃园社区志》被评为2017年度山东省优秀史志成果“优秀基层（专门）志”。《后草村志》等4部志书启动编修，《前草村志》《韩家窝村志》《鲁王建工集团志》完成初稿，《李家村志》由中国文史出版社出版发行。《桃园社区志》被列入首批16部齐鲁名镇名村志丛书，于12月出版发行，《李家疃村志》被列为首批中国名村志出版发行。年内，《王村镇志》顺利通过省史志办终审，入选第三批中国名镇志丛书，报送方志出版社。

（周村区史志办）

【淄博市临淄区基层志书编纂】 2017年，淄博市临淄区史志办印发《临淄区人民政府办公室关于进一步推进镇村志编修工作的通知》（临政办字〔2017〕56号），督促全区各镇（街道）加强镇村志编修工作。年内，启动《金山镇志》《齐陵街道志》及《南马坊村志》《聂仙村志》《田旺村志》等镇村志的编修工作。《南马坊村志》初稿形成后，立即召开评审会，对志稿进行了评审。

（临淄区史志办）

【桓台县基层志书编纂】 2017年，淄博市桓台县史志办重点督导《桓台县人大志》《桓台县政协志》《桓台县地名志》《傅坡村志》《夏庄村志》的编修工作，专门安排人员为部门志（基层志）编修提供指导服务。为《记忆桓台》经济篇、建筑篇编纂工作提供大量资料；完成《桓台县地名志》初步审稿；组织人员到夏庄村对村志编修进行指导；协助兴旺村做好村志编修前的准备工作。在推动名镇名村志方面，专门组织人员到符合条件的镇、村进行宣传发动。年内，《桓台县公安志》出版发行。

（王　静）

【高青县基层志书编纂】 2017年，高青县史志办严格按照省市要求，全面加强对基层志书的编纂指导，推动基层文化繁荣，服务经济社会。《高城镇志》进入编修阶段，《高青县迎宾馆志》进入修改阶段，《郑埝村志》编修工作启动。8 月，高青县民政局开始编修《高青县地名志》《高青县地名词典》，年底完成第二稿。

（郑述瑜）

【沂源县基层志书编纂】 2017 年 2 月，沂源县教育局编修共 58.2 万字的《沂源县教育志（1986—2010）》出版发行。3 月，《沂源县公安志》编修工作启动，至年底完成 80 万字的初稿。7 月，县史志办启动齐鲁名镇志——《东里镇志》编修，撰写 1 万余字的编纂实施方案和志书目录。年内，县史志办与多个部门、企事业单位、镇村研究探讨基层志书编写事宜。

（任嗣民　尹雪原）

【《博山区志（1840—1985）》再版发行】 2017年，淄博市《博山区志(1840–1985)》再版发行。此次再版的《博山区志》，原书于 1990 年出版，16 开本，98.9 万字。该书出版 20 余年，广受社会各界欢迎，由于当时印量少，造成广大领导干部和文史工作者一书难求。为满足读者需求，继承和发扬优秀历史文化遗产，促进社会各项事业持续健康发展，博山区委、区政府决定再版此书，由区史志办组织实施。此次再版，除将原书尺寸、字号加大以及重新设计封面外，还对内容进行认真校勘，改正错误几十处，其余未作任何修改，以尽显其原貌。

（刘海芹）

【《淄博市地方史志志》出版】 2017 年 12 月，淄博市史志办编纂的《淄博市地

方史志志》由中国文史出版社出版发行。

《淄博市地方史志志》编纂工作自 2016 年 2 月启动，于 2017 年 9 月形成征求意见稿，11 月定稿付梓。该书采用章节体结构，上限自第一轮社会主义新方志启动编纂的 1981 年，下限至 2015 年。全书除概述、大事记、附录外，设机构，队伍，业务管理，志书编纂，旧志纂修与整理，年鉴编辑，信息化与方志馆建设，开发利用，学会、刊物与理论研究，人物，杂志，志书序跋、文件及领导讲话辑录 13 章，90 余万字、300 余幅照片。

《淄博市地方史志志》是淄博方志人首次纂修方志志，也是全省首部出版的方志志。该书全面记录淄博市地方史志事业的发展历程和取得的丰硕成果，总结淄博市地方史志发展的经验与教训。该书的出版发行，填补淄博市地方志的一项空白，将对弘扬优秀史志文化传统，推进史志事业科学发展，更好地服务于淄博市经济社会和文化强市建设发挥重要作用。

（胡　滨）

【《桓台县公安志》出版】 2017 年 9 月，

《桓台县公安志》征求意见稿报县史志办审查，9月29日，志稿评审会在县公安局会议室召开，县史志办评审组就志稿在语言表述、史实、资料取舍、图表、技术规范等方面提出修改意见和建议，并进一步强调要慢出书，在对评审意见精心梳理、逐项解决的基础上，要反复校对尽量不留硬伤，努力打造高质量的精品志书。12月，《桓台县公安志》由方志出版社印刷出版，并被山东省人民政府办公厅评选为2017年度全省优秀史志成果（优秀基层志）。

（王　静）

【《沂源县教育志（1986—2010）》出版】
2017年2月，沂源县教体局主持编写、线装书局出版的《沂源县教育志（1986—2010）》发行，主编李志明。该志是《沂源县教育志（清末至1985年）》的续篇。内容分教育行政机构与管理机制、教育督导、国家教育方针－法规的贯彻实施、教育经费与学校建设、学前教育、小学教育、初中教育、普通高中教育、职业教育、特殊教育、成人教育、社会力量办学、学校德育、学校安全卫生艺术体育教育、教学研究、教育装备、教师、勤工俭学、党群组织、教育人物、乡镇基层教育发展21章和概述、大事记、附录、后记4部分，计58.2万字。该志全面介绍1986年—2010年25年间沂源县实施“科教兴县”战略、深化教育体制改革所取得的巨大成就，真实地反映沂源县不同时期各类教育发展状况和发展历程。

（任嗣民　尹雪原）

【《中国名村志丛书·李家疃村志》出版】
2017年12月29日，由中国地方志指导小组办公室主办的首届全国名村论坛在北京人民大会堂举行。淄博市周村区王村镇的《李家疃村志》入选首批27部中国名村志丛书。李家疃村系“中国历史文化名村”和第一批“中国传统村落”，村内现保存着较为完整的明清古建筑群落，具有很高的历史研究价值。《中国名村志丛书·李家疃村志》编纂始于2016年11月，2017年12月由方志出版社出版发行。主编王焕尧。志书采用纲目体，共13个类目、55个分目、188个条目，上限追溯至事物发端，下限至2016年底。全书27.1万字，图片120余幅，16开本，定价110元，书号ISBN 978-7-5144-2784-4。图文并茂，雅俗共赏，突出名、特，记录文化底蕴厚重、人杰地灵的李家疃村数百年来的社会发展历程，进一步彰显李家疃村的重要历史地位。

【《齐鲁名村志丛书·桃园社区志》出版】
2017年12月，《齐鲁名村志丛书·桃园社区志》由方志出版社出版发行。中国地方志指导小组秘书长，中国地方志指导小组办公室党组书记、主任冀祥德为该志作序。志书始修于2017年4月，从拟定篇目、补充材料到定稿送审，历时6个月。上限追溯至事物发端，下限至2016年底。主编李传章、张群。志书编

写采用纲目体，共14项类目、45项分目、254个条目，客观、系统地记述淄博市周村区青年路街道桃园社区的历史发展和经济社会发展现状，尤其突出记述城镇化进程和新农村建设的发展变化。全书40万字，印数1500册，定价167元，书号ISBN 978-7-5144-2830-8，图文并茂，可读性强，对传承乡土历史文化、激发爱国情怀、加快地方经济文化建设具有重要意义。12月26日，齐鲁名镇名村志丛书新闻发布会暨赠书仪式在济南举行，《桃园社区志》被列为全省首批出版的16部齐鲁名村志之首正式出版。志书被省档案馆、省图书馆、山东大学图书馆、山东师范大学图书馆、济南市图书馆等单位收藏。

【《李家村志》出版】 2017年4月，淄博市周村区南郊镇《李家村志》由中国文史出版社出版发行。主编李国经、孙方之。该志上限自村庄建立，下限至2015年底，详今略古，全面展现李家村自建村以来，尤其是改革开放近40年来的发展史、创业史。前设概述、大事记，后设附录，中置16章79节，载有图表118个（幅）、照片400余张。全书计78万字，大16开全彩印刷，书号ISBN 978-7-5034-9161-0。内容丰富，语言规范，数据翔实，装帧精美，图文并茂。

（周村区史志办）

【《金马村志》出版】 2017年4月，淄博市临淄区《金马村志》由线装书局出版发行。该志由《金马村志》编纂委员会承编，2016年3月启动编纂工作，历经框架设计、资料征集、核实资料、落笔编写、修改完善、编委审稿等阶段编纂而成。上限为北宋时期村庄形成之时，下限至2015年，翔实记录金马村1000余年的沿革发展史，客观反映金马村的历史和现状，做到思想性、科学性、资料性和实用性的统一。全志57万字，四色印刷，印数3000册。

（临淄区史志办）

【《张店档案特藏图集》出版】 2017年，淄博市张店区档案局（馆）编纂的《张店档案特藏图集》，由山东友谊出版社出版发行。

该画册收录自清朝以来较为珍贵的文字档案、照片档案、实物档案等图片共160余幅，图文并茂地介绍每件档案的特色，彰显张店区档案资源特色和历史文化底蕴。该画册的出版填补张店区档案图集资料的空白。

（张店区史志办）

年鉴编纂与出版

【概况】 2017年9月，《淄博年鉴（2017）》出版发行。该卷年鉴是自1987年创刊以来连续出版的第三十一卷。8月，《淄博年鉴（2016）》被中国地方志指导小组评为全国特等年鉴。年内，区县地方综合年鉴2017年实现“一年一鉴、公开出版、当年出版”。《高青年鉴（2016）》被中指组评为全国地方志优秀成果（年鉴类）三等年鉴。2017卷《张店年鉴》《博山年鉴》《临淄年鉴》被评为2017年度山东省优秀史志成果（优秀年鉴）。

【《淄博年鉴（2017）》出版】 2017年9月，《淄博年鉴（2017）》出版发行。该卷年鉴是自1987年创刊以来连续出版的第31卷。主编毕建国，副主编安永善、徐杰、王世伟、王娟。书号ISBN978-7-5034-9463-5，定价230元。该卷年鉴全面、客观、翔实地记录了淄博市2016年度经济建设、政治建设、文化建设、社会建设和生态文明建设等方面的基本面貌和发展情况，反映了全市围绕“一个定位、三个着力”取得的显著成就，为各级领导决策和社会各界了解和研究淄博提供基本资料和依据。

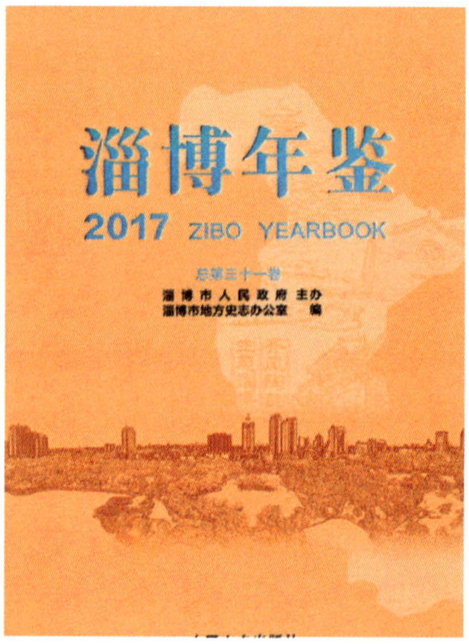

该卷年鉴设置特载、大事记、专记等26个部类，卷首编制有中英文目录，卷末设有综合性主题索引，大16开本，全彩印刷，共110万字。年鉴框架在保持稳定和连续性的基础上，围绕市委、市政府中心工作及年度工作特点作优化调整，在规范基础上继续创新，突出年度特色和地方特色。卷首专题专栏设置了“一个定位、三个着力”和“十个新突破”助力淄博市实现“十三五”良好开局等12个专题，图文并茂地集中展示反映淄博市2016年度经济社会发展的巨大成就。“专记”中记载2016年淄博市“两学一做”学习教育活动以及淄博市扶贫开发取得的成就；招商引资改为分目，和经济园区合并为“园区招商”，同时增加临淄经济开发区和齐城农业高新技术开发区；“商贸服务”增加物流的内容；“旅游”部类设置分目，更加符合年鉴框架和质量要求；附录部分收录年度内的调研报告，强化年鉴的资料性；“科学”部类增加知识产权的内容，使该卷年鉴的资料性和实用性得到增强。

（胡　滨）

【《张店年鉴(2016)》出版】 2017年10月，淄博市《张店年鉴（2016）》由中国文史出版社出版。主编李思玉，副主编王东锋、李香、申纪宝、邢吉才、周斑。设特载、大事记、概况、政党·政务等25个栏目。大16开，45万字，印数1000册，定价238元，书号ISBN978-7-5034-9577-9。卷首图片选取2015年度的代表性图片34幅，分领导活动、重要会议、现代服务业综合体、高新技术产业、新城区风貌、文化艺术产品交易场所等板块。该卷创新版式设计，目录标题、内文表格均加底色，内文全彩印刷，提升年鉴的美观度和内在质量。

【《张店年鉴(2017)》出版】 2017年12月，淄博市《张店年鉴（2017）》由天津古籍出版社出版。主编李思玉，副主编王东锋、李香、申纪宝、邢吉才、周斑。设特载、大事记、概况、政党·政务等23个栏目。

大16开，47万字，印数1000册，定价238元，书号ISBN 978-7-5528-0670-0。卷首图片选取2016年度的代表性图片34幅，分领导活动、重要会议、生态美丽张店、创新活力张店、文明和谐张店、幸福宜居张店、数字张店等版块。该卷版式设计相比前卷有所创新，内文全彩印刷，内文表格加底色，年鉴的美观度和内在质量得到进一步提升。

（张店区史志办）

【《淄川年鉴（2016）》出版】 2017年3月，淄博市淄川区史志办印发《淄川年鉴（2016）》组稿方案，开展新一轮的年鉴编纂工作。年鉴编纂历经稿件征集、编纂修稿、印刷招标等阶段，2017年12月出版。设特辑、大事记、区情概览等29个部类，由淄川区人民政府主办，淄川区史志办承编，主审晏明君，副主审陈涛、朱玉锋，主编李祖炬、李利、高绪强，书号ISBN 978-7-5034-9930-2，大16开，印刷1000册，60余万字，由中国文史出版社出版发行。

【《淄川年鉴（2017）》出版】 2017年12月，淄博市《淄川年鉴（2017）》出版。设特辑、大事记、区情概览等29个部类，由淄川区人民政府主办，淄川区史志办承编，主审晏明君，副主审陈涛、朱玉锋，主编李祖炬、李利、高绪强，书号ISBN 978-7-5034-9952-4，大16开，印刷1000册，60余万字，由中国文史出版社出版发行。

（淄川区史志办）

【《博山年鉴(2017)》出版】 2017年10月，淄博市《博山年鉴（2017)》由中国文史出版社出版发行。该卷年鉴由淄博市博山区地方史志办公室编纂，主编杨雪莹，副主编陈立波 刘海芹。该卷首次采用全彩印刷，卷首设立“重要批示”“博山名片”“数字博山”“两会”“一个目标、三个聚力”等专题彩页，反映博山的时代特色。正文插入彩色图片，版面设计更趋美观，实现鉴赏性与实用性的统一。10月底交付印刷，11月初在淄博市各区、县中率先出版发行。全书62万字，设特载、专记、大事记、博山概况等21个部类，16开本，书号ISBN 978-7-5034-9581-6。

（刘海芹）

【《临淄年鉴(2017)》出版】 2017年4月，淄博市临淄区史志办正式启动《临淄年鉴（2017)》编纂工作，印发《〈临淄年鉴〉(2017）组稿方案》，经过8个月的编辑整理、审核校稿、排版印刷，12月份出版发行。在总结以往经验的基础上，《临淄年鉴（2017)》在内容上进行积极探索

和大胆创新，全书设 33 个部类，随文照片近 400 幅，90 余万字，首次采用全彩印刷，资料更全面、内容更丰富、形式更生动，进一步增强年鉴的综合性和可读性。

（临淄区史志办）

【《周村年鉴（2017）》出版】 2017 年 11 月，淄博市《周村年鉴（2017）》由九州出版社出版发行，成为自创刊以来出版的第 11 卷年鉴。主编仇勃，副主编袁志华、柳桂云。全书 62.1 万字，定价 268 元，书号 ISBN 978－7－5108－6451－3。《周村年鉴（2017）》由周村区人民政府主办、周村区史志办公室承编。全面记载 2016 年度周村区经济、政治、文化、社会和党的建设发展历程，重点记述全区各行各业取得的重大成就和经验。该卷设 19 个部类，即：特载、大事记、周村概况、政党政务、地方军事、法治、工业、农业、商贸服务、交通邮电、建设环保、综合管理监督、财税金融、科技文化、教育体育、卫生计划生育、社会民生、镇街道开发区、荣誉。部类下设分类，分类下设条目，以条目为基本表达方式，个别条目下设子目。卷首选取代表性时政图片 30 幅，重点记载年度全区经济和社会发展成就。前附英文目录，卷后设索引。内文双色印刷，随文图片 118 幅，穿插表格 53 个。该年鉴框架合理、文字严谨、内容准确、图文并茂、装帧优美，是宣传、认识周村和存史资政的重要窗口和工具书。

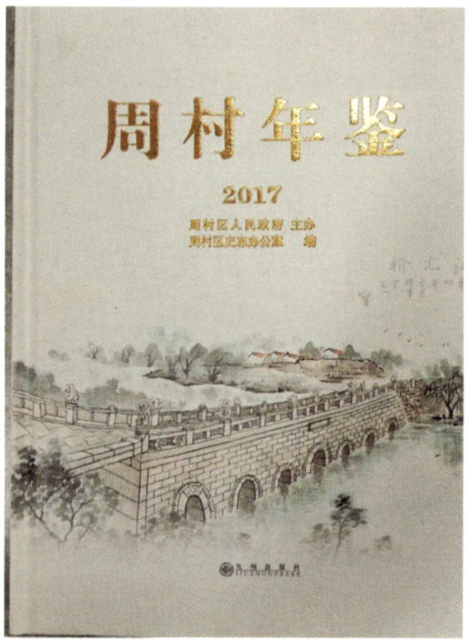

（周村区史志办）

【《桓台年鉴（2017）》出版】 2017 年 12 月 12 日，由桓台县人民政府主办、桓台县史志办承编的《桓台年鉴（2017）》，由九州出版社出版发行。

《桓台年鉴（2017）》为大 16 开本印刷，全书 59 万字，卷首编排领导视察及反映当前改革发展新成就的彩色图片 23 张。正文设特载、大事记等 24 个部类，随文插图 203 张，全面记录和反映 2016 年度全县经济、政治、文化、社会、生态文明和党的建设等方面取得的巨大成就，为各级领导把握县情科学决策提供参考，为社会各界人士了解桓台、研究桓台、投身桓台建设提供翔实的资料。书号 ISBN978－7－5108－6343－1，定价 218 元。

（王　静）

【《高青年鉴(2017)》出版】 2017年10月，《高青年鉴（2017）》由九州出版社出版，此卷为第7卷，实现当年编纂，当年公开出版发行。主编陈现彬，副主编于领娣。设特载、专记、大事记、高青

概况、政党政务等24个部类，69.6万字，图片400余幅，图表100余幅，大16开，印数600册，定价298元，书号ISBN978-7-5108-5998-4。全书客观真实地反映2016年高青县在政治建设、经济建设、物质文明、精神文明、社会文明、生态文明等各方面取得的重大成绩，力求全面体现高青的地域特色，突出反映全县在经济和社会建设发展中所取得的新经验、新成就，具有为现实服务的价值和存史价值。该书注重创新，凸显时代特征和地方特色。在总结以往年鉴编纂经验基础上，结合地方特色，增设特色章节，在各镇（街道）后设所辖管区基本情况表，全面展现县内镇（街道）行政区划调整后的发展变化。在内文留白页设置“高青县非物质文化遗产名录”内容，展现高青县11个市级以上的非物质文化遗产名录，并在彩页设“非物质文化遗产”专栏，重在突出地域、文化特色，增强人们对历史文化的保护意识。创新性地配备中英文目录检索系统，卷首刊有中英文目录，卷末配有综合主题索引，便于读者查阅。使用能及时反映高青新动态的二维码，以便读者扫描阅读，时时关注高青新发展。在彩页部分设置多个专题性板块，集中介绍宣传该县在教育、小微文化、旅游、卫生城创建、幸福感城市、自然环境、考古挖掘等亮点工作及建设“五个高青”方面取得的突出成就。以“滩区村庄记忆”为专题，集中展示高青县黄河滩区13个外迁安置村庄的旧址原貌。装帧设计美观大方，出版印刷质量高。

（郑述瑜）

【《沂源年鉴(2017)》出版】 2017年12月，《沂源年鉴（2017）》由方志出版社出版。该年鉴由沂源县人民政府主办、沂源县史志办承编，主编任嗣民，副主编靳学

华。设特载、专载、大事记、概况、政党政务、经济管理与监督、农业、工业等24个类目，计52万余字、图照120余幅，书号ISBN 978-7-5144-2932-4，印数1000册，定价360元。该卷立足时代特征和地方特色，全面系统地记述2016年沂源县经济社会发展的基本情况、重大事项及重要成就，突出反映全县在经济建设和社会发展中取得的新经验、新成就。

（任嗣民 尹雪原）

【《齐鲁石化年鉴（2017）》出版】 2017年11月，《齐鲁石化年鉴（2017）》由中国石化出版社出版发行。《齐鲁石化年鉴（2017）》主编王方栋，副主编曹钰梅，全书46万字，设置17个部类，全面、系统地记述2016年度齐鲁石化在生产经营、企业管理、深化改革、科技进步等方面的基本情况和重大事项，图文并茂，直观反映齐鲁石化的新成果、新变化，为各级领导科学决策和科学管理提供依据，是公司内部及社会各界人士了解齐鲁石化的大型工具书。书号ISBN978-7-5114-4710-4，定价120元。

【《淄博财政年鉴（2017）》出版】 2017年12月，《淄博财政年鉴（2017）》由新华出版社出版发行。《淄博财政年鉴（2017）》主编卜德兰，副主编刘晓村和徐成利，全面、客观、系统地记录2017年市、区县及重点街道办事处财政工作完成情况，机构人员变动及获得表彰情况，年内出台的重要财政法规政策，反映财政经济发展成果的图片资料等。全书67万字。全卷包括财政大事记、机构和人员、特辑、财政文选、全市财政工作、区县财政工作、重要法规政策和财经统计资料八个部分。根据机构设置变动情况，全市财政工作增加预算绩效管理、政府购买服务和政府投融资管理的内容。书号ISBN978-7-5166-3495-0，定价138元。

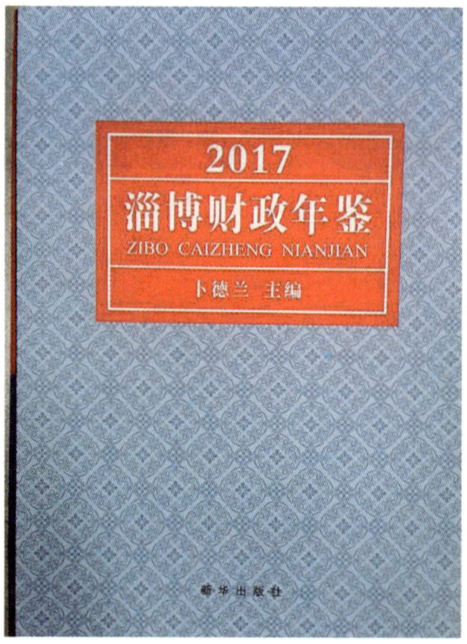

【《山东理工大学年鉴（2017）》出版】 《山东理工大学年鉴（2017）》全面记载学校2017年改革与发展基本情况及重大活动，主编郑晓，执行主编武桂霞、庞蕾、刘迎秋。2017年9月由线装书局出版发行，全书65万字，书号ISBN978-7-5120-2901-9，定价98元。设15个部类：特载、学校工作概述、机构与干部、教育教学与人才培养、发展规划与科学研究、党建与政治思想工作、行政工作、学院工作、人物、毕业生名单、统计资料、表彰与奖励、大事记、媒体报道选辑和附录。

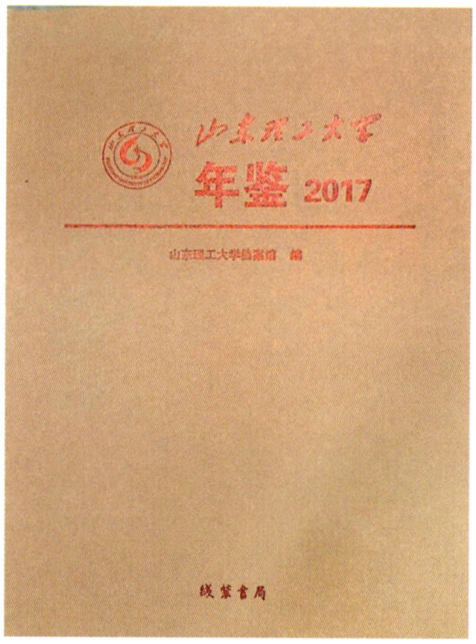

（胡　滨）

【《周村统计年鉴（2016）》出版】 2017年6月，淄博市《周村统计年鉴（2016）》发行。该年鉴由周村区统计局编纂，主编刘绵伟，副主编杨廷章，济宁市新元印务有限公司承印，全书27.4万字，大32开本。《周村统计年鉴2016》是一部全面反映周村区国民经济和社会发展情况的资料性年刊，是各级党委政府、部门单位研究周村区情、制定政策、指导工作的重要资料和历史性、权威性的工具书。《周村统计年鉴（2016）》收录2016年度周村区国民经济和社会事业发展方面的内容，主要包括：综合、农林牧渔业、工业、固定资产投资、建筑业、房地产业、国内贸易、对外经贸、财政、税收、金融、保险、劳动工资、市场物价、人口与人民生活、交通运输、邮电、供电、科技、教育、文化、卫生、体育、民政、档案、城市建设、节能减排、环境保护等，并附有淄博市各区县主要经济指标完成情况。

（周村区史志办）

信息化建设

【概况】 2017年，淄博市地方史志办公室不断提升信息化建设工作水平。继续抓好地情网站管理服务工作；强化信息宣传工作，及时做好史志工作信息和成果的宣传发布；认真做好市政府门户网站的资料保障工作；加快志鉴作品和地情资料的数字化处理；认真做好“淄博史志”和区县微信公众号管理运行工作；加强对区县地情网站建设、运转和管理情况的督查指导。

【淄博市情网】 2017年，“淄博市情网”于10月完成与市政府网站的整合。抓好地情网站的管理服务，动态栏目及时更新。全年发布史志动态145条，聚焦淄博240条。被省情网采用信息67条，其中市级42条。及时更新和充实淄博概况、淄博大事、领导简介、历史上的今天、志鉴理论等栏目。《淄博市志（1986—2002)》和《淄博年鉴》（2016卷）数据导入市情资料库，入库总字数近500万字。认真自查并清除网站上的涉密内容。做好市政府门户网站的资料保障工作。督促各区县加强管理力度，大力补充资料。“淄博史志”微信平台坚持每个工作日推送信息，2017年4月被评为2016年度全省优秀信息化建设成果。年初，市史志办被省史志办表彰为2016年山东省情网优秀供稿单位。临淄区、博山区、周村区开通史志微信公众号。

2017年淄博市地情网站建设情况表

网站名称	网址	主要栏目	录入资料		
			文字（万字）	图片（幅）	视频（分钟）
淄博市情网	http://sq.zibo.gov.cn/	淄博概览　领导简介　淄博名人 淄博大事 淄博市志　淄 博 年 鉴　齐文化 陶瓷文化 聊斋文化 鲁商文化 史志动态 聚焦淄博　史 志 法 规　志 鉴 理 论 历史上的今天　文化漫谈 史志期刊历史文化村镇　俯瞰淄博　　民俗风情　图说淄博　地情资料库　区县地情 等	总 1.35 亿字（市级 5000 万字）	总约 2.55 万张（全市总数）	—
淄博市张店区情网	http://zd.zbsq.gov.cn/	《张店概况》《史志动态》《都市风情》《经济发展》《区情资料库》《区情政务》《决策参考》《民间故事》	400	300	—
淄博市淄川区情网	http://lib.sdsqw.cn/bin/mse.exe?seachword=&K=c31&A=0&run=12	走进淄川　区情资料库	10	30	25
淄博市博山区情网	http://www.bsqq.gov.cn	博山概况、博山大事、史志动态、方志之窗、志鉴资料、历史文化、图说博山、博山人物、博山之最、经济建设、城市建设、机电泵业	300	200	
淄博市周村区情网	http://www.zhcqq.gov.cn	史志动态、周村概况、大事记、志鉴资料、文化旅游、文史资料、周村老字号、名优特产、综合贸易、招商引资、图说周村等	80	500	
淄博市临淄区情网	http://www.lzqq.gov.cn	一级栏目 26 个，二级栏目及其他栏目近 100 个。	2500	5000	
桓台县情网	http://www.huantai.gov.cn/col/col8186/index.html	县情概况、建制沿革、地域文化、风貌物产、名胜古迹、历史人物、县志库、年鉴库	700	300	
高青县情网	http://www.gaoqing.gov.cn/col/col8217/index.html	县情概况、建置沿革、高青大事、地域文化、风貌物产、名胜古迹、历史人物、民俗风情、史志法规、民间传说、地情资料库、俯瞰高青	60	500	
沂源县情网	http:/www.yyxq.gov.cn	史志动态、政务要闻、名胜古迹、风俗民情、美食特产等	1000	800	

（胡　滨）

方志馆建设

【概况】 淄博市委、市政府十分重视市、区县两级方志馆建设，2017年3月，由市政府办公厅印发《关于加强市、区县两级方志馆建设的工作方案》。市方志馆建筑面积3000平方米，2018年将全面对外开放。市史志办与市档案局、市党史委共同承办淄博历史展览，面积2600平方米，于2017年3月建成开放。淄博市5区3县方志馆新馆项目均按照《全省方志馆建设管理规范》规定的“县级馆1000平方米以上”的标准列入规划。高新区史志馆纳入高新区信息大厦项目，并完成立项。

【淄博市方志馆】 淄博市方志馆建筑面积3000平方米，2017年，主要进行展陈设计，2018年将全面对外开放。此外，与市档案局、市党史委共同承办淄博历史展览，面积2600平方米，于2017年3月建成开放。

（胡　滨）

【淄博市张店区方志馆】 截至2017年底，张店区方志馆面积70余平方米，配有书橱、消毒设备、除湿设备。馆藏资料有地情、方志、年鉴等8大门类，共6000余册。2017年，新增进馆书籍100余册，对新增资料进行分类整理，完成新进馆资料信息录入工作。全年接待查阅人员60余人。

（张店区史志办）

【淄博市淄川区方志馆】 淄川区方志馆始建于2003年，设专用书库，书库建筑面积50平方米，安装20立方米密集书柜、展示柜2组，配备计算机、打印机、扫描仪、照相机及防火、防盗等设备器材，硬件设施逐步到位。阅览室一间，面积40平方米，方便群众查阅资料。

2017年，淄川区规划筹建文化中心，经淄博市淄川区政府同意，区方志馆被列入全区2017年城建重点“区文化中心”项目。建筑面积5.4万平方米，拟于2019年建成。根据区政府统一安排，淄川区拟规划建设区文化中心、区档案馆，并在区文化中心增设区方志馆，馆舍建设面积1000平方米。区史志办参加区投资建设中心召集的第二轮入驻单位协商会议，争取按要求完成新馆建设，按要求达标。馆藏志书管理维护。继续完善淄川区方志馆图书数据库管理系统。至年底，收录图书1300余种、3000余册。依托数据库管理系统，结合地方志工作实际，确定以中国图书分类法为主体，按中国行政区划编码进行流水，形成淄川区方志馆的藏书管理编码。该管理编码由区史志办设计，更加有利于方志馆图书的管理、使用和维护，方便信息和资料查询，在全国区县级方志馆中属于首创，得到上级史志部门领导的高度评价。

（淄川区史志办）

【淄博市博山区方志馆】 博山区方志馆位于峨嵋山路54号，使用面积300平方米，于2016年4月8日正式投入使用。馆内设有方志大讲堂、方志阅览室、地情展馆、藏书室、书库、办公室等主要区域。收藏博山及全国各地志鉴、文史、地情文献近千册，是博山地区集收藏研究，开发利用方志资源，宣传展示国情、地情于一体的公共文化服务机构。为达到山东省“县级方志馆不小于500平方米，新建的一般不小于1000平方米”的要求，已将方志馆建设纳入博山区文化中心建设体系，计划建筑面积不少于1000平方米。2017年8月底正式启动数字方志馆建设，截至年底，完成域名申请注册工作，网站主体基本建成。

（刘海芹）

【淄博市周村区方志馆】 按照山东省“三全”目标和《全省方志馆建设管理规范》要求，周村区史志办加大争取协调力度，努力推进方志馆建设。加强资料室建设。周村区方志馆旧馆资料室位于市民之家五楼，面积70平方米。年内，集中整理、上架馆藏图书1万余册。结合档案馆建设，同步建设方志、档案、文化、党史合一的周村历史文化展馆。规划确定展馆面积为1000平方米，设阅览室和展览室（其中，阅览室200平方米，展厅800平方米）。先后召开主题定位研讨会和展厅文案研讨会，确定展厅以“展示深厚历史文化底蕴”为主题，沿历史脉络展现周村的鲁商文化、红色文化、丝绸文化、民俗文化等精华部分。年内，完成展厅设计方案。积极汇报争取，筹建周村方志馆新馆。多方争取，建议政府把方志馆建设作为公共文化设施建设的重要内容，科学选址，高标准规划建设方志馆新馆。

（周村区史志办）

【淄博市临淄区方志馆】 临淄区方志馆位于齐都文化城办公区内，配有密集柜5组、六层书架7组，另有消防、消毒、加湿、除湿等设备，现上架志鉴等资料近700部、3000余册。年内，开展志书交换和购买工作，与河北省涿州市、威海市临港区、临沂市沂水县等地交换志书8次30余册，购买志书3批次500余册。方志馆新馆整体纳入区市民文化中心建设，规划建筑面积2000平方米。

（临淄区史志办）

【桓台县方志馆】 2017年，经过多次争取，桓台县方志馆提升改造工作列入县政府工作计划。经县长办公会研究决定，在即将动工建设的新档案馆大楼中专门拿出一层作为县方志馆新馆馆址，届时馆舍面积可达2000平方米左右，馆内硬件、软件水平都将有一个大的提升。

（王　静）

【高青县方志馆】 2017年，根据淄政督通[2017]8号要求，深入查摆县方志馆存在的问题，根据自身实际，制定县方志馆整改方案。积极争取领导支持，县方志馆建设列入全县经济文化发展规划，确定新方志馆与县档案馆统一建设，新馆计划占地面积1000平方米，设有书库、展厅、借阅库、阅览室、库房等区域。至年底，完成方志馆主体工程，预计2018年投入使用。2017年，为丰富方志馆内容，与其他地市交换方志类图书30余套。

（郑述瑜）

【沂源县方志馆新馆】 2017年，沂源县严格按照省市“三全目标”要求，加强沂源县方志新馆建设。4月，沂源县委、县政府研究确定，将在建未竣工的博物馆改建为沂源县方志馆和沂源县档案馆，其中第三层为方志馆，建筑面积1380平方米，实用面积1180平方米，在原基础上进行改建和加固。至年底，共投资2000万元，整个方志馆、档案馆加固工程全面完成。同时，继续积极与外地史志部门交换志书，进一步丰富和扩大馆藏。先后交换《赤壁市志》《余江县志》《钢城区志》等各类志鉴书籍20余本。

（任嗣民 尹雪原）

开发利用

【《淄博市情手册（2017）》出版】 2017年6月，《淄博市情手册（2017）》出版，《淄博市情手册（2017）》是2013年创刊以来连续出版的第五本。手册立足于综合反映淄博市整体面貌，系统、精炼地记录全市自然、政治、经济、社会、文化等方面的发展情况，按照覆盖到面、突出重点、理清脉络、展示渊源、贴近需要、力求经典的原则，设置市情概况、大事辑要、淄博人物、文化遗产、经济建设、城乡建设、社会建设、文化建设、生态建设、区县概况、经济园区、组织机构名录、旅游景点、名优特产、生活休闲、出行信息、常用电话等栏目，重在展示改革开放以来的发展成就和2016年度淄博市经济社会发展的最新成果。全书16.4万字，32开本，内容丰富，携带方便，是一本便于各级各部门和社会有关方面了解熟悉市情的简明实用的工具书。

（胡　滨）

【《张店乡村记忆》出版】 《张店乡村记忆》是由政协淄博市张店区委员会编纂的张店文史资料第九辑，是一部较为全面记述张店地区乡村古迹、名人、传说等历史文化的典籍。全书62万字，选录记述153个村，插图260余幅，多侧面、多方位、多角度记录张店乡村历史，2017年由线装书局出版发行。

（张店区史志办）

【《博山区传统村落记忆》出版】 2017年6月，由淄博市博山区史志办编纂的《博山区传统村落记忆》由中国文史出版社出版发行。该书收录文章93篇，46.4万字，新老图片600余幅，是一本内容翔实、图文并茂，既有史料性，又具可读性的著作。

【《博山指南（2016）》出版】 2017年6月，淄博市《博山指南（2016）》印刷出版。

此书的出版，对方便群众生活，拓宽政府和群众的沟通渠道，更好地便民利民，服务群众和外籍来博人员生活发挥着积极的作用。

【《博山区情手册（2017）》出版】 2017年6月，由淄博市博山区史志办编纂的《博山区情手册2017》出版发行。该手册规格为小32开本，10万余字，系统精炼地记载博山区自然、政治、经济、社会、文化、生态等方面的发展情况和特色。内容丰富，携带方便，是一本具有较强史料性和可读性，简明实用的工具书，对于各级各部门和社会各界更便捷地了解博山区情、服务招商引资和经济社会发展具有积极作用。

（刘海芹）

【《桓台地名故事》出版】 2017年，桓台县民政局在第二次全国地名普查的基础上，主持编撰《桓台地名故事》并由光明日报出版社出版发行。

《桓台地名故事》设街巷、村庄、山水、庙宇、胜迹、撷英六部分，汇集地名故事131篇，全书35万字、照片71幅，是一部具有较高地名文化研究价值的普及性读物。

（王　静）

【沂源革命史图集《丰碑》出版】 2017年9月，沂源县民政局主持编写，华夏文艺出版社出版发行。主编刘教武。该书为大16开本，精装印刷，分78篇，精心选用图片424幅，其中不少是首次搜集刊用的珍贵历史图片，附说明文7万余字。书号ISBN 978-7-988-4607-5-0，印数2000册。该画册重点介绍革命历史时期，指挥大军神勇战斗的陈毅、罗荣桓、徐向前、粟裕等共和国将帅，以及50余位战斗英模人物的鲜活事迹。较为全面地展现1928年沂源地区从第一个党组织建立，到1949年全国解放，中国共产党领导人民争取民主自由、抵御外侮、参军参战、拥军支前等抗日战争和解放战争的战斗历程。

【《沂源地名故事》出版】 2017年，由沂源县民政局主持编写，线装书局出版的《沂源地名故事》于3月发行。主编刘教武。该书包括山水情怀、村名探源、史脉传承、神话传说、民间趣闻和附录6部分、133篇地名故事，31.7万字、50余幅图片。书号ISBN 978-7-5120-2707-7，印数2000册。是一部融史料性、文学性、地域风情，合历史、社会和民间文学元素，具有地名文化价值的科普读物。

（任嗣民　尹雪原）

【博山区口述历史资料征集】 为抢救和保存口述历史资料，经过前期周密的准备，淄博市博山区史志办确定16人为首批口述人。2017年4月17日，博山区正式启动口述历史工作，首次采访国务院新闻办公室图片库艺术总监焦波。博山区史志办将进一步持续做好口述历史工作，

2017年4月，博山区史志办开展口述历史工作。图为采访首批口述人现场

完善口述历史的工作方式，加强调查研究，扩大口述人的征集范围，不断丰富口述历史内容，推动博山区地方史志工作再上新的台阶。

（刘海芹）

服务社会

【淄博市地方史志办公室服务社会】 2017年，淄博市地方史志办公室巩固第一批史志文化服务基地，建立史志文化专柜，定期向联系点免费赠送《淄博年鉴》《淄博市情手册》《淄博史志》和史志文化书籍，深化史志成果进机关、进农村、进社区、进校园、进企业、进军营的“六进”活动，同时不断扩大“六进”活动覆盖面，打造传播史志文化的长效平台。免费赠送《淄博年鉴》《淄博市情手册》《淄博史志》和地情文化书籍，让史志成果贴近群众、贴近生活、贴近工作，为广大市民了解地方历史文化及社会发展提供有益帮助。年鉴、市情手册及淄博史志覆盖发行范围进一步扩大。年鉴、机关单位全覆盖并增加发放数量；史志刊物学校、镇村及社区全覆盖，取得较好的社会反响。3月22日，淄博市史志办积极参加全市依法行政宣传日活动，在市博物馆广场设置宣传展板，设立咨询台，接待咨询200余人次，发放《市情手册》《淄博史志》期刊等300余份。向广大市民宣传史志法规政策，积极营造社会读志用志、依法治志的良好氛围，以实际行动践行“机关服务发展、服务群众、服务基层”的工作理念。

（胡　滨）

【淄川区史志工作为经济社会发展服务】 2017年，淄博市淄川区史志办在年鉴编纂过程中，积极为区内申请地理商标的单位和个人服务。全年有4家单位、个人前来接洽，为淄川大樱桃、淄川粉条、般阳葡萄、般阳核桃和般阳小麦等申请地理商标做出贡献。区科技局和区商务局利用淄川区史志办编纂的《天南地北

淄川人》开展科技招商工作，收到良好效果。2017 年，淄川区史志办和 200 个史志部门单位进行志书交流，交换史志类书籍 200 种（册），增加方志馆馆藏。继续做好志书的读志用志活动，发挥方志馆的社会服务功能。先后接待区内外单位、个人查询资料 30 余次，社会效益明显。

（淄川区史志办）

【博山区图书馆设立地方史志阅览室】 为更好地推动读志用志工作，充分发挥地方志资源作用，2017 年，淄博市博山区地方史志办公室在区图书馆设立地方史志阅览室，面积 80 余平方米，有区史志办历年编纂出版的志书、年鉴、地情资料等书籍 100 余册。该室免费向读者开放，提供借阅服务，并随时补充新书，不断丰富图书种类。

（刘海芹）

【周村区史志工作服务社会】 2017 年，淄博市周村区史志办加强史志成果开发利用，主动为经济建设和社会发展服务。持续开展史志成果“五进”活动，定期向有关部门、单位和学校赠送《周村年鉴》《周村史志之窗》等史志成果，引导社会各界读志用志。围绕中心，服务大局，积极参与周村历史文化展馆规划、设计及周村古商城保护开发工作，挖掘、保护周村商埠文化。

（周村区史志办）

【桓台县史志工作服务社会】 2017 年 7 月，在县委常委、县委办公室主任王栋陪同下，彭真生平暨中共太原支部旧址纪念馆馆长杨士彪一行 4 人到县方志馆查找彭真祖籍相关资料。9 月，安排专人完成东猪龙河东岸骑行线路贾家段墙面地方历史文化相关内容的整理上报工作。年内，继续开展史志成果进机关、进农村、进社区、进校园、进企业、进军营活动。向县武警中队、县消防大队、县政协、夏庄村、刘家村、西苑社区居委会、开发区实验学校、西埠小学等单位赠送志、鉴书籍 100 余本，分别用于充实阅览室、查找资料、参考学习等用途，向市图书馆赠送第二轮志书以及部分年鉴，主动融入地方发展大局，扩大方志文化影响，为广大市民了解地方历史文化及社会发展提供有益帮助。

（王　静）

学术交流与活动

【淄博市地方史志学会】 2017 年，淄博市地方史志学会紧紧围绕学会宗旨开展工作，切实规范学会管理运行，团结淄博市史志工作者，开展方志理论研讨，在推动史志事业转型升级等方面作出积极贡献。

*做好发展吸收新会员工作。*为更好地服务史志业务编修实践，服务方志学科建设，按照学会章程规定的条件和标准，面向淄博市史志业务指导部门及社会文史爱好者和研究者，积极做好吸收新会员工作。年内发展吸收史志工作队伍新成员和具备一定水平、热心地域文化研究的新会员共 10 余名，不断壮大学

会力量，扩大地方史志学会的社会影响。

抓好方志理论研讨工作。鼓励会员积极探索方志理论研讨新途径，拓宽方志理论研讨领域。发挥学会的理论研究优势，充分展示会员理论研究成果，组织报送9篇优秀理论文章参加全省的方志理论研讨活动，并在期刊《淄博史志》上择优发表。同时，鼓励会员积极进行史志文化和地域文化研究，为年内《淄博史志》提供历史文化和地情资料研究及宣传普及稿件10余篇。

加强学会自身建设，充分发挥好学会的组织协调和桥梁纽带作用。淄博市地方史志学会换届改选后，不断健全完善各项管理制度，进一步规范学会的管理运行，严格按学会章程和业务范围开展活动，为充分发挥学会作用、促进学会的健康发展提供良好保障。

（纪　瑗）

【《淄博史志》】 2017年，《淄博史志》编纂坚持精品意识和创新意识，圆满完成4期《淄博史志》的栏目策划、版面设计、稿件征集、编辑校对和出版发行工作。为适应期刊工作发展需要，自第四期开始实现四色印刷，进一步提高杂志品味。着重丰富期刊内容和栏目设置，提前策划约稿，推出纪念性栏目“纪念中国人民解放军建军90周年”；根据组稿内容推出“乡村记忆”栏目，得到读者好评，实现常编常新；适时推出“方志人风采”栏目，展示史志工作战线上勇挑重担、勇于奉献的方志人代表，实现较好的宣传带动效果。全年征集稿件120余篇，刊登60余篇，近30万字，照片130余幅，发行1.5万册，其中交换300余册；发行范围进一步扩大，取得较好的社会反响。在11月举办的全省方志期刊座谈会上得到省史志办领导的肯定和好评。

（纪　瑗）

【《周村史志之窗》】 2017年，淄博市《周村史志之窗》继续出版发行。年内出版刊物4期，第1期－3期总编吴卓春、第4期总编仇勃，主编郭济生。刊载《周村历史上的英美烟草公司》《山东丝绸检验所始末》《明代大商人史朝佐》《令人骄傲的周村媳妇——郎平》等文章33篇，约10万字，打造史志工作拓展服务领域、提高服务水平的重要载体。深入推进史志成果“五进”活动，服务全区经济社会发展。11月15日，全省方志期刊座谈会在周村区召开，全省优秀期刊主编、重点作者代表到会交流创刊经验，周村区史志办在会上作《立足本职 服务大局 培育地方历史文化记忆》的典型发言，《周村史志之窗》创办情况得到省市领导一致认可。

（周村区史志办）

【张庆盈到西藏昂仁调研】 2017年5月23日－30日，淄博市副市长张庆盈带领市直相关部门负责同志，到西藏自治区昂仁县开展援藏志编纂工作调研，看望慰问淄博市第八批援藏干部。

5月27日，副市长张庆盈组织召开考察调研工作座谈会。昂仁县委副书记、县长普布多吉代表县委县政府汇报昂仁县经济社会发展情况。淄博市第八批援藏工作组领队、昂仁县委常务副书记何恒斌汇报淄博市第八批援藏工作开展情况。调研期间，副市长张庆盈参加淄博第八批援藏项目开工启动暨昂仁县迥巴

2017 年 5 月 23 日—30 日，淄博市副市长张庆盈带队到西藏自治区昂仁县就开展援藏志编纂工作进行调研

藏戏保护利用传习所奠基仪式并致辞，视察淄博市援藏公寓。山东省第八批援藏干部总领队、日喀则市市委副书记、政府常务副市长冯继康会见张庆盈副市长及调研组成员，介绍山东省第八批援藏工作开展情况。淄博考察调研团就援藏志编纂工作开展座谈、资料搜集等工作，并与淄博第八批援藏工作组进行对接，表示要精心编纂，按时完成任务，让淄博援藏事迹与无私奉献精神永垂青史。淄博第八批援藏工作组表示将积极配合志书编写，努力提供所需一切资料。淄博市史志办向昂仁县委、县政府赠送《淄博市志（1986–2002）》《淄博年鉴》等多种史志刊物、地情资料。

【方志馆建设工作】 2017 年 5 月 25 日，淄博市史志办一行 5 人到山东省方志馆汇报学习方志馆建设工作。市史志办副主任安永善向省方志馆有关领导详细介绍淄博市方志馆的建设进展情况以及下一步工作打算。省方志馆有关领导介绍省方志馆的情况，就展馆设计、方志展定位、书库建设等提出细致的指导意见和建议。

【方志馆考察学习】 2017 年 6 月，淄博市史志办副主任安永善一行 5 人，到深圳市、广州市、杭州市方志馆考察学习。6 月 5 日，深圳市史志办副主任张妙珍接待考察组一行。进行座谈交流，带领考察组参观深圳市方志馆的办公区、书库、阅览区和临时展览，介绍深圳市方志馆的办馆经历和下一步计划。6 月 6 日，广州市地方志办公室副巡视员叶文昕接待考察组并带领参观广州市方志馆新馆的地情展厅，介绍新馆的设计理念，讲解展示内容，体验各种高科技展示手段。6 月 8 日，杭州市地方志办公室副主任阮关水接待考察组并带领参观杭州市方志馆，介绍该馆的设计理念、布展内容、管理机制和开馆一周年来的运营情况。

【濮阳市史志办到淄博考察交流工作】 2017 年 6 月 13 日，濮阳市史志办一行 4 人在主任李振林率领下，到淄博市交流史志工作。市史志办主任毕建国从淄博市工作思路、主要做法及方志馆和信息化建设等方面，向濮阳史志同仁作全面介绍。双方就史志工作共同关心的问题进行热烈的讨论并相互交换近年来的史志成果。考察组一行实地参观考察淄博

2017 年 6 月 13 日，濮阳市史志办到淄博考察交流

市历史展览馆、淄博市方志馆等文化场所，就如何深入挖掘阐发地域文化资源进行深入交流。

【济南市历下区史志办到淄博考察交流工作】 2017年6月14日，济南市史志办副主任杜加臣、历下区史志办主任赵光臣带领历下区史志办一行7人到淄博市史志办交流方志馆建设等工作。考察组重点参观淄博市历史展览馆和淄博市方志馆。市史志办主任毕建国、副主任安永善陪同。在实地参观过程中，重点交流方志馆建设过程中的一些经验、做法以及遇到的问题。双方就方志馆的发展方向、内容展示、人员配备等情况进行探讨。

【四川省地方志课题研究组到淄博考察交流工作】 2017年7月26日，由四川省泸州市志办邱俊带队，资阳市志办主任李卫东、甘孜州志办副主任韩广富及自贡、宜宾、遂宁等市相关工作人员组成的四川省地方志课题研究组一行10人，到淄博市交流史志工作。市史志办主任毕建国、副主任安永善从淄博市史志工作思路、主要做法及方志馆和信息化建设等方面，向四川省的史志同仁进行全面介绍。双方还就地方志工作机构职能任务与发展、编制与人员配备、人才队伍建设等相关问题进行热烈讨论。考察组一行实地参观考察淄博市历史展览馆、淄博市方志馆等场所。双方就如何深入挖掘阐发地域文化资源进行深入交流。

【淄博市史志办到宁波学习】 按照市委《关于在淄博市开展学习先进对标发展工作的实施意见》的要求，8月9日—11日，市史志办副主任安永善一行5人组成对标先进活动学习组赴宁波市地方志办公室实地学习。学习期间，学习组与宁波市方志办进行深入座谈交流，现场学习宁波市方志办“固本强基、攻坚克难、与时俱进”的工作思路，深入了解该市在志鉴编修、人才队伍建设、方志馆建设、方志宣传、文献征集等各方面取得的经验做法。双方还就史志工作共同关心的问题进行热烈的讨论，并建议两市今后加强联系和沟通交流，共同开创史志工作新局面。

【兰陵县史志办到临淄区考察交流】 2017年12月13日—14日，临沂市兰陵县史志办一行到淄博市临淄区进行考察交流。兰陵县史志办正在筹备《荀子志》的编纂工作，荀子曾经在稷下学宫担任祭酒长达数十载，为进一步搜集资料，兰陵县史志办专程到临淄区进行实地考察。临淄区史志办积极配合，带领兰陵县史志办一行参观考察稷下学宫遗址等历史古迹，并邀请区齐文化研究中心和区文物局参加交流活动，为兰陵县史志办提供有关资料，推动《荀子志》的编纂工作。

（胡　滨）

【博山区史志办赴邹城考察学习】 2017年2月17日，为学习借鉴各地史志办在镇村志编纂、古村落文化研究工作中的成功经验，经省史志办推荐，淄博市博山区史志办组织各镇（街道、开发区）的主要撰稿人50人，在区政协副主席、区史志办主任张新清的带领下赴邹城市考察学习。济宁市史志办主任张树礼、邹城市史志办主任周广志带领考察团一行到石墙镇上九山村进行现场参观学习，听取镇领导在古村落保护与开发利用、村志编纂等方面的经验介绍，到孟府孟庙进行干部政德教育。

【博山区史志办赴济南市天桥区考察学习】 2017年3月6日，淄博市博山区政协副主席、区史志办主任张新清一行2人到全省史志工作先进单位天桥区史志办学习交流史志工作。济南市史志办副主任杜加臣、天桥区史志办主任王封军热情接待并介绍近几年济南市、天桥区史志工作取得的成绩及经验做法。

【张店区史志办到周村考察学习】 2017年3月16日，淄博市张店区史志办主任李思玉带领区史志办2人一起到周村区史志办考察学习史志工作。周村区史志办主任吴卓春热情接待并介绍近几年周村区史志工作取得的主要成绩及经验做法，并赠送《周村史志之窗》系列刊物。

【德州市史志办到博山考察交流】 2017年3月23日，德州市史志办主任李其常率德州市各区县史志办主任一行15人到博山区考察交流，实地考察博山区方志馆。淄博市史志办主任毕建国出席相关活动。在座谈会上，博山区政协副主席、区史志办主任张新清向考察团一行介绍博山区史志工作开展情况及经验做法，双方就志鉴编纂、人才队伍建设等方面进行深入探讨，并互赠史志成果。

【临朐县史志办到博山学习】 2017年6月27日，临朐县史志办主任张孝友一行4人到淄博市博山区考察学习史志工作。座谈会上，博山区史志办副主任陈立波介绍方志馆建设情况和《博山饮食志》《博山区传统村落记忆》《博山山水》《旧志集成》《博山年鉴》等志书编纂情况和经验做法。

张孝友一行到山头街道实地考察学习《镇村志略》编写情况，并到崮山镇焦裕禄纪念馆现场参观，接受革命传统教育。

【博山区史志办赴沂水县考察学习】 2017年11月17日，淄博市博山区史志办全体人员及部分退休党员干部在主任杨雪莹的带领下，赴沂水县考察学习史志资源开发利用服务基地建设及党组织建设先进经验，沂水县史志安排实地考察并举行座谈会介绍经验做法。

博山区史志办一行参观高桥手绣民俗馆、沂蒙非遗馆、沂水县方志展览馆等多处沂水县史志办开发利用服务基地，现场听取沂水县史志办主任高仲平对史志资源开发利用方面的经验介绍和心得体会。随后，全体人员参观《大众日报》创刊地——沂蒙山革命根据地，深入了解革命先烈自强不息的革命历程。

（胡　滨　刘海芹）

责任编校：刘　敏

枣庄市史志工作

综述

【工作概况】 2017年，枣庄市史志系统以贯彻落实“三全目标”为核心，提升业务工作水平。根据年初制定的《市史志办业务目标考核细则》，制定详细的工作方案，明确责任分工，完成各项业务工作。

贯彻落实“三全目标”，推动核心业务发展。7月25日，枣庄市史志工作“三全”目标推进座谈会召开，省政府办公厅党组成员、省史志办主任刘爱军到会指导，副市长刘吉忠出席会议，市、区（市）两级政府分管领导和史志办主任参会。会议对全市“三全”目标工作提出指导意见和具体要求，全市史志系统以此次会议的召开为契机、为动力，统一思想、提高认识，会议结束后，全员行动起来，认真抓会议精神的贯彻落实。

开展志书“六进”，促进史志成果转化。年内，先后向市、县两级机关及领导赠阅《枣庄市志（1986–2005）》，同时向部分学校、社区赠送《枣庄年鉴》《枣庄市志（1986–2005）》。《枣庄市志》将走进军营、社区、企业、村庄，对全市干部群众进行深入的地情教育，让史志成果发挥更大的作用。

创新年鉴编修，打造史志品牌。《枣庄年鉴（2017）》年鉴框架结构和体例、条目编撰进行改革，体现时代特色。同时，革新编纂方式。审、校过程中，注重人员的交叉和搭配，优势互补，形成互相监督、互相促进的良性循环；协同查漏，拾遗补缺。

业务学习、理论研究与业务指导并重，提高工作人员业务水平。开展理论学习研讨和国学经典研读活动。活动开展以来，先后开展集中交流2次，撰写理论文章3篇。加强对区（市）、市直部门、镇村修志的业务指导。派员参加《滕州市志》《台儿庄区志》《枣庄物价志》《滕州物资志》的编修培训会。全程指导《北辛村志》《奚村志》编修，派出专人帮助他们设计框架体例、修改文稿，协助出版事宜等。继续编辑出版方志期刊《枣庄史志》。年内共出版发行2期，对宣传推介史志工作、推动方志理论研究起到了良好的效果。

适时总结修志经验，编修出版《枣庄历代方志集成》《枣庄史志志》《枣庄大事记》。整理出版《枣庄历代方志集成》。枣庄修志传统悠久，现存自明至民国时期峄县志、滕县志10余种，本次整理辑录存史价值较高的8种旧志，并汇编成册，成为枣庄历史研究的重要史料。编修《枣庄史志志》。第二轮志书出版发行后，为总结修志经验，保存修志资料，决定编纂出版《枣庄史志志》，该书处于初稿撰写阶段。编修《枣庄大事记》。将枣庄近代以来发生的大事、要事整理汇编，现已形成初稿。

方志馆整理和枣庄市情网的升级改版。继续丰富方志馆馆藏，整理汇编方志馆馆藏书目录，为方志馆扩容升级做准备。枣庄市情网完成年度升级改版任务，增设实时新闻和文明单位创建栏目，不断更新文明宣传内容，与单位的文明创建形成良好的线上线下互动。

做好省史志办安排的各项组供稿工作。做好《山东年鉴（2017）》组供稿工作。组稿人员通过与各区（市）、市统计局及其他相关部门沟通协调，认真撰写枣庄市经济和社会发展概况，稿件约1.7万字。完成《山东地方史志年鉴（2017卷）》（枣庄部分）供稿工作。组稿人员认真梳理2016年度枣庄市史志成果，形成1.7万余字的初稿，采用照片12幅。7月中旬，完成上报工作。完成《山东省志·人物志》（枣庄部分）组稿工作。共收集人物25人，其中入传记人物7人、列人物简介10人、人物名录8人，1万余字。5月，完成初稿报送。完成《山东抗日根据地》《山东解放区志》资料收集工作。明确责任科室和撰稿人，精心组织，广泛收集资料。通过联系市档案局、市党史办等有关单位，多渠道收集资料。

【枣庄市史志办全体人员工作会议】 2017年5月15日，枣庄市史志办全体人员工作会议召开。会议总结上半年工作，并安排部署下半年工作计划。市史志办副主任张涛传达全省年鉴工作座谈会和全省名镇名村志编修培训班会议精神，对上半年工作情况作了总结，同时安排《枣庄年鉴（2017）》编纂、《枣庄史志志》编修、《枣庄大事记》编辑、全省业务理论研讨会论文撰写、方志馆建设整理、《枣庄史志》第四期编写等工作。

7月28日，枣庄市史志办全体人员工作会议召开。会议总结枣庄市在落实“三全”目标任务上存在的差距和不足，要求全体人员以“三全”目标推进座谈会的召开为契机，统一思想、提高认识，认真抓会议精神的贯彻落实。要采取多种措施，加强业务指导，推进滕州市、台儿庄区第二轮志书编修进度。

12月29日，枣庄市史志办全体人员工作会议召开。会议传达全省各市史志办主任工作会议精神，总结2017年度枣庄史志工作情况，安排部署2018年度史志工作任务。会议要求做好《山东省抗日根据地志》《山东省解放区志》组稿工作，加快《枣庄史志志》《枣庄大事记》编纂进度，并对下一年度开展省级文明单位创建、《枣庄市志（1986—2005）》“六进”工作、改革创新年鉴编纂方式方法、争取方志馆新馆工作和市情网升级工作作安排部署。

【枣庄市史志工作“三全”目标推进座谈会】 2017年7月25日，枣庄市史志工作“三全”目标推进座谈会召开。省政府办公厅党组成员、省史志办主任刘爱军，副市长刘吉忠，市、区（市）两级政府分管领导和史志办主任参会。会上，刘爱军全面分析了当前史志事业发展面临的大好形势及全省史志工作取得的成绩，着重指出枣庄市在落实“三全”目标任务上存在的差距和不足及其原因。刘吉忠简要介绍近年来枣庄市史志工作情况，全面分析存在的问题和不足，并明确表示，切实把史志工作纳入经济和社会发展规划，加强组织领导、加大资金投入、加强人才队伍建设，切实做到“一纳入、八到位”，确保完成好“三全”目标任务。随后，各区（市）政府分管负责同志汇报史志工作情况。

【台儿庄区推进第二轮修志工作暨编纂人员培训会议】 2017年9月13日，枣庄市台儿庄区推进第二轮修志工作暨编纂人员培训会议召开。市史志办副主任张涛、市史志办秘书科副科长王正伟就志书编纂、志书供稿及资料收集等方面对参会人员作培训。

【《枣庄市物价志》编纂工作座谈会】 2017年11月10日，《枣庄市物价志》编纂工作座谈会召开。市史志办主任王巍波、副主任张涛及业务指导科科长杨慧到枣庄市物价局，就《枣庄市物价志》的编纂启动工作进行座谈交流。市史志办业务指导科科长杨慧从篇目设计、资料搜集、编写应把握的几个问题等方面向物价局参训人员介绍志书编纂的要求和规范。双方还就《枣庄市物价志》上下限时间，编纂工作步骤等问题进行研讨。

【理论学习研讨和国学经典研读活动】 2017年，枣庄市史志办继续开展理论学习研讨和国学经典研读活动。以“学、写、讲、研”为主要形式，在全办干部职工中开展“品读国学经典”读书活动，进一步加强学习型单位建设。组织职工集中学习中国传统文化方面的经典书目，并向职工推荐自学书目，推荐具体书目20余册。活动中做到“四个一”，即每天读书一小时，两月读完一本书；每书撰写一篇心得体会，适时开展一次集中交流。活动开展以来，先后开展集中交流2次，撰写理论文章3篇。

【齐鲁名镇名村志文化工程志稿评审】 2017年9月，省史志办组织专家对各市申报齐鲁名镇名村志文化工程的志稿进行审查把关。其中，滕州市官桥镇《北辛村志》交由省史志办李天程、罗毅审稿，薛城区陶庄镇《奚村志》交由济南市史志办朱佩峰、青岛市史志办王现军审稿。10月19日，召开集中评审会，枣庄市史志办王正伟，《北辛村志》主编王光辉、副主编李作胜、王立洪，北辛村村主任王德科，《奚村志》主编张联东参加会议。与会专家围绕篇目设置、特色彰显、语言表述、图表运用等内容指出志稿存在的问题和不足，提出切实可行的修改意见建议。《北辛村志》《奚村志》均顺利入选“齐鲁名镇名村志文化工程”，并于12月26日参加省史志办在济南举行的齐鲁名镇名村志丛书新闻发布会暨赠书仪式。

【《枣庄市志（1986—2005）》被评为“优秀市县级志书”】 2017年4月，2016年度山东省优秀史志成果评选终审会议在济南召开。《枣庄市志（1986–2005）》被评为“优秀市县级志书”。

机构与队伍

【枣庄市地方史志编纂委员会】 根据市领导任职变化情况和工作需要，编委会共作 13 次调整。2017 年 9 月 11 日，印发《关于调整枣庄市地方史志编纂委员会组成人员的通知》（枣史志编发 2017〔2〕号），市委书记、市人大常委会主任李同道任枣庄市地方史志编纂委员会名誉主任，市委副书记、市长李峰任主任，副市长刘吉忠任第一副主任。副主任 13 人：枣庄军分区政治委员韦昌进，市委副秘书长、办公室主任程涛，市人大常委会副秘书长、办公室主任赵士亮，市政府副秘书长、办公室主任朱世宏，市政协副秘书长、办公室主任葛德胜，市委宣传部常务副部长张心立，市委组织部副部长、市机构编制委员会办公室主任王昌锋，武警枣庄支队政委孔繁华，市发改委主任李红民，市财政局局长孟繁浩，市人力资源和社会保障局局长褚志高，市史志办主任王巍波，市政府办公室副主任周鲁鹏。委员 12 人：枣庄日报社社长王春，市社科联主席张思春，市档案局局长、档案馆馆长郭丽娜，市委党史研究室主任安峰，市经信委主任王广部，市教育局局长郝荣平，市科技局局长邵磊，市文化广电新闻出版局局长渠玉桥，市审计局局长窦建军，市统计局局长魏国，市商务局局长张熙滨，市机关事务管理局局长王琪琳。

（郑娟娟）

【枣庄市地方史志办公室】 枣庄市地方

史志办公室为副县级全额财政拨款的参公管理事业单位，内设秘书科（下挂方志馆牌子）、编辑科、业务指导科等3个科室。2017年，定编11人，实有在职在岗工作人员10人，配备主任1人、副主任1人、科级领导职数3正1副、主任科员1人、副主任科员1人、科员1人、工勤人员1人；大专学历1人，本科学历7人，研究生学历2人；30–39岁5人，40–49岁3人；50–59岁2人。

主任：王巍波

副调研员、副主任：张涛

地址：枣庄市光明大道2621号市政大厦4楼

电话：0632-3319449

邮编：277000

（郑娟娟）

枣庄市各区市史志工作机构及负责人情况统计表

单位	隶属关系	规格	负责人	地址	电话	邮编
枣庄市市中区地方志编纂委员会办公室	市中区政府办公室	副科级	周春梅	枣庄市市中区君山中路321号	0632—3083194	277100
枣庄市薛城区地方志编纂委员会办公室	薛城区政府办公室	副科级	常亮	枣庄市薛城区永福中路2号区政府院内	0632—4412404	277000
枣庄市峄城区史志编纂委员会办公室	峄城区政府办公室	正科级	张瑞华	枣庄市峄城区坛山路166号区政府办公楼3楼	0632-7711419	277300
枣庄市台儿庄区地方史志编纂委员会办公室	台儿庄区政府	正科级	钟宜敏	枣庄市台儿庄区金光路75号区政府	0632—6611608	277400
枣庄市山亭区地方史志编纂委员会办公室	山亭区政府	正科级	邢召辉	枣庄市山亭区山城街道府前路9号	0632-8866556	277200
滕州市地方史志编纂委员会办公室	滕州市政府办公室	正科级	赵逢柏	滕州市北辛中路政务中心6楼	0632—5513783	277500

枣庄市各区市史志工作人员情况统计表

单位	定编	在编人员情况													
		行政管理人员					专业技术人员			学历学位情况				
		正处级	副处级	正科级	副科级	科员及以下	高级	中级	初级及以下	博士	硕士	本科	大专	高中以下
枣庄市市中区地方志编纂委员会办公室	4				2	2	1					4		
枣庄市薛城区地方志编纂委员会办公室	6				1	2						2		1
枣庄市峄城区史志编纂委员会办公室	8			1	2	6	1				1	6	2	
枣庄市台儿庄区地方史志编纂委员会办公室	4			2	2	1						2	2	1
枣庄市山亭区地方史志编纂委员会办公室	9			4	4	1		2	1			2	7	
滕州市地方史志编纂委员会办公室	5			2	2	1	2		3				5	

志书编纂与出版

【概况】 2017 年，枣庄市围绕“三全”目标，平稳推进志书编纂目标任务。市本级及山亭区、市中区第二轮修志任务已完成；峄城区完成志书评议稿，进入打磨完善阶段；薛城区志稿进入合成总纂阶段；滕州市和台儿庄区第二轮志书在编纂阶段，2018 年底前确保完成志书出版发行任务；齐鲁名镇名村志工作稳定推进，《奚村志》《北辛村志》入选“齐鲁名镇名村志文化工程”。

【《峄城区志（1991—2010）》编纂】 2017 年，枣庄市峄城区史志办按照《关于进一步做好〈峄城区志〉编修工作的通知》（峄办发〔2012〕32 号文）要求，继续推进第二轮志书编修工作。在编辑修改工作中，根据志书编纂要求，与各单位、各部门的撰稿人经过反复多次座谈讨论，交流认识，找出记事内容上缺欠和时间数据上的讹错，然后把文稿返回原单位进行补充和纠正。对部分单位所定撰写人能力不足，编辑人员则帮助拟出撰稿提纲，进行“一对一”指导，以减少撰稿人“走弯路”。针对业务量大、志书内容较多的部门（比如卫生、建设、教育系统）和内容相近的部门（比如镇街），区史志办专门召开会议对其现场业务指导，拓展志书内容编撰的捷径。截至12月，全区117个有撰稿任务的单位中，116个单位的史志文稿经修改初步定稿；1个单位的文稿经讨论后返回原撰稿单位进行再次修改补充。拟定整部志书共计22编、92章、368节，约180万字。争取2018年初召开评审会，2018年底正式出版。

（张瑞华　王　旭）

【《薛城区志（1991—2013）》编纂】 2017年，枣庄市薛城区史志办继续推进第二轮志书编修工作。对各供稿单位编辑人员140余人进行系统培训。经过电话督导、现场指导、发函督促，截至目前，全区123家供稿单位全部完成初稿报送，区志编修工作按计划进入校稿攻坚阶段，正在筹备志稿评审会。

（唐　罡）

【《滕州市志（1988—2016）》编纂】 2017年，枣庄市“三全”目标推进座谈会召开后，滕州市史志办筹备启动《滕州市志》编纂工作。从镇街、部门借调熟悉文字工作、认真负责、素质高的4人，充实史志队伍。8月下旬，开始筹备全市《滕州市志》编纂工作动员大会。9月5日，《滕州市志》编纂工作动员大会召开，《滕州市志》编纂工作正式启动。《滕州市志》编纂采取政府购买服务的方式，目前招标已结束。争取2018年10月组织评审，年底前出版发行。

（赵逢柏）

【《台儿庄区志（1986—2013）》编纂】 2017年9月13日，枣庄市台儿庄区推进第二轮修志工作暨编纂人员培训会议召开。区委副书记王光明、区政府副区长王晓丽、市史志办副主任张涛等领导出席会议，各镇（街）、部门分管负责人及撰稿人员近200人参加会议。市史志办副主任张涛、市史志办秘书科科长王正伟就志书编纂、志书供稿及资料收集等方面对参会人员作培训。培训会把续修新志的重要性和紧迫性、各个时段的要求以及第二轮志书的框架设计、编纂例言、行文规范等作详细部署，并把《区委办公室　区政府办公室关于进一步做好台儿庄区志编修工作的通知》（台办发〔2017〕52号）和《区委办公室　区政府办公室关于印发台儿庄区志（1986–2015）框架设计方案及供稿任务分工的通知》（台办发〔2017〕53号）印发到每一个供稿单位的分管负责人和撰稿人员手里（备注：下限随后有所调整，重新划定为2013年）。《台儿庄区志（1986–2013）》设34编，主要内容有概述、大事记、建置区划、自然环境、人口、城乡建设、环境保护、交通运输、邮政通信、农业和农村工作、工业、商贸流通业、民营经济、旅游服务业、财政　税收、金融、经济管理、中国共产党台儿庄区委员会、纪检监察、台儿庄区人民代表大会、台儿庄区人民政府、中国人民政治协商会议台儿庄区委员会、民主党派、群众团体、政法、军事、教育、科学技术、文化艺术、广播电视报刊、医药卫生、体育、精神文明建设、人力资源和社会保障、社会民生、镇（街道）开发区概况、人物、附录、索引、后记。

（赵　燕）

【《枣庄保险志（1950—2015）》出版】 该志由枣庄市保险行业协会编纂，准印证号：（枣）201615。全书34万字，设概述、大事记、分类各篇和人物、附录等共5篇、24章、104节。随文图片56幅，采用述、记、志、传、图、表、录等记述方式，全面记述枣庄市保险事业自初创至2015年的发展历程。

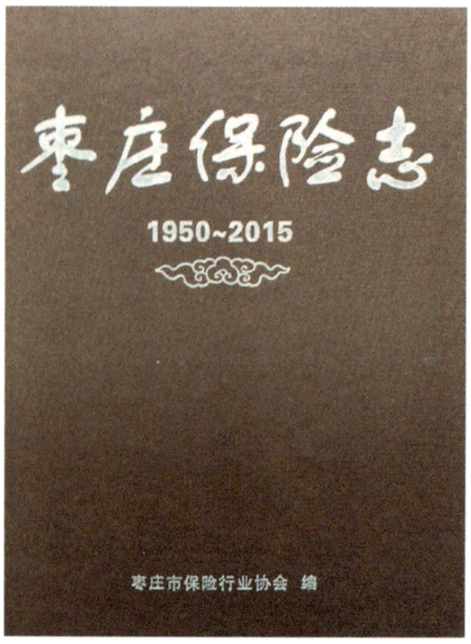

【《奚村志》出版】 志书编纂工作起步于2015年12月。该书上限肇自发端，下限止于2017年8月。采用纲目体结构，设概述、地理环境、居民、奚仲文化、村政组织、经济、村庄建设、文体教育卫生、风土民情、人物、大事记、附录等类目，记述枣庄市薛城区奚村独有的奚仲文化、宗族文化、经济特征、人文历史等，特色鲜明、重点突出。志书注重图片的使用，增加插图比例，直观展现历史风貌。关注人物，是该志书另一个突出的特点，村民在书中充分体现，人随事出，涵盖各个层次。2017年12月，由方志出版社出版发行，同时入选“首届齐鲁名村志”。全书53.1万字，编者为枣庄市薛城区陶庄镇奚村志编纂委员会，16开本，印数1200册，ISBN978-7-5144-2829-2，定价268元。

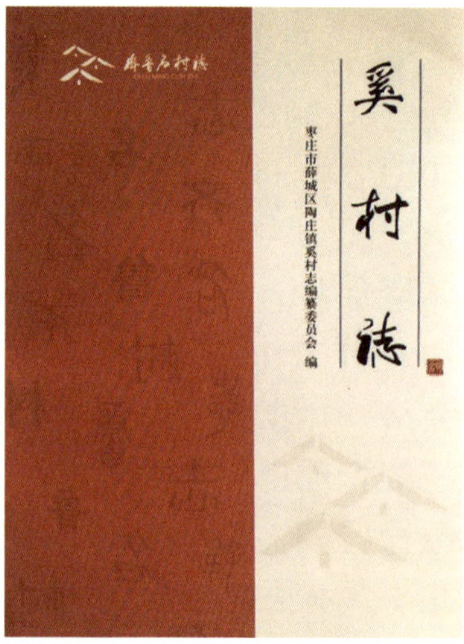

【旧志整理与出版】 枣庄境域为滕、峄故地，人文、地理资源丰富，自古就有修志传统。明、清以来，滕、峄两县方志编修连绵不断，留下下大量珍贵历史资料，为枣庄文化重要组成部分。明万历《滕县志》记载，滕县自明隆庆丁卯年（1567年）之前已多次修志。此后至民国修志十余次，然因年代久远，战乱频仍，流传下来仅存八种版本，且多有残缺。峄县自明嘉靖至光绪年间共八修县志，大多遗失或残缺，现存两种版本相对完整。此前，滕州市、峄城区史志机构积极开展旧志整理工作，校正翻印，点注普及，使部分精品志书得以流传，在抢救发掘地方史志资源、弘扬优秀传统文化方面作出重要贡献。2017年，枣庄市地方史志办公室秉持保存珍稀文献、传承历史文化、服务学术研究的宗旨，将征集到的所有旧志汇编为《枣庄市历代方志集成》（共四卷）。为保存古书原始风貌，该书采用影印缩印出版，为文史研究者和爱好者提供真实可靠的历史文献资料，同时也使这些珍贵的典籍文献得以保存、传播。预计于2018年出版发行。

（郑娟娟）

年鉴编纂与出版

【概况】 2017年，枣庄市、县两级积极稳步推进“一年一鉴、公开出版”任务落实工作。截至年底，枣庄市及所属的5区1市均实现综合年鉴编纂“一年一鉴、公开出版”。1993年10月，《枣庄年鉴（1993）》正式出版，已连续出版25卷。截至2017年底，《滕州年鉴》出版8卷，《薛城年鉴》出版3卷，《山亭年鉴》出版9卷，《市中年鉴》出版6卷，《峄城年鉴》出版5卷，《台儿庄年鉴》出版4卷。

【《枣庄年鉴(2017)》出版】 2017年10月，《枣庄年鉴（2017）》由中国文史出版社出版发行。主编王巍波，执行主编张涛，副主编杨慧，16开，书号ISBN 978-7-5034-9655-4，定价200元。该书是《枣庄年鉴》连续出版的第25卷，全书360页、95万字，彩页27页，内文图片149张、内文表格37张。设特载、大事记、枣庄概况、政党政务、人民团体、地方军事、法治、经济监督管理、农业、工业和信息化、交通运输和邮政业、城乡建设环境保护、财政税务、金融、商务旅游、教育科学、文化体育、卫生计划生育、社会民生、区（市）概况、开发区建设、人物、统计资料和附录24个栏目，前设目录，后附索引。主体内容划分为栏目、分目、条目三个层次，主要记述2016年度枣庄市经济社会发展的基本情况。

为实现年鉴常编常新，年内继续对编修方法和篇目设置进行改革创新。不断创新编纂内容。《枣庄年鉴（2017）》对年鉴框架结构和体例、条目编撰进行改革，精编条目、压缩水分、降低条目平均文字量、调整框架结构，体现时代特色。不断革新编纂方式。2017卷年鉴编纂在推进中更加注重三个协同，协同推进工作质量。编辑建立供稿人员微信交流群，与撰稿人加强沟通，交流年鉴的特点和编辑的理念，让每一位撰稿人充分理解年鉴编纂的指导思想和撰稿要求。在执行年鉴组、编、校、审工作流程时，对组稿环节经常进行集体交流和讨论，及时对原始稿质量把关。审、校过程中，注重人员的交叉和搭配，优势互补，形成互相监督、互相促进的良性循环；协同查漏，拾遗补缺。

（郑娟娟）

【《枣庄市中年鉴（2017）》出版】 市中区第7卷综合性年鉴《枣庄市中年鉴（2017）》编纂工作始于2017年6月。6月20日，枣庄市市中区区委、区政府联合印发《关于印发〈市中年鉴2017〉组稿方案的通知》（市中室字〔2017〕36号），进一步强调年鉴内容2016年起，由每两年编辑、出版一部改为一年一鉴。年

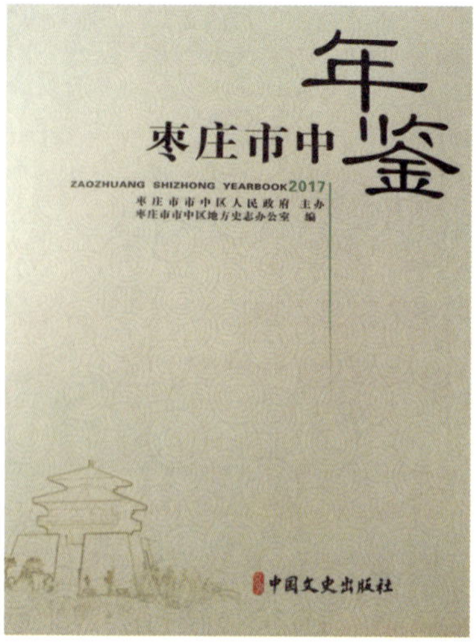

鉴编纂工作大致经历征集资料、分工编撰、总纂评审三个阶段。为切实做好年鉴供稿单位资料征集工作，第一时间确定单位负责人及撰稿人的姓名、职务，区史志办公室编辑人员数次深入部门举办座谈交流会，数十次与撰稿人进行面谈或电话商谈予以指导和推动。截至8月底，累计征集资料90余万字。分工编撰工作与资料征集工作“压茬”进行，区史志办编辑人员按照各自分工编撰初稿，先后修改初稿框架、内容1万余处，勒令退回重写供稿20余件，于10月形成70万字的汇总稿。11月初，汇总稿交由印刷厂排版，打印装订6本评审稿，分别交由市史志办、区委区政府主要领导审阅。12月初，市史志办审阅完成，提出修改意见100余处，区史志办根据意见进行精修，基本达到出版要求。12月底，送呈中国文史出版社审定后出版发行。全书50万字，16开本，书号ISBN978-7-5205-0172-9，定价160元。设特载、大事记、市中概况、政党政务、政法军事、经济监督管理、工业、农业、建设环保、贸易服务、财税金融保险、交通邮电供电、文化体育卫生、教育科技、社会生活、镇街、人物和附录18个栏目，记述2016年市中区经济社会发展的主要情况。

（胡乐义）

【《薛城年鉴（2017）》出版】 2017年12月，《薛城年鉴(2017)》由中国文史出版社出版。主编常亮、王健，50.6万字，16开本，书号ISBN978-7-5034-9203-7，定价186元。该书全面、系统、翔实地记述了2016年枣庄市薛城区经济、政治、文化、社会、生态文明等方面取得的重大成就，为各级领导决策和社会各界了解研究薛城区提供基本资料和依据，实现全省要求的“一年一鉴，公开出版”目标任务。内设特载、大事记、薛城概览、政党政务、人民团体、政法军事、经济监督管理、农业、工业、交通运输和信息化、城乡建设环境保护、财政税务、金融、商务服务和旅游业、教育科学、文化传媒、卫生计划生育体育、社会民生、镇（街）概况、薛城经济开发区、人物和附录22个栏目。为保证年鉴工作的连续性，年内薛城区史志办启动《薛城年鉴(2013—2015)》征稿工作，稿件征集工作已接近尾声，计划于2018年出版发行。

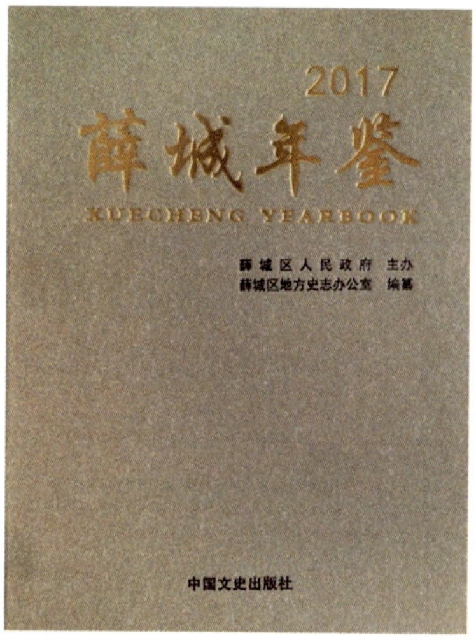

（唐　罡）

【《峄城年鉴（2017）》出版】 2017年3月14日，枣庄市峄城区委办公室、区政府办公室联合下发《〈峄城年鉴〉(2017)组稿编辑方案》（峄办发〔2017〕7号文件）组稿通知，制定《峄城年鉴（2017）》

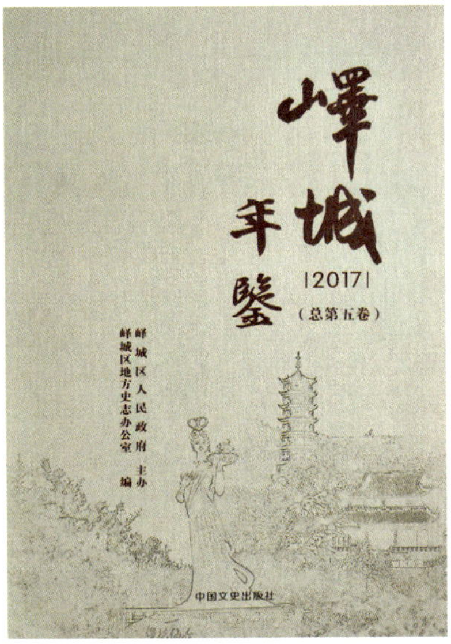

编辑方案和具体分工要求，对任务进行分解细化。编辑人员一方面收集撰写有关区里的总体材料，一方面指导督促部门和镇（街）撰写稿件，对不符合要求的稿件，提出修改意见，并返回到原单位进行补充修改。6月，完成全部材料的收集工作。全书45万字，全面、系统、真实地记载峄城区2016年政治、经济、文化、社会等各方面基本面貌和发展情况。设特载、大事记、峄城概览、政党政务、社会群众团体、政法军事、经济监督管理、农业、工业、城乡建设和环境保护、交通供电邮电、商贸服务和旅游业、对外经济贸易、财政税收、金融保险、教育科技、文化体育卫生、社会生活、镇（街道）概况、人物和附录21个栏目。12月，《峄城年鉴（2017）》由中国文史出版社出版发行，主编张瑞华，书号ISBN 978-7-5034-8973-0，16开本，定价190元。

（张瑞华　王　旭）

【《台儿庄年鉴（2017）》出版】 2017年9月，《台儿庄年鉴（2017）》由中国文史出版社出版发行。该年鉴由枣庄市台儿庄区地方史志办公室编纂，主编钟宜敏，副主编胡立志、贾照伟、陈静、杜慧、赵燕。设特载、大事记、台儿庄概况、政党政务、人民团体、地方军事、法治、经济监督管理、农业和农村工作、工业和信息化、交通运输 邮政业、城乡建设环境保护、财政税收、金融、商务旅游、教育科学、文化体育、卫生 计划生育、社会民生、开发区建设、镇（街道）概况、人物等24个栏目。主要收录2016年度发生在台儿庄区行政区域内的大事要闻，记载全区改革发展的新举措、新发展。本卷年鉴加大年鉴创新力度，对年鉴内容做适当调整，对部分栏目按照社会事业分类进行重新归并整合。前设英文目录，后附索引。全书43.5万字，286页，16开本，书号ISBN 978-7-5034-9625-7，定价189元。

（赵　燕）

【《山亭年鉴（2017）》出版】 《山亭年鉴（2017）》为总第9卷，由山亭区人民政府主办，区政府副区长廖华任主审，主编邢召辉，副主编宋刚、鞠金鑫、田春芳。2017年12月由中国文史出版社出版，16开本，印数1000册，书号ISBN978-7-5034-9662-2，定价160元。全书46万字，全面记述枣庄市山亭区2016年度资料，内容以条目形式表述。

从稳定性和连续性出发，全书设特载、大事记、概况、政党政务、人民团体、政法军事、财政税务、金融、经济监督管理、工业、农业、城乡建设环境保护、交通运输和信息业、商务旅游、对外经济贸易与合作、开发区建设、教育科学、文化体育、社会民生、镇（街）、附录21个栏目。

（邢召辉）

【《滕州年鉴（2017）》出版】 2017年，滕州市史志办严格按照省史志办“一年一鉴”工作要求，组织骨干力量认真开展《滕州年鉴（2017）》编纂工作。科学制定《滕州年鉴（2017）》组稿编辑方案，并以市政府办公室文件（滕政发〔2017〕90号文）形式下发，明确责任分工，落实供稿任务；对供稿材料，严格按照年鉴体例要求认真进行编辑、修改。累计对上报文稿修改400余万字。

12月，《滕州年鉴（2017）》由天津古籍出版社出版，主编赵逢柏，16开本，书号ISBN：978-7-5528-0652-6，定价286元。全书46万字，主要记述2016年度滕州市经济社会发展情况，设特载、大事记、滕州概况、政党政务、人民团体、政法军事、财政税务、经济监督管理、城乡建设环境保护、工业、农业、交通运输和信息业、商务旅游、开发区建设、金融、教育科学、文化体育、社会生活、镇（街）概况、人物和附录21个栏目。

（赵逢柏）

【《枣庄统计年鉴（2017）》出版】 2017年8月，《枣庄统计年鉴（2017）》由中国统计出版社出版。《枣庄统计年鉴（2017）》包括特载、统计表和附录三大部分。特载部分包括政府工作报告、统计公报和统计工作综述，综合反映机构及社会发展概况和枣庄市统计工作情况。统计表部分收录2016年度枣庄市国民经济和社会发展方面的统计数据，设行政区划、人口和自然资源、就业人员、劳动报酬和社会保障、固定资产投资、能源和原材料消费、财政、价格指数、居民生活、城市建设、农林牧渔业、工业、建筑业、交通运输邮电通信业、批发和零售、住

宿和餐饮业、对外经济贸易、金融、教育科技文化卫生体育民政司法等篇。各篇章插页后附有简要说明，概括介绍各篇主要内容和资料来源。附录部分包括枣庄市统计局工作大事记和主要统计指标解释。30 万字，16 开本，书号 ISBN 978-7-5037-7807-0，定价 280 元。

（郑娟娟）

【《滕州统计年鉴(2017)》出版】 2017 年，《滕州统计年鉴（2017)》出版，主编张善秋，副主编魏光永。全书包括特载、统计表和附录三大部分，是一部全面反映滕州市国民经济和社会发展情况的资料性年刊。

（赵逢柏）

信息化建设

【概况】 2017 年，枣庄市在实现市、区（市）二级地情网站全覆盖的基础上，努力提升全市史志信息化建设水平，充实和扩大地情数据库。各级网站不断创新栏目设置，加快更新动态数据，内容日益丰富广泛，公共服务能力逐步增强，社会效果明显提高。

【枣庄市情网】 枣庄市情网网址：www.zzdfz.cn。2017 年，枣庄市情网完成年度升级改版任务，增设“两学一做”学习教育专题、宣传贯彻党的十九大精神专栏和文明单位创建栏目，不断更新文明宣传内容，与单位的文明创建形成良好的线上线下互动。网站设首页、枣庄要闻、史志动态、通知公告、地情资料、政务公开、馆藏书目、史志动态、志鉴论坛、政策法规等栏目。年内，发布史志动态 72 条，完成 2017 年度枣庄市出版年鉴的数字化工作。

（郑娟娟）

2017 年枣庄市地情网站建设情况表

网站名称	网址	主要栏目	录入资料		
			文字（万字）	图片（幅）	视频（分钟）
枣庄市情网	www.zzdfz.cn	首页、枣庄要闻、史志动态、通知公告、地情资料、政务公开、馆藏书目、史志动态、志鉴论坛、政策法规等	1400	287	0
枣庄市市中区情网	sz.zzdfz.cn	首页、史志动态、市中要闻、中兴风雨、煤城新韵、旅游风光、人物传略、民风民俗、法规文献、职能机构等	10	100	5

续表

网站名称	网址	主要栏目	录入资料		
			文字（万字）	图片（幅）	视频（分钟）
枣庄市薛城区情网	xc.zzdfz.cn	薛城概况、时政要闻、史志动态、大事记、政策法规、历史人物、民俗风情、魅力乡镇、薛城风光	15	80	0
枣庄市峄城区情网	yc.zzdfz.cn	首页、峄城概况、时政要闻、史志动态、大事记、政策法规、历史人物、民俗风情、魅力乡镇、峄城风光	9	70	0
枣庄市台儿庄区情网	tez.zzdfz.cn	区情概况、古今大事、历代人物、史志动态、法规文献、志鉴知识、方志成果、风景名胜、民风民俗、网站公告等	10	80	0
枣庄市山亭区情网	st.zzdfz.cn	首页、山亭概况、时政要闻、史志动态、大事记、乡风民俗、政策法规、和谐华章、灵山秀水	12	90	0
滕州市情网	tz.zzdfz.cn	首页、新闻中心、市情概况、大事记、电子年鉴、历史人物、风俗人情、历史考略、民间故事、旅游景点、政策法规	20	80	12

方志馆建设

【概况】 2017年，枣庄市以“三全”目标推进座谈会为契机，继续丰富方志馆馆藏，整理汇编方志馆馆藏书目录，为方志馆扩容升级做准备。截至年底，5区1市方志馆已全部立项或处于建设阶段。

【枣庄市方志馆】 枣庄市方志馆位于枣庄市档案局办公楼内，面积50余平方米。方志馆设置专人值班，配备扫描仪、复印机等设备，实行计算机管理，为社会各界查阅资料提供最大方便。通过与周边地市志鉴类图书交流，扩充资料，丰富馆藏。馆内主要收藏地情资料、方志资料、古籍资料、年鉴资料、声像资料等。2017年，枣庄市方志馆藏书4000余册。其中，省内志书636部，省外志书92部，省内年鉴490部，省外年鉴181部，地情资料及其他相关史书2600余本。

（郑娟娟）

【枣庄市市中区方志馆】 市中区方志馆有办公室3间、馆藏室1间，面积约90平方米。区方志馆馆藏资料包括地方文献、志鉴成果、历史书籍及工具用书等四大类。共计1000多种2000余册，另有手写稿200余万字，以及大量胶片、图片、录音带等音像资料。2017年，调整方志馆陈列布局，收集整理新入馆志鉴50余册，先后为各级领导以及社会各界20余人次提供有价值的相关史实资料。2017年底，区政府确定将在市中区图书馆中建设方志馆，方志馆本着实际需要原则，以实用为前提，节约资源并最大程度的发挥资源共享，更好地展示地情资料，进一步提升地方文化基础设施建设水平，更好地服务地方经济社会发展。

（胡乐义）

【枣庄市薛城区方志馆】 馆藏面积40平方米。2017年，薛城区史志办通过交换、购买等方式收集志书、年鉴、乡俗民情等方志资料，馆内各类藏书近1000册。按照省、市史志办安排部署，计划2018年底，在城南生态新区仲建商务广场，和区档案馆共同规划设计，与薛城区档案馆两馆合一。

（唐　罡）

【枣庄市峄城区方志馆】 2017年，区史志办通过交换、购买等方式收集志书、年鉴、乡俗民情等方志资料充实馆藏，馆内有各类藏书近1000册。按照省、市史志办安排部署，峄城区史志办加紧方志馆建设步伐，争取在即将投入使用的文体综合馆中争取1000平方米作为方志馆用房。

（张瑞华　王　旭）

【枣庄市台儿庄区方志馆】 2017年，台儿庄区方志馆已经纳入区档案馆建设总体规划，新档案馆已在北部文教新区开工建设。年内，台儿庄区方志室通过交流等方式增加志书、年鉴、地情方面的书籍，充实方志书库。同时对全部藏书登记存档，方志室现有面积18平方米，室藏资料320类，1000多册。其中，志书1000余册，年鉴20余册，地情资料及其他相关史书200余册。全年接待社会各界查阅人员120余人。

（赵　燕）

【枣庄市山亭区方志馆】 2017年，根据省、市史志办关于方志馆建设的工作指示和要求，山亭区方志馆在筹建当中。馆内现收藏地方志1300部、各地年鉴3200册。2017年与省内外交流地方志与年鉴86部。

（邢召辉）

【滕州市方志馆】 馆舍面积约75平方米，截至2017年底，拥有各类馆藏图书2000余册。充分发挥史志应有作用，积极为领导、为部门单位、为社会提供咨询、查阅、文印服务，方志馆接待来人60余人次，查阅80余次。滕州方志馆新馆坐落在市行政办公中心西南，规划建设面积2000平方米，已开始基础建设。

（赵逢柏）

开发利用

【枣庄市史志办服务社会】 2017年，枣庄市史志办继续开展志书“六进”活动，促进史志成果转化。开展志书“六进”活动，促进志书成果利用转化。年内，为发挥《枣庄市志（1986—2005）》服务功能，促进史志成果开发利用，先后向市、县两级机关及领导赠阅《枣庄市志（1986—2005）》，同时向部分学校、社区赠送《枣庄年鉴》《枣庄市志（1986—2005）》。《枣庄市志（1986—2005）》将进一步走进军营、社区、企业、村庄，对全市干部群众进行深入的地情教育，让史志成果发挥更大作用。年内，枣庄市史志办接待社会各界查询资料100余人次，累计提供史志产品文字资料100余万字、照片200余幅。

（郑娟娟）

【滕州市史志工作服务社会】 搞好史志服务工作。充分发挥史志应有作用，积极为领导、为部门单位、为社会提供咨询、查阅、文印服务，方志馆接待来人60余人次，查阅80余次；滕州地情网站网站门类齐全，内容丰富，深受广大读者的普遍欢迎和好评。积极参加市委组织部组织的红荷湿地红色干部教育基地建立工作。到现场实地查看、参加座谈会，充分发挥应有作用，积极建言献策，促进工作开展。该基地于“七一”建党节挂牌。

（赵逢柏）

【枣庄市市中区史志工作服务社会】 2017年4月，市中区史志办在全区率先完成公共服务事项目录工作，为各级领导、单位提供地情资料。目录服务指南中强调社会各界人士享有读志用志服务，申请人仅需提供单位介绍信或个人有效证件来区史志办免费即时查阅。12月底，对公共服务事项中存在的问题，及时按程序调整修改，并逐项对能否实现上网办理进行分析论证，提出主动服务事项清单和可上网运行的依申请服务事项清单，圆满完成读志用志工作服务事项上网发布运行。

（胡乐义）

学术交流与活动

【《枣庄史志》第三期】 2017年4月，《枣庄史志》第三期印刷发行。该书旨在开辟枣庄历史文化研究园地，提高枣庄历史资源开发利用水平。主编王巍波，副主编张涛。全书采用四色印刷，16开本，70页，准印号：（枣）2015009。全刊除设置“志鉴论坛”“枣庄往事”“人物春秋”“文苑撷英”“史志信息”等常规栏目外，新增“乡村记忆”栏目。刊载文章20篇，约8万字，内文配以彩色插图，整本刊物内容丰富，图文并茂，装帧精美。

（郑娟娟）

责任编校：刘　敏

东营市史志工作

综述

【工作概况】 2017年，东营市史志系统狠抓省、市史志事业发展规划纲要特别是“三全目标”的督导落实，续修《东营市志》完成评审稿，市方志馆建设工程接近尾声，史志资源开发取得新成果，各项工作有序推进。

国家方志馆黄河分馆暨东营市方志馆建设顺利推进。2016年底完成展陈大纲论证，2017年方志馆建设项目全面推进。1月完成立项手续、建设资金手续、通过招标方案。3月完成设计施工一体化招标并完成监理企业招标。7月底完成导览系统、标本制作招标，导览系统预埋线路、配件安装全面完成。4月底至6月中旬，先后在北京、河南、东营等地，邀请专家学者就展陈方案进行六轮研讨，进行反复修改。6月27日，东营市、中指办、黄河水利委员会共建三方召开建设工作领导小组第二次全体会议，审定通过了展陈设计方案，项目正式开工。至年底，国家方志馆黄河分馆暨东营市方志馆展陈基础工程基本完成，多媒体、展柜、雕塑、场景及文物复制、文物征集等场外加工工作完成订货和采购，部分文物到场。

《东营年鉴（2017）》编纂出版求变求新。遵循《山东省地方综合年鉴编纂出版业务规范（试行）》，全面提升年鉴工作水平。与市内相关媒体合作，策划以开展品牌推送、主题摄影等形式，广泛征集反映全市生态建设、经济发展、文明城市、社会生活等领域的图片资料，扩大供稿渠道，丰富图片内容，体现时代特征。在坚持上卷基本框架的基础上，对部分分目进行适当调整。首次采用全彩印刷，全书116.2万字，收录图片172幅，表格114个。

信息化建设水平稳步提升。突出“互联网+”功能理念，立足实用，突出特色，打造全市地情门户网站。重点补充完善“图说东营”栏目文字内容，至年底，共完成乡镇（街道）34个，村1062个，文字15万字。着力完善“续修市志”栏目，为部门提供便利服务，推动续修市志工作顺利开展。年内，全市史志系统累计在山东省情网发表工作动态信息近100条。

扩大地方史志成果开发利用。对《百年沧桑—东营市老照片》《时光有痕—黄河口老物件》进行修订编纂，编纂完成《岁月如歌—东营市老民谣》，“老字号”地情图书系列初步形成。《岁月如歌——东营市老民谣》收录东营域内流传的各类民歌民谣300余首，包括劳动号子、小调、秧歌、儿歌，并收录部分快板词，11.6万字。该书延续《老照片》

《老物件》图文并茂的编纂风格，聘请本土农民画家创作插画100余幅，生动形象地突出了地方特色，增强了可读性。深挖史志资源，全方位展示普及，与东营电视台联合策划制作25集历史文化专题片《黄河口史话》，播出后深受社会欢迎。

其他工作。按时高标准完成《山东年鉴（2017）》的撰写和组稿工作、《山东省史志年鉴（2017）》的供稿工作、《山东省对口支援新疆志·东营部分》编纂工作的审稿把关工作、《山东省志·人物志（1986—2005）》的组稿供稿工作、全市方志馆每月进展情况统计上报工作。派选手参加全国方志馆讲解员大赛，获第二名。在《东营日报》开辟专栏，连续推出介绍东营史志和史志工作的文章，扩大影响。

（张　涛）

【黄河文化馆·国家方志馆黄河分馆建设工作领导小组第二次全体会议】 2017年6月27日上午，黄河文化馆·国家方志馆黄河分馆建设工作领导小组第二次全体会议在东营市召开。建设工作领导小组组长、东营市委书记申长友，建设工作领导小组组长、中国地方志指导小组秘书长、中国地方志指导小组办公室党组书记、主任冀祥德，建设工作领导小组组长、黄河水利委员会副主任牛玉国出席会议并讲话。建设工作领导小组组长、东营市委副书记、市长赵豪志，建设工作领导小组副组长、东营市委常委、宣传部部长贾瑞霭，建设工作领导小组副组长、东营市政协副主席王吉能，建设工作领导小组副组长、黄河水利委员会新闻宣传出版中心主任李肖强，建设工作领导小组副组长、黄河水利委员会山东黄河河务局副局长刘景国等出席会议。国家方志馆黄河分馆建设工作领导小组办公室主任、东营市史志办主任杜金华从招投标、展陈方案深化设计、展品征集等方面汇报筹建工作进展情况，并就下一步工作提出具体安排。与会领导和专家就《黄河分馆展陈设计方案》进行研讨，并原则通过。冀祥德、申长友、牛玉国代表三方共同启动国家方志馆黄河分馆展陈工程项目开工。

2017年6月27日，黄河文化馆·国家方志馆黄河分馆建设工作领导小组第二次全体会议在东营市召开

（张　涛）

【《东营市志（1996-2013）》完成评审稿】 2017年，市志初稿组稿完成后，面对专职修志人员少而志书编纂时间紧、质量标准高的困难和实际，利用政府购买服务方式，开门修志，广招人才，提高编纂效率和质量。抓特色篇目编纂。对《经济综述》《黄河口》《吕剧》《石油》《文化》等重点特色编目，分别聘请市委政研室、黄河河口管理局、黄河三角洲研究中心、市文广新局、胜利石油管理局、市委宣传部等部门、单位专家组织撰写，精心打磨。抓难点、重点问题解决。对修志中涉及的史志人员无力完成的专业性难

题，拟定课题7个，采取外包方式搜集补充资料。针对返稿过程中存在的难点问题，采取反复沟通、网上督查、上门督导等方式，逐个解决。抓编纂质量提升。发挥与方志出版社合作优势，8月，邀请国内有关专家召开座谈会，对续修《东营市志》编修提出意见和建议。年底，续修《东营市志》评审稿基本完成，共收录文字300余万字、图片1400余幅。

（张　涛）

机构与队伍

【东营市地方史志编纂委员会】 2017年，东营市地方史志编纂委员会组成人员名单为：市委书记、市人大常委会主任申长友任名誉主任，市委副书记、市长赵豪志任主任，市委常委、副市长张润国，副市长刘美华，市政府秘书长郭新民任副主任，市委办公室、市人大常委会办公室、市政府办公室、市政协办公室、市委组织部、市委宣传部、市委政法委、东营日报社、市档案局、市发展改革委、市经济和信息化委、市教育局、市科技局、市财政局、市人力资源社会保障局、市农业局、市商务局、市文化广电新闻出版局、市统计局、市油区办、市史志办、市社科联、各县区政府、中国石油大学办公室、东营军分区政治部、济军基地办公室为成员单位，委员会下设办公室。

（任　丽）

【东营市史志办公室】 2017年，东营市史志办公室（加挂东营市方志馆、国家方志馆黄河分馆牌子）为市政府直属事业单位，正处级，参照公务员法管理，全额财政拨款；编制17人，配备主任1

名、副主任2名，内设秘书科、编辑科、地情资料科、方志科，科级领导职数4名，主任科员1名，副主任科员1名。至2018年2月，实有在编干部职工12人，聘用人员4人。其中，主任1人，副主任1人，副调研员1人。年龄结构为老、中、青结合。研究生学历2人、本科学历12人。

主任：杜金华
副主任：穆瑞贤
副调研员：杨立宇
地址：东营市东城府前大街77号
电话：0546-8381168
邮编：257091

（张 涛）

东营市各区县史志工作机构及负责人情况统计表

单　位	隶属关系	规格	负责人	地　址	电 话	邮 编
东营市东营区地方史志办公室	东营区政府办公室	正科级		东营市东营区新区宁阳路 89 号	0546-8221667	257000
东营市河口区地方史志办公室	河口区政府	正科级	张振华	东营市河口区黄河路 93 号	0546-3661726	257200
东营市垦利区党史史志办公室	垦利区委	正科级	种玉洪	东营市垦利区行政办公楼	0546-2521172	257500
利津县地方史志编纂委员会办公室	利津县政府	正科级	李俊三	利津县利一路 102 号	0546-5621995	257400
广饶县史志办公室	广饶县政府	正科级	张登峰	广饶县乐安大街 501 号乐安大厦 8 楼	0546-6441153	257300

东营市各区县史志工作人员情况统计表

单　位	定编	在编人员情况												
		行政管理人员					专业技术人员			学历学位情况				
		正处级	副处级	正科级	副科级	科员及以下	高级	中级	初级及以下	博士	硕士	本科	大专	高中以下
东营市东营区地方史志办公室	7				2	2		3			1	3		
东营市河口区地方史志办公室	7			1	2	3	1	4			1	6		
东营市垦利区党史史志办公室	10			1	4	5						6	4	
利津县地方史志编纂委员会办公室	6			2		1		1	1			3	1	1
广饶县史志办公室	7			1	2	4		3				5	2	

志书编纂与出版

【概况】 2017年，《东营市志（1996－2013）》完成志稿统编和总纂加工任务，六卷本评审稿付印待专家评审。所辖县区的第二轮县级志书已于2013年9月全部完成。2017年，东营市出版乡镇（街道）志3部，在编8部；至年底，全市累计出版乡镇（街道）志21部。年内，东营市出版村（居）志6部，在编7部；至年底，全市累计出版村（居）志38部。年内，出版市直部门志1部，至年底，全市累计出版市直部门志48部。年内，各县区共出版部门志2部、特色志1部，在编特色志1部。

【《东营市志（1996－2013）》编纂】 该志上承2000年版《东营市志》，于2015年7月启动编修。2017年，《东营市志（1996－2013）》进入总纂加工与志稿合成阶段。年初，按照全市修志工作总体部署，市志编纂委员会办公室对总纂及审稿任务进行分工。总纂实行主笔领导下的分组工作制，由两名业务科长负责志稿初审，然后交主笔总纂；主笔总纂完成的部类交付排版；排版完成的进行黑马校对，打印后由专人校版。为提高效率，实行总纂过程与向部门返稿相结合，共返稿152个单位（次），累计向各部门提出修改意见、建议（批注文字）3.9万字；为确保数据准确，2017年11月—12月，组织力量对重点篇章的数据进行审核。12月底，六卷本评审稿完成，收录文字315.8万字，图片1475幅，表格508个。志书设“黄蓝经济区”“黄河口”“石油”“吕剧”4个特色编，设置“东营历史移民概况”“孙子文化研究与弘扬”“黄河口（东营）国际马拉松赛”等专记，以突出反映东营地方特色和时代特点。

（黄学桂）

东营市各县区第二轮志书编修出版情况表

志书	上限	下限	主编	副主编	启动编纂时间	出版时间	出版单位	字数（万）	印数（册）	获奖情况
利津县志	1986	2002	明玉华	王华民 郭忠瑞 裴泽民	2002.4	2006.6	中华书局	138	4000	2011年6月获齐鲁新方志奖（优秀志书奖）
广饶县志	1986	2002	胡广东	石丰武	2003.3	2007.6	中华书局	133.7	5000	2011年6月获齐鲁新方志奖（优秀志书奖）
垦利县志	1986	2002	曹光阶 王茂全	张伟勋 刘树成 张文泽 宋吉明	2003.3	2005.8	中华书局	167.8	4000	2006年12月获东营市社科成果二等奖

续表

志书	上限	下限	主编	副主编	启动编纂时间	出版时间	出版单位	字数（万）	印数（册）	获奖情况
东营区志	1998	2005	马献忠	郭大勇 李　鹏	2005.11	2008.12	方志出版社	112	3000	2011 年 6 月获齐鲁新方志奖（优秀志书奖）
河口区志	2001	2010	孟维芳 执行主编：张成儒、潘春芳	王景忠 李庆元	2009.2	2013.9	方志出版社	172.2	3000	2014 年 3 月获山东省优秀史志成果奖

（黄学桂）

【《六户镇志》出版】 2017 年 2 月，东营市东营区《六户镇志》由中国文史出版社出版发行。主编苏爱民。该志上起宋朝仁宗皇佑五年（1053 年），下至 2009 年。采用中编结构，卷首设彩页、概述、大事记，中设专志 22 篇 120 章 375 节，后设附录。全书 66 万字，内文插图 160 余幅，全面客观地记述了断限范围内六户镇经济、社会发展变化的基本脉络。大 16 开，印数 1000 册，定价 380 元，书号 ISBN 978-7-5034-6499-7。

【《西营志（1369—2016）》出版】 2017 年 11 月，东营市东营区辛店街道西营志编纂委员会编纂的《西营志（1369-2016)》出版发行。主编王爱国。该志断限上起于明洪武年间（1369 年）建村，下限为 2016 年底。全书 56.9 万字，首设概述、大事记，中设村庄，居民，村区建设，党群组织，村政，经济综述，农业，企业，商贸服务业，交通运输，文化艺术，教育、卫生、体育，村风民俗，荣誉，人物等篇，全面记述了东营区西营社区政治、经济、文化、村庄建设等方面的历史与现状，书前设彩页，内文有插图，是了解西营社区的百科全书。

（郭大勇）

【《新户镇东六合村志》出版】 2017 年 9 月，东营市河口区地方史志编纂委员会编纂的《新户镇东六合村志》由线装书局出版发行。主编邢兆义，执行主编张成儒，潘春芳。全志为通志，上限追溯事物发端，下限截至 2015 年，全面记述东六合村 90 多年的发展脉络。分为建置区划、自然环境、居民、村庄建设、农业、渔业、农村经济、村务管理、中共基层组织的建立与发展、基层政权组织、

群团组织、文化教育卫生、居民习俗、荣誉、村民家族15编，其中，“村民家族”编主要以家庭为单位，以图片展现每个家族的生活现状。前设概述、大事记，后设附录，是了解新户镇东六合村发展历程的基础资料。全书68万字，图片1000余幅，印数1000册，定价369元，书号ISBN978-7-5120-2884-5。

【《新户镇郭局村志》出版】 2017年11月，东营市河口区新户镇郭局村志编纂委员会编纂的《新户镇郭局村志》由线装书局出版发行。主编陈景先，副主编王新华、陈守明、宋淑梅。全志为通志，上限追溯事物发端，下限截至2015年底。分为建制、自然环境、居民、村民家族谱牒、新农村建设、农业、渔业、经济、综合管理、党群组织、基层政权与村民自治组织、文化教育卫生、民政与社会保障、驻军兵役、社会生活、人物16编，前设概述、大事记，后设后记，真实记述郭局村的历史与现状。全书47.5万字，图片100余幅，印数1000册，定价299元，书号ISBN978-7-5120-2956-9。

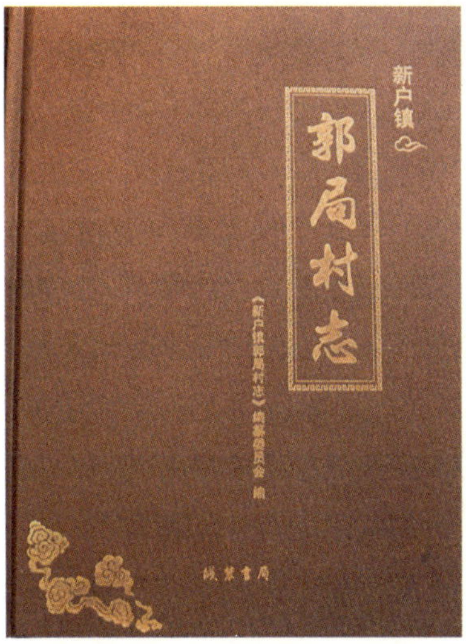

【《义和镇同合村志》出版】 2017年12月，东营市河口区地方史志编纂委员会编纂的《义和镇同合村志》由济南出版社出版发行。主编孟维芳、刘志刚，执行主编张成儒，副主编孙青华、崔清双。全志为通志，上限追溯事物发端，下限截至2015年。分为建置、自然环境、居民、村民家族、村庄建设、农业、中共基层组织的建立与发展、基层政权组织、群团组织、村务管理、文化教育卫生、村民习俗、东营市精诚无缝钢管有限责任公司13编，前设概述、大事记，后设荣誉、人物、附录、后记等资料，真实记述同合村的历史与现状。全书30万字，图片400余幅，印数1000册，定价360元，书号ISBN978-7-5488-2472-5。

（潘春芳）

【齐鲁名镇志《胜坨镇志》出版】 2017年12月，东营市垦利区《胜坨镇志》编纂委员会编纂的齐鲁名镇志《胜坨镇志》由方志出版社出版发行。主编种玉洪，执行主编刘荣惠，副主编陈学慧、王永华。全志为通志，上限追溯事物发端，下限截至2014年底，全面准确记述胜坨镇发

展的历史和现状。分为概述、镇情要览、近代黄河三角洲顶点、胜利油田发祥地、全国经济强镇、生态宜居名镇、特色生态文化旅游、风物民俗、胜坨名人、艺文、大事记略11部分，另有附录收录相关资料，客观、系统记述城镇化进程和改革开放成果，传承和保存乡土历史文化，为探索特色新型城镇化发展经验、发展模式、发展道路提供历史智慧和现实借鉴。全书39万字，图片200余幅，四色印刷，印数1000册，定价196元，书号ISBN978−7−5144−2881−0。

【《海北村志》出版】 2017年11月，东营市垦利区胜坨镇《海北村志》编纂委员会编纂的《海北村志》由中国图书出版社出版发行。主编苟增国，副主编张良忠，执行主编武金光。全志为通志，上限追溯事物发端，下限截至2015年底，全面准确记述海北村发展的历史和现状。分为建置环境、村庄、居民、工农共建等15篇，另设大事记、附录等相关资料，是社会各界了解海北村历史、全视角透视海北村经济社会发展历程的一部翔实的资料文献。该志四色印刷，全书35万字，图片500余幅，印数1000册，定价198元，书号ISBN978−988−35873−2−5。

（陈学慧　刘艳芳）

【《颜徐一村志》出版】 2017年9月，广饶县广饶街道颜徐一村编纂的《颜徐一村志》出版。主编成俊恒，副主编聂作友、贾立杰，特约编辑刘荣华、徐传尧，广饶县史志办石丰武为志书作全面指导。该村志编修工作自2015年12月开始，2017年4月完成初稿，7月形成征求意见稿，9月出版。全书设11章76节，前设序、凡例、概述、大事记，内容分为建置和自然、居民、农业、工商业、村庄规划与建设、文教卫生、精神文明建设、党政事务和群众团体、村民风俗、杂记、人物11个章节，后有附录、全家福、后记等内容。该志上限为明洪武年间，下限为2016年底，有些重大事件适当下延至2017年。该志全方位、多角度地记载了颜徐一村的历史变迁、社会变化、村庄面貌、风土人情等，较完整地保留了乡村记忆，是一部全面记载村庄发展历史的综合性志书。全书共56万字，有彩色插图380余幅，内文插图

130余幅。

（赵向前）

【《北宋镇志（1949-2011）》出版】 2017年5月，利津县《北宋镇志》编纂委员会编纂的《北宋镇志》由中国国际文化出版社出版发行。主编裴泽民，编修指导孙明钦。

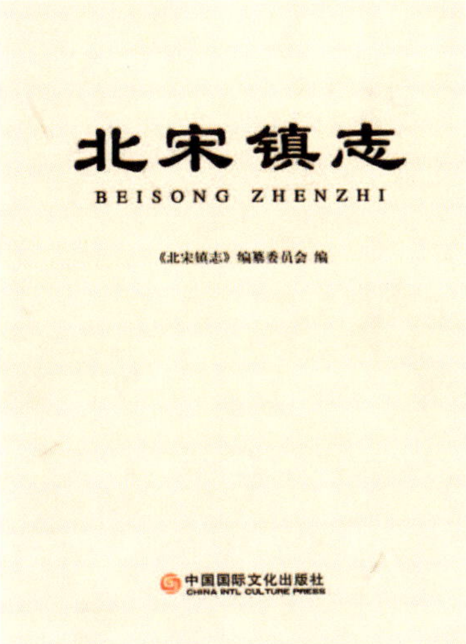

该志断限为1949年－2011年，本着“详今略远”的原则，重点记述2001年以来北宋镇取得的新业绩、新变化、新成就。分为建置、自然环境、居民、党群、政权政协、民政、军事司法、经济管理、金融财税、农业、工业、商贸业、村镇建设、国土与油区、教科文卫、交通、邮政信息、社会主义精神文明建设、民俗、人物20章，前设序、凡例、概述、大事记，后设附录、后记等。《北宋镇志》是社会各界了解北宋镇历史、全视角透视北宋镇经济社会发展历程的一部翔实的资料文献。该志70万字，图片300余幅，印数1000册，定价298元，书号ISBN 978－988－20592－9－0。

（李翔翔）

【《东营市物价志（1983-2013）》出版】 2017年1月，东营市物价志编纂委员会组织编纂的《东营市物价志》由中华书局出版发行。该志上限为1983年10月东营市成立，下限至2013年底，部分内容视情上溯或下延。采用章节体。卷前设彩色图片专辑，志首设综述、大事记，中设机构与队伍、物价综合管理、主要商品与服务价格、收费管理、监督检查、价格服务、机关建设7编23章，后置附录和后记。该志于2013年2月启动，2015年9月形成送审稿。全志比较客观、完整、清晰地记录了30年间东营物价工作的发展轨迹。全书双色印刷，正16开本，70余万字，书号ISBN 978－7－101－12342－5。

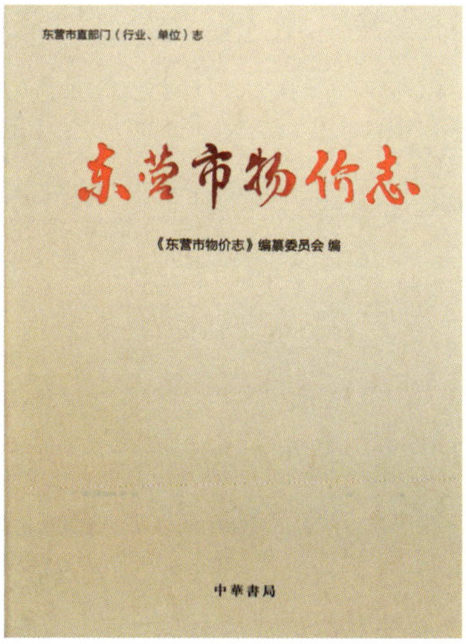

（黄学桂）

【《垦利县人大志（2006—2016）》出版】 2017年3月，《垦利县人大志（2006－2016）》编纂委员会编纂的《垦利县人大志（2006－2016）》由线装书局出版发行，主编孙海君，执行主编周杰、刘军，副主编刘登涛、成爱民。上限自2006年2月，下限至2016年12月，2016年8月垦利撤县设区后的工作一并记述，为垦利县第三部

人大志。该志前置序、凡例、概述、大事记，后置附录、编后记，中设人民代表大会代表、县人民代表大会、县人民代表大会常务委员会、监督工作、代表工作、人事任免、县人民代表大会常务委员会党组织建设、县人民代表大会常委会及机关自身建设、人物9篇，32章，64节。四色印刷，大16开本，53.3万字，印数1000册，定价298元，书号ISBN 978-7-5120-2714-5。

【《东营市垦利区老干部工作志（1983－2016）》出版】 2017年12月，《东营市垦利区老干部工作志》编纂委员会编纂的《东营市垦利区老干部工作志（1983－2016）》由线装书局出版发行，主编许建华，副主编张鹤良。上限自1983年9月，下限至2016年12月，为垦利区首部老干部工作志。该志前置序、凡例、概述、大事记，后置附录、编后记，中设管理机构、老干部简况与作用发挥、政治待遇落实、老龄工作、阵地建设、文化养老、党组织建设、关心下一代工作、重要会议与活动、机关建设与管理、基层老干部工作、人物、荣誉共14章，51节。大16开本，56.9万字，印数500册，定价138元，书号ISBN 978-7-5120-3038-1。

（陈学慧　刘艳芳）

【《东营市河口区水利图志（1984－2016）》出版】 2017年5月，《东营市河口区水利图志（1984－2016）》由线装书局出版发行。主编张兆栋、张成儒。上限为1984年，下限至2016年。分为七大水利体系建设、黄河、胜利供水、水利基本建设、水利科技普查、水利执法、机关建设、领导关怀八编，前设概述、大事记。全志用照片和资料真实记载了河口区水利建设的发展脉络。全书29.7万字，图片2500余幅，印数1000册，定价618元，书号ISBN978-7-5120-2750-3。

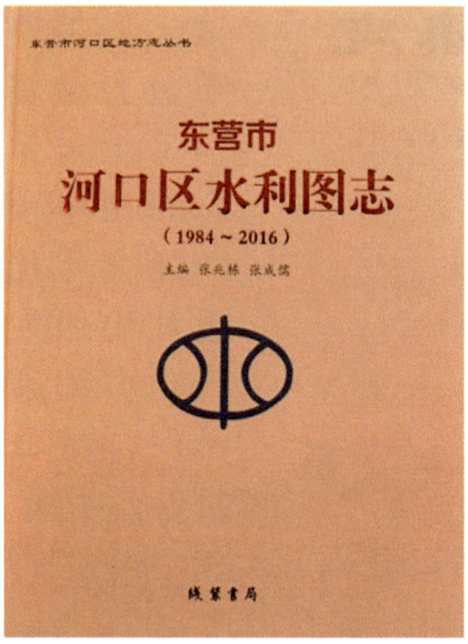

（潘春芳）

【《广饶县村居简志》编纂】 《广饶县村庄简志》是广饶县史志办公室为真实记录全县农村发展历史和现状推出的一套志书，每个镇、办事处各设一卷，共9卷，收录553个村内容，每个村上限为立村开始，下限延伸到2014年底，每个村记述内容分为概况、党政建设、经济建设、社会事业、人物、荣誉、重大事件、文物古迹、轶事遗闻等部分。至2017年10月，该志初稿全部完成，共计9卷、400余万字。11月至12月，进行排版、审校和整体修改完善。

（赵向前）

年鉴编纂与出版

【概况】 东营市史志办与方志出版社签订图书出版框架合作协议，就东营市域内志书、年鉴的编纂、评审、出版等各项工作，达成合作意向。协议期内，方志出版社负责选派专家，参与东营市相关图书的编纂、评审，帮助提升编纂质量，确保达到国内先进水平。至2017年底，市及5个县区综合年鉴全部由方志出版社出版发行。

【《东营年鉴(2017)》出版】 2017年10月，《东营年鉴(2017)》由方志出版社出版，这是自创刊以来出版的第23卷年鉴。主编杜金华，副主编杨立宇、李中华，执行主编任丽。设特载、大事记、东营概貌、中国共产党东营市委员会等35个栏目，坚持上卷年鉴基本框架，对部分分目进行了适当调整，在“法治”类目下增加“立法”，把“综述”改为“政法委及综治办”，“审判”改为“法院”，在附录中增加“东营市市直部门政务信息公开网址”。全书116.2万字，收录图片172幅，表格114个，全面记述东营市2016年度自然、政治、经济、文化、社会、生态等方面的基本面貌和发展情况，反映全市各部门、各行业取得的重大成就，为各级领导决策和社会各界了解研究东营市情提供基本资料和依据。首次采用全彩印刷，大16开，定价198元，书号ISBN 978-7-5144-2532-1，印数1000册。

（任　丽）

【《东营区年鉴(2017)》出版】 2017年8月，东营市《东营区年鉴(2017)》由方志出版社出版，这是自创刊以来出版的第18卷年鉴。主编李建波，副主编郭大勇、李鹏。设特载、大事记、区情概况、政党政务、法治、综合经济管理、农业、工业、服务业、城建环保、社会事业、镇（街道）概况、石油、高等教育、人物、附录16篇，类目17个，分目148个，条目689条，插图186幅，表格29个，时政图片(彩页)17码，卷首设东营区行政区划图，后设东营区城区简图。大16开，50.3万字，印数1000册，定价180元，书号ISBN 978-7-5144-2500-0。该卷年鉴主要有三个特点：突出东营市东营区年度工作特色。卷首设“数字东营区2016”并设17页图片彩页集中展示东营区2016年主要工作业绩，特载分9个条目展示全年工作特别是亮点工作。突出东营区地方特色。特设“石油”篇，突出东营区

石油之城的特色。在工业篇中特设“东营高新技术产业开发区”，对东营区全国唯一一家以石油装备为主导产业的省级开发区、全国最大的石油装备制造业基地进行介绍。图文并茂，印制美观。年鉴卷首设17页图片栏，用60余幅精美图片集中展示东营区全年主要工作业绩。正文中采用相当数量的插图，增加年鉴的信息量。正文中大量采用表格，方便读者查阅。

（郭大勇）

【《河口年鉴(2017)》出版】 2017年10月，东营市河口区《河口年鉴（2017)》由方志出版社出版，这是自创刊以来出版的第16卷年鉴。主编张振华，副主编张泽红，执行主编潘春芳。设特载、大事记、区情概况、中国共产党河口区委员会、东营市河口区人民代表大会及其常务委员会、河口区人民政府、政协东营市河口区委员会、中国共产党河口区纪律检查委员会等31个栏目，130个分目（子分目)，随文图片130余幅。大16开，76.2万字，印数1000册，定价200元，书号ISBN 978-7-5144-2575-8。该卷年鉴将“政党·政务”中的“中国共产党河口区委员会、东营市河口区人民代表大会常务委员会、河口区人民政府、政协东营市河口区委员会、中国共产党河口区纪律检查委员会、河口区监察局”等升格为栏目，下设分目，同时将“群众团体”改为“人民团体”,“社会管理 人民生活”改为“社会生活”。书名冠东营市名称，圆脊精装，全书彩色印刷，提升年鉴的美观度和内在质量。

（潘春芳）

【《垦利年鉴(2017)》出版】 2017年12月，《垦利年鉴（2017)》由方志出版社出版，是创刊后出版的第14卷年鉴。东营市垦利区人民政府主办，垦利区党史史志办公室编纂，主编种玉洪，执行主编陈学慧，副主编宋慧峰、张乐忠、刘艳芳。设特载、大事记、垦利概况、黄河口、政党政务、政权政协、人民团体、军事、法治、对外开放、综合经济管理、农业、工业、石油、国内贸易、城建环保、交通邮政通信、财政税收、金融保险、教育科技卫生、文化艺术广播电视、社会生活、镇（街道）开发区、人物、附录、索引26个栏目，172个分目、931个条目，穿插图表26个、随文图片287幅、时政彩页121码。大16开，76.8万字，印数1000册，定价198元，书号ISBN 978-7-5144-2847-6。

（陈学慧 刘艳芳）

【《广饶年鉴(2017)》出版】 2017年9月，

《广饶年鉴（2017）》由方志出版社出版，这是自创刊以来出版的第18卷年鉴。主编张登峰，副主编石丰武、赵向前。设特载、大事记、广饶县情综述、政治政务、经济、城乡规划建设与管理、社会事业与人民生活、镇街道开发区广饶滨海新区、人物、附录10个篇目。全书记述广饶县政治、经济、文化、社会诸方面的基本情况，反映广饶县建设的新成就、新进展，为各行各业提供咨询服务，为各级领导提供决策依据。大16开，81.2万字，印数1000册，定价198元，书号ISBN 978-7-5144-2548-2。

（赵向前）

【《利津年鉴(2017)》出版】 2017年11月，《利津年鉴（2017）》由方志出版社出版，为出版的第22卷《利津年鉴》。主编李俊三，执行主编王曰华。设特载、大事记、县情概况、中国共产党利津县委员会、社会团体、综合经济管理等26个栏目，181个分目，表格21个，随文图片85幅，时政图片（彩页）89码。大16开，83万字，印数1000册，定价168元，书号ISBN 978-7-5144-2765-13。该卷首次将“政党政务”栏目分为“中国共产党利津县委员会”“利津县人大常委会”“利津县人民政府”“政协利津县委员会”“中国共产党纪律检查委员会”5个栏目，更明确反映县委、县政府等五大班子的分量和地位。首次为利津特产申办地理标志证明商标提供支持，在“汀罗镇”栏目及“市场管理”“海洋与渔业”“盐业”分目收录“汀罗名品”“利津水煎包”等，为利津县特色产品申办地理标志证明商标奠定基础。《利津年鉴（2017）》获全省优秀史志成果奖。

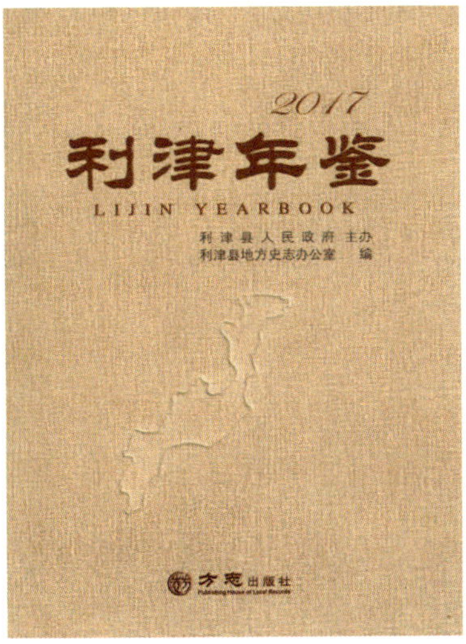

（李翔翔）

【《东营统计年鉴（2017）》出版】 2017年11月，由东营市统计局、国家统计局东营调查队联合编纂的《东营统计年鉴（2017）》出版发行。该书为大16开，485页，分特载、统计资料、附录3个部类。主要收录了2016年度东营市国民经济和社会发展方面的统计数据，内容包括综合、从业人员和劳动报酬、固定资产投资、财政金融保险、物价、居民生活、农林牧渔业、工业能源、建筑交通邮电旅游、国内外经济贸易、科技教育文化卫生广

电 11 部分。书末附有乡镇基本情况、全省各市主要经济指标、《统计法》《统计违法违纪行为处分规定》《山东统计条例》、主要统计指标等。为方便读者使用，该书主要指标还收录 1978 年以来各年度的统计数据。

（刘曙光）

【《东营区统计年鉴（2017）》出版】 2017 年 12 月，东营市《东营区统计年鉴（2017)》出版。该书由东营区统计局主办，主编王荣国，副主编燕致昌。内容包括综合、农林牧渔业、工业和建筑业、贸易业、固定资产投资、财政金融、教育卫生计划生育、劳动工资、城镇和农村住户、其他、附录。16 开本，291 页。

（郭大勇）

【《利津人大年鉴（2011—2016)》出版】 2017 年 1 月，《利津人大年鉴（2011—2016)》由中国国际文化出版社出版发行。由利津县人大常委会编纂，主编李民，副主编赵清平、薄其伟、尹立华。正文设大事记、特载、人民代表大会、县人大常委会、重大事项决定工作、监督工作、人事任免、代表工作、机关工作、附录 10 个栏目，全面反映 2011 年—2016 年利津县人大常委会的工作情况。26 万字，大 16 开，书号 ISBN 978-988-14215-3-1，印数 1000 册，定价 98 元。

（李翔翔）

信息化建设

【概况】 2017 年，东营市史志系统以市情网站和 3 区 2 县地情网站为平台，继续加强信息化建设。做好年鉴 2017 卷、部门志等史志成果的数字化归档，及时在网站发布史志动态信息，丰富史志数据库内容。全市史志系统在山东省情网发表工作动态信息 96 条，东营市史志办和河口区史志办均获“2017 年山东省情网优秀供稿单位”称号。东营市情网站在 2017 年山东省优秀史志成果评选中获“优秀信息化建设成果”奖。

（刘曙光）

【东营市情网】 *史志产品信息化。*东营市史志工作坚持资料征集、编辑加工、排版设计全程电子化处理，史志产品印刷出版后，注重收集、整理、保存史志产品初稿、定稿电子文档。2017 年，增加《东营年鉴（2017)》、《东营市物价志》等史志成果的电子文档，新增文字量 180 余万字、图片 200 余张，为丰富东营市情资料、打造数字方志馆、开展对外服务奠定基础。

*地情网站建设。*网站域名 www.dysq.gov.cn。以展示东营市情为主，设东营概况、东营史志、图说东营、魅力东营、音像东营、东营人物、网上方志馆、史志动态等栏目。其中“魅力东

营”栏目，包括“黄河从这里入海”“石油之城”“生态之城”“吕剧故乡”“孙武故里”二级栏目，从不同侧面展示东营特色。“音像东营”栏目包括“走进黄河口”“黄河口之歌”“东营口述史”“文明东营”“东营新闻”5个子栏目，以音频、视频形象展现东营市情，2017年，丰富东营市情网站栏目内容，及时发布动态信息，完善新版网站功能，做好网站维护、运行和管理等工作。5月，对东营市情网站“图说东营”栏目内容进行集中补充完善，历时6个多月，分别完成全市1863个村村名录入、850个村的资料录入工作，共15万字。11月将《东营年鉴（2017）》PDF版在东营市情网发布，发布速度居全省前列；随后又将《东营年鉴（2017）》电子版及时上传至省情资料库，分别新增文字资料116万余字、表格110多个、图片170余幅，进一步丰富东营年鉴数据库资料，便于网民及时查阅。至年底，东营市情网收录文字3800万字、图片2600幅、音像资料1.6万秒，网站点击量逾148万人次。东营市情网站在2017年山东省优秀史志成果评选中获“优秀信息化建设成果”奖。

信息宣传工作。东营市史志办公室坚持把网站信息工作作为对外展示全市史志工作的重要载体，以市情网为阵地、省情网为窗口，发挥网站信息宣传优势，在市情网站及时发布更新全市史志工作动态，积极向山东省情网站报送史志动态信息。鼓励引导3区2县做好史志信息工作。2017年，全市史志系统在山东省情网发表工作动态信息96条，其中市史志办发表信息30条；通过东营市情网站发布动态信息100余条、1万余字。全市史志信息工作再次受到山东省地方史志办公室的通报表扬。其中，在山东省地方史志办公室通报表彰的21个优秀供稿单位中，东营市史志办公室和河口区史志办公室均获“2017年山东省情网优秀供稿单位”称号，扩大和提升了全市史志工作的影响力。

史志产品电子文档上报。坚持向省史志办报送史志产品电子文档，2017年向省史志办报送史志产品电子文档6种，共400余万字。

（刘曙光）

2017年东营市地情网站建设情况表

网站名称	网址	主要栏目	录入资料		
			文字（万字）	图片（幅）	视频（分钟）
东营市情网	www.dysq.gov.cn	东营概况、东营史志、图说东营、魅力东营、音像东营、东营人物、网上方志馆、史志动态、历史上的今天	130	170	
东营区情网	www.dyqq.gov.cn	东营区情、东营区大事记、东营区史志、史志动态、吕剧故乡、魅力中心城、图说东营区、胜利油田概况、中国石油大学（华东）概况	20	20	
河口区情网	hkq.dysq.gov.cn	河口史志、史志动态、外埠史志信息、河口概况、镇（街道）风采、油田单位	100	60	

续表

网站名称	网址	主要栏目	录入资料		
			文字（万字）	图片（幅）	视频（分钟）
垦利区情网	www.klxq.gov.cn	史志动态、垦利概况、大事件、史志鉴数据库、垦利名片、垦利党史、垦利史志、图说垦利、美丽垦利、音像垦利、方志馆	20	230	20
广饶县情网	grx.dysq.gov.cn	史志动态、公告栏、广饶导航、地情资料库、历史文化、图说广饶、方志馆、广饶大事记、史海钩沉	600	100	
利津县情网	ljx.dysq.gov.cn	利津概况、利津史志、图说利津、魅力利津、音像利津、方志馆	150	90	

方志馆建设

【概况】 东营市方志馆（国家方志馆黄河分馆）展陈项目进展顺利，立项、招投标、设计方案深化等工作顺利完成，2017年6月27日正式开工。截至12月底，工程进度完成90%。县（区）方志馆建设稳步推进，按照“县（区）级方志馆面积不低于1000平方米”的要求，各县区积极申请建设新馆。其中，垦利区方志馆新馆建设获批复。

【东营市方志馆】 2015年7月，中指办批复东营市方志馆加挂国家方志馆黄河分馆牌子，市委、市政府责成东营市史志办公室抓好方志馆建设提档升级。2017年1月，国家方志馆黄河分馆展陈项目正式立项。3月，完成展陈设计施工一体化招标，苏州金螳螂文化发展有限公司中标。5月，完成展陈方案深化设计。6月，国家方志馆黄河分馆建设工作领导小组第二次全体会议在东营召开，审议通过了展陈设计方案，项目正式开工。项目施工后，建立起完善的调度督导机制，项目建设环环紧扣、有条不紊地推进，展品征集工作同时全面展开。协调省有关部门单位，争取文物支持；突出黄河文化品牌特色，在前期完成沿黄9省、40多个地市州、300多个县市区志书征集的基础上，向所有黄河流经省（自治区）博物馆（院）寻求合作，并达成黄河文化典型文物联展借展协议。截至2017年底，展陈设计一体化工程完成90%，导览系统预埋设线路及配件安装全面完成，相关标本制作进展顺利，多媒体、展柜、雕塑、场景及文物复制、文物征集等完成订货和采购，部分文物到场。

【东营市方志馆建设展陈项目开工】 2017年6月27日，黄河文化馆、国家方志馆黄河分馆建设工作领导小组第二次全体会议暨展陈项目开工仪式在东营举行。建设工作领导小组组长、市委书记申长友，建设工作领导小组组长、中国地方志指导小组秘书长、中国地方志指导小组办公室党组书记、主任冀祥德，建设工作领导小组组长、黄河水利委员会副

2017年6月27日，东营市委书记申长友，中国地方志指导小组秘书长、中国地方志指导小组办公室党组书记、主任冀祥德，黄河水利委员会副主任牛玉国共同出席黄河文化馆·国家方志馆黄河分馆建设展陈项目开工仪式

主任牛玉国出席会议并讲话。建设工作领导小组组长、市委副书记、市长赵豪志主持会议。会议听取了有关项目立项、招投标、展品征集等前期工作情况汇报，审定通过了展陈设计施工方案，申长友、冀祥德、牛玉国代表共建三方共同启动黄河文化馆、国家方志馆黄河分馆展陈工程项目开工。

【理顺方志馆管理体制】 2017年10月，东营市机构编制委员会批复东营市史志办公室机构编制请示，明确市史志办加挂国家方志馆黄河分馆牌子，为市政府直属事业单位，规格调整为正处级，领导职数1正2副，增设方志科，编制增至17人，职责增加承担国家方志馆交办的资料搜集、学术研究和业务交流等工作。市史志办加挂国家方志馆黄河分馆牌子及规格提升，进一步理顺管理体制，完善和强化市史志办职能，为充分发挥国家方志馆黄河分馆功能提供组织保障。

（丁伟强）

【东营市东营区方志馆】 位于区档案馆内，面积约100平方米。年内，与外地史志机构交换志、鉴等书籍16册，一次性购买志书106种、114册，主要为山东省近年出版的市、县、区志，部门、企业志，乡镇、街道、村志等。至年底，有各类志、鉴及地情丛书等藏书6900余册。

（郭大勇）

【东营市河口区方志馆】 方志馆面积100平方米。年内新购、交换志书50余种100余册，其中交换20余册，接收赠送50余册，馆藏志书达到1550余种6700余册。全年接待查阅、借阅人员160人次。

（潘春芳）

【东营市垦利区方志馆】 老馆位于区图书馆二楼，建筑面积约300平方米。年内新增进馆书籍1200册，馆藏资料近8000册，形成地情、方志、年鉴、党史资料四大门类，主体方志部类按黄河流域省市县和环渤海省市县分别交叉收藏，便于为区经济社会发展提供借鉴。分类完成资料整理和信息采集，实现目录数据信息化。全年参观查阅人员近万人。新馆与档案馆新馆合建，基础设施建设进展顺利。

（陈学慧　刘艳芳）

【广饶县方志馆】 位于广饶县国际会展中心，面积1000平方米，内设管理办公室、借阅室、阅览室、地情研究室和书库等。进一步面向社会开展阅览、展览、咨询、文献开发等服务工作，征集各类文献资料530余册（件），接待县外参观、咨询70余人次，县内查阅、咨询150余人次。

（赵向前）

【利津县方志馆】 位于利津县油区综合办公大楼12楼，面积60平方米。2017年，与外地史志机构交换各类志书100余册，志书、年鉴及地情资料书籍达到6000余册。县政府将方志馆建设纳入全县文化工程，与县文化中心建设同步推进。

（李翔翔）

开发利用

【《岁月如歌——东营老民谣》编撰完成】 为深入挖掘整理民间文化资源，进一步丰富东营文化内涵，大力弘扬优秀传统文化，2015年底，东营市史志办公室组织编撰《岁月如歌——东营老民谣》一书。2017年底，该书编撰完成，计划2018年1月出版发行。全书共收录老民谣310首，主要包括劳动号子、小调、秧歌、儿歌等4类，其中“小调”分生活歌、劳动歌、民俗歌、革命歌、情歌、诙谐歌、劝世歌、传说歌等8种。此外，还收录快板词5首。《岁月如歌——东营老民谣》一书从老民谣的角度，生动形象地展现了一个历史时期内东营区域内的生产生活、风土人情及社会道德风尚。

（卞　伟）

【《东营区手册（2017）》出版】 由东营市东营区地方史志办公室编纂，2017年8月出版，10万字，印数300册。正文设区情综述、经济发展、城乡建设、社会事业、镇街道概况、东营市情、胜利油田、中国石油大学（华东）等8部分，主要记述东营区基本区情、经济社会发展和实用信息，是一本各级各部门和社会有关方面了解熟悉东营区区情的简明实用书籍。

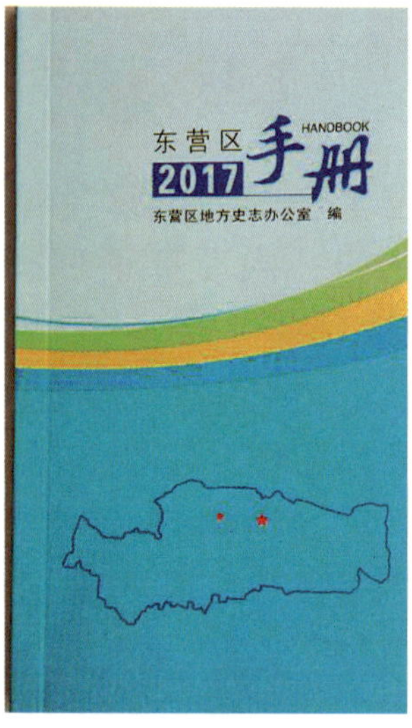

（郭大勇）

【《河口区投资服务手册》出版】 2017年10月，由东营市河口区地方史志办公室编纂的《河口区投资服务手册》出版。主审张振华，主编王景忠。该书内设河口名片、河口政区图、经济发展、交通旅游等图片，包括区情综述、投资平台、投资领域及主导产业、投资优惠政策、投资项目洽谈、制度保障、风景名胜等12个部类。12.6万字，印数500册。该书旨在更好服务全区经济建设和社会事业发展，实现富民强区新跨越，向外来投资客商介绍河口区的基本情况，尤其为全区招商引资工作提供便捷服务，为河口区社会各界提供一个简约可读的区情“小百科全书”。

【《近代黄河三角洲成陆志考》出版】 由东营市河口区地方史志办公室编纂，主编张成儒，2017年12月由中国文史出版社出版发行，全书32.4万字，印数1000册。该书以黄河变迁、黄河改道、海岸线、三角洲等准确史料为基础，找准黄河三角洲形成的历史脉络，主要考略内容分为地域考、故道考、成陆考、

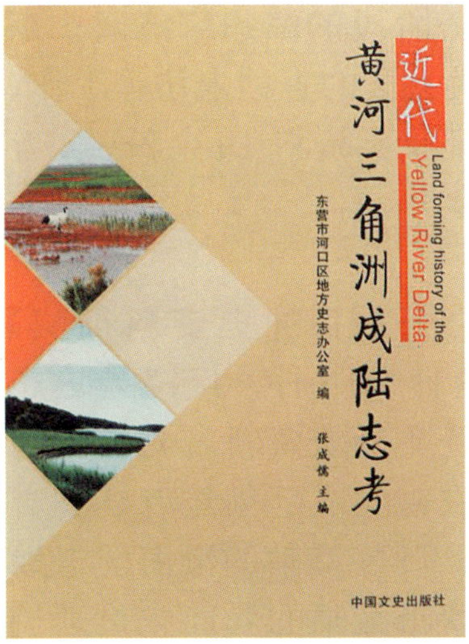

古今河道考、地名考、村落考、移民考、镇街新考，为使考证更加准确，并具有连贯性，最后加“辅考”。

（潘春芳）

【《家蕴清风》出版】 2017年12月，由东营市垦利区家蕴清风编委会编纂的《家蕴清风》出版发行，主编种玉洪，执行主编耿宝民、陈常峰，副主编丛明娟、苟守庆、尚梅君。全书设古代十大经典家训、古代著名家训、常见姓氏家训、红色家风、家风旧事、平凡家庭最美家风等十余个版块，辑录古今著名的家规家训、老一辈革命家的家风故事以及垦利本地的家规家训、垦利社会各界对家庭文化的思考和讨论。该书由中国言实出版社出版发行，书号ISBN978-7-5171-2655-3，32开，15万字，印数3000册，定价78元。

【《黄河口抗日战争史》出版】 2017年10月，由东营市垦利区党史史志办公室和薄文军联合编纂，主编种玉洪，副主编宋慧峰、陈学慧、张乐忠，编著薄文军。全景式展现20世纪二三十年代清河（渤海）区抗日军民在黄河口地区抗日、反顽、锄奸、剿匪的光辉历史，有效填补区域抗战史研究的空白，为黄河口人重温抗战岁月，增强民族自信，提供主旨明确、资料翔实、脉络清晰、鲜活生动的历史教材。中共党史出版社出版发行，16开，62万字，印数3000册。

（陈学慧　刘艳芳）

【东营市垦利区推进口述史资料征集工作】 2017年，垦利区党史史志办积极争取区委区政府支持、强化业务骨干作用、借助社会力量，多措并举推进社会主义建设时期县委书记口述历史资料征集工作，取得阶段性成果。

建立领导组织机构，足额保证经费，提供领导组织资金保障。垦利区党史史志办向区委、区政府就征集工作做出书面汇报，区委书记、分管书记等领导，作出明确批示，要求党史部门高度重视，精心准备，深入挖掘，确保征集工作详实、客观、准确。垦利区委批准成立以区委分管书记为组长，组织、老干部局、党史、档案等部门主要负责人为成员的征集工作临时领导小组，领导协调统筹征集工作。垦利区财政部门对所需经费予以足额保障。精心准备，深入发动，夯实工作基础。先期，垦利区党史史志办组织参与人员，对省委党史研究室印发的工作方案及省市的部署要求进行认真学习和深入研讨，理清工作思路，明确工作目标任务，制定具体实施方案；同时，走访本区老党史、史志工作者、翻阅历史书籍文献，查找档案卷宗，首先完成区内资料搜集，并了解当事人工作去向、寻找有关信息线索，为外出调查采访工作做了充分准备工作。开门办党史，借外力强内力，组织善作善成的工作队伍。垦利区党史史志办对工作人员进行重新调整安排，抽调业务骨干集中力量、精力、时间做好征集工作。从社会上聘请了2位爱党史、懂党史、有从事新闻宣传工作经历的老同志，与本办人员组成2个外出调访工作小组，具体负责全区口述史资料的征集工作，为工作开展建立可靠的人才保障。配齐配好装备，提供可靠技术支撑。垦利区党史史志办在区财政的支持下，新添置了数字录像机、照相机、录音笔、笔记本电脑等高规格的调访所需设备。年内，垦利区党史史志办已完成第一阶段的滨州、济南、东营等地市及有关县区的查档走访等工作，走访8人次，征集到资料10余份，2万余字。

【广饶县史志办开展口述史资料征集】 2017年1月13日—15日，广饶县史志办赴北京采访征集历史资料，先后采访山东省第一个农村党支部创建者延安吉的养女张金禄、95岁高龄的渤海区老战士牛树声和东营市最早的共产党员延伯真的女儿延希宁，征集老照片90余幅、文字资料25万余字。

（赵向前）

服务社会

【东营市史志办组织拍摄《黄河口史话》电视专题片】 2017年10月25日起，东营市史志办与东营电视台联合制作的系列历史文化专题片《黄河口史话》，在东营电视台新闻综合频道《美丽东营》栏目播出。该专题片通过介绍东营发展历程中的重要节点、重要人物、重大事件，展示黄河口厚重的文化资源，彰显黄河口文化独特的历史价值，揭示东营的人文精神和城市风貌。采取以物论事、以事述史、以史系人的方式，对方志整理、历史人物、多元文化、重点文物和古迹、传统文艺、手艺和老物件等6个方面进行详细讲述，共25集，播出后引起良好社会反响。

（卞　伟）

【东营区史志工作服务社会】 2017年，东营市东营区史志办选派1名工作人员历时10个月，协助东营区民政局做好东营革命纪念馆展厅建设工作，为其提供东营区革命历史资料5万字，照片300幅，提供展厅建设意见80条，并参与制定规划方案。

（郭大勇）

【河口区史志工作服务社会】 东营市河口区史志办开展史志成果进基层、进社区活动，全年累计捐赠史志图书150余册。年内，为帮扶村新户镇南李村农家书屋捐赠《河口区志》《河口区大事记》《河口概览》《河口区情》《河口年鉴》等书籍100余册。

（潘春芳）

【广饶县史志工作服务社会】 2017年11月10日，广饶县史志办组织工作人员走进商业街居委会社区，对史志工作进行宣传，并赠送《广饶年鉴》《广饶影存》等书籍。12月22日—26日，广饶县史志办开展“史志成果进校园”活动，为7所中小学校赠送县志类书籍550余部，更好地发挥了史志“存史、资政、教化”的作用。

（赵向前）

【利津县史志工作服务社会】 2017年，利津县史志办开展送志书进社区活动，向利津县城社区赠送《利津年鉴》《利津史略》《王象焕剪纸艺术》等书籍50余册，为帮扶村农家书屋捐赠志书年鉴30余册。全年累计捐赠史志成果100余册。

（李翔翔）

学术交流与活动

【东营市召开地方史志学会换届大会】 2017年9月14日，东营市地方史志学会换届大会召开，各级会员共50余人参加会议。会上，上一届学会会长杜金华从服务志鉴编纂、方志馆建设、地情资料开发、自身建设等四个方面作工作报告。会议通过了修改后的学会章程，选举产生新一届理事会、监事会和学会负责人。新任学会会长李中华作表态发言。

2017年9月14日，东营市地方史志学会换届大会召开，各级会员共50余人参加会议

（张　涛）

【理论研讨论文】 2017年8月，东营区史志办郭大勇撰写的论文《地方年鉴体例的创新》入选上海市地方史志办公室举办的2017年地方志理论研讨会。河口区史志办王景忠撰写的论文《新修志书如何避免“政治化”倾向——浅谈志书文风问题》入选山东省地方史志办公室举办的2017年全省方志理论研讨会。

【理论文章】 东营区史志办郭大勇撰写的《编著传承红色文化的优秀教材》在《巴蜀史志》第2期发表，《将年鉴做大做新做美》在《广西地方志》第2期发表，《地方年鉴体例的创新》在《上海地方志》第4期发表。河口区史志办王景忠撰写的《新编地方志如何避免“政治化”倾向》在《湖南地方志》第4期、《安徽地方志》第4期发表，撰写的《新方志编纂必须坚持实事求是的思想路线——浅议志书的政治考量》在《湖南地方志》第1期发表，撰写的《浅谈志书“概述”的编写》在《安徽地方志》第2期发表。

（郭大勇　潘春芳）

责任编校：刘　敏

烟台市史志工作

综　述

【工作概况】 2017年，烟台市史志办坚持突出重点、补齐短板、多业并举、均衡发展，全力以赴出成果，史志资料征集、储存、编纂和开发利用工作稳步推进。烟台市及所属12个县市区全部印发地方史志事业发展规划纲要，实现全覆盖。

志书编纂。年内，《烟台市志(1978—2002)》完成总纂，形成评议稿。12月，烟台市史志办召开志稿评审会，邀请8位专家进行对志稿提出修改意见，进入最后一轮修改阶段。县（市、区）二轮修志工作全面推进。《莱阳市志》《烟台开发区志》出版发行，《芝罘区志》《莱州市志》进行了评审，督促推进《福山区志》《海阳市志》《长岛县志》编修工作。同时，积极推进部门志、行业志、村镇志编修工作。完成《山东省志·人物志(1986—2005)》烟台部分的供稿任务。

年鉴编辑。2017年11月，《烟台年鉴（2017)》出版发行。按照“丰富信息、精炼文字、确保质量、加快出版”的编辑原则，采取压缩篇幅、增大信息密度、突出地域和时代特色、优化公益彩页、采用轻型纸、压茬编审校等系列改革措施，做到常编常新，与时俱进。年内，为实现县级综合年鉴“一年一鉴、公开出版”的目标，烟台市史志办多次到各县（市、区）调研督查年鉴工作，并进行现场指导、讲课。全市12个县(市、区)全部启动年鉴编纂工作，其中，牟平区、招远市、龙口市、莱州市、蓬莱市、栖霞市、海阳市、莱阳市、长岛县完成“一年一鉴，公开出版”，莱山区年鉴完成年鉴编稿任务，芝罘区、福山区进行初稿编辑。

方志馆建设。烟台方志馆旧馆使用权将于2018年3月到期，烟台市史志办已报请市政府及有关部门调整相关规划，将方志馆新馆纳入烟台市档案馆项目一并规划建设。芝罘区方志馆面积约1000平方米，已开馆运行。莱州、招远、栖霞、蓬莱等市均将1000平方米的方志馆建设纳入当地公共文化设施建设。

市情研究与开发利用。年内，每月整理编辑《烟台大事记》，每季度汇集成册，报送市委、市政府有关部门，提供决策服务。出版《烟台往事》《招远市情手册》等地情资料书，留存记忆、服务大众。为烟台党性教育基地展览、《烟台改革开放实录》等提供大量地方史料。

信息化建设。烟台市情网及时更新史志工作动态、市情动态信息100余条。向省情网、《烟台日报》《胶东在线》等媒体提供稿件30余篇。

（王　磊）

【烟台市史志工作“三全”目标推进座谈会】 2017年5月26日，烟台市史志工作“三全”目标推进座谈会在烟台市召开。省政府办公厅党组成员、省史志办主任刘爱军，烟台市政府副市长张波，市史志办班子成员，各县（市、区）政府分管副县（市、区）长和县（市、区）史志办主要负责人出席会议。刘爱军、张波分别讲话，要求各级政府高度重视史志事业，采取有效措施，强力推进烟台市史志工作“三全”目标实现。各县（市、区）政府分管领导分别就落实“三全”目标情况进行汇报发言，并表态年内实现年鉴全覆盖，同时全力推进第二轮修志、方志馆建设。

（王　磊）

【《烟台市志（1978—2002）》志稿专家评审会】 2017年12月18日，《烟台市志（1978—2002）》志稿专家评审会在烟台市召开。省政府办公厅党组成员、省史志办主任刘爱军，烟台市政府副市长张波出席会议并讲话。会上，来自省内各地的8位专家肯定志稿质量，并提出了详细、中肯的修改意见。烟台市史志办负责人表示，将按照省市领导及专家的要求和意见，精心修改，通篇打磨，确保按时保质完成二轮修志任务，努力将《烟台市志》打造成经得起历史检验的合格志书，打造成全省乃至全国的精品志书。

（郭恩革）

【《烟台市芝罘区志（1983—2002）》志稿评议会】 2017年5月25日，《烟台市芝罘区志（1983—2002）》志稿评议会召开。省政府办公厅党组成员、省史志办主任刘爱军出席会议并讲话，烟台市史志办主任季胜林，芝罘区副区长慕程杰，省修志业务专家咨询组部分成员以及烟台市各县（市、区）史志办主任等参加会议。与会专家从观点、体例、资料、行文等方面对志稿进行全面评审，指出了问题和不足，提出许多建设性意见建议。

（王高峰　唐　娅）

【《莱州市志（1978—2003）》志稿评审会】 2017年11月16日，《莱州市志（1978—2003）》志稿评审会召开。省政府办公厅党组成员、省史志办主任刘爱军，烟台市政府副秘书长张焕伟、市史志办主任季胜林，莱州市副市长马立平，省修志业务专家咨询组部分成员等参加会议。与会专家从语言表述、资料完善、章节编排等方面对志稿进行了全面评审，指出了志稿存在的问题和不足，提出了许多建设性意见建议。评审会后，莱州市史志办根据各位专家提出的评审意见对志书评审稿进行全面系统的修改和完善，形成志书样稿。

（杨日明）

【表彰先进】 2017年，山东省精神文明建设委员会发文命名表彰2017年度省级文明单位，烟台市史志办连续六年被命名表彰为“省级文明单位”。近几年来，烟台市史志办立足服务经济文化大市强市建设，结合史志工作特点，大力开展文明单位创建活动。突出“提高志书质量、推进二轮修志整体进度”两个重点，抓好“年鉴编纂、信息化与方志馆建设、历史文化和市情研究开发”三项工作，全力以赴出成果，史志资料征集、储存、编纂和开发利用工作稳步推进，全市地方史志事业发展规划纲要实现全覆盖；《烟台市志》总纂编修工作稳步推进；《烟台年鉴（2016）》赠阅市委、市政府各部门；《烟台大事记》每月按时送达市领导和市直有关部门参阅；开展史志成果进机关、进农村、进校园、进社区、进企业、进军营“六进”活动，赠送地情书籍 2000 余册，较好发挥资政和服务社会的功能。市方志馆作为烟台市爱国主义教育基地，较好发挥乡土文化教育阵地作用。

（王　磊）

机构与队伍

【烟台市地方史志编纂委员会】 2017 年，烟台市地方史志编纂委员会组成人员名单为：省委常委、市委书记王浩任名誉主任，烟台市委副书记、市长张永霞任主任，烟台市副市长张波、烟台市政协副主席、发展和改革委员会主任姜中二、烟台市人民政府秘书长王克文任副主任，王耀华、王志武、张焕伟、姜曰象、李明、刘福生、徐建敏、李勇军、李建平、黄亚林、李广、季胜林、赵海、张革非、孙光辉、冷峰任委员。

【烟台市地方史志办公室】 烟台市地方史志办公室为参照公务员法管理的正处级事业单位，隶属烟台市政府办公室，成立于 1983 年 1 月。现设秘书科、史志科、年鉴科（对外挂烟台市人民政府办公室年鉴编辑部牌子）、方志馆（科级，对外挂烟台市方志史料陈列馆牌子）、市情资料科，编制 17 人，实有 15 人，参照公务员法管理。正处级干部 2 人，副处级干部 3 人，正科级干部 8 人，副科级干部 1 人，司机 1 人。研究生学历 5 人，

大学学历8人，大专学历2人，中专学历1人。

主任：季胜林

调研员：王福寿

副主任：李迎春 范宇明 谈洪奎

单位地址：烟台市芝罘区红旗里48号

电话：0535-6243794

邮编：264000

（于　雪）

烟台市各县（市、区）史志工作机构及负责人情况统计表

单　位	隶属关系	规格	负责人	地　址	电 话	邮 编
烟台市芝罘区史志办公室	芝罘区委办公室、区政府办公室	正科级	曾现书	烟台市芝罘区留余胡同1号5楼	0535-6216113	264000
烟台市福山区史志办公室	福山区政府办公室	副科级	林屹东	烟台市福山区县府街185号	0535-6356181	265500
烟台市牟平区史志办公室	牟平区委办公室	正科级	宋宪际	烟台市牟平区政府大街196号	0535-4219355	264100
烟台市莱山区史志办公室	莱山区政府办公室	副科级	宋丹丹	烟台市莱山区枫林路24号	0535-6891680	264003
龙口市史志办公室	龙口市政府办公室	副科级	王春阳	龙口市港城大道1001号	0535-8517786	265701
莱阳市史志办公室	莱阳市政府办公室	副科级	董明奎	莱阳市金水路1号	0535-7211317	265200
莱州市史志办公室	莱州市委办公室、市政府办公室	正科级	杨日明（主持工作）	莱州市府前街96号	0535-2222612	261400
蓬莱市政府办公室史志科	蓬莱市政府办公室	副科级	郭丛军	蓬莱市钟楼东路1号	0535-5642065	265600
招远市史志办公室	招远市政府	副科级	徐革	招远市府前路138号	0535-8212754	265400
栖霞市史志办公室	栖霞市政府办公室	副科级	马贤修	栖霞市腾飞路199号行政中心1023室	0535-5216928	265300
海阳市党史方志办公室	海阳市委办公室	正科级	隋悦江	海阳市海滨中路196号	0535-3222580	265100
长岛县史志办公室	长岛县政府办公室	副科级	梁科峰	长岛县县府街88号	0535-3218293	265800

烟台市各县（市、区）史志工作人员情况统计表

单位	定编	在编人员情况												
		行政管理人员					专业技术人员			学历学位情况				
		正处级	副处级	正科级	副科级	科员及以下	高级	中级	初级及以下	博士	硕士	本科	大专	高中以下
烟台市芝罘区史志办公室	6			1	2	3					2	4		
烟台市福山区史志办公室	8				1	6	1				1	7		
烟台市牟平区史志办公室				1	1		1	1	1			4	1	
烟台市莱山区史志办公室	3				1	1			1			2		
龙口市史志办公室	5				1			2	1			3		
莱阳市史志办公室	10				1	2		3	1		1	4	2	
莱州市史志办公室	4				1		1		2			4		
蓬莱市政府办公室史志科	4					1						1		
招远市史志办公室	9				2		3	4	2			6	2	1
栖霞市史志办公室	5				1	3					1	2	1	
海阳市党史方志办公室	13			1	2						1	6	1	
长岛县史志办公室	4				1		1					2		

志书编纂与出版

【概况】 2017年，《烟台市志（1978—2002)》完成总纂，形成评议稿，计330万字。12月18日召开志稿评审会。第二轮修志工作中，烟台市所属的13个县（市、区）全部承担编修任务。年内，《莱阳市志》《烟台开发区志》出版发行，《芝罘区志》《莱州市志》评审，督促推进《福山区志》《海阳市志》《长岛县志》编修工作。在做好市、县两级修志工作的同时，积极推进部门志、行来志、村镇志编修工作。年内，启动编修《烟台市发展改革志》《烟台市人事志》《烟台市财政志》等行业志、部门志编修工作。启动村镇志编修工作，《蓬莱市刘家沟志》《开发区古现东村志》列为全国名镇名村志，其中，《开发区古现东村志》获得全国名镇名村志称号，《开发区金东社区志》获得齐鲁名村志称号。《莱州南关村志》出版发行，《招远东关村志》初稿编纂完成。年内，完成《山东省援藏工作志》烟台部分内容。2017年6月21日，招远市委办、市政府办公室印发《关于做好镇（街）志、村志编修工作的意见》，

从提高认识、基本原则和任务要求、保障措施等三个方面，对做好全市镇（街）、村编修提出了明确要求。

（郭恩革）

【《烟台市志（1978—2002）》编纂】 《烟台市志（1978—2002）》是1994年版《烟台市志》的续修，上限设为1978年，下限2002年，共40编，约330万字。修志工作自2001年12月启动，2017年11月送审。该志书全面客观地记述了改革开放后烟台市在经济建设、政治建设、文化建设、社会建设和生态文明建设方面发生的巨大变化和兴革演变，脉络清晰、层次分明。整部志书力求全面反映烟台人在改革开放中的创业精神和取得的丰硕成果，着力突出时代特点、地方特色、行业特征。12月18日，《烟台市志（1978—2002）》评审会召开，与会专家对志稿总体上给予充分肯定和高度评价，并提出了详细、中肯的修改意见。

（郭恩革）

【《莱州市志（1978—2003）》编纂】 《莱州市志（1978—2003）》编纂工作于2003年启动，历经供稿、组稿、编纂、报审四个阶段。2017年初，烟台市地方史志办公室审阅了《莱州市志》初稿，提出修改意见。《莱州市志》作进一步调整，将前两编合为建置·地理；原建置编中第三章镇街概况升格为第29编；原政务编改为民政·人事·劳动编。调整后的《莱州市志》仍为29编。2017年11月16日，《莱州市志（1978—2003）》志稿评审会召开。评审会后，根据各级专家提出的评审意见对志书评审稿进行全面系统的修改和完善，形成志书样稿。

（杨日明）

【《长岛县志（1986—2002）》编纂】 2017年，长岛县史志办根据各单位县志供稿整体情况，按照审议稿标准要求，对资料中存在的问题进行梳理，汇总整理相关意见及时反馈单位；对照各地优秀志书内容，结合长岛实际，有针对性地为供稿单位提供参考范文；重点解决在编辑过程中发现的供稿资料“假、错、漏”问题，对供稿单位强化督查、指导推进，争取领导支持，集中时间、力量解决资料方面的问题，对资料逻辑性、真实性和篇章节目合理性、完整性进行整体把控。采用“部门分管资料完善—编辑初编—副主编初审—专家审稿—主编终审”模式层层分工、严格把关，进一步提高志稿质量。年内，完善全县各部门稿件累计近百万字，新增资料30万余字，形成修改意见累计600余条。

（赵广晓）

【《莱阳市志（1978—2005）》出版】 2017年4月，《莱阳市志（1978—2005）》由中国民主法制出版社出版发行。该志由莱阳市史志编纂委员会编，主编董明奎，副主编宋新军、包令刚、赵松枝。该志上限至

1978 年，下限至 2005 年，2002 年 11 月启动。全书前置概述、大事记，中为专业志编，后置人物及附录。专业志编分为建置、自然环境、人口、城乡建设、农业、水利渔业、地方特产、工业、食品工业、建筑业、国内贸易、对外及对港澳台经济贸易、交通运输、邮政通信、金融、经济管理、财政税务、党派群众团体、政权政务政协、基本国策、社会事务管理、法治、国防建设、教育体育科技、文化旅游、卫生、社会生活 27 编。全面反映莱阳市 1978 年至 2005 年政治、经济及社会各项事业发展全貌。全书 128.5 万字，书号 ISBN978-7-5162-1120-5，印数 5000 册，定价 700 元。该志被评为山东省重点志书。

（于道武）

【《烟台市工商业联合会志》出版】 2017 年 1 月，《烟台市工商业联合会志》出版发行。该志由烟台市工商业联合会编纂，中国文史出版社出版，主编孙忠杰。上限自 1896 年，下限至 2011 年。该志分为卷一、卷二两部分，由概述、大事记、正志、附录组成，以卷、章、节、目层次为框架结构，部分目下设子目。全书 20 章、122 节，202 万字，开本为大 16 开，定价 1260 元，书号 ISBN 978-7-5034-3665-9。该志是新中国成立后第一部记述烟台市工商业联合会发展历程的部门志，简述了 1896 年至 1949 年烟台商会发展历史，详记烟台市工商业联合会 60 余年发展历程，重点记述了烟台市工商业联合会在恢复工作后，各方面工作发展状态和所取得的成就。

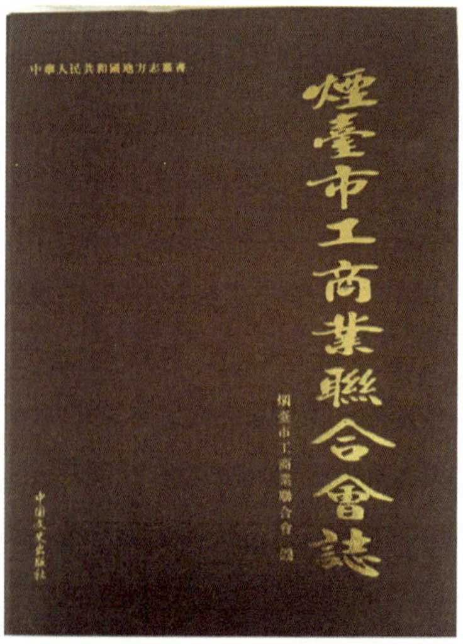

（云　霞）

【《烟台恒邦集团有限公司志》出版】 2017 年 11 月，《烟台恒邦集团有限公司志》出版。该志由《烟台恒邦集团有限公司志》编委会编纂、华龄出版社出版，主编孔涛，副主编张延瀚。上限自 1988 年，下限至 2016 年。全书设置公司治理、黄金采选、冶炼、化工、机械制造、商贸物流、房地产、多种经营、安全环保、经营管理、党群工作、人物与荣誉等 12 个篇目，98.8 万字，大 16 开，定价 388 元，书号 ISBN 978-7-5169-1114-3。全书图文并茂，从公司治理入手，系统概括和记述了恒邦集团各个战略板块的历史与现状，同时，以附录形式刊载公司章程和各类媒体对恒邦的报道。该志是恒邦自创建以来的第一本志书，也是了解牟平改革开放历史的重要乡土教材。

（于玲燕）

【《刘家沟镇志》编纂】 2015 年，蓬莱市史志办启动《刘家沟镇志》编纂工作。2017 年 4 月，该志通过山东省史志办组织的专家评审。根据评审意见，对该志进行了修改完善，进一步突出志稿的地域特色和时代特色。5 月，将志稿报送中国地方志指导小组。该志设概述、基本镇情、镇区建设、葡萄与葡萄酒产业、名特产业、文物古迹、风土风情、村庄、马家沟生态旅游景区、人物、大事纪略，30余万字，照片180余幅。该志被列入中国名志文化工程。

（高　波）

【《东关村志》编纂】 招远市史志办组织编写的《东关村志》至年底完成初稿，进入校对排版阶段。该村志共七编：建置．地理、人口和计划生育、村庄建设、政治军事、经济发展、文教卫生、民情风俗。附有大事记、人物、概述、修志始末等，60余万字，380幅图片。

（徐　革）

【《莱州南关史志》出版】 2017年7月，莱州市南关村委会组织编写的《莱州南关史志》由山东人民出版社出版发行。主编侯希顺，执行主编綦国瑞。上限起自先秦，下限至2016年。全书采用编、章、节、目、子目的结构体式，前置概述、大事记，后置附录。全书分上下两编。上编为村史，设古代南关、近代南关、现代南关、当代南关4章，全面系统介绍了南关村5000年间的发展历程，特别记述了改革开放以来全村坚持走共同富裕的道路、商贸兴村的巨大变化。下编为村志，设村庄、村民、土地、党群组织、村政、政治运动与思想政治教育、农业生产、农村工副业、万通市场、农村财务管理、农村集体收益、农村集体分配、农民生活、教育、文化、卫生养老体育、计划生育、民俗、艺文、人物与荣誉和驻村单位21章，记述了农民、农村、农业、生产、生活、政治、经济、文化各个方面。全书70余万字，书号ISBN978–7–209–10560–6，定价360元。

（杨日明）

【民国《福山县志》整理】 2017年，福山区史志办完成民国《福山县志》等旧志整理。民国《福山县志》在前期点校整理的基础上，进行校勘，共点校疆域志、学校志、职官志、赋役志、商埠志、艺文志、人物志、灾祥志、杂志、補遗，共29卷，20余万字。

（胡其华　于祖强）

年鉴编纂与出版

【概　况】 2017年11月，《烟台年鉴(2017)》编辑出版。年内，烟台市全面启动县市区年鉴“一年一鉴，公开出版”。牟平区、龙口市和莱州市年鉴实现创刊，12个县（市、区）全部启动年鉴编修。其中招远市、龙口市、莱州市、蓬莱市、栖霞市、海阳市、莱阳市、长岛县实现“一年一鉴，公开出版”。莱山区、牟平区年鉴完成年鉴编稿任务，芝罘区、福山区启动年鉴编修工作，并进行初稿编辑。芝罘区和莱州市召开了年鉴编辑培训会，对年鉴编修人员进行培训。

（云　霞）

【《烟台年鉴(2017)》出版】 2017年11月，《烟台年鉴（2017）》由中华书局出版发行，是1990年创刊以来出版的第26卷年鉴。主编季胜林，副主编王福寿、李迎春、范宇明、谈洪奎，执行主编云霞、渠敬伦。设特载、大事记、烟台概况、中国共产党烟台市委员会、烟台市人民代表大会、烟台市人民政府、中国人民政治协商会议烟台市委员会、中共烟台市纪委检查委员会、民主党派和工商联、人民团体、驻军、法治、经济管理与监督、农业和农村经济、工业经济、贸易、旅游、金融、财政·税务、城乡建设·环境保护、口岸管理、交通·邮政、信息产业、科技、教育、文化、卫生计生·体育、社会民生、国家级园区、县市区、人物传略、附录32个类目，全面反映了2016年烟台市自然、政治、经济、文化、社会情况。卷首设彩页专辑，图文并茂地展现了烟台市的地域特色和发展盛况。该书保持海蓝色基调，装帧精美，突出烟台作为沿海开放城市和蓝色经济文化的丰厚底蕴。全书75万字，彩图200余幅，书号ISBN 978-7-101-12887-1，定价300元。

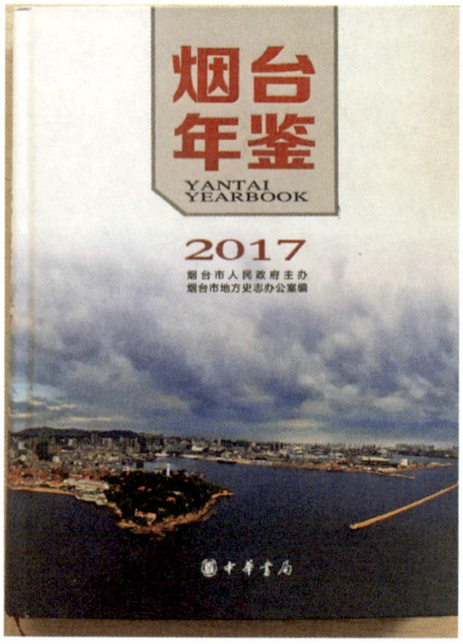

（云　霞）

【《牟平年鉴》创刊】 2017年8月，《牟平年鉴（2017）》编纂工作启动，12月由青岛出版社出版发行，这是牟平区首部综合年鉴。主编宋宪际，副主编王爱民、迟培林、衣玉华、于玲燕，执行主编于玲燕、祝清民。卷首设牟平城市名片、数字牟平，正文设特载、大事记、区情综述、中国共产党烟台市牟平区委员会、烟台市牟平区人民代表大会、烟台市牟平区人民政府、中国人民政治协商会议烟台市牟平区委员会、中国共产党烟台市牟平区纪律检查委员会、民主党派和工商联、群众团体、军事、法治、农业、工业·信息产业、商务、旅游、财税·金融、经济管理与监督、城乡建设·环境保护、交通·邮政、科学技术、教育·体育、文化、卫生与计划生育、社会民生、经济园区·镇街、人物、2016年先进集体、文献、统计资料、附录、索引等32个类目，全面地记述了2016年度牟平区自然、政治、经济、文化、社会等各方面综合情况，客观反映牟平各部门各单位、各行各业成就、特色。全书30余万字，收录照片130余幅，精装彩色印刷，书号ISBN978-7-5552-6565-8，定价360元。

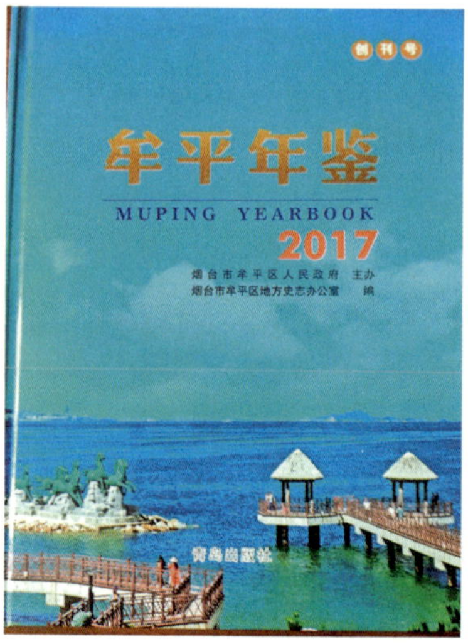

（于玲燕）

【《龙口年鉴》创刊】 2017年11月，《龙口年鉴（2017）》由中华书局出版发行，这是龙口市首部综合性年鉴。该年鉴由

龙口市人民政府主办，龙口市史志办公室编纂，主编孙建义，副主编田丽君、迟静。设特载、大事记、概貌、党派·团体、政权·政务·政协、公安·司法·军事、农业与农村经济、工业、贸易、旅游、财政·税务、金融、经济管理、口岸管理、城乡建设·环境保护、交通、邮政·通信·广电网络、人口与计划生育·民政、人力资源·社会保障、科学技术、教育·体育、文化、卫生·食品药品监管、镇·街·区、荣誉榜25个类目。卷首彩页20余张，随文插图150余幅。全书46.6万字，书号ISBN978-7-101-12916-8，印数1000册，定价300元。

（孙建义）

【《莱州年鉴》创刊】 2017年12月，《莱州年鉴（2017）》由齐鲁电子音像出版社出版发行，这是莱州市首部综合年鉴。主编牟照旭，副主编张磊，执行主编杨日明，业务主编王永歧。卷首设莱州城市名片、

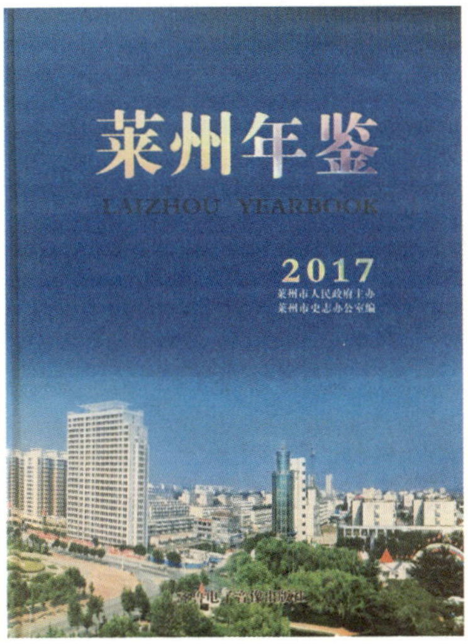

数字莱州，正文设特载、大事记、大事纪要、概况、政党政务、人民团体、法治、人民武装、经济管理、农业、工业、贸易、旅游·服务、金融、财政·税务、城乡建设·环境保护、交通运输·邮政、信息产业、科学技术、教育、文化、卫生·体育、社会生活、镇街概况等20多个栏目，全面地记述了莱州市2016年度政治、经济、文化及社会各项事业的工作情况和取得的巨大成就。全书54万字，书号ISBN978-7-89396-697-2，大16开，印数1000册，定价300元。

（杨日明）

【《莱阳年鉴（2017）》出版】 2018年6月，《莱阳年鉴（2017）》由黄海数字出版社出版发行。该年鉴由莱阳人民政府主办，莱阳市史志办公室编纂，主编董明奎，副主编于道武、宋瑜、李艳红。全书设特载、

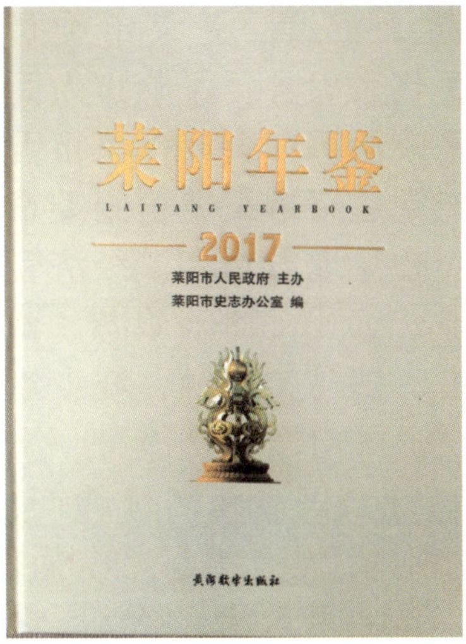

大事记、概貌、农业、工业、个体私营经济、城乡建设、环境保护、经济贸易、交通邮电、财政税务、金融、党派群众团体、政权政务政协、国防建设、法治、经济事务管理、社会事务管理、科学技术、教育、体育、文化广电旅游、卫生、镇街概况、莱阳经济技术开发区专记、丁字湾滨海新区专记、人物、荣誉榜27个类目。书号ISBN 978-7-89425-686-7，大16开，

定价 128 元。

（于道武）

【《蓬莱年鉴（2017）》出版】 2018 年 1 月，《蓬莱年鉴（2017）》由线装书局出版发行。该年鉴由蓬莱市人民政府主办，《蓬莱年鉴》编辑部编纂，主编高波、汤进学、曲云壮。设专稿、特载、大事记、基本市情、市领导简介、中国共产党蓬莱市委员会、蓬莱市人民代表大会、蓬莱市人民政府、中国人民政治协商会议蓬莱市委员会、中国共产党蓬莱市纪委检查委员会、群众团体、政法地方军事、经济管理与监督、农业、工业、休闲旅游、葡萄及葡萄酒产业、贸易、金融、城乡建设环境保护、交通邮电、科技教育、文化、卫生体育、社会民生、名优特产、人物、荣誉榜和附录 30 个类目，全面、客观记述了 2016 年蓬莱政治、经济、文化、社会和党的建设等各个方面取得的重大成就、重大成果。全书 45 万字，书号 ISBN978-7-5120-3114-2，大 16 开，印数 1000 册，定价 168 元。

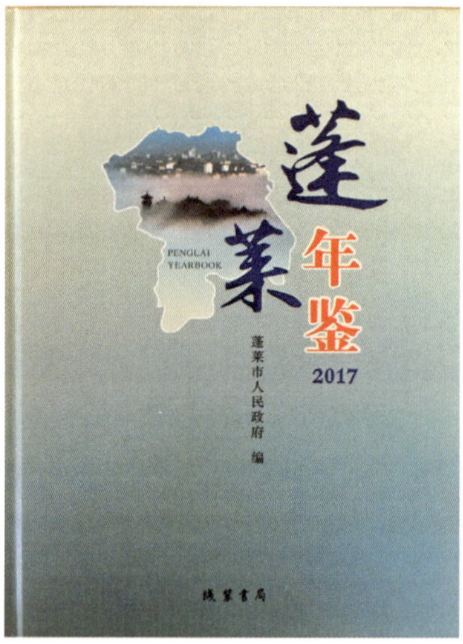

（高　波）

【《招远年鉴（2017）》出版】 2017 年 9 月，《招远年鉴（2017）》由黄海数字出版社出版发行。该年鉴由招远市人民政府主办，招远市地方史志办公室编纂，主编徐革，执行主编王微微、王兴明，副主编付波涛、刘玉玫。设特载、专记、大事记、招远概貌、中国共产党招远市地方组织、人民团体、政权 · 政协、招远市人民政府、法治、地方军事、农业、工业、建设 · 环保、交通 · 邮电、商贸 · 旅游、对外经济贸易、金融 · 保险 · 证券、财政 · 税务、经济管理、人力资源 · 社会保障 · 民政、教育 · 体育、科学技术、文化、医疗卫生 · 计划生育、镇 · 街道 · 开发区、专文、人物、荣誉榜、附录 29 个栏目，主要收录 2016 年度招远市行政区域内的大事要闻，汇集招远市经济和社会发展的基本资料和重要信息，突出招远优势、特点，重点反映各级各部门取得的重大成就，以及社会各方面取得的新进展、新经验。刊载中央、省及烟台市领导在招远市的重要活动、招远市党政主要领导政务活动图片。书号为 ISBN978-7-89425-553-2，印数 1000 册，定价 316 元。

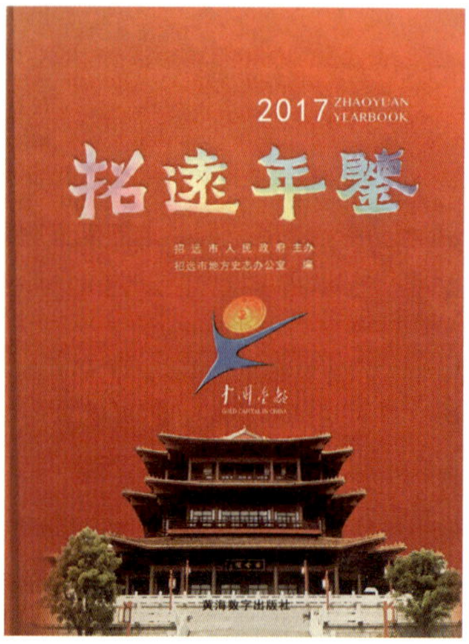

（徐　革）

【《栖霞年鉴（2017）》出版】 2017 年 12 月，《栖霞年鉴（2017）》由黄海数字出版社出版发行。该年鉴由栖霞市人民政府主办，栖霞市地方史志编纂办公室承编，主编马贤修，副主编林洪岩、李芳、王建杰。设特载、大事记、栖霞概况、中国共产党栖霞市委员会、栖霞市

人民代表大会、栖霞市人民政府、中国人民政治协商会议栖霞市委员会、中国共产党栖霞市纪委检查委员会、群众团体·工商联、法治·军事、农业、工业·贸易、文化·旅游、经济管理与监督、建设·环保、交通·通讯·信息产业、财政·税务、金融、教育·体育、科学·卫生、社会民生、镇·街道·开发区、人物、荣誉榜和附录24个栏目。全书40余万字，图片200余幅，大16开，精装彩色印刷，书号ISBN978-7-89425-635-5，定价300元。

（马贤修）

【《海阳年鉴（2017）》出版】 2018年6月，《海阳年鉴（2017）》由黄海数字出版社出版发行。该年鉴由海阳市人民政府主办，海阳市党史方志办公室承编，主编隋悦江，副主编叶春华、刘明。设置特载、大事记、大事纪要、海阳概况、党政群团、政法·地方军事、经济管理与监督、农业、工业、旅游业、经济贸易·个体私营经济、城乡建设·环境保护、交通·邮政·通信、财政·税务、金融·保险·证券、教育·体育、科技·卫生、文化、社会民生、镇区街道、人物、荣誉榜、文件选编、附录24个类目。全书62万字，书号ISBN978-7-89425-654-6，大16开，定价300元。

（刘　明）

【《长岛年鉴（2017）》出版】 2018年1月，《长岛年鉴（2017）》由黄海数字出版社出版。该年鉴由中共长岛县委、长岛县人民政府主办，长岛县地方史志办编纂，主编梁科峰，副主编赵广晓。设特载、人物、县情研究、大事记、概貌、中国共产党长岛县委员会、长岛县人民代表大会常务委员会、长岛县人民政府、中国人民政治协商会议长岛县委员会、中共长岛县纪委检查委员会、人民团体、地方军事、法治、经济管理、旅游、海洋与渔业、农林水利、工业、民营经济、国内贸易、以外经济贸易、建设·环保、交通·邮电、财政·税务、金融、人力资源·社会保障、教育·体育、科学·文化、卫生、社会生活、街道·乡镇·开发管理处、荣誉榜、附录33个类目，汇集2016年长岛县域内的大事要闻，对全县的重要事件、党政活动、经济社会发展的基本情况进行了记录，重点突出各

级、各部门在推动长岛发展过程中取得的新成果、新经验。该年鉴秉持“创新求实、框架合理、图文并茂、兼收并蓄”原则，在框架结构、条目编写、装帧设计等方面进行了有益探索，首次增添中英文对照目录，改版黑白图文，选用彩色印张，底衬色彩鲜明，封面封底的海洋元素、渔家乐风情，增强民俗感、时代感。全书82万字，书号ISBN 978-7-89425-624-9，大16开本，定价368元。

（赵广晓）

【《烟台日报社传媒集团年鉴（2017）》出版】 2017年12月，《烟台日报社传媒集团年鉴（2017）》由黄海数字出版社出版发行。该年鉴由烟台日报传媒集团主办，烟台日报传媒集团年鉴编纂委员会编纂，是集团出版的第11卷年鉴，主编孙为刚。设特载、大事记、专记、企业文化、职能部门、机构人员、平面媒体（事业部）、网络媒体、控股公司、光荣榜、文献辑存、附录等13个类目，主要反映2016年烟台日报传媒集团各部门、各方面的基本情况，以翔实的资料和数据记载了本年度烟台日报传媒集团各项事业的发展历程。书号ISBN978-7-89425-540-2，大16开，定价60元。

（孙为刚）

【《烟台市莱山区统计年鉴》出版】 《烟台市莱山区统计年鉴》由烟台市莱山区统计局编印，汇集了当年全区经济社会各方面统计资料，供各级领导和有关部门科学决策和指导工作使用。该统计年鉴主要内容有：行政区划、综合、农业、居民生活、工业、能源、固定资产投资、建筑业、财贸、税收金融、对外经济、旅游、劳动工资、城市建设、环保、科技、教育、计划生育、卫生、当年烟台市县市区主要经济指标、当年莱山区达标城市主要经济指标对比。

（李　辉）

信息化建设

【概况】 2003年，烟台市情网开通运行，后经多次改版升级，至2017年，烟台市情资料库和年鉴库入库资料2000余万字。加强各县市区情网建设，派专人督促指导调度，实现全面改版。招远市情网站连续三次被评为全省优秀信息化建设成果，是全省3个县级市获此殊荣之一。

（王　磊）

【烟台市情网】 烟台市情网2003年开通运行，网址：http://szb.yantai.gov.cn。后经多次改版升级，至2017年，烟台市情资料库和年鉴库入库资料2000余万字。烟台市情网设立烟台概览、市情动态、史志动态、大事记、地情文献、志鉴论坛、地方特色、古风遗韵、游走烟台、文化品牌等16个大栏目，几十个小栏目。年内更新史志工作动态、市情动态信息100余条。积极向省情网、《烟台日报》《胶东在线》等媒体提供稿件30余篇。

（王　磊）

2017年烟台市地情网站建设情况表

名称	始建时间	网址	主要栏目
烟台市情网	2003．10	http://szb.yantai.gov.cn/	烟台概览、市情动态、史志动态、大事记、地情文献、志鉴论坛、地方特色、古风遗韵、游走烟台、文化品牌等
烟台市芝罘区情网	2005．5	http://zhifu.sdsqw.cn	芝罘概况、新闻中心、魅力芝罘、图说芝罘、历史故事、文献法规、芝罘大事记
烟台市福山区情网	2005．5	http://szb.ytfushan.gov.cn/	福山概况、新闻中心、魅力福山、图说福山、历史故事、文献法规、福山大事记
烟台市牟平区情网	2005．5	http://szb.mpdaj.com/index.php	牟平概况、新闻中心、魅力牟平、图说牟平、历史故事、文献法规、牟平大事记、
烟台市莱山区情网	2005．5	http://szb.ytlaishan.gov.cn	莱山概况、新闻中心、魅力莱山、图说莱山、历史故事、文献法规、莱山大事记、
龙口市情网	2005．5	http://lkshiqing.longkou.gov.cn	龙口概览、龙口名片、名胜古迹、龙口物产、地情资料、龙口名人、阅读龙口、法规文献
莱阳市情网	2005．5	http://sd.infobase.gov.cn/sdgd/sd6/c68/index.htm	市情概况、名胜古迹、招商引资、特色经济、工商企业、乡镇天地
莱州市情网	2005．5	http://sd.infobase.gov.cn/sdgd/sd6/c69/index.htm	莱州概况、新闻中心、魅力莱州、图说莱州、历史故事、文献法规、莱州大事记
蓬莱市情网	2005．5	http://www.infobase.gov.cn/sdgd/sd6/c6a/	蓬莱概况、新闻中心、魅力蓬莱、图说蓬莱、历史故事、文献法规、蓬莱大事记
招远市情网	2005．5	http://shiqing.zhaoyuan.gov.cn	招远概况、史志动态、招远要闻、数字招远、影像招远、招远志书、招远年鉴、镇村修志、部门修志、修志成果、法规文献、志鉴论坛、市情研究、乡镇村庄、工商企业、招远大事、风景名胜、招远风物、民俗文化、招远人物

续表

名称	始建时间	网址	主要栏目
栖霞市情网	2005．5	http://sd.infobase.gov.cn/sdgd/sd6/c63/index.htm	栖霞概况、新闻中心、魅力栖霞、图说栖霞、历史故事、文献法规、栖霞大事记
海阳市情网	2010.7 改版	http://sqw.haiyang.gov.cn	海阳概况、新闻中心、魅力海阳、图说海阳、历史故事、文献法规、海阳大事记
长岛县情网	2005．5	http://www.changdao.gov.cn	走进长岛、信息公开、投资长岛、海岛旅游、网上办事、公众参与

方志馆建设

【概况】 2018 年 3 月，烟台方志馆旧馆使用权到期，已争取市政府及有关部门调整相关规划，将新馆纳入市档案馆项目一并规划建设。芝罘区方志馆面积约 1000 平方米，已开始运行。莱州、招远、栖霞、蓬莱等市均将 1000 平方米的方志馆建设纳入当地公共文化设施建设中。

（刘明霞）

【烟台市方志馆】 2002 年 5 月，烟台市方志馆建馆，馆舍面积 600 多平方米，内设有 3 个展室，1 个图书室，1 个特藏室。藏书 8000 余册。馆舍设备有 10 组书柜、10 组展示柜、湿器机、灭火器、温湿表、电脑、打印机、铁梯等。2011 年至 2017 年连续 7 年被烟台市委宣传部命名为烟台市爱国主义教育基地。荣获全省优秀方志馆称号。年内，举办“巍巍丰碑”红色革命题材展览。

（刘明霞）

烟台方志史料陈列馆外景

【烟台市芝罘区方志馆】 2017 年 5 月，芝罘区方志馆开馆。方志馆位于北马路 6 号，所用建筑为市级文物保护性建筑，始建于十九世纪末，古式砖木结构，分为主楼和东西两栋厢房楼，均为两层，建筑总面积约 1000 平方米。新建方志馆建设过程中，除了建设有藏书室、阅览室外，开设了“芝罘记忆历史陈列”和“芝罘红色文化历史（巍巍丰碑）陈列”两个大型图片展馆，直观、概要、脉络地展现芝罘近现代历史，成为一大创新、一大特色。其中，“芝罘记忆历史陈列”共分悠久历史、西风东渐、军事防卫、港城发展、实业兴邦、社会生活、勿忘国耻7大部分29个单元，着重以白石文化、秦始皇东巡、奇山守御千户所和烟台开埠为主线，以珍贵的历史图片和复制文物为载体，浓墨重彩地展现芝罘近现代以来政治、经济、文化、社会等方面的重大事件和重要人物。共展出图片500张左右和2组雕塑，展陈面积约400平方米。“芝罘红色文化历史（巍巍丰碑）陈列”共分播撒火种、浴血抗战、保卫和平、走向胜利4大部分15个单元，着重以中共党组织在芝罘的创建、发展、战斗为主线，以历史图片和复制文物为载体，展现党在芝罘的辉煌历程。共展出照片200张左右和2组雕塑，展陈面积约300平方米。本区出版的志书、年鉴和其他地情文献收藏齐全；为丰富馆藏，还通过交换、购买等方式收藏烟台市内外其他地区的同类文献。地方志编纂必备的历史资料、业务期刊、工具类书籍也有适量收藏；本地旧方志（影印本）收藏齐全，总藏书量达到6000余册。至2017年底，共接待参观22次，近1100人。

（王高峰　唐　娅）

【烟台市福山区方志馆】 8月11日，福山区史志办经与福山档案馆协商，档案馆提供3间办公用房用于方志馆建设。福山方志馆设借阅室、方志库，建筑面积100多平方米。福山方志馆收集书籍近2000册，其中，志书1200余册，辅助工具书700余册。

（胡其华　于祖强）

【烟台市牟平区方志馆】 牟平方志馆设在牟平区档案局内，库房面积300余平方米，主要收藏为地情资料、方志资料、古籍资料、年鉴资料、声像资料等，计20000余册。征集接收《今日牟平》《牟平摄影》等杂志和牟平本土诗人姜美玲诗集《小溪流韵》入馆，丰富方志馆馆藏资源。跟踪城区规划发展，推进牟平城市记忆工程，拍摄教体局、粮食局、城管局等腾迁机关和百货大楼等即将拆除老建筑影像资料100余张；拍摄养马岛风景照片100余张。所有影像资料均形成电子档案归档保存。为各界查阅者提供服务查阅服务10余次，提供各类资料30余份。

（于玲燕）

【烟台市莱山区方志馆】 莱山区方志馆面积25平方米、藏书量1000册，可供外地史志办交换志、鉴类等书籍。烟台市莱山区志被纳入全省志类成果交换平台供全省各县市区交换使用。

（李　辉）

【龙口市方志馆】 馆舍面积20平方米，收藏书籍近2000册。2017年，龙口市史志部门积极争取并经相关领导同意，拟在新建的市民活动中心安排1500平方左右用于龙口市方志馆建设。2017年底，市民活动中心已动工建设。

（孙建义）

【莱阳市方志馆】 莱阳市方志馆于2008年建立，设于莱阳市图书馆内，面积1000平方米，有古今地方志、史学、文学、地理等各类藏书1200余册、重要报纸杂志1000余份，是以地方志书为主、集多类图书为一体的综合性方志馆，采取半开放式管理模式。

（于道武）

【莱州市方志馆】 莱州市方志馆位于莱州市档案馆五楼，面积25平方米，馆藏图书300余种、1000余本。2017年5月，莱州市新建为民服务中心，规划建设市方志馆新馆，新馆面积约1000平方米，办公面积200平方米。

（杨日明）

【蓬莱市方志馆】 蓬莱史志办积极将方志馆建设纳入公共文化设施建设规划，方志馆与新图书馆合建，争取面积1000平方米，设借阅室、阅览室、书库。蓬莱方志馆先后收集书籍2600余册，其中，志书400余册，辅助工作书1800余册。在实际工作中，着重突出蓬莱地域文化特色，围绕历史名人戚继光南抗倭北戍蓟的足迹，加强与江浙、福建和河北等地的志书交流与收藏；围绕蓬莱是东方海上丝绸之路的起点，加强“一带一路”沿线的志书交流与收藏；围绕蓬莱是明清时期重要的移民中转站，加强与东北三省的志书交流与收藏。

（高　波）

【招远市方志馆】 招远市方志馆实用面积150平方米，有房屋7间，分为资料室、方志库、阅览室。招远市方志馆新馆建设纳入全市重点建设项目。该项目为档案馆综合楼，位于该市大秦家街道，其中方志馆新馆2000平方米。

（徐　革）

【栖霞市方志馆】 2017年8月，经栖霞市编办批复栖霞市地方史志编纂办公室挂栖霞市方志馆牌子。方场馆馆舍列入2018年城市建设规划。

（马贤修）

【海阳市方志馆】 海阳方志馆面积53平方米，收藏各类志书200余部。2017年，面向社会开展借阅服务30余次。方志馆新馆建设已纳入全市完善公共文化设施网络规划。

（刘　明）

【长岛县方志馆】 长岛县将方志馆建设纳入公共文化服务设施进行统筹，集中规划与分步实施相结合，借助档案馆升级改造工程，辟1000平方米设为方志馆。至2017年底，通过交流、购买、受赠等方式新增各类图书累计100余册。

（赵广晓）

开发利用

【《烟台往事——来自异域的记忆》出版】 2017年9月，烟台地方史料系列丛书《烟台往事——来自异域的记忆》由齐鲁书社出版发行。该书摘译自英国浸礼会传教士法思远主编的《山东——中国的神圣省》（1912年由上海广学会出版，收集了19世纪末20世纪初在山东活动的基督教、天主教各教派传教士的报告）。编译刘惠琴、陈海涛。这是“烟台开埠译丛”系列丛书的第四本，共收录了六

篇彼此独立的文章，有当时当事人的现场记录，也有亲历者后来的回忆文章，还有现代学者的研究成果，反映了“西方视野”和“开埠烟台”的主题。译者尽可能尊重原作和保持原文的完整性，对正文内容没有进行任何修改。全书25万字，16开本，书号ISBN 978-7-5333-3876-3，定价45元。

（云　霞）

【《招远市情手册》出版】 招远市地方史志办公室组织编纂《招远市情手册》。该手册是简明介绍招远市情的工具书，旨在为各级党政领导提供方便快捷的市情信息。《招远市情手册》设市情综述、经济发展、经济管理、对外经济、城市建设、环境保护、社会事业、镇街区概况等篇目。内容主要以《招远年鉴2017》为基础，侧重于经济发展和实用信息。为提高实用价值，适当增加了历年对比及其他实用资料。该手册为32开本，12.5万字，10月13日出版发行。

（徐　革）

【牟平县委书记口述史资料征集】 牟平史志办通过查阅《牟平县志》《牟平干部名录》《牟平组织史》资料等地情书籍，采访咨询有关老领导等方式确定牟平1949—1989年历任县委书记名录，并以此为线索，在查阅馆藏档案文献的同时，通过面向社会广泛征史料、查阅中国知网的途径，开展县委书记口述史料征集整理工作。整理上报12位县委书记有关史料30余份；围绕牟平中华人民共和国成立至改革开放前这段历史，撰写概述8000余字；整理县委书记名录1份、搜集各类照片20余张。

（于玲燕）

【牟平区史志办服务社会】 牟平区史志办参与胶东抗战第一枪纪念馆、杨子荣纪念馆改造提升方案的制订与完善工作，并为两馆提供新的文字、图片资料。同时，赴山东省济南市和黑龙江省海林市复制实物档案300余件，为杨子荣纪念馆提供相关档案复制品。加大编研力度，完成《红军将士在山东》《红色齐鲁365》《山东画史》《党史上的今天》等省、市供稿任务，补充完善烟台党史成果牟平部分相关资料，并做好校对工作。围绕庆祝建军90周年做好宣传工作，确定申报《胶东抗战第一枪——雷神庙战斗》《大智大勇一代英豪——杨子荣》2个课题；整理杨子平、王甫、姜克智、理琪等老红军、老革命史料，杨子荣、刘洪斌、刘元宪等5位英雄模范史料；于浩、于曰家、孔昭文等25名牟平籍将军，孔宪敏、尹华元等24名副军级以上干部资料，并在相关媒介发表宣传。

（于玲燕）

学术交流与活动

【学会活动】 烟台市地方史志学会（以下简称学会）成立于2009年6月，由烟台市地方史志办公室主管、烟台市民政局批准，主要任务是开展地方史志工作理论研究和学术交流、咨询服务、教育培训和资料征集、研究交流等。年内，编辑印行2017年《烟台大事记》期刊4期，每期印行2000册。

（云　霞）

【《烟台大事记》】 由省新闻出版局批准的鲁连内字第F1025号第1期《烟台大

事记》期刊于2014年1月6日正式出版。《烟台大事记》实时记录烟台市发生的大事、新事、要事、特事，研究烟台市情，弘扬正能量，为宣传烟台、研究烟台，促进烟台经济社会文化事业发展服务，地方史志储备资料。2017年，编辑出版《烟台大事记》期刊共4期，每期印行2000册。

（云　霞）

【《芝罘历史文化丛刊》】 由烟台市芝罘历史文化研究会和烟台市芝罘区地方史志办公室联合主办。2017年，共出版两期。总第十五期主编郝有林、曾现书，主要篇目有“兄弟结伴去抗日”“郭显德与他的家人”“祥利轮——成就了中国第一艘航空母舰”“登莱青兵备道道员兼东海关监督历任简况”“老‘生生堂’药店创业记”。印数1000册，书号ISBN978-7-900458-36-0。总第十六期（2017.12）主编郝有林、曾现书，主要篇目有“挺进东北先遣支队”“芝罘俱乐部”“中华轮的前生后世”“一位英国女子的烟台情缘”“所城街巷小记”。印数1000册，书号ISBN978-7-900458-36-0。

（王高峰　唐　娅）

责任编校：宋　涛

潍坊市史志工作

综　述

【工作概况】　2017年，潍坊市全面推动“三全”目标贯彻落实。9月7日，潍坊市召开“三全”目标推进座谈会，省政府办公厅党组成员、省史志办主任刘爱军，省政府督查室副主任鲍彩耀参加会议，副市长李平就加快修志工作进度、加强年鉴编纂工作、推进市、县两级方志馆的规划建设作了讲话。潍坊市政府督查室牵头组织对全市贯彻落实市委、市政府主要领导关于对史志工作的指示和座谈会精神情况进行了督查。

第二轮修志工作。2016年3月，《潍坊市志（1991—2012）》编纂工作全面启动。自2017年6月份开始，潍坊市史志办实行“开门修志，全员参与”的方式，对志稿开始分纂。至2017年年底，所有供稿单位均完成初稿报送任务，完成《潍坊市志》的招标工作。全市12个县（市、区）中，已经完成第二轮修志任务的有7个；寿光、昌邑2市已完成志稿评审；潍城区、寒亭区、青州市正在组织编纂，其中《潍城区志》组稿工作完成90%，寒亭区完成70%，青州市于9月份已启动，各供稿单位正在撰稿。

年鉴工作。《潍坊年鉴》自1995年起开始编纂，至2017年已连续出版22卷。诸城市自2016年起实现“一年一鉴”，临朐县、寿光市、高密市、奎文区自2016年起，启动“一年一鉴”工作，其他县（市、区）自2017年9月起全部启动“一年一鉴”工作。

方志馆建设。潍坊市方志馆已纳入市文化馆群规划，总面积1.2万平方米，与名人馆融合设计，共同建设，已完成功能规划。各县（市、区）均已提出方志馆建设规划建设草案。寿光市将已建成的历史文化中心改建成寿光市方志馆，建筑面积达10000余平方米。诸城市方志馆现有260平方米，拟增建地情展厅，与现有的8000余平方米的名人馆合并，组建新的诸城市方志馆。

地情网站建设。潍坊市情网（www.wfsq.gov.cn）进行了改版，对部分栏目进行整合、优化，删除了部分栏目及链接；及时更新内容，年内发布原创信息200余条，转发新闻类各级党政媒体信息2000余条；上传山东省情资料库《安丘市志》《潍坊盐业志》《潍坊中医院志》《贾思勰志》4部志书和《潍坊年鉴（2016）》；开通志书原版显示功能，并上传康熙《潍县志》、乾隆《潍县志》、光绪《潍县乡土志》及《潍坊年鉴（2016）》。开通潍坊史志微信公众号。

基层业务指导。年内，加强对乡镇村志的指导，向各县（市、区）转发中国地方志指导小组、省史志办关于名镇名村志编写的有关文件并提出具体要求，组织各县（市、区）积极申报。为《临朐教育志》培训编纂人员100余人，为《寒亭区志》《青州市志》培训编纂人员300余人，为《临朐年鉴》《昌乐年鉴》培训撰稿人员200余人。4月12日，召开《山东省对口支援西藏志》潍坊部分编写会议，部署编写工作。指导各县（市、区）史志办全部出台本地区地方志工作发展规划纲要。

地情资料编辑。完成《潍坊解放战争史辑》编辑工作，60万字，将于2018年出版发行。与潍坊市关工委共同编纂《潍坊历史青少年读本》。

史志成果宣传。积极开展优秀史志成果“进学校、进军营、进机关、进工厂”活动，先后为歌尔声学、潍坊银监局、驻潍空军某部等100余个单位赠送《潍坊市志》《潍坊年鉴》《潍坊人居环境志》等2000余册（套）。

（潍坊市史志办）

【《潍坊市志》供稿推进工作会议】 2017年4月21日，潍坊市召开《潍坊市志（1991—2012）》供稿推进工作会议。12家未完成初稿报送任务的部门分管负责人及具体工作人员与会。各部门分别汇报了供稿工作情况及存在的问题和困难。潍坊市史志办副主任姚国平通报《潍坊市志》编纂进展情况，指出前期供稿工作中存在的突出问题，对下一步供稿工作提出具体要求。史志办主任魏永阳主持会议，并总结发言。

（潍坊市史志办）

【潍坊市召开“三全”目标推进座谈会】 2017年9月7日，潍坊市史志工作“三全”目标推进座谈会召开。省政府办公厅党组成员、省史志办主任刘爱军，潍坊市副市长李平，省政府督查室副主任鲍彩耀出席会议并讲话。潍坊市史志办主任魏永阳，潍坊市各县（市、区）政府分管负责人、史志办主任等参加会议。会上，魏永阳宣读《潍坊市人民政府办公室关于落实史志工作“三全”目标情况的通报》和市委书记刘曙光、市长李宽端的批示，各县（市、区）政府分管负责人汇报工作开展情况。

（潍坊史志办）

【《安丘年鉴》编纂动员工作会议】 10月19日，安丘市召开《安丘年鉴》编纂动员工作会议。安丘市委常委、副市长孙鹏对《安丘年鉴》编纂工作提出要求，全市112个供稿责任单位分管负责人和撰稿人员参会。会上，组织《安丘年鉴》业务培训，市史志办主任林卫成就年鉴基础知识、年鉴编撰基本规范要求以及年鉴条目编写常见问题等方面进行培训，着重对年鉴条目的定义要素、类型、选材、标题等方面进行了系统讲述。

（辛立兴）

【《临朐年鉴（2017）》供稿工作暨培训会议】 2017年7月28日，《临朐年鉴（2017）》供稿工作暨培训会议举行，各镇（街、园、区）、县直各部门、各单位撰稿人员100余人参加会议。会上，潍坊市史志办公室相关人员从年鉴的特征、功能、条目编写、图照表、行文规范等方面进行了细致、系统的培训。临朐县政府办公室副主任崔文鹏主持会议。临朐县史志办副书记刘冠伟对《临朐年鉴（2017）》组稿方案进行讲解。

（潍坊市史志办）

【《临朐县教育志》编纂工作培训会】 2017年7月1日—2日，《临朐县教育志》编纂工作培训会召开。培训会邀请潍坊市史志办相关人员讲课，对志书的性质、功能、特点和志书编写的原则、方法、技巧等知识进行了讲解，并对材料收集和整理、志书编写的行文规范和常见问题以及志书的体例、结构、章法、收录标准等方面进行指导培训。《临朐县教育志》编委会成员、各镇街教管办、县属学校及县教育局机关各科室（站）编纂人员90余人参加培训会。

（潍坊史志办）

【表彰先进】 在中共山东省委宣传部、山东省政协办公厅、山东省精神文明建设委员会办公室、山东省文化厅、山东省新闻出版广电局联合主办，山东省政协办公厅具体承办的“全民阅读·委员先行”活动中，安丘市史志办主任林卫成获“‘全民阅读·委员先行’全民阅读积极推动者”称号。

（辛立兴）

机构与队伍

【潍坊市史志编纂委员会】 2017年，潍坊市史志编纂委员会组成人员名单为：市委书记、市人大常委会主任刘曙光任名誉主任，市委副书记、市长李宽端任主任，市委常委、宣传部部长初宝杰，市委常委、组织部部长林红玉，市委常委、秘书长刘建国，市人大常委会副主任张新强，副市长李平、田民利，市政协副主席李士来，潍坊军分区副司令员油朝康，市政府党组成员、秘书长宋均圻任副主任，宋立军、贾宝文、康悦彬、侯福贵、高文庆、肖培灵、马中平、徐友礼、张宝胜、张增顺、王金祥、陈汝孝、白卫明、孙俐君、宫智、王丙、齐延升、魏永阳任委员。

（潍坊市史志办）

【潍坊市地方史志办公室】 潍坊市地方史志办公室为正县级参照公务员法管理，全额财政拨款事业单位，隶属于潍坊市人民政府办公室。内设秘书科、年鉴科、基层业务科、市情资料科、方志管理科（对外加挂方志馆牌子）；编制19人，其中，设主任1名，副主任2名，科长5名，副科长3名；实际在岗工作人员19人，其中行政管理人员18人，机关工勤1人。年龄结构：30—39岁3人，40—49岁6人，50—60岁10人。在职人员中硕士研究生学历1人，大学本科学历17人，专科学历1人。

主任：魏永阳

副主任：吕俊峰　姚国平

地址：潍坊市胜利东街99号市级机关综合办公大楼1413A室

电话：0536-8789286

邮编：261061

（潍坊市史志办）

潍坊市各县（市、区）史志工作机构及负责人情况统计表

单　位	隶属关系	规格	负责人	地　址	电 话	邮 编
潍坊市潍城区地方史志编纂委员会办公室	潍城区政府办公室	正科级	曲福刚	潍坊市潍城区政府办公大楼 1 号楼史志办公室	0536-8188120	261057
潍坊市寒亭区史志办公室	寒亭区政府办公室	正科级	王海燕	潍坊市寒亭区丰华路 1739 号中共寒亭区委党校	0536-7289517	261100
潍坊市坊子区史志委员会办公室	坊子区政府办公室	正科级	郑汝彤	潍坊市坊子区凤凰街 75 号区级机关综合办公楼北楼 822 房间	0536-7606008	261206
潍坊市奎文区地方史志办公室	奎文区政府办公室	正科级	孙涛	奎文区胜利东街 4919 号区政府 1 号楼	0536-8213706	261000
青州市地方史志办公室	青州市政府办公室	正科级	刘洪昌	青州市范公亭西路 1601 号	0536-3822898	262500
诸城市史志办公室	诸城市政府办公室	正科级	孙铭杰	诸城市和平北街 123 号诸城市群众文化活动中心大楼东区	0536-6113232	262200
寿光市史志办公室	寿光市政府办公室	正科级	刘志强	寿光市商务小区 2 号楼 249 房间	0536-5110709	262700
安丘市史志办公室	安丘市政府办公室	正科级	林卫成	安丘市青云大街市级机关综合办公大楼 429 室	0536-4396429	262100
高密市史志办公室	高密市政府办公室	正科级	李晓宁	高密市人民大街 1643 号	0536-2307863	261500
昌邑市史志办公室	昌邑市政府办公室	正科级	于希群	昌邑市平安街 1669 号市政府办公室	0536-7212094	261300
临朐县史志办公室	临朐县政府办公室	正科级	张孝友	临朐县城民主路 3386 号	0536-3317216	262600
昌乐县地方史志办公室	昌乐县政府	正科级	刘培利	昌乐县城关商务社区 1 号楼	0536-6850980	262499

潍坊市各县（市、区）史志工作人员情况统计表

单位	定编	在编人员情况												
		行政管理人员					专业技术人员			学历学位情况				
		正处级	副处级	正科级	副科级	科员及以下	高级	中级	初级及以下	博士	硕士	本科	大专	高中以下
潍坊市潍城区地方史志编纂委员会办公室	8			1	2	3						5		1
潍坊市寒亭区史志办公室	6			1	1	1	1					3	2	
潍坊市坊子区史志委员会办公室	5			1	1	3					1	4		
潍坊市奎文区地方史志办公室	11			1	2	6					1	6	2	
青州市地方史志办公室	10			1	1	7					1	8		
诸城市史志办公室	9			1	1		1	2	4		1	8		
寿光市史志办公室	5			1	2			1	1		2	1	2	
安丘市史志办公室	7			1	1		1	2	2			7		
高密市史志办公室	12			1		3						4		
昌邑市史志办公室	5			1	1	1			2		1	4		
临朐县史志办公室	6			2	2	2	1					3	3	
昌乐县地方史志办公室	8			1	2	5		2	2		2	2	4	

志书编纂与出版

【概况】 2016年3月,《潍坊市志(1991—2012)》编纂工作全面启动，潍坊市史志办加大督促与指导力度，全年上门指导200余次，召开座谈会、培训班100余次，帮助各单位收集资料100余万字。至2017年10月，市志组稿工作完成。全年共审核志稿120余份，总字数600余万字。2017年6月份开始，市史志办实行“开门修志，全员参与”的方式，对志稿开始分纂。其间，组织人员到济宁、聊城、东营、烟台、青岛等地学习借鉴先进经验，确定将市志编纂出版向社会公开招标，落实“开门修志”的工作方针。人员聘用、经费等问题，已与市财政局多次对接，有关招标工作已经进行。潍坊市所属12个县（市、区）中，已经完成第二轮修志任务的有7个；寿光市、昌邑市已完成志稿评审，正进行出版前的各项准备工作；潍城区、寒亭区、青州市正在抓紧组织编纂，其中,《潍城区志》组稿工作完成90%，寒亭区完成70%；青州市于9月份已启动，各供稿单位正在撰稿。

【《潍坊市志（1991—2012）》编纂】 《潍坊市志（1991—2012）》编纂工作自2016年3月全面启动，至2016年底初稿报送工作基本完成。2017年3月，潍坊市史志办到济宁、聊城、东营、烟台、青岛等市史志办学习。潍坊市确立“全员参与、开门修志”的工作思路。全办人员划分为6个编纂小组、1个照片征集小组。在工作中，市史志办加大督促与指导力度，全年共上门指导200余次，召开座谈会、培训班100余次，帮助各单位收集资料100多万字。全年共审核志稿120余份，总字数600多万字。为解决专业编纂力量不足的问题，采取借智、借力的方式，从社会上聘请26人参与《潍坊市志》续修工作。为确保按时完成任务，制订了编纂工作推进计划，倒排工期，明确时间节点，明确任务要求。9月7日，召开“三全”目标推进座谈会，省政府办公厅党组成员、省史志办主任刘爱军出席会议并讲话。副市长李平根据市长李宽端的意见，就加快修志工作进度，加强年鉴编纂工作，推进市、县两级方志馆的规划建设，加强史志机构队伍建设等问题作严肃强调，部署具体工作。根据会议安排，9月20日—22日，市政府督查室的牵头组织，对全市贯彻落实市委、市政府主要领导对史志工作的批示和座谈会精神情况进行督查。10月10日、11月6日、12月4日，市政府督查室连续3次发文，就全市贯彻落实史志工作“三全”目标情况向各县市区政府主要领导、分管领导及潍坊市政府主要领导通报情况。到2017年底，完成《潍坊市志》的招标工作。各编纂小组基本完成分纂任务，共征集照片2000余幅。

（颜培胜）

【《潍城区志（1991—2013）》编纂】 2017年，潍坊市潍城区史志办进一步修改完善《潍城区志（1991—2013）》志稿。在修改志稿过程中，突出重点，选取志稿存在问题较多的承编单位21个，对其所提供的初稿进行重点修改，对不符合标准、质量不达标的志稿，提出修改意见，并返回原供稿单位重新撰写。采取梯次方式压茬推进《潍城区志》志稿修改工作，对承编单位提供的志稿按照先难后易的方法依次进行修改，提出修改意见并陆续反馈承编单位进行修改、补充、完善。至2017年底，志稿修改工作基本完成。

（曲福刚）

【《寒亭区志（1989—2013）》编纂】 2017年7月，潍坊市寒亭区史志办召开《寒亭区志（1989—2013）》启动会。9月，各单位完成供稿任务，10—11月，对稿件进行编辑加工形成资料长编，12月底，形成初稿。

（孙朋波）

【《寿光市志（1991—2010）》出版】 4月，寿光市地方史志编纂委员会编纂的《寿光市志（1991—2010）》由中国方志出版社出版发行。主编李鹏。该志是1992年版《寿光县志》的续编，断限为1991—2010年，也是寿光撤县设市以来第一部市志。全志继承地方志编修传统，全面、客观、系统地记述了本行政区域的自然、政治、经济、文化和民俗等方面的历史和现状，其观点鲜明、内容丰富、资料翔实、体例完备，主要采用述、记、志、传、图、表、录等体裁，以志为主，表随志附。首设概述，次设大事记，中设专志27编，编下设章、节，必要时设目、子目，后设人物、附表。全志118.6万字，印数 1000 册，定价 560 元，书号 ISBN 978-7-5144-2402-7。

（李 鹏 桑锦缃）

【《昌邑市志（1986—2005）》出版】 2017 年，对《昌邑市志（1986—2005）》进行校正修改，完善插图，并撰稿补充“附录”和“索引”。11 月，《昌邑市志（1986—2005）》出版，全志共 173.6 万字。

（刘伟刚）

【《临朐县教育志》启动】 2017 年 4 月 7 日，《临朐县教育志》编纂工作正式启动。先后召开 3 次专题会议研究制定篇目。7 月 1 日—2 日，《临朐县教育志》编纂工作培训会在临朐中学召开，《临朐县教育志》编委会成员，各镇街教管办、县属学校及县教育局机关各科室（站）编纂人员 90 余人参加培训。截至 2017 年底，完成资料搜集整理 30%。各镇（街、园、区）教育志及县直学校校志同步启动，正在搜集整理资料。

（程国栋）

【《孙家集街道村庄志略》出版】 2017 年 12 月，寿光市孙家集街道志编纂委员会编纂的《孙家集街道村庄志略》由中国诗词楹联出版社出版发行。主编杨茂森，执行主编葛怀圣，副主编王艳、夏令文。全志记述了辖区内 78 个村庄的发展概况、姓氏变迁、古今人物、大事纪略、村庄建设及领导干部更换等一系列史实，概要反映了全街道从古至今，特别是改革开放以来新农村的巨大变化。全志 45 万字，印数 3000 册，定价 118 元，书号 ISBN 978-988-16069-4-5（37）。

（李 鹏 桑锦缃）

【《粟山村志》出版】 2017 年 12 月，临朐县《粟山村志》由方志出版社出版发行，主编刘远顺。《粟山村志》上限为事物发端，下限为 2014 年，设村情要览、大事记、建置环境、人口、村务管理、新村建设、产业发展、公共服务、风土民情、人物、附录等 11 部分，57 万字，以翔实的资料，全面系统地记述了粟山村的历史文化、经济社会发展变化。该志首次采用纲目体，大幅增加图片运用，增强了志书的可读性。

（程国栋）

【《黄家庄村志（1390—2015）》出版】 2017 年 5 月，潍城区西关街道《黄家庄村志》由团结出版社出版。主编考尚猛，执行主编王明才、厉成芳，副主编丰成功、付洪起、考振远。2016 年 3 月，启动该志编修工作，历时一年余编纂成书。该志设建置·地理、人口、民兵·兵役、党政群团、文化、教育·卫生、农业、工业·建筑业·交通·邮电业、商贸·金融、城市化建设、社会生活、家族谱系、人物 13 编，共计 26 万字，记述了 1390—2015 年黄家庄村的历史演变，较翔实记述了中华人民共和国成立后、特别是改革开放后的发展历程。

（曲福刚）

【《景芝酒志》出版】 2017 年 7 月 3 日，安丘市史志办与景芝酒业股份有限公司联合举办《景芝酒志》全国性发行会，中指办副主任刘玉宏、省史志办副主任翟世林、潍坊市史志办主任魏永阳及专家，中国酒业协会的部分领导及专家出席会议。《景芝酒志》被列入首批中国名酒志文化工程。

（辛立兴）

【《临朐县金石志》启动】 2017年，临朐县史志办启动编纂《临朐县金石志》，对境内的铭文、碑刻等进行搜集整理，已做拓片300余张，正进一步收集、挖掘和编辑整理。

（程国栋）

【昌乐旧志翻印】 2017年，昌乐县地方史志办公室将明嘉靖《昌乐县志》、清嘉庆《昌乐县志》、清光绪《昌乐县乡土志》、民国《昌乐县续志》等志书进行了翻印整理。通过高清扫描，按照原本工艺，采用宣纸线装，忠实古籍原貌，不做点校注释。共印300套，限量发行。

（刘国强）

年鉴编纂与出版

【概况】 2017年，潍坊市及所属县（市、区）全部启动年鉴编纂工作。在2017年度山东省优秀史志成果评审中，《潍坊年鉴（2017）》《滨海年鉴（2017）》《寒亭年鉴（2017）》《诸城年鉴（2017）》《奎文年鉴（2017）》获评优秀年鉴。

（王　伟）

【《潍坊年鉴(2017)》出版】 2017年9月，由潍坊市地方史志办公室编纂的《潍坊年鉴（2017）》由方志出版社出版发行，这是1995年《潍坊年鉴》创刊以来的第23卷。主编魏永阳，副主编吕俊峰、姚国平、刘金贵、葛诗忠、吉春利、李长山。该卷年鉴设特载、大事记、全市概况等28个栏目，共91万字，全面、系统、翔实、客观地记述潍坊市政治、经济、文化、社会等各方面的新成就、新特点、新情况。卷首彩页设置“第三十四届潍坊国际风筝会”“国家食品安全示范城市”“成功争取京沪高铁二线过境潍坊”等专题，反映潍坊市地方特色和年度工作亮点。对栏目进行了合理调整，收录了反映地方特色和存史价值的年度资料，年鉴的时代性和实用性更加突出。全书图片近200幅，图表近30个，大16开，书号ISBN 978-7-5144-2595-6，印数3000册，定价218元。该卷年鉴获2017年度山东省优秀史志成果。

（王　伟）

【《昌邑年鉴》创刊】 根据潍坊史志办工作会议要求，积极编写首卷《昌邑年鉴》征稿方案。9月27日，昌邑市人民政府召开全市《昌邑年鉴》2017卷供稿专题会议，印发征稿方案，启动《昌邑年鉴》撰写工作。会

后编纂人员加班加点，催促、整编各单位、各部门上报材料。11月完成初稿，交付方志出版社；12月，《昌邑年鉴（2017）》正式出版。

（刘伟刚）

【《潍城年鉴(2017)》出版】 自2017年始，潍城区开展一年一鉴工作。9月，启动《潍城年鉴（2017）》编纂工作，同年12月完成编纂，2018年年初由华龄出版社出版。该年鉴由潍坊市潍城区史志编纂委员会办公室编，设特载、大事记、全区概况、中共潍城区委员会、潍城区人民代表大会、潍城区人民政府、政协潍城区委员会、中共潍城区纪律检查委员会、工商联·人民团体、法治·人民武装、经济监督管理、农业、工业、商贸、财税·金融、交通·公路、建设·环保、教育·科技、文化·旅游、卫生计生·体育、社会民生、街道·开发区·管理区、附录23个栏目，大16开本，印数500册，40万余字。

（曲福刚）

【《寒亭年鉴(2017)》出版】 2017年10月，寒亭区史志办召开《寒亭年鉴（2017）》

启动会，11月初，各单位完成供稿任务，至11月底，完成年鉴统编和政府采购项目招标。12月，《寒亭年鉴（2017）》由方志出版社出版。该卷年鉴设28个类目，突出潍县萝卜、年画风筝、都市农业等地方特色。

（孙朋波）

【《坊子年鉴（2017）》出版】 2017年，坊子区启动《坊子年鉴》编纂。《坊子年鉴（2017）》

共设置特载、大事记、概况、党务、政务、政法·地方军事、经济管理、农业、工业、商贸、交通·公路、建设·环保、财税·金融、社会事业、社会生活、街道、光荣榜、重要文件选编、附录等19个部类，记述了2016年度坊子区各级党政组织的工作情况和基本经验，30余万字。

（坊子区史志办）

【《奎文年鉴（2017）》出版】 2017年11月，《奎文年鉴(2017)》由方志出版社出版，主编孙涛，副主编姚凤玲、谭绪刚、张红娟、田希峰、吴洪磊，书号ISBN 978-7-5144-2733-2，大16开，全书46万字，印数1000册，定价500元。该卷年鉴设

特载、大事记、专记、全区概况、中国共产党奎文区委员会、奎文区人民代表大会、奎文区人民政府、中国人民政治协商会议奎文区委员会、中共奎文区纪律检查委员会、工商联 社会团体、军事、法治、经济监督管理、农业、工业、服务业、商贸、交通 邮政 通信、建设 环保、财政 税务、教育、科技、文化 卫生 体育、社会民生、街道、人物、附录、索引28个栏目，共计收录各类图片235幅。全面、客观、真实、特色地记录2016年奎文区经济建设、政治建设、文化建设、社会建设、生态文明建设及党的建设等各方面新举措、新进展、新成就。

（孙涛　张红娟　谭绪刚）

【《诸城年鉴（2017）》出版】 2017年11月，《诸城年鉴（2017）》由中国文史出版社出版发行。该年鉴由诸城市人民政府主办，诸城市史志办公室编纂。全书共设特载、大事记、全市概况、中国共产党诸城市委员会、诸城市人民代表大会、诸城市人民政府、中国人民政治协商会议诸城市委员会、中国共产党诸城市纪律检查委员会、工商联·人民团体、人民武装、法治、经济监督管理、农业、工业、商务、金融、财政·税务、交通·邮政·通信、城乡建设、资源·环保、教育·科技、文化·旅游、卫生计生·体育、社会民生、镇（街）园区、人物、附录、索引等28个栏目，全面、客观、真实地记录了2016年诸城市经济建设、政治建设、文化建设、社会建设、生态文明建设及党的建设等各方面的成就和经验。卷首设置图片专栏，文内插配多幅图片。全书近77万字，大16开本，书号LSBN 978-7-5034-9693-6，印数800册，定价400元，全书彩印。

（孙铭杰　刘　云）

【《寿光年鉴（2017）》出版】 2017年12月，《寿光年鉴》编纂委员会编纂的《寿光年鉴（2017）》由方志出版社出版发行，主编李鹏。全书设特载、大事记、全市概况、中共地方组织、地方权力机关、地方行政机关、政协地方组织、群众团体、法制军事、经济监督管理、农业、工业、商贸服务业、交通邮电、城乡建设、财税金融、教育科技、文化旅游、卫生体育、社会民生、镇街区概况、人物22个类目。书号ISBN978-7-5144-2845-2，共470页，72.3万字，16开本，印数1000册，定价300元。

（李　鹏　桑锦绣）

【《高密年鉴（2017）》出版】 2018年1

月，《高密年鉴（2017）》由现代出版社出版发行，这是自创刊以来出版的第三卷年鉴，主编李晓宁。全书设特载、2016年大事记、全市概况、中共高密市委、高密市人民代表大会、高密市人民政府、政协高密市委员会、中共高密市纪律检查委员会、人民团体、人民武装、法治、经济管理与监督、农业、工业和信息化、交通邮电、建设环保、财政税务、金融、商贸服务业、科学、教育、文化旅游、卫生体育、社会管理与生活、镇街区、人物、附录等类目，全面记述了高密市2016年政治、经济、文化和社会建设成果。全书44.1万字，书号ISBN978-7-5143-6954-0，大16开，印数800册，定价200元。

（高密市史志办）

【临朐年鉴（2017）出版】 2018年4月，《临朐年鉴（2017）》由方志出版社出版，主编张孝友。

全书设特载、大事记、全县概况、中共临朐县委、临朐县人民代表大会、临朐县人民政府、政协临朐县委员会、中共临朐县纪律检查委员会、社会团体、军事、法治、经济监督管理、农业、工业、交通·邮政·通信、建设·环保、商贸流通、旅游、财税·金融、科学技术、教育、文化·体育、医疗卫生、社会民生、镇（街、园、区）概况、人物、附录等类目，全面翔实地记录2016年全县经济社会各项事业新成就、新发展、新变化。全书61.7万字，书号ISBN978-7-5144-3048-6，印数1000册，定价280元。

（程国栋）

信息化建设

【概况】 2017年，潍坊市所属各县（市、区）市情网站全部开通，昌乐县、诸城市将原地情网站整合到政府门户网站，其他县（市、区）地情网站也已启动整合工作。

【潍坊市情网】 2017年，潍坊市史志办对潍坊市情网（www.wfsq.gov.cn）进行了改版，对网站中存在的过期链接、无效链接、空栏目、长期不更新的栏目进行了整合和删除，并在显著位置加挂了事业单位政务网站和政务网站标识。改版后的网站设市情动态、信息公开、志鉴文库、走进潍坊、魅力鸢都、专题专栏6个栏目。年内，更新发布各类信息500余条，为山东省情网站“史志动态”栏目发布信息22条，为山东省情资料库上传各类志书10部，年鉴2部，已上传的志书和年鉴资料共计5000多万字。开通了“潍坊史志”微信公众号。2017年，在山东省优秀史志成果评审中获优秀地情网站。

（李晓冬）

方志馆建设

【概况】 2017年，潍坊市所属各县市都启动了方志馆建设。11月，《全省方志馆建设管理规范》印发后，按照新的规范要求，各县（市、区）方志馆都进行了提升改造。

【潍坊市方志馆】 2017年，潍坊市方志馆搜集、整理各类资料340余份，收集数字方志文献、地情资料近800种。截至2017年底，潍坊方志馆舍面积500平方米，全馆共有图书资料8000册（件），各类期刊资料60多种，数字方志文献、地情资料3800种。年内，面向社会提供地情资料免费查阅工作，接待来电来访30多批次，向社会提供资料查询服务70余次。全年与全国各地交换地情资料书籍500余册。2017年，潍坊市方志馆（名人馆）规划已经潍坊市馆群建设领导小组研究立项。新馆选址在潍坊高铁北站市文化馆群内，规划建筑面积1.2万平方米。潍坊市方志馆功能规划设计已完成，由潍坊市馆群领导小组统一与设计公司沟通进行规划设计。至年底，市史志办正根据市里要求积极进行展陈大纲的调研撰写工作。

（刘伟勋）

【潍坊市潍城区方志馆】 潍城区方志馆于2016年建立，面积30平方米。馆藏志书、年鉴及地情资料书籍共400余卷册。2017年，通过征集、交换等方式丰富馆藏，新增志书、年鉴、地情资料书籍30余卷册。全年共接待查阅人员80多人次。根据省、市关于新建县级方志馆的标准要求，潍城区新方志馆规划总面积1016平方米，馆址位于潍城区区级机关综合办公大楼1号楼以东，于2017年底开工建设。

（曲福刚）

【潍坊市寒亭区方志馆】 2017年，寒亭区方志馆列入全区公共文化服务平台规划建设，与博物馆、档案馆、美术馆、图书馆共同规划设计。其中，办公区、收藏保护区、信息中心、编纂研究中心设独立馆舍，名人展示区、学术交流区、展览体验区、多功能会议室等与其他场馆共享，总面积2000余平方米。

（孙朋波）

【潍坊市坊子区方志馆】 2017年，坊子区方志馆加强与省内外史志机构的沟通交流，并通过购买、交换志书等方式，不断充实馆藏，交换志书80余册。截至2017年底，馆藏各类志书近千册。方志馆新馆采取与档案馆、图书馆合建的方式，规划建设面积1300平方米左右，正在进行规划设计。

（坊子区史志办）

【潍坊市奎文区方志馆】 2017年，奎文区启动方志馆筹建，规划审批建设面积1000平方米的方志馆，方志馆规划方案已报市政府待批规划。

（孙　涛　张红娟　谭绪刚）

【青州市方志馆】 2017年，青州市方志馆通过部门征集和外埠交流等方式，不断丰富馆藏。截至2017年，馆藏全国各地志书、年鉴、地情资料等图书5000余册。方志馆免费开放，提供志书查阅及相关咨询服务，全年共服务来馆人员400余人次。12月，市政府批复将方志馆新馆建设纳入全市城市基础文化设施建设规划，与新档案馆共建。

（刘洪昌）

【诸城市方志馆】 诸城市方志馆位于诸城市群众文化活动中心，于2012年8月建成投入使用，面积260平方米。2017年，通过购买、交换及接受社会捐赠等方式，新增馆藏45套（本），全部馆藏志书、年鉴、地情书籍和其他工具书籍等达6000多册，年内接待查阅人员70余人次。2017年11月，《全省方志馆建设管理规范》印发后，按照新的规范要求，整合原有8000平方米的诸城名人馆资源，组建新方志馆，并开展了相关推进工作。

（孙铭杰　刘　云）

【寿光市方志馆】 2017年10月，经寿光市委、市政府确定，将寿光市方志馆由图书馆内部迁出，移至寿光市历史文化中心。该中心位于文圣东街以南，AAAA级景区生态农业观光园北端西侧，占地219亩。建有圣贤宝殿、镌文山房等5个单体建筑，总建筑面积4万余平方米。其中圣贤宝殿厅建筑面积2万平方米，实用面积1万平方米。按照方志馆建设标准和要求，对历史文化中心的内容进行增添和改造，已完成规划设计的招标工作。

（李　鹏　桑锦缃）

【安丘市方志馆】 2017年，安丘市委常委会研究决定同意方志馆规划建设，规划面积1000平方米。

（辛立兴）

【高密市方志馆】 2017年，高密市确立了将方志馆与档案馆、党史馆、图书馆和文化馆一起建设的具体方案，2018年3月开始具体规划设计。

（高密市史志办）

【临朐县方志馆】 2017年，临朐县方志馆建设纳入临朐县文化中心总体规划。总体规划已经完成，所用土地拆迁等工作已经完成。

（程国栋）

【昌乐县方志馆】 2017年，昌乐县方志馆与其他市、县（市、区）交换图书80余套。截至年底，县方志馆库房120平方米，存书2000余册。昌乐县方志馆建设将与县文化中心统一建设，规划已提上日程。

（刘国强）

开发利用

【《潍城名胜古迹史料》出版】 2017年11月，潍坊市潍城区政协编纂的《潍城名胜古迹史料》由黄海数字出版社出版。主编孙超、副主编穆锡罡。该书设山水秀色、古今建筑、名人胜迹、庙宇祠堂、牌匾牌坊、古时碑刻、墓葬遗址、园林景观、古树名木、红色景点等篇目，16开本，20余万字。较翔实地记述了潍城区境内名胜古迹的历史演变和现状，为深入研究老潍县文化提供了资料。

（曲福刚）

【《安丘赋》折经卷出版】 2017年，将《安丘赋》抄录成折经卷。全卷总长4米，宽0.36米，设计和装帧雅致、清新、大方得体，是安丘文化品牌交流和资料交换的重要载体。

（辛立兴）

【《安丘帝傅名臣传》出版】 2017年，将《安丘名人传》重新考证，形成《安丘帝傅名臣传》，古本印制，全书7万字，录入人物87个。其中，帝王之师21人，名臣66人。12月，《安丘帝傅名臣传》出版发行。

（辛立兴）

【临朐县史志办录制口述历史节目】 2017年，临朐县史志办联合县电视台录制乡村记忆及红色记忆专题片3期。

（程国栋）

【坊子区史志工作服务社会】 坊子区史志办通过网络宣传区情、志书展览、发放志书等方式，向各街道（发展区）和区直有关部门、单位赠送《坊子历史上的今天》近200册。

（坊子区史志办）

【临朐县史志办服务美丽乡村和旅游工作】 2017年，临朐县史志办指导傅家李召村史馆、隐士村史馆建设，参与寨子崮等乡村旅游工作。

（程国栋）

【临朐县史志办开展志书入基层活动】 2017年，临朐县史志办开展志书入村（社区）、部门、学校、企业工作，发放《临朐县志（1840—1987）》《临朐县志（1988—2000）》《临朐村镇志略》《冶源镇志》《粟山村志》等各类志书200余套。

（程国栋）

学术交流与活动

【潍坊市史志办到杭州市方志馆学习考察】 6月28日，潍坊市史志办主任魏永阳、副调研员李长山一行三人，到杭州市方志馆学习考察。魏永阳一行参观杭州市方志馆“南宋京城图”地雕以及八大专题展厅，详细询问了方志馆的建馆理念、布展思路、筹建过程及馆内日常运行等情况。杭州市方志馆馆长金利权陪同。在座谈会上，魏永阳一行与杭州市志办主任蒋文欢交流了各自的史志工作情况。潍坊市史志办向杭州市方志馆赠送了《潍坊市志》。

（潍坊市史志办）

责任编校：宋　涛

济宁市史志工作

综　述

【工作概况】 2017年，济宁市史志事业受到关注度明显提高，市委书记王艺华，市委副书记、市长傅明先分别对地方史志事业作出批示，要求“各级各部门都要重视支持史志工作”，“抓好第二轮修志”首次写入《政府工作报告》，纳入年度政府重点工作任务。2017年，分别出台《济宁市地方史志专家库管理办法（试行）》《济宁市地方史志编修专家费发放办法》，加大对史志事业的支持力度。史志事业重点工作被纳入《济宁市文化领域供给侧结构性改革实施方案》。史志编修五大重点工程被纳入《济宁市弘扬优秀传统文化工作方案》。2017年济宁市各项史志工作按照计划有序推进，按时完成。《济宁市志（1991—2010）》完成总纂，12月中旬完成省专家评议。《曲阜市志》完成市级评审，《市中区志》《汶上县志》进入市级评审阶段，《兖州市志》完成稿件收集和部分篇目编审。市县两级12部年鉴统一出版书号、统一装帧设计、统一印刷标准，以《济宁年鉴丛书（2017）》形式集中出版发行。《济宁市情概览（2016）》改版升级为《济宁市情手册（2017）》，于2017年4月6日出版。《济宁年鉴》《济宁市情手册》赠阅范围扩大到县、乡、村三级领导班子成员及各级图书馆、文化中心、农家书屋，实现地情资料赠阅市、县、乡、村四级“全覆盖”。市、县两级方志馆全部落实选址或纳入建设规划。济宁临时方志馆馆藏书籍由2016年底的2万册增加至4万册，展阅书籍由3000册增加至11000册，日接待读者300人以上。乡镇村志编修蓬勃开展，全市启动51部镇志、83部村志、23部行业志编修，2017年完成10部镇志、6部村志、12部行业志。邹城市《中心店镇志》被纳入中国名镇志文化工程。《济宁大事记（1840—2016）》《微山湖老照片》《济宁老照片（清末—1949）》交付印刷，《（康熙）济宁州志》（点校版）完成出版发行。《济宁市对口支援新疆志》完成初稿。济宁市情网完成改版升级。

【工作会议】 2017年1月9日，济宁市史志办组织召开全市史志工作会议，向各县（市、区）各部门发放《济宁市史

2017年1月9日，全市史志工作会议在济宁市召开

2017年5月23日—24日，济宁市乡镇村志编修现场会议在邹城市召开

志工作“存史、资政、教化”三年行动计划（2016—2018）》和《济宁市地方史志事业发展规划纲要（2016—2020）》，为济宁市史志事业指明发展方向，增强发展联动能力。5月23日—24日在邹城市召开全市乡镇村志编修现场工作会议，通过现场学习，增强各县（市、区）对乡镇村志编修的自信心，建立结对学习联系渠道，促进全市乡镇村志编修工作整体推进。7月20日，济宁市各县（市、区）史志办主任会议召开，总结工作，安排部署《山东抗日根据地志》《山东解放区志》编纂供稿及其他各项工作。11月7日，全省方志理论研讨会在曲阜市召开，学习贯彻党的十九大精神和传达第二次全

2017年12月14日，济宁市“全市史志工作‘三全’目标推进会”召开

国地方志科研工作会要求，总结实践经验、展示最新成果、活跃学术氛围、推进开展理论研究。12月14日，全市史志工作“三全”目标推进会召开，梳理2017年度史志工作，找出存在的问题及短板，提出对策，加快推进济宁市“三全”目标任务全面完成。

【济宁市史志编修培训班】　2017年4月10日—12日，济宁市史志编修培训班在济宁市举办。中国地方志指导小组秘书长，中国地方志指导小组办公室党组书记、主任冀祥德，省政府办公厅党组成员、省史志办主任刘爱军出席开班式并讲话。

2017年4月10日—12日，济宁市史志编修培训班在济宁市举办

济宁市委书记王艺华，市委副书记、市长傅明先分别会见冀祥德、刘爱军一行，副市长吴霁雯出席开班式并致词，市人大常委会副主任、市政府秘书长杜昌华主持开班式，市政府副秘书长、办公室主任贺雷，市史志办主任张树礼参加活动。中国地方志指导小组办公室方志处处长陈旭、安徽省史志办原处长王晖、省史志办年鉴工作处负责人出席开班式并授课。济宁各县（市、区）史志办主任、业务骨干、乡镇村志主编，市直各部门、单位承担志鉴撰稿任务的负责人，《济宁

市志》编审专家组成员，共计260余人参加培训。王艺华会见冀祥德、刘爱军一行，简要介绍了济宁市情概况、济宁市委市政府重视史志工作以及将其纳入文化建设总体布局并取得明显进展的情况。冀祥德高度评价山东的史志工作，指出济宁市委、市政府重视地方史志工作，改善史志办工作条件，工作进展迅速，成绩显著，其授课从文化建设高度分析了史志事业面临的大好形势，指出全国地方志工作者要充分认识地方志工作的重要性，围绕中心，服务大局，坚定方志文化自信，撸起袖子加油干。刘爱军指出，济宁是孔孟之乡，是儒家文化发祥地，中华优秀传统文化核心区，有着丰厚的历史文化底蕴和优秀的修史修志传统，更应该做好史志工作。济宁市各级史志机构要在市委、市政府的坚强领导下，以“踏石留印、抓铁有痕”的精神，狠抓落实，确保“三全”目标圆满完成。吴霁雯指出这次培训是济宁史志事业发展史上规格最高、规模最大、覆盖面最广的一次培训，也是济宁文化建设上的一件大事，全市史志系统加强培训学习，提升能力水平，按时高质量完成各项工作任务，推动济宁史志事业再上新台阶，在服务国家文化战略、弘扬优秀传统文化和全市经济社会发展上实现更大作为。

【曲阜市镇志村志编纂工作培训会议】 为认真贯彻落实省市史志工作要求和《曲阜市传承发展中华优秀传统文化工作方案》精神，加快推进镇志村志编纂工作，2017年12月22日，曲阜市举办镇志村志编纂工作培训会。曲阜各镇（街）分管负责同志，镇（街）志主要编纂人员；各镇（街）部分历史文化名村、经济强村、特色村、搬迁村的党支部书记、编纂人员；曲阜市志书谱牒文化研究会相关人员共160人参加培训。济宁市修志咨询专家组成员、邹城市史志办主任周广志以《如何做好乡镇村志编修》为题，利用PPT授课形式，围绕做好乡镇村志编纂工作的重要意义、如何编修乡镇村志、方志编修应掌握的五个原则、方志编修的几点建议等方面作了讲授。邹城市中心店镇史志办主任、中心店镇综合镇志主编、中心店镇名镇志主编孙为民，以《如何搞好综合镇志、名镇名村志的编纂》为题，介绍了编纂《中心店镇志》及有关村志的经验做法、遇到的困难问题以及对策，

2017年12月22日，曲阜市举办镇志村志编纂工作培训会

对曲阜市的镇志村志编纂提供了可资借鉴的宝贵经验。

【《济宁市公安志》编纂工作动员暨业务培训会议】 2017年11月6日，济宁市公安局副局长宋昭君、指挥中心主任李庆春出席会议，各县（市、区）公安局、各直属分局指挥中心主任、公安志撰稿人，市公安局局属各单位公安志编纂工作负责人、撰稿人及市公安局史志办全体成员共130余人参加了会议和培

训。会议传达了《济宁市公安志》编纂工作实施方案，对编纂工作进行了具体部署。宋昭君对做好编纂工作提出要求：各地、各警种要充分认识公安志编纂工作的重要性和必要性，高度重视修志工作；要明确任务，协作配合，把握原则，突出亮点与特色，全面系统记载和反映济宁公安 80 年来所走过的辉煌历程；要明确责任，加强领导，确保认识到位、人员到位、措施到位、条件到位、工作到位，圆满完成供稿与编纂任务，努力打造精品佳志。会上，济宁市史志办副主任邵鸿志，淄博市公安局史志办主任单联国、副主任常德功，分别就地方志基础知识，专业志特征及编纂要求、基本方法，公安志编纂应注意的问题进行了授课。

【太平镇村志编修工作推进会暨《太平二村志》评审会议】 2017 年 9 月 5 日，邹城市太平镇政府组织召开太平镇村志编修工作推进会暨《太平二村志》评审会议。太平镇村志编修人员参加会议，太平镇党委组织委员邱勇主持会议。邹城市史志办应邀参加会议。会议反馈了《太平二村志》志稿初审意见，指出了村志的优点和存在的不足，并从框架结构、卷首图片设置、语言文字、表格运用等方面提出修改意见和建议。

【《曲阜市志（1991—2015）》评审会】 2017 年 11 月 21 日—22 日，《曲阜市志（1991—2015）》评审会召开。济宁市史志办主任张树礼、副主任邵鸿志出席会议，曲阜市副市长张作宜出席会议并致辞，市政府办公室分管主任张立忠主持会议，市史志办副主任孔祥震汇报《曲阜市志（1991—2015）》初稿编纂过程，有关修志专家及 11 个县（市、区）审稿人员参加会议。评审会上，与会人员对《曲阜市志（1991—2015）》初稿给予充分肯定，同时从语言表述、资料完善、章节编排等方面对志稿进行全面评审，指出了志稿存在的问题和不足，提出建设性意见建议。

【《济宁市中区志（1996—2013）》评审会】 2017 年 12 月 5 日—6 日，《济宁市中区志（1996—2013）》评审会召开。济宁市史志办主任张树礼、副主任邵鸿志出席会议并讲话，任城区政府副区长高晓华到会致辞，任城区政府办公室副主任邢宝进主持会议，任城区史志办主任李斌汇报修志工作完成情况，济宁市修志专家组专家、任城区史志办全体人员共 30 余人参加会议。与会专家从篇目设置、资料完善、语言表述、图表运用等方面，指出志稿存在的问题和不足，并提出切实可行的修改意见和建议。

【《济宁市志（1991—2010）》评审会】 2017 年 12 月 14 日，《济宁市志（1991—2010）》评审会召开。省政府办公厅党组成员、省史志办主任刘爱军，济宁市

2017 年 12 月 14 日，《济宁市志（1991—2010）》志稿评审会召开

委常委、统战部长白山出席会议并讲话，省史志办副主任李刚主持会议，济宁市史志办主任张树礼、省修志业务专家咨询组部分成员等参加会议。刘爱军对济宁市近年来史志工作取得的成绩给予充分肯定。白山简要介绍了近年来济宁经济社会发展情况和《济宁市志（1991—2010）》编纂过程，要求编纂人员认真听取领导和专家的意见建议，同心协力、一鼓作气、精益求精，提升志书质量，打造精品佳志。

【《汶上县志（1988—2010）》评审会】 2017年12月21日—22日，《汶上县志（1988—2010）》济宁评审会召开。省史志办副主任李刚出席会议并讲话，济宁市政府副秘书长徐锋主持会议，汶上县委副书记、县长李洪文致辞，省史志办市县基层志编纂指导处相关人员，济宁市史志办主任张树礼，汶上县政府党组成员田利国出席会议，省、市修志业务专家咨询组部分成员，《汶上县志》编纂人员等参加会议。与会专家从篇目设置、资料完善、语言锤炼等多个方面提出具体的意见和建议。

【表彰先进】 2017年4月7日，省史志办公布“2016年度山东省优秀史志成果奖”评选结果。其中：《济宁年鉴（2016）》《曲阜年鉴（2016）》《泗水年鉴（2016）》获 2016年度山东省优秀史志成果奖（优秀年鉴）；济宁方志馆获2016年度山东省优秀史志成果奖（优秀方志馆）。2018年4月27日，省史志办公布“2017年度山东省优秀史志成果奖”评选结果。其中：《曲阜市卫生和计划生育志》获2017年度山东省优秀史志成果奖〔优秀基层（专门）志〕；《济宁年鉴（2017）》《曲阜年鉴（2017）》《泗水年鉴（2017）》获2017年度山东省优秀史志成果奖（优秀年鉴）；《济宁州志》（清康熙点校本）获2017年度山东省优秀史志成果奖（优秀旧志整理成果）；济宁市史志办报送的论文《拥抱地方史志事业的春天——关于济宁市地方史志事业创新发展的探索与思考》获2017年度山东省优秀史志成果奖（优秀地情研究成果）。

机构与队伍

【济宁市地方史志编纂委员会】 济宁市地方史志编纂委员会名单组成：市委书记、市人大常委会主任傅明先任名誉主任，市委副书记、市长石光亮任主任。副市长吴霁雯任第一副主任。市委副秘书长、办公室主任刘辉，市人大常委会秘书长高涛，市政府秘书长、办公室主任贺雷，市政协秘书长张言申，济宁军分区副司令员杨富强，市委组织部副部长、市老干部局局长徐继红，市委宣传部常务副部长孙爱民，市编办主任王志泉，市发展和改革委主任贺永红，市财政局局长宫振华，市史志办主任张树礼任副主任。胡克军、崔康、姜居军、徐辑方、周光全、高广立、王亚栋、李克学、任广德、程福华、刘鹭岩、朱运旭、祝清荣、侯圣军、郭庆林、宋科、刘文峰、张洪雷、朱勇志、闫百川、张弢、焦华、吴琼、胡良民、许伟、杨凤东、李丽、董学琛、徐兴华、杨福雪、刘继芳、玄志祥、陆亚东、苗兴华、何锡明、张玕、温伟宁、陈晓霞、陈玉星任委员。

2017 年度制发文件：《关于印发〈济宁市地方史志专家库管理办法（试行）〉的通知》（济方志委发〔2017〕1 号）、《关于开展“济宁记忆”老照片征集活动的通知》（济方志委发〔2017〕2 号）、《关于印发〈济宁市志（1991—2010）〉“儒家文化篇”篇目及供稿分工的通知》（济方志委发〔2017〕3 号）、《关于同意〈梁山县志（1994—2013）〉出版的批复》（济方志委发〔2017〕4 号）、《关于做好〈济宁市志（1991—2010）〉志稿修改工作的通知》（济方志委发〔2017〕5 号）

【济宁市地方史志办公室】 济宁市地方史志办公室为全额拨款副县级事业单位，挂靠市政府办公室，参照公务员法管理，内设人事秘书科、编研指导科和年鉴工作科。2017 年，编制 14 人，配备主任 1 人，副主任 2 人，科级领导（包括副科）职数 6 人，主任科员 1 人，副主任科员 1 人；实有在编干部职工 11 人、工勤编制 1 人；研究生学历 3 人，本科学历 7 人；20 岁—29 岁段 1 名，30 岁—39 岁段 4 名，40 岁—49 岁段 4 名，50 岁—59 岁段 2 名。

主任：张树礼

副主任：邵鸿志、陆波

地址：济宁市任城区红星中路 13 号 4 号楼

邮编：272000

电话：（0537）2348340

济宁市各县（市、区）史志工作机构及负责人情况统计表

单　位	隶属关系	规格	负责人	地　址	电　话	邮　编
济宁市任城区史志办公室	任城区政府	正科级	李　斌	任城区任城大道 89 号任兴商务中心 A 座 933 室	0537-5660933	272000
济宁市兖州区史志办公室	兖州区政府办公室	正科级	陈　勇	兖州区九州中路 1 号行政办公中心	0537-3413120	272000
曲阜市史志办公室	曲阜市政府办公室	正科级	张立忠	曲阜市春秋路 1 号	0537-4498010	273100
邹城市史志办公室	邹城市政府办公室	股级	周广志	邹城市平阳东路 2699 号政府院内	0537-5224300	273500
微山县史志办公室	微山县政府	正科级	王学新	微山县奎文路 54 号	0537-8224248	277600
鱼台县史志办公室	鱼台县政府	正科级	李春伟 李　明	鱼台县政府办公楼 2 楼	0537—6211307	272300
金乡县史志办公室	金乡县政府办公室	正科级	李　泼	金乡县政府办公室信息中心	0537-8721556	272200
嘉祥县史志办公室	嘉祥县政府办公室	股级	赵小现	嘉祥县呈祥街 99 号	13325176825	272400
汶上县史志办公室	汶上县政府	正科级	张衍才	汶上县政务区国防大厦三楼	0537—7212086	272500
泗水县史志办公室	泗水县政府办公室	正科级	孟　霞	泗水县行政中心 717 室	0537-4221691	273200
梁山县史志办公室	梁山县政府办公室	副科级	韩清春	梁山县委党校临街楼 4 楼	0537-7319166	272600

济宁市各县（市、区）史志工作人员情况统计表

单　位	定编	在编人员情况												
		行政管理人员					专业技术人员			学历学位情况				
		正处级	副处级	正科级	副科级	科员及以下	高级	中级	初级及以下	博士	硕士	本科	大专	高中以下
济宁市任城区史志办公室	12				1		1	1				2		1
济宁市兖州区史志办公室	6			1	1	2		1	3				1	1
曲阜市史志办公室	4				1		1	2				2	1	
邹城市史志办公室	11					1			1		1	1		
微山县史志办公室	9			1	1	6		1			1	5	3	
鱼台县史志办公室	10				2	1						2	1	
金乡县史志办公室	–			1	1	1	1				1	2	1	
嘉祥县史志办公室	1											1		
汶上县史志办公室	10			1	3	4		3	1			4	4	
泗水县史志办公室	8			1	3	2		2				6		
梁山县史志办公室	3				1				2			1	2	

志书编纂与出版

【概况】 全市第二轮志书工作取得阶段性成果，《济宁市志（1991—2010）》完成省专家评议，三部县级志书完成市级评审，一部完成初稿；乡镇村志和行业志编修蓬勃开展，完成10部镇志、6部村志、12部行业志，旧志整理取得丰硕成果。

【《济宁市志（1991—2010）》完成省级专家评审】 《济宁市志（1991—2010）》于2013年启动，经过济宁市史志办全体人员的努力，完成稿件修改，形成省级300万字专家评议稿。为突出济宁文化特色，内容上增加了"儒家文化篇"，由孔子研究院承担撰写任务；"水浒文化篇"由原来的"章"目升格为"篇"目，由水浒文化研究学者、济宁职业技术学院杨振星教授承担撰写任务。儒家文化、运河文化、水浒文化是济宁三大特色文化，也是该部志书着重凸显的亮点。志书内容充分彰显了济宁"孔孟之乡、运河之都、文化济宁"的城市名片。志书于2017年12月完成省级专家评审。

【《曲阜市志（1991—2013）》编纂】 《曲阜市志（1991—2013）》于2017年11月完成市级专家评审。11月21日—22日，《曲阜市志（1991—2013）》济宁市级评审会在曲阜市召开。有关修志专家及11个县（市、区）审稿人员参加会议。评审会上，与会人员对《曲阜市志（1991—2013）》初稿给予肯定，同时从语言表述、资料完善、章节编排等方面对志稿进行全面评审，指出志稿存在的问题和不足，提出建设性意见建议。曲阜市史志办对评审会提出的意见和建议，组织人员与各供稿单位一一对接，将志稿再次返回部门补充修改，严格编审程序，保证志书的严谨、准确、完整。

【《济宁市中区志（1996—2013）》编纂】 2017年10月，《济宁市中区志（1996—2013）》形成市级初评稿件，共计80余万字。12月，召开《济宁市中区志》（1996—2013）济宁市级评审会。济宁市史志办主任张树礼、副主任邵鸿志出席会议并讲话，任城区副区长高晓华到会致辞。政府办公室副主任邢宝进等有关领导、专家和史志办全体人员30人参加会议。评审会期间，专家们对《济宁市中区志1996—2013》初稿进行了评审并提交了修改意见稿。与会专家从篇目设置、资料完善、语言表述、图表运用等方面，指出了志稿存在的问题和不足，并提出了切实可行的修改意见和建议。

【《任城区志（1996—2013）》编纂】 2017年，《任城区志（1996—2013）》新收集整理各类图片2万余幅，形成有价值图片2000余幅；增补先进人物40位、大事记180条；累计补充内容200余处，增加文字约3万字；删减内容400余处，减少文字约13万字；形成区志定稿约100万字。

【《兖州市志（1996—2013）》编纂】 2017年4月17日，兖州市史志办组织召开全区地方史志工作会议，安排部署《兖州市志（1996—2013）》编纂任务。会后，督促各承编单位相继成立编纂工作小组，单位主要负责人任组长，并确定副组长、主编及若干撰稿人员。编印《志书编修学习资料》，连同第一部《兖州市志》一并分发至各承编单位，便于编纂人员熟悉并掌握志书编纂知识。5 月，逐步开展专门培训、以会代训、上门指导等多种形式培训活动，提高编纂人员志书编修水平。为明确篇目设置，提高内容收集质量，与有关部门反复开会研究，与单位主要负责人多次沟通协商，指导部门选派工作经验丰富或曾参与第一部《兖州市志》编写人员编纂志稿。至 2017 年底，已完成《〈兖州市志〉（1996—2013）》初稿收集任务，共 36 卷、750 余万字，已审改 9 卷、30 万字。

【《梁山县志（1994—2013）》编纂】 2017 年，《梁山县志（1994—2013）》修编工作全力以赴以打造精品志书为宗旨，根据省、市专家提出的各种问题、建议，进行针对性集中补充、修改、图片选插等，最后形成 120 万字定稿，于 2017 年 11 月移交出版。

【《曲阜教育志（1986—2015）》出版】

2017 年 2 月，由曲阜教育和体育局组织编纂的《曲阜教育志（1986—2015）》出版，内部发行，印数 2000 册。主编朱年强，副主编李东明、张景利、房立祯。全书共分 14 章 42 节，收录图片 37 幅，总计 32 万余字。本部志书时间跨度为 1986 年至 2015 年，是首部《曲阜教育志》的续修和内容延续。志书的编纂出版不仅全面反映了曲阜教育的发展历程，也为更多人了解曲阜，走近曲阜提供了真实可靠的文献依据。

【《曲阜市卫生和计划生育志》出版】 2017 年 6 月，《曲阜市卫生和计划生育志》出版发行，由曲阜市卫生和计划生育局编写，煤炭工业出版社出版发行，书号 ISBN 978－7－5020－5674－2。主编熊宝玉、责任编辑马明仁、编辑郭浩亮，该志书为曲阜市第一部卫计志，上限始于 1840 年，下限至 2015 年。全书共 16 篇 70 章 228 节，150 万字，图片 360 余幅，设概述、大事记、专志、附录四个部类，专志设公共卫生、西医护理、中医中药、农村卫生和社区服务、计划生育等内容，书前彩页设有领导关怀、三名工程、医技交流、荣誉集锦、峥嵘岁月等图片资料。该志立足曲阜市情，突出时代特征，彰显卫生和计划生育特色，全面系统地记述了曲阜市卫生和计划生育事业发展的历史和现状，重点记述了建国后曲阜市卫生和计划生育系统的发展历程和取得的成就，具有较高的史料价值。

【《尼山水库志》出版】 2017年6月，曲阜市《尼山水库志》出版，准印证号JWGX-2017第20号，印数1500册，主编颜桂杰、副主编尹承伟。该志上限起于1840年，下限止于2016年底，《尼山水库志》共分为三大篇，分别是水库建设、水库管理、尼山文史，共三十四个章节。全书以时间为主线、空间相互衔接、横纵分支拓展等多种角度，全方位、全内容展现尼山水库的历史变迁、建设管理与维护、尼山文史等信息，配合丰富的图片资料，使读者在阅读后体会到尼山水库建设之路的艰辛与不易，以及几代尼山水库人的不懈努力与无私奉献。

【《鱼台县财政志（1991—2015)》出版】 2017年6月，《鱼台县财政志（1991—2015)》由山东省地图出版社出版。主编张佩业、黄瑞风，副主编袁恪、范继磊，执行主编齐运祥。该志上限为1991年1月，下限延至2017年4月。全书39万字，印数1000册。由概述、大事记、正文、附录等部分组成，采用述、记、志、图、表、录等体裁，以志为主，专志9篇。全面反映域内财政工作的历史沿革和发展过程，重点记述改革开放后，特别是1991年后，鱼台县财政工作的发展史。

【《汶上县人民医院志》出版】 该志书由汶上县人民医院志编纂委员会编纂出版，主编张耀臣，执行主编魏保国，上限为1948年8月，下限为2013年12月，采用公元纪年。内容涵盖了概述、大事记、党群组织、医疗行政组织、医院管理、医疗业务工作、临床科室、医技科室、门（急）诊工作、护理工作、教学与科研工作、学术活动、病案图书与医院内部档案管理、社会医疗卫生工作、医院荣誉与人物介绍、编后记等若干部分内容，采用述、记、志、图、表、录、照等表述形式，翔实介绍了汶上县人民医院建院以来的历史沿革、人员变迁和成就，浓缩了中华人民共和国成立以来汶上县卫生工作的发展进步。该志于2017年2月24日正式出版发行。

【《池涯社区志》出版】 2017年8月，曲阜市《池涯社区志》由中国文史出版社出版发行。书号ISBN 978-7-5034-8924-2，该志上限起于公元前622年，下限止于2016年底，重点记述中国人民共和国成立以后，特别是1978年以来的历史。全书设置章、节、目三个层次，约31万字，图片230多幅，印数1000册。《池涯社区志》详细记载了池涯的历史、社会、经济、文化、生产、生活、习俗等内容，让群众深入了解社区的发展演变，让群众找寻根源、找寻传承，通过志书凝聚

池涯人的乡土情谊，寄托浓浓乡愁。

【《三张曲村志》出版】 2017年9月，曲阜市《三张曲村志》印刷出版。准印证号JWGX-2017第24号。该志上限为1921年，下限止于2015年底。全书按章、节、目、子目四个层次编排，除概述、大事记、附录等内容外，共设17章53节，约22万字，16开本，图片60多幅，印数600册。

《三张曲村志》展现了三张曲村广大村民富有光荣的革命传统和不怕困难、艰苦奋斗、与时俱进、开拓创新的精神风貌，是对广大青少年进行传统教育和现实教育的好教材。

【《中国名镇志丛书·中心店镇志》出版】 2017年10月，邹城市《中国名镇志丛书·中心店镇志》由方志出版社出版。主编孙为民，副主编曹德华、马琳琳。该志采用纲目体，遵循突出亮点，突出“名”和“特”，不面面俱到；结构灵活而不失志体；语言生动而不失端庄；图文并茂而不循旧例等原则，全面、客观、系统记述城镇化进程和改革开放的成果，传承和抢救乡土历史文化，留住乡愁，为探索中国特色新型城镇化发展经验、发展模式、发展道路提供历史智慧和现实借鉴。全志33万余字，定价115元，书号ISBN 978-7-5144-2641-0。

【《东傅村志》出版】 2017年3月，邹城市《东傅村志》由中国文化出版社出版。主编黄学贞，副主编孔祥军、李青、李广云、黄金福。该志共9章，37节，16.2万字，记述该村社会经济、农业生产及人民群众的生活变化，重点记述中共十一届三中全会后东傅村的发展变化、改革成果及特色农业、经济发展的状况。书号ISBN 978-988-13247-9-5，印数3000册，定价98元。

【《中心一村志》出版】 2017年6月，邹城市《中心一村志》由中国文化出版社出版。该志采用章、节、目平铺直叙，全书设10章49节，16.9万余字，记述该村经济社会、文教体卫及人民群众的生活变化等内容，重点记述1937年以后特别是1949年新中国成立后和改革开放后的发展变化。该志以浓郁的乡村日常生活为实例，洋溢着丰富民俗的乡土气息，是一部很好的乡土教材。书号ISBN 978-988-13247-9-6，印数2000册，定价98元。

【《尚寨村志》出版】 2017年6月，邹城市《尚寨村志》由中国文化出版社出版。全书首设概述、大事记，中设10个分志为正编，编下设47章123节，尾设人物、附录。该志重点记述中华人民共和国建立前后，特别是党的十一届三中全会后村庄各方面事业的发展变化。对村庄建设、民间艺术、明鲁王陵进行详细记述，突出地方特色。书号ISBN 978-988-13247-9-7，印数3000册，定价128元。

【《(康熙)济宁州志》点校出版】2017年，《(康熙)济宁州志》完成点校整理，该

书16开本，30万字，分宣纸线装和普通精装两种形式，其中宣纸线装一函六册，由中国文史出版社出版发行。全书共10卷，廖有恒修，杨通睿纂，康熙十二年（1673年）刻本。志书上起古任国，下迄康熙初年，内容主要包括疆舆、田赋、官秩、学校、人物、艺文六大部分，人物、艺文占幅达5卷。通览志书，济宁州山川形胜、城池公署、祠庙楼阁、市集街巷、土产风俗、古迹园亭、文庙社学等历史情境尽现眼前；人物纵贯周汉明清，横涉忠节义士、隐逸流寓等方方面面；大量艺文不乏名人佳构，如李白《任城县令厅壁记》、沈光《李白酒楼记》、方孝孺《李太白赞》、王守仁（王阳明）《太白楼赋》、董其昌《赠曹嗣山总河》、袁宏道《济宁守邀饮南池》等，让人充分领略到济宁自古人文荟萃之风貌。

【清光绪《泗水县志》出版】 2014年，泗水县史志办对清光绪十八年（1892年）《泗水县志》进行了整理出版，该志获山东省优秀史志成果奖（优秀旧志整理成果）。由于各界需求量大，库存不能满足对外借阅、赠送需求，经县政府同意，重新对志书进行点校、整理，2017年7月宣纸印刷、手工线装出版发行。每套6本，共15卷，印数200套。

年鉴编纂与出版

【概况】 2017年，济宁市县两级12部年鉴全部实现“一年一鉴”。济宁市史志办总结工作经验，建立“一年一鉴”长效工作机制，将市县两级年鉴编纂工作同步推进，建立市县两级稿件收集与编纂推进台账制度。市县两级12部年鉴以丛书形式，统一出版书号ISBN 978-7-5034-9504-5，统一装帧设计，统一印刷标准，由中国文史出版社出版发行。《济宁年鉴（2016）》《曲阜年鉴（2016）》《泗水年鉴（2016）》获2016年度山东省优秀史志成果奖(优秀年鉴)。至2017年底，有11部县（市、区）综合年鉴出版发行：《任城年鉴（2017）》《兖州年鉴（2017）》《曲阜年鉴（2017）》《泗水年鉴（2017）》《邹城年鉴（2017）》《鱼台年鉴（2017）》《金乡年鉴（2017）》《嘉祥年鉴（2017）》《汶上年鉴（2017）》《梁山年鉴（2017）》《微山年鉴（2017）》，其中，《金乡年鉴（2017）》《嘉祥年鉴（2017）》为首次出版发行。

【《济宁年鉴（2017）》出版】 《济宁年鉴（2017）》是由济宁市人民政府主办、济宁市地方史志办公室编纂的综合性年鉴。2017年10月出版发行。该卷为创刊以来连续出版的第15卷，全面、系统、准确地记录了济宁市2016年度自然、政治、经济、文化、社会、生态等方面的基本面貌和发展情况，反映了各级党委、政府的主要工作和各部门、各行业取得的重大成就，为各级领导决策和社会各界了解研究济宁提供了基本资料和依据。该卷为大16开本，全彩印刷，全文79.2万字，发行3000册。相比往年年鉴，2017卷在装帧设计、框架结构、记述形式等多个方面实现创新。如：前彩增加了“市级领导对史志工作的批示”“济宁名片”“济宁各地”栏目，使读者对全市的发展变化有直观的了解；随文图片总计200余幅，图文并茂，立体呈现各项工作的特点。篇目设立新的栏目，淘汰过时栏目。如“商贸”篇中的“烟草、供销、粮油”等由二级目调为三级目，对“信息产业”栏目进行扩容，增加“智慧城市建设”。“中国共产党济宁市委员会”篇中增加“干部政德教育”与“统一战线‘同心扶贫攻坚行动’”，增强资政功能。根据部门职能划分，“无线电管理”由“济宁市人民政府”栏目下的分目划归到“信息产业”栏目下。

【《任城年鉴（2017）》出版】 《任城年鉴（2017）》是济宁市任城区地方史志办公室编纂的综合性年鉴，于2017年9月印刷出版。客观记述了2016年全区政治、经济、文化和社会发展情况，该书体例完备，资料翔实。全书设特载、大事记、任城概况等29个栏目，共90万字，印数300册，图片200余幅。

【《兖州年鉴（2017）》出版】 《兖州年鉴（2017）》于12月由中国文史出版社出版，是自创刊以来出版的第10部年鉴。主编陈勇，副主编李传坤、杨陈丽，编辑杨北城、钱琳琳、于钦亮。该书共设特载、大事记、区情概况、中共济宁市兖州区委员会、济宁市兖州区人民代表大会常务委员会、济宁市兖州区人民政府、政协济宁市兖州区委员会、中共济宁市兖州区纪律检查委员会等31个栏目，共计64万字，大16开本，四色印刷，前彩图片70余幅，随文图片120余幅，印数1300册。在卷首增设中英文目录，卷末增设综合主题索引，增强实用性。

【《曲阜年鉴（2017）》出版】 《曲阜年鉴（2017）》是曲阜市人民政府主办的综合性地方年鉴，于12月印刷出版，为曲阜市连续出版发行的第13部综合年鉴，并于2014年实现一年一鉴。该书为全彩印刷，共计112.7万字。前彩及随文图片合计300幅，随文表格53个。全书设特载、大事记、曲阜概况等29个栏目，全面、系统、翔实记述了2016年曲阜市政治、经济、文化、社会生活诸方面取得的进展和成就。《曲阜年鉴（2017）》在已有成熟的年鉴编纂模式基础上注重创新，对年鉴的框架结构进行适当调整，多措并举提升条目编纂质量。卷首设置数字曲阜、城市名片，用四幅全页照片展现了尼山圣境、大成殿、孔子博物馆、诸子百花谷的风貌，前彩分设亲切关怀、领导活动、交流活动、要事集萃、专题图片，附录刊载十大新闻、公交火车列车时刻表等，城市风景和自然风光图片贯穿全书，图文并茂，相得益彰。力争从不同方面展现曲阜市积极推进社会主义建设的新成就、新情况，充分体现地域特色和时代特色。

【《邹城年鉴（2017）》出版】 《邹城年鉴（2017）》于12月印刷出版，该书由邹城市人民政府主办、邹城市地方史志编纂委员会办公室编，印数1000册，80余万字。分设特载、专记、大事记、邹城概况、组织机构及负责人等 29 个栏目。全书主要收录 2016 年度邹城市行政区域内的大事要闻，党委、政府的主要工作，力求突出反映邹城的优势、特点和各部门、各行业深化改革、扩大开放的新举措、新进展。

【《微山年鉴（2017）》出版】 《微山年鉴(2017)》是 1992 年创刊后出版的第 8 卷年鉴。该卷年鉴由微山县人民政府主办、微山县地方史志编纂委员会办公室编辑，主编王学新、屈凡光，副主编张永峰、张西海、闫红梅。卷首彩页内容主要为县域重大活动图片，正文设特载、大事记、县情概述、中共微山县委员会、微山县人民代表大会、微山县人民政府、政协微山县委员会等 26 个类目。全书 53 万字，大 16 开，印数 800 册。

【《鱼台年鉴（2017）》出版】 《鱼台年鉴(2017)》于 2017 年 12 月出版发行。该卷年鉴全面客观地记述 2016 年鱼台县政治、经济、文化和社会发展情况，反映各级党委、政府的主要工作和各部门、各行业取得的重大成就。由鱼台县地方史志办公室编纂，主编郑义，副主编李明、李春伟。设特载、大事记、县情概况、中共鱼台县委、鱼台县人民代表大会、鱼台县人民政府、政协鱼台县委员会等 28 个栏目，下设条目和分目，时政图片(彩页)42 幅，卷末设索引。全书 60 万字，大 16 开，印数 600 册。

【《金乡年鉴（2017）》出版 】 《金乡年鉴(2017)》由金乡县人民政府主办、金乡县地方史志编纂委员会办公室主编的综合性地方年鉴，2017 年 9 月出版发行。该年鉴采用分类编辑法，主体内容划分为类目、分目、条目 3 个层次，设特载、专记、大事记、金乡概况等 27 个栏目。旨在全面系统翔实地反映 2016 年金乡县在经济建设、政治建设、文化建设、社会建设、生态文明建设中所取得的成就和经验，记载全县各领域各部门各行业的基本情况及本年间发生的重大事件。前彩图片 24 幅，随文图片 200 余幅。

【《嘉祥年鉴（2017）》出版】 《嘉祥年鉴(2017)》是由嘉祥县人民政府主办、嘉祥县地方史志编纂委员会办公室编纂的综合性年鉴。2017 年 12 月出版，印数 1000 册。全书设特载、专记、大事记、嘉祥概况等 26 个栏目，主要收录 2016 年发生在嘉祥县行政区域内的大事要闻，突出地方特点、优势和各行业、各单位工作的新举措、新进展。前彩图片 71 幅，随文图片 118 幅。

【《汶上年鉴（2017）》出版】《汶上年鉴(2017)》于 2017 年 12 月出版发行，72 万字。年鉴全面客观地记述了汶上县政治、经济、文化和社会发展情况。年鉴共设 27 个栏目，另设附录。主体内容划分为栏目、分目条目三个层次，个别栏目分为四个层次。卷首设置重要政务活动图片，部分栏目插有随文图片。为方便读者查阅，该年鉴配备双重索引系统，卷首刊有中英文目录，卷末配有综合主题索引。年鉴稿件由县直各部门、单位，部分驻汶上单位及各镇街提供，部分稿件由县志办公室辑录整理，主要数据以统计公报为准。

【《泗水年鉴（2017）》出版】 《泗水年鉴(2017)》是 1992 年创刊后出版的第 19

卷年鉴。该卷年鉴由泗水县人民政府主办、泗水县地方史志编纂委员会办公室编辑的综合性年鉴，主编孟霞，副主编侯广征。卷首围绕“生态泗水、活力泗水、文化泗水、幸福泗水”设置彩页，正文设特载、大事记、泗水概况、组织机构及负责人、中共泗水县委员会、泗水县人民代表大会、泗水县人民政府、政协泗水县委员会、群众团体等26个栏目，卷末设索引。全书62万字，大16开，216幅随文图片，印数1000册。

【《梁山年鉴（2017）》出版】 《梁山年鉴（2017）》于2017年12月出版。2月，召开《梁山年鉴》组稿会议。3月底前，完成初稿收集工作；9月底前，完成初稿编辑；10月份进行总纂和初审；11月，根据市史志办校稿提出的意见，进行补充修改，高质量完成《梁山年鉴》2016卷和2017卷终审，12月底前完成正式印刷出版，实现“一年一鉴”正常化。该卷年鉴设特载、专记、大事记、梁山概况等25个栏目，图片30余幅，45万字。

信息化建设

【概况】 2017年，济宁市委、市政府高度重视市情网建设，把市情网建设管理工作放在全市信息化和文化强市建设工作大局中统筹布局，着力推进。全市史志系统成立信息化建设工作领导小组，市史志办主要负责人任组长，分管负责人任副组长，人事秘书科（市情资料管理科）科长和各县（市、区）史志办主任为成员，明确人事秘书科（市情资料管理科）副科长为市情网站建设专职管理员，各县（市、区）史志办明确1名网站管理和信息报送工作人员。济宁市把市情网质量建设作为推进信息化工作的基础，着力增强市情网站的影响力，努力建设济宁市优秀网站。不断优化网站版面设计，2014年以来，对市情网进行了3次改版升级，优化结构设计，优化重点目录设置，最大限度放大市情网地情信息优势，建成济宁地情信息类首选网站。

【济宁市情网】 济宁市情网网址http://www.jnsqw.gov.cn。2017年，济宁市史志办把抓好市情网站建设、提高信息化服务水平，作为提升史志工作影响力、发挥史志事业功用的重要途径，市情网站建设管理工作不断提档升级，市情网点击量和社会关注度逐年提升，较好地发挥了市情资料库、信息库和弘扬传播优秀传统文化平台的重要作用，被誉为全面反映济宁市情的电子版大百科全书。至2017年，济宁市史志办对市情网进行了4次改版升级。按照“突出重点、突出特色、简洁美观”的原则，对网站版面进行大幅度调整，将原来的35个栏目调整为18个栏目，设“市情动态区”“史志文库区”“政策法规区”“特色文化区”四大版块。济宁市市情网建设经验做法在《山东史志事业创新发展的实践与探索》“信息化建设栏目”，以《切实建设好市情网 发挥史志服务社会积极作用》为题刊出。全年更新信息300余条，日均点击量300余人次。2017年3月开通“济宁史志”微信公众号，发布信息20余条。

2017年济宁市地情网站建设情况表

网站名称	网址	主要栏目	录入资料		
			文字（万字）	图片（幅）	视频（分钟）
济宁市情网	http://www.jnsqw.gov.cn	市情动态区、史志文库区、政策法规区、特色文化区	14.3	45	—
济宁市任城区情网	http://www.zgrc.gov.cn/szb/index.html	工作动态、通知公告、党务公开、机构职能4个版块	7	15	0
曲阜市情网	http://www.qfsq.com/	曲阜志书、曲阜年鉴、市情动态、史志动态、大事记、影像曲阜、读书慢城、曲阜之最、曲阜特产、艺术长廊、骨干企业、儒家文化、儒家典籍、儒学动态、儒学思想、至圣孔子等	1050	650	500
邹城市情网	http://sqw.xinzc.cn/	邹城概况、邹城史志、邹城年鉴、风俗民情、历史人物、孟子文化、大事记、邹城旅游	300	100	30
微山县情网	6月关停，计划并入政府网	县情动态、史志法规、微山人物、微山文化、微山风情、全景微山湖、微山文学、微山县志等	—	—	—
金乡县情网	http://www.jinxiangxianqing.com	金乡概况、县情动态、史志动态、金乡人物、金乡文化、民俗风情、金乡村落、金乡企业等	7.4	16	136
嘉祥县情网	http://xqw.jiaxiang.gov.cn/	嘉祥概况、新闻中心、嘉祥史志、嘉祥年鉴、风俗民情、历史人物、曾子文化、本地特产、本地旅游、县情动态、史志动态、嘉祥地图、图片展示、民间艺术、名胜古迹、本地小吃等	1.3	28	—
泗水县情网	http://xqw.sishui.gov.cn/	县情概况、领导简介、县情资料库、方志成果、秀美泗水、洙泗文化、你不知道的泗水、史志办概况、法规文件等	500	200	—
梁山县情网	http://sd.sdsqw.cn/sdgd/sd8/c89/index.htm	梁山概况、领导简介、名胜古迹、地方特产、行政区划、招商引资和企业风采等	3	20	—

说明：2016年任城区网站统一进行进行改版，原任城区情网改为现网址，部分板块进行调整，部分信息遗失。兖州、鱼台、汶上存在类似情况。

方志馆建设

【概况】 2017年，济宁市高度重视方志馆建设，出台《关于加强方志馆建设的意见》。市、县两级方志馆建设项目均按照《全省方志馆建设管理规范》规定的“县级馆1000平方米以上”的标准落实选址或纳入建设规划。其中，嘉祥县方志馆计划2018年完成布展；梁山、汶上、金乡、微山、鱼台、邹城、曲阜7个县、市方志馆2019年建成，任城、兖州、泗水3县、区方志馆2020年建成使用。

【济宁市方志馆】 济宁市方志馆（临时）位于济宁高新区蓼沟河风景区，与济宁高新区图书馆、档案馆、科技馆融为一体，使用面积1500平方米，是集文献收藏、研究交流、资政教化等功能于一体的公共文化场馆。馆藏书籍由2016年底的2万册增加至2017年底的4万册，展阅书籍由3000册增加至11000册，日接待读者300人以上。2017年3月以来，济宁市方志馆获潍坊市史志办、莱芜市史志办、济南黄氏印务有限公司、山东诚信彩印包装有限公司等单位先后4批赠书。其中，4月8日，山东诚信彩印包装有限公司捐赠书籍2100多册，该宗书籍是济宁市方志馆（临时）设立以来收到的最大一宗赠书，包括地方志鉴、地方组织史、市县文化丛书、民间文学、济宁历年摄影作品集、书画作品集等，其中市、县和市外省内多年地方组织史800多册。

【济宁市任城区方志馆】 任城区方志馆位于任城区政府办公楼内，2013年启用，面积50平方米，仅用于藏书，现有书籍1000余册。2017年，新馆建设结合区文化中心建设，与区图书馆合建，计划2020年达标建成使用。

【济宁市兖州区方志馆】 兖州区方志馆面积约30平方米，有单体书橱17组。加强与省内外史志办的联系和交流，通过交换、购买等方式，新增志鉴类书籍100余册，至2017年底，总藏书量800余册。

【曲阜市方志馆】 2017年，曲阜市方志馆新增志书、年鉴等图书260余册。建设方志馆电子文库，实现网络下载《四库全书》《中国地方志集成》《儒藏》等古代现代文献。2017年，经与曲阜市档案馆协调，曲阜市方志馆新增阅览室、展览室、修志室等，馆藏面积超过1000平方米，达到省市要求。

【邹城市方志馆】 邹城市方志馆坚持面向社会、服务大众，工作日对外免费开放，通过不断丰富馆藏、完善桌椅等配套设施，做好馆藏资料的对外开放工作，最大限度地方便市民查阅和利用。截至2017年底，市史志办通过向全国各地市邮寄交流函等方式交流志书，已收集、保存全国各地志书、年鉴、地情资料等图书800余册；接待市民前往查阅资料60余人次。

【微山县方志馆】 2017年，微山县方志馆完成方志馆整体规划设计、选址征地任务。

【鱼台县方志馆】 鱼台县方志馆位于鱼台县政府办公楼2楼，面积60余平方米，馆藏志书、年鉴、地情资料等书籍610余册。2017年，新增藏书68册，其中交流对换志书22册。馆藏图书资料分类整理，排列有序。严格志书、年鉴、图书资料管理和借阅制度。发挥史志资料的社会效用，最大限度地方便社会各界查阅和利用，全年接待咨询、查阅资料人员50余人次。

【金乡县方志馆】 金乡县方志馆现有面积200平方米，藏书4500余册。新馆建设情况为，在东城区规划建设史志博物馆一处，计划总投资8600万元，总建筑面积8500平方米，其中史志馆建筑面积1500平方米，建设项目已列入全县“百项工程”重点实施推进。

【嘉祥县方志馆】 嘉祥县方志馆和档案馆功能整合、资源共享，面积1200平方米，至2017年，已进入馆藏资料收集和装修布展工作阶段。

【泗水县方志馆】 截至2017年底，泗水县方志馆馆藏图书100余种，2600余册。2017年，积极与省内外同行联系，征集地方志书、地方综合年鉴、地情资料丛书。对馆存图书资料登记、分类，排列上架，严格志书借阅制度。接待社会各界资料查询、书籍借阅等100余人次。

【梁山县方志馆】 梁山县方志馆位于梁山县政府办公楼三楼，面积40余平方米，主要收藏各级志、鉴、地情资料类书籍，以及方志业务和历史类书籍、刊物。2017年，通过购买或交流等方式不断充实方志馆藏。至年底，有藏书1200余册，接待社会各界资料查询、书籍借阅等50余人次。

开发利用

【《济宁市情手册（2017）》出版】《济宁市情手册（2017）》是在《济宁市情概览（2016）》基础上，吸收各方面意见建议，进行改版升级后的新版本，于2017年4月6日以内部资料准印证号出版。设特载、市情概况、经济建设、城乡建设、文化建设、社会事业、生态建设、人物、县市区概况、社会服务10个栏目，全面记述2016年济宁市自然、经济、文化、社会等方面发展的基本情况。全书突出一个“概”字，围绕全市中心工作形成“概况”式市情资料，更加方便读者快速简要了解济宁市情，契合了大数据时代对于信息的宏观把握。《济宁市情手册（2017）》在《济宁市情概览（2016）》基础上增设“社会服务”栏目，包括党政机关办公电话、市民出行信息、旅游线路推荐、名优特产介绍、娱乐休闲场所、市民生活常用电话等信息，更加贴近读者工作生活需要。该书正度32开，11万字，封面颜色为原木色，方便携带。全书内容通俗易懂，文字简朴生动，有较强的资料性、知识性和可读性，为广大读者全面科学地认识济宁、了解济宁提供真实可靠的渠道和窗口。

【服务社会】 济宁市史志办立足于宣传优秀传统文化，普及市情知识，充分开展志书“进机关、进学校、进企业、进军营、进社区、进家庭”等各项活动。2017 年 5 月 10 日，济宁市史志办向济宁高新区柳行街道办事处刚建成的综合文化服务中心赠送 20 余种史志类书籍。9 月 9 日，高新区柳行街道“全民阅读”活动仪式启动，启动仪式上，济宁市史志办向其赠送一批史志书籍。

2017 年 9 月 9 日，济宁市史志办与高新区柳行街道办事处综合文化服务中心共同举办“全民阅读活动”

学术交流与活动

【理论研讨】 2017 年济宁市史志系统组织开展交流会、研讨会、文献资料征集活动等 29 次，在市以上媒体刊发宣传稿件 117 篇。史志理论建设成果丰硕。市史志办每人完成 1 篇、县（市、区）史志办各完成 3 篇以上理论文章。在《济宁日报》开设方志理论专版。4 月，举办济宁市史志编修培训班，5 月，在邹城市召开全市乡镇村志编修现场工作会议。11 月，全省方志理论研讨会在曲阜市召开，济宁市作典型发言。组织市县史志系统 30 多名同志参加省史志办组织的培训班。

【交流合作】 2017 年 11 月 27 日至 12 月 1 日，济宁市史志办牵头，与济宁市文广新局、济宁市城乡规划局分管负责同志组成考察组，到广州、深圳、杭州考察学习方志馆规划建设及展陈设计经验做法。考察组通过察看现场、座谈交流等形式与广州、深圳、杭州方志馆人员进行深入探讨，就有关问题认真咨询请教。杭州市方志办、深圳市史志办、广州市人民政府方志办、余杭区方志馆等向考察组介绍了方志馆立项、规划、建设、布展、管理等方面的经验做法，并就济宁市方志馆规划建设及展陈设计等提出宝贵建议。

（济宁市史志办 各县、市、区史志办）

责任编校：郭　敏

泰安市史志工作

综　述

【工作概况】　2017年，泰安市地方史志工作围绕全市工作大局，抓亮点、补短板，拓展思路，落实责任，强化考评，做好各项业务工作和机关建设，县级“一年一鉴、公开出版”全覆盖工作实现突破，完成省史志办提出的“三全”目标中第二轮修志和县级综合年鉴“一年一鉴”全覆盖任务。年内，市史志办继续保持“省级文明单位”称号；在2017年度山东省优秀史志成果评选中，泰安市有13项史志成果上榜，获奖数量居全省第三位。

依法治志　全面完成新一轮地方史志事业发展规划。2017年上半年，泰山区政府办公室印发《泰安市泰山区地方史志事业发展规划（2016—2020年）的通知》，泰安市及6个县（市、区）全部出台地方史志事业发展规划（2016—2020年），全市史志事业发展进入新阶段。年中到各县（市、区）开展调研，督导检查史志工作；年末对各县（市、区）工作进行综合评价，调整考核标准和考核系数，突出镇村志编纂、综合年鉴“一年一鉴”全覆盖、方志馆建设和信息化建设等工作，推动县（市、区）史志工作平衡开展。

志书修编　2017年，泰安市召开第二轮修志研讨会，研讨全市第二轮修志过程中遇到的问题、取得的经验以及对下一轮修志工作的启发，为第三轮修志积累经验、打好基础。将工作重心向基层志延伸，重点做好乡镇村志编修工作。印发《关于对全市齐鲁名镇名村进行调查统计的通知》《关于加快推进全市名镇名村志编修工作的通知》。县（市、区）加大工作力度，肥城市边院镇、汶阳镇率先启动第二轮镇级志书编修工作。东平县史志办到彭集街道后亭村等地进行指导，肥城市《石横镇志（1997—2017）》召开篇目设计座谈会，新泰市《上庄村志》编纂工作启动，《张庄社区志》出版发行。《宁阳县村庄简志》（上卷）编纂完成。岱岳区《山口镇志》、肥城市《伊家沟村志》《古店村志》3部镇村志入选全省第一批齐鲁名镇名村志文化工程。泰安市史志办在志书编修方面加大业务指导和督促力度，指导各县（市、区）采取措施，推动乡镇、街道和有条件的经济强村修志，减少空白镇村。肥城市印发《关于加快推进全市名镇名村志编修工作的通知》，逐一调查摸底，排布次序，依次推进名镇名村志编修工作。结合实际制订《肥城市村志编修规范》《村志编纂目录范本》等，为镇村志编修提供质量标准。5月25日，召开《山东省对口支援新疆志》（泰安部分）供稿推进会议，有序推进《山东省援疆志》《山东省人物志》泰安部分的供稿任务。7月14日，召开全市《山东抗日根据地志》《山东解放区志》供稿会议，安排部署供稿工作。完成乾隆版《泰安府志》点校整理并送厂印刷。针对不同的读者群推出繁体字线装版本和简体字注释版。

年鉴编辑　2017年4月10日，《泰安年鉴（2017·袖珍本）》出版发行。11月，《泰安年鉴（2017）》由方志出版社出版发行。该卷年鉴创新调整栏目设置，由上卷的24个栏目调整为30个；进一步加大图表的运用，刊载图片312幅、表格52个。县级综合年鉴实现“一年一鉴、公开出版”全覆盖。在2016年新泰市率先完成“一年一鉴”任务的基础上，2017年市史志办加大督导调度力度，推动泰山区、岱岳区、肥城市、宁阳县、东平县全部启动“一年一鉴”工作。至年底，泰安市及6个县（市、区）综合年鉴均如期出版，“一年一鉴、公开出版”工作目标顺利完成。按时完成《山东年鉴（2017）》《山东地方史志年鉴（2017）》供稿任务，分别供稿0.9万字、3.4万字。

方志馆建设　市、县两级方志馆建设抓住有利时机，采取合建合用或者通过改建、扩建等方式实现方志馆升级。市、县（市、区）方志馆不断丰富馆藏资料，为社会提供更多更好更便捷的服务。市方志馆加大山水志书和家谱族谱收藏力度，年内接收《徂徕石氏宗谱》《石介研究资料汇编》等捐赠，新入家谱5套，新入馆藏200套。

市情信息研究　编纂《泰安市情概览·2017》，编辑工作于2017年8月启动，11月完成。记述时间范围为2012—2016年，记述内容为全市自然、经济、政治、文化、社会、生态等主要方面，为各级领导和有关人士方便快捷地了解泰安市情和泰安发展概况提供服务。《泰安市情》（2017年第1期，总第38期）杂志实现改版发行，年内完成4期3000册的编纂、出版、发行工作。做好泰安市情网的日常维护和信息更新发送工作，全年编发史志动态信息771条，图片300幅，推送史志微信81组301条。市情资料库录入资料500万字。开展送书下乡活动，赠送图书600册。新泰市编辑出版《记忆平阳河》《莲花山诗文选注》，肥城市史志办为《中国影像方志·肥城篇》的采访拍摄提供大量史料。东平县著名书法家、山东省书协会员李守白向县方志馆捐赠诗书三部曲——《山水情》《亲友情》《祖国情》。开展非国有博物馆调研活动。采访调研岱岳区、新泰市、肥城市3个非国有博物馆，收集大量图片和文字资料。深入开展史志成果进机关、进农村、进社区、进校园、进企业、进军营活动，继续开展向图书馆、博物馆，驻泰安高校、中小学、乡村社区赠书活动。5月16日，泰安市史志办参加山东省暨泰安市第十四届社科普及周开幕式，到泰山区南河西社区开展文化下乡活动，累计展览发放《泰安年鉴（2017·袖珍本）》《泰安市情》杂志等市情资料300册。新泰市史志办到翟镇大港村进行史志书籍赠送活动。

（赵　兵　刘　凯）

【工作会议】　2017年1月，《泰安年鉴（2017）》组稿会召开，组稿会采取以会代训的方式，分4批次召开，主要内容是向各部门（单位）安排部署2017卷《泰安年鉴》及《泰安年鉴·袖珍本》供稿任务，强调撰稿注意事项，提高撰稿人供稿水平，进一步提升年鉴编校质量。

2017年2月16日，泰安市史志办召开县（市、区）级年鉴业务座谈会，各县（市、区）史志办分工负责人和编辑科长参加会议。会议调度县（市、区）级年鉴“一年一鉴、公开出版”启动情况，以《新泰年鉴（2016）》为蓝本，就县（市、区）级年鉴组编工作中需要注意的相关业务问题进行研讨。

2017年4月13日，泰安市召开全市地方史志工作会议。会议由市政府办公室党组成员、市电子政务办公室主任田萌主持，副市长成丽出席会议并讲话。各县（市、区）分管县（市、区）长、史志办主任，市直各部门（单位）、省属以上驻泰安有关单位分工负责人等共200余人参加会议。会上，对67名《泰安年鉴》优秀撰稿人给予通报表扬。市史志办党组书记、主任王天宇代表市史志编委会总结2016年全市史志工作；安排部署2017年工作任务。

2017年5月25日，泰安市召开《山东省对口支援新疆志》（泰安部分）供稿推进会议，市政府办公室党组成员、市电子政务办公室（市政府信息公开办公室）主任田萌主持，市史志编委会副主任、市史志办主任王天宇讲话，对供稿工作进行安排部署。市史志办副主任曹成义对供稿工作进行说明。市直有关部门单位分工负责人，新汶矿业集团分工负责人、史志办主任，市史志办有关人员及参加对口支援新疆工作的援疆干部代表等30余人参加会议。

2017年7月14日，召开《山东抗日根据地志》《山东解放区志》供稿会议，各县（市、区）史志办分管主任、撰稿人参加会议，汇报交流名镇名村志工作开展情况及下一步打算，传达《山东抗日根据地志》《山东解放区志》编纂工作方案，传达学习省政府办公厅党组成员、省史志办主任刘爱军在《山东抗日根据地志》《山东解放区志》编纂工作启动会议上的讲话。泰安市史志办主任王天宇提出工作要求。

2017年11月14日—15日，泰安市史志办召开第二轮修志研讨会。泰安市史志办副主任曹成义主持会议，市史志办主任王天宇出席会议并讲话。各县（市、区）史志办主任、发言人，市直有关部门、单位，省属以上有关驻泰安单位发言人等30人参加会议，会议传达了全省方志理论研讨会会议精神，对全市第二轮修志工作中的经验、不足和第三轮志书的编纂方法进行。

（赵　兵）

【志书评议】 《泰安市体育志》评审会召开　2017年4月7日，《泰安市体育志》评审会召开。泰安市地方史志编纂委员会副主任、市史志办主任王天宇，市体育局局长苏有森出席会议。市史志办纪检组长高兴学、副主任曹成义等与市体育局、体育学校、县（市、区）体育局等单位的体育、史志专家参加评审。苏有森介绍了《泰安市体育志》编纂过程。王天宇志书对下一步的修改提出要求。会上，指出了志稿在篇目结构、内容记述、文字规范等方面的问题和不足，并提出修改意见和建议。《泰安市体育志》编纂工作于2014年12月启动，2017年2月形成“评审稿”，共15编73章，约170万字，系统记述有记载以来至2015年12月泰安市体育事业发展的历程、成就和现状。

【表彰先进】 2017年4月13日，泰安市召开全市地方史志工作会议，会上宣读《关于表扬〈泰安年鉴（2016）〉优秀撰稿人的通报》（泰志编字〔2017〕1号），通报表扬《泰安年鉴》优秀撰稿人67名。

11月6日，市编委会印发《关于表扬〈泰安年鉴（2017）〉优秀撰稿人的通报》（泰志编字〔2017〕3号），表扬《泰安年鉴》优秀撰稿人63名。

（赵　兵）

机构与队伍

【泰安市地方史志编纂委员会】 2017年，泰安市地方史志编纂委员会名单如下：泰安市委书记王云鹏任名誉主任。泰安市委副书记、市长李希信任主任。泰安市政府副市长成丽任常务副主任。泰安市政府秘书长张韧，泰安市委副秘书长、办公室主任亓涛，泰安市政府办公室党组成员、电子政务办公室主任田萌，泰安市史志办主任王天宇任副主任。李千弘、袁久亮、任建宙、李彤、刘文明、王波、董世武、黄正玉、孙兰俊、刘斌、蒋永斌、张广银、王新民、辛海明、董彦和、孔祥湖、吕继祥、杨军昌、戴冰、王敬泽、周美广、高兴学、曹成义任委员。委员会办公室设在市史志办，王天宇兼办公室主任。

2017年，泰安市地方史志编纂委员会印发文件3份，分别是《关于表扬〈泰安年鉴（2016）〉优秀撰稿人的通报》《关于加快推进全市名镇名村志编修工作的通知》和《关于表扬〈泰安年鉴（2017）〉优秀撰稿人的通报》。

（赵　兵）

【泰安市地方史志办公室】 泰安市地方史志办公室为泰安市政府直属一级事业

单位，参照公务员法管理，内设科室 4 个，即人秘科、编审科、年鉴工作科、市情信息科（市情研究中心），下设 1 个正科级事业单位——泰安市方志馆；定编 16 人，实有在岗人员 14 人，其中领导班子成员 4 人、调研员 1 人、副调研员 1 人、正科级 7 人、科以下 1 人；50 岁以上 6 人、40 － 49 岁 5 人、30 － 39 岁 3 人；在职干部学历，硕士研究生 1 人、本科 12 人、大专 1 人。

主任：王天宇
副主任：周美广、曹成义
地址：泰安市市政大楼 A8032
电话：0538-6991175
邮编：271000

（赵　兵）

泰安市各县（市、区）史志工作机构及负责人情况统计表

单　位	隶属关系	规格	负责人	地　址	电 话	邮 编
泰安市泰山区史志办公室	泰山区委	正科级	胡继峰	泰安市东岳大街 39 号	0538-8222149	271000
泰安市岱岳区党史史志工作办公室	岱岳区委、区政府	正科级	张玉成	泰安市岱岳区政府大楼 C 区 111 室	0538-8568617	271000
新泰市地方史志编纂委员会办公室	新泰市政府	正科级	刘新章	新泰市政府五楼	0538-7222740	271200
肥城市地方史志办公室	肥城市政府	正科级	尉茂路	肥城市龙山路 030 号市委大院 7 号楼	0538-3229823	271600
宁阳县党史史志办公室	宁阳县政府	正科级	许华北	宁阳县府大院	0538-5621728	271400
东平县史志编纂委员会办公室	东平县委办公室、县政府办公室	正科级	王圣雨	东平县龙山大街 019 号	0538-2821197	271500

泰安市各县（市、区）史志工作人员情况统计表

单　位	定编	在编人员情况												
		行政管理人员					专业技术人员			学历学位情况				
		正处级	副处级	正科级	副科级	科员及以下	高级	中级	初级及以下	博士	硕士	本科	大专	高中以下
泰安市泰山区史志办公室	5			1	2	3					3	3		
泰安市岱岳区党史史志工作办公室	6			2	4						3	4		
新泰市地方史志编纂委员会办公室	8			3	3	2					4	4		
肥城市地方史志办公室	11			1	5	4				1	4	5		
宁阳县党史史志办公室	8			1	2	4					6	1		
东平县史志编纂委员会办公室	8			2	5	1					7	1		

志书编纂与出版

【概况】 泰安市第二轮修志中，共规划编纂市、县（市、区）志书7部，2016年底，编纂出版工作全部完成。2017年5月，完成《山东省志·人物志》（泰安部分）供稿工作，共收录198人、7万余字。5月，召开《山东省对口支援新疆志（泰安部分）》供稿推进会议，加快供稿进度，年末完成《山东省对口支援新疆志（泰安部分）》供稿工作，约2.4万字。7月，召开泰安市《山东抗日根据地志》《山东解放区志》供稿会议，安排部署泰安市的供稿工作，年底基本完成资料收集。11月，召开泰安市第二轮修志研讨会，县（市、区）史志办、市直有关部门、单位提交论文13篇，总结泰安市二轮修志工作，对三轮修志进行探索。做好旧志整理工作，乾隆版《泰安府志》印刷出版。加大对基层志编修的指导力度，推动乡镇、街道和有条件的经济强村修志，推进中国名镇名村志文化工程和齐鲁名镇名村志文化工程，印发《关于对全市齐鲁名镇名村进行调查统计的通知》《关于加快推进全市名镇名村志编修工作的通知》，年末，《山口镇志》《伊家沟村志》《古店村志》3部镇村志入选全省第一批齐鲁名镇名村志文化工程。在2017年度山东省优秀史志成果奖评选中，全市有7部志书被山东省人民政府办公厅评为优秀基层（专门）志。

（张云霞）

2017年11月14日—15日，泰安市召开第二轮修志研讨会

【《泰安市体育志》出版】 2017年12月28日，《泰安市体育志》首发式暨编纂工作总结表彰会议召开。泰安市政府副市长成丽，市政府办公室党组成员、市电子政务办公室主任田萌，市史志办主任王天宇，市体育局局长苏有森，市史志办公室原主任、《体育志》执行主编马辉以及市体育局有关领导出席会议。《泰安市体育志》于2014年12月启动，2017年12月由方志出版社出版。全书15编72章148万字，收录图片120幅、表格365个，全彩印刷，图文并茂。记述时间上限自汉代武术、围棋、捶丸等泰安地区传统体育事业发端，下限至

2017年12月28日，《泰安市体育志》首发式暨编纂工作总结表彰会议召开

2015年12月底，主要记述新中国成立特别是改革开放以后泰安市（地区）体育事业的发展历程、发展规律和巨大成就。该志书是泰安市体育发展史上的第一部志书，既填补体育志的空白，也为了解泰安体育、认识泰安体育、发展泰安体育提供全面系统、丰富翔实的权威资料。

（张云霞）

【《山口镇志》出版】 2017年12月，泰安市岱岳区山口镇志编纂委员会编纂的《山口镇志》由方志出版社出版发行。主编张继銮，副主编禹朴乾，38万字，印数1000册。书号ISBN 978-7-5144-2889-6，定价298元。该书记述上限自事物发端，下限至2016年，详今明古，着重记述山口镇境内能反映时代特色和地方特点的事物。该志书入选齐鲁名镇志文化工程。

（张洪谱）

【《张庄社区志》出版】 2017年12月，新泰市《张庄社区志》编纂委员会编纂的《张庄社区志》由中国文联出版社出版发行。主编王慎武，执行主编高玉生，副主编郑传儒。全书60万字，图片398幅，印数2000册。设概述、大事记、行政区划、环境与资源、人口与计划生育等篇目18个，全面记述张庄社区自元末明初建村之始至2015年12月近千年的历史变迁和经济社会发展历程。

（柏钦战）

【《伊家沟村志》出版】 2017年12月，肥城市新城街道伊家沟村志编纂委员会编纂的《伊家沟村志》由方志出版社出版发行。该书于2014年1月启动编纂，2017年12月定稿送印。主编贾安东，副主编胡士惠，共计47.8万字，印数1000册，上起1368年，下限至2015年年底。书号ISBN 978-7-5144-2923-7，定价218元。该志书入选齐鲁名村志文化工程。

（庄惠丽　郝　航）

【《古店村志》出版】 2017年12月，肥城市新城街道古店村志编纂委员会编纂的《古店村志》由方志出版社出版发行。该书于2016年4月开始编修，2017年12月定稿送印。主编贾安东，副主编

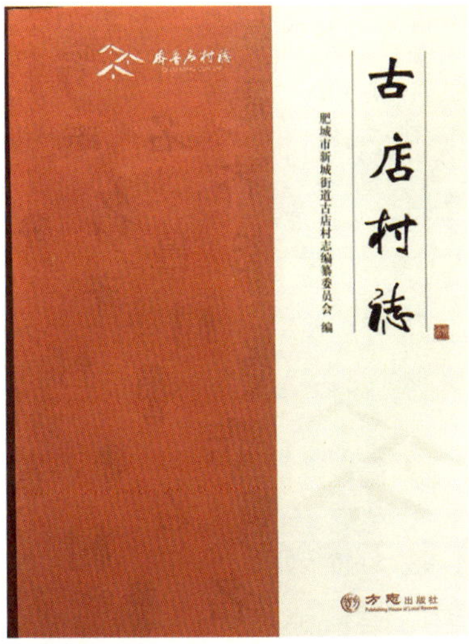

辛德华、鹿淑江，共计33.9万字，印数2000册，上起1573年，下限至2017年底。书号ISBN 978-7-5144-2866-7，定价216元。该志书入选齐鲁名村志文化工程。

（庄惠丽　郝　航）

【《羊祜志》出版】 2017年12月，《羊祜志》由中国文史出版社出版发行。该志是西晋政治家、军事家、文学家羊祜（221—278）的专志，采用志、记、传、述诸体，以志体为主，客观、科学地记述羊祜以及与羊祜有密切关系的人、事、物。首列大事记，统领全志，主体部分9编。《羊祜志》入志资料，收集自历代正史、方志、家谱等文献，同时采纳出土文物和实地调查的新发现以及相关的学术论著，卷首置图，随文插图，图文并茂。《羊祜志》上限起于羊祜先祖，下限止于2016年，个别事项适当下延至2017年。在志书编纂过程中，召开羊氏文化论坛3次、志书编修启动会1次，志书篇目讨论会3次。全书100万字，定价580元。

（柏钦战）

【《东平风物志》出版】 2017年3月，东平县史志办公室编纂的《东平风物志》由中国文化出版社出版发行。主编王圣雨，副主编张作彬、杨福中、李姗姗（执行）。该书突出东平县地方特色和时代特色，以丰富的内容、翔实的资料、简洁的文字，全面、客观地记述东平灿烂辉煌的历史沧桑、神奇瑰丽的风景名胜、底蕴丰厚的遗址古迹、特色浓郁的地域民俗风情文化、名垂丹青的先贤志士、美味可口的特产佳肴等资料，内容翔实，图文并茂，印制精美。精装16开本，52万字。书号ISBN 978-988-8459-91-9/W.2481，印数2000册，定价268元。该书的出版发行，有助于推进东平县文化产业整合和创新，助推全县经济社会发展、打造旅游强县。

（李姗姗　杜　梅）

【清乾隆版《泰安府志》点校出版】 2017年12月，由泰安市地方史志办公室整理的乾隆版《泰安府志》由线装书局出版。该志是泰安市唯一的府志，始修于乾隆二十四年（1759年），次年成书。全志分十七门、六十六目，约80万字，详细记录了泰安的历史沿革、地理、风物等多方面内容。该志成于“康乾盛世”，与其他现存旧志相比，该志体例完备，资料翔实，内容丰富，充分反映了泰安历史发展脉络，具有较高的代表性和珍贵的史料价值。整理采用遵循“整旧如旧”、标点为主校勘为辅的原则，版式设计力求尊重原貌，并便于阅读。针对不同读者受众，出版线装竖排繁体版和精装横排简体版两种版本。繁体版（ISBN 978-7-5120-2721-3）共33卷，20个分册，为竖排线装，繁体字加标点断句，内文宣纸印刷，仿古装订，适宜收藏。简体版（ISBN 978－7－5120－2794－7）为上、下册，为横排简体字，加简约注释，现代印刷版式，作为阅读和研究之用。乾隆版《泰安府志》共20个分册，自2015年历时3年完成。

（赵　兵）

年鉴编纂与出版

【概况】 2017年，泰安市史志系统出版市级综合年鉴1部(《泰安年鉴(2017)》)、县（市、区）级综合年鉴6部（《泰山区年鉴（2017)》《岱岳区年鉴（2017)》《新泰年鉴（2017)》《肥城年鉴（2017)》《宁阳年鉴（2017)》《东平年鉴（2017)》)，完成县级综合年鉴“一年一鉴、公开出版”全覆盖任务。在2017年度山东省优秀史志成果评选中，《肥城年鉴（2017)》《岱岳区年鉴（2017)》《宁阳年鉴（2017)》被评为优秀年鉴。《泰安年鉴（2017)》是创刊后的第27卷，该卷年鉴进一步创新栏目编排，栏目设置由24个增至30个。灵活组稿方式，组稿同时要求各部门（单位）报送工作总结，通过单位总结、部门网站等渠道挖掘各领域、各行业的深层次资料，增强年鉴信息资料的全面性、系统性。加强调度督促，实行“一月一调度一通报”，加快年鉴编辑进度。采取以会代训的方式，多次召开组稿培训会、编辑研讨会，探讨解决问题，提升编稿水平和技能。重视编校质量，实行主编、副主编、编辑层层负责制，严把政治关、史实关、体例关、文字关、出版关等各项质量关口。经方志出版社审稿、统计局数据审核、分管副市长审定签发后，于2017年11月定稿印刷。各县（市、区）年鉴在编辑过程中，通过成立年鉴工作领导小组、“一对一”培训指导、建立撰稿人微信群等方式，积累经验做法，推动年鉴工作稳步开展，年内6部县（市、区）综合年鉴如期出版发行。

（戚淑娟）

【《泰安年鉴（2017)》出版】 2017年11月，《泰安年鉴（2017)》由方志出版社出版发行，是创刊后的第27卷。主编王天宇，常务副主编周美广，副主编高兴学、曹成义、袁立轩。全书设特载、大事纪要、市情概览、中国共产党泰安市委员会、泰安市人民代表大会等栏目30个、分目（子分目）213个、条目1288个、随文图片312幅、统计图表52个，475页，82.4万字。书号ISBN 978-7-5144-2610-6，印数2000册，定价298元。该卷年鉴创新调整栏目设置，调整后的栏目由2016卷的24个增至30个，将原《政党·政

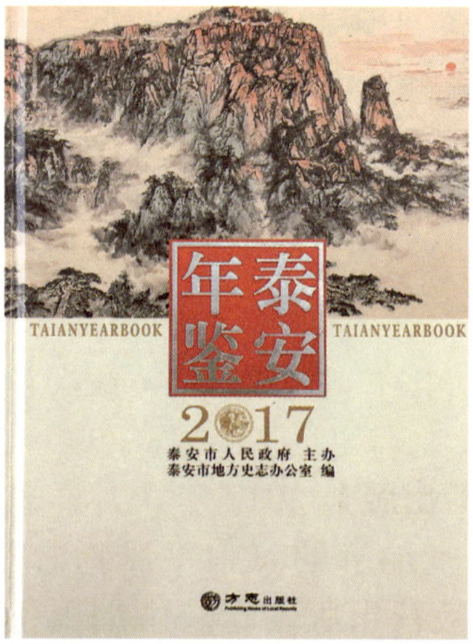

务》拆分为《中国共产党泰安市委员会》《泰安市人民代表大会》《泰安市人民政府》《中国人民政治协商会议泰安市委员会》《纪检 监察》《民主党派 工商联》《人民团体》7个栏目；将原《泰山·旅游》《开发区》重新整合为《泰山景区 开发区》《旅游业 会展业》2个栏目。将“住房公积金管理”内容移至《建设 环保》，“信访工作”内容移至《社会管理 居民生活》，内容划分归类更趋科学合理。进一步规范栏目名称，将原《商务》改为《商贸流通 对外及对港澳台经贸》，原《社会生活》改为《社会管理 居民生活》。强化年度重点工作的记载，在《市情概览》中专门增设“全面深化改革”“扶贫开发”资料综述，客观反映泰安市全面深化改革、扶贫开发的工作成绩、经验做法及取得成效。在《旅游业 会展业》中专门增设“会展业”分目，系统记述年内举办的各类会展情况，集中反映全市招展引会、以会展推动相关产业发展的思路举措。加大图表的运用，基本上做到每个对开页均有照片，图文并茂，丰富活跃版面。栏目、分目标题以“泰山脚下的泰安市”“经石峪刻经”图片作压题图照，目录标题、内文图表均加底色，提升年鉴美观度。封面设计以国画“中华泰山”作封面，庄重大气，突出泰山之美，彰显地方特色。

（戚淑娟）

【《泰山区年鉴（2017）》出版】 2017年11月，《泰山区年鉴（2017）》由光明日报出版社出版发行。主编胡继峰，执行主编刘玉朴，副主编栗长峥、周义红、刘令智、彭锡瑞、于宪忠。设特载、大

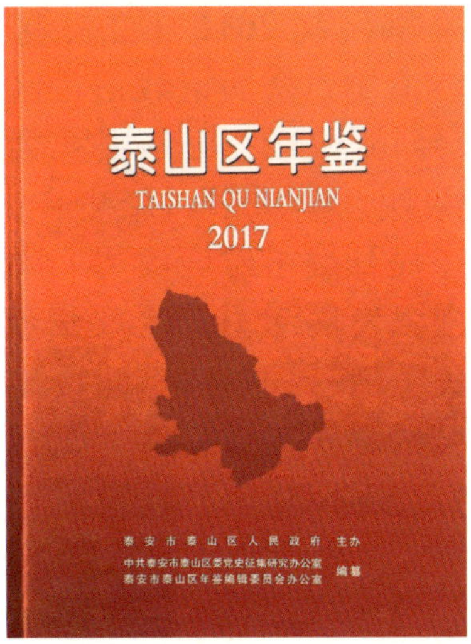

事记、区情概览、政党·政务、政法·武装、人民团体、经济综合管理、工业信息化产业、农业·农村经济等栏目22个。264页，47万字。书号ISBN 978-7-5194-3649-0，印数1000册，定价168元。被泰安市地方史志编纂委员会评为优秀史志成果（年鉴类）。

（刘玉朴）

【《岱岳区年鉴（2017）》出版】 2017年10月，《岱岳区年鉴（2017）》由方志出版社出版发行。该卷年鉴为总第一卷。主编张玉成，常务副主编程建民，副主编张洪谱、常炳成、刘英泉。全书设特载、大事记、区情概览、中国共产党泰安市岱岳区委员会、泰安市岱岳区人民代表大会、泰安市岱岳区人民政府、中国人民政治协商会议泰安市岱岳区委员会等25个栏目，861个条目，收录照片182幅，373页，51.6万字。书号ISBN 978-7-5144-2643-4，印数600册，

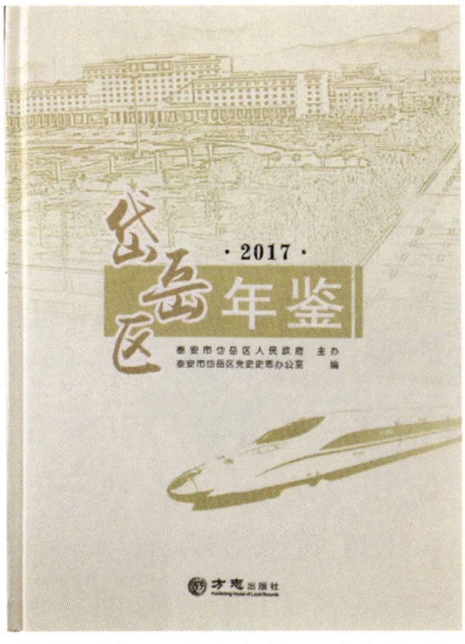

定价 288 元。全书围绕 2016 年岱岳区委、区政府中心工作，全面记载岱岳区 2016 年政治、经济、文化及各项社会事业发展的新情况、新进展、新变化，重点记述全区在提升城市综合实力、加快转型升级、增强发展活力、注重城乡环境、改善人民生活、加强政府建设过程中的各项重要活动和重大事件，真实再现全区人民打造泰城新区、建设幸福岱岳的历程。

（张洪谱）

【《新泰年鉴(2017)》出版】 2017 年 11 月，《新泰年鉴（2017）》由方志出版社出版发行。主编刘新章，执行主编柏钦战，副主编李安国、刘晓。全书设特载、大事纪要、市情概况等 21 个栏目，312 页，51.3 万字。书号 ISBN 978-7-5144-2766-0，印数 1000 册，定价 216 元。该书全面记录和反映 2016 年度新泰市政治、经济和社会发展的基本情况和重大事项。全书采用四色印刷，图文并茂，全面体现新泰市的地方特色，突出反映全市在经济建设和社会发展中取得的新经验、新成就，为各级领导、社会各界人士全面、系统、翔实地了解、研究新泰提供依据，为领导统筹规划、科学决策提供参考。

（柏钦战）

【《肥城年鉴(2017)》出版】 2017 年 10 月，《肥城年鉴（2017）》由方志出版社出版。主编尉茂路，副主编庄惠丽（执行）、项荣坤。全书设特载、大事记、市情概况等栏目 25 个，收录照片 207 幅、图表 26 个，500 页，90.9 万字，大 16 开本，全彩印刷。书号 ISBN 978-7-5144-2590-1，印数 1200 册，定价 216 元。全书系统、翔实地展现 2016 年肥城市经济和社会方面发展的基本情况，在装帧设计、框架结构、记述内容、记述形式等多个方面实现创新，首次在封面设计中添加“封面导读”，让读者对年度大事一目了然。将卷首照片分为经济建设、政治建设、文化建设、社会建设、生态文明建设五大方面，并增设“肥城名片”“数字肥城”“今后五年”等文字内容，让读者对全市的发展变化有直观的了解。结合肥城工作特色，科学设置栏目，创新设置肥城桃、中介服务栏目，体现地方特色和时代特色。增设肥城烈士陵园、各类博物馆、风力及光伏发电、镇街区视觉形象标志彩图以及文字说明等资料链接 13 个，增加记述内容的可读性、资料性、延伸性，为各级领导提供决策依据，为社会各界了解肥城、建设肥城提供真实、可靠的资料。

（庄惠丽　郝　航）

【《肥城年鉴（2012—2015）》出版】 2017年12月，《肥城年鉴（2012—2015）》由中国国际文化出版社出版发行。主编尉茂路，副主编庄惠丽（执行）、项荣坤。年内，肥城市史志办在编辑《肥城年鉴（2017）》的同时，同步征集《肥城年鉴（2012—2015）》资料。10月底，完成60万字的初稿编写，经总纂合成和清样修改后，于11月底定稿。全书设特载、大事记、市情概况、政党·政务、法治·军事等栏目23个，收录图片82幅、图表43个，全面系统地记载2012—2015年肥城市在经济建设、政治建设、文化建设、社会建设、生态文明建设等方面取得的重大成就，是各级领导机关科学决策、国内外各界人士了解、研究、认识肥城的综合性工具书、参考书。全书80.2万字，大16开本，全彩印刷。书号ISBN 978-988-19564-6-0，定价216元。

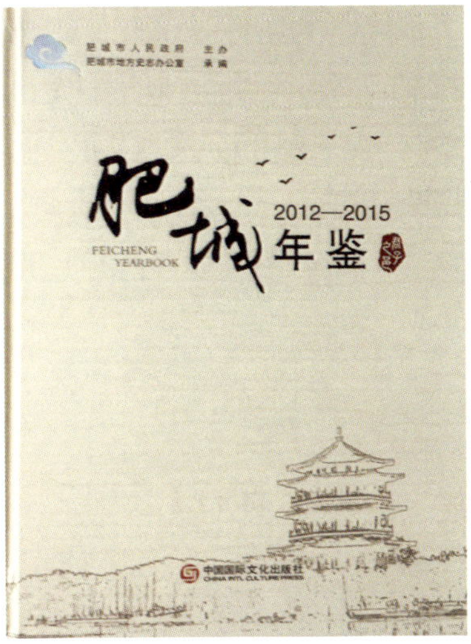

（庄惠丽　郝　航）

【《宁阳年鉴(2017)》出版】 2017年11月，《宁阳年鉴（2017）》由方志出版社出版。主编许华北，副主编赵先法。全书设特载、大事记、县情概况、中共宁阳县委、宁阳县人大及其常务委员会等26个栏目，收录照片200多幅，图表35个，440页，58.5万字。大16开本，全彩印刷。书号ISBN 978-7-5144-2644-1，印数1000册，定价198元。该书全面、系统、准确地记录宁阳县2016年度自然、政治、经济、文化、社会、生态等方面的基本面貌和发展情况，反映各级党委、政府的主要工作和各部门、各行业取得的重大成就，为各级领导决策和社会各界了解研究宁阳提供基本资料和依据。

（侯胜男）

【《东平年鉴（2017)》出版】 2017年12月，《东平年鉴（2017)》由线装书局出版。主编王圣雨，副主编张作彬、杨福中、李姗姗（执行）。全书设栏目24个，依次为：特载、大事记、县情概括、政党·群团、政权政协、法治·武装、综合经济管理、东平湖·旅游、农业和农村工作、工业·信息产业、经济开发区、民营经济·招商引资、商务等。16开本，454页，60万字。书号ISBN 978-7-5120-3071-8，印数1000册，定价286元。

（李姗姗　杜　梅）

【《泰安统计年鉴2017》印行】 2017年8月，《泰安统计年鉴2017》内部印行。由泰安市统计局、国家统计局泰安调查队编，主编董彦和，副主编朱元柱。收录全市2016年经济和社会各方面大量的统计数据，以及中华人民共和国成立后的主要统计指标，是认识和研究泰安市情、交流经济社会信息、制定政策、指导工作的重要资料工具书。内容分16部分，包括：特载，行政区划和自然资源，综合，人口、劳动，农业，工业、交通、邮电、能源，固定资产投资，房地产、建筑业，国内贸易，外经、旅游、开发区，财政、金融、保险，物价，人民生活，社会，乡镇基本情况，全省各市主要指标，主要年份各县（市、区）主要指标等。

（戴冰心）

【《岱岳区统计年鉴》2017卷印行】 2017年，《岱岳区统计年鉴》2017卷内部印行。由岱岳区统计局编，主编杨斌。全书主要记载岱岳区2016年各项国民经济和社会事业的发展情况和有关数据及分析，44万字，大16开本，印数120册。

（张洪谱）

【《新泰市统计年鉴（2016）》印行】 2017年11月，由新泰市统计局编辑的《新泰市统计年鉴（2016）》内部印行。主编安顺杰，副主编郑刚。全书设特载、人口、生产总值、农业、城市农村住户调查资料等栏目14个。数据主要来源于新泰市统计局的统计报表和抽样调查资料，该鉴是一部反映新泰市国民经济和社会发展情况的资料性年刊，是认识和研究新泰市情、交流社会信息、制定政策、指导工作的重要资料性工具书。

（柏钦战）

【《肥城市统计年鉴（2016）》印行】 2017年8月，由肥城市统计局编制的《肥城市统计年鉴（2016）》内部印行。编辑主任鲍大庆，副主任郭建云、郭柏林、何斌、尹立新、王开平。全书设综合、农业、工业、贸易服务业、基本建设、劳动工资和人民生活7个栏目，共42个表格，数据主要来源于肥城市统计局的统计报表和抽样调查资料，是一部反映肥城市国民经济和社会发展情况的资料性年刊，是认识和研究肥城市情、交流社会信息、制定政策、指导工作的重要资料性工具书。

（庄惠丽　郝　航）

【《东平统计年鉴（2016）》印行】 2017年9月，由东平县统计局编的《东平统计年鉴（2016）》内部印行。主编张宗祥，副主编马涛、傅崇勇、尹承民、颜海荣。全书分综合，农业，工业，能源，建筑业、固定资产投资、房地产，批发零售贸易餐饮业，县乡基本情况，住户一体化调查，从业人员和职工工资，财政、金融，社会、科技11个部分，是一部全面反映东平县国民经济和社会发展情况，正确认识东平县情、交流社会信息、制定政策、指导工作的资料性工具书。由东平润声印务有限公司承印，全书408页，印数250册。

（李姗姗　杜　梅）

【《山东农业大学年鉴（2016）》出版】 2017年8月，《山东农业大学年鉴（2016）》由山东人民出版社出版。该书由山东农业大学编辑。主编卢国强，副主编张焕远、王其军、刘希山、刘永峰、李岩。全书设学校现状、特载、重要文件、教育与教学、科研与科技推广、科技平台与研究机构、各类研究学会、获权专利、党群工作、行政管理、校友联络与教育发展基金会工作、校区管理、后勤保障、学院建设、表彰与奖励、毕业生名单、对外宣传报道、大事记等栏目，456页，55万字。书号ISBN 978-7-209-10994-9，印数800册，定价36元。

（黄　伟）

信息化建设

【概况】 2017年，泰安市史志办继续加大信息化建设和宣传力度，提升信息化建设水平，充分利用网站平台及时发布史志工作信息，宣传优秀史志成果。指导新泰市情网、宁阳县情网两个县级网站整合到政府网站，做好县（市、区）地情网站运行和地情资料库的录入指导和督促工作，全市资料库新增700万字，图片335幅。“泰安史志”微信、肥城市情网获2017年度全省优秀信息化建设成果。

【泰安市情网】 2017年，泰安市史志办加强市情网安全监管力度，在全国公安机关互联网安全管理服务平台申请公安备案3709020200720，标注在市情网底部。全年更新信息771条，图片300余幅，视频12条。其中，时政信息355条；史志动态206条，市级信息65条；图片新闻、大事记、“两学一做”专栏、泰山文化、历史遗迹、泰山风光等栏目220条。结合单位阶段性工作实时增设栏目，在清明节等传统节日和“重效率、勇担当、作表率”主题活动开展期间增设专题栏目，全面发挥为史志中心工作服务的功能。全年在全国政府网站4次考核中，市情网无安全和出现僵尸栏目等不符合规定的情况发生。市情资料库录入《泰安年鉴（2016）》《泰安市历史文化遗迹志》《徂徕山志》及部分《泰安市情》杂志，计300万字；清康熙重修《泰安州志》、中华民国二十五年《重刊泰安州志》（康熙）两部旧志，计335幅图片。

（周　燕）

【“泰安史志”微信】 全年推送82组301条信息。栏目设置灵活多样，主要有泰安记忆、史志动态、泰安历史人物、泰山文化研究、逸闻故事等，内容具有可读性、知识性和趣味性。中共十九大召开后，立足于提升全民文化自信，增设历史文化知识、成语典故等中华优秀传统文化内容。

（周　燕）

2017 年泰安市地情网站建设情况表

网站名称	网址	主要栏目	录入资料		
			文字（万字）	图片（幅）	视频（分钟）
泰安市情网	http://www.tasqw.cn	泰安概况、史志动态、时政信息、大事记、泰山风光、泰山文化、市情资料库、泰安名人、历史文化遗迹	7500	200	162
泰安市泰山区情网	http://sd.sdsqw.cn/sdgd/sd9/c91/index.asp	史志动态、泰山区情、乡镇概况、党史党建、风景名胜、泰山特产、史志资料库、方志成果、史志法规、招商引资	300	60	—
泰安市岱岳区情网	http://daiyue.tasqw.cn/	岱岳概况、新闻中心、地情资料库、图说岱岳、历史故事、特产名吃、岱岳大事记	300	90	20
肥城市情网	http://feicheng.gov.cn/	肥城概况、时政肥城、史志动态、方志成果、文章荟萃、大事记、走进肥城、红色记忆、桃文化、左丘明文化研究、魅力肥城、市情资料库	650	430	—
东平县情网	http://dongping.tasqw.cn/	东平概况、新闻中心、史志博览、图说东平、地方文化、文献法规、东平大事记、地情资料库、红色记忆	135	21	—

（周　燕）

方志馆建设

【泰安市方志馆】 泰安市方志馆突出以泰山、大汶河为代表的名山秀水优势，发展定位确定为突出山水志特色、挖掘历史文化资源、服务旅游业经济发展。2017 年，加大对山水志书和家谱族谱收藏力度，接收《徂徕石氏宗谱》《石介研究资料汇编》等捐赠，新入家谱 5 套。新入山水志书等馆藏 200 套。征集志、鉴资料，加大购置、交换力度，征集富有地方文化特色的史料、志书，进一步丰富馆藏。加强方志馆硬件建设，完善市政大楼方志馆藏书用房，购置密集架、除湿机等设备。

（贾冉冉）

【泰安市泰山区方志馆】 泰山区方志馆原位于泰山文化大厦，同区图书馆一并管理，馆藏图书主要为省内外各类志书、年鉴和史志、党史资料、工具书。2017 年下半年，泰山区方志馆迁入东岳大街 16 号，泰山区史志办统筹利用区武装部八楼场所，采取“一体化设计布局，分区域设置功能”的方式，改造为融党性教育基地、党史馆、方志馆为一体的综合场馆，馆舍面积 1000 平方米。2017 年藏书 3000 册，其中，志书 1800 册、年鉴 500 册，史志、党史资料、工具书 700 册。全年借阅图书 1200 人次。

（刘玉朴）

【泰安市岱岳区方志馆】 2017 年，岱岳区政府多次召开区档案局、史志办等有关部门会议，商讨建设岱岳区档案馆、岱岳区方志馆事宜，进入新址选定和新馆建设规划设计阶段。初步设定岱岳区方志馆建设面积1000平方米，初步设计规划展室、查阅室、库房、管理室等。

（张洪谱）

【新泰市方志馆】新泰市史志办就方志馆建设多次向分管领导汇报，并主动与新泰市档案局沟通对接，结合市档案馆提档升级工程建设新泰市方志馆，计划2020年方志馆面积达到省规定要求。2017年，新泰市规划局已做出1000平方米的规划设计，规划5个功能室：书房220平方米、展厅500平方米、公共阅览区100平方米、学术交流区100平方米、行政办公用房80平方米。

（柏钦战）

【肥城市方志馆】2017年，肥城市史志办就方志馆建设工作多次向分管领导汇报，并主动与市文广新局、市档案局沟通对接，拟借其图书馆、档案馆搬迁改造之机，对方志馆进行整体规划设计，实现联合建设、资源共享。向市编委递交"关于申请增设肥城市方志馆的请示"报告，申请设立"肥城市方志馆"及人员编制4个，并临时明确1名人员专职负责方志馆工作。对藏书和地情资料组织人员进行分类整理、登记，邀请市档案局专家现场指导书籍的编号、存放及管理，同时健全完善书籍收藏、借阅、交换、发放等制度。采用购置交换、征集等方式，收集各地各类志书、年鉴、地情书籍、家谱丰富馆藏，年内与江苏、浙江及省内部分地市交换志书、年鉴，新增各类图书资料200册，接待咨询、查找资料20人（批）次。

（庄惠丽　郝　航）

【宁阳县方志馆】宁阳县方志馆位于宁阳县府前街99号，2015年3月建成，2017年正式开馆。年内不断进行场馆完善、藏书整理、制度建设等工作，增加馆藏，抓好日常管理，提高方志馆的社会效益。方志馆总面积80平方米，有书架12架，藏书1000种、5000册。

（侯胜男）

【东平县方志馆】东平县方志室设在东平县政府办公楼，面积50平方米，藏书1万册。2017年初，根据中国地方志指导小组和省史志办关于加强方志馆建设的部署和要求，县史志办公室呈报县委、县政府批准，新方志馆与新建档案馆一并建设，在县城105国道西侧丽水嘉园小区南临选定建设地点，设计建筑面积1000平方米。

（李姗姗　杜　梅）

开发利用

【《泰安年鉴（2017·袖珍本）》出版】2017年4月10日，《泰安年鉴（2017·袖珍本）》出版发行。全书内容由各供稿单位依据2016年度工作总结或科学发展考核情况纂修提供，设领导讲话、2016年大事记、2016年经济和社会发展综述、2016年各部门（单位）主要工作和县（市、区）主要工作等栏目，系统总结2016年全市科学发展成就，全面记载市委、市政府领导全市人民"践行新理念、增创新优势、建设新泰安”的伟大实践，客观反映各级、各部门、各单位在富民强市进程中取得的突出成绩。其中，新增加市级领导人和各部门、单位主要负责人名单，向读者提供2017年3月底的资料信息。同时，记载2017年4月1日全市科学发展暨招商引资和项目建设大会的表扬内容，激励各级各单位争先进位、勇创佳绩。全书22万字，小32开印刷，便于读者携带查阅。

（戚淑娟）

【《泰安市情概览·2017》出版】 2017年11月，《泰安市情概览·2017》出版发行。全书设市情概况、经济建设、城乡建设、组织机构、法治建设、文化建设、社会事业、生态建设、泰安旅游、县市区·开发区、泰安名人、泰安特产等栏目，记述时间自2012年至2016年，个别栏目内容上溯至事物发端或下延至2017年。全书16万字，记述内容通俗，文字简练，资料翔实，有较强的知识性、资料性，是各级领导干部查阅资料、外地客商快速认识了解泰安的渠道和窗口。

（袁立轩）

【《记忆平阳河》出版】 2017年7月，《记忆平阳河》由华龄出版社出版。主编周京文，执行主编李阳、郭伟。新泰市青云街道于2014年6月成立《记忆平阳河》写作组，历时3年，对平阳河流域的历史事件、风土人情资料进行收集、整理，先后七易其稿编写完成。全书上限起于1900年，下限止于2016年，采用大量的亲历、亲闻、亲见等“三亲”史料，全面客观地记述平阳河流域的自然、人文历史，真实反映青云街道的社会发展变化。该书62.5万字，设自然篇、历史篇、社会篇、经济篇、建设篇、人物篇、文化篇、综合篇等8个篇目，插图百余幅。书号ISNB 978-7-5169-0857-4，印数2000册，定价198元。

（柏钦战）

【《新泰古代诗文选注》出版】 2017年，《新泰古代诗文选注》出版发行，牛尊先著。全书32万字，收录新泰市新汶街道孙村社区古代60名文人墨客赞咏孙村的诗文，或是古代孙村人的诗文，并逐一进行注释，首开新泰境内村级诗文集先河。孙村是全国文明村，社区党委书记牛宝伟连任全国人大代表。孙村历史上人文荟萃，为泰山先生孙复故里，有宋代龚适、龚遂等3位进士，100余名乡贤在科举考试中考中，留下大量诗文。《孙村古代诗文选注》是其中的选注。

（柏钦战）

【《肥城市情手册（2017）》出版】 2017年，肥城史志办围绕肥城市委、市政府中心工作，特别是肥城市第十四次党代会提出的党员干部要“熟知市情”和发挥“五支队伍”作用的要求，编辑出版肥城首部袖珍型市情资料书——《肥城市情手册（2017）》。该书立足于综合反映肥城

整体面貌，内容以2016年为重点，设市情概况、经济发展、城建环保、社会民生、镇街概况、产业园区等栏目16个，

约计15万字，具有较强的资料性和知识性。该手册以小32开简装印刷，印数1500册，发放范围为市级领导、镇街和市直部门单位领导干部及专业招商人员，成为各级领导、专业招商人员及社会各界简明实用、携带方便的“口袋书”“案头书”。

（庄惠丽　郝　航）

【《泰山宗谱叙录》出版】 2017年8月，肥城市史志资料特邀研究员、肥城市左丘明文化研究员、藏书爱好者李武刚编著的《泰山宗谱叙录》由吉林人民出版社出版发行。全书38万字，由序言、目录、概论、正文、主要参考书目等部分组成，正文部分收录泰安地区家谱40部，内容以

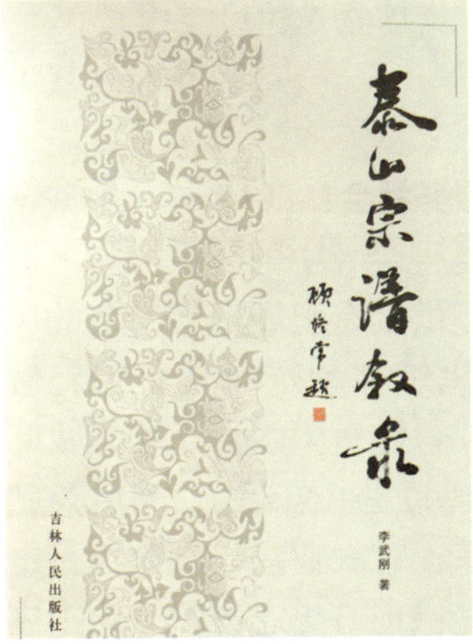

介绍家谱版本、摘引家谱资料为主，兼附研究心得，旨在留存家谱史料。该书首次对泰安地区历代家谱进行全面收集、整理和研究，为寻根问祖、续修族谱提供参考文本，为学术界整理、研究家谱文献以及利用家谱文献进行相关学科研究提供资料线索，对于推动家谱文献研究学发展、传承地方传统文化具有重要意义。

（庄惠丽　郝　航）

【《使命——东平湖移民后扶10年回眸》出版】 2017年初，为配合县委、县政府成方连片抓党建、促脱贫实施东平湖移民避险解困工程，东平县党史史志办、东平湖移民管理局启动编修《使命——东平湖移民后扶10年回眸》一书，收集资料40万字，图片200幅，全面展示10年间县委、县政府贯彻落实国家和省市大中型水库移民后期扶持政策，做好东平湖移民后扶工作的历程及成果。该书资料翔实，装帧精美，主编王圣雨、尚梦峰。由中国文化出版社批准书号：ISBN 978-988-35385-5-8，济南世同华印印刷有限责任公司印制发行，16开本，29.8万字，印数1000册。

（李姗姗　杜　梅）

【新泰市史志办口述史资料征集】 《世纪老人口述民国史》由牛尊先整理，年内

完成初稿，全书30万字。该口述史由97岁的世纪老人张淑平亲口讲述，内容为清末民初的新泰风俗、抗日战争、解放战争的亲历、亲见、亲闻。《新泰革命口述史》已经形成，全书28万字，由100多名新泰人从不同角度讲述自己的革命经历。

（柏钦战）

【肥城市“社会主义建设时期县委书记口述史”征编】2017年，肥城市史志办通过广泛查阅书籍、翻阅档案，深入查寻县委书记工作轨迹，全面搜集资料，整理出8名县委书记的口述史资料、署名文章、个人回忆文稿及图片等资料360篇，约100万字，顺利完成征编工作，做到“社会主义建设时期”县委书记全覆盖、重要事件无遗漏。

（庄惠丽　郝　航）

【泰安市史志办开展文化下乡活动】 2017年5月16日，泰安市史志办参加山东省暨泰安市第十四届社科普及周开幕式，到泰山区南河西社区开展文化下乡活动，向居民普及泰安市情知识，累计展览发放《泰安年鉴（2017·袖珍本）》《泰安市情》杂志等书籍资料300册。

【泰安市史志办参加创建全国文明城市志愿服务主题实践活动】2017年6月30日，泰安市精神文明建设委员会举行在全市开展“我爱我家、人人文明、处处风景”百万市民助力创建全国文明城市志愿服务主题实践活动启动仪式。市史志办党组书记、主任王天宇带领全体工作人员参加在泰安市政大楼开展的启动仪式背景板签名活动。

（冯宪谟）

【新泰市史志办开展“庆七一”赠书活动】 2017年，新泰市史志办开展“庆七一”送史志书籍进社区活动，将近年间编研的史志书籍赠送给翟镇大港村、龙廷镇龙廷村。通过赠书活动，丰富农家书屋，让更多的干部群众认识了解新泰历史。

（柏钦战）

【新泰市家谱博物馆建设】 新泰市家谱博物馆建设项目是以新泰市境内的家谱为重点，兼顾国内外与新泰市有关的家谱，充分整合社会力量、挖掘史志资料，利用组织家谱志书编纂的契机，通过实物（原件或复制件）展示、谱系梳理、图版解说等方式，全面展示新泰市家谱资源，形成寻根文化、民俗文化相结合的文化、民俗旅游目的地。2017年，新泰市史志办积极协调建设新泰市家谱博物馆。新泰市家谱资源丰富，截至2017年，家谱总量在1000部以上，其中不少家谱对新泰市历史上影响深远的家族、重要历史人物和历史事件有较为充分的反映，并且弥补一些史料的不足。全国各地的一些著名家谱也将新泰市历史人物，如和圣柳下惠、西晋政治家羊祜作为重点记述，对其中的优秀家训、家范也有详细记载。2017年12月底，新泰市家谱博物馆建设完成。

（柏钦战）

【肥城市史志办服务社会】2017年，肥城市史志办为中央电视台《中国影像方志·肥城篇》摄制组提供具有肥城地方特色的风俗、物产、文化等文献资料及有关肥城桃的珍贵历史图片。协助拍摄《肥城邱氏族谱》（左丘明）捐赠仪式。先后为肥城市政府研究室、市农业局、潮泉镇、市爱卫办等单位提供地方史志资料，为王庄镇、安驾庄镇、孙伯镇地理标志商标注册，康王酒业、桃木雕刻申请“山东老字号”提供资料，发挥地方志服务经济社会发展的工作职能。

（庄惠丽　郝　航）

【东平县史志办服务社会】 2017年，东平县史志办多次开展史志书籍进学校、进社区等活动。2月20日，向东平县职教中心捐赠志鉴、党史、期刊等各类书籍10类300册。3月30日，在新湖镇唐营社区举行“捐书移民社区,助推文明建设”活动，并给村党员干部上党课。清明节期间,在《今日东平》发表《南城暗哨》《留得功名在世间》等纪念文章。4月25日，《今日东平》以“敬业实干见成效”为题，报道县党史史志办工作情况及出版的史志成果。6月，万里遗物从中南海运回东平，县史志办协助州城街道分类整理，按照北京含和堂原样摆设，还原万里在北京家中的生活场景。协助县民政局改扩建县烈士陵园，精心设计陵园景观墙，编撰教义丰富的相关文字内容。利用东平旅游资源丰富的优势，把党史教育基地和红色旅游结合起来，实现其宣教价值和经济价值的有机统一。

（李姗姗　杜　梅）

学术交流与活动

【泰安市第二轮修志研讨会】 2017年11月14日—15日，泰安市史志办召开第二轮修志研讨会。泰安市史志办主任王天宇出席会议并讲话。各县(市、区)史志办主任、发言人，市直有关部门、单位，省属以上有关驻泰安单位发言人等约30人参加会议。会议对泰安市二轮修志工作进行总结，指出二轮修志存在的不足，提出要取长补短，为第三轮志书的编纂提供借鉴参考，推动全市修志工作科学发展。会议强调要继续做好二轮修志的研讨工作，抓好“三全目标”落实，推进镇村志和部门志的编纂。

（张云霞）

【《泰安市情》】 《泰安市情》于2005年12月创刊，是经泰安市新闻出版部门批准的内部资料性刊物，由泰安市史志办主办，季刊。该期刊内容紧跟时代，着眼大局，以打造方志理论研究平台为宗旨，宣传泰安市情，弘扬史志文化，交流沟通信息，服务社会发展。截至2017年，累计出版41期，发表文章942篇，490万字，图片560幅，发行3.96万册。期刊设志鉴论坛、史志动态、泰山研究、历史文化遗迹等栏目，多年来以其专业的方志理论文章、丰富的市情内容、权威可信的史料，广受读者欢迎。2017年出版4期，发行3400册，发表文章71篇，图片40幅，计40余万字。年内，对该期刊进行改版，版面由两栏改为一栏，原来的黑白两色印刷改为彩色印刷,照片色彩鲜亮。在市直部门、县(市、区)及部分外地省市发行后，受到一致好评。

（冯宪谟）

【《乡情》】 《乡情》是东平县史志办公室坚持10年编辑出版的季刊刊物，44～52印张，面向全国东平老乡和全县党政部门乡镇街道发行。旨在服务于县委、县政府中心工作，宣传推介东平，促进招商引资和经济发展，内容涵盖时政、古今人文传统文化、特色名优产品、旅游景点简介、族谱家风传承、党史史志编研成果等。由于期刊栏目新颖，内容丰富，查阅与积累资料功用兼备，连续多年被评为全省优秀地情资料期刊，两次在全省史志工作会议上介绍办刊经验。年内出版3期，第一期为合订本，印刷1600册。11月15日，在淄博市周村召开的全省方志期刊座谈会上，东平县就如何办好方志期刊作《树立创新理念 打造优秀期刊》典型经验介绍。

（李姗姗　杜　梅）

【济宁市史志办到泰安考察交流史志工作】 2017年4月26日，济宁市史志办主任张树礼一行4人到泰安市考察交流地方史志工作。座谈会上，泰安市史志办主任王天宇介绍泰安市史志工作情况，特别是第二轮修志情况。双方就二轮修志、县级年鉴“一年一鉴、全覆盖”、旧志整理、方志馆、地情网站与微信平台建设、开发利用史志资源为现实服务、对县（市、区）年度史志工作考核办法等问题进行交流座谈，并交换《济宁市志》《济宁年鉴》《济宁山水志》《泰安地区志》《泰安市志》《泰安历史文化遗迹志》《泰安年鉴》（2017·袖珍本）等书籍和部分地情资料。

（冯宪谟）

【北京市东城区史志办到泰安考察交流史志工作】 2017年5月8日，北京市东城区史志办副主任王钦双到泰安市史志办考察交流史志工作。泰安市史志办主任王天宇介绍全市史志工作情况，副主任周美广、高兴学、曹成义参加座谈并分别交流《泰安年鉴》《泰安市情》杂志、第二轮修志工作中的经验和心得体会。双方就志书、年鉴编纂工作中的有关问题展开探讨，并交换史志成果。

（冯宪谟）

【莱芜市史志办到泰安考察交流史志工作】 2017年6月2日，莱芜市史志办主任李贞锋一行6人到泰安市考察交流地方史志工作。座谈会上，泰安市史志办主任王天宇介绍省级文明单位创建及专业志编修工作情况。莱芜市史志办主任李贞锋介绍筹备编纂的《莱芜摩崖碑刻志》情况，泰安史志办表示帮助协调相关单位收集保存在泰山景区的碑刻资料。会上，双方就旧志整理、方志馆建设、地情网站与微信平台建设等问题进行深入交流。

（冯宪谟）

【泰安市史志办赴沂水县考察交流史志工作】 2017年6月21日，泰安市史志办主任王天宇一行到沂水县方志展览馆考察交流。考察组在沂水县史志办主任高仲平陪同下，参观并详细了解沂蒙非物质文化遗产馆和沂水县方志展览馆的设计理念、布展内容、人员配备及发展方向等，王天宇认为沂水县的经验做法值得学习和借鉴，希望两地加强交流学习合作，取长补短，共同促进史志事业转型升级。考察结束后，泰安市史志办向沂水方志展览馆赠送《泰安市志》《徂徕山志》《泰安年鉴》，沂水县史志办回赠《清康熙、道光〈沂水县志〉再版》《沂水年鉴》等史志成果。

（冯宪谟）

责任编校：郭　敏

威海市史志工作

综　述

【工作概况】 2017年，威海市史志系统围绕中心，积极作为，保持史志工作高位运行态势，多项工作亮点纷呈，实现重大突破。

志书编修。《威海市志》编修人员围绕“精”字下功夫，对志稿进行反复打磨。在《威海市志》即将付梓之际，市委书记孙述涛，市委副书记、市长张海波作序，并作出重要批示。孙述涛批示：十年磨一剑，成绩跃然志书；张海波批示：功在当代，利在千秋。《威海市志》于年底交付印刷。各区市第二轮志书，除威海市环翠区、威海经济技术开发区已出版外，威海市文登区、荣成市、乳山市分别在2017年底前后召开会议进行志稿评审。威海高技术产业开发区完成志稿第三次修改，威海临港经济技术开发区已确定志稿篇目设计，并完成部分初稿。2017年内，全市指导在编或出版的基层志20多部，文登区《南桥村志》获省优秀成果奖，环翠区《陶家夼社区志》入选首轮中国名村志，并于年底出版发行。

年鉴编纂。《威海年鉴（2017）》首次采用彩色印刷，同时坚持在精减文字、增加信息量、提高图表比重上下功夫，强化工作效能，于2017年9月出版发行，比上年提前1个月。《荣成年鉴》复刊，《威海南海年鉴（2007—2016）》出版。全市年鉴出版提前一年实现“全覆盖”目标。乳山市推出手机年鉴。全市年鉴整体质量进一步提高，《威海年鉴（2017）》《环翠年鉴（2017）》《文登年鉴（2017）》获评2017年度山东省优秀史志成果优秀年鉴，《乳山年鉴（2016）》获评全国地方志优秀成果（年鉴类）全国特等奖。积极推动市直部门、单位资料年报工作，各单位资料年报从装帧至内容格式均规范统一，资料年报基本走入常态化，年整理归档市直单位资料年报70余份，部分单位开始编纂部门、行业年鉴。

方志馆建设。威海新方志馆建筑面积3600平方米，土建工程完工。通过对标学习省外苏州、杭州及省内菏泽、东营等地经验，与设计、承建部门反复沟通，完善方志馆的功能定位、结构布局、管理应用等方案，开始地情展陈大纲的编写。广泛征集资料，丰富馆藏，馆藏总量9000册、图片8万张，三年翻了一番多，呈现加速流入状态。各区市将方志馆建设列入重要议事日程，其中威海市环翠区、荣成市和乳山市拟将方志馆和档案馆合建，争取的方志馆馆舍面积均可达1000平方米，并完成立项、选址，文登区拟扩增方志馆面积。

史志资源开发利用。自2016年始，全市史志部门联合开展传统村落课题研究。经过调研、发动、培训、编辑、审核等阶段，至2017年底，《威海传统村落》出版发行。全书收录186个村落资料，总文字量91万字、图片930多幅。这一研究课题被列为2017年市级机关创新创效立项项目。在全市农村暨扶贫开发工作会议上，市委书记孙述涛对市史志办进行表扬。乳山市整理100个村历史资料，在《乳山时讯》开设专栏每周刊登，组织编修的《胶东育儿所》送出版社审核。各区市积极参与当地的红色基地建设，文登参与布展的红色基地纪念馆、昆嵛清风展馆建设，乳山参与布展的革命根据地旧址群建设，在社会上引起积极反响。

加强史志服务能力。积极强化地情网站和地情库的服务作用，推动出版的志书年鉴资料全面入库，丰富网站和地情库内容。全市新入库资料1100万字，文字总量达6500万字。威海市情网文字量2700万字，新增资料100万字，用户访问量70多万人次。承担的市政府网站《市情》栏目信息录入工作，年更新信息量7万多字。建立的威海史志官方微博微信，向社会发布地情信息400多条。环翠区集中力量将出版的志书和年鉴数据全面上传，文字量400万字。文登区、荣成市和威海经济技术开发区基本达到年鉴出版与数据入库同步。全系统积极推进志类成果“六进”（进机关、进乡村、进社区、进学校、进企业、进军营）活动，主动服务社会，扩大史志工作的社会影响力，年赠书1万多册。

提高史志队伍整体素质。全系统积极组织开展和参加各类政治业务学习培训活动，结合“两学一做”学习教育和机关文化建设，广泛开展岗位练兵。市史志办举办全市史志业务短训班，分批次组织人员到省内外先进单位考察学习，在机关开展《把信送给加西亚》主题读书活动、结合岗位工作撰写论文活动，并集结印成《我读〈把信送给加西亚〉》《史志文集》。环翠区邀请专家开展基层志培训，荣成市以组织党员干部到红色基地学习为契机营造常态化学习氛围，文登积极组织修志理论研讨、撰写论文，乳山把机关建设有关活动与考察培训相结合。全市上下努力开拓全员视野，提升工作热情。

【全市史志办主任工作会议】 2017年1月11日，威海市史志办主任工作会议召开，会议传达学习全省史志办主任工作会议精神，总结2016年全市史志工作，研究部署2017年工作任务。市史志办班子全体成员、科室负责人和各区市史志办主任参加会议。

【全市史志工作推进暨现场交流会议】 2017年8月17日，全市史志工作推进暨现场交流会议在乳山市召开，会议主要议题是学习贯彻省史志办主任会议精神；参观乳山市史志办为党委政府中心工作服务的成果，观摩学习乳山市快速推进志鉴编修的经验做法；总结交流上半年工作情况，安排下半年工作任务。市史志办班子成员、科室负责人，各区市史志办主任、开发区史志工作负责人参加会议。会前，耿祥星、冷文波分别与乳山市委副书记李国徽、副市长宫洪霞围绕史志工作服务党委政府中心工作、推动“三全目标”任务落实进行座谈交流。

（任天庆）

【全市史志业务短训班】 2017年10月11日，威海市举办全市史志业务短训班，邀请上海市地方史志学会会长、教授朱敏彦作“资源整合、协作共赢、创新地

2017年10月11日，威海市举办全市史志业务短训班

方史志工作”主题报告。威海市地方史志办公室主任耿祥星主持。在全市加快推进二轮修志进度、推动基层志开展之际，市史志办、史志学会联合举办培训班，旨在进一步启迪思路、开阔视野、提高修志人员业务素质。威海市史志办全体人员，市史志学会会员，各区市史志办主要负责人、骨干编辑，市直有关部门、单位的基层志编纂人员，共70多人参加培训。

【《文登年鉴（2017）》组稿工作会议】 2017年2月24日，文登区召开《文登年鉴（2017）》组稿工作会议。区史志办采取以会代训的形式，简明扼要，提纲挈领，对200余名撰稿人进行年鉴撰写基础知识培训，提高年鉴编写质量。

（任天庆 高燕妮）

机构与队伍

【威海市地方史志编纂委员会（兼威海年鉴编纂委员会）】 威海市地方史志编纂委员会名单如下：市委书记孙述涛任名誉主任。市委副书记、市长张海波任主任。副市长杨丽任第一副主任。市委副秘书长、办公室主任林强，市人大常委会副秘书长、办公室主任杨万友，市政府副秘书长、办公室主任张宗波，市政协副秘书长、办公室主任隋建波，军分区副司令员刘金军，市委组织部副部长、老干部局局长于所航，市委宣传部常务副部长许祖强，市发展改革委主任邓勇，市财政局局长李峰，市人力资源和社会保障局局长王子明，市史志办主任耿祥星任副主任。刘勤显、张展开、徐东晖、王厚全、于荣范、于胜涛、刘树伟、乔军、王京伟、王树芳、周宁、鞠宏宇、耿涛、王浩见、毕晟磊、冷文波任委员。

【威海市地方史志办公室】 威海市地方史志办公室成立于1988年5月，为正科级事业单位，编制5人。1997年3月，升格为正县级事业单位，编制10人。至2017年底，威海市史志办为正县级参照公务员管理的事业单位，隶属于市政府办公室领导，经费形式为全额财政拨款。内设综合科、史志科（与威海市方志馆合署）、年鉴科（与地情科合署）。编制10人，实有在编工作人员14人，其中，主任1人，副主任2人，副调研员2人，科长3人，副科长1人，主任科员2人，副主任科员2人，科员1人。其中研究生学历3人，本科学历11人。聘用人员3人。

主任：耿祥星
副主任：冷文波 李美志
副调研员：赵刚 宋明岩

地址：威海市世昌大道 45 号市级机关 8 号楼
电话：0631—5232023（传真）

威海市各区市史志工作机构及负责人情况统计表

单 位	隶属关系	规格	负责人	地 址	电 话	邮 编
威海市环翠区地方史志办公室	环翠区委、区政府	正科级	谷佩贞	环翠区统一路 254 号农业大厦	0631-5222170	264200
威海市文登区地方史志办公室	文登区政府办公室	正科级	许德忠	文登区海洋大厦 11 楼	0631-8451943	264400
荣成市党史史志办公室	荣成市委、市政府	正科级	宋锡岗	荣成市伟德东路 9 号政府主楼 447	0631-7561884	264300
乳山市党史市志办公室	乳山市委、市政府	正科级	徐华伟	乳山市胜利街 78 号政府综合楼 4 楼	0631-6652848	264500

威海市各区县史志工作人员情况统计表

单位	定编	在编人员情况												
		行政管理人员					专业技术人员			学历学位情况				
		正处级	副处级	正科级	副科级	科员及以下	高级	中级	初级及以下	博士	硕士	本科	大专	高中以下
威海市环翠区地方史志办公室	7			2	1	4					1	2	2	2
威海市文登区地方史志办公室	8			1	2	5	3	2	2			7		1
荣成市党史史志办公室	8			1	2	6						7	1	1
乳山市党史市志办公室	11			1	1	5						5	1	1

志书编纂与出版

【概况】 至2017年底,《威海市志》出版,各区市第二轮志书,除环翠区、威海经济技术开发区已出版外,文登区、荣成市、乳山市分别召开专家评审会。威海高技术产业开发区完成志稿第三次修改,威海临港经济技术开发区已确定志稿篇目设计,并完成部分初稿。2017年,全市在编或出版的基层志20多部,文登区《南桥村志》获省优秀成果奖,环翠区《陶家夼社区志》入选首轮中国名村志,并于年底出版发行。乳山市党史市志办参编《乡愁百村记》《胶东育儿所》《乳山民俗》等。

【《威海市志》出版】 2017年,威海市史志办始终把《威海市志》编修作为工作重中之重,严格按制定的时间表和路线图,攻坚克难。志书编修人员围绕“精”字下功夫,遵循审校一卷、修改一卷、核定一卷的工作流程,对志稿进行三轮精心审核、修改、打磨,增亮点,去微瑕,再上档,严格按照“中国志书精品工程版式”要求进行排版。11月,定稿付梓,12月出版。

《威海市志》是地级威海市首部通志,由威海市地方史志编纂委员会编纂。主审张海波,副主审杨丽,主编毕吉玲、耿祥星,副主编苗丰麟、冷文波、赵刚、李美志、宋明岩、戚可平,由方志出版社出版,方志出版社图书经销中心发行,

书号 ISBN 978-7-5144-2497-3，大16开精装本，印数8000册，定价2600元（全四卷）。该志卷首设图、照片专辑、总述、大事记，卷中设建置区划、自然环境、人口、城乡建设、环境保护、水利、交通运输、邮政 信息、口岸、区市概况、开发区建设、农业、渔业、工业、建筑业、商贸业、旅游与服务业、金融业、招商引资与经济技术合作、综合经济管理、中国共产党地方组织、中国国民党与民主党派地方组织、地方国家权力机关、地方行政机关、政协地方组织、群众团体、人力资源和社会保障、外事 侨务与港澳台事务、民政、政法、军事、科学技术、教育、文化、医疗卫生、体育、居民生活、精神文明建设、宗教、方言、民俗、人物专志，卷末设附录、索引和后记，共4卷42个专志275章1187节622万字，图片1000余幅，中英文目录。志书全面系统地记述威海全域内自然、政治、经济、文化和社会的历史与现状，时间断限以清代至2007年为主。《威海市志》首批入选“中国志书精品工程”。在2017年度山东省优秀史志成果奖评选活动中被评为优秀市县级志书。

（于鹏飞）

【《文登市志（1991—2013）》编修】 2017年，威海市文登区史志办每周召开修志工作调度会议，结合具体章节，分析存在问题，提高质量，加快进度。6月，形成230万字的《文登市志（1991—2013）》资料长编。10月，完成160余万字的二轮志书评议稿，设城乡建设、环境保护、交通运输、农业、海洋与渔业、工业、建筑与房地产业等专志36编；12月19日，召开《文登市志（1991—2013）》专家评审会，二轮志稿得到与会省、市领导和专家的肯定。会后，在评议稿的基础上，根据专家的修改意见对志稿进行完善和修改。

（高燕妮）

【《荣成市志（1996—2013）》编修】 2017年，荣成市党史史志办根据荣成市实际情况调整篇章结构，加快调度，以质为先。至年底，《荣成市志（1996—2013）》评议稿全部完成，共30编，约140万字，涵盖荣成市区域内自然、经济、政治、文化、社会等各个领域，突出荣成特色，记录时代风貌。

（姜　潇）

【《乳山市志（1996—2015）》编修】 2015年，乳山市党史市志办公室启动乳山市志编修，坚持专家修志、购买服务，跟踪调度、重点指导，派2名骨干参加全省精品志书培训班，协调14名编辑指导供稿，补充资料。根据乳山市实际情况调整篇章结构，经过数次修改，2017年按时完成《乳山市志（1996—2015）》评议稿，共33编，约130万字，涵盖乳山市区域内自然、经济、政治、文化、社会等各个领域，记录时代风貌。

（高献东）

【《文登文化志》出版】 2017年8月，文登区文化局组织编纂的《文登文化志》由中国文史出版社出版发行，主编王德松，副主编吕晓东、张辉城、梁佳媛。全书115.6万字，采用章节目结构，上溯事源，下限为2015年，个别章节及照片延至志书出版前。卷前置29页彩照、概述、大事记，卷中依次设文化机构、文学艺术创作机构、文学艺术创作、文物、群众文化、民间文艺、剧团、电影、剧场与影院、广播电视、新建文化设施、新兴文化产业、图书、档案、出版发行、宗教、风俗习尚、轶闻传说、古镇名村 古树名木、文苑人物、著述艺文、文化交流、文登学文化研讨会论述选辑，共23章，图、表、照片随文穿插，图文并茂，全面系统地记述文登文化事业的发展历程，突出地域特色，在不同章节渗透“文登学”的渊源与发展、历史地位、社会影响。志书涵盖广播电视、文化执法、档案、史志、新华书店等部门业务，自启动编写到付梓，历时4年多。书号ISBN 978-7-5034-9097-2，大16开(889×1194)，定价500元。

（高燕妮）

【《荣成市国土资源志》出版】 2017年1月，《荣成市国土资源志》由山东省地图出版社出版。该志由荣成市国土资源局编纂，主编张立法、王军，副主编谢晓丽，志书全面、系统、客观记载1987年—2012年荣成市国土资源事业发展历程。全书设序、凡例、概述、大事记、自然环境、土地与矿产资源、管理机构与人员、土地管理、地质矿产管理、测绘、法制建设、科技与信息化建设、党群组织与机关建设、先进集体与先进个人等14个编目，内设卷首彩图38幅，共50万字，大16开，书号ISBN 978-7-5572-0041-1，定价180元，印数2000册。

（姜 潇）

【《陶家夼社区志》出版】 2017年6月初，《陶家夼社区志》编辑组完成初稿；7月初，邀请中指组名镇名村志学术委员会成员徐秋明、傅强及威海市史志办的专家对志稿的篇目、内容、记述方法进行评议；8月中旬完成送审稿；9月中旬根据中指组专家的意见完成一次全面修改；11月20日完成出版社一轮初审，12月14日完成复审。12月29日，中国名村志首发式在北京人民大会堂召开，《陶家夼社区志》作为山东省入选的3部中国名村志之一参加首发式。该书由威海市环翠区竹岛街道陶家夼社区志编纂委员会主编，方志出版社出版发行，书号ISBN 978-7-5144-2780-6，正度32开，字数29.6万字，定价123元。

（于海龙）

年鉴编纂与出版

【概况】 2017年9月，《威海年鉴(2017)》出版发行，比上年提前1个月。本卷年鉴首次采用彩色印刷，坚持在精减文字、增加信息量、提高图表比重上下功夫，《荣成年鉴》复刊，《威海南海年鉴(2007—2016)》出版。全市年鉴出版提前一年实现“全覆盖”目标。乳山推出手机年鉴。《威海年鉴（2017)》《环翠年鉴（2017)》《文登年鉴（2017)》获评2017年度山东省优秀史志成果优秀年鉴，《乳山年鉴(2016)》获评全国地方志优秀成果（年鉴类）全国特等奖。另外，市及各区市编纂出版《威海文化年鉴》《威海统计年鉴》等部门、行业年鉴。

【《威海年鉴(2017)》出版】 2017年9月，

《威海年鉴（2017）》出版发行，这是创刊以来的第20卷，由威海市人民政府主办，威海市地方史志办公室编纂。主审杨丽，副主审林强、张宗波，主编耿祥星，执行主编冷文波，副主编赵刚、李美志、

宋明岩，执行副主编李洪格，方志出版社出版，方志出版社发行中心发行。书号ISBN978-7-5144-2507-9， 大16开精装本，印数5000册，定价300元。《威海年鉴（2017）》坚持与时俱进和科学性原则，对框架进行调整，全书设特载、大事记、威海概况、中国共产党威海市委员会、威海市人民代表大会、威海市人民政府、中国人民政治协商会议威海市委员会、中国共产党威海市纪律检查委员会、民主党派、社会团体、法治、军事、经济监督与管理、农业、海洋与渔业、工业、信息产业、交通·邮政、城乡建设与环境保护、商务、口岸、旅游·会展、财政·税务、金融、科学技术、教育、文化、卫生·计划生育、体育、社会生活、区市概况、开发区建设、人物33个类目，99.5万字。首次采用彩色印刷，内文插图175幅，表格35张，卷首设政务活动、胶东（威海）党性教育基地、文明城市建设、蓝色经济区建设、国家服务贸易创新发展试点城市等22个专题，突出年度特点和城市发展特点。目录有中英文两种，设主题词检索索引，封底设二维码，链接威海市情网站。《威海年鉴（2017）》在2017年度山东省优秀史志成果奖评选活动中被评为优秀年鉴。

（李洪格）

【《环翠年鉴（2017）》出版】 2017年11月，威海市环翠区地方史志办公室编纂的《环翠年鉴（2017）》出版发行，主编谷佩贞，由线装书局出版。全书104.5万字，收录图片379幅，书号ISBN 978-7-5120-2939-2，大16开，印数2000册，单价280元。该书设特载、“两学一做”学习教育专记、大事记、区情综述、中共威海市环翠区委员会、威海市环翠区人民代表大会、威海市环翠区人民政府、政协威海市环翠区委员会、中共威海市环翠区纪律检查委员会、人民团体与群众团体、法治、军事、经济管理与监督、农业·水利、海洋与渔业、工业、商贸业·服务业、金融、旅游、财政·税务、招商引资与对外贸易、城建·环保、市政建设与公路交通、科学技术、教育·体育、文化、卫生·计划生育、社会民生、镇（街道）情要览、集体荣誉、人物31个栏目，客观、全面、系统、准确地记载2016年度环翠区政治、经济、文化、自然、社会等方面取得的成就和发展变化的基本情况，是一部了解和研究环翠区情的工具书。《环翠年鉴（2017）》在2017年度山东省优秀史志成果奖评选活动中被评为优秀年鉴。

（于海龙）

【《文登年鉴（2017）》出版】 2017年12月，《文登年鉴（2017）》出版发行，由中共威海市文登区委、文登区政府主办，文登区地方史志办公室编纂，主编许德忠，副主编王淑君、鞠志强，天津古籍出版社出版。书号ISBN 978-7-5528-0574-1，大16开，印数1500册，定价198元。年鉴采用分类编辑法，设栏目、分目、条目3个层次，部分分目下设子目。卷首设图片专辑，前置目录，后置索引，卷中设特载、大事记、文登概况、区镇概况、政党政务、人民团体、国防、公安司法、经济管理与监督、工业、农业、交通邮政信息产业、城乡建设、建筑业与房地产开发、环境保护、商贸服务业、旅游、对外贸易与经济合作、财政税务、金融、教育、科技、文化、体育、卫生、社会民生、人物、附载28个栏目，共78.2余万字，全面、系统、准确地记载文登区自然、政治、经济、文化、社会等方面的发展变化。附载中的“媒体看文登”，以新闻人的视角解读文登经济发展与和谐社会的变化。文字分3栏设计排版，表格、图片、条目标题及书眉使用彩色印刷。《文登年鉴（2017）》在2017年度山东省优秀史志成果奖评选活动中被评为优秀年鉴。

（高燕妮）

【《荣成年鉴(2017)》出版】 2017年12月，《荣成年鉴（2017）》出版发行，由荣成市人民政府主办，荣成年鉴编纂委员会编，主编宋锡岗，副主编连业功、连业萍、王军辉，方志出版社出版。年鉴承载2016年度荣成市各项事业发展的基本变化，重点反映荣成市经济和社会发展中的新成就、新经验、新举措。全书设特载、大事记、荣成概况、政党·政权·政务、人民团体、法治、军事、经济管理与监督、农业、海洋与渔业、工业、信息产业、交通·邮政、城乡建设与环境保护、商务、口岸、旅游、财政·税务、金融、科学技术、教育、文化、卫生·计划生育、体育、社会生活、功能区建设、镇街概况、人物28个类目，内设卷首彩图90幅、随文插图206幅，共125万字，大16开，书号ISBN 978-7-5144-2841-4，定价200元，印数2500册。《荣成年鉴（2017）》在2017年度山东省优秀史志成果奖评选活动中被评为优秀年鉴。

（姜　潇）

【《威海经济技术开发区年鉴（2017）》出版】 2017年11月，《威海经济技术开发区年鉴（2017）》出版发行，由威海经济技术开发区地方史志编纂委员会编著，开发区地方史志办公室承编，主审毕建忠，主编卢树刚，线装书局出版。全书94万字，正文524页，大16开，书号SBN 978-7-5120-2891-3，印数500册，定价268元。《威海经济技术开发区年鉴（2017）》客观、全面、系统、准确地记述2016年度全区经济社会各项事业发展取得的新成就、新经验，为实现全

区科学发展提供决策依据和借鉴。全书有卷首彩图44幅、随文插图391幅、表格47张。卷首设图照专辑和目录，卷中设特载、大事记、总述、中共威海市委经济技术开发区工作委员会、威海经济技术开发区管理委员会等30个类目，卷末设索引。

（徐敬侠）

【《威海南海年鉴(2007—2016)》出版】 2017年 8月，威海南海年鉴编纂委员会编纂的《威海南海年鉴(2007—2016)》由线装书局出版发行，主编王炳早。主要记载威海南海新区开发建设的基本情况，为各级领导科学决策提供依据，为了解南海新区提供窗口，为各行各业提供信息服务。年鉴采用分类编辑法，设类目、分目、条目3个层次，用文、图、表等形式，记述2007—2016年威海南海新区核心起步区160平方公里内的基础设施建设、招商引资和项目建设等情况。设特载、大事记、南海新区概况、管理机构、党的建设、基础设施、文化宣传、招商引资、滨海旅游、房地产开发、临港产业、南海新港、学校教育、民生建设、科技创新、财政金融、海洋水产、“举全市之力发展南海”纪略、乡土民俗、镇村简介、人物、荣誉、新闻集锦、文献辑录共24个类目。两栏彩色印刷，随文插图丰富。书号ISBN 978-7-5120-2484-7，正16开，114万字，印数3000册，定价300元。

（高燕妮）

信息化建设

【概况】 2017年，威海市史志办公室积极强化地情网站和地情资料库的服务作用，推动出版的志书、年鉴资料全部入库，丰富网站和地情资料库内容。根据各区市实际情况和上级要求，通过与政府网相结合的方式，增设区情板块或专栏，增强服务功能。环翠区上传文字量400万字,文登区上传《文登年鉴(2017)》70余万字。文登区、荣成市和威海经济技术开发区基本达到年鉴出版与数据入库同步。乳山市党史市志办公室自2014年开通微博，发送微博864条、微信信息107条。

【威海市情网】 威海市信息化建设 全市新入库资料1100万字，文字总量6500万字。威海市情网文字量2700万字，新增资料100万字，用户访问量70多万人次。承担市政府网站《市情》栏目信息录入工作，年更新信息量7万多字。建立威海史志官方微博微信，向社会发布地情信息400多条。

2017 年威海市地情网站建设情况表

网站名称	网址	主要栏目	录入资料		
			文字（万字）	图片（幅）	视频（分钟）
威海市情网	sq.weihai.gov.cn	市情概览、方志工作、古风遗韵、今日资讯、政务公开	2700	300	30
威海市环翠区情网	www.huancui.gov.cn/QuQing.html	环翠概况、环翠宣传片、镇办风采、环翠画册	400	30	10
威海市文登区情网	www.wendeng.gov.cn/col/col37151/index.html	文登概况、文登志鉴、美丽文登	1560	275	0
荣成市情网	www.rongcheng.gov.cn/col/col40463/index.html	荣成概况、图说荣成、荣成视频	415	7	318
乳山市情网	www.rushan.gov.cn/col/col2/index.html	乳山概况、乳山影像	322	10	81

（沙　鋆）

方志馆建设

【概况】 2017 年，威海新方志馆土建工程完工，开始地情展陈大纲的编写。馆藏总量 9000 余册、图片 8 万张，呈现加速流入状态。各区市将方志馆建设列入重要议事日程，环翠区、荣成市和乳山市拟将方志馆和档案馆合建，馆舍面积均可达到 1000 平方米，完成立项、选址，文登区拟扩增方志馆面积。环翠区方志馆由于规划选址变更，2017 年未开工，已由威海市规划设计院进行方案设计与调整。

【威海市方志馆】 威海方志馆建筑面积 3600 平方米，其中地下书库 600 平方米，预计 2018 年 10 月完成土建及外装修。完成新的《市方志馆空间布局》。学习先进前沿方志馆、图书馆、博物馆等在建馆理念、布展思路、岗位设置及展陈设计、装修施工、后期运行等方面的经验，为方志馆建设理清思路。完成《方志馆建设实施方案》《馆藏建设方案》《设施设备需求清单》《信息化建设初步方案》《运行管理方案》及专家团队组建方案等，完成展陈大纲草案编制及方志馆装修布展、设施设备购置经费的申请报告。 与全国获特等奖和一等奖的优秀年鉴进行交换，购买一批馆内所需的文献书籍。全年征集、交换及购买馆藏资料 2000 余册，收集整理图片资料 2 万余张，至 2017 年底馆藏总量 9000 余册，图片资料 8 万余张。为 30 余人次提供查阅服务。山东大学(威海)学生到方志馆参观实习，进行交流座谈。

（王　瑛）

【威海市环翠区方志馆】 环翠区方志馆建于 2011 年 6 月，面积 140 平方米，至 2017 年末，收藏各类资料 1 万余册。新方志馆规划选址和建设，结合档案中心建设同时规划设计，分为行政办公区、对外服务区、库房功能区三部分，预计建筑面积 1500 平方米。其中行政办公区包括办公室、编辑室、会议室等；对外服务区包括阅览室、党史史志展览馆（三楼展览功能区）；库房功能区包括党史史志图书资料库、音像库、文书档案库。威海设计院已拟定初步设计方案，被列入 2018 年为民办实事之一。

（于海龙）

【威海市文登区方志馆】 文登区方志馆建于 2002 年 12 月，面积 200 平方米。2017 年，文登区方志馆向相关县市的史志办公室（方志馆）开展地情书籍互赠交流活动，收集全国各地出版的地情文献资料 100 本，为社会各单位和个人提供资料查阅服务 300 人次。至 2017 年末，收藏全国各地首轮修志以来出版的新方志、年鉴和其他地情文献资料 15 类 2000 余种，包括有关地方志编纂的历史资料、业务期刊等，总数 1.20 万册。与文登区图书馆合建图书馆地方志分馆，建立网上目录检索系统，利用图书馆的借阅平台实现资源信息共享。录入志、鉴、期刊等图书资料 3220 册。

（高燕妮）

【荣成市方志馆】 荣成市方志馆建于 2011 年 8 月，面积 200 平方米。至 2017 年末，收集地方志、年鉴和其他各类地情资料书 5000 余册，向社会提供咨询服务近百人次。荣成市方志馆新馆于 2017 年底立项，规划与荣成市档案馆合建，馆舍面积 1000 平方米。

（姜　潇）

【乳山市方志馆】 乳山市方志馆建于 2005 年 9 月，面积 60 平方米，其中阅览室 40 平方米，内设 16 组书柜，配备电脑、复印机、扫描仪、投影仪等设备，设方志馆管理员 1 名，健全资料入库登记、借阅等制度，完善防火、防盗、防渍、防有害生物等设施。至 2017 年 12 月，乳山市方志馆收藏志书、年鉴、党史资

乳山市方志馆一角

料等10余个门类的资料3100册，收藏电子图书2万册。建立图片资料库，库存图片2150幅。全部馆藏实现管理目录微机检索。

（高献东）

开发利用

【概况】 2017年，威海市史志办公室推动资料年报工作常态化，年内征集各部门和单位年报资料70余家。《威海传统村落》出版，该研究课题被列为2017年市级机关创新创效立项项目。乳山市党史市志办整理100个村历史资料，在《乳山时讯》开设专栏每周刊登，组织编修的《胶东育儿所》送出版社审核。各区市积极参与当地的红色基地建设，文登区史志办参与布展的红色基地纪念馆、昆嵛清风展馆建设，乳山市党史市志办参与布展的革命根据地旧址群建设，均在社会上引起积极反响。

【《威海传统村落》出版】 2016年，威海市史志办启动《威海传统村落》编纂项目，旨在追寻地域内传统村落的历史踪迹，展示其古今文明。市、县两级史志办协力组织发动镇（街道）、村（社区）参与，开展资料的收集整理。内容及图片几经补充，于2017年11月编辑完成。

书中从地理位置、村名由来、隶属沿革、历史文化、发展现状入手，研究威海古村落内在的文化肌理，以图文并茂的形式，展现古村落的历史风貌和现代变迁。全书收录186个村落资料，共计91万字900余幅图片。16开，书号ISBN 978-7-5034-9646-2。2017年底，《威海传统村落》（共两辑）出版发行。

（任天庆）

【《威海经济技术开发区红色记忆》编纂】 为庆祝地级威海市建市30周年、威海经济技术开发区建区25周年，深入挖掘全区革命时期先进人物事迹，弘扬革命传统文化，2017年3月，威海经济技术开发区启动红色记忆编撰工程。通过对开发区内1937—1949年为中国革命事业做出过贡献的老干部、老党员、老战士、老模范和有关人士逐村进行采访，搜集整理撰写重要人物及英雄事迹，年末前汇编成《威海经济技术开发区红色记忆》印刷。全书17万字，分《经区人物》《经区故事》两部分。其中，《经区人物》收录中共地方早期领导12人、将军22人、革命先烈30人、民主爱国人士5人；《经区故事》收录相关事迹60篇。

（徐敬侠）

【《乳山民俗》出版】 2017年，乳山市党史市志办公室联合乳山市文化广电新闻出版局和乳山市文学艺术界联合会出

版《乳山民俗》。该书记录乳山人民的生产生活、崇尚崇信、传统传承等方面的习俗，共12章，66节，31.7万字，大32开本，主编辛明路。12月出版发行，印数5000册。书号ISBN 978-7-5474-2639-5。

（高献东）

【服务社会】 史志成果“六进”活动 2017年，威海市史志办协调组织全市史志部门继续开展史志成果“六进”（进机关、社区、乡镇、学校、企业和军营）活动，赠送志书、年鉴等各类史志资料，普及市情知识，发挥史志“存史、资政、育人”的作用。全市史志部门赠送书籍1万余册。

（任天庆）

学术交流与活动

【学会活动】 威海市地方史志学会 2017年，威海市地方史志学会完成所承担《威海年鉴（2017）》8个类目编辑工作，协助地情科做好威海市情网维护、管理等相关工作，完成《威海传统古村落》图片征集、编辑等工作。学会举办的“威海映像”图片征集活动圆满结束，与摄影爱好者、收藏者沟通联系，征集电子图片资料2.5万幅。开展学术论文征集活动，向各学会理事单位发放征集函，征集学术论文23篇；向省史志办报送学术论文4篇，在省级以上刊物发表2篇。年内，学会通过年度具备承接政府职能转移和购买服务资格资质审查。

（李传强）

责任编校：郭　敏

日照市史志工作

综　述

【工作概况】 2017 年，日照市史志办以提升史志服务水平为重点，狠抓“三全”目标落实，整体工作全面推进。在志书编修、年鉴编纂、方志馆建设、旧志整理、工作创新等方面均有新突破。其中，《日照年鉴》连续多年在省政府办公厅组织的优秀史志成果评选中获得“优秀年鉴”称号，位次逐年提升；在省史志办组织开展的第一届“山东史志”十大年度人物评选活动中，日照市史志办主任李世恩以第一名的成绩高票当选。

二轮志书编修工作。第二轮《日照市志》是日照升格为地级市后的第一部志书，市领导先后 12 次对市志编修工作作出重要批示，编修工作 4 次被写进《政府工作报告》。第二轮《日照市志》编修 2012 年重新启动，2017 年 2 月完成总纂稿，6 月完成征求意见稿，8 月报省史志办中审，9 月，组织专家对《日照市志》征求意见稿进行评审，10 月报中国地方志指导小组办公室和方志出版社终审，完成三校三审。日照市各区县第二轮志书已全部出版发行，日照市东港区《南湖镇志》《东港区供销社志》《东港公安简志》已出版发行。莒县编纂出版《莒县书画志》，启动《莒县名胜古迹志》编纂，并召开评审会。五莲县编写出版 30 万字的《五莲县基层志书编纂指南》，启动《五莲县于里镇志》编纂，全县乡镇志编纂工作实现零的突破。

年鉴编纂工作。日照市史志办对《日照年鉴》进行大胆改革创新，从版式到内容，从框架到结构，从选题到条目，从装帧到印刷，均进行了改革，内容丰富多彩，可读性强。2 月 28 日，印发《〈日照年鉴〉2017 卷组稿方案》，6 月底稿件报送、初稿整理工作全面完成。12 月，经方志出版社出版。区县综合年鉴由点及面梯次展开，东港区、莒县、五莲县均已实现“一年一鉴、公开出版”。2017 年，重点对《岚山年鉴（2017）》进行督导，以确保岚山区综合年鉴顺利出版。

方志馆建设。日照市史志办经过多次积极争取，市委、市政府同意在图书馆 4 楼建设市方志馆。之后，面积由最初的 1500 平方米逐步扩大至 4500 平方米，不仅实现零的突破，还实现跨越式、可持续发展。2017 年内，完成方志馆各功能区装修、安装、布展施工等基础设施建设及图书上架，人员招聘等开馆前筹备工作，于 12 月开馆。各区县方志馆新馆建设扎实推进，规划面积均超过 1000 平方米，预计 2020 年前全部建成。

旧志整理工作。在修志编鉴和方志馆建设同时，不忘历史文化的挖掘和传承。2017 年，整理编纂《清・光绪〈日照县志〉影印本》，本着“修旧如旧，传承为本”的原则，对清·光绪十二年《日照县志》，采用仿真影印的再造方式重印再版，并对错漏之处进行修复。

信息化建设。及时更新充实日照市情网内容，围绕经济社会发展开展全方位的信息咨询服务；开通“日照史志”微信公众号。为更好地传承日照历史文化，展示日照史志工作，8月开通“日照史志”微信公众号。

（于兴玲）

【《日照市志》编修情况汇报】 2017年1月11日，省政府办公厅党组成员、省史志办主任刘爱军听取了日照市史志办第二轮《日照市志》编修工作情况汇报。省史志办副主任翟世林、郭永生，省史志办市县基层志编纂指导处负责人、日照市史志办主任李世恩，《日照市志》修志专家等有关人员参加活动。刘爱军指出，日照市委、市政府高度重视史志工作，杨军书记、刘星泰书记、郇梅副市长对史志工作作出批示，为史志事业发展营造了良好环境。李世恩到任以来，团结带领日照史志系统做了大量工作，取得丰硕成果。尤其是重新启动了第二轮《日照市志》，积极争取市委、市政府和社会各界支持，两次写入《政府工作报告》，同时采取聘用专家、集中办公，组织培训、交流学习，加强督查、靠上服务等方式，促进修志工作快速推进。日照市史志办要继续抓好市志编修，尽快评议，抓紧修改，打造精品佳志，争取早日出版。同时贯彻落实好“三全”目标任务，在全面完成第二轮修志工作的同时，搞好市县两级“一年一鉴、公开出版”全覆盖和市县两级方志馆建设，积极开发利用史志资源，服务地方经济社会发展。与会人员还就《日照市志》编修过程中的重点难点问题进行了讨论，就做好编修工作提出意见建议。

【日照市史志工作“三全”目标推进座谈会】 2017年9月26日，日照市史志工作“三全”目标推进座谈会召开。省政府办公厅党组成员、省史志办主任刘爱军，日照市副市长林彦芹出席会议并讲话，日照市政府副秘书长孙运国主持会议，省史志办市县基层志编纂指导处，省方志馆相关负责人，日照市史志办主任李世恩，各县（区）政府分管负责人、史志办主任等参加会议。日照市委书记刘星泰、市长齐家滨分别会见了刘爱军一行，就史志工作进行了深入交流。刘爱军在讲话中对近几年日照市史志工作取得的成绩给予充分肯定。林彦芹强调，要认真学习贯彻刘爱军的讲话精神，进一步统一思想、提高认识，明确责任目标，加强组织领导、加大资金投入力度，力争在“三全”目标的贯彻落实上走在全省前列。李世恩和各县（区）分管负责同志汇报了落实“三全”工作情况。其间，刘爱军一行参观了日照市方志馆。

【中指办领导听取日照市地方志工作汇报】 2017年11月9日下午，日照市地方史志办公室主任李世恩一行4人到中国地方志指导小组办公室（以下简称中指办）就《日照市志》编修出版和方志馆建设情况进行汇报。中国地方志指导小组秘书长，中指办党组书记、主任冀祥德，中指办副主任刘玉宏听取汇报并讲话，方志出版社总编辑于伟平出席会议。冀祥德在听取汇报后，充分肯定了近年来日照市地方志工作取得的成绩，并对下一步日照市地方志工作提出希望。刘玉宏在讲话中肯定了日照市方志馆建馆思路及取得的成绩，并对下一步日照市方志馆建设提出意见。

【《日照市志（1989—2013）》志稿专家评审会】 2017年9月26日，《日照市志（1989—2013）》志稿专家评审会召开。省政府办公厅党组成员、省史志办主任刘爱军，日照市副市长林彦芹出席会议并讲话，省史志办副主任翟世林主持会议，市县基层志编纂指导处、省方志馆相关负责人，日照市政府副秘书长孙运国、市史志办主任李世恩，省修志业务专家咨询组部分成员等参加会议。刘爱军在讲话中介绍了当前史志事业面临的大好形势及近年来山东省史志工作取得的成绩，并对日照市史志工作给予充分肯定。林彦芹简要介绍了近年来日照经济社会发展情况。与会专家围绕章节编排、文字记述、资料完善、图表运用等对志稿进行全面评审，指出志稿存在的问题和不足，提出许多建设性的意见建议。日照市史志办表示，一定认真吸纳专家们提出的意见建议，精心修改，耐心打磨，力争将《日照市志》打造成精品佳志。

（于兴玲　范芳丽　陈泓嘉）

机构与队伍

【日照市地方史志编纂委员会】 2016年4月26日，以日史志编发〔2016〕2号文件对日照市地方史志编纂委员会组成人员进行调整。市委书记杨军任名誉主任。市委副书记、市长刘星泰任主任。副市长郇梅任第一副主任。市政府秘书长李崇禧，市纪委副书记、监察局局长周玲玲，市委副秘书长、办公室主任李卫东，市人大副秘书长、办公室主任陈志晓，市政府副秘书长、办公室主任高岩，市政协副秘书长、办公室主任张玉栋，日照军分区政治部主任张立春，市委组织部常务副部长孙成博，市委宣传部常务副部长郭长海，市政府办公室副主任孙运国，市史志办主任李世恩任副主任。吕国伟、鲁永文、肖梅、徐立永、孙立、张传若、王彬、孟凡香、刘树东、刘汉营任委员。

【日照市地方史志办公室】 日照市地方史志办公室为副县级事业单位，隶属市政府办公室，参照公务员法管理；内设秘书科、业务指导科、方志馆，编制9人，主任1人，副主任1人，科级领导职数3名，副调研员1人，主任科员1名；实有在编干部职工9人，聘用人员12人；在编在职干部中研究生学历3人，本科学历5人。

主任：李世恩

副调研员：赵建华

副主任：丁海燕

地址：日照市烟台路29号市级机关办公大楼东区1号楼

电话：0633—8786753

邮编：276800

（于兴玲）

日照市各区县史志工作机构及负责人情况统计表

单位	隶属关系	规格	负责人	地址	电话	邮编
日照市东港区史志办公室	东港区委办公室	正科级	王茂春	日照市东港区海曲中路 19 号	0633-8253699	276800
日照市岚山区史志办公室	岚山区政府办公室	副科级	盛　阳	日照市岚山区岚山中路 1 号	0633-7955167	276808
莒县史志办公室	莒县政府	正科级	史宗义	莒县青岛路和北坛路交汇处理想大厦 707	0633-6222392	276500
五莲县史志办公室	五莲县政府	正科级	桑光军	五莲县富强路 109 号	0633-5222826	262300

日照市各区县史志工作人员情况统计表

单位	定编	在编人员情况												
		行政管理人员					专业技术人员			学历学位情况				
		正处级	副处级	正科级	副科级	科员及以下	高级	中级	初级及以下	博士	硕士	本科	大专	高中以下
日照市东港区史志办公室	5			1	2	2					2	3		
日照市岚山区史志办公室	5				1	4						3		2
莒县史志办公室	9			2	3	4						5	3	1
五莲县史志办公室	7			4	2	2					1	6		1

志书编纂与出版

【概况】 至2017年底，日照市县两级第二轮修志工作全部完成。其中，第二轮《日照市志》编修工作2013年重新启动，于2017年12月由方志出版社出版，荣获2017年度山东省优秀史志成果奖（优秀市县志书）。《五莲县志（1989—2005）》2005年启动，2010年5月出版发行；《日照市东港区志》2006年启动，2013年12月出版发行；《日照市岚山区志》2012年启动，2015年12月出版发行；《莒县志（1997—2010）》2008年启动，2016年出版发行。其中，《五莲县志（1989—2005）》2011年获齐鲁新方志奖（优秀县级志书），《日照市东港区志》《日照市岚山区志》《莒县志（1997—2010）》分获2014、2015、2016年度山东省优秀史志成果（优秀市县级志书）。其他各类志书编修工作有序展开。

2017年初，《日照市志（1989—2013）》初稿基本完成。1月11日，日照市史志办主任李世恩带领修志专家一行10人向省史志办主任刘爱军汇报《日照市志（1989—2013）》编修工作情况。

5月，时任日照市委书记刘星泰、时任日照市委副书记、市长齐家滨分别对《日照市志》编修工作作出重要批示。8月，《日照市志（1989—2013）》全面征求社会意见。9月26日，召开《日照市志（1989—2013）》志稿专家评审会。12月，《日照市志（1989-2013）》由方志出版社出版，书号ISBN 978-7-5144-2863-6 。《日照市志（1989—2013）》是日照升格为地级市后的首部志书，上限起于1989年，部分内容适当上溯，下限止于2013年，大事记下延至2017年，分上、中、下三卷，共50编，另设人物、专记、附录、索引、编后记5部分，共计400多万字。该志书的亮点是，将港口、渔业、茶业、莒文化4个方面内容，升格为编，突出港口和海洋经济、农业经济特色作物和历史文化，体现日照市独特的经济和文化特色。同时，还以专记的形式，突出记录设立地级市以来的重大战略、重大决策、重大事件、重大典型。

（范芳丽）

【《东港公安志简编》出版】 2017年4月，日照市东港区公安简志编纂委员会

编纂的《东港公安志简编》由齐鲁电子音像出版社出版发行。主编杨乐清、王鹏。全志上限追溯至1993年4月9日日照市公安

局东港分局成立，下限截至2015年12月31日。共设7章52节，近20万字，印数500册，定价166元，出版编码ISBN 978-7-89396-528-9。该志书是一部通观全局、文约事丰的资政之书、教化之篇、存史之册。

【《东港区供销合作社志》出版】 2017年5月，日照市东港区供销合作社志编纂委员会编纂的《东港区供销合作社志》由中国文史出版社出版发行。主编万克武，副主编赵吉佐、山世勇。全志为通志，上限追溯至1929年日照县国民政府创办的合作社，下限截至2015年底，共86年的历史。全书50余万字，图片300余幅，印数1000册，定价128元，书号ISBN 978-7-5034-9284-4，共分为建置沿革、直属企业、基层供销合作社等11编，是一部全面、系统、准确、通俗易懂的记载东港区供销合作事业的志书。

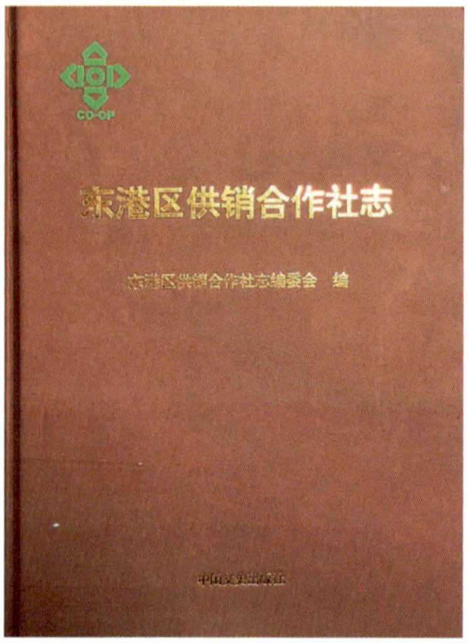

【《东港区卫生志》出版】 2017年10月，日照市东港区卫生志编纂委员会编纂的《东港区卫生志》由中国文化出版社出版发行。主编丁明真、申永帆。全志为通志，上限追溯事物发端，下限截至2015年。全书分为卫生行政、公共卫生、疾病防控等12编，全方位反映东港区卫生事业的历史与现状，共60余万字，印数1000册，定价560元，书号ISBN 978-988-8461-80-6/z.2665。

（张　晖）

【《五莲县基层志书编纂业务指南》出版】 2017年，五莲县史志办坚持质量第一和精品意识的原则，出版发行《五莲县基层志书编纂业务指南》，强化对基层志书的规划协调、业务指导和督导评审等工作。全书共30万字，设基础知识、业务规范、实践论坛、政策法规4篇，附录选录3个乡镇、4个县直部门和2个村庄的志书篇目设置，旨在通过学习掌握修志基本知识，结合剖析志书篇目设置范样，达到学以致用、融会贯通之目的。

【《五莲县银河酒业志》出版】 2017年，《五莲县银河酒业志》出版发行，开启企业志编纂先河，实现零的突破。该书记载了银河酒业有限公司的开端、发展、历史与现状，是企业50多年发展历史的

缩影，系统记载了几代银河人开拓进取、拼搏奉献的历史轨迹，为今后企业发展与研究提供了历史借鉴与依据。

（郑爱杰）

【《莒县农业志》出版】 2017年11月，由莒县农业志编纂委员会编纂的《莒县农业志》由吉林人民出版社出版发行。主编卢绪波。叙事上溯事物发端，下迄2016年12月31日，图片和大事记延续至2017年10月20日，全书共10编、38章、211节，全面、客观、真实记述了莒县农业的历史和现状。标准书号：ISBN978-7-206-14455-4，印数2000册，字数128万字。

【《莒县书画志》出版】 2017年6月，莒县地方史志办公室编纂的《莒县书画志》出版。该志书是山东省第一部书画类专业志，上限自远古时期，下限至2015年，部分资料下延，体裁采用志、记、传、图、表、录，以志为主，概述冠前，中设9章专志，大事记殿后。记载了莒地四千年的书画渊源、历史与现状。这项工作于2014年启动，2016年底形成定稿，2017年6月出版，大16开本，书号ISBN978-7-5305-8105-6，印数2000册，定价278元。

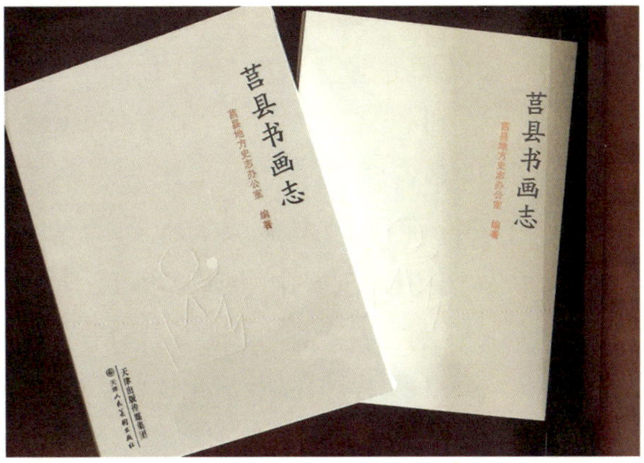

（孙凤鸣）

【旧志整理与出版】 2017年，日照市史志办本着“修旧如旧、传承为本”的原则，整理出版清·光绪《日照县志》影印本，采用仿真影印的再造方式，对错漏之处进行修复，内容完整齐全，采用线装形式，古朴典雅，一套5册，共12卷。清·光绪《日照县志》影印本与点注本互为对照，形式新颖，具有较高的历史研究和收藏价值。《日照县志》影印本获2017年度

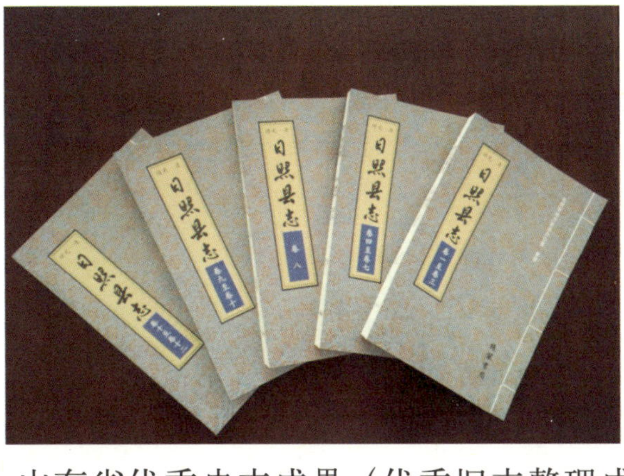

山东省优秀史志成果（优秀旧志整理成果）。

（于兴玲）

年鉴编纂与出版

【概况】《日照年鉴》始终做到与时俱进，可读性、资料性不断增加，得到各级领导和社会各界肯定。自2014年起，连续4年获山东省优秀史志成果（优秀年鉴）。《日照年鉴（2017）》于2017年12月由方志出版社出版发行。同时，不断加大对区县年鉴编纂工作的指导和督促力度，区县综合年鉴由点及面梯次展开。《东港年鉴（2017）》于2017年7月出版发行；《莒县年鉴（2017）》于2017年7月出版发行，获山东省优秀史志成果（优秀年鉴）；《五莲年鉴（2017）》于2017年6月出版发行。《岚山年鉴（2017）》编纂工作于2017年10月启动，2018年7月底出版发行。

【《日照年鉴(2017)》出版】 2017年12月，《日照年鉴（2017）》由方志出版社出版，这是自创刊以来出版的第23卷年鉴。主编李世恩，副主编赵建华、丁海燕。设特载、文件选编、大事记、市级领导简介、市情概览、组织机构、全市经济社会事业发展情况等32 个栏目，大16开，88.6万字，印数1500册，定价260元，书号ISBN 978-7-5144-2933-6。《日照年鉴（2017）》时代特色鲜明，根据市委、市政府中心工作和社会热点问题设计年鉴篇目，准确捕捉时代亮点和年度特色，全方位、多角度贴近全市工作重点和经济社会发展情况。始终做到与时俱进，2017卷对“城市·年度影像”作了进一步创新，设“重要决策”专栏，选登“创建全国文明城市”“突破园区 聚力招引”“实施‘旅游富市’战略”“创建国家森林城市与林水会战”等市委、市政府重大决策；地方特色突出。封面选用日照海景图片，彰显海滨城市特色；前彩部分选登《奔跑吧，日照！——2017日照国际马拉松鸣枪开跑》，记载2017年日照国际马拉松比赛的盛况；巧妙实现首尾呼应。在卷尾设“城市·年度记忆”专栏，选登《〈农圃便览〉及农学家丁宜曾》等记录日照市经济社会发展变化的作品，极大地增强了年鉴的史料性和可读性。获山东省优秀史志成果（优秀年鉴），自2014年始，《日照年鉴》连续4年荣获此奖项。

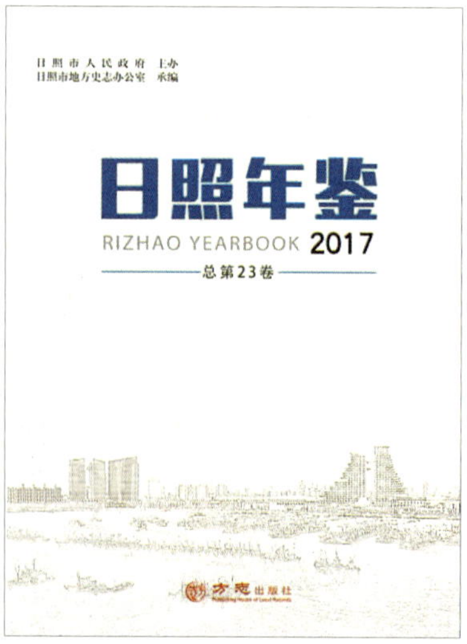

（于兴玲）

【《东港年鉴（2017）》出版】 2017年7月25日，《东港年鉴（2017）》由中国文化出版社出版发行。《东港年鉴（2017）》由东港区委、区政府主办，东港区委党史研究室承编，主编李西胜，副主编陈文祥。《东港年鉴》结构醒目，图文并茂，全面系统、翔实准确地记录了2016年度东港区政治、经济、文化、社会等方面发展进步的历史轨迹，是展示东港区2016年新成就、新经验、新发展的大型资料性工具书。《东港年鉴（2017）》

正文32万字，分设特载、大事记、全区概况、重要决策等26个栏目，印数1000册，定价98元，书号ISBN978-988-8461-08-0/Z.2625。

（张 晖）

【《莒县年鉴（2017）》出版】 2017年7月1日，《莒县年鉴（2017）》由天津

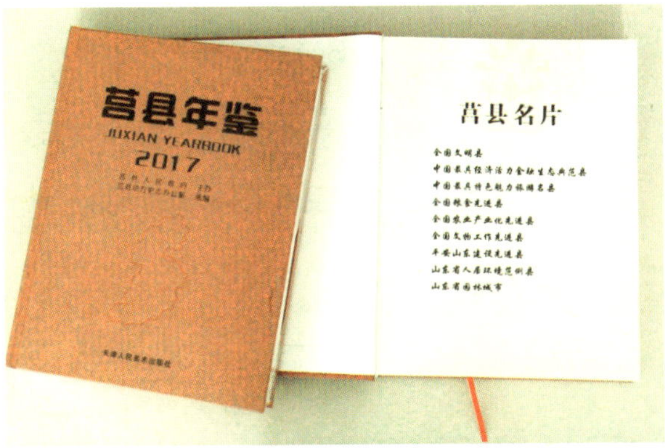

人民美术出版社出版发行。《莒县年鉴（2017）》记载了2016年度莒县自然、经济、政治、文化、社会和生态文明等各项事业发展变化情况，是一部记载2016年度莒县县情的综合性年刊。75万字，600册，定价218元，书号ISBN978-7-5305-8105-6。获山东省优秀史志成果（年鉴类）。

（孙凤鸣）

【《五莲年鉴（2017）》出版】 2017年6月，《五莲年鉴（2017）》在全市率先出版发行，126万字，书号ISBN 978-988-8397-88-4/Z.2357，大16开本，印数1000册，定

价198元。全书共设34个栏目、153个分目，该书全面展现2016年度五莲县经济社会发展成就与亮点特色，既展现了县委、县政府的中心工作，又记述了各行各业的创新发展，成为宣传研究、投资建设五莲的综合性工具书和续写县史县志的资料性文献。

（郑爱杰）

信息化建设

【概况】 日照市史志办按照市县“一盘棋”总体思路，坚持市、区县配套联动，不断强化网络安全管理，完善网站栏目设置，建立网络信息更新维护机制，形成推进网站建设工作整体合力。市县两级史志微信公众号，在宣传史志工作、弘扬先进文化等方面发挥了积极作用。

【日照市情网】 及时更新充实“日照市情网”（www.rzsq.gov.cn）内容，调整规划新栏目，活跃美化网站版面，提高网站的实用性和吸引力，围绕经济社会

发展开展全方位的信息咨询服务。2017年，按照国家、省、市有关要求，对网站做出全面自查整改，确保网站安全规范运行。对各栏目进行充实更新，其中，“市情资料库”上传最近出版的志书2册，共计158万字，“聚焦日照”栏目共上传信息283条，“史志动态”栏目共上传信息55条。

【“日照史志”微信公众号】 2017年8月，“日照史志”微信公众号正式开通。市史志办以“日照史志”微信公众号的启用为契机，努力探索和发挥好其在普及历史、国情、地情方面的示范作用。公众号分为三个版块:“市情网”“资料库”“方志馆”。其中，“市情网”和“资料库”与日照市情网资源共享，可从手机上了解日照市情、史志动态、查找志鉴资料。“方志馆”栏目在市方志馆开馆后，及时发布服务指南和活动公告等相关情况。市史志办安排专职人员负责公众号运行，及时更新工作动态，不断充实地情资料，提供便捷的地情信息服务，公众号内容丰富、可读性强。截至2017年底，“日照史志”微信公众号共发布信息与文章近百篇，阅读量1500余人次，分享100余人次，共有170余人对公众号添加关注。

（于兴玲　陈泓嘉　苏秀秀）

2017年日照市地情网站建设情况表

网站名称	网址	主要栏目	录入资料		
			文字（万字）	图片（幅）	视频（分钟）
日照市情网	www.rzsq.gov.cn	走进日照、影音日照、聚焦日照、史志动态、市情资料库、修志知识等	8000	650	42
日照市岚山区情网	Lanshan.rzsq.gov.cn	岚山概况、人文岚山、岚山大事记、地情资料库等	350	70	—
莒县县情网	http://jxxqw.rizhao.cn/	莒县概况、党史工作、史志工作、党史教育场馆、方志馆、历史名人、历史大事、莒文化、民俗风情、政策法规	500	90	10
五莲党史（史志）网	http://www.wldssz.com/	五莲县情、五莲风光、传统习俗、文化村镇、历史人物、史志工作、学习园地、网上展厅、政策法规、地情资料库、乡镇风采、年度大事记、抗日战争胜利70周年专栏、纪念建县70周年专栏、本色基因·寻访建国前老党员专栏等栏目	7620	690	30

日照市史志机构微信平台统计表

名称	二维码	主办单位
“日照史志”微信公众号		日照市地方史志办公室
东港区委党史研究室微信公众号		东港区委党史研究室
莒县党史史志微信公众号		莒县党史史志办公室
五莲史志微信公众号		五莲县党史史志办公室

方志馆建设

【概况】 日照市方志馆于2015年开始筹建，2017年12月12日开馆，经过不断争取，使用面积由最初的1500平方米扩大到4500平方米，馆藏图书达1万多册。其设计理念、场馆规模、质量标准、布展水平均居全省前列。两区两县方志馆新馆建设项目扎实推进，均按照《全省方志馆建设管理规范》规定的“县级馆1000平方米以上”的标准进行规划建设。其中，东港区新馆建设已纳入政府工作规划，岚山区新馆建设项目已于7月正式启动，莒县、五莲县方志馆正在施工建设中，预计各区县方志馆新馆于2020年前全部建成。

【日照市方志馆】 日照市方志馆位于日照市东港区济南路169号市图书馆四楼，于2017年12月12日正式开馆，是省政府制定印发《全省方志馆建设管理规范》之后投入使用的第一家新建方志馆。馆内设置了办公区、志鉴图书阅览区、地情展示区、古籍研究室、数字化信息室、多功能会议室以及密闭藏书区等多个区域，馆舍及廊道面积4500平方米。其中，志鉴图书阅览区位于主馆区南面，各项服务设施先进、设备齐全，截至2017年底，共有藏书一万余册。主馆区北面是地情展示区，共分为序厅、方志起源、舆地风物、文脉相承、政通治明、经世济民、修志问道七个展厅。整座方志馆实现展、阅、研、藏不缺项，各项功能配套齐全。

2017年，日照市方志馆新增近千平方米地下书库，扩展廊道区域，进行公开招标建设；在市级多家媒体平台上刊登启事，面向社会各界广泛征集地情资料；组织市县两级史志办外出考察学习，博采众长；立足日照实际，创新理念，聘请高水平专业设计团队，精心布局规划。建成后正式开馆，向市民和社会免费开放。日照市方志馆在开馆之后，积极开展好读志用志服务。配备专职工作人员，制定市方志馆工作人员岗位职责、市民参观阅览守则、图书阅览区管理制度、图书阅览违规处理办法等一系列制度规范；配齐木质和铁皮书架、办公和阅读桌椅、计算机、打印机等设施设备；安装360度无死角实时监控设备、中央空调、灭火器、电子报警器等防盗、防潮、防虫设备；日常做好开馆运行、人员管理、卫生清扫、图书展陈和设施设备维护维修工作；为读者做好阅读引导、咨询、推荐工作，为参观者做好参观引导、讲解咨询工作。

2017年12月12日，日照市方志馆举行开馆仪式。国家方志馆综合部副主任和卫国、省史志办副主任翟世林、市政府副市长林彦芹致辞，市人大常委会副主任郑加贵、市政协副主席郇梅、市委宣传部副部长、中国作家协会全

委会委员、山东省作家协会副主席、日照市作家协会主席赵德发、市文广新局党组书记杜庆森、市教育局副调研员王其军、市史志办主任李世恩出席仪式，市政府副秘书长孙运国主持仪式。

（陈泓嘉）

【日照市东港区方志馆】 日照市东港区方志馆位于东港区艳阳路24号，使用面积70余平方米，藏有各类志书4000余套（册）。新馆建设已纳入政府工作规划，拟于2020年前建成，规划面积1000平方米。

（张　晖）

【日照市岚山区方志馆】 日照市岚山区根据区政府常务会议研究，岚山区方志馆依托岚山区双创服务中心建设项目同步推进，计划与岚山区档案馆、党史馆、方志馆“三馆合一”，在区双创服务中心七楼规划方志馆面积1000平方米。2017

年7月7日项目完成勘察、设计招标工作。

（张守来）

【莒县方志馆】 莒县方志馆成立于2013年5月，是莒县地方史志办公室与莒县文体广电局联合成立的县级方志馆，面积60平方米，集全县的方志、谱牒、党史资料于一馆，共收藏莒地及周边地市方志、谱牒、党史资料等资料1000余册，其中，莒地各氏族家谱资料162部536卷，县志两种，乡镇志14种，部门专业志18种，党史资料8种。方志馆面向社会开放，免费查阅。为贯彻落实山东省人民政府办公厅关于印发《全省方志馆建设管理规范》的通知要求，2016年，莒县人民政府统一规划，将莒县方志馆与莒县档案馆合建。项目位于莒县沭东新区，建筑总面积13000平方米，其中，方志馆总面积1600平方米左右，预计2019年年底竣工，2020年上半年投入使用。

（孙凤鸣）

【五莲县方志馆】 五莲县原方志馆于2009年11月建成开放，总投资15万余元，建筑面积80平方米，共设置7列14组密集架和用于图书管理、借阅的附属设施，配备计算机、扫描仪、复印机、照相机、录入笔等设备，至2016年底馆藏5700余册。2011年荣获全省“八个一优秀”方志馆入围奖。方志馆建成以来，不断丰富完善库存，2017年，交流引进党史（史志）类资料120余套，先后为各级领导提供地方史、县志、年鉴等地情资料180余套，到方志馆查阅资料的各界人士280余人次，有效发挥了方志馆的资政服务作用。鉴于原方志馆面积较小、开发利用不足的实际，根据省、市要求，五莲县委、县政府将方志馆纳入档案馆、图书馆、科技馆文化综合体，并确立为2017年全县重点工程，总投资1.5亿元，占地26505平方米（39.7亩），位于五莲县人民路以西，县广播电视台以北。其中档案馆10200平方米，内含方志馆1200平方米。新建方志馆于2017年10月份开工建设，拟于2019年建成启用。

（郑爱杰）

开发利用

【《纪念五莲建县七十周年专辑》出版】 为纪念五莲建县70周年，根据五莲县委、县政府安排和年初工作计划，结集出版11万字的《纪念五莲建县七十周年专辑》，主编桑光军。通过走访座谈、查阅近千本案卷，精心梳理撰写7篇专题文稿、3期“图说五莲历史”连载，共计8万余字、近200幅图片。全书以弘扬五莲精神、推进富民强县为主题，系统展现了建县70年来的发展轨迹和辉煌

成就，为“聚焦富民强县、建设魅力五莲”提供历史借鉴和精神动力，引起良好社会反响。

（郑爱杰）

【县委书记口述史专题资政研究】 2017年3月，日照市东港区通过多方查阅资料，摸清底数，整理出1949—1978年11任县委书记的履历简介。4月，先后到日照市档案馆查档3次，到临沂市档案馆查档1次，到日照市军休所查档2次。找到10位当事人家属或身边工作人员联系方式，初步确定先期采访对象和步骤。共复印档案资料1000多页，拍摄资料照片400余张。多渠道收集到部分有关当事人的署名文章、回忆文集及《县委书记牟步善》《日照水库志》等备用资料。7月，联系采访牟步善本人和孙志瑗、徐华家人，保存了6小时录音资料，形成初稿2篇。

2016年，五莲县启动社会主义建设时期历任县委书记口述史资料征编工作，通过采访座谈、查阅档案资料，为该时期赵均平、刘慨、卢星文、王超、赵忠超、姜曰绍、于潮7任县委书记撰写7万余字的专题文稿，并于2017年上报省市业务部门，并通过审核验收。

（张 晖　郑爱杰）

【助力援疆献爱心活动】 2017年5月，日照市史志办先后两次开展为新疆麦盖提县幼儿园献爱心活动。5月13日，日照市史志办携手日照市一所幼儿园共同举办为新疆麦盖提县亚胡木丹幼儿园小朋友献爱心捐赠活动。日照市史志办主任李世恩代表日照市史志办为新疆的小朋友捐赠了图书、文具等学习用品，并

向参加捐赠活动的家长和小朋友们发放《日照年鉴（袖珍本）》，邀请该幼儿园的老师、家长和小朋友在日照市方志馆开馆后前往参观。消息被日照大众网报道，引起较大社会关注。5月22日，史志办全体人员为幼儿园小朋友捐献绘本、太空泥等物品。共募捐到衣服200多件、鞋子30多双、图书120多本、玩具若干。6月1日，亚胡木丹幼儿园举行专门发放仪式。

【《地理中国》栏目组走进日照市史志办】 2017年6月9日，CCTV−10《地理中国》栏目组走进日照市史志办，为云台山、马耳山、红柱石等地质地貌寻根究源。日照市史志办工作人员提供了清·光绪《日照县志影印本》、清·光绪《日照县志点注本》《日照市志》《日照史话》等地情文献资料，并帮助深入查找有关资料的历

史记载，在清•光绪《日照县志影印本》、清•光绪《日照县志点注本》中查找到马耳山等的相关记载，为实景拍摄地形地貌提供相关佐证。

【志书进警营活动】 2017年6月23日，日照市史志办与岚山区公安局联合开展志书进警营活动。日照市史志办选取《日照市志》《清•光绪十二年〈日照县志〉点注本》《日照年鉴》等进行无偿捐赠。通过开展“志书进警营”活动，充实了岚山区公安局阅览室藏书，丰富了民警业余文化生活。

（于兴玲　范芳丽）

【志书“六进”活动】 2017年，日照市东港区史志办开展史志成果“六进”活动，利用全区现有的党史教育场馆基地，开展党史史志宣传教育工作。全年共组织干部、职工、学生等3000余人次到日照市抗战纪念馆、东港区抗日战争纪念馆、曙光小学等党史教育基地参观学习。开展党史史志“六进”活动，到天津路中学、范家楼小学、河山实验学校等单位赠送书籍200余册。利用各种媒体，广泛开展党史史志宣传教育活动。做好微信平台管理运营工作，加大党史史志宣传教育和地方史志知识普及力度。

（张　晖）

【参与莒国古城建设】 莒县史志办积极参与莒国古城建设工作，先后到霍州、阆中、隆昌、南阳、内乡、歙县、浙江横店影视城、象山影视城等地学习考察，形成3万余字的《莒国古城重要文化遗迹恢复建设资料及建议》，为莒国古城建设提供有价值的资料。

（孙凤鸣）

【助力美丽乡村标准化建设】 五莲县史志办积极参与松柏镇王家口子村片区的五莲县委成立旧址的规划论证、布展设计工作，加强与松柏镇党委的联合协作，以及浙江大学规划方案的多次修改，对其主题形象、入口景点、广场雕塑、展室布展等提出尊重历史现实、凸显红色旅游的规划建议，为美丽乡村标准化建设发挥了职能作用。

（郑爱杰）

学术交流与活动

【理论研讨】 2017年6月7日—10日，日照市史志办主任李世恩参加第十八次全国地州区县年鉴研讨会。会上，李世恩做典型发言，向与会代表介绍了编纂《日照年鉴》取得的成绩、经验、做法，得到与会专家、学者和代表的肯定。2017年8月8日—9日，日照市史志办主任李世恩参加全国精品年鉴与年鉴编纂创新研讨会，会上交流题为《创新，是年鉴发展的不竭动力》的论文。

【济宁市史志办到日照市考察学习】 2017年1月16日，济宁市史志办主任张树礼一行4人到日照市史志办学习交流，日照市史志办热情接待，并召开了交流座谈会。座谈会上，日照市史志办主任李世恩介绍了第二轮志书编修、方志馆建设的经验做法。张树礼对日照市史志办的经验做法给予高度赞赏，他表示，要学习日照史志办在志书编修、方志馆建设方面的先进做法，更好地推动济宁市史志工作向前发展。会后，李世恩带领张树礼一行实地考察了日照市方志馆。

【日照市及各区县史志办主任到深圳等地方志馆考察学习】 2017年4月15日—22日，日照市史志办主任李世恩率各区县史志办主任一行7人先后到深圳、东莞、湖州、南京等地方志馆考察学习。此次考察学习市县两级各有侧重点，市史志办重点学习方志馆建成后的运行管理，区县史志办重点学习方志馆的前期规划设计。考察学习的方志馆有地级市

方志馆也有区县级方志馆，馆建各具特色，展陈内容丰富、手段多种多样，有运用高科技声光电多媒体的，也有采用传统手段的。通过考察学习，开阔了眼界，学习了兄弟单位在方志馆建设方面的先进经验和先进做法，为更好地推进方志馆建设打下基础。

【威海市史志办到日照市考察交流方志馆建设工作】 2017年5月15日，威海市史志办副主任李美志、方志馆馆长王瑛到日照市史志办考察交流方志馆建设。日照市史志办主任李世恩陪同考察。李美志一行到日照方志馆施工现场进行了查看。李世恩介绍了日照市方志馆从立项到规划建设的详细过程和经验体会。李美志一行对于日照市方志馆的建设模式和经验表示钦佩，认为到日照交流方志馆建设情况借鉴了经验，开阔了工作思路，对威海市方志馆下步工作很有启发。双方表示，下一步两市要进一步加强沟通交流，互相学习借鉴，互通有无，取长补短，共同把方志馆建设好，把史志工作做好。

【日照市史志办赴青岛市开展对标学习活动】 2017年8月15日，按照日照市委、市政府“解放思想树标杆 争先进位走在

前”活动精神和市政府办公室的具体工作安排与要求，市史志办主任李世恩一行3人到青岛市史志办公室进行对标学习，就青岛市在二轮修志、年鉴编纂等方面的先进经验做了深入探讨。青岛市史志办主任高克力、副主任王书高等介绍了相关经验。双方互换《日照年鉴》《青岛年鉴》等书籍。通过考察学习，一致认为，青岛市史志办在修志过程中为更好地推进修志工作，成立总编室的做法，值得推广；村村修志、校校修志的良好

局面，蕴涵着许多值得学习和借鉴的成功经验。

【日照市史志办赴苏州市地方志办公室对标学习】 2017年8月16日，日照市史志办主任李世恩带领相关人员赴苏州市地方志办公室进行对标学习。日照市史志办与苏州市地方志办公室进行了座谈

交流，相互交换了清·光绪《日照县志点注本》、清·光绪《日照县志影印本》《日照年鉴》和《苏州市志》等书籍。苏州市地方志办公室主任陈兴南介绍了苏州市史志工作总体情况；苏州市地方志办公室副主任陈其弟详细介绍了苏州市志书编修、方志馆建设的经验与做法。座谈会后，李世恩一行在苏州市史志办副主任陈其弟的陪同下，实地考察了苏州市方志馆，听取了方志馆藏书、布展介绍，询问了方志馆各藏书区的谋划、建设过程。李世恩表示，苏州市方志馆建设得很有特色，无论是稀见志书、旧志的收藏，还是廊道的布展，都很有创意，为日照市方志馆建设提供了思路和借鉴。

【北京市方志馆参观考察即将开馆的日照市方志馆】 2017年11月10日，北京市方志馆副馆长刘宗永一行4人到日照市即将开馆的方志馆进行考察交流。市史志办副主任丁海燕陪同参观了方志馆的读者阅览区和地情展示区，在多媒体会议室进行了座谈会。会上，丁海燕向刘宗永一行介绍了日照市方志馆的立项及建设过程中的一些工作情况。包括建筑规划、编制、馆内设施设备的运用、馆藏资料的收集保存，以及对展示区资料情况的补充说明。刘宗永认为日照市方志馆阅览区的图书摆布以及展示区的

内容分布均具有专业性、借鉴性，特别是方志馆logo的设计非常精妙，有意义，同时也介绍了北京市方志馆在馆藏、运行等方面的相关情况。此次座谈会，双方就资料收集、文献编研、新媒体宣传、建立交流合作机制等相关工作进行了深入交流探讨。双方表示以后会进一步加强馆际交流、互相借鉴学习、共同进步。

（于兴玲　范芳丽）

责任编校：郭　敏

莱芜市史志工作

综　述

【工作概况】 2017年，莱芜市史志系统认真学习贯彻党的十九大精神和习近平新时代中国特色社会主义思想，深入贯彻落实莱芜市史志事业发展规划纲要，坚持以奋力走在前列为目标，以史志事业转型升级为导向，以国家方志馆冶炼分馆建设为引擎，以“两学一做”为动力，大力弘扬“修志问道，直笔著史”的方志精神，围绕中心，服务大局，借机发力，主动作为，实现方志馆建设主导性工作开局启动，修志编鉴根本性工作提质增效，镇村志特色志拓展性工作重点突破，“库网刊会用”转型性工作多业并进。在2016年度山东省优秀史志成果评选活动中，《莱芜市钢城区志（发端—2005）》获优秀县级志书；《莱芜民革十年》获优秀基层（专门）志；《莱芜年鉴（2016）》获优秀年鉴；《莱芜县志》（清宣统）、《续修莱芜县志》（民国）、《莱芜县乡土志》获优秀旧志整理成果；《莱芜记忆》获优秀地情研究成果。

志书编修。志书编修工作从市志区志向镇村志、特色志专业志、行业志部门志领域拓展。启动名镇名村志工程。年内，《方下镇志》《棋山观村志》《郭家沟村志》通过齐鲁名镇名村文化工程评审。推进特色志编修工作。组织编纂出版《莱芜金石志》；围绕打造莱芜“文化福地”品牌，邀请全国13位制砚专家，举办《多福砚志》编纂篇目论证会暨“走进多福砚之乡，弘扬多福砚文化”论坛。加强对部门行业修志指导。《莱芜战役纪念馆志》出版发行，《莱芜市志·法院志》《莱芜民盟志》《莱芜市国土资源志》等志书编纂工作顺利推进。

年鉴编纂。市、区两级综合年鉴继续保持“一年一鉴、公开出版”全覆盖。《莱芜年鉴（2017）》出版发行，是1994年创刊以来连续出版的第24卷地方性综合年鉴。本卷年鉴结合莱芜市年度工作特点，对栏目设置进行了较大调整。在卷首彩页增设“莱芜名片”“数字莱芜”“莱芜城市精神”等专辑，较好地突出了年度特色和地方特色。扩大了发行范围，向莱芜市各级劳动模范、道德模范、优秀企业家、退休老干部寄发，增强了用鉴成效。《莱城年鉴（2017）》《钢城年鉴（2017）》年内编纂出版。《莱芜统计年鉴》《莱钢年鉴》《鲁矿年鉴》均按计划出版发行。按时完成《山东年鉴（2017）》《山东地方史志年鉴（2017）》的组稿任务。

方志馆建设。突出建馆立标，国家方志分馆申建实现新突破。贯彻落实莱芜市委、市政府关于“依托中国（莱芜）钢铁博物馆改造建设莱芜市方志馆，并争取上级支持同步建设国家方志馆冶炼分馆，同时对钢铁博物馆周边广场绿地进行改造升级，建设全国方志文化主题公园”的决策部署，积极争取中指组、省史志办和莱芜市委市政府支持。副市长张桂爱带队，多次向中指办、省史志办汇报工作。省政府办公厅党组成员、省史志办主任刘爱军，莱芜市委副书记、市长梅建华，副市长张桂爱分别对方志馆建设工作作出批示，提出要求。规划建设国家方志馆冶炼分馆工作被列入2018年市政府工作报告。省史志办在莱芜市召开全省学习贯彻《全省方志馆建设管理规范》座谈会。全面展开考察论证、馆舍移交、项目立项、机构设置等工作。11月2日，市编办批复成立莱芜市方志馆，为市史志办所属正科级公益一类事业单位，核定编制5名，配备馆长1名、副馆长1名。

历史文化资料收集整理。2017年，清康熙《莱芜县志》影印出版，莱芜市5部旧志整理任务全部完成，并被新华网、《大众日报》《莱芜日报》等新闻媒体宣传报道。通过捐献、购置等途径，收集整理老照片1万余张、老家谱等各类地情资料近千册，充实了馆藏。

“一网一刊一报”载体建设。实施“智慧方志”信息化工程，完成“莱芜市情网”改版升级，增强网站内容的时效性、资料性、可读性。完成《莱芜市情手册（2017）》编纂出版，为社会各界了解莱芜市情及时提供服务。将《莱芜古今》由过去丛书改为季度期刊，定期出版，年内出版两期，促进全社会读史用志。创办《莱芜史志》《资政参考》简报。积极借助各类媒体开展史志宣传，在《鲁中晨刊》开设《莱芜印记》专栏，全年出版12期，产生良好社会效果。出品老字号影像微电影片——《传承》。

史志文化“六进”活动。先后到市邮政局、莱城区牛泉镇祥沟村等10余家机关、学校、社区、企业，协助建设文化大院、图书室，开展史志知识宣讲，赠送地情资料，宣传弘扬社会主义核心价值观，丰富人民群众的文化生活。建立史志文化联系点，与市委党校、市图书馆以及莱芜职业技师学院等联合开辟莱芜地情资料中心，促进史志工作社会化、大众化。

全市史志系统一体化发展。围绕打造“方志莱芜”品牌，制定实行全市史志工作例会制度，在工作谋划、重点确定、体制运行等方面，实行共谋共推共建。全市史志队伍一体化建设。发挥自身人才优势，广泛吸纳社会各界的史志专家、学者和爱好者，筹建莱芜市史志学会和史志专家库。围绕加强史志队伍建设，组织两区史志工作人员先后到东营、泰安、菏泽、济宁等地学习方志馆建设、志鉴编修、文明单位创建等工作。全市史志活动一体化组织。积极参加上级部门举行的各类培训。全年共有30余人次参加全省精品志书培训班、名镇名村志培训班、方志理论研讨会、史志期刊座谈会等各类培训活动。

社会服务。全国文明城市创建工作。严格按照市委、市政府安排部署，组织全员参加全市创建全国文明城市活动。扎实做好网格化管理社区（钢城区卞家泉）文明城市创建工作，开展服务活动120余天，组织60余人次参加公交站点志愿服务活动。驻村工作。2017年1月—7月，市史志办帮助“第一书记”驻村点莱城区牛泉镇祥沟村解难题办实事60余件；2017年7月起，作为驻村成员单位负责钢城区汶源街道省级贫困村北通香峪村的脱贫攻坚工作。干部挂职工作。推荐一名正科级干部到钢城区汶源街道挂职党委副书记。

（吕昌盛）

【莱芜市各区史志办主任座谈会】 2017年2月9日，莱芜市召开全市各区史志办主任座谈会，莱城区、钢城区史志办主任、分管主任及市史志办全体人员参加会议。会议学习传达省政府办公厅党组成员、省史志办主任刘爱军在各市史志办主任工作会议上的讲话，回顾2016年全市史志工作情况并部署2017年工作。莱芜市史志办主任刘霞全面回顾总结了莱芜市史志系统2016年工作情况，就贯彻落实刘爱军主任讲话精神，做好2017年全市史志工作提出具体要求：宣传贯彻好国家、省、市《规划纲要》，夯实地方史志事业发展基础；全面贯彻全国基层修志工作通知精神，推动基层志书编修工作；围绕中心工作，强化提升地方史志服务社会大众水平；不断优化年鉴编纂工作，提高年鉴质量和效用；抓好方志馆建设，做好莱芜市情网（市情资料库）运行维护；开展历史文化研究，出版志类产品；加强交流合作，提高专业人才素质。会上，莱城区、钢城区史志办主任汇报了2016年史志工作开展情况，并围绕如何抓好全省各市史志办主任工作会议精神的贯彻落实，提出下一步打算，力争2017年各项工作实现新突破。

【莱芜市史志工作季度例会】 2017年8月23日，莱芜市史志工作季度例会召开。会议传达学习贯彻全省各市史志办主任会议精神和省政府办公厅党组成员、省史志办主任刘爱军有关全面落实“三全”目标任务的讲话精神，总结交流2017年以来莱芜市史志工作情况，安排部署下一步的工作任务。莱芜市史志办全体人员，各区史志办主任、分管副主任参加会议。会议围绕“三全”目标任务的落实和史志事业的转型升级，做好莱芜的史志工作，提出要求：要放眼全省看莱芜，认清形势，找准不足，做到心中有责；要认清和把握住当前史志工作正处于历史上最好时期的这个形势，珍惜当前难得的发展机遇，看清自身的优势和不足，摸清自身所处的位次，增强责任感、使命感、紧迫感，向先进看齐，做一些创新、改革、与时俱进的工作，创造出自己的先进经验。要定位文化看史志，聚力发展，持续发力，做到心中有策；要围绕培育和提升方志文化力，向国务院《地方志工作条例》《全国地方志事业发展规划纲要（2015—2020年）》要能力，向政策要活力，向队伍建设要智力，为史志事业的发展提供组织保障、政策支撑和智力支持，形成加快史志事业全面转型升级的强大合力。

【《多福砚志》编纂座谈会】 2017年7月31日—8月1日，由山东省鲁砚协会和莱芜市史志办公室主办的《多福砚志》编纂座谈会暨《走进多福砚之乡 弘扬多福砚文化》讲座在莱芜市举行。与会期间，专家学者先后到莱芜市羊里镇西温石埠村温石产地、莱芜多福砚博物馆、中国（莱芜）钢铁博物馆、牛泉镇多福砚产地进行实地参观并召开座谈会。中华炎黄文化研究会砚文化联合会常务副会长王正光，山东省鲁砚协会会长傅聿胜，上海博物馆研究员华慈祥等13位专家就《多福砚志》编纂工作和莱芜多福砚产业的发展给予意见建议，就推动莱

2017年7月31日—8月1日，《多福砚志》编纂座谈会暨《走进多福砚之乡 弘扬多福砚文化》讲座在莱芜市举行

芜市多福砚产业发展作精彩报告。莱芜盛产多福石，是中国储量最丰富的地区之一，且品质上乘，以多福石制砚历史悠久。2016年，莱芜市人民政府公布“多福砚制作技艺”为市级非物质文化遗产。2017年是多福砚历史文化名品诞生380周年。编纂《多福砚志》在多福砚发展史上尚属首次，对继承传统文化精华，保护抢救、传承保存、开发利用宝贵的文化资源，将起到积极推动作用。

（吕昌盛）

机构与队伍

【莱芜市地方史志办公室】 莱芜市地方史志办公室为莱芜市人民政府直属正县级事业单位，参照公务员法管理。内设秘书科、方志科、年鉴科、地情资料科4个科室，下属一个方志馆——莱芜市方志馆。其中，莱芜市方志馆于2017年11月新设，为市地方史志办公室所属正科级公益一类事业单位，核定编制5名，配备馆长1名、副馆长1名。市史志办编制13名，配备主任1名、副主任2名、副调研员1名、科级领导职数4名、科级非领导职数1名。至2017年底，实有

在编在岗干部职工10人。其中，主任1人,副主任2人,副调研员1人,科长3人,副科长1人,副主任科员1人,科员1人;研究生1人、大学9人;50～60岁3人,40～50岁2人，30～39岁4人，30岁以下1人。聘用公益岗位人员2人。

主任：李贞锋

副主任：亓玉胜、毕泗国

副调研员：亓军华

地址：莱芜市莱城区文化北路001号

电话：0634—6214454

邮编：271199

（吕昌盛）

莱芜市各区史志工作机构及负责人情况统计表

单　位	隶属关系	规格	负责人	地　址	电　话	邮　编
莱芜市莱城区党史史志办公室	莱城区委	正科级	孙启东	莱芜市莱城区凤城西大街148号	0634—6115497	271100
莱芜市钢城区地方史志办公室	钢城区政府	正科级	亓圣勇	莱芜市钢城区宣传文化中心4楼	0634—6881949	271104

莱芜市各区史志工作人员情况统计表

单　位	定编	在编人员情况													
		行政管理人员					专业技术人员			学历学位情况					
		正处级	副处级	正科级	副科级	科员及以下	高级	中级	初级及以下	博士	硕士	本科	大专	高中以下
莱芜市莱城区党史史志办公室	6			2	1	3	1					6		
莱芜市钢城区地方史志办公室	8			3	1	3						5	2	

志书编纂与出版

【概况】 2017年，莱芜市在全面完成第二轮修志的基础上，积极推动镇村志编修工作，《棋山观村志》等“一镇两村”纳入齐鲁名镇名村志文化工程；推进特色志编修，组织编纂《莱芜金石志》，举办《多福砚志》编纂篇目论证会暨“走进多福砚之乡，弘扬多福砚文化”论坛；加强对部门行业修志指导，《莱芜战役纪念馆志》出版发行；清康熙《莱芜县志》影印出版，莱芜市5部旧志整理任务全部完成。

（吕昌盛）

【镇村志编纂】 2017年，莱芜市启动名镇名村志工程。“村志惠民工程”列入

2018年莱芜市为民办的十件实事。建立《莱芜市名镇名村信息库》，完善《莱芜市镇村志书编修工作的实施意见》，推动乡镇村志编修工作深入开展。围绕全域旅游和特色小镇建设，积极将镇村志编修工作纳入中国名镇志名村志文化工程、齐鲁名镇名村文化工程。重点抓好《口镇志》《雪野镇志》《汶源街道志》《方下镇志》4部名镇志和《房干村志》《卧云铺村志》《下水河村志》《棋山观村志》《郭家沟村志》5部名村志的组织编纂、指导申报工作。《方下镇志》《棋山观村志》《郭家沟村志》通过省里评审，质量和数量居全省首位。

（吕昌盛）

【《棋山观村志》出版】 2017年12月，《棋山观村志》由方志出版社出版发行。该志是钢城区域内公开出版发行的第一部村志，被收录入第一批“齐鲁名镇名村志”，由莱芜市钢城区《棋山观村志》编纂委员会承编，主编陈建新，主审邵光才。于2017年6月启动编纂、10月召开专家评审会。该书共15编，62章，150节，33.9万字，彩图1634幅，正文图300余幅，彩色印刷，大16开本，印数1000册，记述下限至2016年底，个别事件记述至2017年6月。记述范围为棋山观村区划，贯通古今，详今明古，客观系统地记述了发展历程、乡村文脉、产业特色，体现村的“名”与“特”，反映了棋山观村人民不懈奋斗、追求幸福新生活的光荣传统。该志的出版发行，对于传承该村优秀传统文化，激励后代热爱家乡、建设家乡具有重要意义，是村民记住乡愁、留住乡情的重要载体。该志2017年被评为山东省优秀史志成果（优秀基层志）。

（陈建新　高　涛）

【特色志编纂】 2017年，莱芜市史志办推进特色志编修工作。组织编纂《莱芜金石志》，并出版发行；《莱芜家训集成》《多福砚志》开展征集资料。围绕打造莱芜“文化福地”品牌，邀请全国13位制砚专家，举办《多福砚志》编纂篇目论证会暨“走进多福砚之乡，弘扬多福砚文化”论坛，形成“建设多福砚文旅小镇”共识和建议，并列入莱芜市政协提案、莱芜全域旅游和招商项目，促进砚文化资源的挖掘、保护和传承。

【《莱芜金石志》出版】 2017年9月，《莱芜金石志》由线装书局出版发行。该志由莱芜市史志办组织整理编纂，主编李贞锋，副主编亓玉胜、毕泗国、亓军华，学术主编吕笑尘，由莱芜市副市长张桂爱题写序言。16开本，67万字，集有意义的金石约有200余件，分金属、陶、石三大类，

又细分为十六个类，有铜器、陶文封泥砖、铁冶、诸别、石幢、摩崖、造像、坊表、匾额、碑记、德政、痒序、路桥、泉井、墓表、墓志铭。金石以摩崖、碑刻数量居多，涵盖建置沿革、艺文教育、礼学宗教、德政节销、生态景物、民俗文化等领域，是莱芜市金石研究方面的首部专业性志书和全面展示莱芜市金石文字的宝贵史料文集，其出版发行，填补了莱芜市金石文化研究资料的空白，为广大群众了解、认识、感知莱芜历史文化瑰宝开辟了一个新窗口。

（吕昌盛）

【部门志指导】 2017 年，莱芜市史志办加强对部门行业修志指导。《莱芜战役纪念馆志》出版发行，《莱芜市志·法院志》《莱芜民盟志》《莱芜市国土资源志》等志书编纂工作顺利推进。

【《莱芜战役纪念馆志》出版】 2017 年，《莱芜战役纪念馆志》由山东省内部资料性出版物书号印刷出版。该志由莱芜战役纪念馆编纂，主编郭飞，主笔撰稿张心坤，副主编丁军宏。本志正文 305 页，收录各类图片 220 余幅，23 万余字，分为概述、大事记、设施建设与管理、文物征集与展陈、教育宣讲、祭扫与纪念、红色旅游、组织机构、经费收支、自身建设、人物简介、附录等十章，对莱芜战役纪念馆的发展作了全面的论述。本志书对于传承历史、褒扬先烈、教育后人具有重要意义，也是一部向莱芜战役胜利 70 周年献礼之作。

【旧志整理出版】 2017 年，清康熙《莱芜县志》影印出版，莱芜市 5 部旧志整理任务全部完成。莱芜市抢救整理旧志工作被新华网、《大众日报》《莱芜日报》等新闻媒体宣传报道。

【清康熙《莱芜县志》影印本出版】 2017 年 4 月，清康熙《莱芜县志》影印本出版发行。该志书于康熙十二年（1673 年）由知县叶方恒修成，该志 5 册 10 卷，设有图考、封域、建置、贡赋、秩官、人物、大事记、艺文、上谕。该志上承明志，特别是对清初的资料进行了大量补入和系统记述，如新增大事记，对周以降至康熙十一年各朝大事进行了系统记述。除经、传中录入了有关嬴、牟、莱的记载外，附录的 13 篇“文牒”以及“艺文志”收录的 40 多篇碑、传、记文章，保留了大量的原始资料，另外在“艺文志”中收录了 70 多首唐代以后歌咏莱芜的诗词歌赋，除个别在选择上不太恰当外，从总体上艺术地反映了莱芜。该志

不足之处是印刷质量不高，在整理该志书时，使用了国家图书馆和莱芜市档案馆珍藏的两个版本，互相对照，互为补充，基本消除了缺页，保持了志书的完整性。

（吕昌盛）

年鉴编纂与出版

【概况】 2017年，市、区两级综合年鉴继续保持“一年一鉴、公开出版”全覆盖。《莱芜年鉴》编纂质量不断提升。立足增强时效性、权威性、实用性，突出加快编纂进度，8月，《莱芜年鉴（2017）》出版发行。扩大发行范围，向全省各市县以及全市各级劳动模范、道德模范、优秀企业家、退休老干部寄发，增强用鉴成效。《莱城年鉴（2017）》《钢城年鉴（2017）》实现年内编纂出版。《莱芜统计年鉴》《莱钢年鉴》《鲁矿年鉴》均按计划出版发行。按时完成《山东年鉴（2017）》《山东地方史志年鉴（2017）》的组稿任务。

（吕昌盛）

【《莱芜年鉴（2017）》出版】 2017年8月，《莱芜年鉴（2017）》由线装书局出版发行。本卷年鉴为大16开本，采用全彩印刷，选录条目900多条，前彩图片22幅，随文图片111幅，图表56个。在保持年鉴框架结构基本稳定基础上，注重学习借鉴全国优秀年鉴先进编纂经验，并结合莱芜市年度工作特点，对栏目设置进行了较大调整。设有特载、大事记、全市概况等30个栏目。卷首在精选“时政图片”的基础上，增设“莱芜名片”“数字莱芜”“莱芜城市精神”“莱芜风光”专辑，较好地突出了年度特色和地方特色。本着提质增效的原则，在内容上精编精校，大幅度压缩篇幅，全书字数由上卷96.8万字缩减到63.6万字，进一步增强了年鉴的实用性。该书全面、系统、翔实地记载了2016莱芜市经济和社会方面发展的基本情况，突出反映了实力莱芜、活力莱芜、魅力莱芜、生态莱芜、幸福莱芜“五个莱芜”建设取得的新成就。本卷年鉴资料丰富，图文并茂，为各级领导提供决策依据，是社会各界了解莱芜的重要窗口。

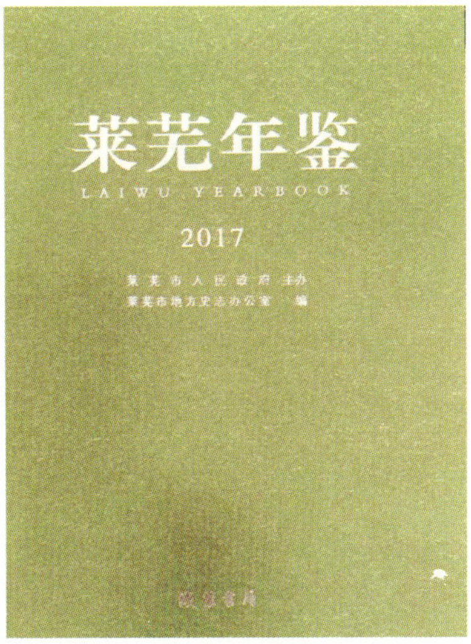

（吕昌盛）

【《莱城年鉴(2017)》出版】 2017年11月，《莱城年鉴（2017）》由中国图书出版社出版，主编孙启东，副主编刘少波、徐志红。精装16开本，46万字，印数700册。是自2013年创刊以来出版的第5卷年鉴，实现一年一鉴，公开出版。设特载、专记、大事记、全区概况、中国共产党莱芜市莱城区委员会、莱芜市莱城区人民代表大会、莱芜市莱城区人民政府、中国人民政治协商会议莱芜市莱城区委员会、中

国共产党莱芜市莱城区纪律检查委员会、人民团体、军事、法治、经济监督管理、农业、工业、商务旅游、特色园区、交通建设环保、财政税务金融、教育科学、文化体育、卫生计划生育、社会管理人民生活、镇（街道）概况、人物、附录、索引共 27 个部类，除特载、专记、大事记、镇（街道）概况、附录、索引外，其他内容分别设置栏目、分目、条目三个层次。

（刘少波）

【《钢城年鉴（2017）》出版】 2017 年 11 月，《钢城年鉴（2017）》由中国文化出版社出版，是自 2013 年创刊以来出版的第 5 卷年鉴，在 2017 年度山东省优秀史志成果评选中被评为优秀年鉴。主编亓圣勇，常务副主编陈建新，副主编魏超、陈红梅。该书设特载、大事记、全区概况等 24 个部类，随文图片 30 余幅、彩页 30 幅。大 16 开，46.6 万字，印数 500 册。该书如实地记录了 2016 年度钢城区人民在区委、区政府的领导下，经济、政治、文化、社会和生态建设发展状况，重点记录了在大项目建设、城市建设、生态文明建设以及廉政和作风建设等方面取得的重大突破和成就，充分展现了“钢铁意志、众志成城”的钢城精神。

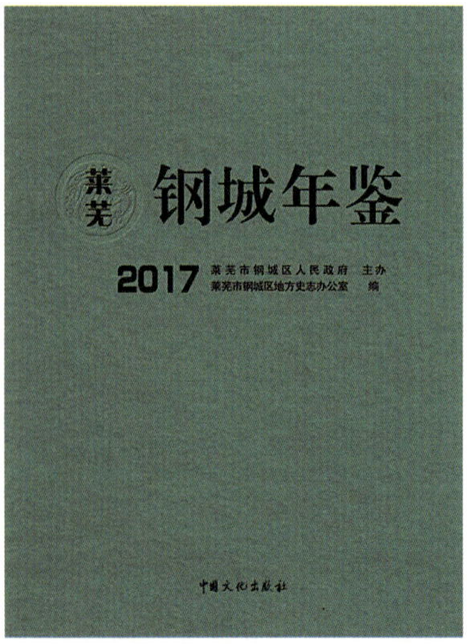

（陈建新　高　涛）

【《莱芜统计年鉴（2017）》内部印行】 2017 年 8 月，《莱芜统计年鉴（2017）》内部印行。主编张兴利，副主编许登广、沈桂欣、李登杰、周光萍、张秀玲、李勇、李亮、王洁、刘建成、马爱梅，16 开本，印数 450 册。内容包括特载、综合、从业人员和劳动报酬、农业、人民生活、物价，工业交通、投资、建筑业、贸易、规模以上服务业、财政金融保险、城建环保、社会科技、邮电电力、历年经济和社会发展主要指标、全省各市淮海经济区各市主要经济指标。

（吕昌盛）

【《莱城统计年鉴（2016）》出版】 2017 年 9 月出版，由莱芜市莱城区统计局编写，主编卢诗献，副主编李罡、刘安国、闫玉玺、亓延荣、周力维、张义仙、孙文娣，内部资料，精装，16 开本，共印 200 册。内容包括特载、综合、人口劳动工资、农村经济、工业能源、建筑业、固定资产投

资、对外经济、规模以上服务业贸易业、财政、民营经济、园区建设、社会及科技、各区全市全省及全国国民经济主要指标、全省县市区2016，共15部分。

（刘少波）

【《钢城统计年鉴（2016）》印行】 《钢城统计年鉴》由莱芜市钢城区统计局编写，内部资料。主编李淮河，副主编赵建忠、徐进、吕宜超，2017年10月编印，16开本，印数100册。内容包括特载、编算年报、综合、农业、工业、能源、投资、建筑、居民生活、商业、劳动工资。

（陈建新　高　涛）

信息化建设

【概况】 2017年，莱芜市史志办实施“智慧方志”信息化工程，完成“莱芜市情网”改版升级，增强网站内容的时效性、资料性、可读性。

【莱芜市情网】 域名为http://www.lwsqw.cn。2017年，莱芜市史志办完成“莱芜市情网”第四次改版升级，增加互动栏目，细化信息公开内容，新设图说莱芜、莱芜老照片、影像莱芜等栏目，围绕市史志办精神文明和基层党建标准化建设，增设“创建文明单位活动”和“机关党建标准化”板块，栏目设置更加科学合理，内容更加丰富实用，时效性和可读性进一步增强。市情网上传《莱芜年鉴（2017）》《莱芜古今（第六辑）》《莱芜市情手册（2017）》电子版共计100多万字。莱芜市史志办加快方志新媒体开发利用。开发完成莱芜市史志办微官网、“莱芜史志”微信公众号，“莱芜史志”设有“莱芜市情网”“历史上的今天”“资料库”“我要投稿”四个板块，增强了史志办宣传莱芜历史、传承莱芜文化、服务社会的能力。

（卢海静）

2017年莱芜市地情网站建设情况表

网站名称	网址	主要栏目	录入资料		
			文字（万字）	图片（幅）	视频（分钟）
莱芜市情网	http://www.lwsqw.cn	新闻中心、莱芜概览、莱芜风采、信息公开、市情资料库、赢牟风情	180	70	—
莱芜市莱城区情网	http://www.lcqdsszw.com	莱城概况、文献法规、志鉴文库、党史资料、莱城大事、人物传记、名胜古迹、地方特产、民间艺术、旅游景区、区情动态、史志动态	2	25	—
莱芜市钢城区情网	http:/www.gcqqw.com	钢城概况、钢城大事、区情动态、史志动态、志鉴文库、党史成果	2.5	20	

方志馆建设

【概况】 2017年，按照市区两级方志馆全面建成、全部覆盖和“一体两翼”的目标，以市政府办公室名义印发《关于加快全市方志馆建设的意见》。莱城区方志馆经区委、区政府同意，与区档案馆合建，力争早规划、早建设。钢城区将建设两馆（档案馆、方志馆）被列入钢城区为民办十件实事之一，规划建设面积达2500平方米。年内累计完成基础设施投资400多万元。

【莱芜市方志馆】 国家方志馆冶炼分馆申报。2017年，莱芜市史志办贯彻落实莱芜市委、市政府关于“依托中国（莱芜）钢铁博物馆改造建设莱芜市方志馆，并争取上级支持同步建设国家方志馆冶炼分馆，同时对钢铁博物馆周边广场绿地进行改造升级，建设全国方志文化主题公园”的决策部署，主动争取上级部门的政策支持。莱芜市副市长张桂爱带队，多次向中指办、省史志办汇报工作。中指组常务副组长李培林、中指办主任冀祥德原则同意莱芜建设国家方志馆冶炼分馆，并举全国方志之力，与莱芜市委、市政府共同打造，建成全国行业方志馆的标杆；全力支持全国方志文化主题公园建设先行先试。中钢协同意帮助莱芜做好国家方志馆冶炼分馆展品征集及展陈大纲制定。省史志办全力支持莱芜市建设国家方志馆冶炼分馆和方志文化主题公园工作。省政府办公厅党组成员、史志办主任刘爱军，莱芜市委副书记、市长梅建华、副市长张桂爱分别对方志馆建设工作作出批示，提出要求。规划建设国家方志馆冶炼分馆工作被列入2018年市政府《工作报告》。省史志办在莱芜召开全省学习贯彻《全省方志馆建设管理规范》座谈会。

考察论证、馆舍移交、项目立项、机构设置等工作。按照中指办“积极稳妥、循序渐进”的要求，确定“一年（2018）有势头、两年（2019）有看头、三年（2020）有派头”建设目标任务；按照凸显方志文化特性、突出冶炼文化特质、展现区域文化特色的原则，初步确定将市方志馆打造成全国性行业方志馆地标、公园化方志主题文化样板、区域性莱芜地情文化中心和爱国爱乡科普教育基地“四大品牌”的功能定位。2017年8月，市史志办成立莱芜市方志馆筹建办公室，抽调专人入住钢铁博物馆现场办公，全力做好方志馆前期筹建工作。积极争取市编办支持，做好市方志馆机构设立工作，11月2日，市编办批复成立莱芜市方志馆，为市史志办所属正科级公益一类事业单位，核定编制5名，配备馆长1名、副馆长1名。

莱芜市方志馆通过捐献、购置等途径，收集整理老照片1万余张、老家谱等各类地情资料近千册，充实了馆藏。

（吕昌盛）

【莱芜市莱城区方志馆】 2017年，莱城区方志馆纳入全区发展规划，项目选址在莱城北部新城，规划面积1000平方米，与莱城区七馆一中心同规划、同建设。莱城区党史史志办公室配合莱芜嬴城发展集团认真做好莱城区方志馆的立项、规划、建设工作，达到省政府对县级方志馆建设要求，早日完成“三全”目标任务。2017 年，在认真搜集整理区情资料的同时，切实抓好对外交流合作，丰富地情资料库。年末，全区搜集整理有关莱城区方面的书籍 1000 余册，交流志书、年鉴类书籍 300 余册。由于莱城区方志馆未建成使用，受房屋限制，资料没有进行归类整理。

（刘少波）

【莱芜市钢城区方志馆】 2017 年，钢城区方志馆面积 138 平方米，分为方志展室和方志借阅室，有书橱 30 个，阅览桌椅 16 套，并配有等离子电视机、DVD 播放机等设备。通过购买和交换的方式不断丰富方志馆的馆藏资料。截至年底，馆藏资料 1920 种，其中，图书 1188 种，报纸 95 种，刊物 444 种，录像带 160 种，光盘 33 种。资料内容涵盖了境域内自然和社会的历史与现状，收藏特色突出，能准确地提供地情文献资料，为社会服务。2017 年，钢城区政府将新方志馆建设列入为民办十大实事之一。现已完成选址、规划等前期工作，投入 400 万元，计划年内建成使用。建成后的方志馆使用面积将达到 2500 平方米。包括志鉴借阅室、休闲阅览区、资料库房、古籍珍藏室、地情展厅、党史展馆、办公用房 7 大功能区，设备先进，功能完善，配备各类先进的软硬件设施，集志、鉴、网、库和声、光、电、影像等于一体，将其打造成一座现代化的、志鉴收藏规模大的专业场馆，一处知历史、爱祖国、爱家乡教育基地。

（陈建新　高　涛）

开发利用

【概况】 2017 年，莱芜市完成《莱芜市情手册（2017）》《中国共产党莱芜市莱城区历史资料（2016）》编纂出版，为社会各界了解莱芜市情及时提供服务。

【《莱芜市情手册（2017）》印行】 2017 年 7 月，《莱芜市情手册（2017）》出版发行。该书简要记述 2016 年莱芜市经济建设、政治建设、文化建设、社会建设、生态文明建设等方面取得的成就，突出文化与城市特色，侧重济莱协作区建设和人民普遍关心的问题。全书设市情概况、济莱协作区建设、经济建设、城乡建设、政治建设、文化建设、社会事业、

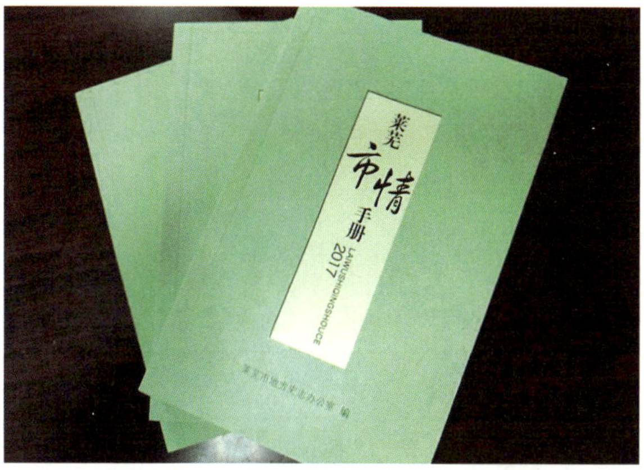

生态文明建设、各区概况、组织机构、莱芜名人、重大事件、风景名胜、文化遗产、名优特产、便民服务 16 个栏目，内容丰富，资料翔实，全书总计 25.2 万字。该书为简装 48 开，是一本便于各级

各部门各单位和社会各界了解熟悉莱芜市情的简明实用工具书。

（吕昌盛）

【《中国共产党莱芜市莱城区历史资料（2016）》出版】 2017年12月，由中国图书出版社出版，为总第三卷，精装16开本，由中共莱芜市莱城区委主办、莱芜市莱城区党史史志办公室编写，主编孙启东，副主编刘少波、徐志红，书号ISBN 978-988-8473-44-1，山东华立印务有限公司第1次印刷，82.5万字，共1000册，定价98元。其内容包括区委工作概况、工作纪实、重要会议、会议纪要、重大决策、执政论坛、改革创新、党的建设、媒体聚焦、人事变动、镇街区工作概况、荣誉称号、附录等13个部类。

（刘少波）

服务社会

【莱芜市史志工作服务社会】 2017年，莱芜市史志办积极借助各类媒体开展史志宣传，在《鲁中晨刊》开设《莱芜印记》专栏，全年出版12期，产生良好社会效果。出品老字号影像微电影片——《传承》。莱芜市扎实开展史志文化“六进”活动。先后到市邮政局、莱城区牛泉镇祥沟村等10余家机关、学校、社区、企业，协助建设文化大院、图书室，开展史志知识宣讲，赠送地情资料，宣传弘扬社会主义核心价值观，丰富人民群众的文化生活。建立史志文化联系点，与市委党校、市图书馆以及莱芜职业技师学院等联合开辟莱芜地情资料中心，促进史志工作社会化、大众化。全员参加莱芜市创建全国文明城市活动。做好网格化管理社区（钢城区卞家泉）文明城市创建工作，开展服务活动120余天，设置各种内容的公益广告牌匾120余块，组织60余人次参加公交站点志愿服务活动。开展结对帮扶，助力脱贫攻坚。2017年1月—7月，市史志办帮助“第一书记”驻村点——莱城区牛泉镇祥沟村解难题办实事60余件；2017年7月起，作为驻村成员单位负责钢城区汶源街道省级贫困村北通香峪村的脱贫攻坚工作，通过争取河道小流域治理资金等途径积极为全体村民争取各类资金15万元。干部挂职工作。推荐一名正科级干部到钢城区汶源街道挂职党委副书记，按照挂职要求，合理调整工作分工，保证挂职人员完全脱岗。

（吕昌盛）

【莱芜市莱城区史志工作服务社会】 2017年，莱城区党史史志办公室全程参与南部山区709小三线纪念馆建设工作，制定工作方案，搜集整理原709莱芜战备印刷厂、原15号山东电话设备厂、原17号莱芜汽车修制厂等单位资料，顺利进行布展工作；联合区委组织部、区委宣传部等部门制定印发《关于开展红色教育“五进”(进学校、进机关、进社区、进农村、进企业)活动的通知》，搜集整理莱城区境内史上著名英烈人物、重要事件等文字材料6万余字，图片50余幅，为编写《莱城区红色教育读本》提供基础材料；配合区文体新局组织开展刘仲莹故居修复工作，搜集整理刘仲莹故居部分文字图片资料；推荐莱东抗战纪念馆申报省级第三批党史教育基地；与区委宣传部联合征集莱城区重要史志人物、重要事件相关资料，在莱芜市公园绿地等场所设置雕塑；结合区委宣传部组织开展的“建设生态莱城 讲好莱城故事”活动，深入挖掘好长勺之战、青石关古道的故事。

(刘少波)

【莱芜市钢城区史志工作服务社会】 钢城区地方史志办公室积极参与“钢城区9363军工遗址公园”暨“牢记初心，不忘使命”教育基地建设。专门抽调2名史志业务骨干先后多次赴济南、泰安、沂源等地采访原新华机械厂的干部、工人及其后人，搜集了大量的第一手文字和照片资料；并协助做好整理图文、校稿核对等工作，充分发挥史志工作服务社会、资政育人的作用。

(陈建新 高 涛)

学术交流与活动

【概况】 莱芜市地方史志系统充分利用自身优势，深入挖掘整理当地深厚的历史文化资源，经常性地开展理论研讨活动。2018年7月31日至8月1日，由莱芜市史志办公室和山东省鲁砚协会主办的《多福砚志》编纂座谈会暨《走进多福砚之乡 弘扬多福砚文化》讲座在莱芜市举行。中华炎黄文化研究会砚文化联合会常务副会长王正光，山东省鲁砚协会会长傅聿胜，上海博物馆研究员华慈祥等13位专家就《多福砚志》编纂工作和莱芜多福砚产业的发展给予意见建议，就推动莱芜市多福砚产业发展作精彩报告。积极动员全市史志工作者和爱好者撰写有理论深度、有参考价值的理论文章在《莱芜日报》《鲁中晨刊》和莱芜史志期刊《莱芜古今》等报纸、期刊上发表，收到良好的效果。组织全市业务骨干参加齐鲁名镇名村志书编修培训班、全省史志系统学习贯彻《全省方志馆建设管理规范》座谈会等，系统学习方志理论知识，提高史志理论水平，撰写的《齐鲁名镇名村志编纂工作思考》等3篇理论文章在全省方志理论研讨会上交流。

【《莱芜古今》改版印刷】 莱芜市地方史志办公室自2007年起开始编辑出版不定期史志刊物《莱芜古今》，2017年，《莱芜古今》由过去的不定期出版改为季度期刊，定期出版，年内共出版两期。新版《莱芜古今》设立方志讲堂、嬴牟人物、资政新篇、史海钩沉、红色记忆、口述历史、莱芜名典、志鉴之见、老字号、记住乡愁等18个栏目，收录文章81篇。

(吕昌盛)

责任编校：郭 焱

临沂市史志工作

综　述

【工作概况】　2017年，在市委、市政府的坚强领导和省史志办的正确指导下，临沂市地方史志办公室以习近平新时代中国特色社会主义思想和党的十九大精神为指导，认真贯彻落实市委全会精神和国务院、省、市地方志事业发展《规划纲要》要求，按照“突破难点、突出亮点，体现特色、敢为人先，统筹兼顾、全面发展”的工作思路，开创了全市史志工作新局面。年内，在山东省优秀史志成果评选中，临沂市方志馆获优秀方志馆；《山东抗战研究丛书（沂蒙）》《临沂史志典藏书系》获优秀地情研究成果。11月1日—3日，中国地方志指导小组秘书长、中指办党组书记、主任冀祥德，省政府办公厅党组成员、省史志办主任刘爱军等到临沂市调研，对临沂的史志工作给予充分肯定；省委常委、政法委书记、临沂市原市委书记林峰海，市委书记王玉君，市委副书记、市长张术平，市委副书记张宏伟，副市长常红军等相继作出批示，对全市地方史志事业取得的成绩给予较高评价。

依法治志。按照国家、省、市《规划纲要》要求，市和县（区）全部制定印发了地方史志事业发展《规划纲要》，明确“到2018年，市、县（区）全面完成第二轮修志任务；市、县（区）综合年鉴编纂实现优质化，全覆盖，全部达到一年一鉴、当年出版；市、县（区）方志馆全面建成达标。”的总体目标。

第二轮修志。《临沂市志》编修。细化任务分工，整合编修力量，倒排工期抓好任务落实，至年底完成第二册评议稿；对《临沂市志》第三册编修工作进行了详细分工，压茬进行，已完成十多个单位的志稿初编。县（区）志督导。市史志办领导班子先后多次到未完成（区）志编修工作的兰山、罗庄、河东、蒙阴、郯城、平邑6个县（区），进行实地督导，要求各县（区）严格按照工作要求，细化任务目标，确保2018年全市圆满完成第二轮修志任务。县（区）志编修。兰山区完成区志的初稿上报，罗庄区完成区志的初稿，河东区正对区志初稿进行编修，《郯城县志》正在进行志稿的合成，《平邑县志》完成组稿，《蒙阴县志》正在进行稿件编辑。部门志、专业志编修。5月，《郯城县第一人民医院志》由中国文史出版社出版。6月，兰陵县举行《荀子志》编纂启动仪式，莒南的《临沂农校志》《莒南检察志》《临沭县审计志》正在编修。11月，《费县巾帼志》出版发行。乡（镇）、村志编修。兰山区在编修《半程镇志》，费县的《上冶镇志》、沂南的《双堠镇志》、平邑的《油篓村志》已启动编修；出版了《九曲店志》（河东）、《夏家沟村志》（莒南）、

《西朱家庄志》（沂水）。4月，沂南县的《界湖街道志》、临沭县的《朱村志》申报齐鲁名镇名村志文化工程；10月19日，山东省齐鲁名镇名村志文化工程首批16部志稿评审会在济南召开，费县的《上冶镇志》、临沭县的《朱村志》、沂水县的《牛岭埠村志》参加评审。

年鉴工作。1月，市委、市政府办公室印发《临沂年鉴（2017）》组稿方案，严格按照组稿要求做好年鉴收稿工作；5月，组稿工作全面完成；10月，完成稿件编纂；12月底出版发行。同时积极开展县（区）代组稿工作，于4月完成供稿任务。在5月召开的全省年鉴工作座谈会上，《山东年鉴（2017）》临沂市稿件质量受到省史志办主要领导的充分肯定。县（区）综合年鉴编纂进展顺利，未实现一年一鉴的兰山、罗庄、河东、郯城、沂南、蒙阴6个县（区），2017年均完成年鉴出版任务，全市全面实现“市、县（区）综合年鉴编纂达到一年一鉴、当年出版”的目标任务。

信息化建设。至2017年底，临沂市情网点击量达712万余人次。调动县（区）报送信息的积极性，规范县（区）信息报送内容，在网站首页新增设“2017年临沂市情网‘县（区）史志信息’报送统计表”，实时更新各县（区）投稿数量和采用稿件数量。微信平台影响力不断扩大。严把微信内容审核发布关，内容更加贴近受众的信息需求。4月，在搜狐网的邀请下，“沂蒙史志”入驻搜狐公众平台，成为史志系统信息化建设的又一张亮丽名片。“智慧临沂”手机客户端安卓版和苹果版均运行稳定，新闻、地情、志鉴、政务、民生服务等栏目信息内容进一步完善。

方志馆建设。临沂市史志办先后组织到北京、陕西、广州、深圳等地，学习先进办馆经验，细化了市方志馆新馆地情展厅和文化长廊的规划设计方案，新馆布展工作稳步推进。丰富馆藏图书，购买志书、地情资料2300余种，5000余册；接受捐赠图书2批次、100余册。全年接待社会大众专题查阅图书、咨询500余次，图书借阅600余人次。对县（区）方志馆建设加大督导力度和业务指导，先后到11个县（区）实地调研指导方志馆建设工作。费县已建成1600平方米的新方志馆；沂水、莒南、兰陵、郯城正在建设新馆；兰山、平邑、临沭都搬至新的馆址，增加了馆舍面积；罗庄、河东、沂南、蒙阴将方志馆建设纳入建设规划。

传承弘扬沂蒙精神，实施“亮点工程”。启动编修《沂蒙精神志》和《大美新临沂》等系列图书。召开专题会议3次，研究部署编修工作，聘请多名专家组成编写班子。至年底，《沂蒙精神志》已形成180余万字的初稿，《大美新临沂》已基本完成初稿，《沂蒙精神概览》《大美新临沂概览》正在对初稿进行修改完善。继续做好《沂蒙史志》（双月刊）编发工作，重新调整编委成员、编辑人员，对版式版面进行优化调整，规范工作程序，对杂志印刷进行公开招标，年内出版6期。编写《临沂简史》和《临沂市情概览》，均已完成初稿。各县（区）在弘扬沂蒙精神方面，也取得较好成绩，由莒南县史志办牵头引资的文化项目电影《渊子崖保卫战》，以发生在1941年12月19日莒南县板泉镇渊子崖村的抗日保卫战为蓝本创作，于3月22日正式首映，5月开始全国公映。

承编《山东抗日根据地志》和《山

东解放区志》。省史志办为整理山东抗日战争和解放战争时期的历史资料，决定编纂《山东抗日根据地志》和《山东解放区志》，临沂市史志办具体承担两部志书的编纂业务。市史志办根据省史志办要求，及时向市委、市政府领导汇报，争取市领导的支持，全力做好编修工作，年内先后召开编纂研讨会、调度会、工作推进会等专题会议 7 次，《山东抗日根据地志》《山东解放区志》编修进展顺利。

加强干部队伍建设，积极开展社会服务。开展“学习贯彻十九大精神、我为沂蒙党旗添光彩”主题活动，先后召开专题会议 4 次、集体学习 20 余次、专题研讨 3 次。在临沂市情网开辟专栏，开设专门微信群，累计推送十九大精神信息 400 余条。推进“两学一做”学习教育常态化制度化。开展学习教育，组织中心组学习 5 次、领导班子专题研讨 1 次；组织全体党员集体学习 12 次，到蒙山党性教育基地接受现场教育 1 次。按照市委、市政府部署要求，依托史志部门行业特点，开展“三引一促”工作。做好“第一书记”“结亲连心”工作，选派的第一书记获“临沂市三八红旗手”荣誉称号，第一书记工作组被评为优秀。在年底市委组织部开展的“结亲连心”电话抽查中，获得满分的好成绩。

【全市史志工作会议】 2017 年 3 月 28 日在临沂市召开，会议传达了全省史志工作会议精神，总结交流 2016 年全市史志工作，安排部署 2017 年工作任务。省政府办公厅党组成员、省史志办主任刘爱军，市政府副市长常红军等领导出席会议并讲话。各县（区）、开发区分管负责人、各县（区）史志办主任，市直有关单位负责人参加会议。会议传达了市委书记林峰海、市长张术平对全市史志工作的批示，沂水县、兰山区作典型发言，市史志办主任刘志强对全市 2016 年度地方史志工作进行了总结回顾，分析了面临的形势，对 2017 年度全市地方史志工作进行了安排部署。刘爱军在讲话中指出，修志是国家行政管理的重要组成部分，是各级政府部门的重要职责，要充分利用当前有利机遇，促进地方志工作全面发展。要求临沂地方史志工作深入贯彻落实省地方史志事业发展规划纲要，以踏石留印、抓铁有痕的精神，确保“三全”目标任务圆满完成；要努力实现“六个转变”，全面推进史志事业转型升级；要紧紧围绕市委、市政府中心工作，传承好优秀传统文化，主动把史志工作融入经济社会发展大局并发挥好作用。常红军在讲话中要求，全市各级各部门要进一步统一思想、提高认识，切实增强做好新时期史志工作的事业心和责任感，要充分认识地方志工作在文化事业发展中的重要地位、在传承历史文化方面的基础性作用，特别是在弘扬沂蒙精神方面能够起到的重要

2017 年 3 月 28 日，临沂市史志工作会议在临沂市召开

作用，要进一步开拓思路、强化措施，全力做好第二轮修志工作，确保按时完成目标任务；要突出临沂地方特色，强化质量意识，把更多的史志成果打造成为精品佳作；要进一步强化领导，落实好“一纳入、八到位”，努力开创全市史志工作新局面。

【全市地方史志工作“三全目标”推进会议】 2017年11月2日在临沂市召开。中国地方志指导小组秘书长，中国地方志指导小组办公室党组书记、主任冀祥德，省政府办公厅党组成员、省史志办主任刘爱军，副市长常红军出席会议并讲话，市政府办公室副主任周俊献、临

2017年11月2日，临沂市地方史志工作“三全目标”推进会议在临沂市召开

沂市史志办主任刘志强，以及各县（区）政府分管负责人、史志办主任等参加会议。冀祥德在讲话中充分肯定了山东省和临沂市史志工作取得的成绩，对下步工作开展提出五点要求：一是要迅速贯彻落实十九大精神，用习近平新时代中国特色社会主义思想指导地方志工作。二是要深刻认识地方志转型升级进入了新时代。三是在习近平总书记强调的文化自信中，树立方志文化自信。四是全面认识和贯彻落实依法治志。五是充分发扬方志人精神。刘爱军在讲话中指出，近年来，临沂市史志工作取得了较大成绩，市委、市政府对史志工作高度重视；并就做好下步工作提出三点意见：一是统一思想，明确责任，切实增强做好史志工作的使命感和责任感。二是担当作为，凝心聚力，确保“三全”目标任务圆满完成。三是与时俱进，开拓创新，全面推进史志事业创新发展。常红军在讲话中要求，全市各级史志部门要切实按照国家、省、市地方史志工作《规划纲要》的要求，全面落实好“三全目标”任务，采取有力措施，倒排时间，加快进度，确保按时保质保量完成工作任务。刘志强就全市史志部门贯彻落实各级《规划纲要》，落实“一纳入、八到位”要求、第二轮修志进展、综合年鉴编纂、方志馆建设、史志工作“亮点工程”、存在的困难和问题、下步工作打算等作了具体汇报。各县（区）分管负责人汇报了落实“三全目标”工作情况，表示一定汇报好、落实好此次“三全目标”推进会议精神。

【业务培训】 针对修志人才短缺、业务水平不高的问题，临沂市史志办积极开展教育培训，通过外出参加培训、学习调研等形式，不断提高史志队伍的政治素质和业务能力。2017年，先后派员参加“第一期全国地方志工作机构新任负责人培训班”，全国地方志期刊主编培训班、全省精品志书编修培训班等。9月27日—28日，全市史志业务培训班在市行政中心举办。市史志办党组书记、主任刘志强主持开班式并作动员讲话，省史志办市县基层志编纂指导处处长李刚

出席并为学员授课。市史志办副主任段洪、唐少清、于芹，副调研员王卫东出席培训班，各县（区）分管负责人和史志办业务骨干、市直部门从事志鉴编纂

2017 年 9 月 27 日—28 日，临沂市地方史志业务培训班在市政中心举办

工作人员共 150 余人参加培训。李刚以《修志问道、以启未来》为题为与会人员上了第一课，结合全省第二轮修志工作实践，就方志特征、志书体例、记述要求、资料搜集等内容，作了详细的讲解。市史志办副调研员王卫东以《年鉴的基本知识和编纂方法》为题，围绕年鉴的产生与发展、年鉴的文体、年鉴条目编写、《临沂年鉴》组稿编纂中的主要问题、年报工作 5 个方面进行了详细讲解，并对下一步年鉴编纂各项任务提出具体要求。东营市史志办原编审李德辉，就第二轮志书编纂进行专题授课。李德辉结合多年参加志书评审的丰富经验，针对凡例、大事记、篇目、述体、专业编、经济部类、表和图、文字规范 8 个方面，对第二轮志书中的要点和容易产生的问题进行了归纳和分析。与学员进行互动问答，解答了部分学员提出的在志书编纂工作中遇到的问题。

（杜　帅）

机构与队伍

【临沂市地方史志编纂委员会】　2017 年 12 月 7 日，根据工作需要，经研究决定并报市政府分管负责人同意，临沂市地方史志编纂委员会印发临史志编字〔2016〕2 号文件，对临沂市地方史志编纂委员会组成人员进行调整。调整后的编委会成员如下：市委书记王玉君任名誉主任，市委副书记、市长张术平任主任，副市长常红军任副主任，委员李友泉、安丰和、周俊献、孟凡成、杨晓东、刘广阔、钟呈春、李业荣、任建军、赵建民、李洪彦、徐仲圣、王新生、尹传斌、姚书华、侯献合、孙百迎、牛兆英、解曙光、曹德玉、李彦普、张卫强、汲长骞、刘松田、李献荣、丰绍明、鞠艳峰、吴昌力、曹首娟、王利祥、赵西平、李枝叶、赵立新、刘艳芬、张凡春、赵森、汤海山、支富增、张剑、李永刚、王奎玉、段华、陈霖、厉建仁、彭林东、邹际国、李兆臣、田磊、刘明晓、刘佗、王文元、赵志德、周东开、刘志强、段洪、唐少清、于芹。

市地方史志编纂委员会兼为《临沂年鉴》编纂委员会。编纂委员会有关成员分别兼《临沂年鉴》主审、副主审和主编、副主编。常红军兼任主审，李友泉、安丰和兼任副主审，刘志强兼任主编。

（杜　帅）

【临沂市地方史志办公室】　临沂市地方史志办公室为市政府直属正县级事业单

位，参照公务员法管理，经费形式为全额财政拨款。内设秘书科、年鉴工作科、市志编审科3个科室，事业编制14名，其中，参照公务员法管理11人，设主任1名、副主任3名，科级领导职数4名，科级非领导职数2名。有工作人员18人，其中，管理人员13人，工勤人员2人，聘用3名。研究生学历5人，本科学历6人，专科及以下学历7人。下属临沂市方志馆，为全额财政拨款事业单位，编制3名，配馆长1名。有工作人员3人，其中，专业技术人员2人（均具有中级专业技术职称），公益性事业岗位1人。研究生学历2人，专科学历1人。

党组书记、主　任：刘志强

党组成员、副主任：段　洪　唐少清　于　芹

副调研员：王卫东

地址：临沂市兰山区北京路17号行政服务中心6楼

电话：0539—8727562

邮编：276000

（杜　帅）

临沂市各区县史志工作机构及负责人情况统计表

单位	隶属关系	规格	负责人	地址	电话	邮编
临沂市兰山区地方史志办公室	兰山区政府	正科级	王友存	临沂市兰山区金雀山一路53号	0539—8198220	276002
临沂市罗庄区史志办公室	罗庄区政府办公室	正科级	朱洪厂（5月离任）张志强（5月任职）	临沂市罗庄区罗四路文化中心8楼	0539—8256596	276017
临沂市河东区地方史志办公室	河东区政府办公室	正科级	张永民（3月离任）祁桂菊（女，3月任职）	临沂市河东区东夷大街1号	0539—8381102	276034

续表

单位	隶属关系	规格	负责人	地址	电话	邮编
沂南县地方史志编纂委员会办公室	沂南县政府	正科级	刘相尚	沂南县人民路42号	0539—3221672	276300
郯城县地方史志编纂委员会办公室	郯城县政府办公室	正科级	朱文江	郯城县人民路文体中心	0539—6221524	276100
沂水县地方史志办公室	沂水县政府	正科级	高仲平	沂水县正阳路19号	0539—2251457	276400
兰陵县地方史志编纂委员会办公室	兰陵县政府	正科级	陈永亮	兰陵县教体办公大楼12楼	0539—5263980	277700
费县地方史志编纂委员会办公室	费县政府	正科级	刘露	费县政通路2号县政府办公楼3楼	0539—5227415	273300
平邑县史志办公室	平邑县政府	正科级	巩祥军	平邑县行政服务大厅10楼	0539—4211327	273300
莒南县地方史志编纂委员会办公室	莒南县政府	正科级	张玉杰	莒南县隆山路北段县政府东楼305室	0539—7212373	276600
蒙阴县地方史志编纂委员会办公室	蒙阴县政府	正科级	公鑫	蒙阴县蒙山路198号城北行政办公中心B楼8楼	0539—4271183	276200
临沭县地方史志编纂委员会办公室	临沭县政府	正科级	崔平	临沭县沭新东街9号	0539—6211854	276700

临沂市各区县史志工作人员情况统计表

单位	定编	在编人员情况												
		行政管理人员					专业技术人员			学历学位情况				
		正处级	副处级	正科级	副科级	科员及以下	高级	中级	初级及以下	博士	硕士	本科	大专	高中以下
临沂市兰山区地方史志办公室	9			1	3	6					1	8	1	
临沂市罗庄区史志办公室	5			1	1	3						5		
临沂市河东区地方史志办公室	7			1	2		1					4	12	
沂南县地方史志编纂委员会办公室	12			2	2		1	6	1		2	9	1	
郯城县地方史志编纂委员会办公室	10			1	2	3	1		2		1	8		1
沂水县地方史志办公室	12			1	2		1	4	3		3	7	1	1
兰陵县地方史志编纂委员会办公室	8			2	4	3					2	3	3	
费县地方史志编纂委员会办公室	7		1	1	2		1				1	4		
平邑县史志办公室	10			1	3	3					1	6		
莒南县地方史志编纂委员会办公室	12			1	1	6	1	2				10		
蒙阴县地方史志编纂委员会办公室	5			1	2	1	1	2				5	2	
临沭县地方史志编纂委员会办公室	6			1	2	3	1	1	1			6		

志书编纂与出版

【概况】 2017年，临沂市志书编纂以推进第二轮修志工作为重点，采取有力措施，工作进度明显加快。年内，《临沂市志（1995—2010）》第二册完成评议稿的编纂工作，第三册编纂工作同步推进，完成10余个单位志稿初编工作。市史志办加大对未完成第二轮修志任务的6个县（区）的督导力度，通过组织召开全市史志工作会议、实地调研督导、举办全市史志业务培训班等方式，督促各县（区）加快修志工作进度，强化史志队伍建设。积极推进行业志、部门志、乡镇村志编修，全市有13部基层志书启动编修，年内出版6部。其中，《上冶镇志》《牛岭埠村志》《九曲店志》《西朱家庄志》4部志书在2017年度山东省优秀史志成果评选中，被评为优秀基层志。2017年3月—4月，市史志办主任刘志强带队到未完成修志任务的兰山、罗庄、河东、蒙阴、郯城、平邑6个县（区）调研督导第二轮修志工作，要求各县（区）加快修志进度，按时保质保量地完成修志任务。6月2日，《苍山县志》首次发行暨《荀子志》启动工作会议召开，省政府办公厅党组成员、省史志办主任刘爱军出席并讲话。7月底，市史志办到罗庄、河东、平邑3县（区）督导第二轮修志工作。11月，市史志办副主任唐少清带队到河东、罗庄、郯城督导志书编修工作。至年底，兰山区完成区志初稿搜集工作，河东区正在对区志初稿进行编辑，罗庄区完成区志初稿审稿工作，郯城县完成志书征求意见稿报送市史志办审读，平邑县基本完成县志总纂工作，蒙阴县志稿正在总纂合成。

（肖功江　张广卫）

【《临沂市志（1995—2010）》编纂】 《临沂市志（1995—2010）》由临沂市地方史志编纂委员会编纂，共分三册。《临沂市志（1995—2010）》第一册已于2015年出版发行。

2017年，根据编辑人员的实际情况，重新分配工作任务，将编纂工作重心转移到《临沂市志》第二册志稿的编辑、完善上来。编辑人员积极和供稿单位沟通，多次到单位催稿，进一步完善志稿篇目，核实、增补资料，合理统筹内容的归属，解决内容的交叉重复，规范志稿的语言文字。2月，完成《临沂市志》第二册的内部征求意见稿。在内部征求意见稿的基础上，先后到省发展改革委、省档案馆、山东证监局等单位查找资料，补充志稿中缺少的部分，完善志稿的内容。7月，对志稿进行总纂，重点解决各编章体例不统一、结构不合理、不科学，内容交叉重复，文字语言风格不一致、部分志稿缺项断线，编章之间比例等问题。至年底，《临沂市志》第二册完成评议稿的编纂工作；《临沂市志》第三册编修工作压茬进行，完成政党、政协、教育等编的10余个单位的志稿初编工作。

（肖功江　张广卫）

【《兰山区志（1995—2013）》编纂】 自2017年1月6日始，集中利用一个半月的时间，按照承编篇目和系统单位，先后组织召开主笔人员座谈会9次，参会人员近120人，通过面对面交流，探讨业务，分析问题，解决难题。加强工作调度，推动工作开展。区史志办所有人员，按照职责分工，加强对接，调度进展情况，提出工作要求，调度情况以史志工作动态形式发至区级领导和承编单位负责人。全年编发史志工作动态10期。在部分单位稿件撰写过程中，责任编辑全力靠上，采取“请进来、走出去”方式，对供稿单位主笔人员进行一对一业务指导，反复修改，从严要求，提高稿件质量和报送速度。

11月16日，全区史志编修工作推进会召开，传达学习全市地方史志工作“三全目标”推进会议精神，通报兰山区志编修工作进展情况，28个初稿质量落后的区直部门主要负责人参加会议。会议要求各供稿单位严格按照时间节点要求，保质保量完成初稿报送工作任务，确保年底前完成征求意见稿。至年底，全区117个承编单位全部完成初稿报送任务。其中，合格稿件52件，基本合格稿件35件，不合格稿件30 件。区志初稿的30%已进入第二次修改，70%处于第三次修改中。

（张秀娟）

【《罗庄区志（1995—2013）》编纂】 2017年，罗庄区加大区志编纂工作力度，通过召开内部讨论会、现场走访、督办催报等方式完成搜集资料和催稿任务，至年底已基本完成初稿审稿任务。

（刘　玮）

【《河东区志（1995—2012）》编纂】 2017年，召开全区史志工作会议，对河东区志编修进行再动员再部署；邀请市史志办专家对河东区各部门撰稿人员进行培训。充实修志队伍，邀请具有修志经验的专家为业务指导，吸收区内热衷修志工作的3人参与审稿、改稿工作。同时，充实区史志办人员配备，提拔1名副主任，调配1名工作人员专职史志工作。加强计算机、打印机等办公设备配备，保证修志工作顺利开展。认真贯彻落实临沂市地方史志工作“三全目标”推进会议精神，在区政府第14次常务会议上将会议精神及贯彻落实意见列为议题，史志办主要负责人作专题汇报。会议确定将区志编修相关经费列入2018年度财政预算；同意将区志编纂出版印刷以政府购买服务方式实行外包，对供稿单位启动督查问效。至2017年底，区志供稿工作已基本结束，各单位稿件正在修改完善中；区志编纂印刷外包招标相关事项在准备中。

（祁桂菊　刘楠楠）

【《郯城县志（2000—2013）》编纂】 2017年，《郯城县志（2000—2013）》编修工作进入初稿修改、汇编阶段，编纂工作进展顺利。先后召开2次县志编修工作总结会和20余次县志编修例会，沟通县志修改进展情况，探讨县志修改过程中出现的问题，对每个县志修改小组中编修人员所承担的篇章进行集中讨论、修改。依次对全县各个县志编纂单位进行督导，对有关部门进行初稿催办督查和编修指导。多次到县农业局等单位召开座谈会，讨论篇章设置、县志编写等问题。组织编写人员到江苏东海县地方志办公室学习考察，学习东海县第二轮修志工作先进经验，请教修志过程中遇到的难题；组织参加全市史志业务培训班，对《郯城县志》编写人员进行有针对性的培训。至年底，志书初稿形成，并印制征求意见稿上报市史志办，请专家提出修改建议和意见。

（赵　娜）

【《平邑县志（1989—2013）》编纂】 2017年3月，平邑县委办公室、县政府办公室印发《关于抓紧报送县志初稿的通知》，对报送县志初稿不积极的单位进行了通报。3月底，全市史志工作会议召开后，县史志办以书面形式将会议精神及时向县长作了汇报，争取县领导支持。将县志编修工作分成三个编纂小组，对每个组明确编修任务，提出具体工作要求和完成时限，压实工作责任，形成“千斤重担人人挑、人人肩上有指标”的修志氛围，调动了全员参与修志的积极性。6月，分管副县长召开调度会，对20余个后进单位进行集中调度，明确完成时限，要求各单位按时上报，取得显著成效。8月，对未按照调度会要求，按时提报县志初稿或者资料明显不足的财政局、邮政局、商务局等个别单位，会同县政府督查科上门进行督查。至年底，县志总纂工作基本完成。

（席加铭）

【《蒙阴县志（1988—2013）》编纂】 2017年初，《蒙阴县志（1988—2013）》进入初稿编辑阶段。通过采取调整办公室内部机制、优化人员组合、控制撰写环节、完善责任制等措施，增强编纂人员的责任感。在具体编辑过程中，分3个组进行编纂工作，实行一周一次碰头会、每月召开一次编辑工作研讨会、一季度一调度、半年一总结的方法，定期交流经验，分析存在的问题，研究志书编辑方法和技巧，加快志稿编纂进度。坚持高起点、高标准，严把质量关，按照审核标准和志书编纂要求，根据供稿单位反馈的意见，对志稿进一步核实、修改、精加工，充实完善部分内容，调整部分随文照片。10月，初稿基本编辑完成。年底，开始志稿总纂合成。

（张　军）

【《苍山县志（发端—2010）》出版】 2016年10月，兰陵县地方史志编纂委员会编纂的《苍山县志》（上、下）由方志出版社出版。2017年4月26日，《苍山县志》

被评为山东省优秀史志成果（优秀市县级志书）。6月2日，《苍山县志》首次发行暨《荀子志》启动工作会议召开。省政府办公厅党组成员、省史志办主任刘爱军，临沂市副市长、兰陵县委书记郑连胜出席并讲话。

（李洪振）

【《临沂市军事志（1840—2005）》出版】 2017年8月，《临沂市军事志》编纂委员会编著的《临沂市军事志（1840—

2005)》由黄河出版社出版发行。编委会主任郭庆堂、高绪林、张宏亮、焦海旺、李旭光、郑际平。主编刘洪连，副主编任建华、李西安、李仕玉。上限自1840年，下限至2005年，个别内容适当上溯。志书采用篇章节目结构，志首设概述、大事记，志末设附录；按照"军事环境""军事组织""军事活动""军事人物"设置篇目，共设11篇60章201节。体裁为述、记、志、图、表、录，以志为主，编纂采用横排门类，纵叙史实，顺时记叙。该书为16开本，彩色印刷，共182万字，定价670元，书号ISBN 978-7-5460-0828-8。

（刘洪连）

【《郯城县第一人民医院志（1946—2015)》出版】 2017年5月，郯城县第一人民医院编纂的《郯城县第一人民医院志（1946—2015)》由中国文史出版社出版发行，主编赵士文，执行主编吕克同，副主编夏明华、张顺贤。上限自1946年，下限至2015年，个别内容适当上溯或下延。志书前置序、凡例、目录、概述、大事记，后置附录、编后记，中设医院变迁、组织、医疗、科教、护理、文化信息、创建、后勤、财务社会服务、人物等共10篇、33章、139节，全面客观记述了郯城县第一人民医院的发展历史。该书为大16开本，共149.8万字，定价260元，书号ISBN 978-7-5034-9212-9。

（赵 娜）

【《费县巾帼志》出版】 2017年9月，《费县巾帼志》编纂委员会、费县妇女联合会编纂的《费县巾帼志》由河北人民出版社出版发行，主编魏静，副主编武善爱、王有瑞。上限为有费县妇女文字记载始，下限至2016年12月，个别内容适当上溯或下延。全书前置序、凡例、概述、大事记、大事述略，后置附录、后记，中设组织沿革、组织建设、拥军支前、参政议政、生产建设、新时期妇联业绩、维护妇女儿童权益等共12编、39章。全志全彩印刷，大16开本，67.8万字，印数2000册，定价368元，书号ISBN 978-7-202-12340-9。

（陈宝安）

【《九曲店志》出版】 2017年4月，临沂市河东区《九曲店志》编纂委员会编纂的《九曲店志》由线装书局出版，8月公开发行，主编曹传韵。该志为通志，上限自1282年（元至正十九年），下限至2015年，全面记述了九曲店社区发展的历史和现状，为河东区置区史上第一部全彩印刷、公开发行的村志。全书采用编章体，共设8编40章184节和中英文目录、概述、大事记、附录、索

引、编后记，涵盖九曲店社区地理环境、隶属沿革、姓氏家族、村居建设、社会事业、居民生活、村风民俗、人物精神，涉及政治、军事、经济、教育、卫生、文化、体育、工副业、商贸服务业、人文风俗等方面，反映了九曲店社区由贫穷落后到市级小康示范村、省级文明村的发展历程。全书178.5万字，选用图片2050幅（其中黑白图片115幅），大16开本，印数2200册，定价678元，书号ISBN 978-7-5120-2733-6。

（祁桂菊　刘楠楠）

【《西朱家庄志》出版】 2017年1月，沂水县《西朱家庄志》编纂委员会编纂的《西朱家庄志》由中国文史出版社出版发行，主编郭庆文，副主编王新玲、江兆玲、付德庆，为沂水县首部公开出版发行的村志。

该志上限自元朝朱姓迁居始，下限至2013年，个别内容适当上溯或下延。全志除大事记、附录外，设建置环境、居民、村居建设、风俗习惯等19篇，有图片100余幅。全志全彩印刷，大16开本，70万字，定价298元，书号ISBN 978-7-5034-8278-6。在2017年度山东省优秀史志成果评选中，《西朱家庄志》被评为优秀基层志。

（徐　艳）

【《牛岭埠村志》出版】 2017年12月，沂水县《牛岭埠村志》编纂委员会编纂的《牛岭埠村志》由方志出版社出版发行，主编王继耕，执行主编徐顺厚，为全省第一批出版发行的齐鲁名镇名村志。

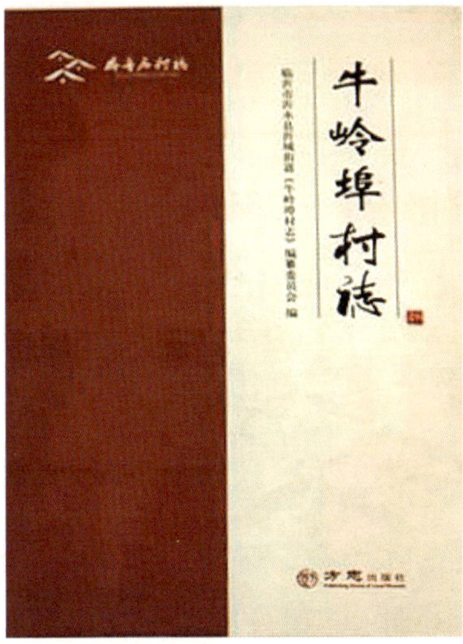

记述上起元朝建村，下迄2015年，客观、系统记述了牛岭埠村的发展变化进程和改革开放成果。全志按照《齐鲁名镇名村志文化工程实施方案》要求，采用纲目体，设类目、分目、条目三个层次，篇目设置重在突出“名”与“特”，分16纲58目。全书40万字，16开本，印数300册，定价398元，书号ISBN 978-7-5144-2955-8。在2017年度山东省优秀史志成果评选中，《牛岭埠村志》被评为优秀基层志。

（徐　艳）

【《上冶镇志》出版】 2017年12月，费县《上冶镇志》编纂委员会编纂的《上冶镇志》由方志出版社出版发行，主编于国宏，副主编杜元良、李祥春。该志

为通志，上限追溯事物发端，下限截至2017年底，全面记述上冶镇发展历史和现状。全书分为沿革、自然环境、村庄社区、农业经济、工业经济、商贸物流、城镇建设、科教文卫、文物名胜、民风民俗、方言民谣、美食特产、姓氏人物、地名传说等16篇，另收录大事记、附录等相关资料。全书43.7万字，图片100余幅，印数2000册，定价198元，书号ISBN 978-7-5144-2891-9。在2017年度山东省优秀史志成果评选中，《上冶镇志》被评为优秀基层志。

（陈宝安）

年鉴编纂与出版

【概况】 2017年是全面落实省史志事业发展规划纲要“三全”目标之一，综合年鉴编纂“一年一鉴、当年出版”任务的关键一年，临沂市史志办进一步加大对年鉴编纂工作的推进力度。在继续做好市级年鉴编纂工作，进一步优化框架设计、完善条目内容，不断提升编纂质量的同时，强化对县（区）年鉴编纂工作的调研、督导，坚持每周一调度。一方面及时了解县（区）年鉴工作的具体编纂进度，督促各县（区）把好编纂工作的时间任务点；另一方面也及时帮助县（区）解决编纂过程中遇到的一些问题。至年底，全市12个县（区）均克服时间紧、任务重的现实压力，完成“一年一鉴”编纂目标任务。其中，兰山区史志办于年内编纂出版《兰山年鉴（2016）》和《兰山年鉴（2017）》两卷年鉴；《沂水年鉴（2016）》于5月出版，为全省年内出版时间最早的县级综合年鉴；《费县年鉴（2017）》于上半年出版。县（区）年鉴的编纂质量也获得很大提升，在2017年度山东省优秀史志成果评选中，《临沂年鉴（2017）》，以及《兰山年鉴（2017）》《郯城年鉴（2017）》《蒙阴年鉴（2017）》《兰陵年鉴（2017）》《河东年鉴（2017）》《莒南年鉴（2017）》《临沭年鉴（2017）》《罗庄年鉴（2017）》《沂水年鉴（2016）》9部县（区）年鉴获优秀年鉴。这是自全省开展优秀史志成果评选以来，临沂市“优秀年鉴”成果最为丰硕的一次。

【《临沂年鉴（2017）》出版】 2017年12月，由中华书局出版，是自创刊以来出版的第22卷年鉴。该卷年鉴由临沂市地方史志办公室编纂，主编刘志强，执行主编段洪，副主编唐少清、于芹、王卫东。设特载、专记、大事记、概况、政党·政务、

军事、法治、经济管理、农业和农村工作、工业、信息产业、商贸、旅游、交通·邮政、建设·环保、财政·税务、金融、科学技术、教育、

文化·体育、卫生·计划生育、社会生活、县区概况、园区建设、人物、附录等栏目。公益彩页部分设置“数字临沂2016”“临沂各地2016”等内容，通过直观的数字和形象的图片将“大美新”临沂的发展概貌呈现于读者面前。在内文版式设计上，优化随文图片的使用，增强年鉴的可读性。新增设的附录栏目全面收集了《中国人民政治协商会议临沂市第十四届委员会常务委员会工作报告》《临沂市中级人民法院工作报告》《临沂市人民检察院工作报告》《关于临沂市2016年预算执行情况和2017年预算草案的报告》《关于临沂市2016年国民经济和社会发展计划执行情况与2017年计划草案的报告》等资料内容。将“智慧临沂”手机客户端、沂蒙史志官方微信和“大美新”临沂宣传片二维码植入年鉴，引入电子书的设计，方便读者阅读查询。编辑《临沂市情》简明手册，拓展年鉴服务地方经济社会发展的功用。全书109万字，大16开本，印数3000册，定价320元，书号ISBN 978-7-101-12884-0。

（尹双双）

【《兰山年鉴（2016）》出版】 2017年7月，由中国文史出版社出版。该卷年鉴是自创刊以来出版的第16卷年鉴，临沂市兰山区地方史志办公室编纂，主编王友存，副主编寇利明、訾金刚，执行主编杨晓娜。主要记述2015年度兰山区自然、政治、经济、文化和社会生活等方面的内容。全书66万字，书号ISBN 978-7-5034-9373-7，大16开本，印数1000册，定价280元。

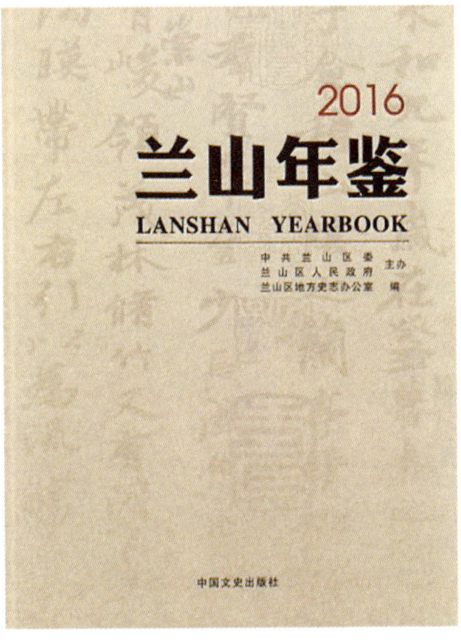

（张秀娟）

【《兰山年鉴（2017）》出版】 2017年12月，由方志出版社出版。该卷年鉴是自创刊以来出版的第17卷年鉴，临沂市兰山区地方史志办公室编纂，主编王友存，副主编寇利明、訾金刚，执行主编杨晓娜。主要记述2016年度兰山区自然、政治、经济、文化和社会生活等方面的内容。全书65.7万字，书号ISBN 978-7-5144-2931-2，大16开本，印数1000册，定价280元。

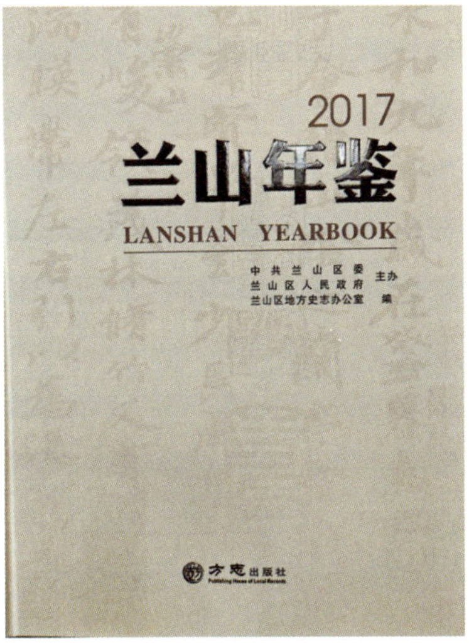

（张秀娟）

【《罗庄年鉴（2017）》出版】 2017年12月，由方志出版社出版。该卷年鉴是自创刊以来出版的第3卷年鉴，临沂市罗庄区史志办公室编纂，主编彭长强，执行主编张文强，副主编李胜军。设特载、大事记、罗庄区概况、政党群团、政权政协、军事政法、经济管理、农业、工业、商贸流通、财税金融、交通通信、城乡建设环保、科技教育体育、文化旅游、卫生计

生、社会民生、镇街道、人物、辑录等栏目。全书61.5万字，书号ISBN 978-7-5144-2990-9，大16开本，印数1000册，定价360元。

（刘　玮）

【《河东年鉴（2013—2014）》出版】 2017年7月，由山东城市出版传媒集团·济南出版社出版。该卷年鉴是自创刊以来出版的第2卷年鉴，临沂市河东区地方史志办公室编纂，主编张永民，副主编王丁文、刘楠楠、李瑞祥。正文设特载、大事记、概况、党务·政务、人民团体、政法·军事、"五区托一城"发展战略、经济管理、农业、工业、国内外贸易·招商引资、交通·邮电、城建·环保、财政·税务、金融·保险、教科文卫、社会事业、镇街、人物、附录等栏目。全书52万字，书号ISBN 978-7-5488-2588-3，大16开本，印数1000册，定价298元。

（祁桂菊　刘楠楠）

【《河东年鉴（2017）》出版】 2017年12月，由方志出版社出版。该卷年鉴是自创刊以来出版的第3卷年鉴，临沂市河东区地方史志办公室编纂，主编祁桂菊，副主编刘楠楠、丁翱翔、姜非非、李晓琳。正文设特载、大事记、综述、党务·政务、社会团体、法治·军事、经济管理、农业、工业、国内外贸易·招商引资、交通·邮电、城建·环保、财政·税务、金融·保险、科教文卫、社会事业、镇街（园区）、园区发展、人物、附录等栏目。全书61.5万字，书号ISBN 978-7-5144-2930-5，大16开本，印数1000册，定价298元。

（祁桂菊　刘楠楠）

【《沂南年鉴(2017)》出版】 2017年12月，由线装书局出版，该卷年鉴是自创刊以来出版的第5卷年鉴。沂南县史志办公室编纂，主编刘相尚，执行主编吴耿彬，副主编范为菊、刘英、齐香玲、左安江、刘英、徐庆芳。正文设特载、大事记、概况、党务、

政权、政务、政协、群众团体、政法、经济管理、农业、工业、交通邮电、城建环保、商业和对外贸易、园区建设、招商引资、财税金融、教育·科技·卫生、文化·广播电视·旅游·体育、乡镇概况、附录、艺文等22个栏目。在“文化”栏目中增设与文化有关的社团信息，并作为一个章节专门记述；卷末增设艺文栏目。全书56.5万字，书号ISBN 978-7-5528-0677-9，大16开本，印数500册，定价400元。

（吴耿彬）

【《郯城年鉴（2017）》出版】 2017年12月，由线装书局出版。该卷年鉴是自创刊以来出版的第5卷年鉴，郯城县地方史志编纂委员会办公室编纂，主编朱文江，副主编孙长生、唐宏刚。正文设县情综述、大事记、政党·政务、政权·政协、社会团体、军事·政法、经济管理、农业、工业、贸易·旅游、交通·邮电、城乡建设·环保、财政·税务、金融·保险、科学技术、教育、文化·传媒、卫生·体育、社会生活、乡镇概况、人物、文献辑存、附录等23个栏目，主要记述2016年郯城县自然、政治、经济、文化和社会生活等方面的内容。全书84万字，书号ISBN 978-7-5120-3123-4，大16开本，印数1000册，定价198元。

（赵　娜）

【《沂水年鉴（2016）》出版】 2017年5月，由中国文史出版社出版，该卷年鉴是自创刊以来出版的第11卷年鉴，沂水县史志办公室编纂，主编高仲平，执行主编吴方、贺卫东、于华，副主编徐艳、韩笑、王新玲。全书设特载、专记、大事记、索引等24个栏目。在卷首部分增设“沂水各地”栏目，以图片的形式记录各乡镇街道的小城镇建设、农业、旅游等内容，突出地方特色；在附录“艺文”部分，既刊登了知名度高、社会影响力大的国家级艺术家，又记述了热爱艺术的农民草根画家、为地方经济做出突出贡献的优秀企业家。全书75万字，书号ISBN 978-7-5034-9113-9，大16开本，印数1000册，定价580元。

（徐　艳）

【《兰陵年鉴（2017）》出版】 2017年12月，由方志出版社出版，该卷年鉴是自创刊以来出版的第5卷年鉴，兰陵县地方史志编纂委员会办公室编纂，主编陈永亮，副

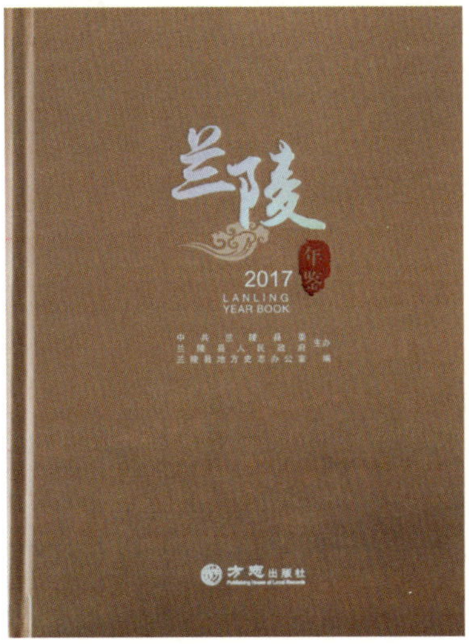

主编马建光、王琳。正文设特载、大事记、概况、政党政务、群众团体、军事、法治、经济管理、农业、工业、贸易·旅游、交通·邮电、建设·环保、财政·税务、金融、科学技术、教育、文化·体育、卫生·计划生育、社会生活、乡镇、先进人物等22个类目，主要记述了2016年兰陵县自然、经济、政治、文化、社会和人物等方面的基本状况。卷首图片分时政图片和“中国兰陵（苍山）国际蔬菜产业博览会”的图片两部分。全书56万字，书号ISBN 978-7-5144-2878-0，16开本，印数1500册，定价298元。

（李洪振）

【《费县年鉴（2017）》出版】 2017年6月，由中国文史出版社出版。该卷年鉴是自创刊以来出版的第5卷年鉴，费县史志办公室编纂，主编刘露，副主编侯宗良、王文明、吕勇，执行副主编陈宝安。前设特载、专记、大事记、概况，中设政党·政务、人民团体、政法·军事、城乡建设、交通·邮电、农业、工业、商贸·旅游等17个栏目，后设人物栏目。设专记，对沂蒙山银座天蒙旅游区项目建设情况进行重点介绍。在乡（镇、街道）栏目下，除用表格对各村居基本情况进行记录外，还专设特色产业项目栏，重点对特色村、乡镇重点产业进行收录。全书79.6万字，书号ISBN 978-7-5036-9342-7，大16开本，印数2000册，定价298元。

（陈宝安）

【《平邑年鉴（2017）》出版】 2017年10月，由黄海数字出版社出版。该卷年鉴是自创刊以来出版的第3卷年鉴，平邑县史志办公室编纂，主编巩祥军，副主编韩苏蔚、闫志强，执行主编席加铭。正文设特载、大事记、概况、政党·政务、群众团体、武装·政法、经济管理、农业、工业、交通·邮电、建设·环保、贸易·旅游、财税·金融、科技、教育·体育、文化·传媒、医疗·卫生、社会生活、街道·镇概况等21个栏目，201个分目（子分目）、1137个条目，表格38个、随文图片159幅、前彩39幅。卷首图片分领导关怀、时政活动、城市建设、经济发展、美丽平邑、文化体育等板块。全书76万字，书号ISBN 978-7-89425-596-9，大16开本，印数1000册，定价168元。

（席加铭）

【《莒南年鉴（2017）》出版】 2017年11月，由中国文史出版社出版。该卷年鉴是自创刊以来出版的第11卷年鉴。莒南县史志办公室编纂，主编张玉杰，副主编王颖锋、王洛泉、王振峰。正文设特载、大事记、专记、县情综述、党务、

政务、人物等 27 个栏目，收录图片 271 幅。以专记形式收录了“莒南试种袁隆平‘超级稻’纪实”“莒南农村商业银行改革纪实”“莒南成功争创山东省‘四德’模范县”，以附录形式收录了 2016 年市级以上重点党报党刊新闻报道和部分历史回忆文章。封面设计配以莒南县临海新城新貌，展现莒南最新形象；封底为“莒南年鉴”印章式书名；正文加大了图表使用比例。增加英文目录和正文后综合性主题索引，方便读者检索查阅；在封二添加了能及时反映莒南地情新动态的“莒南史志”二维码和“莒南县情网”网址，方便读者了解莒南地情文化新发展。全书 87 万字，书号 ISBN 978-7-5034-9695-0，大 16 开本，印数 1000 册，定价 298 元。

（张玉杰　王颖锋　王洛泉）

【《蒙阴年鉴（2017）》出版】 2017 年 12 月，由黄海数字出版社出版。该卷年鉴是自创刊以来出版的第 6 卷年鉴，蒙阴县史志办公室编纂，主编公鑫，常务副主编张军，副主编秦元昊、唐贞新、刘琳。年鉴栏目及子分目根据机构设置变化，以及学习外县（区）先进经验的情况作了相应调整，正文设大事记、概况、党务、政务等 21 个栏目，随文图片 230 幅。卷首图片选取年度代表性图片 32

幅，分重要活动、领导调研、重要会议、文化旅游等版块展现全县发展成就。全书 80 万字，书号 ISBN 978-7-89425-633-1，大 16 开本，印数 1000 册，定价 228 元。

（张　军）

【《临沭年鉴(2017)》出版】 2017 年 12 月，由方志出版社出版。该卷年鉴是自创刊以来出版的第 11 卷年鉴，临沭县地方史志编纂委员会办公室编纂，主编王敬涛、崔平，副主编王庆彬、王庆国。正文设大事记、概况、党务·政务、社会团体、军事、法治、

经济管理、农业、工业、交通·邮电、城乡建设·环境保护、商贸·旅游、开发区建设·招商引资、财政·税务、金融、科学技术、教育·体育、文化·传媒、医疗·卫生、社会事业、镇街概况、人物、特载、附录栏目。全书 74.9 万字，书号 ISBN 978-7-5144-2945-9，大 16 开本，印数 1200 册，定价 300 元。

（王庆彬）

信息化建设

【概况】 2017年，临沂市规划市级地情网站1个、实有1个；规划县（区）地情网站12个，实有12个，实现市、县两级地情网站全覆盖。市级数字方志馆（数据库）2个、市级新媒体2个，县（区）级新媒体3个。临沂市史志系统信息化建设稳步推进，地情网站建设进一步规范。在注重加强上网内容真实性与安全性的同时，不断努力提升地情动态、史志动态等栏目的信息更新速度，及时充实地情资料库，较好地发挥了临沂市情网、各县（区）地情网官方门户网站功能，为大众提供地情动态、史志资讯及有关史志资料的查询服务。

（杜　帅）

【临沂市情网】 地情网站更新及时，运行良好，至2017年底，临沂市情网点击量达712万余人次。为充分调动县（区）报送信息的积极性，规范县（区）信息报送内容，在网站首页新增设“2017年临沂市情网‘县（区）史志信息’报送统计表”，实时更新各县（区）投稿数量和采用稿件数量。微信平台影响力不断扩大。严把微信内容审核发布关，使发布的内容更加贴近受众的信息需求。4月，在搜狐网的邀请下，“沂蒙史志”入驻搜狐公众平台，成为史志系统信息化建设的又一张亮丽名片。“智慧临沂”手机客户端运行良好。“智慧临沂”手机客户端安卓版和苹果版均运行稳定，新闻、地情、志鉴、政务、民生服务等栏目信息内容进一步完善。

（杜　帅）

2017年临沂市地情网站建设情况表

网站名称	网址	主要栏目	录入资料		
			文字（万字）	图片（幅）	视频（分钟）
临沂市情网	http://szb.linyi.gov.cn	临沂概况、图说临沂、临沂大事、市情动态、史志动态、望族文化、城市名片、地域文化、市情资料库、沂蒙史志、史志法规	122	320	—
临沂市兰山区情网	http://www.lsqq.gov.cn	今日兰山、魅力兰山、史志动态、城市新貌、大事要览、区情概况、区情资料库、中国现代商贸物流基地、中国优质人造板生产流通基地	120	40	—
临沂市罗庄区情网	http://www.luozhuang.gov.cn/qq.htm	罗庄概况、街镇风采、南工重地、投资热土	1	10	—
临沂市河东区情网	http://www.qq.hedong.gov.cn	工作动态、河东要闻、河东发展、河东视频、河东风采、招商引资、文献参考、地方特产、方志馆、名胜古迹	48	20	—
沂南县情网	http://www.yinanxq.cn	沂南概况、县情要闻、史志动态、沂南经济、阳都文化、今日沂南、大事记、方志馆、图片库、地情库、诸葛亮、图说沂南、政策法规、方志论坛、便民服务	50	21	—

续表

网站名称	网址	主要栏目	录入资料		
			文字（万字）	图片（幅）	视频（分钟）
郯城县情网	http://www.tancheng.gov.cn/xxgk/xxgkbm_list.jsp?urltype=govinfo.GovDeptInfoList&wbtreeid=1299&dpcode=tanchengszb&dpopenitem=tanchengszb	信息公开	3	12	—
沂水县情网	http://www.ysxq.gov.cn	沂水概况、史志动态、县情资料库、史志法规、沂水名片、志鉴知识、历史文化、影像志、名胜古迹、网上方志馆	75	17	14
兰陵县情网	http://www.lanling.gov.cn/mb_zwbk/zwgk_bmxz_list.jsp?urltype=govinfo.GovDeptInfoList&wbtreeid=1476&dpcode=lanlingszb&dpopenitem=lanlingszb	史志办主要职责、机构设置、领导班子分工、工作总结和计划	0.4	—	—
费县县情网	http://xq.feixian.gov.cn	县情概况、魅力费县、费县奇石、历史文化、方志馆、大事记、史志动态、地情库、史志法规	75	100	—
平邑县情网	http:// www.pyxqw.cn	今日平邑、党建园地、史志动态、发展纲要、他山之石、通知公告、魅力平邑、图说平邑	70	300	—
莒南县情网	http://www.junanxq.cn	今日莒南、史志动态、县情研究、县情资料库、党建工作、大事记、风景名胜、名优特产	12	317	—
蒙阴县情网	http:// www.mengyinxq.com	今日蒙阴、史志动态、县情概览、蒙阴名片、魅力蒙阴、红色记忆、大事回眸、印象蒙阴	0.8	20	—
临沭县情网	http://www.lsxq.gov.cn	县情概况、魅力临沭、史志动态、县情摘报、方志论坛、历史文化、临沭经济、大事记、图说临沭、县情资料库等	80	30	—

（杜　帅）

方志馆建设

【概况】　至2017年底，临沂市3个区9个县均建立方志馆。按照《全省方志馆建设管理规范》要求，全部达标的县（区）方志馆2处，包括费县方志馆1600平方米，沂水县方志馆1560平方米；面积达标正在规划布展的3处，临沂市方志馆新馆2200平方米，兰陵县方志馆新馆2000余平方米，兰山区方志馆新馆1500余平方米。其他县（区）新馆正在建设和规划之中，其中，沂南县、沂水县、莒南县新馆2000余平方米，其他面积都在1000平方米以上。临沂市方志馆馆藏图书8500余种，10万余册；县（区）方志馆馆藏图书7万余册。市、县（区）方志馆为社会大众提供借阅、咨询服务2万余次，为各级政府决策提供资料和合理化建议4000余次（条）。

【临沂市方志馆】 2017年11月，临沂市方志馆老馆整体搬迁至新馆。临沂市方志馆新馆位于临沂市北城新区政务服务中心六楼，面积2200平方米。分为地情展厅、公共文化长廊、学术交流厅、阅览室、珍籍古本室、休闲区、办公区等。新馆地情展厅和公共文化长廊正在布展，至年底，已完成布展工程量的50%。馆藏资料包括志书、年鉴、地情资料、工具书、文学作品、报刊、电子出版物等七大类。其中，志书类1200余种，全省县级、全国地市级第一轮志书均有收藏。珍籍古本室藏有临沂明清时期和民国时期的原版旧志6种，临沂市及各县出版的旧志书的影印本、《山东通志》《天一阁藏明代方志选刊续编》《中国地方志集成·山东府县志辑》等25种。年内，购买志书、地情资料2300余种，5000余册。其中，志书类350余种，1500余册；地情类社科类图书2000余种，3500余册。交换志书16本。接受捐赠图书100余册。至2017年底，馆藏图书8500余种，10万余册。

（徐希冕）

【临沂市兰山区方志馆】 兰山区方志馆面积200平方米。通过交流捐赠、购买等途径，多方收集资料，丰富馆藏。馆藏图书分为志书类、年鉴类、党史资料类、文史资料类、旧志类、工具书类等。2017年，新增志鉴150余册，馆内志、鉴、史、记类藏书达1300余种，6000余册。年内接待来访500余人次，提供有价值信息1800余条，其中，为临沂市商城党性教育基地建设提供图片140余幅、文字资料20余篇。

（张秀娟）

【临沂市罗庄区方志馆】 罗庄区方志馆位于罗庄区文化中心8楼，面积300平方米。至2017年底，馆藏图书500余种，5000余册。

（刘　玮）

【临沂市河东区方志馆】 2016年初，经河东区委、区政府同意，河东区史志办申请新的方志馆用房，面积180平方米。至2017年底，馆藏图书210余种，3100余册。2017年4月，档案馆、党史馆、方志馆综合馆藏楼启动建设。新馆位于区行政中心院内东侧，方志馆规划面积1000余平方米，预计2019年下半年建成投入使用，年底立项规划已完成，人防、消防手续已办理完毕，施工许可在办理中。

（祁桂菊　刘楠楠）

【沂南县方志馆】 沂南县方志馆位于县政府大院东二层楼的楼梯北3室，面积60余平方米。首轮修志以来出版的志书、年鉴、地情文献、业务期刊、工具书等有适量收藏。至2017年底，馆藏图书8800余册，为社会各界提供阅览、外借、咨询等服务1600余人次。沂南县新方志馆正在建设中，面积2000余平方米，分地情沙盘、计算机中心、志书研究交流中心、志书库、年鉴库、地情资料和拓片展厅等。

（吴耿彬）

【郯城县方志馆】 郯城县方志馆位于郯城县新文体中心，面积130平方米。设志书区、年鉴区和其他区三大部分，馆藏图书主要包括地方志、各类年鉴、地情资料、古籍资料等。2017年，通过交换增加志书、年鉴30余册。至2017年底，馆藏资料6200余册，为社会各界提供各类借阅、咨询服务110余人次。

（赵　娜）

【沂水县方志馆】 沂水县方志馆面积1560平方米，馆藏图书7500余册，碑文及摩崖石刻拓片120余幅，书画作品30余件。方志馆内部管理规范，设施完善。馆藏资料包括首轮修志以来出版的志书、年鉴和其他地情文献，外地的史志文献及地方志编纂必备的历史资料、业务期刊、工具书等。藏书按照图书馆藏书分类目录进行编排，实现微机管理。2017年，交换交流志书、年鉴60部，新征集史志资料32件。全年为社会各界提供阅览、借阅、咨询等服务1000余人次。方志馆新馆列入全县公共文化设施建设总体规划，规划面积2100平方米，设多功能展览、阅览区，库房功能区，办公功能区，会议、活动功能区四部分，计划2019年建成。

（徐　艳）

【兰陵县方志馆】 兰陵县方志馆位于县行政办公大楼一楼，面积40平方米。至2017年底，藏书5000册。书橱书架齐全，人员到位，为全县提供资料查询260余人次。位于兰陵文化中心三楼的2000平方米新方志馆已完成交接手续，正在规划设计中。

（李洪振）

【费县方志馆】 2016年底，费县方志馆新馆建成，位于费县颜真卿公园内，面积1600平方米，为三层楼阁式古建筑。设地情展厅、志鉴资料区、家谱中心三大部分。至2017年底，已形成地情、方志、古籍、年鉴等七大门类，馆藏资料8000余册。年初，在县方志馆三楼建立家谱中心，通过政府发文、广播电视、入户征集等方式，面向社会广泛征集家谱、族谱，至年底，共征集家谱200余卷。

（陈宝安）

【平邑县方志馆】 2017年4月13日，平邑县方志馆搬入县技工学校院内，建筑面积约500平方米，设藏书室和阅览室。至年底，方志馆藏书分工具书、志书、史书、传记回忆录、古籍艺文、名胜游记、文史资料等七大类共3000余册，其中省内外地方志书约500册。

（席加铭）

【莒南县方志馆】 2017年，莒南县方志馆建筑面积约50平方米。馆藏图书分资料工具书类、历史典籍类、志书类、年鉴类、其他书类五个大类。通过购买、交流等方式，新增图书100余册，馆藏图书1500余种，8000余册；接待查阅、借阅人员约300人次。按照省、市、县《地方史志事业发展规划纲要（2016—2020）》要求，莒南县方志馆新馆已纳入北城文化项目“五馆一中心”建设规划，规划建设面积2000余平方米。

（张玉杰　王颖锋　王洛泉）

【蒙阴县方志馆】　2016年11月，蒙阴县新方志馆建成投入使用，新馆位于蒙阴县蒙山路198号城北行政办公中心B楼一楼，面积210平方米。分为阅览区、藏书区、办公区三个区域，配备书架24组。2017年，通过面向社会征集、与外县（市、区）交流交换、购买等形式丰富馆藏，增加馆藏志、鉴、业务书籍等20余套。至年底，已形成地情、方志、古籍、年鉴等六大门类，馆藏志书、年鉴、地情资料书5000余册。采取多种形式为社会各界提供史志服务约100人次，先后有中央电视台、淄博、新泰等外地读者到蒙阴县方志馆拍摄、咨询、查阅方志资料。

（张　军）

【临沭县方志馆】　2017年6月，临沭县方志馆搬迁至县文化中心四楼，面积600平方米。至年底，方志馆藏书5000余册，馆藏图书分为资料工具类、历史典籍类、志书类、年鉴类、其他史志资料用书五大类。年内，为旅游开发、城市规划建设、纪念馆、村史馆建设、个人研究咨询等提供赠送各类志书120余册。

（王庆彬）

开发利用服务

【《沂蒙史志》出版】　《沂蒙史志》由临沂市地方史志办公室主办，2011年创刊，旨在“挖掘历史内涵、展示老区魅力，弘扬沂蒙精神、助推社会发展”。内部发行，双月刊。2017年出版发行第

37～42期。2017年度设“本期特载”“峥嵘岁月”等栏目，所刊文章主要记载在抗日战争和解放战争时期沂蒙党政军民共同战斗的历史，包括人物事迹、回忆录、战事、革命旧址探索等。在“古城旧事”“影像沂蒙”栏目中，重点介绍记忆中的临沂老建筑，抗战时期的临沂老照片。此外，还大量记载了反映临沂作为历史文化名城的历史趣闻、名人轶事、诗画欣赏等内容。

（徐希冕）

【《莒南县情概览（2017）》出版】　2017年11月，由莒南县史志办编纂的《莒南县情概览（2017）》出版，主编张玉杰，副主编王颖锋、张国栋、王洛泉、王振峰。《莒南县情概览（2017）》为莒南县编纂

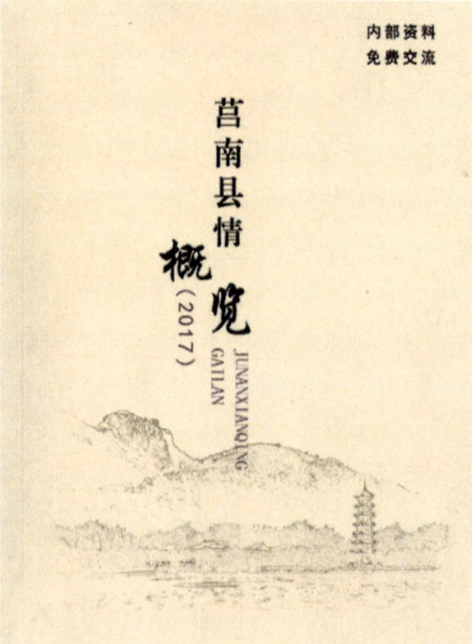

的首部县情口袋书，资料来源以《莒南年鉴（2017）》资料为主，兼收其他相关资料，侧重记述2016年全县经济、社会和城市发展新情况，兼顾历史文化积淀，按照“内容全面、突出重点、贴近现实、服务需要”的原则，设特载、大事记、县情概况、经济和社会发展、镇街园区简介、工业企业选介、莒南品牌、莒南文化、节庆活动、莒南美食、莒南特产、莒南旅游、便民服务等13个栏目。全书约6万字，正度32开，全彩印刷，与《莒南年鉴（2017）》同步发行。

（张玉杰　王颖锋　王洛泉）

【《莒南民间故事》出版】 2017年7月，莒南县史志办和文化广电新闻出版局共同编辑的《莒南民间故事》由中国文史出版社出版发行。该书主编咸世文、彭圣学，执行主编张玉杰，副主编王颖锋、王洛泉、王振峰，分为地名故事、风物故事、人物故事、方言故事、红色故事、生活故事、幻想故事、动物故事、笑话故事9个栏目，内容包含莒南老百姓日常生活中流传所得的民俗口语，彰显地方色彩。全书65万字，16开本，印数2500册，定价198元，书号ISBN 978-7-5034-9424-6。

（张玉杰　王颖锋　王洛泉）

【《莒南南下干部》编纂】 莒南是沂蒙革命根据地的中心，南下干部较多，为弘扬南下干部顾全大局、艰苦奋斗、勇于牺牲、无私奉献的精神，让后人铭记这段历史，莒南县史志办着手编辑《莒南南下干部》一书。由于历史久远，涉及人员多，资料征集难度较大。至2017年底，已形成资料长编，收录人物200余人、文字20余万字、图片50余幅。

（张玉杰　王颖锋　王洛泉）

【临沂市史志工作服务社会】 临沂市史志办加强读志用志力度，为社会各界提供存史、资政服务。全年接受社会大众专题查阅、咨询1000余次，图书借阅1500余人次。先后为市委、市政府、宣传部和其他各单位提供相关资料100余次。投资30万元帮助市史志办选派“第一书记”村河东区宋庄村建起村史馆和党建展馆。与市政务服务中心、临沂大学图书馆达成共建协议，初步实现双方馆藏图书的共享共用。

（徐希冕）

【临沂市史志办开展送图书下乡活动】 2017年，临沂市史志办继续开展史志

2017年11月30日，临沂市史志办主任刘志强（前排左）向选派“第一书记”村河东区郑旺镇宋庄村捐赠图书

成果进农村、送图书下乡活动。8月25日、11月30日分两批向市史志办选派“第一书记”村河东区郑旺镇宋庄村捐赠图书2000余册，价值7万余元。图书主要包括史志办编写的史志成果、农村党建读物、法律知识读本、互联网知识读物，以及历史文学作品等，帮助宋庄村建起农家书屋和党建阅览室。

（徐希冕）

【沂水县史志办开发利用服务基地建设】 2017年，沂水县史志办依托地情资源，

2017年5月15日，省政府办公厅党组成员、省史志办主任刘爱军（前排中）到沂水县调研

继续建立李氏祖传手工桑皮纸、马站裘皮画和穆陵关文化展览馆3处开发利用服务基地，引导基地对优秀传统文化进行开发利用和产业化经营，实现史志为现实服务、为发展服务、为群众服务。5月，省政府办公厅党组成员、省史志办主任刘爱军到沂水调研基地建设，给予充分肯定，指出沂水县史志工作要作为典型经验向全省推广。

（徐　艳）

【沂水县史志办开展史志成果“六进”活动】 2017年，沂水县史志办开展史志成果“六进”活动4次，其中首次开展了史志成果进村活动。全年先后向党校、柿子园村等赠送史志成果160余册。

（徐　艳）

【沂水县史志办拍摄《沂水名片》】 2017年，为全面、立体展示沂水优秀文化价值和魅力，沂水县史志办拍摄了《高桥手绣》《裘皮画》《沂蒙手工制作——江北第一桑皮纸》《人民——我的母亲》4部沂水名片。

（徐　艳）

【电影《渊子崖保卫战》公映】 2017年3月28日，电影《渊子崖保卫战》在全国上映。该电影系莒南县史志办招引文化项目并协助拍摄，时任县史志办主任咸世文任电影策划。电影以莒南县史志办编纂出版的《莒南抗日烽火》中的“渊子崖战斗”为蓝本，以著名作家铁流的报告文学《一个村庄的抗战血书》改编而成，艺术再现了渊子崖村村民英勇抗击日寇、浴血保卫家园的历史故事。年底，

蒙阴县史志办配合中央电视台拍摄专题片

电影《渊子崖保卫战》获山东省“五个一”精品工程奖。

（张玉杰　王颖锋　王洛泉）

【蒙阴县史志办配合中央电视台拍摄专题片】 2017年6月5日，中央电视台科教频道《中国影像方志》节目组一行到蒙阴县拍摄《中国影像方志——蒙阴篇》。蒙阴县史志办高度重视，明确专人协助配合，并提供蒙阴历史文化方面的相关资料。6月10日，节目组专门到县史志办拍摄了古籍文献等资料。《中国影像方志》是中央电视台科教频道策划拍摄的纪录片，蒙阴县是全国首批拍摄的40个县之一。

（张　军）

学术交流与活动

【临沂市地方志学会】 至2017年底，临沂市地方志学会有单位会员3个，个人会员56人。2017年，临沂市地方志学会重点开展两方面工作：一是做好《沂蒙史志》供稿工作，以市史志办《沂蒙史志》为平台，刊载反映临沂历史文化的文章11篇，共计2.7万字，图片26幅；二是参与全市“三引一促”工作，通过学会以发函、见面等方式联络在外高层次人才16名，引进创新人才1名、高学历人才1名。

（杜　帅）

【临沂市望族文化研究会】 至2017年底，临沂市望族文化研究会有单位会员4个，个人会员74人。2017年，临沂市望族文化研究会重点开展两方面工作：一是挖掘临沂传统文化资源，以市史志办《沂蒙史志》为平台，刊载反映临沂历史文化的文章10篇，共计2万余字，图片15幅；二是参与全市“三引一促”工作，发放联络函40余份，引进外地招商项目1个，引进资金2500万元。

（杜　帅）

【理论研讨】 2017年，依托《临沂市志》《沂蒙精神志》《大美新临沂》《山东抗日根据地志》《山东解放区志》等志书编修，召开业务推进及理论研讨会近十次，内容涵盖方志理论研究、第二轮志书编纂、传承弘扬沂蒙精神、史志资料挖掘整理等方面。9月，依托临沂市地方志学会组织专题研讨1次。利用《沂蒙史志》期刊，刊载挖掘历史文化资源、历史人物及历史事件探析等理论文章20余篇，共计3万余字。10月，全省方志理论研讨会在济南召开。市史志办于4月起即着手做好论文准备工作，根据通知要求，结合历年会议论文的撰写情况，几经讨论与修改，于9月底完成论文撰写及上报工作，共提交论文5篇。市史志办主任刘志强、沂水县史志办主任高仲平在研讨会上作交流发言。11月，全省方志期刊座谈会在淄博市召开。市史志办副主任段洪参加会议，并就借鉴先进经验、提高办刊水平、服务史志事业创新发展和经济文化强省等进行研讨交流。

（杜　帅）

【交流合作】 2017年4月11日，临沂市史志办主任刘志强、副主任段洪一行4

人到北京市方志馆考察交流。北京市史志办副主任、北京市方志馆馆长侯宏兴，中国地方志指导小组办公室副调研员刘翔宇等陪同参观了北京市方志馆“时空之眼”北京景观今昔对比专题展、北京市地情展、阅览室和书库。双方进行座谈交流，约定继续加强在方志馆建设、志鉴编纂、志书交换、信息互通等方面的交流与合作。

5月24日，临沂市史志办主任刘志强一行2人到陕西省地方志馆考察交流。陕西省地方志办公室出版发行处处长王斌陪同参观了陕西地方志陈列馆、阅览室和书库。双方就方志馆基础建设、布展、人员经费、开发利用、信息化建设等进行了深入交流。

9月13日，临沂市史志办主任刘志强、副主任段洪一行4人到广州市地方志馆考察交流，广州市地方志办主任黄小晶、信息资料处处长常国光陪同考察。刘志强一行参观了广州市地方志馆新馆，并就史志机构设置、人员配备、经费使用、方志馆建设规划与定位等工作进行座谈交流。

9月14日，临沂市史志办主任刘志强、副主任段洪一行4人到深圳市方志馆考察交流，深圳市史志办副主任王地久、地方志处处长周华陪同考察。刘志强一行参观了深圳市方志馆专题展、文献阅览室以及中苏联合抗击法西斯档案展、中俄“丝绸之路”历史档案展等。双方进行座谈交流。

各县（区）史志办除参加省、市组织的对外交流活动外，也根据自身工作需要，自行组织外出考察、接待外地同仁来访，推动工作、沟通交流。各县（区）史志办之间经常开展走访交流活动，2017年共组织相互走访交流20余次，参加人员120余人次。

（杜　帅）

责任编校：郭　焱

德州市史志工作

综　述

【工作概况】 2017年，德州市史志系统按照“加强队伍建设、强化主体业务、创新史志成果”的总思路，倡导开门修志、快乐修志工作理念，认真贯彻落实国务院和山东省地方史志事业发展规划纲要和“一纳入、八到位”总体要求，全面推进地方志从一项工作向一项事业转型。全年编纂出版综合性年鉴11部，综合性志书1部，乡镇村志6部，部门志、行业志11部，旧志整理4部，地情网站更新信息6000余条，出版地情研究成果4项，发行史志刊物2种。

志书编纂。《德州市志（1986—2011）》稿已通改两遍，完成征求意见稿，计280余万字，为下一步提升志书质量创造了条件。

县（市、区）第二轮修志进展顺利，全市10个县（市、区）有修志任务，9个县（市、区）已完成任务，《武城县志》于11月24日—25日进行评审。

年鉴编纂。对《德州年鉴（2017）》进行改版升级，着力提高可读性、知识性。为方便各级领导干部掌握市情、了解市情，继续编辑出版《德州年鉴手册》。

县级年鉴编纂进展顺利。2017年，全市11个县（市、区）全部启动年鉴编纂，实现年鉴编纂全覆盖。截至年底，《夏津年鉴》《德城年鉴》《齐河年鉴》《庆云年鉴》《武城年鉴》《乐陵年鉴》《陵城年鉴》《平原年鉴》《宁津年鉴》《禹城年鉴》出版发行，其中，《齐河年鉴》已连续两年在全省率先出版发行。

乡镇村志编修。认真贯彻落实省史志编委会《关于做好乡镇村志编修工作的意见》，全市乡镇志、村志、部门志等编修工作有序展开。年内，市史志办公室组织编纂的《德州乡村概况》交付印刷，该书共分11册（以11个县市区为单位），近800万字。全面记述了德州市8319个村庄的历史、文化、文明、文脉，是记载研究乡村演变历程的珍贵资料。全年出版《胡官屯镇志》《花园镇志》《马寨村志》《市中街道志》等乡镇村志6部。部门志编纂取得新进展，《齐河县中医院志》《齐河县地方税务志》等11部部门志出版发行。

旧志整理。市史志办完成了包含清末民初各县市区乡土志的《德州乡土志集》的搜集整理，年内出版发行。庆云县史志办完成清、民国5部《庆云县志》整理，临邑县史志办整理出版清同治《临邑县志》，夏津县史志办整理出版民国《夏津县志》。

信息化建设。进一步丰富地情网站内容，扩大信息量，2017年，全市12个地情网站共更新资料6000余条。按照国家要求，11个县（市、区）地情网站于10月份关停，网站资料内容转移到当地政府网站。“德州史志”微信公众号影响力进一步扩大，全年推送史志信息150余条，涉及11个专题，提高了德州史志的传播速度，扩大了史志宣传的覆盖面。

地情文化研究。2017年，德州大型文献丛书《德州文集》第一、二卷《德州乡土志集》出版发行，出版德州市地方史志丛书《德州史话（贰）》，齐河县史志办发行《春华秋实》《齐河县乡土志教材》，临邑县史志办整理出版《邢侗集》。市史志办发行4期专业刊物《德州史志》，夏津县史志办创刊发行《夏津史志学刊》。

（李　文）

【全市史志办主任工作会议】 2017年3月23日—24日，德州市召开全市史志办主任工作会议。23日，各县（市、区）史志办主任到淄博市博山区实地参观博山区方志馆，听取博山区史志办经验介绍。24日，召开座谈会，对2015—2016年度全市史志成果和2016年度先进单位和个人进行表彰，与会人员交流参观学习体会，汇报2016年工作和2017年工作打算。会议确立今年工作要求：提高认识，抓住机遇，因地制宜，开拓创新，推动全市工作上水平。会议强调，要以实现“三全”目标为抓手，全面推进史志事业转型升级；树立“开门修志”工作理念，学会利用社会力量为史志事业发展服务；坚持质量第一的原则，打造出经得住历史考验的成果。

（李　文）

【《对口支援西藏志、新疆志》供稿推进会】 2017年 6月27日，德州市史志办会同德州市委组织部，邀请市援藏、援疆干部代表和相关供稿人，召开《对口支援西藏志、新疆志》供稿任务推进会。会议对报送稿件存在的问题进行点评，修改完善了编纂篇目，对编纂责任分工、时间断限、截稿日期等作出进一步要求，并就整理出版德州市对口支援西藏、新疆相关资料进行初步讨论。

（李　文）

【全市史志办主任工作座谈会】 2017年8月25日，德州市史志办主任座谈会召开，会议对综合年鉴全覆盖、第二轮志书编修收尾，方志馆建设作出部署，提出要求。会议要求，至2017年底，全市各县（市、区）方志馆都要设立并挂牌，市县两级综合年鉴实现全覆盖。要认清形势，提高认识，抓住机遇，因地制宜，主动担当作为，努力拓展工作领域，服务好中心工作，推动全市史志工作再上新水平。

（李　文）

【《武城县志》志稿评审会】 2017年11月24日，《武城县志》志稿评审会召开。省政府办公厅党组成员、省史志办主任刘爱军出席会议并讲话，省史志办副主任李刚，德州市副市长商怀君，武城县委书记张磊，县委常委、组织部部长刘之荣，省修志业务专家咨询组部分成员等参加会议，德州市史志办主任李其常主持会议。

刘爱军在讲话中对武城县近年来史志工作取得的成绩给予充分肯定，县委、县政府高度重视史志工作，书记3次批示，县长大力支持，组织部长靠上抓，把第二轮修志列入全县重点推进项目，安排专项资金，为编修工作提供机制和资金双重保障，年鉴编纂提前实现“一年一鉴、公开出版”，方志馆规划面积5395平方米，走在全市前列；武城县史志办有一个好的带头人和一支好的队伍，带出了一支朝气蓬勃、敢打能胜的史志队伍；《武城县志》志稿编纂工作又好又快，用3年时间形成100多万字高质量的评审稿。对下步工作要把志书质量摆在首位，在提高著述性、思想性、资料性上下功夫，经得起历史和社会的检验。认真做好评审、修改工作，尽快出版发行。评审专家要充分发表见解，敢于“揭短亮丑”，确保评审会取得实效。编纂人员要虚心听取意见建议，制定切实可行的修改方案，压茬进行、环环相扣，提高效率、尽快出版。就德州市史志工作“三全”目标任务落实，强调要在保证质量的前提下，加快第二轮修志工作进度；要以《全省方志馆建设管理规范》的印发为契机，积极争取各级政府的支持，把方志馆建设纳入当地公共文化服务体系统筹谋划，加快方志馆建设步伐。

为深入贯彻落实《德州市地方史志事业发展规划纲要（2016—2020年）》，全面检阅全市2015—2016年度史志工作成果，德州市地方史志办公室于2017年1月组织开展全市优秀史志成果评选活动。经过认真审读、评选，全市共评出4大类31项优秀史志成果，其中，志书18部，年鉴8部，地情研究成果2项，旧志整理3部。同时，对为全市史志事业发展做出突出贡献的6个县级先进集体和11名先进个人进行表彰。

（张　君）

机构与队伍

【德州市地方史志编纂委员会】 2017年德州市地方史志编纂委员会组成人员名单为：德州市委书记陈勇任名誉主任，市委副书记、市长陈飞任主任，德州市委常委、秘书长刘长民，德州市人大常委会副主任陈璞平，德州市副市长商怀君，德州市政协副主席崔书强，德州市史志办主任李其常任副主任，王震秀、高吉刚、穆修海、袁希君、梁希忠、何连生、杨杰、郑玉宽、邵清泽、王爱民、张书鹏、张慧君、扈建军、姜刚、刘清云、张千华、李纪三、李士新、郭德生、姜立明、王立云任委员。

【德州市地方史志办公室】 德州市地方史志办公室为参照公务员法管理正县级事业单位，内设秘书科、地方志工作科、年鉴科、市情信息科4个科室。编制11名，领导职务编制一正二副。2017年实有在编人员9人，聘用人员4人。在编人员中，主任1人，副主任1人，科长4人，副主任科员1人，普通人员2人。研究生学历4人，本科学历3人，大专及以下学历2人。50岁以上4人，40～50岁1人，30～40岁2人，30岁以下2人。

主任：李其常

副主任：王立云

地址：德州市东风东路1566号新城综合楼C区二楼

电话：0534—2687230

邮编：253076

（李　文）

德州市各县（市、区）史志工作机构及负责人情况统计表

单　位	隶属关系	规格	负责人	地　址	电 话	邮 编
德州市德城区地方史志办公室	德城区政府	正科级	蔡学平	德州市德城区东方红西路 1378 号，德城区政府综合办公楼 323 室	0534—2671851	253012
德州市陵城区地方史志办公室	陵城区政府办公室	内设机构	刘秀芝	德州市陵城区中兴路 155 号	0534—8327807	253500
乐陵市党史史志办公室	乐陵市委市政府	正科级	宋秀利	乐陵市湖滨东路 99 号	0534—6268306	253600
禹城市地方志编纂委员会办公室	禹城市政府	正科级	冯小强	禹城市行政街 923 号市府院内	0534—7365298	251200
宁津县党史史志办公室	宁津县委县政府	正科级	张之江	宁津县中心街县委北楼二楼西党史研究室	0534—5221238	253400
庆云县史志办公室	庆云县政府	正科级	黄平正	庆云县广电大厦 807 室	0534—3321024	253700
临邑县史志编写中心	临邑县政府	正科级	修广利	临邑县署前路 1 号	0534—4220616	251500
齐河县地方史志办公室	齐河县政府办公室	正科级	刘勇（主持工作）	齐河县齐晏大街 187 号老县政府档案局一楼	0534—5331770	251100
平原县地方史志办公室	平原县政府办公室	正科级	崔宝晶	平原县平安东大街 166 号平原县政府四楼	0534—4211811	253100
夏津县地方志办公室	夏津县政府	内设机构	郭长利	夏津县南城街 236 号	0534—3218936	253200
武城县党史史志办公室	武城县委	正科级	尹莉	武城县振华西街 55 号	0534—6211291	253300

德州市各县（市、区）史志工作人员情况统计表

单位	定编	在编人员情况												
		行政管理人员					专业技术人员			学历学位情况				
		正处级	副处级	正科级	副科级	科员及以下	高级	中级	初级及以下	博士	硕士	本科	大专	高中以下
德州市德城区地方史志办公室	5			2		1						2	1	
德州市陵城区地方史志办公室	3			1		2						2	1	
乐陵市党史史志办公室	10			1	3	6						6	4	
禹城市地方志编纂委员会办公室	13			1	1	5						4	3	
宁津县党史史志办公室	8			1	2	2						2	3	
庆云县史志办公室	2				2	1						3		
临邑县史志编写中心	9			1	1	3						1	4	
齐河县地方史志办公室	3			1	1	1						1	2	
平原县地方史志办公室	14			1	2	7					1	7	2	
夏津县地方志办公室	5			1	1	3						2	3	
武城县党史史志办公室	4			1	1	2						2	2	

志书编纂与出版

【概况】 2017年，全市第二轮修志工作接近尾声，《德州市志（1986—2011）》进入通稿阶段，《禹城市志》出版发行，《武城县志》评审完成。积极贯彻落实山东省《关于做好乡镇村志编修工作的意见》，推动乡镇村志编修。全年出版《花园镇志》《马寨村志》等乡（镇）、村志6部。部门志编纂工作取得新进展，《德州市政协志》《德州市水利志》《德州市国土资源志》等部门志定稿，《齐河县交通运输志》《齐河公安志》《齐河县地方税务志》等11部部门志、行业志出版发行。旧志整理工作取得新成果，市史志办完成了包含清末民初各县市区乡土志的《德州乡土志集》的搜集整理，年内出版发行。庆云县史志办完成清、民国5部《庆云县志》整理，出版《庆云县旧志集成》，临邑县史志办整理出版清同治《临邑县志》，夏津县史志办整理出版民国《夏津县志》。

（李 文）

【《德州市志（1986—2011）》编纂】 2017年，通改志稿两遍，征求意见稿完成，共计280余万字。年内，召开编务会8次，对《德州市志》体例、条目、内容取舍、人物资料征集修改进行讨论研究。搜集

整理完成附录部分资料。

（李　文）

【《禹城市志（1986—2010）》出版】 2017年2月，《禹城市志（1986—2010）》由方志出版社出版发行。该志为续志，上限为1986年，下限为2010年，为保证

所记述事物的完整性，部分内容适当上溯或下延。体裁以志为主，首设概况、大事记，中设33篇专志，后设人物、索引、编后记，全志分上、下两卷，168万字，图片730余幅。全书彩色印刷，大16开本，印数3500套，书号ISBN 978-7-5144-2034-0。该志集综合性、资料性、史料性于一体，突出时代特点和地方特色，全面系统地记述了禹城市25年来经济社会发展情况。该志获2017年度山东省优秀史志成果（优秀市县级志书）。

（张小霞）

【《武城县志（1986—2013）》编纂】 2017年10月，《武城县志（1986—2013）》评审稿完成，共28编，100万字。11月24日，召开志稿评审会，省政府办公厅党组成员、省史志办主任刘爱军，省史志办副主任李刚，德州市政府副市长商怀君出席，省、市修志专家30余人分别对评审稿进行点评。评审会结束后，研究梳理评审意见，对志稿进行最终修订完善。截至年底，完成修订稿10余编。

（张　君）

【《禹城市人民医院志（1946—2016）》出版】 2017年11月，《禹城市人民医院志（1946—2016）》出版。志书上限1946年，下限2016年底。个别内容为保其完整性，适当上溯下延，实事求是地记载了禹城市人民医院70余年来诞生、发展、壮大、振兴的历史。全书前置序言、凡例、概述、大事记，后置附录、编后记，中设建院与变迁、党群组织、行政机构、人物等共12章100节，全书66万字。大16开，精装本，彩色印刷，内部出版。

（张小霞）

【《齐河县交通运输志（1942—2012）》出版】 2017年2月，《齐河县交通运输志》出版，齐河县交通局编，主编刘军，志书上限1942年，下限2012年，始修时间2011

年5月，终审时间2014年1月，正16开本，30万字，印数500册，定价198元。全书共计10章、44节，收录图片115幅、表格65帧、人物95人，突出了齐河县改革开放以来的重大交通成果，全面记述齐河县交通的由来、演变、形成和功能，展示齐河交通事业蓬勃发展的轨迹。

（刘　勇）

【《齐河公安志（1939—2015）》出版】 2017年3月，《齐河公安志》由现代文化出版社出版发行，该志由齐河县公安局编，主编白承荣，副主编于纪森，志书断限1939年—2015年，始修时间2011年5月，终审时间2014年10月，书号ISBN 978-988-77006-4-7，正16开本，108万字，印数1500册，定价268元。志书共设10编、24章，收录图片315幅、表格133帧，实事求是地反映齐河县公安保卫工作77年来的发展历程，详细记述“自强不息、务实创新、公正廉明、无私奉献”的齐河公安精神。中共山东省委原副书记、省公安厅原厅长高新亭为志书题写书名，省人大常委会原副主任、省政府原副省长王玉玺为志书题字。该志被德州市地方史志编纂委员会评为德州市优秀史志成果。

（刘　勇）

【《齐河县地方税务志（1994—2015）》出版】 2017年3月，《齐河县地方税务志》由中国国际出版社出版发行，该志由齐河县地税局编，主编李佃雨，副主编董桂娥、李洪亮、李霞，志书断限1994年—2015年，始修时间2011年6月，终审时间2016年10月，书号ISBN 978-7-301-69415-2，全书50.3万字，印数300册，定价199元。全志收录图片74幅、表格34帧，记述齐河县地税事业从无到有、由弱变强、由创业到跨越、实现又好又快发展的历程。

（刘　勇）

【《齐河县中医院志（1984—2012）》出版】 2017年4月，《齐河县中医院志》出版发行，该志由齐河县中医院编，主编李伟，副主编路振华、孟庆峰，志书上限1984年，下限2012年，始修时间2012年3月，终审时间2014年2月，大16开本，全书25万字，印数200册。全志设13章、60节，收录

图片41幅、表格39帧，记述齐河县中医院建院28年来建设发展的全貌和特色。

（刘　勇）

【《齐河县人民法院志》出版】　2017年4月，《齐河县人民法院志》由中国国际文化出版社出版，该志由齐河县人民法院编，主编张军，副主编张杰，志书下限为2014年12月，始修时间2014年11月，终审时间2016年7月，书号ISBN 978-988-19717-4-6，大16开本，全书55万字，全彩印刷，印数300册，定价298元。全书设7编、25章、69节，共收录图片138幅、表格43帧，全面记述齐河县人民法院司法审判工作的各个阶段、各个方面的发展轨迹，翔实记述在获得“全国有效实施失信被执行人名单制度示范法院”过程中的奋斗历程。被德州市地方史志编纂委员会评为德州市优秀史志成果。

（刘　勇）

【《齐河县人民代表大会志（1949—2015）》出版】　2017年6月，《齐河县人民代表大会志》由线装书局出版，该志由齐河县人大常委会办公室编，主编赵常祥，副主编段学涛、客风春、方辉，志书上限1949年，下限2015年，始修时间2013年2月，终审时间2016年10月，书号ISBN 978-7-5120-2696-4，大16开本，全书109万字，全彩印刷，印数800册，定价618元。志书共10编、29章、126节，收录图片262幅，客观翔实记述县人民代表大会产生、发展和不断完善的过程，全面系统记载县人大及其常委会62年来的履职轨迹。被德州市地方史志编纂委员会评为德州市优秀史志成果。

（刘　勇）

【《齐河县总工会志（1923—2013）》出版】　2017年6月，《齐河县总工会志》由中国国际文化出版社出版，该志由齐河县县总工会编，主编马吉宝，副主编王泽明，志书上限1923年，下限2013年，始修时间2014年8月，终审时间2016年8月，书号ISBN 978-988-19668-5-8，大16开本，全书40万字，印数300册，定价268元。志书共13章、53节，收录图片64幅、表格95帧，记述了全县职工群众和工会工作的发展历程。

（刘　勇）

【《齐河县职业中专志(1957—2014)》出版】 2017年10月，《齐河县职业中专志》由中国国际文化出版社出版，齐河县职业中专编，主编李文祥，副主编谯健，志书上限1957年，下限2014年，始修时间2011年4月，终审时间2015年11月，书号ISBN 978-988-77048-3-4，正16开本，全书24万字，印数200册，定价300元。志书共13章、63节，收录图片28幅、表格20帧，全面总结齐河县职业中专近60年来的建设奋进历程和获评国家级重点职业中专、首批全国中等职业教育改革发展示范学校的系列成就。被德州市地方史志编纂委员会评为德州市优秀史志成果。

（刘　勇）

【《齐河县经济和信息化志》出版】 2017年11月，《齐河县经济和信息化志》由中国国际出版社出版，齐河县经济和信息化局编，主编魏青，副主编张光宝，下限2015年，始修时间2011年5月，终审时间2017年4月，书号ISBN 978-7-301-70687-9，正16开本，全书92万字，印数200册，定价286元。全书共14编、48章、131节，收录图片228幅、表格137帧，全面展现齐河县从传统工业到中国机械装备城、中国新能源汽车制造城等产业转型升级的工作过程，重点记述全县的工业经济和信息化管理从小到大、从弱到强的发展变化过程和在齐河县连续4年获全国百强县过程中齐河县工业所发挥的巨大作用。被德州市地方史志编纂委员会评为德州市优秀史志成果。

（刘　勇）

【《齐河县实验中学志(1992—2016)》出版】 2017年11月，《齐河县实验中学志》由中国国际文化出版社出版，该志由齐河县实验中学编，主编范金勇，副主编赵延军，志书上限1992年，下限2016年，始修时间2011年5月，终审时间2012年12月，书号ISBN 978-988-77048-3-4，正16开本，全书60万字，印数300册，定价260元。志书共11章、80节，收录图片165幅、表格59帧，全面展现实验中学在获全省艺术教学示范学校过程中的成绩。被德州市地方史志编纂委员

会评为德州市优秀史志成果。

（刘　勇）

【《郑店镇志》出版】 2017年1月，乐陵市《郑店镇志》由中国文史出版社出版，主编陈孝顺，副主编朱长禄。志书上限起自事物发端，下限至2015年底，全书50万字，16开本，书号ISBN 978-7-5034-7。

（李　鹏）

【《花园镇志》出版】 2017年1月，乐陵市《花园镇志》发行，主编聊秀武，副主编徐磊、苏前进。志书上限起自事物发端，下限至2015年底，全书近50万字，16开本，内部资料。

（李　鹏）

【《市中街道志》出版】 2017年1月，乐陵市《市中街道志》发行，主编张连华，副主编张翠翠。志书上限起自事物发端，下限至2015年底，全书61万字，16开本，内部资料。

（李　鹏）

【《胡官屯镇志》出版】 2017年3月，齐河县《胡官屯镇志》由中国国际文化出版社出版，该志由齐河县胡官屯镇编，主编郝檣，副主编王建锋，志书下限2014年，

始修时间2012年4月，终审时间2016年1月，书号ISBN 978-988-77048-3-4，正16开本，全书63万字，印数500册，定价300元。全书共18编，收录图片95幅、表格90帧，全面展现胡官屯镇改革开放后的巨大变化。

（刘　勇）

【《古河村志》出版】 2017年1月，齐河县《古河村志》由中国文史出版社出版，该志由齐河县赵官镇古河村编，主编韩传龙，副主编万传志，志书下限2015年，始修时间2015年3月，终审时间2016年11月，书号ISBN 978-7-5034-7413-2，16开本，全书32万字，印数300册，定价68元。志书共8编、33章、93节，收录图片78幅、表格26帧，详细记述古河村人在革命战争年代抗击外侮的事迹和在和平建设年代创建美丽家园的过程。被德州市地方史志编纂委员会评为德州市优秀史志成果。

（刘　勇）

【《马寨村志》出版】 2017年6月，齐河县《马寨村志》由中国文史出版社出版，该志由齐河县晏北街道马寨村编，主编李振海，志书下限2014年，始修时间2014年5月，终审时间2017年4月，书号ISBN 978-7-5034-7413-2，16

开本，全书32万字，印数450册，定价118元。志书共7编、28章、87节，收录图片112幅、表格24帧，详细记述马寨村悠久的历史风情和在和平年代马寨村人投身经济大潮、迁村建设社区家园的过程。该书系齐河县第一部全彩印刷的村级志书。被德州市地方史志编纂委员会评为德州市优秀史志成果。

（刘　勇）

【《德州乡土志集》出版】 2017年4月，《德州乡土志集》出版发行。该书为《德州文集》的前两卷，由德州市史志办影音发行，包含德州、平原、陵县、齐河、禹城、恩城、武城、乐陵、宁津等九个州县十个版本的乡土志，计1426页。

（李　文）

【清同治《临邑县志》（点校版）出版】 2017年12月，清同治《临邑县志》（点校版）出版发行。该书由临邑县史志办整理，线装，共七册十六卷。主审修广利、副主审来登利。该书于2015年4月开始启动，2017年8月定稿，济南甲骨文化传媒有限公司承印，印刷200册。

（来登利）

【民国《夏津县志》（点校本）出版】 2017年10月，夏津县史志办整理点校的民国《夏津县志》，由中国文化出版社出版，线装，宣纸印刷。共1函9册，37万字。民国《夏津县志》于1933年8月始修，1934年11月付梓印刷。

（鞠庆波　王艳华）

【《庆云县旧志集成》出版】 2017年8月，庆云县史志办公室整理点校的《庆云县旧志集成》印刷出版，全书包含清康熙、嘉庆、咸丰和民国四年、二十年5部《庆云县志》，分上、下两册。

（刘召臣）

年鉴编纂与出版

【概况】 2017年，德州市县年鉴编纂工作取得新突破。《德州年鉴（2017）》进行改版升级，着力提高可读性、知识性。继续编辑出版《德州年鉴手册》。全市11个县（市、区）全部启动年鉴编纂，截至年底，除《临邑年鉴》外，《夏津年鉴》《德城年鉴》《齐河年鉴》《庆云年鉴》《武城年鉴》《乐陵年鉴》《陵城年鉴》《平原年鉴》《宁津年鉴》《禹城年鉴》均已出版发行，年鉴覆盖率91%。其中，《齐河年鉴》已连续两年在全省率先出版发行，《武城年鉴（2017）》《庆云年鉴（2017）》获2017年度山东省优秀史志成果（优秀年鉴）。

（李　文）

【《德州年鉴（2017）》出版】 2017年11月，《德州年鉴（2017）》由方志出版社出版。是《德州年鉴》自创刊以来出版的第 25 卷。主编李其常、王立云。该卷年鉴由德州市人民政府主办，德州市地方史志办公室编纂。全书共 22 篇，前设 2016 年十大新闻、大事记，后设附录，全面、系统、翔实地记载了德州市 2016 年政治、经济、文化、军事、社会等各项事业发展情况。全书 62 万字，16 开本，印数 2500 册，定价 300 元，书号 ISBN 978-7-5144-2719-6。

（李　文）

【《德城年鉴（2017）》出版】 2017 年 6 月，《德城年鉴（2017）》由中国文史出版社出版，该年鉴由德城区人民政府主办，德城区地方史志办公室编纂。全书设 26 个篇目，534 页，77 万字，圆脊硬皮精装，16 开。国内外发行，书号 ISBN 978-7-5034-9262-4，中国版本图书馆 CIP 数据核字（2017）第 121236 号。

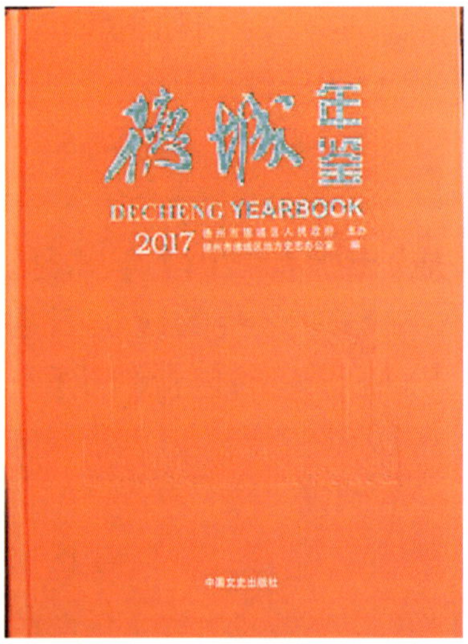

（姜桂军）

【《陵城年鉴（2017）》出版】 2017 年 12 月，《陵城年鉴（2017）》由中国文史出版社出版，是连续出版的第 2 卷年鉴。该卷年鉴由陵城区地方史志办公室编纂，主编王志浩。正文设特载、专记、大事记、陵城概况、组织机构及负责人、政党政务、人民团体、军事、社会、乡（镇、街道）概况、附录等 24 个栏目，全书 56 万字，大 16 开，书号 ISBN 978-7-5034-76765-4，印数 500 册，全彩印刷，定价 228 元。

（王志浩）

【《齐河年鉴（2016）》出版】 2017 年 5 月，《齐河年鉴（2016）》由中国文史出版社出版，该书由中共齐河县委、齐河县人民政府主办，齐河县地方史志办公室编，是齐河年鉴创刊后的第 7 部年鉴，主编郝德禄，副主编刘勇、葛全恩。正文设特载、专记、纪实、年度十大新闻、大事记、概况、政党·政权、政务·政协、人民团体、黄河·水务、旅游、社会生活、街道乡镇、人物、光荣榜、文史考述、传说、发现、著述、附录、索引等 34 个栏目。书号 ISBN 978-7-5034-9219-8，大 16 开本，字数 109 万字，印数 500 册，定价 268 元。

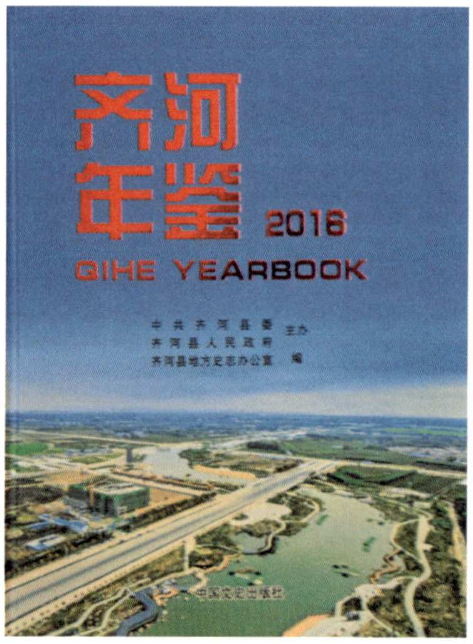

（刘　勇）

【《禹城年鉴(2017)》出版】 2017年12月，《禹城年鉴（2017)》由中国文史出版社出版发行。主编冯小强，副主编林双昌、张丽。设特载、大事记、概况、政党政务、群众团体、军事、人物、附录等23个栏目，彩页18页，随文配彩图290余幅，全书45万字，大16开，书号ISBN 978-7-5034-9565-6，印数1000册，定价298元。

（张小霞）

【《乐陵年鉴(2017)》出版】 2017年10月，《乐陵年鉴（2017)》由中国文史出版社出版，是自创刊以来出版的第4卷年鉴。主编李鹏。设特载、大事记、乐陵概况、政党·政务、人大·政协、群众团体等25个栏目，201个分目（子分目)、758个条目，穿插示意图10幅、表格52个、随文图片400幅、时政图片（彩页）28码。大16开，70万字，印数1000册，定价298元，书号ISBN 978-7-5034-7762-1。

（李　鹏）

【《宁津年鉴（2017)》出版 】 2017年12月，《宁津年鉴（2017)》由中国文化出版社出版。主编张之江，副主编王新枝、柴旭峰。设特载、专题、大事记、宁津概况、机构人物、农业水务、商贸流通、城建环保、交通通信、财政税务、金融保险、乡（镇、街道）概况、附录等26个篇目。全书65万字，大16开，定价360元，书号ISBN 978-988-13381-7-4/Z.2732。

（王新枝）

【《平原年鉴(2017)》出版】 2017年12月，《平原年鉴（2017)》由中国文史出版社出版。该书由平原县人民政府主办、平原县地方史志办公室承编，主编崔宝晶，副主编王辉，大16开本，书号ISBN 978-7-5034-9658-5，全彩印刷，硬壳精装，薄膜套封。设特载、大事记、平原概况、

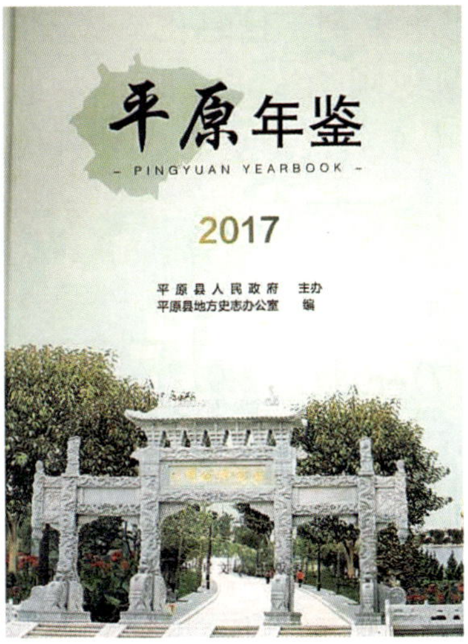

组织机构设置、政党政务、卫生和计划生育、文体广电、社会生活、乡（镇、街道、开发区）、附录等23个栏目，约50万字，图片近200幅。

（崔宝晶　王　辉）

【《武城年鉴（2017）》出版】 2017年9月，

《武城年鉴（2017）》由中国文史出版社出版，主编尹莉，副主编王如民、张君，执行主编孙新。全书80.3万字，大16开，定价300元，书号ISBN 978-7-5034-9490-1。《武城年鉴（2017）》正文每个栏目前设置开篇彩页，背景为弦歌湖公园，展现地域风采。使用视频二维码作为文本内容的有效补充，将武城县宣传片、产城融合推进就地城镇化、“两学一做”学习教育、家事审判、“信息化+未检”平台等5个专题视频纳入正文之中。该书获2017年度山东省优秀史志成果（优秀年鉴）。

（张　君）

【《夏津年鉴（2017）》出版】 2017年7月，由中国文史出版社出版，是连续出版的第3卷年鉴。主编史健利，副主编李宏升、栗心利。设特载、大事记、夏津概况、组织机构设置、政党政务、群众团体、军事、政法、工业、交通邮电、乡镇概

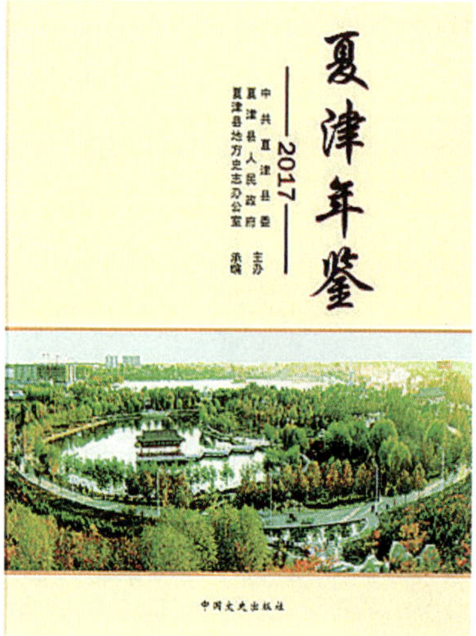

况、附录等23个栏目，185个分目，穿插示意图10幅、随文图片100余幅，时政图片（彩页）14幅。全书56.1万字，大16开，定价268元，书号ISBN 978-7-5034-7862-8。

（鞠庆波　王艳华）

【《庆云年鉴（2017）》出版】 2017年7月，由中国文史出版社出版，该书由中共庆云县委、庆云县人民政府主办，庆云县史志办承编，主编黄平正，副主编霍迎东、刘召臣、孙斐。设特载、大事记、县情综述、政党·政务、法治、军

事等24个栏目。全书49.6万字，大16开，印数1000册，定价268元，书号ISBN 978-7-5034-9198-6。

（刘召臣）

信息化建设

【概况】 2017年，德州市12个地情网站共更新资料6000多条次。按照国家要求，11个县（市、区）地情网站于10月份被关停，网站资料内容转移到当地政府网站。全市开通“德州史志”和“武城党史史志”两个微信公众号，德州市史志办开展地方志文献数字化和数字方志馆工作。

【德州市情网】 按照《国务院办公厅关于印发政府网站发展指引的通知》（国办发〔2017〕47号）要求，2017年9月22日起，德州市地方史志办公室门户网站域名由http://www.dzszb.com变更为www.szb.dezhou.gov.cn。2017年，德州市地情网站共更新资料1000多条次。“德州史志”微信公众号推送史志信息150余条，涉及11个专题，提高了德州史志的传播速度，扩大了史志宣传的覆盖面。与有关机构合作开展地方志文献数字化和数字方志馆工作。

（李　文）

2017年德州市地情网站建设情况表

网站名称	网址	主要栏目	录入资料		
			文字（万字）	图片（幅）	视频（分钟）
德州市情网	www.szb.dezhou.gov.cn	德州概况、志鉴文库、魅力德州、信息公开	120	220	
德州市德城区情网	http://decheng.dzszb.com	时政要闻、区情概况、法规政策、德城新闻视频、大事记、史志动态、方志年鉴、地域文化、历史人物、名胜古迹、名优特产、文明村镇、历史上的今天			—
德州市陵城区情网	http://lingxian.dzszb.com	机构设置、陵城区情、政策法规、史志动态、方志年鉴			—
禹城市情网	http://yucheng.dzszb.com	禹城要闻、史志动态、市情概况、法规政策、方志年鉴、政务公开、互动回应	50	200	—
乐陵市情网	http://laoling.dzszb.com	首页、要闻、史志动态、市情概况、法规政策、地域文化	70	15	
宁津县情网	http://ningjin.dzszb.com	要闻、史志动态、县情概况、法规政策、地域文化、方志年鉴			
齐河县情网	http://www.iqihe.net	齐河要闻、史志动态、政策法规、史志成果、方志馆、地情资料库、方志论坛、齐河概况、齐河旅游、投资齐河			
临邑县情网	http://linyi.dzszb.com	临邑要闻、民俗文化、文明村镇、历史人物、名优特产			
平原县情网	http://pingyuan.dzszb.com	最新要闻、史志动态、法规政策、党务政务公开、文化村镇、方志年鉴			
武城县情网	http://wucheng.dzszb.com	最新要闻、地情资料库、史志动态、方志年鉴、史志动态、历史人物、历史沿革			
夏津县情网	http://xiajin.dzszb.com	最新要闻、史志动态、影像夏津、公告公示、法规政策、方志年鉴、地域文化、名胜古迹、文明村镇、名优特产			
庆云县情网	http://qingyun.dzszb.com	最新要闻、史志动态、县情概况、法规政策、旅游观光、地域文化、方志年鉴、它山之石			

方志馆建设

【概况】 德州市方志馆设在市档案馆中，2014年挂牌启用。全市11个县（市、区）方志馆均已建成，但未达到《山东省方志馆建设管理规范》要求。2017年，陵城区、夏津县、宁津县、平原县、临邑县5个县（区）采取与扩建的档案馆合建作为专业馆，齐河县、武城县、乐陵市3个县（市）确定与其他文化设施一并建设且完成规划设计；禹城市、德城区、庆云县3个县（市、区）在现有场馆基础上扩建。

【德州市方志馆】 2013年建馆，依托市档案馆建设，2014年挂牌启用，现有馆舍面积1000平方米（其中公共面积750平方米），馆舍设备有6列30组密集架、4组铁橱除湿器机、灭火器、温湿表、电脑、打印机、空调、铁梯等。现有藏书1万册。2017年，德州市史志办将方志馆建设列入重点工作内容，12月，就市级方志馆建设专题向市政府提交申请报告，提出扩建意见，市政府领导签署意见。

（李　文）

【德州市德城区方志馆】 2017年，德城区方志馆和区文化新闻出版局合作，合理利用德城区图书馆现有馆舍，在图书馆一楼馆内开辟方志专区。全年共交换志书、年鉴100余册。

（姜桂军）

【德州市陵城区方志馆 】 2016年建成。陵城区方志馆设在区政府办公楼一楼，面积22平方米，藏有志书、年鉴、地情资料等书籍2000余册。新方志馆在新建档案馆开辟馆舍，2017年末开工建设。

（王志浩）

【乐陵市方志馆】 乐陵市方志馆于2016年9月建成对外开放，方志馆位于冀鲁边区革命纪念园内，面向社会组织和个人免费开放，提供查阅服务。方志馆面积约80平方米，书库内建有密集架9组，存储空间60多立方米，并配有展示柜5组，阅览台一张，可供10余人同时查阅资料使用。方志馆馆藏图书分志书类、年鉴类、党史资料、党史资料研究、文史资料、地情资料、综合类等。至2017年底，馆藏图书3000余册，馆藏图书已全部实现电脑目录检索。配齐电脑、空调、除湿器、碎纸机、便梯等办公设施。2017年，向乐陵市政府提出申请，在拟建的图书馆、博物馆、档案馆三馆合一的综合体中，申请1000平方米用于新方志馆建设。

（李　鹏）

【禹城市方志馆】 禹城市方志馆设在禹城市委原档案局三楼，2014年10月正式启用，面积120平方米，2017年，馆藏各类志书、年鉴、地情资料8500余册。

（张小霞）

【宁津县方志馆】 2017年，宁津县党史史志办公室争取到30平方米的场地设立宁津县史志馆，馆藏1000册志书。

（王新枝）

【庆云县方志馆】 庆云县方志馆于2016年6月建成开放，地址在庆云县广电大厦8楼，面积60平方米。至2017年底，馆藏各类史志书籍、地情资料、文集等5000余册。

（刘召臣）

【齐河县方志馆】 2011年9月，设立齐河县方志馆。方志馆设在县文化中心，面积72平方米，分储藏室和借阅室两部分，储藏室购置7列28组密集架和除湿器、灭火器、温湿表等，藏书5000余册；借阅室购置电脑、空调。2017年6月，经县政府批准，在拟建的县档案馆中，划出1000平方米以供方志馆使用，分为库藏区、阅览区、展览区、管理区4块区域。10月末，方志馆规划设计完成。至2017年底，完成选址工作，地点定于县城南外环东首的新法院西邻。

（刘　勇）

【平原县方志馆】 2017年，平原县方志馆新购置藏书柜15个，并对方志馆内的藏书重新进行归类。采取征集、交流等形式，搜集各类志书及地情资料。截至年底，方志馆共有藏书2659册（套）。

（崔宝晶　王　辉）

【夏津县方志馆】 夏津方志馆面积50平方米，室藏各类志鉴地情等图书20余种，2000余册。新方志馆建设方案选址于中山路东侧、胜利路南侧，位于夏津县档案馆与未成年人教育综合实验基地楼第4层，面积1000平方米，设有馆长室、会议室、研究室、阅览室、库房等十余个功能室。

（鞠庆波　王艳华）

【武城县方志馆】 2017年，武城县方志馆纳入“武城县文体中心”规划，并进行了选址，规划面积3000平方米，年内未开工建设。

（张　君）

开发利用

【《德州史话(贰)》出版】 2017年5月，《德州史话（贰）》由中国文史出版社出版发行。主编夏传玉，主笔马慧彬，副主编李文。全书共37万字，由“古庙宇、清真寺”“古建筑”“老行当、老风俗”“古墓遗存”“抗战纪事”五个版块组成，收录德州市长期从事地域历史文化研究学者主笔的文章72篇，反映德州历史的老照片110余幅。书号ISBN978-7-5034-8008-9，定价39元，印数2000册。

（李　文）

【《春华秋实》出版】 2017年4月，《春华秋实》由中国文史出版社出版，该书由齐河县地方史志办公室编，主编郝德禄，断限2007年—2016年，书号ISBN

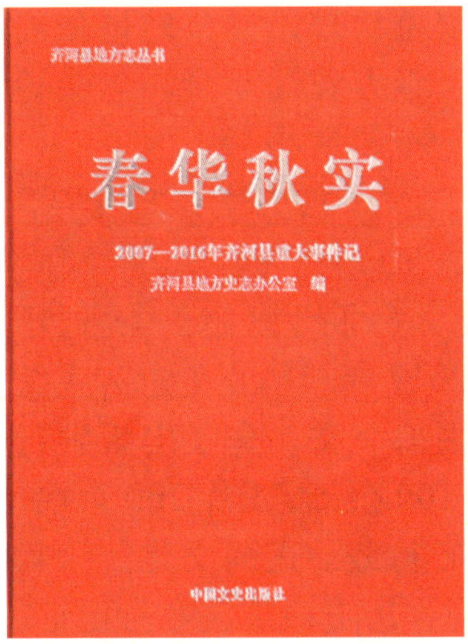

978-7-5034-8891-7，正16开本，字数38.2万字，印数800册，定价286元。该书以专记的形式，详细记述事物发展的全过程。设党建、农业、农村经济、大桥、两区同建、园区建设、大义齐河、史志、生态及旅游建设等9个专题，共计6编、18章、104节，附图片222幅、表格9帧。

（刘　勇）

【《齐河县乡土志教本》出版】 2017年8月，《齐河县乡土志教本》由电子科技大学出版社出版，该书由齐河县地方史志办公室编，主编郝德禄，副主编冯新明，书号ISBN 978-7-75647-4637-7，32开本，字数13万字，印数30000册，定价23.5元。

（刘　勇）

【《邢侗集》出版】 由临邑县史志办宫晓卫、修广利辑校。该书被列为国家古籍整理出版专项经费自助项目，始修于2016年1月，2017年3月由山东新华印务有限责任公司印刷，齐鲁书社出版，书号ISBN 978-7-5333-3725-3。该书包括了邢侗主要著作《来禽馆集》（二十九卷），另外收录了散落于各典籍或碑刻的诗文，名为《集外诗文辑遗》，附录部分收录了邢侗的墓志铭、祭文、传记等资料。全书58.9万字，印数1600册，定价186元。

（来登利）

【武城县史志工作服务社会】 与福建省厦门市、湖北省赤壁市、威海市、东营市、乐陵市、宁津县等省内外地区开展史志成果交流，丰富馆藏资源。为县委宣传部、信访局、公安局、财政局、团县委等县内单位提供县情资料查阅服务。为安徽省历史学者、河北大学学生、聊城石油公司退休职工等县外人士提供县情资料查阅服务。

（张　君）

学术交流与活动

【夏津县史志学会成立】 2017年12月，夏津县史志学会成立，隶属于县史志办公室、县文联双重管辖，办公地址依附县史志办公室。举办首届年会，与会论文6篇、史志资料文章20篇。

（鞠庆波　王艳华）

【《德州史志》】 《德州史志》创刊于2016年3月。2017年《德州史志》主编李其常，执行主编李文。全年出版发行4期，刊登文章100余篇，图片200余幅，20余万字。设有特载、运河文化、人物春秋、探索发现、历史回望、乡村记忆、地域风情等10余个栏目。

（李　文）

【《夏津史志学刊》】 夏津县史志办公室主办，夏津县史志学会承办。学刊以交流史志编写经验，存史资政，服务社会为宗旨。学刊设“人物春秋”“史海钩沉”“桑土文化”“寻根问祖”“三河文化”“红色记忆”“夏津民俗”“史林文苑”等近10个栏目。

（鞠庆波　王艳华）

责任编校：郭　焱

聊城市史志工作

综　述

【工作概况】 2017 年，聊城市史志系统紧紧围绕“三全”目标，加强组织协调，全力抓好落实，各项工作进展顺利、成效明显。“抓好二轮修志”写入政府工作报告。

志书编纂与出版。《聊城市志》自 2015 年 12 月启动，稿件全部收齐，组织力量编纂，年底形成评议稿。部门志、行业志、乡镇村志编修工作取得明显成效。编纂《聊城市卫生志》《聊城市民政志》《聊城市计划生育志》《聊城国土志》。年内，《东昌府体育志》《阳谷卫生志》、高唐县《林寨村史与家谱》《清平风物志》、莘县《莘县地方史志志》《苏堂村志》《主簿营村志》、茌平县《茌平县村庄志》、东阿县《黄集村志》出版发行。东阿县《新城街道志》编纂完成，其他乡镇有序进行，全县有 4 个村庄启动村志修编，《苫山村志》编纂基本完成。完成《山东省志·人物志》供稿任务，其中本籍人物报送 86 人，另报送部分客籍人物。完成《山东省对口支援西藏志》孔繁森资料的供稿。

年鉴编纂与出版。市级综合年鉴质量明显提高，记述对象不断增加，记述内容不断深化，内容分类更科学，印刷质量明显提高。全市 8 个县（市、区）全部编纂出版年鉴，实现市、县两级综合年鉴的“一年一鉴、公开出版”全覆盖，提前 1 年完成省史志规划发展纲要的目标任务。2017 年，市县两级完成一年卷地方综合年鉴 9 部，完成多年卷年鉴 4 部。有 4 部县级年鉴被评为 2017 年度山东省优秀史志成果奖（优秀年鉴）。市、县两级均编纂出版统计年鉴。

方志馆建设。聊城市史志办为市“一校三馆”项目建设指挥部协调监督部成员单位，年内定期参加“一校三馆”的项目研讨座谈会，对项目建设质量和功能性满足情况提出合理性整改意见。全市绝大部分县（市、区）争取与档案馆、图书馆等合建馆设，规划面积均在 1000 平方米以上。

旧志整理。临清市整理及重印《临清旧志》，《临清旧志》包括《临清州志》（康熙十二年）、《临清州志》（乾隆十四年）、《临清直隶州志》（乾隆五十年）、《临清县志》（民国二十三年）。冠县史志办编辑完成《冠县四种旧志编点校注》，包括《冠县志》（明嘉靖）、《冠县志》（明万历）、《冠县志》（清康熙）、《冠县志》（清光绪），交由山东大学出版社出版发行。同时出版清《东昌府冠县乡土志》残卷。莘县史志办整理影印、出版《莘县乡土志》（一函三册，含《莘县乡土志》《朝城县乡土志》《观城县乡土志》）。扫描影印出版《莘县志》（清康熙十一年）。阳谷县史志办整理校版《寿张县志》（光绪二十六年）茌平县史志办整理点注、印发《茌平县志》（民国二十四年）。

开发利用。聊城市利用直播网站宣传聊城上古历史，并结合其他党建活动宣传聊城历史。临清市翻印首轮志书，莘县史志办编辑印行《我们方志人》，东阿县开展仓颉文化纪念活动宣传仓颉文化。

（聊城市史志办）

【聊城市史志办全体工作人员会议】 2017年2月6日，聊城市史志办召开全体工作人员会议，聊城市政府副秘书长、史志办主任刘延勇主持会议并讲话。会议传达聊城市基层党建工作会议的精神，学习市委书记徐景颜的讲话。会议总结2016年史志工作，对2017年重点工作安排部署。

2017年3月6日，聊城市史志办召开全体工作人员会议，聊城市政府副秘书长、史志办主任刘延勇主持会议。会议传达中国共产党聊城市第十三次代表大会精神，学习聊城市委书记徐景颜在党代会的讲话和聊城市政府工作报告。

（聊城市史志办）

【《聊城年鉴》组稿暨《聊城市志》编修工作推进会议】 2017年3月3日，聊城市史志办在东昌宾馆召开《聊城年鉴》组稿暨《聊城市志》编修工作推进会议。聊城市政府副秘书长、聊城市地方史志编纂委员会办公室主任刘延勇主持会议并讲话。会议宣读了聊城市人民政府市长宋军继的《致〈聊城年鉴〉组稿暨〈聊城市志〉编修工作推进会议的信》，开展了年鉴业务培训，印发了《年鉴讲义》《年鉴编纂规范》《关于进一步规范地情文献资料报备工作的通知》《关于进一步做好〈聊城市志（1997—2015）〉编修工作的通知》《关于进一步做好“开门修”工作的通知》。各县（市、区）史志办主任、市属开发区分管史志工作的办公室主任、市直承编单位、驻聊城承编单位、重点企业办公室主任或分管副主任等280余人参加了会议。

（张　静）

【《聊城市志》工业编座谈会】 2017年3月至4月，聊城市史志办连续在各县（市、区）史志办召开9次《聊城市志（1997—2015）》工业编座谈会。各县（市、区）经信局的分管领导或相关科室负责人以及县史志办的主要领导、各重点企业负责修志的人员参加会议。会议分析各县（市、区）工业企业发展特点与脉络；骨干企业逐一发言，相互交流情况；工业编编辑指出《聊城市志（1997—2015）》工业部分稿件中存在的问题，进行业务指导。会后组建工业综合微信群与分类工业微信群随时在网上与企业沟通。

（张　静）

【《聊城市志》农业编座谈会】 2017年5月25日，聊城市史志办召开《聊城市志》农业编编写工作座谈会。会议听取市农委、林业局、畜牧局、水产局、农机局及扶贫办等单位主要及分管负责人关于农业编编写情况汇报。会议针对各章节出现的相关问题进行答疑解惑，就发现的问题提出相关指导意见。

（纪浩晴）

【《聊城市志》科技编座谈会】 2017年9月，聊城市史志办召开《聊城市志》科技编座谈会。聊城市政府副秘书长、聊城市地方史志编纂委员会办公室主任刘延勇主持会议并发言，市史志办科技编责任编辑与相关供稿单位参会。刘延勇指出科技编中存在的主要问题，要求经信委、科技局等单位尽快补充遗漏的资料。市史志办还与参会单位就志稿中的问题沟通交流。

（张　静）

【《聊城市志》其他编章座谈会及调研活动】 2017年，聊城市史志办与财政局、国资委、商务局等多家编纂任务重、资料搜集困难的单位举行座谈，共同研讨《聊城市志》编纂问题。6月，与市财政局举行2次会谈，针对财政局资料数据不完整、1997—2000年部分资料缺失等问题进行了讨论。同时，与国资委就国有资产管理问题共同商讨，对国有资产管理资料重新审核。8月，史志办编纂人员两次到市商务局，与老同志座谈，获取商务局成立前关于商贸业的一手资料。多次前往国税局、地税局、国土局、法院等单位座谈，邀请中级人民法院、检察院等单位的编纂人员到史志办商讨编纂情况，全年召开座谈会30余次。

（葛　凤）

【东昌府区年鉴工作会议】 2017年3月24日，东昌府区召开东昌府区年鉴工作会议。会议介绍《东昌府年鉴（2016）》编纂情况，部署《东昌府年鉴（2017）》组稿工作。副区长郭海英出席会议并讲话。各镇（街道）、园区，区属各单位及驻区有关单位分管负责人120余人参加会议。

（管振芹　白　雪）

【临清年鉴工作会议】 2017年3月23日，临清市召开《临清年鉴（1999—2012）》出版发行暨《临清年鉴（2013—2015）》《临清年鉴（2017）》编纂工作会议。会议印发《〈临清年鉴（2013—2015）〉、〈临清年鉴（2017）〉编纂工作实施方案》《年鉴讲义》《年鉴编纂规范》，发放《临清年鉴（1999—2012）》。副市长周志雯出席会议并讲话，市直各单位、各乡（镇、街道）、驻临各单位分管负责人及撰稿人员参加会议。

（张　英　宁柳云）

【《阳谷年鉴》编纂工作会议】 2017年4月13日，阳谷县召开年鉴编纂工作会议。会议宣读《阳谷县人民政府办公室关于调整阳谷县地方史志编纂委员会成员单位的通知》，发放《阳谷年鉴（2016）》《阳谷纪略》。县政府党组副书记崔福臻出席会议并讲话，阳谷县史志办主任韩学斌就年鉴编纂工作方案明确了具体的要求。县直各单位、各乡（镇、街道）、各大企业分管负责人参加会议。

（曹　淼）

【《莘县年鉴（2016）》发行暨《莘县年鉴2017》编纂启动会议】 2017年2月16日，莘县召开《莘县年鉴（2016）》发行暨《莘县年鉴2017》编纂启动会议。副县长商海燕出席会议并讲话。聊城市史志办相关人员参加会议并授课。会议表彰了史志工作先进单位和史志工作先进个人。130余个供稿部门单位分管负责人和供稿人参加会议。

（周　荣　杨　坤）

【《茌平年鉴（2010—2015）》《茌平年鉴（2017）》编纂启动会议】 2017年6月1日，茌平县召开《茌平年鉴（2010—2015）》《茌平年鉴（2017）》编纂启动会议。副县长宋静参加会议并讲话，聊城市史志办年鉴科科长张静做业务指导培训。会议印发《〈茌平年鉴（2010—2015）〉、〈茌平年鉴 2017〉编纂工作实施方案》《年鉴编纂规范》。茌平县史志办主任张海峰就年鉴编纂工作方案做具体要求。各乡（镇、街道）、县直各部门办公室主任、各有关企业办公室主任及撰稿人员 160 余人参加会议。

（许秀霞）

【冠县史志工作会议】 2017年4月16日，冠县召开史志工作会议召开，安排部署《冠县年鉴（2017）》编纂工作。会议发放《关于印发冠县年鉴2017卷编纂工作方案的通知》等材料，对编纂内容、文稿质量、完成时间等提出明确的要求，督促各单位成立年鉴编纂工作小组，成员包括一名分管领导，一名主编和一名联络员。

（崔海坡）

【高唐县年鉴工作会议】 2017年4月13日，高唐县年鉴工作会议召开。会上对综合年鉴“一年一鉴”工作和《高唐年鉴（2014−2015）》《高唐年鉴（2017）》的编纂工作进行动员部署。分管领导庄焕东出席会议并讲话，聊城市史志办相关人员对撰稿人进行了业务指导培训。会议发放《高唐县人民政府办公室关于做好高唐年鉴编纂工作的通知》《高唐年鉴（2014−2015）》《高唐年鉴（2017）》编纂篇目等文件资料，就做好“一年一鉴”工作及编纂内容、文稿质量、完成时间等提出明确要求。各镇街、开发区，县直各部门，各有关企业办公室主任及撰稿人 200 余人参加了会议。

（唐艳红）

机构与队伍

【聊城市地方史志编纂委员会】 2017年，聊城市地方史志编纂委员会组成人员名单为：市委书记、市人大常委会主任徐景颜任名誉主任，市委副书记、市长宋军继任主任，市政府副市长马丽红任第一副主任，市委组织部副部长任尚显，市人民政府秘书长张同奇，聊城军分区参谋长董智奎，市委副秘书长、市委办公室主任刘全来，市人民政府副秘书长、市地方史志编纂委员会办公室主任刘延勇，政协聊城市委员会副秘书长隋树军，市委宣传部副部长、市社科联党组书记刘博，市人大常委会研究室主任葛锐任副主任，靳凤莲、张绪阳、焦保强、孙玉臣、陈长华、刘东昌、刘德勇、于海龙、王越军、郭新华、哈宝泉、王维峰、孙锋、程继峰、李献滨任委员。

【聊城市地方史志编纂委员会办公室】 1982年，聊城地区地方史志编纂委员会成立，下设办公室，正县级全额拨款事业单位。1998年，撤地设市，更名为聊城市地方史志办公室。2008年，市史志办为参照公务员管理事业单位，编制18人。2016年12月，聊城市编制办公室发布聊城市史志办三定方案，重新确定名称为“聊城市地方史志编纂委员会办公室”，设置秘书科、年鉴科（加挂业务指导科牌子）、资料科、编务科、方志馆5个科室，设置专职副书记岗位1个，编制17人。2017年8月，正式更名为聊城市地方史志编纂委员会办公室。同年12月，在职12人。主任1人，科级干部11人，其中，正科级8人，领导职务8人，非领导职务1人。副科级3人，领导职务1人，非领导职务2人；研究生学历6人，本科学历4人。50岁以上3人，35～49岁4人，35岁以下5人。

主任：刘延勇

地址：聊城东昌西路24号市政府南楼3017室

电话：0635-8288844

邮编：252000

聊城市各县（市、区）史志工作机构及负责人情况统计表

单　位	隶属关系	规格	负责人	地　址	电 话	邮 编
聊城市东昌府区史志办公室	东昌府区政府	正科级	张海峰	聊城市东昌府区柳园南路65号区政府院内	0635-8413408	252000
临清市地方史志编纂委员会办公室	临清市政府	正科级	方玉群	临清市龙华街5号市委机关办公楼223房间	0635-2322167	252600
阳谷县地方史志办公室	阳谷县政府	正科级	韩学斌	阳谷县振兴路11号政府办公楼4楼	0635-6212322	252300
莘县地方史志编纂委员会办公室	莘县政府	正科级	周荣（主持工作）	莘县政府街3号莘县政府办公楼320室	0635-7320271	252400
茌平县地方史志办公室	茌平县政府	正科级	张海峰	茌平县中心街5226号政府三楼302室	0635-4276855	252100
东阿县地方史志编纂委员办公室	东阿县政府	正科级	张冬青	东阿县文化街116号政府办公楼319室	0635-3289084	252001
冠县地方史志编纂委员会办公室	冠县政府	正科级	崔海波	冠县政府办公楼5楼	0635-5231120	252500
高唐县地方史志编纂委员会办公室	高唐县政府	正科级	张传庆	高唐县政通路行政办公大厦627室	18866588392	252800

聊城市各县（市、区）史志工作人员情况统计表

单位	定编	在编人员情况												
		行政管理人员					专业技术人员			学历学位情况				
		正处级	副处级	正科级	副科级	科员及以下	高级	中级	初级及以下	博士	硕士	本科	大专	高中以下
聊城市东昌府区史志办公室	7			1	1				5			5	2	
临清市地方史志编纂委员会办公室	11			1	2	1	0	1	1			5	1	
阳谷县地方史志办公室	4			1	2	3						5	1	
莘县地方史志编纂委员会办公室	11			1	3	3						6	1	
茌平县地方史志办公室	6			1	1	2	1	1	1			4	2	
东阿县地方史志编纂委员办公室	4			1	2	2						3	2	
冠县地方史志编纂委员会办公室	6			1	1	3		1				5	1	
高唐县地方史志编纂委员会办公室	6			1	2	3						5	1	

（张　静）

志书编纂与出版

【概况】 2017年，聊城市史志办严把时间节点，明确责任分工，查缺补漏，定时督导，多方查阅史志资料，在2016年的初稿的基础上形成相对完善的志稿，形成500万字。编辑出版的县级部门志、行业志3部，乡镇村志13部，特色志1部。整理出版或印行旧志5部。

（张　静）

【《聊城市志（1997—2015)》编纂】 2015年，《聊城市志》制定规划，拟定篇目，明确责任分工。12月召开全市修志启动会议后，又于2016年年初召开全市史志培训会议，全面开展修志工作。2016年6月中旬，修志小组分头到各市直供稿部门逐一督导，召开100余次督导座谈会。至2016年底形成基本初稿。2017年，志稿中仍有相当一部分不完善内容。同年3月，聊城市史志办召开《聊城市志（1997–2015)》推进会，推进市志编纂进度。大部分部门、企业能够积极落实会议精神，提升修志能力与水平，会后认真组稿修改。个别章节聘请专家专门撰稿，如方言部类、工业纺织章等。不易请专家撰稿的章节由责任编辑独立撰稿。史志编辑独立撰稿编章主要有工业编一半的章节、商贸部类章节、民营经济部分章节，另外人物进一步排查辐射到各县（市、区）乡（镇、街道），客籍人物逐人核实。工业编单编分县市区工业编座谈会召开9次。农业编反馈座谈会1次，科技编反馈座谈会1次，财

贸类座谈会2次，其他座谈会30余次。到档案局查阅资料，深入部门内部调阅资料，寻找专业审稿人，从年鉴中查找资料补充，借阅部门各种内部参考资料，《聊城通讯》全套资料，市委个别领导的手稿。部分编章重新确定责任编辑，重新编辑加工。至年底，市志初稿基本完成，计500万字。

（张　静）

【《东昌府区体育志》出版】 2017年3月，《东昌府区体育志》由线装书局出版。主审战书理、张建广，主编朱永春，副主编管振芹。上限追溯至有记录可据之年代，下限至2015年12月，个别内容适当下延。全书前置序、凡例、概述、大事记，后置人物、附录、编后记，中设传统体育、竞技体育、学校体育、社会体育、全民健身、体育管理共6编21章63节，客观、翔实记录东昌府区各个历史时期体育事业的发展历程。全书77.4万字，书号ISBN978-75120-2697-1，大16开，定价500元，印刷1000册。

（管振芹　白　雪）

【《莘县地方史志志》出版】 2017年6月，《莘县地方史志志》由中国文史出版社出版。该志上限自1515年，下限至2016年，以莘县修志为主要记载对象，记述了不同历史时期志书编纂情况，内容包括凡例、概述、正文、附录、大事记、编后记、索引七部分，其中正文包括志鉴编纂、志鉴序辑汇、旧志概要整理、资料提供开发利用、组织管理、管理规划、方志馆建设、学习培训、方志人物和艺文等10章、38节，前彩及随文照片170余幅。全彩印刷。30万字，342页，印数500册，定价490元。书号ISBN9787-5034-9289-1。

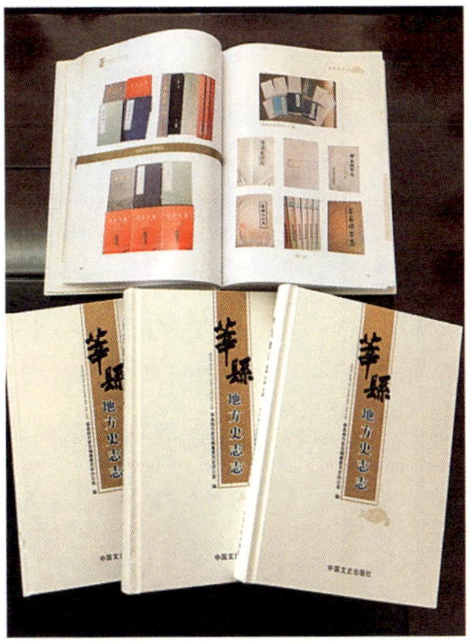

（周　荣　杨　坤）

【《阳谷县卫生志》出版】 2017年10月，《阳谷县卫生志》由方志出版社出版，这是中华人民共和国成立以后，阳谷县第一部卫生志。主编王庆森，副主编魏永敏。该志上限自中华人民共和国成立，下限至2013年底，设概述、大事记、专志、附录4个部类，卫生行政、卫生监督、医疗服务、疾病预防与控制、妇幼保健、农村卫生、中医中药、西医、医学教育与科研、爱国卫生运动、党群组织与卫生团体、荣誉、人物、杂记14编。全书138万字，大16开，书号ISBN 978-7-5144-2605-2，印数2050册，定价469元。

（曹　淼）

【《主簿营村志》出版】 2017年11月，《主簿营村志》由中国文史出版社出版发行。这是莘县第一部出版发行的乡村志

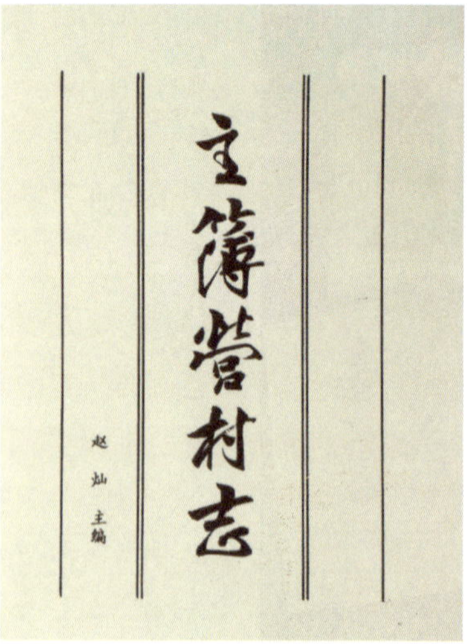

书。该志从地理、历史、人口、政权、经济、社会、风俗、人物等方面，详细记述了主簿营村的历史变迁和发展轨迹。全书35.7万字，书号ISBN978-7-5033-9204-1，16开本，印数800册，定价268元。

（周　荣　杨　坤）

【《苏堂村志》印行】 2017年8月，《苏堂村志》印行。苏堂村是莘县“三同党性”教育基地，省级“美丽乡村”，具有几百年的历史文化底蕴。2016年10月1日，启动《苏堂村志》编纂，历时9个多月，印行《苏堂村志》。该志从自然环境、人口、村庄建设、政权建设、经济民生、文教体卫、风俗等方面，详细记述苏堂村从古至今的发展轨迹。该志32开本，319页，印数500册。

（周　荣　杨　坤）

【东阿县乡镇志村志编纂】 2014年4月，东阿县启动乡镇志编纂工作，同时鼓励有条件的村（庄）对村志着手修纂。各乡镇相继成立编纂委员会，明确编纂人员，东阿县史志办公室定期进行检查和业务指导。2017年，《新城街道志》编纂完成，其他乡镇有序进行。全县有4个村庄启动村志修编，《黄集村志》正式出版，《苫山村志》编纂基本完成。

（东阿县史志办）

【《茌平县村庄志》出版】 2017年10月，《茌平县村庄志》由中国文史出版社出版，这是茌平县第一部村庄简史。该志由茌平县地方史志办公室编纂，主编张海峰。该志记述了全县14个乡镇、732个行政村的发展历史，上限追溯到事物发端，下限截至2012年底，个别内容适当下延。采用篇、章、节、目体例结构叙述，每一乡镇为一篇，各乡镇所属行

政村为一章，每个行政村所述设置基本情况、经济发展、社会进步、生态文明建设、文化建设、村级组织建设、人物、其他8项内容。该志300万字，分上下两卷，16开本，1500套。定价600元，书号ISBN978-7-5034-9227-3。

（许秀霞）

【《林寨村史与家谱》印行】 2017年10月，《林寨村史与家谱》印行。林春恒编著。该书记载了林寨村上迄明成化年间，下至2016年近600年的发展历史。以《村史篇》《家谱篇》

为主体，增编《国家篇》《家庭篇》《国家篇》，以写开国伟人、十大元帅、历史名人的生平业绩为载体，《家庭篇》则以良好家风传承，家和万事兴、子女能成才，启蒙教育为主要内容，填补了该村无村史、缺家谱的空白。全书18.6万字，16开本。

（唐艳红）

【《清平风物志》出版】 2017年12月，《清平风物志》由山东友谊出版社出版发行。编著张传庆。该志包括建制沿革、街道村庄、名胜古迹、人物、土特名产风味

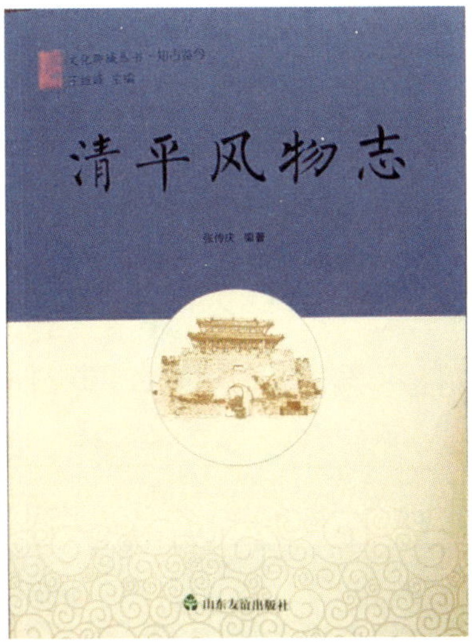

名吃、战事、轶闻掌故传说、风俗、传统文化、诗文选录等10编，收录清平本地特色的风光景物、风俗物产、人文习俗、衣食住行等内容。该志28万字，书号ISBN 978-7-5516-1521-1，16开本，印数3000册。该志被列入《文化聊城丛书》出版项目。

（唐艳红）

【《临清旧志》整理出版】 临清市完整旧志有《临清州志》（清康熙十二年知州于睿明主修）、《临清州志》（乾隆十四年知州王俊主修）、《临清直隶州志》（乾隆五十年知州张度主修）、《临清县志》（民国二十三年张树梅、王贵笙主编）。2001年，临清市政府及史志办工作人员出版清康熙十二年《临清州志》、乾隆十四年《临清州志》、乾隆五十年《临清直隶州志》、民国二十三年《临清县志》四本合订本的《临清州志》，至2017年原版《临清州志》存世较少。临清市委、市政府决定对《临清州志》重新整理，临清地方史志办公室受市委、市政府委托重印《临清旧志》，临清市史志办主任方玉群、张英等人深入研究《临清州志》内容，通过查阅古书、咨询请教对临清有研究的权威人士，经过一年的仔细揣摩，多次商讨书名、印刷方式，从封面颜色、结构布局到最后成书进行深入的研究，商定新出版的旧志名称为《临清旧志》，包含《临清州志》清康熙十二年、《临清州志》乾隆十四年、《临清直隶州志》乾隆五十年、《临清县志》民国二十三年。2016年11月政府招标，2016年底完成定稿，2017年4月《临清旧志》出版，印数500册。

（宁柳云）

【清光绪《莘县乡土志》影印本印行】 2017年，莘县史志办整理影印的《莘县乡土志》印行。《莘县乡土志》一函三册，含光绪《莘县乡土志》、光绪《观城

县乡土志》、光绪《朝城县乡土志》各一册。此次影印，对原本没作任何修改，保留了原书的风貌，亦不加校勘。影印本采用宣

纸印刷、仿古线装。光绪《莘县乡土志》由时任莘县知县、浙江仁和人周郑表修、时任训导孔翼轩纂，宣统元年（1909年）石印出版，亦称宣统《莘县乡土志》，是莘县历史上唯一一部乡土志。全志设历史、政绩録、兵事録、耆旧録、乡宦、孝友、事业、贞节、户口、宗教、实业、地理、乡里、村庄、祠庙、古迹、坊表、桥梁、市集、学堂、山水、道路、物产（动物、植物），志后有周郑表与前任知县汪锡康撰跋。光绪《观城乡土志》由观城县教谕移补训导王培钦纂。志目按学部规定，设有历史、政绩録、兵事録、耆旧録等，志首有王培钦序。光绪《朝城县乡土志》由候选州判吴式基修纂，民国九年铅印，共一册。设历史、政绩、兵事、人类等。

（周　荣　杨　坤）

【清康熙十一年《莘县志》影印本出版】 2017年6月，清康熙十一年《莘县志》（影印版）由中国文化出版社出版发行。该志由莘县知县江苏武进人刘维祯主持纂修。全志共八卷，卷一至四缺佚，现仅存：卷五官师志，内分知县、主簿、典史、教谕、训导；卷六选举志，内分进士、

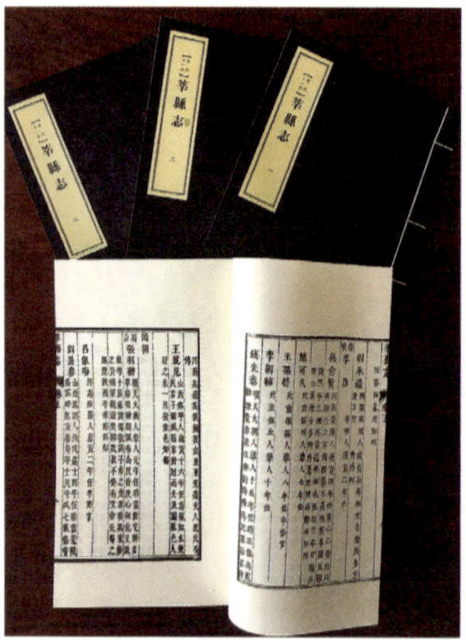

徵举、贡生、武科、貤恩、恩荫、杂职；卷七人物志，内分人物、孝子、顺孙、节妇、孝妇、义行、奇童、艺术、宾耆；卷八艺文志，内分碑记、奏疏、序、书、条议、墓表、论、赋、题咏。约六万字。此次影印，以国家图书馆所藏版本（孤本）为底本，不做任何修改，以尽显其原貌。6.5万字。开本32开本，124页，400套。书号ISBN978-988-63436-6-9/I.6125。

（周　荣　杨　坤）

【光绪二十六年《寿张县志》整理印行】 2017年12月，阳谷县史志办整理与校版的光绪二十六年《寿张县志》出版。该志书原著刘藻，全书分为卷首、卷一至卷十，设方兴志、建置志、典礼志、食货志、官师志、选举志、人物志、艺文志、武备志、杂事志等，共300函，每函6册，线装，宣纸印刷。该志9.6万字，500页，印数1800册。

（曹　淼）

【民国二十四年《茌平县志》（点注本）印行】 2017年，茌平县地方史志办公室对民国二十四年《茌平县志》进行整理，逐字

逐句理顺断句，简化勘误，对一些难懂字词进行注释校勘，11月整理完成。该志是民国十五年《茌平县志》的续修版，卷首设序、例言、图等。卷一至卷十二分别为新政志、地理志、人物志、教育

志、军警志、交通志、赋税志、职官志、实业志、选举志、灾异志、艺术志。全书共12卷、8册，40万字，印数1000册。

（许秀霞）

【《冠县四种旧志编点校注》编辑完成】 从2013年起，冠县史志办先后搜集并复制了明嘉靖、明万历、清康熙和清光绪四个收藏于外埠的《冠县志》版本。至2017年，完成《冠县四种旧志编点校注》编辑。该书对明嘉靖《冠县志》、明万历《冠县志》、清康熙《冠县志》、清光绪《冠县志》四种县志版本进行详尽的编点校注。

（崔海坡）

年鉴编纂与出版

【概况】 2017年3月3日，聊城市史志办召开《聊城年鉴》推进会，8月完成年鉴招标工作，10月底完成《聊城年鉴(2017)》的编纂，11月由中国文史出版社正式出版发行。《聊城年鉴（2017)》围绕聊城市中心任务和年度大事要事，详细记述全市各行各业的发展变化情况，卷首彩页重点反映“数字聊城”、2011至2016年聊城市光辉发展历程，年鉴图文并茂，充分反映聊城年度特色与地域特点。聊城市史志办督促各县（市、区）完成综合年鉴“一年一鉴”编纂出版工作，年初对各县（市、区）年鉴组稿方案进行审核，规范县（市、区）年鉴编纂规范，对各县（市、区）年鉴的栏目框架设置提出合理建议，以会代训，对县撰稿人进行业务培训。各县（市、区）史志办于上半年召开年鉴启动会议，在会上指导年鉴编纂工作。均拟定年鉴组稿方案，8个县(市、区)全部启动“一年一鉴”编纂工作，并于年底前完成年鉴出版，提前一年完成目标任务。全市除完成一年卷年鉴外，还出版《临清年鉴(2013—2015)》《茌平年鉴(2010—2015)》《东阿年鉴（2011—2015)》《高唐年鉴（2014—2015)》4部多年卷年鉴。全年出版市、县级地方综合年鉴13部。《临清年鉴(2017)》《东昌府年鉴(2017)》《东阿年鉴(2017)》《阳谷年鉴(2017)》被评为2017年度山东省优秀史志成果奖（优秀年鉴）。

（张　静）

【《聊城年鉴（2017)》出版】 2017年11月，《聊城年鉴（2017)》由中国文史出版社出版发行。《聊城年鉴（2017)》是

《聊城年鉴》创刊以后连续出版的第16卷，由聊城市人民政府主办，聊城市地方史志编纂委员会办公室承编。主编刘延勇。全书全面客观记述聊城市自然、政治、经济、军事、文化、社会等方面发展变化情况。全书分设特载、专记、大事记、全市概况、政党政务、人民团体、军事、政法、经济管理与监督、农业、工业、交通•邮电、建设・环保、商务、财政・税务、金融、

科学技术、教育、文化·旅游、卫生·计生·体育、社会管理·人民生活、县市区概况、人物23个栏目，195个分目，1030个条目。后设索引。全书全彩印刷，圆脊精装，部分封面文字烫金工艺。随文插图80余张，人物照片15张。1170千字。大16开，490页，3000册。定价398元。书号ISBN978-7-50349734-6。

（张　静）

【《东昌府年鉴（2017）》出版】 2017年11月，《东昌府年鉴（2017）》由方志出版社出版发行。《东昌府年鉴（2017）》是《东昌府年鉴》创刊以后连续出版的第4卷年鉴。《东昌府年鉴（2017）》由聊城市东昌府区人民政府主办，聊城市东昌府区地方志编纂委员会承编。主编马金成、张海峰。全书全面、客观地记述2016年东昌府区自然、政治、经济、文化、社会等方面发展变化基本情况。分设特载、专记、大事记、全区概况等28个栏目，137个分目，931个条目。全彩印刷，卷首设图片6页，空白页中添加相关小资料、图片。编制中文、英文目录，后附索引。全书62.1万字，书号ISBN 978-7-5144-2652-6，大16开，印数1200册，定价360元。

（管振芹　白　雪）

【《临清年鉴(2017)》出版】 2017年12月，《临清年鉴（2017）》由方志出版社出版发行。临清市人民政府主办、临清市地方史志编纂委员会办公室承办。《临清年鉴（2017）》是《临清年鉴》创刊以后连续出版的第4卷。主编方玉群，副主编张英、李星火。全书客观真实地反映临清市2016年度政治、经济、社会、文化等方面的新变化、新成就、新风貌。全书设特载、专记、大事记、临清概况、中国共产党临清市委员会、临清市人民代表大会、临清市人民政府、中国人民政治协商会议临清市委员会、中国共产党临清市纪律检查委员会、社会团体、军事、法治、经济管理、农业、工业、交通邮电、建设环保、财税金融保险、商业贸易、科技教育、卫生与计划生育体育、文化旅游、社会生活、镇（街道）园区概况、人物25个栏目，154个分目，1123个条目。相比以往的条目设置，删除“领导人更迭”条目，在全市概况栏目中增设“组织机构概况”条目，增加随文图片。彩页图片设有时政图片、魅力临清两大板块20幅，每个栏目首页均有彩页插图。采用四色全彩印刷。全书84.5万字，书号ISBN978-7-5144-2944-2，大16开，832页，印数700册，定价368元。

（宁柳云）

【《阳谷年鉴（2017）》出版】 2017年11月，《阳谷年鉴（2017）》由方志出版社出版发行，这是《阳谷年鉴》创刊以后连续出版的第7卷。主编韩学斌。本卷年鉴设特载、大事记、全县概况、政党·政务、军事、法制、综合经济管理、农业、工业和信息化、交通·邮政、建设·环保、商业·贸易、财税·金融、教育·科技、文化·旅游、体育·卫生、社会管理、园区·乡镇·街道、人物19个栏目，163个分目，758个条目。全书74.5万字，书号ISBN978-7-5144-2767-7，大16开本，1500册，定价218元。

（曹 淼）

【《莘县年鉴（2017）》出版】 2017年8月，《莘县年鉴（2017）》由中国文史出版社出版发行。《莘县年鉴（2017）》是《莘县年鉴》创刊以后连续出版的第4卷。2月16日，莘县史志办召开《莘县年鉴（2017）》编纂启动会议。3月底形成初稿，6月中旬定稿，7月交印刷社排版。主编颜廷勇、副主编赵艳霞。记载2016年全县政治、经济、文化和各项社会事业发展的新情况、新变化、新成绩。全书设特载、专记、大事记、莘县概况、政党·政务、群众团体、法制·军事、工业、农业、城建·环保、招商引资·外经外贸等22个栏目，120个分目、878个条目。前彩分领导关怀、实力莘县、活力莘县、和谐莘县、幸福莘县5个板块。随文照片134张。全书70万字，书号ISBN978-7-5034-9217-4，大16开，389页，500册，定价480元。

（周 荣 杨 坤）

【《茌平年鉴(2017)》出版】 2017年12月，《茌平年鉴（2017）》出版发行，这是《茌平年鉴》创刊以后连续出版的第4卷。茌平县人民政府主办，茌平县地方史志编纂委员会办公室承纂。主编张海峰，副主编项玉强。全书记述时限为2016年1月1日至2016年12月31日，是茌平县第1部逐年出版的年鉴。设特载、大事记、全县概况、中国共产党茌平县委员会、群众团体、茌平县人民代表大会及常务委员会、茌平县人民政府、中国人民政治协商会议茌平县委员会、军事、法治、综合经济管理、农业、工业、交通邮电、建设环保、商业贸易、财政税务、金融、

科技教育、文体卫生、社会生活、经济开发区、乡镇（街道）、人物等24个栏目，记载2016年全县政治、经济、文化、社会等各项事业取得新成就和发生的大事聊城市史志工作要事。增加随文图片，卷首收录各单位具有代表性图片。62万字，大16开，711页，印数200册。定价198元。

（许秀霞）

【《东阿年鉴(2017)》出版】 2017年12月，《东阿年鉴（2017）》由中国文史出版社出版发行。

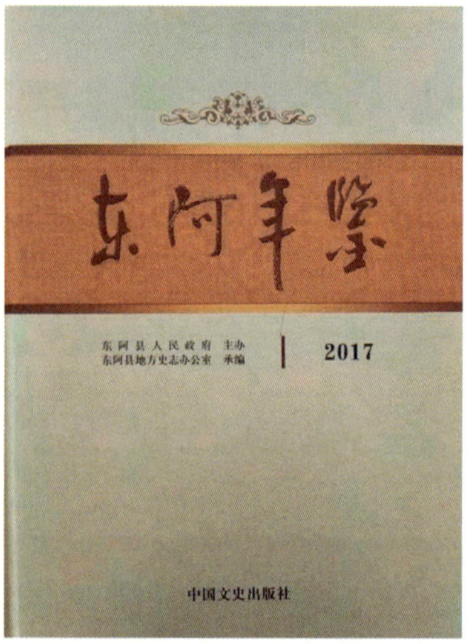

该卷年鉴由东阿县史志办公室编纂，主编张冬青。全书设特载、大事记、全县概况、党政群团、法治武装、经济管理与监督、农业、工业、黄河、商贸服务业、城乡建设 环境保护、交通 邮电 通信、财税 金融 保险、科技 教育卫生、文化 旅游 卫生、社会生活、人物、荣誉榜、经济开发区 乡镇（街道）栏目，记述了东阿县自然、政治、经济、文化、社会生活等方面的基本情况。全书56万字，书号ISBN978-7-5034-9878-7，大16开，定价268元，印数1000册。

（东阿县史志办）

【《冠县年鉴（2017）》出版】 2017年12月，《冠县年鉴（2017）》由天津古籍出版社出版发行。《冠县年鉴（2017）》是《冠县年鉴》创刊以后连续出版的第2卷。冠县人民政府主办，冠县地方史志编纂委员会办公室承编。主编崔海坡、史钊，副主编么颖颖。

全书全面、系统、准确地记述2016年全县自然、政治、经济、文化社会等方面的综合情况。6月下旬完成初稿，9月主编总纂合成，10月基本完成年鉴初稿的编纂工作，并向县委、县人大、县政府、县政协等单位部门和部分县领导人发送年鉴征求意见稿，公开供求意见。11月中旬，陆续完成对所征求意见的加工整理工作。全书分设特载、专记、大事记、政区·环境、组织机构及其负责人、中共·群团、政权·政协、司法·军事、农林牧渔业、工业·建筑业、基础设施建设、商贸·旅游业、税财·金融、经济人管理与监督、社会事业、经济开发区·街道·乡镇等16个栏目，照片55幅，前彩页码20页。全书45.4万字，书号ISBN978-7-5528-0648-9，大16开本，292页，印刷500册，定价220元。

（崔海坡 么颖颖）

【《高唐年鉴（2017）》出版】 2017年12月，《高唐年鉴（2017）》由天津古籍出版社出版发行。高唐县人民政府主办，高唐县地方史志编纂委员会办公室承编。全书记载2016年全县政治、经济、文

化和各项社会事业发展的新情况、新变化、新成绩。全书设特载、专记、大事记、全县概况、中国共产党高唐县委员会、高唐县人民代表大会及常务委员会、高唐县人民政府、中国人民政治协商会议高唐委员会、中国共产党高唐县纪律检查委员会、人民团体、军事、法治、经济管理、农业、工业、招商引资·外经外贸、交通·通信、建设·环保、商业·贸易、财政·税务、金融·保险、科技·教育、文体·卫生、社会生活、开发区·镇（街道）25个栏目。全书65万字，书号ISBN978-7-5528-0641-0，大16开，印数800册，定价160元。

（唐艳红）

信息化建设

【概况】 2017年，聊城市史志办信息工作以聊城市情网为主，服务于史志办工作需求，向山东省情网、聊城市政府网站上报全市史志工作信息。推进政务公开，将权利清单、义务清单等政务信息及时上报政务服务平台，整合政务信息，为群众咨询提供便利服务。年内，聊城市情网进行改版，重新规划网站栏目，将原有栏目进行整合升级，删除部分栏目，增添“党务政务公开”“大学习大调研大改进”等思想建设栏目。设有市情动态、史志动态、志鉴库、历史研究等一级栏目10个。向山东省情网及聊城市政府网站等相关网站平台报送相关信息，向省情网报送史志办工作信息20余条；向市政府网站报送信息20余条，主要包括聊城市情、聊城市志、聊城年鉴等史志办工作。全年上传信息200余条。聊城市情网为《聊城市志》编纂提供资料征集与信息公开服务。2017年，《聊城市志》紧张编纂，聊城市情网及时发布资料征集相关信息，向社会各界征求史志资料，为《聊城市志》提供第一手材料。同时，及时上传市志有关信息，多次报道与政府部门、农业部门等供稿单位沟通情况，报道市志编纂内容，展现市志编纂进程。聊城市情网开设并及时更新“精神文明建设”“党务政务公开”等相关专栏，发布史志办精神文明建设情况，展现学习风貌。年内，东昌府区情网上传部分行政区划内容，临清、阳谷等部分县（市、区）网站未更新。东昌府区、莘县分别向山东省情网报送信息8条，阳谷保送信息3条。根据信息化发展需求，各县（市、区）逐步发展新媒体建设，莘县为开设莘县微信公众号做好准备。

（葛　凤）

方志馆建设

【概况】 聊城市委、市政府非常重视方志馆的建设工作，聊城市方志馆及其他“一校三馆”建设项目列入建设规划，聊城市史志办及时跟进上级会议精神，按时召开方志馆建设会议，提出建设方案。为贯彻落实全省方志馆工作会议精神以及省方志馆2017年工作部署，市方志馆每月定期报送一次各市（包括区、县）方志馆建设工作情况统计。督促各县(市、区）及时上报统计情况，完成方志馆各项统计工作。

（张　静）

【聊城市方志馆】 聊城市方志馆位于聊城市东昌西路24号市政府南楼，总面积约200平方米，设有志鉴书籍室、专家研究室和古籍珍本室，编制2名。配有笔记本电脑、投影仪、空调、灭火器。截至2017年底，方志馆有各类图书685种、15000册，其中省内志书1123册，省外志书199册，旧志馆藏38部，省内年鉴8230册，省外年鉴173册，地情资料2458册，其他相关史志2238册。购买新书100余册，交换年鉴30余本。全年接待查阅资料200余人次。2017年，聊城市政府批准聊城市志馆新址建设，市方志馆与市档案馆、市图书馆三馆合建，自用总面积2410平方米。

（李光辉）

【聊城市东昌府区方志馆】 东昌府区方志馆位于聊城市柳园南路65号东昌府区政府院内。通过多方争取，新增加仓库室、阅览室等功能区，馆舍面积达到100平方米。由1名史志办工作人员负责各种地情资料和文献的分类、整理和归档工作，馆内以收藏志书、年鉴为主要特色，兼有地方姓氏族谱、地情资料、论著文集等。2017年，东昌府区方志馆继续突出馆藏特色，丰富馆藏内容。通过网络、电话的联系方式收集全国各地的地情资料，至年底，馆藏各种地情文献5000余本，500余种。全年共接待查阅人员100余人次。根据山东省人民政府办公厅印发的《〈全省方志馆建设管理规范〉的通知》要求，东昌府区政府批准东昌府区方志馆新址建设，区方志馆和区档案馆合建，新址位于奥森路以西、东郡路以北，总面积是12000平方米，其中新建方志馆面积1000平方米。

（管振芹　白　雪）

【临清市方志馆】 临清市方志馆设立于临清市图书馆，使用面积50平方米。通过广泛函征、交换征集，建立联系网络、复印、扫描存档等方式。征集到书刊3000余册。2017年，新增进馆书籍30册，其中，交换10册。方志馆实行分类登记，将省外古今地方志书、省内外各种年鉴、地方姓氏族谱、论著文集、刊物图片音像资料等分为五大类。建立台账，和图书馆的人员人手一份，以确保书刊的完整性和不丢失。明确一名兼职人员具体负责，一名副主任分管。

（张　英　宁柳云）

【阳谷县方志馆】 阳谷县方志馆面积50平方米，2017年，新增进馆书籍45册，其中，交换30册。全年共接待查阅人员46人。现馆藏4100余册，其中志书450余册，年鉴1100余册，阳谷地情资料1800余册，其他资料750余册，形成地情、方志、古籍、年鉴等四大门类。方志馆新馆建设有序展开。2017年3月初，阳谷县召开由住建、国土、规划、档案、史志等部门参加的档案馆（方志馆）建设调度会。5月，完成档案馆（方志馆）建设立项工作。12月，开始进行档案馆（方志馆）建设单位招标工作。

（曹　淼）

【莘县方志馆】　莘县方志馆位于莘县人民政府办公楼四楼，面积20余平方米。2017年10月，搬至三楼，面积增至55平方米。年内，入馆《我们方志人》500册、《莘县乡土志（莘县乡土志、朝城县乡土志、观城县乡土志）》（影印版）200套、清康熙十一年《莘县志》（影印版）400套、《莘县地方史志志》500册、再版《莘县志》500册、《苏堂村志》2册、《莘县年鉴（2017）》500册、《主簿营村志》2册、《聊城年鉴（2017）》20册。同时，开展志书发行工作，全年发放新编志书900余套。与平度市交换《平度民俗志》，与东平县交换《东平风物志》，与单县交换《单县古代教育史略》，全年交换精品志鉴20余部。

（周　荣　杨　坤）

【茌平县方志馆】　2017年，茌平县地方史志办公室对方志馆加强管理、充实馆藏。截至年底，与湖北、江苏、河北、北京、上海等省市完成第二轮县志、旧志交换共计20册（卷），对家谱档案、专业志、年鉴类、地情类志书重新整理并建立电子档案，馆藏书目类别清晰、查阅便捷。全年接待查阅人员100人次，接受各类文献资料50册。根据《全省方志馆建设管理规范》要求，茌平县史志办积极筹划、精心部署，争取项目支持，方志馆新馆与档案馆同步规划建设，面积为1000平方米。

（许秀霞）

【东阿县方志馆】　截至2017年底，东阿县方志馆存书3000余册。充分利用现有条件，面向社会开放为社会各界志书利用者和地情资料查阅者服务。由于存书较多，方志馆面积远远不能适应现实需要。东阿县史志办公室向上级及时汇报，争取领导支持。方志馆新馆建设纳入东阿县“四馆一中心”建设规划。

（东阿县史志办）

【冠县方志馆】　冠县方志馆位于冠县政府办公大楼五楼，面积18平方米，藏书200余种，3000余册，内容包括省志、市志、县志、各类年鉴、图片、杂志、当地文学作品等。配备电脑、多功能打印机、空调等设施。配备管理人员1人。

（崔海坡）

【高唐县方志馆】　高唐县方志馆位于高唐县政通路行政办公楼627室，面积50平方米。2017年，与其他县市交换志书、年鉴等书籍50多部。截至年底，藏书约2000册，其中，省（县、市）志340余册，年鉴800余册，高唐地情资料500余册，其他资料350余册。方志馆新馆确定和档案馆共同建设，规划与选址工作已完成，新建方志馆面积为1500平方米。

（唐艳红）

开发利用

【概况】 2017年，聊城市史志办向社区发放图书，利用直播网站宣传聊城上古历史，利用各种读书会宣传聊城历史。同年6月，聊城市史志办工作人员在“千聊网”直播网站开设上古史宣传专栏，对聊城上古核心历史地位网上分析与直播，起到较好历史宣传效果，直播网站听众数千人。莘县编纂《聊城方志人》弘扬修志人事迹，介绍修志经验，展示修志人风采，再版《莘县志》提高志书使用率。东阿县开展仓颉文化纪念活动，宣传东阿仓颉文化，为地方文化建设服务。

（张 静）

【参加研讨会交流学习】 2017年5月，聊城市史志办编务科孙善英撰写论文《地方志保护与传承乡土文化资源的探讨》受邀参加中国地方志指导小组举办的第七届中国地方志学术年会，并在讨论会上点评发言。6月28日，冀鲁豫交界区域魏州文化研讨会在古魏州治所河北省邯郸市大名县召开，莘县史志办受邀参会，同与会专家及原魏州辖区内的各县市史志办认真研讨，广泛交流。这次研讨会对原魏州辖区内各县市挖掘、整理、宣传好这段历史，保护利用好珍贵历史文化资源，弘扬地方优秀文化，推进县域经济繁荣发展具有重要意义。据《莘县志》记载，唐武德四年（公元621年），析莘县置莘亭县，属魏州，此时，莘县、莘亭两县并存。次年，改莘县为莘州。唐贞观四年（公元630年），莘州、莘亭两县俱废，复置莘县，仍属魏州。宋时，莘县属河北东路大名府。元时，改属东昌路。明、清两代属山东省布政使司东昌府。同年8月，孙善英撰写论文《优秀传统文化传承背景下浅谈方志文化的创新——由方志文化的特点谈起》入选参加中国地方志指导小组举办的“继承中华文化传统，弘扬方志文化”论坛，并以优秀论文作者的身份在大会作主题发言。9月，市史志办资料科葛凤撰写论文《浅议第二轮志书中服务业的编写》受邀参加上海市地方志办公室、上海社会科学院历史研究所联合主办的“2017年地方志与地方史理论研讨会”，并在会上陈述发言。12月，孙善英撰写论文《独具匠心的装帧设计 创新成就高品质的年鉴——学习全国优秀年鉴〈镇江年鉴〉有感》受邀参加首届全国年鉴论坛，并在论坛发言。

（孙善英 颜廷勇）

【《我们方志人》印行】 2017年4月，为纪念莘县史志办成立35周年，莘县史志办编纂《我们方志人》，主编颜廷勇，副主编赵艳霞。字数6.3万字，印数500册。全书收录文章22篇，作者为首轮、二轮新方志和三部年鉴的主编、副主编、编辑以及供稿人员。每篇文章前，都有作者简介，介绍了作者的工作历程、主要事迹和取得的成绩。

（周 荣 杨 坤）

【《莘县志》再版】 第一轮社会主义新方志《莘县志》于1997年出版，随着对外交流的增多，库存已不多。莘县县委、

县政府研究决定再版《莘县志》。2017年6月，第一轮社会主义新方志《莘县志》再版发行，印数500册。本次再版，除卷首增加县委副书记、县长高志国的再版序言和县史志办原主任颜廷勇的再版说明外，其余未作任何修改，以尽显原书风貌。

（周　荣　杨　坤）

【聊城市史志办服务社会】 为服务社会，充分展示史志成果，2017年上半年与下半年分别向相关社区赠阅年鉴、地情类书籍。

利用网络直播站点宣传地方文化。2017年6月，聊城市史志办工作人员在“千聊网”直播网站开设上古史宣传专栏，对聊城上古核心历史地位网上分析与直播，起到较好历史宣传效果，直播网站听众数千人。

（张　静）

【仓颉文化宣传与纪念】 东阿县是黄帝史官、中华文字始祖仓颉故里，仓颉文化内涵丰富，仓颉墓位于山东省东阿县铜城街道王宗汤村东南1.5公里处。仓颉墓记载于《皇览》、明万历年间《兖州府志》《清道光东阿县志》等志书中。2017年9月29日，为弘扬“仓圣”文化，探求历史文明，打造东阿乃至聊城历史文化品牌，东阿县史志办公室联合聊城市华夏仓颉学会举行“聊城市华夏仓颉学会古碑刻文化展”活动。在东阿县展览馆展出古石刻拓片100余幅，拓片年代古远、笔画婉转、流畅、奔放，有较高的艺术价值，也是研究书法及其历史时期不可多得的真实史料。聊城市人大常委会原副主任荣向林，聊城市政协副主席马亮宽，聊城市委党校原党委书记张延安，聊城市委党校原校长刘继孟，聊城市原文物所所长陈昆麟，东阿县委书记、县人大常委会主任雷霞，东阿县委副书记、县长马广朋，东阿县政协主席朱凤泽，东阿县人民政府副县长苏玉凤等领导和专家100余人参加开展仪式。

（东阿县史志办）

责任编校：宋　涛

滨州市史志工作

综　述

【工作概况】 2017年，滨州市史志工作贴近中心，服务大局，志、鉴、库、馆、用五业并举，“三全”目标任务有序推进。

第二轮修志工作。滨州市按照全省统一进度要求，采取政府督导手段加快组稿，市史志办定期调度督导，加强业务指导把关。2017年，《邹平县志（1986—2005）》《惠民县志（1979—2005）》出版；截至年底，全市规划的8部志书出版地区志1部、县区志6部，《阳信县志（1986—2013）》正在编纂中。

综合年鉴工作。2017年，市级年鉴创新改版，优化组稿方案，分批集中培训，每周调度督导。8月份，《滨州年鉴（2017）》比上年度提前3个月出版，获得“山东省优秀史志成果·优秀年鉴”。各县区年鉴编纂统一方案，统一要求，统一时限，全市统筹推进。截至2017年底，7县区全部实现“一年一鉴、公开出版”，《无棣年鉴（2017）》《邹平年鉴（2017）》《滨城年鉴（2017）》被评为“山东省优秀史志成果·优秀年鉴”。

方志馆建设工作。2017年，滨州市方志馆全年增藏志鉴书籍1000余册，接待群众查阅80余人次；市方志馆新馆馆址确定为市规划局一楼东大厅南侧，约2000平方米，年内完成设计招标工作。各县区方志馆继续完善管理，扩充馆藏；各县区新馆馆址确定，与县区档案馆、博物馆或文化中心同步规划建设，规划面积均不少于1000平方米。2017年，市、县区地情网站更新网页设置，强化网络安全建设，实时反映史志业务动态，充实志、鉴及地情资料，为社会各界提供实用数据。扩展志书、年鉴赠送及省市交流范围，以书为媒，宣传滨州。发挥史志办地情资料优势，为全市城市规划、招商引资、行业发展等提供资料查询三百余人次。

【滨州市“一年一鉴”工作调度会】 2017年5月25日，滨州市“一年一鉴”工作调度会召开。各县区史志办主任、市属开发区分管科室负责人、市史志办全体人员参加会议。会议由市史志办党组书记、主任王占锋主持。会上，各县区史志办主任就“一年一鉴”工作进展汇报，市史志办副主任毛英全对《山东年鉴（2017)》《滨州年鉴（2017)》县区供稿情况总结，王占锋对全市“一年一鉴”工作部署，明确工作要求。

【滨州市史志工作座谈会】 2017年8月11日，滨州市史志工作座谈会在无棣县召开。市史志办党组书记、主任王占锋主持会议并讲话，无棣县分管副县长、各县区史志办主任、市史志办全体人员参加会议。会上，各县区史志办主任汇报2017年工作开展情况及下步工作安排，会议对全市第二轮修志、“一年一鉴”、方志馆建设等工作进行总结、部署。

【滨州市史志工作“三全”目标推进座谈会】 2017年9月21日，滨州市史志工作“三全”目标推进座谈会召开。省政府办公厅党组成员、省史志办主任刘爱军，滨州市副市长潘青，省政府督查室督查专员出席会议并讲话。省史志办市县基层志编纂指导处负责人，滨州市史志办主任王占锋，滨州市各县区政府分管负责人、史志办主任等参加会议，滨州市政府副秘书长、应急办主任杨玉鑫主持会议。会上，刘爱军就当前史志事业发展面临的形势及全省史志工作取得的成绩进行分析，指出滨州市在落实“三全”目标任务上存在的差距和不足，并对下步工作提出要求。

2017年9月21日，省政府办公厅党组成员、省史志办主任刘爱军（左）到滨州市调研督导“三全目标”推进工作，与市委书记、市人大常委会主任张光峰会见

（赵　泳）

【阳信县史志工作“三全”目标推进座谈会】 2017年9月22日，阳信县史志工作“三全”目标推进座谈会在阳信县政务中心召开。省政府办公厅党组成员、省史志办主任刘爱军出席会议，听取阳信县工作汇报，指出阳信县在“三全”目标任务推进中存在的不足，并提出工作要求。滨州市副市长潘青出席会议并讲话。省政府督查室督查专员，省史志办市县基层志编纂指导处负责人，滨州市政府副秘书长、市应急办主任杨玉鑫，滨州市史志办党组书记、主任王占锋，滨州市政府督导室副主任王洪民，阳信县委书记栾兴刚，副县长李美等参加座谈。

（周颖慧）

【《滨州年鉴（2017）》撰稿培训会】 2017年2月22日至3月1日，滨州市史志办分11批次对140余位市直单位撰稿人及县区年鉴执行主编集中撰稿培训。培训班由滨州市史志办主任王占锋主持，副主任毛英全主讲，年鉴责任编辑参与培训。此次培训对《滨州年鉴》组稿方案详细解读，细化分解撰稿任务，明确撰稿要求及供稿时限。培训过程中，参训人员与主讲人现场互动，解答疑问，建立《滨州年鉴》微信群及QQ群。

（赵　泳）

机构与队伍

【滨州市地方史志编纂委员会】 根据领导任职变化情况和工作需要，滨州市地方史志编纂委员会共作15次调整，最后一次调整为2017年4月。副市长潘青任滨州市地方史志编纂委员会主任。副主任8人：滨州军分区参谋长许增全，市委副秘书长、市档案局局长冯永田，市委组织部副部长、市人才工作办公室主任王亨波，市委宣传部副部长李惠生，市人大常委会副秘书长、研究室主任刘国安，市政府办公室党组成员、市政府应急管理办公室主任谷玉玲，市政协副秘书长、研究室主任薛希忠，市地方史志办公室主任王占锋。委员11人：市委政法委副书记周军，市委党史研究室主任李文进，市教育局副局长李梅生，市科学技术局党组成员、市科学技术情报研究所所长高曙光，市人力资源和社会保障局副局长、市人才工作办公室副主任卢惠民，市住房和城乡建设局党委委员、副调研员马燕，市农业局副调研员任炜义，市文化广电新闻出版局党组书记、市文化市场综合执法局局长张景亮，市文化市场综合执法局副局长赵仁清，市统计局党组副书记、调研员梁中华，滨州传媒集团有限责任公司监事会主席张明。委员会办公室设在市史志办，王占锋兼任办公室主任。

【滨州市地方史志办公室】 滨州市地方史志办公室为市直属正处级事业单位，参照公务员法管理；设秘书科（市情资料科、志书管理科与其合署）、志书编纂指导科、年鉴编纂指导科，核定编制12人，配备主任1人，副主任2人，正科级5名，主任科员1名，副主任科员1名；实际在编11人，其中行政管理人员10人，工勤1人；其中研究生班学历1人，大学学历7人（硕士学位1人），专科学历2人，中专1人。

主任：王占锋

副主任：任建义　毛英全

地址：滨州市黄河五路385号市政大楼

电话：0543—3162902

邮编：256603

（赵　泳）

滨州市各区县史志工作机构及负责人情况统计表

单位	隶属关系	规格	负责人	地址	电话	邮编
滨州市滨城区地方史志办公室	滨城区政府	正科级	刘鸿雁	滨州市黄河十六路969号创业大厦	0543—3336759	256600
滨州市沾化区地方史志编纂委员会办公室	沾化区政府	正科级	杨爱民	滨州市沾化区金海五路166号行政大厦218室	0543—7810358	256800
惠民县地方史志编纂委员会办公室	惠民县政府	正科级	左修和	惠民县文安路166号原人保局大楼313室	0543—5321342	251700
阳信县地方史志办公室	阳信县政府	正科级	高智国	阳信县阳城六路567号商务中心D412室	0543—8232564	251800
无棣县地方史志办公室	无棣县政府	正科级	刘长雨	无棣县政务中心0509室	0543—6781312	251900
博兴县地方史志办公室	博兴县政府	正科级	吴瑞林	博兴县新城二路766号县人社局507室	0543—2395606	256500
邹平县地方史志编纂委员会办公室	邹平县政府	正科级	杨明海	邹平县政务大楼518室	0543—4261892	256200

滨州市各区县史志工作人员情况统计表

单位	定编	在编人员情况												
		行政管理人员					专业技术人员			学历学位情况				
		正处级	副处级	正科级	副科级	科员及以下	高级	中级	初级及以下	博士	硕士	本科	大专	高中以下
滨州市滨城区地方史志办公室	3			1	1	1	2					3		
滨州市沾化区地方史志编纂委员会办公室	5			2	1		2	2				4	1	
惠民县地方史志编纂委员会办公室	5			1	1	2		1				3	2	
阳信县地方史志办公室	5			1	1	1		2				5		
无棣县地方史志办公室	5			1	2	0		2			1	3	1	
博兴县地方史志办公室	7			1	2	1	3	3	1			5	4	1
邹平县地方史志编纂委员会办公室	3			1	1		1		2			5		

志书编纂与出版

【概况】 2017年，滨州市第二轮修志有序推进，截至年底，全市第二轮修志规划的8部志书，出版市级志书《滨州地区志（1979—2000）》1部、县区级志书《滨州市滨城区志（1982—2007）》《沾化县志（1988—2007）》《无棣县志（1990—2007）》《博兴县志（1986—2007）》《惠民县志（1979—2005）》《邹平县志（1986—2005）》6部，《阳信县志（1986—2013）》在编纂中，完成组稿，进入初稿编写阶段。全市行业志、部门志及乡镇村志编纂取得一定成绩，《霍坡村志》《黄西村志》《滨城区人大志（1946–1987）》相继出版，《滨州市沾化区地名志》《滨州市沾化区油区志》正在编纂中。

【《阳信县志（1986—2013）》编纂】 2017年，《阳信县志（1986—2013）》编修完成200万字的长编资料征集工作，进入初稿编写阶段。10月组成11人的修志队伍。11月，组织全体编修人员到威海市史志办学习考察，学习第二轮修志工作先进经验和做法。5次召开县志编修工作会议，编辑交流学习修志体会，探讨志书编写要领，研究解决修志过程中遇到的问题。至2017年底，完成大事记、行政区划、沿革、军事、民政、教育、对外贸易等篇目初稿修改工作。

（周颖慧）

【《滨州市沾化区地名志》编纂】 2017年10月，《滨州市沾化区地名志》定稿，年底送印刷厂排印。《滨州市沾化区地名志》是一部地方性地名资料文献，以地名学理论为依据，遵循方志学理论的基本原则，采用事以类从，横排竖写的编写方式，横排地名类目，按照时间顺序竖写地名演变发展过程，把沾化区地名群的命名、沿革，以及体现个体地名特征的自然、政治、经济、社会、文化地名的基本要素，融入相关篇章中。全志上溯先秦，下迄2014年，共设总编，乡镇街道、园区，政党群团、政权政协，军事、公安、检察、审判，学校、医院、中央省市驻沾单位，自然地理实体、人工建筑物，旅游景区、广场，风土人情、名特土产，古文化遗存、烈士陵园，重大事件、著名人物等10篇22章80节，计46万字，图片202幅。

【《滨州市沾化区油区志》编纂】 2017年，沾化区史志办完成《滨州市沾化区油区志》资料征集工作，征集资料130余万字、图片300余张；完成资料长编60余万字。这是滨州市首部县区级油区志。

（张爱芹）

【《惠民县志（1979—2005）》出版】 2017年10月，《惠民县志（1979—2005）》由方志出版社出版。该志为1997年版《惠民县志（1840–1985）》的续志，由惠民县史志编纂委员会编纂，主编田德贵、刘宝乾、左修和。《惠民县志（1979—2005）》上限1979年，下限2005年，按照科学分类和社会分工设置篇目，全书设26编，编下设章、节，部分节下设目和子目。卷首有序、凡例、概述、大

事记，卷末有人物、附录、编后记，全书彩色印刷，大16开本，共147万字，印数3000册，定价510元，书号ISBN 978－7－5144－2626－7。该志在2017年度山东省优秀史志成果评选中，获优秀市县级志书。

（赵　崭）

【《邹平县志（1986—2005）》出版】　2017年12月，《邹平县志（1986—2005）》由方志出版社出版，邹平县地方史志编纂委员会编，主编赵玉群、王青山。全书彩色印刷，图片670张，表格173张，字数164.3万字，印数3000册，定价590元，书号ISBN 978－7－5144－2939－8。该县志上限为1986年，下限至2005年，个别事件、数据记载适当上溯或延后。该志采用语体文记述，以志为主，综合运用述、记、志、传、图、表、录诸体裁，内容由概述、大事记、专志各编、人物、附录及索引组成。大事记采用编年体与记事本末体相结合的方法记述。专业志按照科学分类兼顾社会分工，全志书共设29编。志书结构为编、章、节、目、子目，横排门类，纵写史实。魏桥创业集团、西王集团为邹平县工业发展支柱企业，独立成编。人物分人物传略、人物简介、先模人物表三个部分，在人物传略中，适当补充前志所缺人物。该志在2017年度山东省优秀史志成果评选中，获优秀市县级志书。

（张佃鲁）

【《滨城区人大志（1946—1987）》出版】
2017年12月，滨州市滨城区人大志编纂委员会主编的《滨城区人大志》第一卷　滨县人大部分（1946—1987），由天津古籍出版社出版。主编苑凤奎，执行主编关增岭、蔡玉友，副主编王爱国、游新国、刘洪亮、张莉。该志为16开本，34.2万字，定价98元，书号ISBN 978－7－5528－0597－0。该志第一卷设8篇25章84节，由综述、大事记、正文、人物、重要文献等部分组成，采用志、述、图、表、录等体裁，客观记述人民代表大会制度在滨县建立、发展、逐步完善的历史和现状，对了解滨县人民代表大会的基本情况，促进社会主义民主政治建设，服务经济社会发展，具有十分重要的意义。

（刘桂珍）

【《邹平县霍坡村志》出版】 2017年5月，《邹平县霍坡村志》由天津古籍出版社出版。

志书始修于2011年秋，成于2015年夏。记事下限至2014年12月，个别事项适当后延。本志以志体为本，参以史体，力求从历史与空间两个维度，完整呈现村庄面貌。本志以纲目立卷，为纲十二，列卷十四，首末各一卷。纲下设目，目下为子目、细目。各卷规模不一，事象各异，目下或接小目，或接细目，未求统一。《邹平县霍坡村志》主编张传勇，主撰张传勇、霍永吉、张军。全志书48.3万字，书号ISBN 978-7-5528-0525-3，定价189元。

【《黄西村志》出版】 2017年9月，《黄西村志》由中国图书出版社出版。志书上限原则上始于民国时期，下限止于2016年底。本志为黄西村第一部村志，许多章节因事溯源，不受上限束缚，可以追溯到事物之始。本志采用志书通常编辑方法，前面设立村庄概述，并辅以大事记，后面以事业分类立志，最后是人物和附录。

志书除概述、大事记、附录外，正文分章、节、目、子目四级编排。全志共分为村庄环境及隶属、人口与姓氏、党群团组织、村级政权、农业、工商经济、村庄建设、教育 卫生、文化 艺术 体育、古迹信仰传说、风俗 民情、方言 谚语歌谣、人物、荣誉，共14章64节，40万字。本志由《黄西村志》编纂委员会编，主编曲延庆，副主编李福林、赵儒、赵德军，书号ISBN 978-988-37129-7-2，定价156元。

（张佃鲁）

年鉴编纂与出版

【概况】 2017年，滨州市史志办按照市委市政府“争一流上水平”总要求，开展年鉴创新改版。年初，优化组稿方案；2月底至3月初，分11批次对140余位市直单位撰稿人及县区年鉴执行主编培训；明确编辑责任，每周调度督导，严格审核把关。8月份，《滨州年鉴（2017）》比往年提前3个月出版，获得“山东省优秀史志成果 · 优秀年鉴”。各县区综合年鉴统一方案、统一要求、统一时限，全市统筹推进，2017年底全面实现县区综合年鉴“一年一鉴、公开出版”，《无棣年鉴（2017）》《邹平年鉴（2017）》《滨城年鉴（2017）》被评为“山东省优秀史志成果 · 优秀年鉴”。

【《滨州年鉴(2017)》出版】 2017年8月，《滨州年鉴（2017）》由中国文史出版社出版，为创刊以来连续出版的第二十一部年鉴。主编王占锋，执行主编毛英全。全书97万字，大16开本，印数2000册，定价300元，书号ISBN 978-7-5034-9442-0。本卷年鉴在总结吸取创刊20年

历年年鉴框架结构优点的基础上，注重学习借鉴全国优秀年鉴编纂特点，并结合全市年度工作重点，篇目设置较大调整。全书分设特载、大事记、滨州概况、中国共产党滨州市委员会、滨州市人民代表大会、滨州市人民政府、中国人民政治协商会议滨州市委员会、中国共产党滨州市纪律检查委员会、民主党派·工商联、人民团体、军事、法治、农业等35个篇目、259个分目、176个子分目、1942个条目、249个图表、258幅随文照片。为增加信息量，增强可读性，卷首增设“滨州荣誉”“滨州大事”“部门风采”“县区新貌”等彩页图片专栏，图文并茂地展示2016年滨州经济社会发展所取得的新成就。《滨州年鉴（2017）》在2017年全省优秀史志成果评比中获“优秀年鉴”。

（赵　泳）

【《滨城年鉴(2016)》出版】 2017年4月，《滨城年鉴（2016）》由中国文史出版社出版，主编刘鸿雁、刘桂珍，副主编苑

立新、关增岭。《滨城年鉴（2016）》全面系统地记述2013至2015年3年间滨城自然、政治、经济、文化及社会各项事业发展的新情况、新进展、新变化。本卷年鉴共设23个类目，随文图片200余幅。公共彩页设领导视察、城乡建设、工业经济、特色农业、服务业、社会事业、休闲旅游7个栏目。全书46万字，大16开精装本印刷，书号ISBN 978-7-5034-7862-8，印数1000册，定价228元。

【《滨城年鉴(2017)》出版】 2017年12月，《滨城年鉴（2017）》由华龄出版社出版，主编刘鸿雁、刘桂珍，副主编苑

立新。本卷年鉴于2017年4月启动，是滨城区地方综合年鉴实现“一年一鉴”的首部年鉴，设27个类目，除文字内容外，还安排公共彩页41个版面（前彩页设领导视察、滨城大事，后彩页设乡镇街道）；内文随文图片194幅、人物照片55幅及部分统计图表等，记录和反映2016年滨

城区政治、经济和社会发展的基本情况和重大事项。全书图文并茂，全面体现滨城地方特色，突出反映全区在经济建设和社会发展中取得的新经验、新成就。全书 51 万字，大 16 开精装本印刷，书号 ISBN 978-7-5169-1167-9，印数 1000 册，定价 260 元。该卷在全市年鉴评选中获特等奖，在全省优秀史志成果评比中获“优秀年鉴”。

（刘桂珍）

【《沾化年鉴（2017）》出版】 2017 年 12 月，《沾化年鉴（2017）》由齐鲁电子音像出版社出版。主编杨爱民，16 开本精装，80 万字，印数 1000 册，书号 ISBN 978-89396-767-2。《沾化年鉴（2017）》着重记述 2016 年 1 月 1 日至 12 月 31 日滨州市沾化区经济社会发展的基本情况。为保持事物完整性，个别事类作适当追溯或延伸记述。全书共设特载、大事记、沾化概况、中国共产党滨州市沾化区委员会、滨州市沾化区人民代表大会、滨州市沾化区人民政府、中国人民政治协商会议山东省滨州市沾化区委员会、中国共产党滨州市沾化区纪律检查委员会、人民团体、军事、法治、经济管理、农业、工业和信息化、商务·贸易、交通·公路、电信·邮政、建设·环保、财政·税务、金融·保险、教育、科学、文化、卫生和计划生育、社会事业、园区建设、乡镇（街道、海防）概况、人物、附录等篇目 29 个。

（张爱芹）

【《惠民年鉴（2017）》出版】 2017 年 4 月，召开《惠民年鉴）2017)》编纂工作动员会，启动年鉴编纂工作。11 月，完成公开招标工作。《惠民年鉴（2017）》共设 33 个栏目，详细反映 2016 年惠民县的新变化、新发展、新成就，是惠民县地方综合年鉴实现“一年一鉴”的首部年鉴。《惠民年鉴（2017）》主编左修和，副主编张贵忠、谢玉洁。全书共 53 万字，2017 年 12 月由中国文史出版社出版，大 16 开本，书号 ISBN 978-7-5034-9847-3，定价 268 元。

（赵 崭）

【《阳信年鉴（2017）》出版】 2017 年 12 月，《阳信年鉴（2017）》由中国文史出版社出版，这是创刊以来出版的第二部年鉴。该年鉴由阳

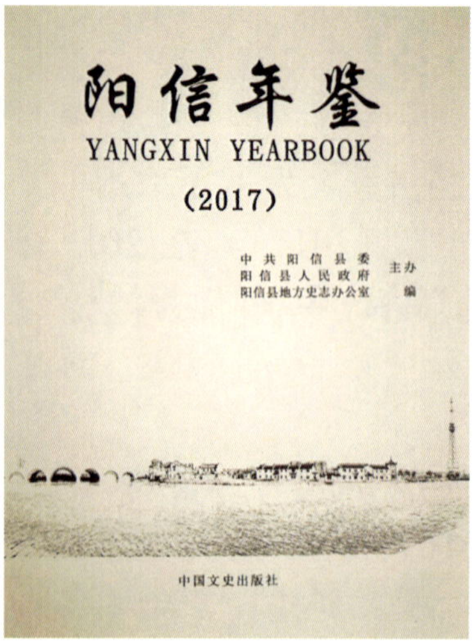

信县地方史志办公室编纂，主编高智国。设特载、大事记、阳信概况、县委、县人大常委会、县政府、县政协、县纪委、人民团体·工商联、军事·法治、经济开发区·商务·招商引资、经济管理与监督、农业、工业和信息化·服务业、交通·邮政·电力、城乡建设·环境保护、财税·金融、教育·科技、文化·旅游、卫生和计划生育·体育、社会管理·居民生活、乡镇（街道）、人物、附录24个栏目，收录2016年度发生在阳信行政区域内的大事要闻，突出反映阳信的优势、特点和各部门深化改革、扩大开放、科学发展的新举措、新经验。全书62.8万字，16开本，书号ISBN 978-7-5034-9851-0，印数1000册，定价300元。

（周颖慧）

【《无棣年鉴（2017）》出版】 2017年9月，《无棣年鉴（2017）》由九州出版社出版，这是自创刊以来无棣县出版的第六卷年鉴，全面系统、准确地记述2016年全县自然、政治、经济、文化、社会等方面的综合情况。

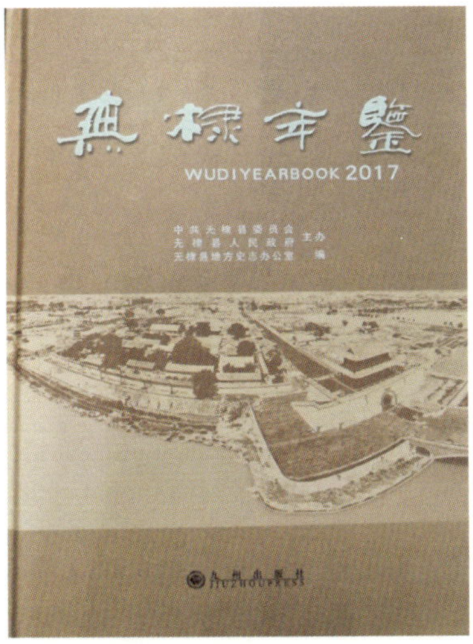

主编刘长雨，副主编张玉春。全书设特载、大事记、无棣概况、中国共产党无棣县委员会、无棣县人民代表大会、无棣县人民政府、中国人民政治协商会议无棣县委员会、中国共产党无棣县纪律检查委员会、人民团体、军事、法治、经济管理与监督、农业和农村工作、工业和信息产业、商贸服务业、民营、招商引资园区建设、交通·邮政·电力、城乡建设、资源管理·环境保护、财政·税务、金融、园区建设·对外开放与合作、科学技术、教育、旅游、文化·传媒、卫生和计划生育、体育、社会管理·人民生活、人物、镇（街道）概况、附录、索引等32个类目，大16开，46.7万字，精装本，书号ISBN 978-7-5108-3459-2，印数1000册，定价298元。

（张玉春）

【《博兴年鉴（2017）》出版】 2017年12月，《博兴年鉴（2017）》由华龄出版社出版，主编吴瑞林、曹立红，副主编张军、逯菲。本卷年鉴于2017年4月启动，是博兴县地方综合年鉴实现“一年一鉴”的首部年鉴，设21个类目，公共彩页16个版面；内文随文图片105幅、人物照片14幅及部分统计图表等，记录和反映2016年博兴县政治、经济和社会发展的基本情况和重大事项。全书图文并茂，全面体现博兴地方特色，突出反映全县在经济建设和社会发展中取得的新经验、新成就。全书大16开本，24.1印张，四色印刷，59.8万字，印数1000册，定价180元，书号ISBN 978-7-5169-0706-1。

（段春锋）

【《邹平年鉴（2017）》出版】 2017年12月，《邹平年鉴（2017）》由中国文史出版社出版。主编赵玉群，16开本精装，64.5万字，印数600册，书号ISBN 978-7-5034-9410-9。全书主要收录

2016年度发生在邹平县境内大事要闻，时限为2016年1月1日至2016年12月31日，个别事件作适当延伸。本年鉴采用分类编辑法。设特载、大事记、概况、中国共产党邹平县委员会、邹平县人民代表大会、邹平县人民政府、中国人民政治协商会议邹平县委员会、中国共产党邹平县纪律检查委员会、人民团体、军事、法治、农业、工业和信息化、服务业、对外开放与合作、开发区建设、经济管理与监督、交通·邮政·电力、城乡建设、资源管理·环境保护、财政·税务、金融、旅游业、科学、教育、文化·传媒、卫生和计划生育、体育、社会管理·居民生活、镇街概况等30个部类。除文字内容外，还编排彩色图片，随文黑白照片和统计图表。

（张佃鲁）

信息化建设

【概况】 2017年，滨州市地情网站管理日趋完善，及时充实志、鉴及地情资料，实时反映史志业务动态，强化网络安全建设，为社会各界提供实用数据。开展志书、年鉴赠送及省市交流活动，以书为媒，宣传滨州。市、县史志办充分发挥史志办地情资料优势，为全市城市规划、招商引资、行业发展等提供资料查询三百余人次。

【滨州市情网】 2017年，滨州市地方史志办公室信息化工作重点充实完善网站资料及维护网络安全。年内，共上传史志动态信息16篇，通知通告栏信息3篇。加强网络安全。完成全国网站更新普查，对自查的问题逐一完善；完成滨州市公安局网警支队安全知识检查；完成网络信息公开保密检查，符合保密检查要求；完成网站铰接检查工作。鼓励每位人员向省情网投稿，促进交流，宣传工作。年内，滨州市地方史志办公室在省情网发稿10余篇。为滨州大数据服务平台提供资料近2万字，为中国滨州政府网站集约化平台做了大量基础性工作。

（唐彩云）

【滨城区地情网】 2017年7月，滨城区史志办投资3.6万元，对滨城区情网改版升级，域名http://szb.bincheng.gov.cn/。网站设滨城区情、史志动态、数字方志、大事记、文献法规、滨城风采六大版块。在保留原有历史资料的基础上，把滨城区历年编修的5部志书、4部年鉴全部上传到网站，建立网上数字方志馆，并及时更新上传内容。网站于12月底实现上线运行自上线运行，足不

出户便能了解滨城区域自然、政治、经济、文化、社会和生态等方面的历史与现状，特别是为基层修志存史提供方便快捷的查询服务。该做法受到省史志办重视，并在山东省情网上宣传报道。

（刘桂珍）

2017 年滨州市地情网站建设情况表

网站名称	网址	主要栏目	录入资料		
			文字（万字）	图片（幅）	视频（分钟）
滨州市情网	http://www.bzsqw.cn http://sz.binzhou.gov.cn （两个网址暂全用）	市情概况、大事记、历史文化、市情资料库、名优特产、节庆活动、文化村镇等	60	800	—
滨州市滨城区情网	http://szb.bincheng.gov.cn/	滨城区情、史志动态、数字方志、大事记、文献法规、滨城风采	630	210	—
滨州市沾化区情网	www.zhxq.gov.cn	首页、区情概况、沾化要闻、大事记述、县志年鉴、政策法规、方志研究、民俗风情、名优特产、节庆活动	500	50	—
惠民县情网	http://sd.sdsqw.cn/	惠民概况、领导简介、大事记、城市建设、工业企业、招商引资、名胜古迹、民俗风情、历史人物、政区地图、孙子故里	1	20	—
阳信县情网	http://www.yxxq.org.cn/	新闻中心（县情播报、通知公告、政务公开、热门文章）、阳信概况（走进阳信、历史上的今天、阳信名片、阳信骄傲、阳信特产、俯瞰梨乡）、阳信历史（阳信文化、历史回眸、阳信风物、梨乡英才）、志书年鉴、名胜古迹、主导产业、美丽阳信、网上方志馆、志鉴论坛、史志动态、大事记、阳信地图、乡村记忆	500	50	—
无棣县情网	http://www.sdwdxq.cn	无棣概况、领导简介、风景名胜、无棣特产、历史名人、招商引资、方志成果、乡镇天地、工商企业	400	50	
博兴县情网	http://www.boxingxwq.cn	博兴概况 新闻中心 地情资料库 文献法规 大事记 地情资料库 历史故事 历史人物 民俗风情 名优特产	30	50	—
邹平县情网	http://www.zpdqw.cn	邹平概况、新闻中心、地情资料库、图说邹平、历史故事、文献法规、大事记	268	80	—

方志馆建设

【概况】 2017 年，滨州市继续完善原有市方志馆“存、借、阅、读、用”五位一体功能，全年增藏近 1000 册，提供咨询服务百余人次。9 月份，市方志馆新馆馆址确定为市规划局一楼东大厅南侧，约 2000 平方米，年内完成新馆规划设计工作招标工作。县区方志馆建设同步推进，7 县区在加强原有方志馆管理，继续扩充馆藏的同时，做好方志馆新馆建设工作，截至 2017 年底，7 县区方志馆新馆均确定馆址，将与县区档案馆、博物馆或文化中心同步规划建设，各县区新馆规划面积均不少于1000平方米；其中，博兴县新馆规划面积2000平方米。

【滨州市方志馆】 2017年，滨州市地方史志办公室有方志馆2处，位于滨州市政府一楼、市档案楼五楼，总面积约350平方米。馆内防火、防虫、防潮等设备器材齐全，设有专用书库和阅览室。配备专用书橱、密集架，配备计算机、复印机、扫描仪等电子资料处理系统。存、借、阅等日常维护管理使用自主开发、全国首创的方志馆管理软件。主要收录包括本地首轮修志以来出版的新方志、年鉴和各类地情文献，其他地区的同类文献以及本地旧志，共计6000余种2万余册，馆藏旧志全部数字化。全年征集、交换、购买各种志鉴资料1000余册，提供咨询服务100余人次。2017年9月，市方志馆新馆馆址确定为市规划局一楼东大厅南侧，约2000平方米。年内，开展市方志馆新馆建设前的考察、调研等准备工作，完成设计招标工作。

（吕红英）

【滨州市滨城区方志馆】 滨城区方志馆面积约50平方米，设志书区、年鉴区、资料区三部分，共计11组书架。截至2017年底，形成方志、年鉴、地情、工具书、古籍等5大门类，馆藏资料3200余册，其中，志鉴资料1200余册，地情资料1800余册，工具书200余册。2017年，新增进馆书籍30册，其中，交换10册，接受赠送30册。分类完成资料整理和信息采集，实现目录数据信息化。全年共接待查阅人员100余人次。

（刘桂珍）

【滨州市沾化区方志馆】 2017年，沾化区史志办加强方志馆建设，建立健全《方志馆图书管理办法》《方志馆管理规定》等制度，实行规范化管理，方志馆建设日益完善。馆藏志书5000余册（套），报刊1万余份（张），计算机、打印机、扫描仪、照相机等设备齐全。全年共接待前来查阅资料人员百余人次。为达到省里确定的县区方志馆建设要求，区史志办向区委、区政府汇报省、市要求，区委、区政府高度重视，批复同意将档案馆、方志馆、党史馆等一并规划建设。2017年开工建设。建成后，区方志馆面积1000平方米，将更好发挥藏书、编研、开发利用、爱国主义教育等功用价值。

（张爱芹）

【惠民县方志馆】 2017年，惠民县史志办继续加强方志馆建设，实行规范化管理。馆藏志书3000余册（套），报刊2000余份（张），计算机、打印机、扫描仪、照相机等设备齐全。为达到省史志办“三全”目标规定的县区方志馆建设要求，惠民县委、县政府高度重视，同意将方志馆规划入档案馆建设。经分管副县长与相关单位统筹协调，并多次召开专题会议，最终确定方志馆规划面积近1300平方米。至2017年底，惠民县方志馆新馆完成规划设计，于2018年3月开工建设。

（赵　崭）

【阳信县方志馆】 阳信县方志馆2014年5月建成并开馆，使用面积80多平方米，内设阅览室、地情资料储备库等。2017年，阳信县方志馆不断充实馆藏，通过购买、交换等方式，新增志书、年鉴、文史资料、工具书等218册，年底馆内藏书总计3700册。开展外借、阅览、复制、展览、咨询等服务，全年接待资料查询群众100余人次。新方志馆项目纳入县综合文化中心建设，建筑面积1000平方米。

（周颖慧）

【无棣县方志馆】 2017年，无棣县方志馆通过交换、购买等方式不断充实馆藏，增添江苏《东海县志》、河北《迁西县志（1987—2005）》、山东《广饶县志（1986—2002）》、广饶旧志（点校本）5部、《临淄区志》《商河县志（1991—2010）》《庆云县志（1981—2010）》《邹平县志（1986—2005）》《临沂年鉴》《泰安年鉴》等志、鉴40余种。至年底方志馆藏书150余种、5500余册，为社会各界提供咨询服务100余人次。

（张玉春）

【博兴县方志馆】 2017年，博兴县搞好方志馆建设，完善相关配套设施。交流图书50余册。开展外借、阅览、复制、展览、咨询等服务，全年接待资料查询群众120余人次。将方志馆新馆项目列入新规划的县市民文化中心建设，申请方志馆、县情展示馆、阅览室、仓库等共计2000平方米。

（段春锋）

【邹平县方志馆】 2017年，邹平县方志馆面积50平方米，存有与全国大部分市、县（区）交换和购买的志鉴、文史、资料、工具书籍、理论书籍等100余个种类的图书资料8000余册。随着全国各地志鉴编修工作的不断推进，邹平县史志办不断更新充实馆藏。邹平县新方志馆拟在县博物馆一楼穿插布展，面积约1000平方米。

（张佃鲁）

开发利用

【为现实服务】 2017年，滨州市地方史志办公室继续开展史志成果进机关、进学校、进社区、进农村、进企业、进部队“六进”活动。全年向机关单位等赠送史志成果800余（套）册。市方志馆接待人员资料查询100人次，依托史志办信息资源优势，为城市建设、行业发展、宣传滨州、招商引资等工作提供地情资料服务，市史志办完成《滨州市改革开放实录》供稿任务。邹平县完成《邹平县改革开放实录（上卷）》资料征集、编纂、审校等工作。

（赵　泳）

【《阳信史志文集》出版】 2017年10月，由阳信县地方史志办公室整理的《阳信史志文集》以内部出版物形式出版。该文集设置史地考证、历史人物、村居简志、史志文苑、乡土民俗整理与研究、民间传说6个版块，收录24篇史志研究成果，内容丰富，史料性和可读性强。阳信县史志办通过收集、整理、保存、开发利用全县地方史志文化资源，发挥“存史、资政、育人”作用，服务阳信经济社会发展。

（周颖慧）

责任编校：张　亚

菏泽市史志工作

综　述

【工作概况】　2017年，菏泽市史志办依照地方志事业的两个《条例》和《纲要》履行职责，按照“三全”目标要求，第二轮修志工作任务全部完成，综合年鉴全部实现“一年一鉴、公开出版”，县区方志馆严格按照省里建设标准落实到位，网站建设有序开展，各项工作任务完成。

第二轮志书编纂工作。本着打造精品志书的原则，在《菏泽市志》正式印刷前以样书形式提交市政府主要领导再次审定，同时两次召开有关部门、专家的评审会。根据审核修改意见和校验过程中发现的问题，对部分编章、民俗方言等进一步提升完善。经过前期工作，《菏泽市志》完成出版发行工作。县区志编修加快推进。3月份，《定陶县志稿》评审工作完成。《郓城县志》《单县志》进入印刷出版阶段。成武县《白浮图镇志》和《定陶县乡村志》出版。巨野县《田庄村志》完成评审，《市经济开发区志》、成武《大田集镇志》、牡丹区《解元集村志》编纂工作正在进行。截至年底，全市出版6部第二轮县志、5部乡镇志、4部村志。

年鉴编纂工作。《菏泽年鉴2017》出版完成，为进一步提升年鉴编纂质量，增强可读性和实用性，一方面对总体规划、版面设计，卷前彩页的提升完善，增强可观性；一方面根据市委、市政府中心工作和社会热点问题等实际情况的变化，及时调整优化年鉴框架和内容，新增“交通新时代”“精准扶贫”“两学一做”“棚户区改造”等专题条目。3月底，完成组稿工作；5月底完成通稿编辑工作；7月底，完成总纂工作。11月完成出版。定陶区启动首卷综合年鉴编纂工作并完成出版，全市7县2区全部实现“一年一鉴”。如期完成《山东年鉴（2017）》《山东地方史志年鉴（2017）》菏泽部分的组、供稿任务。

旧志整理工作。清乾隆五十五年《兖州府曹县志》《东明旧志集成》（康熙、乾隆、宣统、民国四套）、《巨野县旧志集成》（明天启三年、清康熙四十七年、清道光二十六年、民国十年）完成点校工作，正在印刷。截至2017年年底，全市完成旧志整理13部。

方志馆建设工作。菏泽市方志馆加强内部管理，提升运行质量。完善规章制度，对方志馆入馆指南、工作人员守责、借阅制度、展厅参观须知等制度修改完善。丰富馆藏，通过交换的方式新增志书近500册，先后与10个市、县史志办建立联系，并签订志书交换协议，馆藏文献3000余种，30000余册。将一亿余字的志鉴资料数字化处理并上传网站，实现馆藏资料数字化。对地情展厅提升改造。加强对外宣传，全年接待阅览人数近两万人次，省内外历史文化学者、专家、史志同仁以及会议团体10余批次，为社会经济发展和建设提供重要依据。县区方志馆建设加快推进。为全面落实县区方志馆建设，市史志办到各县区督导检查，取得较好效果。9个县区方志馆建设全部落实，馆舍主体工程完成或正在建设的有6个县区，规划设计即将建设的有3个县区，馆舍面积均在1000平方米以上，有的县区2000多平方米。8月，市政府办公室印发《关于县区方志馆建设指导意见》，有些县区筹备装修布陈、增编增人等工作。

地情网站建设。继续实行“菏泽市情网”编辑工作责任制，做到网站重要内容及时更新，动态栏目每天更新。在全国政府网站普查工作中，全市地情网站通过率100%。截至年底，全市网站数字化资料5000余万字。按时保质地完成大事记的编写和网站上传工作。加强省情网信息报送工作，制订考核机制，严把质量关，市及县区被省情网采用相关业务信息100余篇。

【全市史志办主任工作会议】 2017年3月21日，菏泽市召开全市史志办主任工作会议。传达全省各市史志办主任工作会议精神，总结交流2016年工作，安排部署2017年工作任务。各县区史志办主任参加会议。市史志办副主任郑玉民主持会议，市史志办副主任王涛传达刘爱军主任在全省各市史志办主任工作会议上的讲话精神。各县区史志办主任汇报史志工作开展情况及下一步工作打算，市史志办主任田文建总结2016年全市史志工作开展情况，并就做好第二轮修志扫尾工作、高质量做好年鉴编纂工作、继续加强方志馆建设、推进信息化建设、丰富各类史志成果等工作任务安排部署。

【《定陶县志（1991—2015）》志稿专家评审会】 2017年3月15日—17日，《定陶县志（1991—2015）》志稿专家评审会召开。省政府办公厅党组成员、省史志办主任刘爱军，菏泽市政府党组成员郭保存出席会议并讲话。省史志办市县基层志编纂指导处负责人，省修志业务专家咨询组部分成员，菏泽市史志办主任田文建参加会议。定陶区副区长王元涛主持会议。与会专家从篇目结构、记述角度、行文规范等方面对志稿评审，指出问题和不足，提出意见和建议。

2017年3月15日—17日，《定陶县志（1991—2015）》志稿专家评审会在定陶召开

【菏泽市志书利用现场会】 2017年3月20日，菏泽市志书利用现场会在鄄城县召开。菏泽市史志办主任田文建，鄄城县副县长、县公安局局长李继德，各县区史志办主任参加会议。鄄城县委副书记、县长袁红兵参加相关活动。与会人员参观孙膑旅游城和曹氏庄园。孙膑旅游城文化长廊内20名古圣贤的个人简介以及曹氏庄园规划、建设所需的人文资料都由鄄城县史志办提供。鄄城史志办

充分利用修志过程中掌握的大量地情资料的独特优势，深入挖掘历史文化资源，在旅游开发、城市建设、经济发展等方面发挥应有的作用。

在2016年度山东省优秀史志成果评选活动中，菏泽市方志馆被评为“优秀方志馆”，《菏泽年鉴（2016）》《曹县年鉴（2016）》《郓城年鉴（2016）》被评为“优秀年鉴”，《单县志（1986—2010）》《鄄城县志（1991—2010）》被评为“优秀市县级志书”，《白浮图镇志》被评为“优秀基层志”，东明县情网被评为“优秀信息化建设成果”。

（丁　萧）

机构与队伍

【菏泽市地方史志编纂委员会】 2017年12月3日，菏泽市人民政府办公室印发《关于调整菏泽市地方史志编纂委员会组成人员的通知》（菏政办字〔2017〕114号），根据工作需要和人员变动情况，对菏泽市地方史志编纂委员会组成人员调整，调整后的组成人员名单如下：市委书记、市人大常委会主任孙爱军任名誉主任，市委副书记、市长解维俊任主任，市政府党组成员、市高新区党工委书记郭保存任第一副主任，市委副秘书长、办公室主任张洪兴，市人大常委会副秘书长、办公室主任许素洋，市政府副秘书长、市政府办公室主任孟凡荣，市政协副秘书长、办公室主任王庆亮，市委组织部常务副部长王有杰，市委宣传部常务副部长马喜荣，市委组织部副部长、市编办主任李忠卿，市发改委主任康兵，市财政局局长周铁伦，市人社局局长孙慧，市史志办主任田文建任副主任，李允富、张茂真、常健、王志华、王可正、彭德启、耿振华、陈庆勇、吴福华、李

永垠、樊祥泉、孙后涛、郑玉民、王涛任委员。

【菏泽市地方史志办公室】 菏泽市地方史志办公室，参照公务员法管理；内设秘书科、编辑科、资料科、年鉴科、县志指导科，所属事业单位菏泽市方志馆。编制17人（包括方志馆3人），工作人员15人，其中主任1人，副主任2人，科长5人，主任科员1人，副科长1人，科员2人。菏泽市方志馆专业技术人员3人，编审1人，助理编辑2人。研究生学历2人，大学本科学历12人，大学专科学历1人。获得学士学位7人，硕士学位4人。

主　任：田文建

副主任：郑玉民　王　涛

地址：菏泽市中华东路1009号市政府大楼5楼

电话：0530—5310756

邮编：274000

（陈　娅）

菏泽市各区县史志工作机构及负责人情况统计表

单　位	隶属关系	规格	负责人	地　址	电　话	邮　编
菏泽市牡丹区地方史志编纂委员会办公室	牡丹区政府	正科级	王付明	菏泽市牡丹区东方红大街999号	0530-5928993	274000
菏泽市定陶区地方史志编纂委员会办公室	定陶区政府	正科级	朱向勇	菏泽市定陶区新行政中心2楼	15964689799	274100
曹县地方志编纂委员会办公室	曹县县政府	正科级	董梁英	曹县政府前街18号	0530-3211923	274400
单县地方史志编纂委员会办公室	单县县政府	正科级	尹颖	单县舜师东路湖西大厦238、240房间	0530-4659067	274300
成武县地方史志编纂委员会办公室	成武县政府	正科级	杨海涛	成武县文亭街143号	0530-8622489	274200
巨野县地方志办公室	巨野县政府	正科级	朱传成	巨野县行政办公楼14楼	0530-8209572	274900
郓城县史志办公室	郓城县政府	正科级	王志良	郓城县郓州大道6001号郓州大厦405室	0530-5378789	274700
鄄城县地方史志编纂委员会办公室	鄄城县政府	正科级	黄贤清	鄄城县人民街西路137号	0530-2421356	274600
东明县志编纂委员会办公室	东明县政府	正科级	孔建民	东明县城工业路南段	0530-7212375	274500

菏泽市各区县史志工作人员情况统计表

单位	定编	在编人员情况												
		行政管理人员					专业技术人员			学历学位情况				
		正处级	副处级	正科级	副科级	科员及以下	高级	中级	初级及以下	博士	硕士	本科	大专	高中以下
菏泽市牡丹区地方史志编纂委员会办公室	7			1	5		1	1	4			9	1	1
菏泽市定陶区地方史志编纂委员会办公室	7			2	2	3	1	1				1	3	3
曹县地方志编纂委员会办公室	11			1	3	1	2	2	2		1	4	3	3
单县地方史志编纂委员会办公室	7			1	1	3						3		2
成武县地方史志编纂委员会办公室	5			1	2	2	1	2				5		
巨野县地方志办公室	5			2	1	5	1	1	1			5		3
郓城县史志办公室	8						2	1	3		1	5		
鄄城县地方史志编纂委员会办公室	7			1		2	2	2	2		1	5	2	1
东明县志编纂委员会办公室	7			1	2	2	1					5	1	

志书编纂与出版

【概况】 2017年12月底，完成《菏泽市志（1986—2005）》的出版工作。年初，针对全市第二轮修志工作中的短板，史志办党组赴定陶区调研，解决定陶区史志办存在问题的意见和保障措施，3个月时间完成《定陶县志》评审稿。3月份，《定陶县志》召开志稿评审会。《鄄城县志》《单县志》处于出版阶段。截至年底，列入市政府规划的9部县区志中，8部完成出版，1部评审，覆盖率100%。为推动菏泽市地方志事业开展，根据国务院《地方志工作条例》《山东省地方史志工作条例》和《菏泽市人民政府办公室关于印发菏泽市地方史志事业发展规划纲要（2016—2020年）》（菏政办发〔2016〕38号）有关精神，菏泽市史志办以市政府办公室名义印发《菏泽市人民政府办公室关于推进部门志编修工作的通知》文件，决定推进部门志编修工作。有关部门先后启动编纂《菏泽市工商志》《菏泽市教育志》《菏泽市血站志》《菏泽市中医院志》《菏泽民革志》《菏泽畜牧志》等部门志，丰富菏泽地方志文化。乡镇、村志编纂完成成武县《白浮图镇志》《定陶县乡村志》、巨野县《田庄村志》出版，启动《市经济开发区志》、成武《大田集镇志》、牡丹区《解元集村志》编纂工作。旧志整理完成清乾隆五十五年《兖州府曹县志》《东明旧志集成（四套）》《巨野县旧志集成》点校工作。

（王新春）

【《菏泽市志（1986—2005）》编纂】 2017年年初，《菏泽市志（1986–2005）》编纂工作被列入市政府248项责任目标后，党组高度重视，提出相关方案，加快工作进度，6月份完成《菏泽市志（1986–2005）》样书并提交市政府再次审定，先后3次召开由市直有关部门、民俗专家、社会名人参加的研讨会，专题就市志卷前彩页与菏泽方言编写研讨。根据专家提出的修改意见，针对卷前公共彩页和菏泽名片部分，面向市直各单位、相关企业进行图片征集，针对菏泽方言编纂部分，邀请菏泽知名方言专家撰写。11月中旬，《菏泽市志（1986–2005）》卷前彩页及方言部分形成样稿并通过市里最终审阅。11月底，聘请专家对市志稿文字部分通览，对专家发现的问题逐条进行修改，12月初完成《菏泽市志（1986–2005）》定稿。经过前期工作，《菏泽市志（1986–2005）》完成出版工作。

2017年7月25日，《菏泽市志（1986–2005）》出版前征求意见研讨会召开，就《菏泽市志（1986–2005）》卷前菏泽名片、公共彩页及方言语汇内容编录等方面研讨，再次征求意见。菏泽市政府党组成员郭保存出席会议并讲话，菏泽市史志办主任田文建主持会议，副主任郑玉民就研讨中内容做了说明，菏泽市有关单位，市内有关专家、学者等20余人参加研讨会。会上，与会领导和专家对研讨内容提出许多有针对性和可操作行的中肯意见，这些建议和意见对于《菏泽市志（1986–2005）》下一步修改和完善，提高志书质量必将起到巨大的推动作用。要统一思想，提高认识，切实增强提升《菏泽市志（1986–2005）》编纂质量的责任感和使命感；强化精品意识，着力打造《菏泽市志（1986–2005）》卷前菏泽名片、公共彩页内容，全力做好菏泽方言的编录工作，倒排工期，高质量地完成志稿修改任务，确保该书尽早出版，为全市经济社会发展提供服务。

（王新春　陈　娅）

【《定陶县志（1991—2015）》编纂】 《定陶县志（1991–2015）》是1999年版《定陶县志》的续编。2017年3月15日—16日，《定陶县志（1991—2015）》评审会在定陶召开。评审组从篇目结构、记述角度、行文规范等方面对志稿评审，指出存在的问题和不足，提出修改意见和建议。7月起，全区范围内征集县志内文图片，征集图片近千幅。11月定稿，由原来的32编调整为33编，前置概述和大事记，后缀人物与附录，共计160余万字。12月完成政府采购，交付中标企业排版。

（李　斌）

【《鄄城县志（1991—2010）》编纂】 《鄄城县志（1991–2010）》第二轮修志于2006年正式启动，年限界定为自1991年开始截至2010年。2016年7月，《鄄城县志（1991–2010）》评审会召开。2016年12月，二轮县志完成出版前的政府采购招投标工作；2017年12月定稿。2017年底，县志稿件交付出版社，2018年完成出版。

（鄄城县志办）

【定陶区《陈集村志》编纂】 2017年6月，《陈集村志》启动编纂，本志为通志，上限追溯事物发端，下限至2017年底。正处于资料收集阶段，力求真实呈现定陶区陈集村社会生活变迁历程。

（李　斌）

【成武县《大田集镇志》编纂】 2017年8月，成武县《大田集镇志》编纂工作动员会召开，成立由12人成武县《大田集镇志》编纂委员会。主编肖友振，副主编李怀准。全志为通志，上限追溯事物发端，下限截至2017年底。截至2017年底，收集资料80余万字，图片100余幅。

（成武县史志办）

【《巨野县村镇志略》编纂】 2017年，《巨野县村镇志略》完成材料征集工作，全书计300余万字，完成总纂。分为北区、西区、西南区、东南区四部分，收录全县920个自然村的基本村情，包含各镇、村（社区）的照片。

（赵永超）

【《东明县旧志集成（点注本）》编纂】 2017年，东明县史志办公室在发掘整理旧志的基础上，对康熙版、乾隆版、宣统版《东明县志》和民国版《东明县新志》《长垣县志（摘选）》点校注释和电脑录入工作。6月出样稿，请县内社会知名文化人士审阅把关，征求意见，根据意见再次修改完善。11月底，完成《东明县旧志集成（点注本）》编纂，形成150多万字初稿，送县里审查。

（东明县志办）

【《山东省定陶县实验中学校志（1980—2014）》印行】 2017年7月，《山东省定陶县实验中学校志（1980—2014）》内部资料印刷，准印证号：（菏）2017003，16开本，印数600册。该志由定陶县实验中学校志办公室编纂，全书分为学校的建立与发展、德育、教学、总务、人物共5编25章，约29万字。记述定陶县实验中学34年的办学历程，真实反映该校师资队伍实力。

（李　斌）

【《郓城县人大志（1949—2017）》出版】 2017年11月，郓城县人大常委会主编的《郓城县人大志（1949—2017）》，由天津古籍出版社出版。该书总计94.5万字，上限起自1949年11月，下限断至2017年9月，共设9章74节，前设概述、大事记，主体部分设各界人民代表会议、人民代表大会代表、历届人民代表大会、人民代表大会常务委员会、审议和决定重大事项、监督、任免国家机关工作人员乡镇（街区）人大机构、人物等九章，后设附录，全志全彩印刷，16开本，94.5万字，定价398元，书号ISBN 978-7-5528-0578-9。

（王志良　艾霏霏）

【《东明县政协志（2003—2017）》出版】 2017年12月，《东明县政协志（2003—2017）》由中国文史出版社出版，主编钟明伟，执行主编李洪春、王连生、陈银生。该志为章节体，章前冠有序、凡例、概述，章后缀有附录，正文共分7章30节，计66万余字。主要内容是以反映县政协自2003年至2017年走过的光辉历程，讴歌东明县社会主义现代化建设的伟大成就，弘扬历届县政协取得的辉煌业绩，传承人民政协积累的宝贵经验，持续推动政协事业发展。

（东明县志办）

【巨野县《田庄村志》出版】 2017年12月由方志出版社出版，全书40.8万字。该志分设古今田庄、田庄村情、经济田庄、组织与活动、文化田庄、风情田庄、田庄古韵、田庄俚语、状元之乡、影视泰斗李雪健、人物、艺文杂记、大事纪略、附录14部分，采用纪、传、图、表、录等记述形式，图文并茂。该志被列为首批山东省齐鲁名镇名村志文化工程。

（赵永超）

【清康熙五十六年《单县志》（校注本）出版】 2017年5月，清康熙五十六年《单县志》（校注本）出版。书号ISBN 978-988-18772-7-7，16开，480千字，定价100元。本着对历史负责的原则，单县史志办邀请山东单县籍作家刘勇先以康熙五十六年（1717）版《单县志》为底本，进行校勘，加以句读，并对一些难懂的词句注释；并邀请暨南大学图书管理员许艳青审校，暨南大学中文系教授、博士生导师史小军审定。清康熙五十六年《单县志》（校注本）是单县旧志整理的又一成果，使大家一卷在手，可知单县过去的历史，管窥先民的足迹，察盛衰之理、兴废之道，激励大家览古知今，开拓创新，具有存史、资政、育人的作用，具有较高的收藏价值。在2017年度“山东省优秀史志成果”评选中，被评为“山东省优秀旧志整理成果”。

（吕艳丽）

【《巨野县旧志集成》出版】 2017年6月，《巨野县旧志集成》（点校版）出版。该志作为巨野县政府本年度的重大文化工程，囊括巨野县在中华人民共和国成立以前的所有存版旧志，包括明天启三年版（十卷）、清康熙四十七年版（十五卷）、清道光二十六年版（二十四卷）、民国十年版（八卷），线装书局出版发行，全书计150余万字，印数1000册，书号：ISBN 978-7-5120-2791-6。是巨野县历史文化的集大成者。

（赵永超）

年鉴编纂与出版

【概况】 2017年，围绕市委、市政府中心工作和社会热点问题，及时调整优化《菏泽年鉴（2017）》框架和内容，新增“两会”“交通新时代”“精准扶贫”“两学一做”“棚户区改造”等专题条目。3月底，完成组稿工作；5月底完成通稿编辑工作；7月底，完成总纂工作，12月完成出版。同时加大县区年鉴编纂指导力度，对巨野县、单县综合年鉴未实现“公开出版”的问题，市史志办与县政府相关负责人沟通，督促两县均实现公开出版。截至年底，菏泽市1部市级、9部县区年鉴全部实现“一年一鉴、公开出版”。

（丁　萧）

【《菏泽年鉴（2017）》出版】 2017年12月，《菏泽年鉴（2017）》由天津古籍出版社出版，这是自创刊以来出版的第12卷年鉴。主编田文建，副主编郑玉民、王涛。设特载、特辑、大事记、市情概览、工业、农业等21个栏目，该卷年鉴图文并茂地记载2016年菏泽市经济社会发展的基本情况，突出反映各行各业的新变化、新发展，具有地方特色及年度特点。同时，

在上年框架的基础上对部分篇目调整、充实，框架更趋合理，内容更加丰富。条目标题普遍采用主题词前置，方便检索和查阅。彩页部分增设“两会”“交通新时代”“精准扶贫”等专题版块，特辑中增设“棚户区改造”专题，更加突显菏泽地区的年度工作要点。在装帧印刷上，《菏泽年鉴(2017)》封面采用特种纸张，圆脊装订，版面设计美观大方。该书是一部资料性文献工具书，便捷地为各级领导、社会各界及广大民众提供菏泽地情资料服务。《菏泽年鉴（2017)》将菏泽市情网和菏泽史志微信二维码植入年鉴，便于读者了解菏泽市情、史志动态，以达到纸质文本与新型电子媒介的协调统一。大16开，68万字，印数800册，定价286元，书号ISBN 978-7-5528-0608-3。

（丁　萧）

【《牡丹区年鉴（2017)》出版】 2017年12月，《牡丹区年鉴（2017)》由天津古籍出版社出版。主编王付明、赵玉梅，副主编王茹、褚中胜、王玉敏、邢美凝、孟洁。设特载、大事记、区情概况、政党政务、群众团体、地方军事、公安 司法、经济监督与管理、农业、工业、城建 环保、财税 金融、交通、商贸、科技 教育、文化 体育 旅游、医疗卫生、社会事业、乡镇 街道办事处、人物20个栏目，该卷年鉴共计57.4万字，书号ISBN 978-7-5528-0640-3，大16开，印数1000册，定价225元。

（王　茹　王玉敏）

【《定陶区年鉴(2017)》创刊】 2017年11月，《定陶区年鉴（2017)》由中州古籍出版社出版。该年鉴由菏泽市定陶区地方史志编纂委员会办公室编纂，主编朱向勇。设特载、专记、大事记、区情概览、政党政务、政权政协、群众团体、军事、政法、综合经济管理、农业、工业、商贸服务业、民营经济招商引资旅游、城乡建设环境保护、交通邮政通信、财政税务、金融保险、教育、科学、文化体育、卫生计生、社会生活、镇（街道）开发区、人物、附录、索引27个篇目。全书80万字，书号ISBN 978-7-5348-7045-3，大16开，印数1000册，定价298元。

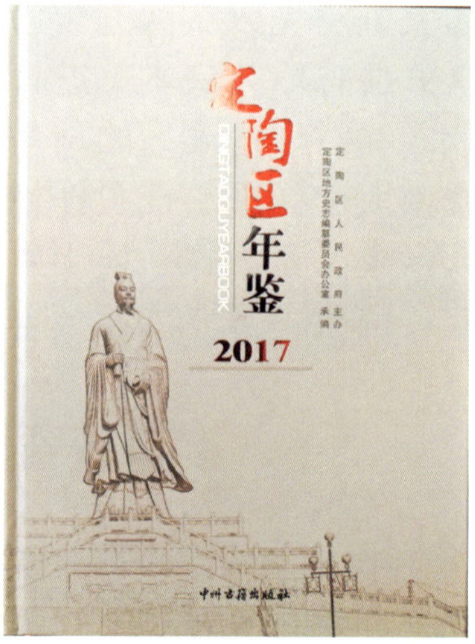

（李　斌）

【《曹县年鉴（2017）》出版】 2017年10月，《曹县年鉴（2017）》由华龄出版社出版，这是自创刊以来出版的第4卷年鉴。主编董梁英，副主编付强、付敏、潘晓霞；执行主编王仲芳，执行副主编张君坦。该书系统记述2016年度曹县自然、政治、经济、文化、社会及生态各项事业发展的新情况、新进展、新变化，全书设特载、大事记、县情概况、中国共产党曹县委员会、曹县人民政府、曹县人民代表大会、中国人民政治协商会议山东省曹县委员会、人民团体、地方军事、法治、城建环保、交通邮电电力、综合经济管理、农业、工业、商贸、开发区建设、财政税务、金融、科技教育、文化体育旅游、医疗卫生计划生育、社会事业、乡镇街道概况、人物、附录等26个栏目，174个分目，1661个条目。插入表格49个、随文图片121幅、时政图片（彩页）55幅，后设主题索引。全书97万字，大16开，书号ISBN 978-7-5169-1099-3，印数1000册，定价386元。

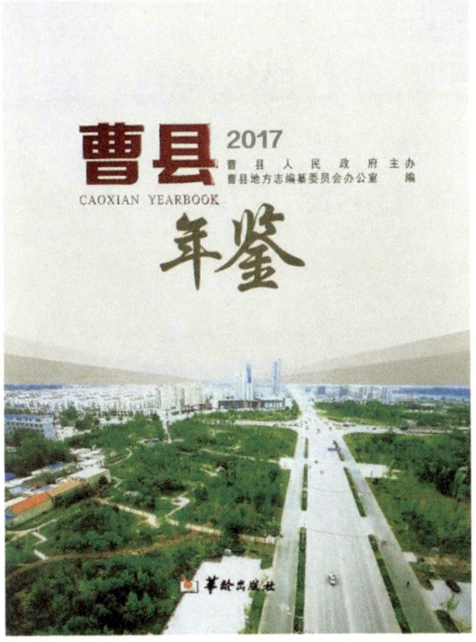

（董梁英 付 敏）

【《单县年鉴(2017)》出版】 2017年11月，《单县年鉴（2017）》由中国文史出版社出版，这是自创刊以来出版的第2卷年鉴。该年鉴由单县地方史志编纂委员会办公室编纂，主编尹颖，执行主编吕艳丽，副主编金业军。设特载、专记、大事记、县情概览、政党·政务、政权·政协、群众团体、军事、政法、综合经济管理、农业、工业、服务业、城乡建设·环境保护、民营经济·招商引资、科学、教育、文化·体育、卫生、社会生活、乡镇（街道）·开发区、人物、附录23个栏目，177个分目、1095个条目，穿插表格75个、随文图片209幅、时政图片（彩页）43幅。大16开，27.25万字，印数1000册，定价358元，书号ISBN 978-7-5034-9740-7。

（吕艳丽）

【《成武年鉴（2017）》出版】 2017年11月，《成武年鉴（2017）》由中国文史出版社出版，这是自创刊以来出版的第24卷年鉴。年鉴设特载、大事记、县情概览、正文、附录等24个栏目，共96个分目、825个条目，内文穿插表格75个、随文图片310幅。主编杨海涛，副主编李丙新，刘刚，朱忠磊，杜丹丹。卷

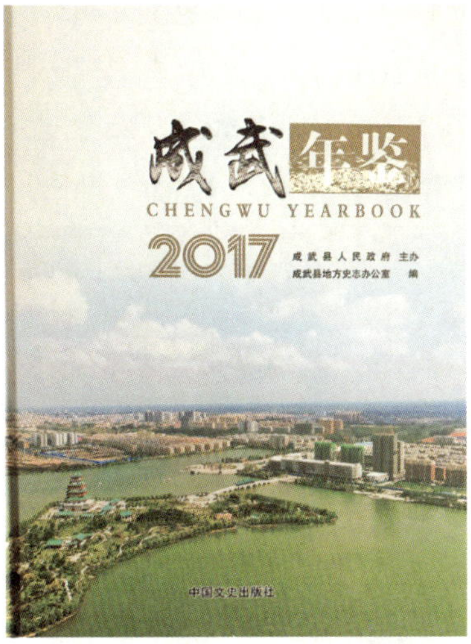

首选取2016年有代表性时政图片24幅，卷内照片300余幅。内文全彩印刷，提升年鉴的美观度和内在质量。封面采用“水韵绿城”图片作为压题图照。本书为大16开、654万字，印1000册，定价298元，书号为ISBN 978-7-5034-7874-1。

（成武县史志办）

【《巨野年鉴（2017）》出版】 2017年12月8日，《巨野年鉴（2017）》由中州古籍出版社出版。主编赵永超，书号ISBN 978-7-5348-7537-3，共54万字，印数1000册。

（赵永超）

【《郓城年鉴（2017）》出版】 2017年12月，《郓城年鉴（2017）》由方志出版社出版。这是自创刊以来出版的第5卷年鉴。主编王志良，副主编艾霏霏、侯剑、张浩、刘兆全。设特载、大事记、县情概览、政党政务等27个栏目，205个分目（子分目）、1170个条目，表格76个、随文图片92幅。在彩页部分设立“实力郓城”“美丽郓城”“幸福郓城”“民生实事工程”等版块，全方位地展现郓城经济社会发展的崭新面貌。内文中增加“文物古迹”“非物质文化遗产”“地方特产”“地方名吃”“文物古迹”等条目，突出展现郓城历史文化底蕴和地域特色。全书16开，90.1万字，印数1000册，定价298元，书号ISBN 978-7-5144-2946-6。

（王志良 艾霏霏）

【《鄄城年鉴（2017）》出版】 2017年8月，《鄄城年鉴（2017）》出版。《鄄城年鉴》是由鄄城县人民政府主办，鄄城县史志办公室承编的综合性地方年鉴，《鄄城年鉴（2017）》全书设特载、大事记、鄄城概况、政治、政法、政务、农业与农村经济、工业经济、交通运输、信息产业、商贸流通、住房和城乡建设、环境保护、财政税务、金融保险、经济管理、教育科技文化新闻、卫生计划生育、社会生活、乡镇概况、人物、附录等。大16开，共计63万字，印数1000册，定价360元，书号ISBN 978-7-5034-8375-2。

（鄄城县志办）

【《东明年鉴（2017）》出版】 2017年11月，《东明年鉴（2017）》由中国文史出

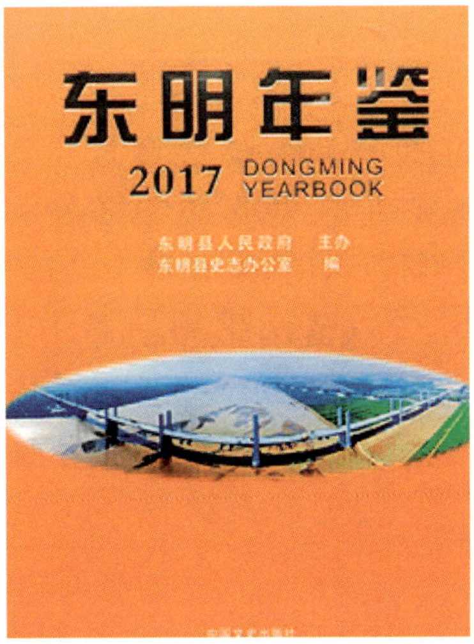

版社出版，主编孔建民，这是自创刊以来出版的第5卷年鉴。年鉴设特载、大事记、县情概览、正文、附录等28个栏目，共140个分目、881个条目，内文穿插表格67个、随文图片59幅。卷首选取2016年有代表性时政图片25幅，书皮采用“东明黄河公路大桥”图片作为压题图照。本书为大16开、80.5万字，印1000册，定价360元，书号为ISBN 978-7-5034-8403-2。

（东明县志办）

【《东明统计年鉴（2017）》出版】 2017年12月，《东明统计年鉴（2017）》，由河南省济源市北海印刷厂出版，主编纪立国。年鉴设综合，农业，农村住户调查，工业，邮电、交通，贸易、外经，财政、金融，劳动工资，教育、卫生、广播电视，固定资产投资，建筑业，环境保护和行政村，通讯录13章，印数320册。为内部资料。主要辑录东明县2016年度经济、社会等各方面的统计数据，是认识和研究东明县情、交流社会经济信息、制订政策、指导工作的重要资料性工具书。

（东明县志办）

信息化建设

【概况】 2017年，菏泽市及县区地情网站和地情资料库通过不断补充数据，实现史志成果与社会资源共享，受到省、市领导，社会各界网民的好评，为宣传菏泽、促进当地的经济文化发展起到一定的作用。在4月份省政府办公厅开展的全省优秀史志成果评选活动中，东明县情网被评为“优秀信息化建设成果”。

【菏泽市情网】 史志产品信息化。2017年，“菏泽市方志馆网站”（http://hzfzg.hzsq.gov.cn/）开通运行，是全省史志系统第一家开通方志馆网站的地市。实现网上地情展厅、网上查询资料、网上服务热线，为群众提供网络便捷服务。

地情网站建设。2017年9月，根据市政府有关要求，市及县区部门网站域名后缀需统一挂gov.cn，因此“菏泽市情网站”域名由http://www.hezesq.com/变更为http://www.hzsq.gov.cn/。提升网站工作水平，实行“菏泽市情网”编辑工作责任制，制订《栏目分工责任表》，将栏目内容分配到人，信息把关责任到人，网站维护职责到人，做到网站重要内容及时更新，动态栏目每天更新。其中，“菏泽市情网”市情动态栏目发布信息205条，史志动态栏目发布信息180条，微信公众号发布信息168条，微博发布信息122条。在全国政府网站普查工作中，全市地情网站通过率100%。全市网站数字化资料 5000余万字，点击率在菏泽市政府部门网站中居前列。菏泽市第一轮10部志书，9部完成资料入库，完成出版第二轮志书的县（区）中，牡丹区、曹县、成武县、东明县完成资料入库，在完成志书资料入库的同时，东明县、曹县、成武县完成年鉴及地情书籍的资料入库工作。地情资料库的不断充实，更好地为大众提供史志资料的查询服务。2017年12月，根据市政府办公室网站整合迁移要求，对县区县情网站统一关停。

对外信息宣传。加强全市史志信息的报送工作，特别对县区报省的信息市里逐一审核，对质量较差的稿件修改后再由市里上报，确保信息采用率。2017年，市及各县区被省情网采用信息106条，名列全省第四位。其中，市被采用信息38条，名列全省第二位。通过信息的报送和发布，发挥史志系统这一平台的宣传作用，提升史志工作在社会各界的地位和形象。

（贾新勇）

方志馆建设

【概况】 菏泽市史志办按照国务院《地方志工作条例》和《山东省地方史志工作条例》的规定要求，结合文化系统的“两馆”建设，在全市范围内逐步推进市县两级方志馆建设，并取得一定的成绩。截至2017年底，菏泽市及所属9县区方志馆（室）均成立。其中，市方志馆建筑面积2000多平方米，位于菏泽市丹阳路669号市图书馆四楼，是菏泽市地方史志办公室所属的、相对独立的科级公益事业单位，编制3人，免费向公众开放。市方志馆场地（市图书馆）于2013年10月建成交付使用，11月动工装修（包括制订招标计划书、评标、签订合同、展览展示设计、展览展示内容制作、购置书目及其基本设施等基础工作），于12月30日试开馆，并于2014年8月正式开馆。牡丹区、定陶区、曹县、成武县、东明县、鄄城县、单县、郓城县、巨野县史志办也均在原有方志室基础上筹建新方志馆，新馆建筑面积均1000平方米以上，符合省史志办要求，于2020年全部开馆运行。

【菏泽市方志馆】 2017年4月，菏泽市方志馆获“山东省优秀方志馆”称号。接待省内外文化学者、专家、史志同仁以及会议团体来馆参观交流的有20余个；接待市直、县区各部门参观团近10个；举办大型的专题活动1次。

规范化管理。严格按照制定的各项规章制度对方志馆实行规范化管理。按时完成新书上架、旧期刊的下架以及征订2018年的期刊和购买志书的工作，切实加强对报刊、书籍的保护，保证方志馆的正常开放。不断编制完善馆藏书目、专题索引及摘要，完善馆藏数据库。在经费紧张的情况下，通过各地志书交换、社会征集、捐赠购买等各种途径想方设法丰富馆藏。现馆内各省级首轮志书基本收藏完备，省级第二轮志书和市级志书得到完善。开通两部服务热线电话5239015/9016。利用地情展厅，开展各种层次化讲解，针对不同的参观群体，有重点、有选择的准确讲解菏泽的历史人文自然风物等各方面知识。

数字化管理。志鉴书籍数字化初见成效。自2016年底与菏泽市图书馆合作，将菏泽市及各县区的第一轮、第二轮志书、年鉴及地方文献资料等，近100册一亿余字资料数字化处理并上传网站，基本实现馆藏资料数字化，让读者足不出户就能查阅下载有关资料。

接待服务及活动。2017年，接待省内外历史文化学者、专家、史志同仁以及会议团体参观。除莱芜市史志办、安徽亳州市史志办、威海市史志办、临沭县史志办、惠民县史志办、河南濮阳市史志办、内蒙古通辽市史志办、潍坊市潍城区史志办等兄弟单位外，菏泽市纪委、市文明办、市妇联、县区史志办、文化馆等市县级单位也先后来馆内参观交流。7月，菏泽市方志馆与市摄影沙龙俱乐部联合，在一楼报告厅举办摄影沙龙专题交流活动。

【菏泽市牡丹区方志馆】 菏泽市牡丹区方志馆面积300平方米，有展厅、志鉴书籍室和会议室。设有计算机、书橱、桌椅等，现有藏书3000余册。新建牡丹区方志馆将与档案馆、图书馆、老干部活动中心、青少年活动中心合建。“三馆两中心”位于区生态园广场南部，总规划面积3.1万平方米，计划总投资9000多万元，其中方志馆建筑面积1000平方米。完成规划和工程招投标，2017年10月动工建设，2018年底完成主体建设，2019年5月底开馆。

【菏泽市定陶区方志馆】 菏泽市定陶区方志馆面积300平方米，藏书3000余册，有计算机、书架、桌椅等。新馆与档案馆合建，面积1000平方米，位于府北路以北新建道路西侧，主体建设完成，整体正在装修中，2018年10月交付使用，2019年开馆。

【曹县方志馆】 新馆将与档案馆两馆合并进行，新馆面积1000平方米。主体工程完成，楼体外装中，2018年年底完成内外装修，2019年上半年开馆。

【单县方志馆】 单县新建方志馆和档案馆合并，共5层，面积1000平方米，位于5楼。主体建筑完成，正在装修，2019年开馆。

【成武县方志馆】 新馆位于成武西部新城区，与县图书馆、博物馆同设计、同规划、同建设，面积1000平方米。主体工程竣工，室内装修中，2019年1月开馆。

【巨野县方志馆】 巨野县现有方志馆面积500平方米，藏书3000册。新馆位于县城万福路中段南侧，与县档案馆同步规划、同步建设，面积1000平方米，2017年4月完成规划设计，2017年6月开工建设，2018年6月底完成主体建设，11月份交付使用。2019年10月完成布展与展陈工作，2019年底完成相关设施配套，并安排专职工作人员，做好开馆运行工作。

【郓城县方志馆】 郓城县现有方志馆面

积30平方米，内设书橱4个，藏书500册。新馆选址在南湖新区北部胜利街东裕民路北，面积1160平方米，正在建设中，2019年12月开馆。

【鄄城县方志馆】 鄄城县现有方志馆面积200平方米。新馆位于工业路南端西侧，三馆合一，馆舍面积1000平方米，主体建设与外部装修完成，现在内部设计装修阶段，2020年开馆。

【东明县方志馆】 东明县方志馆面积20平方米，内设17个书橱，藏书4100册。新馆位于县文化中心，面积1000平方米，主体工程完工，在内外装修，2018年底完成布展，并对外开馆。

（马　月）

开发利用

【《曹县县情（2017）》出版】 2017年9月，由曹县地方史志编纂委员会编纂的《曹县县情（2017）》完成印刷，主编董梁英，副主编付敏；执行主编王仲芳，副主编张君坦，特约编辑孟宪军，编审徐子红。《曹县县情（2017）》资料来源以《曹县年鉴（2017）》资料为基础，收录第二轮曹县志中的常用精华。该书立足于综合反映曹县整体面貌，系统、简要地记录全县自然、政治、经济、文化、社会及生态方面的发展情况，重点展示2016年全县人民在县委、县政府的领导下，在政治、经济、文化、社会等方面取得的成就。按照覆盖到面、突出重点、贴近生活、力求经典的原则，设置县情概况、党的建设、基础设施建设、经济建设、文化建设、社会事业、乡镇街道概况、历史记忆、艺文选录、名优特产风味小吃、便民服务11个栏目。该书由济南世同华印印刷有限公司设计制作，山东新华印务有限责任公司印刷，48开，20.5万字，印数1500册，工本费98元，手册同《曹县年鉴（2017）》同步发放，是一部信息密集、经典，既具有较高的资政价值、又贴近生活接地气的袖珍年鉴，更加方便携带使用。

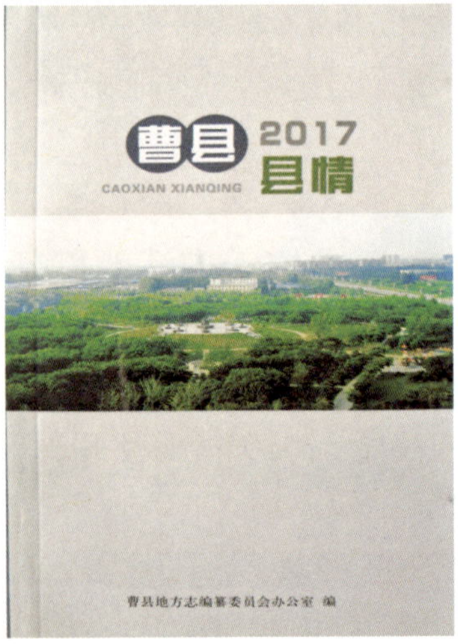

（董梁英　付　敏）

【《单县县情概览（2017）》出版】 2017年8月，由单县地方史志编纂委员会办公室编纂的《单县县情概览（2017）》出版，主编尹颖，副主编吕艳丽，是

单县首部县情概览。该书立足于综合反映单县整体面貌，系统、精练地记述全县自然、政治、经济、社会、文化等方面的发展情况，按照覆盖到面、突出重点、贴近需要、力求经典的原则，设置特载、县情概览、综合经济管理、经济建设、基础设施、金融保险、文化体育、社会事业、乡镇（街道）、名优特色产品、便民服务等栏目，全面展示2016年度单县经济社会发展的最新成果。全书18万字，64开本，印数500册，内容丰富，携带方便，是一本便于各级各部门和社会有关方面了解熟悉单县县情的简明实用的工具书。

（吕艳丽）

【《成武村庄图谱》出版】 2017年4月，成武县地情文献《成武村庄图谱》出版，约122.24千字，主编陈承旭。该书详细介绍全县自然村落现状、历史由来以及村落中出现的文化古迹、历史名人、发生的重大历史事件。语言通俗生动，叙事准确清楚，并穿插全县713个自然村的航拍照片和100多张村庄文化古迹照片。

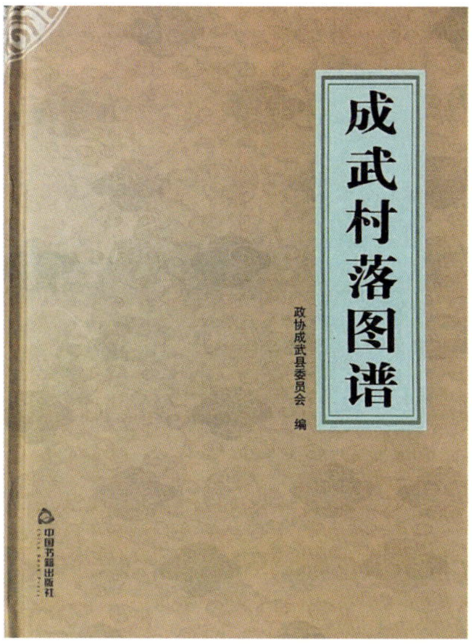

（成武史志办）

【《李屯史话》出版】 2017年6月，东明县地情文献《李屯史话》出版，约20万字，主编李景军。该书由苦难岁月、筑建村寨、兴文办学、尚武修身、民俗文化、商贾店铺、楼阁庙宇和历史名人8部分组成，主要内容是以李屯村中华人民共和国成立前发生的主要历史事件和真人真事为主线，真实记叙当年先贤们守护家园、筑墙垒寨等点滴往事，语言通俗生动，叙事准确清楚。同时描绘建国前期在本村影响较大、口碑较广的名人俊贤，辅以兴学重教以及当年盛行的民俗风情、商铺井市等生活画卷，并穿插近百幅历史老照片，生动再现当年李屯先辈们负重前行的跋涉足迹和李屯村人文发展的奋斗历程。

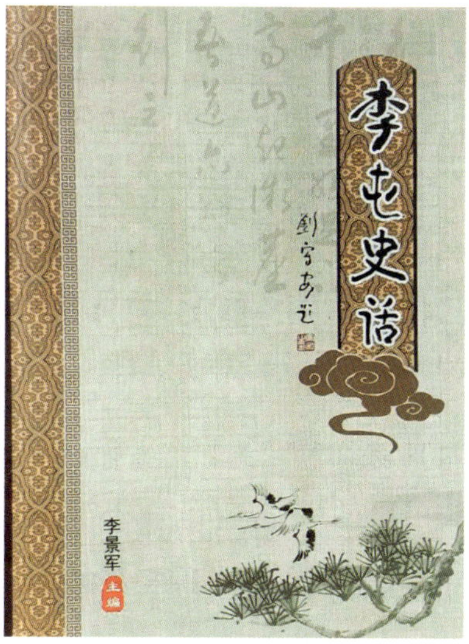

【《东明石化大事记》出版】 2017年7月，东明县地情文献《东明石化大事记》出版，计26万字，编著李湘平。该书采用条目体记述，主要内容是自20世纪的1987年

始，东明石化从一片沙土地上蹒跚起步，30 年来企业历经从无到有、从小到大、从大到强的三个历史发展阶段所发生的大事、要事，从不同侧面记述东明石化集团从内陆走向沿海，从国内走向海外，从单一走向多元，从弱小走向强大，最终成为一个国际化、大型化、高端化的现代石化企业大发展的脉络历程。

（东明县志办）

【菏泽市《曹口村志》简介入选 2017 年江西中考语文试卷】 在“全国市级联考”《江西省赣州市信丰县 2017 年普通高中提前考试语文试卷》中，菏泽市成武县《曹口村志》简介成为现代文阅读题的一项重要内容。阅读题中的《珍贵的书签》一文，热情赞美《曹口村志》里的书签，对《曹口村志》的出版时间、主编人员及基本内容等情况进行介绍。试题中说:“《曹口村志》采用述、记、志、传、图、表、录等体裁，真实记录自明洪武元年至 2012 年底，645 年间曹口村自然、政治、经济、文化和社会等方面的历史与现状，具有鲜明的地方特色和时代特色。”有关专家评论说 ：“该项试题，在赞美《曹口村志》书签的同时，向青少年学生介绍一种极为珍贵的、深受广大民众喜爱的文体—村志。它是祖国灿烂文化的一部分，对于激发人们的爱国之心、思念之情，有着不可替代的作用。”在全国广泛开展读志用志活动的大好形势下，志书的体裁、内容说明进入中学试题，在全国也尚属首次，对全国青少年普及志书知识起到推动作用。

（陈　娅）

【菏泽市定陶区史志工作服务社会概况】 2017 年，定陶区史志办向定陶区图书馆捐赠《定陶县乡村志》等图书 200 册，发放《定陶县志顺治十二年》《定陶县志》《定陶区年鉴 2017》等各类志书 100 余套。协助山东电视台《乡村季风》栏目拍摄山药专题片，于 2017 年 11 月 11 日播出。协助南王店镇查阅历史资料完善申报材料，2017 年 10 月“南王店镇西瓜”成功登记国家农产品地理标志，入选 2017 年度全国名、特、优、新农产品目录。

（李　斌）

【郓城县史志工作服务社会概况】 2017 年，郓城县史志办先后为中央、省、市、县各级领导和国家发改委、省发改委、同济大学建筑设计院、山东建筑大学规划设计院、县发改局、规划局、建设局、民政局、旅游局、文体局等部门单位提供志鉴资料 400 多次，为郓城“历史文化名城”申报、城南水库、郓州大道坝头区块建设、东溪湿地、彭湖湿地、大唐发电等项目提供服务 180 余次，服务接待社会各界人士 1000 余人次。

【郓城县历史文化名城材料征集整理】 2017 年，通过查找古籍、走访文化名人、史志年鉴老编辑，搜集郓城历史文化材料，做好材料的整理汇总工作。完成历史沿革、历史人物、历史故事、民俗文化的整理加工工作。按照《关于分解落实 2017 年郓城县创建历史文化名城近期任务清单的通知》要求，搜集历史文化街区材料，启动郓城县历史文化研究工作。公开向社会征集老照片，扩大走访调研的范围，到菏泽市图书馆、方志馆等收集资料，与湖州宣传部联系，交换历史文化研究丛书，做好郓城县历史文化区块研究的准备工作。

（王志良 艾霏霏）

学术交流与活动

【东明县历史文化研究会】 2017年，东明县历史文化研究会组织热爱当地历史文化和民俗文化人员，加强对东明历史、民俗及重大历史事件等研究。2月，编纂出版《李福禄文论》，该书由中州古籍出版社出版，计33篇16.3万字，编著李福禄。书中辑录内容不仅有关于李福禄对庄子研究的成果，也有关于对其他历史文化名人的研究成果，还有他为弘扬民族传统文化所写的各体文章和演讲稿等。年内，东明县志办参与以地方史志事业转型升级方面的实践探索和经验总结为题，撰写《弘文载道 焕彩如需——浅谈史志如何在新形势下发挥服务功能》《东明县地方志事业全方位发展综述》等理论文章，其中《弘文载道 焕彩如需——浅谈史志如何在新形势下发挥服务功能》论文，于11月7日在曲阜召开的全省方志理论研讨会上确定为交流材料。在对东明县历史及文化研究的基础上，县志办以现代写实和戏谑的手法，撰写的《东明县名由来的“皇帝缘”》文章，通过网络和手机微信平台发布，受到社会广泛关注。

（东明史志办）

【《单州古今》】 2017年，《单州古今》共出版4期，季刊。其中，总第28期名誉主编张金亮，主编惠正法、王朝建，执行主编王同光，副主编黄新柱、马生科、郝江东。主要栏目有特辑、青联视界·峰会专辑、廉政单县、周自齐研究、红色湖西、善行天下、乡音乡情、单州文苑、消息等。16开，印数2000册。

（吕艳丽）

【安徽省亳州市地方志办公室到菏泽市方志馆参观交流】 2017年5月16日，安徽省亳州市委党史研究室、亳州市地方志编纂办公室主任时明金带领综合科、党史科和方志科科长一行4人，到菏泽市方志馆参观交流。菏泽市方志馆馆长乔方辉陪同先后参观地情展厅、志鉴书籍室、期刊阅览室和古籍珍本室等。在随后的座谈交流中，时主任一行详细询问有关方志馆建设的筹备过程、整体规划、招标购书等情况，双方交换书籍若干，以示友好往来。

【威海市史志办到菏泽市方志馆参观交流】 2017年5月17日，威海市史志办副主任李美志和方志馆馆长王瑛到菏泽市考察方志馆建设工作。菏泽市方志馆馆长乔方辉陪同先后参观地情展厅、志鉴书籍室、期刊阅览室和古籍珍本室等，并主持召开小型座谈会，菏泽市方志馆全体工作人员参加座谈。座谈会上，双方就方志馆建设中的机构设置、前期筹备、规划方案、布展设计、招标准备以及方志馆布展施工、功能发挥、制度建设、资源开发、管理模式、运行情况和工作中遇到的难题等诸多方面深入细致的交流和探讨。双方表示将继续加强交流，互相学习促进，共同推进史志事业转型升级。

【河南省新乡市地方史志局到菏泽市考察交流】 2017年9月13日，河南省新乡市地方史志局副局长杜莉娜一行4人，就《平原省志》编纂事项，到菏泽市研讨交流。菏泽市史志办为新乡市史志局提供平原省时期（1949.08—1952.11）菏泽专区的建制沿革、社会发展状况有关资料、图片等，双方还就志鉴编纂、方志馆建设、信息化建设、地情书编纂、镇村志编纂等方面深入探讨。双方互赠志书，并表示今后要加强业务往来，相互借鉴学习，共同探讨地方志工作新途径，促进史志事业共同发展。

【北京市方志馆到菏泽市方志馆参观交流】 2017年11月9日，北京市方志馆副馆长刘宗永一行4人，到菏泽市方志馆考察交流，菏泽市史志办主任田文建、副主任郑玉民参加活动。刘宗永一行参观地情展厅、志鉴书籍室、期刊阅览室和古籍珍本室。在座谈会上，双方就方志馆功能、人员编制、管理模式、资料收集、文献编研等相关工作深入交流探讨。双方互换志鉴书籍一宗，以示互通有无，友好往来。

（陈 娅）

【山东财经大学到郓城开展“读县志 懂中国”暑期调研】 2017年7月17日—20日，山东财经大学2017年暑期社会实践郓城分队到郓城县开展“读县志，懂中国”暑期调研，调研郓城水浒文化和武术文化的传承与发展，县史志办主任王志良从郓城的地理位置、历史渊源、文化名人、名胜古迹等角度对郓城文化做了系统的介绍，解读郓城文化的精髓，水浒文化、武术文化的根基。郓城县史志办被授予“山东财经大学社会实践基地”铭牌。

（王志良 艾霏霏）

责任编校：张 亚

人 物

第二届“山东史志”十大年度人物

乔方辉 女，山东省梁山县人，1963年1月生，中共党员，本科学历，编审，正高职称。1985年毕业于菏泽学院中文系，1986年进入菏泽市地方史志办公室工作至今。历任编辑、副科长、科长、副总编、方志馆馆长等职。现任菏泽市史志办副总编、菏泽市方志馆馆长。主要社会兼职：中国民俗学会会员、山东省民俗学会常务理事、菏泽市民俗学会副会长，山东省摄影家协会会员、省女摄影家协会副秘书长、市女摄影家协会副主席秘书长、市民俗摄影协会主席。

先后参与编修、总纂《菏泽地区志》《菏泽市志》《菏泽年鉴》《菏泽牡丹志》等多部志鉴类书籍；出版专著有：《山东黄河民俗》《山东民间玩具》《菏泽民俗》等。2004年参与创办菏泽市情网站运行至今，2013年参与创办菏泽市方志馆，多次受到国家、省市有关领导和同行的肯定与表彰。共发表论文100余篇，先后19次荣获山东省史志成果优秀论文一、二、三等奖和山东省民俗学会优秀论文二、三等奖。2003－2004年，与山东电视台合作，拍摄大型民俗专题片《齐鲁民俗》，2014年8月—12月，在菏泽电视台《百姓讲坛》栏目开设《民俗讲座》16期，受到好评。2008年至今，被市委组织部、市人社局聘为公务员面试考官。摄影作品先后20余次荣获世界级、国家级、省市级摄影大奖。所领导的方志馆先后于2014年、2017年两次荣获山东省优秀方志馆，2017年8月，个人受到中国地方志指导小组、国家方志馆的通报表扬。

史宗义 男，山东省莒县人，1963年5月生，中共党员，大学学历，现任莒县地方史志办公室（莒县县委党史研究室）主任。自2013年担任莒县史志办主任以来，勇于担当，主动作为，短短五年时间，史志工作成效卓著，多项工作在全省名列前茅。先后荣获市县优秀党务工作者；省市优秀对外传播工作者；山东省优秀理论教育工作者等荣誉称号。在《人民日报》等国家级报刊发表各类文章数百篇，主编出版史志书籍6部，出版个人专著5部，多次得到县委、县政府领导和省史志办领导的表扬和肯定。

勇于担当，善于创新，第二轮修志、特色志编撰、乡镇志编修、旧志整理四项工作实现了历史性突破，在全省名列前茅。2013年，担任县地方史志办公室主任。克服各种困难，推进第二轮修志工作，2016出版《莒县志（1997—2010）》，获2016年度全省优秀市县级志书"；在全省首开书画志编撰先河，仅用三年时间出版《莒县书画志》，在社会上产生良好反响；推进乡镇志编修，出版乡镇志14部，正在编修乡镇志4部。将旧志整理工作提升到"文化树县"的战略高度，先后整理出版民国《重修莒志》、清雍正《莒州志》、清嘉庆《莒州志》，其中，校注本清雍正《莒州志》，获2014年度"省优秀史志成果—优秀旧志整理成果"，旧志整理工作走在全省的前列。

紧紧围绕资政服务这一重点，充分发挥莒县旧志资源丰富的优势，先后为六种地理标志产品提供史志佐证，确保申报成功，在地理标志产品认证和招商引资工作中发挥了很好的资政作用；在莒国古城建设中充分发挥部门优势，积极建言献策，出版《记忆莒城》一书，在社会上产生良好反响，为莒县打造文化名城、旅游名城做出了特殊贡献。

陈政 男，山东省烟台市人，1981年11月生，中共党员，大学学历，高级经济师，现任烟台开发区工委组织部史志办、党史办、老干部处、老干部活动中心、老年大学、关工办负责人。

陈政工作阅历丰富，先后经过公安局、政法委、政管办、组织部等多岗位历练，培养了勤于思考、敢于创新的工作风格。善于组织、协调各方面的积极因素，合力推动工作顺利开展。坚持统筹兼顾，主动服务大局，主抓史志的同时，扎实做好搬迁、招才、招商、组织等中心工作。2013年调任史志办负责人以来，潜心钻研业务，学习先进经验，争取领导支持，制定了"内挖潜力、外借智力"工作思路，建立起"编辑自审、交叉互审、集体议审""省市区三级并联同步审核"等工作机制，建立烟台首家"史志""区志"微信公众号，烟台首家将史志纳入全区绩效考核。主编完成《开发区志》《开发区年鉴》《古现东村志》《金东社区志》《历史文化记忆》系列4册等5部志书；参与编纂《中国开发区年鉴》《山东改革开放实录》《山东省志》《山东地方史志年鉴》《他们影响了烟台》《烟台企业简志》《烟台年鉴》《烟台大事记》等8部志书，共约434.6万字，7600余幅照片，313G视频。其中，《开发区志》《古现东村志》获评山东省优秀史志成果，《古现东村志》修订版获评首批中国名村志，系烟台在人民大会堂颁奖的唯一一部。烟台开发区也成为全国国家级开发区、高新区中唯一一家获奖单位。《金东社区志》获评首批齐鲁名村志。审阅、评审通过了各有关单位的《业达医院志》等15部行业志书，共约620余万字，指导培训人员360余人次。主编的《烟台开发区经济发展的实践经验》等3篇论文，在国家级期刊《财经界》上发表，被国家发改委评为"优秀论文”一等奖。因业绩突出，三年考核优秀，四次评为“先进个人”，四次获管委嘉奖，连续五年获评“先进单位”。中指组秘书长、中指办党组书记、主任冀祥德，省政府办公厅党组成员、省史志办主任刘爱军到烟台调研时多次给予充分肯定。

李长山 男，山东省青州市人，1959年10月生，中共党员，大学学历。1984年7月到潍坊市地方史志办公室工作，2000年任市情资料馆馆长，2003年任年鉴科科长，2012年9月任潍坊市地方史志办公室副调研员、《潍坊市志》《潍坊年鉴》副主编。

共参与包括《潍坊市志》《潍坊年鉴》在内的50多部志、鉴的编辑、撰稿工作，参与了30余部各县市区志、企业志、部门志的审稿工作。在《中国地方志》《年鉴信息与研究》《山东史志丛书》《山东史志》《地名丛刊》《地理知识》《名人传记》《潍坊通讯》《巴蜀史志》《山东风物大全》《庆典活动策划及致辞》《史志工作者对振兴山东的思考》《山东省方志论文集》等刊物发表文章40多篇，利用业余时间主编《潍坊市民手册》《潍坊之旅》《生活的艺术》等书籍。1991年在《中国地方志》第6期上发表《志书总纂后不能忽视资料的管理工作》，2010年获得山东省优秀业务文章奖奖；2002年在《中国地方志》第3期上发表《地情资料如何增强服务社会的能力》，2010年获得山东省优秀读志用志成果奖。2012年7月，《地方志书编纂的另一种创新形式》获山东省首届齐鲁新方志论坛优秀论文一等奖。多次被评为山东省委办公厅、山东省地方史志编纂委员会年鉴工作先进个人，荣立全省史志工作三等功一次。

王圣雨 男，山东省东平县人，1965年9月生，中共党员，大学学历。2012年11月，任东平县史志（党史）办公室主任。

五年来，牢记使命，勇于担当，一心扑在史志工作上，先后主编《东平年鉴》《东平风物志》等8部志书。2015年7月，万里同志逝世后，他向县委、县政府提出征集万里同志早期在东平革命活动的资料的建议；到梁山县田大店小学、永安寺武装起义旧址、县工委纪念馆、万里故居、无盐、昆山等地走访调查；赴济南、泰安登门拜访省委党史研究室主任丁龙嘉、市委党史办牛之营等专家，收集大量珍贵的文字、图片资料。《东原星火——万里在东平早期革命活动资料专辑》，全书42万字，图片125幅，由中国文化出版社出版。2016年12月5日，在中共中央纪念万里诞辰100周年座谈会上，《东原星火》作为唯一志书，在纪念会上公开发行。《东原星火》《灾难与抗争》《中共东平历史大事记》三部书，分别获全省优秀史志成果、党史研究成果著作二等奖和三等奖。组织评审、修改《东平湖移民志》《东平县人民医院志》《东平县教育志》等19部志书文稿，其中《东原星火》《东平湖移民志》获省优秀史志成果。开发利用史志资源，编辑出版《乡情》刊物18期，被评为全省优秀期刊，并多次在全省方志理论和期刊座谈会上大会发言。执笔撰写《荒冢漫漫话项羽》《龙山屯的记忆》《中共东平县早期革命活动》《万里与永安寺武装起义》等史志和党史研究文章25篇。其中，《1939，八路军一一五师在东平》《抗日战争时期中共东平县党的建设和革命活动》文稿，除收录志书外，还被省政协主办的《山东抗战编年纪事》和北京八路军山东抗日根据地研究会《齐鲁烽火》等书刊登载。积极争取县委、县政府支持，创建县方志馆、党史教育馆，为存史、执政、育人做了大量卓有成效的工作。

林卫成　笔名林枫，男，山东省安丘市人，1969年10月生，中共党员，大学学历，教育学学士，中国辞赋家协会会员、中国大族谱协会会员。1990年5月加入中国共产党，1990年7月参加工作，先后任安丘师范学校文书，安丘日报社编辑记者，安丘市行政审批中心综合科长、副主任。2014年2月调任安丘市史志办主任。

近三十年如一日，意志坚强、勤奋笔耕，为安丘文化事业发展做出突出贡献。1993年8月，散文诗发表于《中原石油报》，自此与文结下不解之缘，先后在国家级、省级、潍坊级报刊发表新闻、通讯、散文、随笔、论文、文史等文章680余篇，其中169篇稿件为10余家报刊转载，目前累计撰写文字达830万字。指导完成行业志、部门志、村志共计16部，撰文申报国家级地理标志产品2项，策划修复古遗迹2处，完成上级供稿42万多字，举办全国性志书发行会2个，《安丘市志》在全国创出“安丘速度”，受到领导肯定。闲来钻研谱序、碑铭、古文、诗词，尤喜辞赋散记，其中代表作《安丘赋》《潍坊滨海赋》《金陵双桂堂赋》《雅安蒙山记》《柘岳山记》等十数篇见诸专业报刊；同时先后出版《安丘百家姓》《高士管宁》《安丘赋注解》《安丘帝傅名臣传》4部专著，主编《安丘市志》（2016版）《安丘古志集成》（2015年版）。作品先后获全优秀史志成果4项，获省新闻协会新闻奖6项，获潍坊市、安丘市先进工作者5项。散文《烟雨青云湖》获中国辞赋家协会全国征文一等奖。

刘　勇　男，山东省齐河县人，1975年10月生，中共党员，大学学历。1993年参加工作，2007年从事史志工作，2014年任齐河县地方史志办公室副主任，2015年主持史志办公室工作。

县志编纂兢兢业业。2007年任《齐河县志》编辑，在重感冒的情况下，在省新华印刷厂连续三晚加班到12点校对出版稿；后期参编《清康熙、民国〈齐河县志〉校注汇编》《齐河风云录》《齐河县农村简志》等志书。三年时间，和同事们先后完成一县志三地情资料，质量、速度均创当时全省新高。《齐河县志》先后获全省“八个一”优秀县级志书提名奖、“齐鲁新方志奖”优秀县级志书奖。

地情工作深挖史料。2013年，参与编纂《左宝贵志》，先后到山东威海、平邑，河南郑州、江苏南京等地走访调查，补充了天津静海楼惨案、左宝贵墓志铭、左宝贵整理《辽宁内功》等珍贵史料，引起全国部分左氏专家学者的关注；主编《时传祥志》，补充了江青受审、时传祥弟子对其诬蔑证词、时家三代劳模等资料，全面立体地展现了全国劳模时传祥的光辉形象。2014年，首倡启动《齐河县抗日战争志》，辗转行程3000余公里，采访耄耋老人80余人，于2015年全国抗日战争胜利70周年来临之际顺利出版发行。以志体的形式纪念全县的抗日战争历史，在全省尚属首部。

乡村志书开市先河。2011年，在全市率先开展乡镇部门志编纂工作；2014年，又率先启动村志工作。先后参与指导、主持、评审、出版各级志书50余部。齐河的乡镇部门志工作连年走在全市前列，德州市史志办在齐河召开现场会，推广经验；河北邢台，山东威海、乐陵等地史志同仁先后到齐河参观学习。

年鉴步入全省前列。2014年始，任《齐河年鉴》副主编。工作中，广学习、早启动、强编辑、严校对，做到年年有调整、岁岁有创新。2014年，《齐河年鉴》出版速度创全省第二；2015年后，《齐河年鉴》出版速度连年实现全省第一。

理论学习毫不放松。几年来，刘勇先后整理录入史志业务笔记20余万字，在省市史志刊物发表史志理论文章3篇。2014年9月，参加德州市首届业务技能比赛，获一等奖。独立主持设计制作的“齐河县情网”获全省优秀史志成果——优秀地情网站奖。2017年春节期间，刘勇身患脑梗塞暂时离开史志岗位。然而按捺不住对史志工作的挂念，仅康复百余天，就又全身心投入工作中去。并克服右肢麻木带来的不便，系统整理了业务笔记，制作完成《地方志培训》《年鉴培训》《村志培训》3种PPT教案；先后录入年鉴大事记4万余字，提前完成年鉴材料15万余字。

在刘勇和同事们的不懈努力下，齐河县地方史志办公室连年被评为全市史志系统先进集体；刘勇先后多次被评为全市史志系统先进个人称号；2017年8月，当选为德州市史志系统修志业务专家。

张登峰　男，山东省广饶县人，1972年4月生，中共党员，大学学历，2009年10月任广饶县史志办公室主任。

潜心钻研业务。为了征集方志馆资料，带队几乎跑遍了北京、河北、山东等地的旧书市场。带队开展史志“采风”，先后赴北京等地采访900余人，征集老照片5000余幅，珍贵史料120余万字。

敢于担当，务实求新，努力为史志事业发展创造良好环境。协调增加3个编制，增设2个内设机构，选调1人、交流3人，稳定了史志编纂队伍；协调落实县方志馆馆舍；累计争取史志事业发展资金200余万元。

团结全体同志，力推史志精品。《广饶年鉴》坚持一年一鉴、公开出版。相继编纂出版乡镇志、部门志、村志、企业志49部。2011年整理出版旧志集成影印本，2014年整理出版旧志集成点校本，2016年整理出版《广饶新志稿》。2011年10月，全省方志馆建设工作座谈会在广饶县召开。2012年启动《广饶县村庄志略》编纂工作，形成送审稿500余万字，即将印刷出版。2015年以来相继编辑出版《广饶影存》第一辑、第二辑。2009年以来，广饶县史志办先后2次被表彰为“全省史志工作先进集体”，3项成果荣获“山东省优秀史志成果”，1项成果荣获“第二十四次东营市社会科学优秀成果奖（著作类）一等奖”。

颜廷勇 男，山东省莘县人，1963年生，中共党员，1982年7月聊城师专毕业。历任莘县三中教师、政府办公室秘书、莘亭镇副书记、政府办公室纪检组长。2010年11月，任莘县史志办主任。

在史志办任职以来，完成了第二轮志书《莘县志(1988—2010)》；主持编纂莘县第一部年鉴——《莘县年鉴(2011—2013)》；合作整理点校明正德十年《莘县志》，其点校本在2015年度聊城市优秀史志成果评奖中荣获优秀旧志整理成果奖，同时填补莘县没有旧志点校的空白。独立整理点校了清光绪十三年《莘县志》，其点校本获山东省2016年旧志整理优秀成果。主持编纂《莘县年鉴（2015）》《莘县年鉴（2016）》，其中《莘县年鉴（2016）》在2016年山东省优秀年鉴评选中荣获二等奖。2017年，主编《莘县地方史志志》《莘县年鉴（2017）》《我们方志人》，其中，《莘县地方史志志》是全市第一本记述史志编修工作的志书；扫描影印清康熙十一年《莘县志》《莘县乡土志》（含《莘县乡土志》《朝城乡土志》《观城乡土志》）；指导编纂了《主簿营村志》《苏堂村志》。

邱双超 男，山东省荣成市人，1965年10月生，中共党员，大学学历，高级经济师。1985年7月参加工作，2002年8月起从事地方志工作，历任《青岛年鉴》执行副主编（2003—2004年）、执行主编（2005年至今），现任青岛年鉴社社长兼总编辑。

自参加工作以来，先后担任青岛市办公室工作研究会、中国水产学会和中国城市发展研究会会员，先后被评为“青岛市文明青年”“青岛市优秀教师”“青岛市精神文明建设辩论赛优秀辩手”“青岛市委农工委信访工作先进个人”“青岛市委市直工委优秀共产党员”，2008年被山东省人民政府办公厅、山东省人事厅表彰为全省史志工作先进个人并记三等功奖励，2009年获山东省期刊协会颁发的山东省第二届期刊优秀编辑奖，

2014 年被山东省人民政府办公厅、山东省人力资源和社会保障厅、山东省公务员局表彰为全省史志工作先进个人并记二等功奖励。

业务论文《年鉴语体特点刍议》《年鉴编辑应具备的印刷知识》《以发展文化产业为重点加快推进“文化青岛”建设》等在国家级刊物发表并获山东省首届齐鲁新方志论坛优秀论文奖。主持编纂的《青岛年鉴》获“首届山东省年鉴奖”“齐鲁新方志奖”“山东省优秀史志成果奖”“首届中国地方志年鉴奖特等奖”“全国地方志系统第二届年鉴评比特等奖”等奖项。担任青岛年鉴社党支部书记，该支部被青岛市直机关工委评为先进基层党支部；2017 年、2018 年，青岛年鉴社分别被中共青岛市委、青岛市人民政府评为文明单位和文明单位标兵。

（魏振华）

责任编校：张　亚

链 接

第二届“山东史志”十大年度人物评选

2017 年，全省史志系统深入贯彻落实省史志事业发展规划纲要，围绕中心，服务大局，团结拼搏，锐意进取，取得了丰硕成果，创造出“山东经验”，走在全国前列，成为“领头羊”和“排头兵”，中国地方志指导小组在济南召开了第二次全国地方志工作经验交流会，重点推介“山东经验”，2018 年年初，又印发通知，在全国地方志系统宣传推介“山东经验”。

为深入学习贯彻习近平新时代中国特色社会主义思想，牢固树立方志文化自信，展示史志工作者形象，弘扬“修志问道、直笔著史”的方志人精神，扩大史志事业影响，省史志办组织开展了第二届“山东史志”十大年度人物评选活动。经过微信投票和评审委员会评选，乔方辉（菏泽）、史宗义（莒县）、陈政（烟台开发区）、李长山（潍坊）、王圣雨（东平）、林卫成（安丘）、刘勇（齐河）、张登峰（广饶）、颜廷勇（莘县）、邱双超（青岛）当选为第二届“山东史志”十大年度人物。

附 录

文件选登

山东省人民政府办公厅
关于印发《全省方志馆建设管理规范》的通知

鲁政办字〔2017〕177 号

各市人民政府，各县（市、区）人民政府，省政府有关部门：

《全省方志馆建设管理规范》已经省政府同意，现印发给你们，请认真贯彻执行。

方志馆是重要的公共文化服务平台，是地方文化建设必不可少的组成部分，与博物馆、图书馆、档案馆、规划馆等共同构成公共文化服务体系，在展览展示地情、收集保存利用地方文献、传承地方文脉等方面具有不可替代的独特功能。建好方志馆，有助于提升地方文化基础设施建设水平，有助于构建完善的公共文化服务体系，有助于服务地方经济社会文化更好发展。

各级、各有关部门要把方志馆建设纳入重要工作日程，明确分管领导，狠抓任务落实，确保按照《省委办公厅省政府办公厅关于印发〈山东省传承发展中华优秀传统文化工作方案〉的通知》（鲁办发〔2017〕45 号）要求，到 2020 年实现省、市、县三级方志馆全面建成。省史志办要加强对方志馆建设的指导，定期对方志馆建设情况进行调度和督促检查，推动全省方志馆建设顺利进行。

山东省人民政府办公厅

2017 年 11 月 6 日

全省方志馆建设管理规范

第一章　总　则

第一条　为促进方志馆事业发展，加强和规范方志馆基础设施建设，提高建设项目决策水平，加速方志馆建设标准化、规范化和现代化进程，实现和保障人民群众利用方志馆的权利，满足人民群众基本的知识、信息和文化需求，根据有关法律法规和《全国地方志事业发展规划纲要（2015—2020 年）》《山东省地方史志事业发展规划纲要（2016—2020 年）》及中国地方志指导小组《方志馆建设规定（试行）》等文件规定，制定本规范。

第二条　方志馆事业属于社会公益性事业，方志馆建设属于公共文化服务基础设施建设，要纳入当地经济社会发展、文化建设和城市、县城总体规划，纳入政府投资计划，所需经费列入同级人民政府财政预算，在编制管理、建设指导等方面给予支持保障。

第三条　方志馆是收藏研究、开发利用地方志资源，面向社会、服务当代、传承文化、资政存史、宣传展示地情的公共文化服务机构，具有收藏保护、展览展示、编纂研究、信息咨询、开发利用、宣传教育、业务培训、文化交流等功能。

第四条　方志馆建设要贯彻执行国家发展文化事业和加强公共建筑工程建设管理的方针政策，以人为本，科学规划，规模适当，功能优先，经济适用，环保节约，构建覆盖全社会的普遍均等、惠及全民的方志馆服务网络。

第五条　方志馆建设除执行本规范外，还应符合国家其他有关标准、规范、规定的要求。

第二章　建设规范

第六条　方志馆建筑规模要与行政区划级别、经济社会发展水平和服务人口数量等相适应，合理确定建设规模。根据我省实际，市级馆建筑面积2000平方米以上，县级馆1000平方米以上。有条件的地方可按中国地方志指导小组规定增加建筑面积，市级馆建筑面积不小于10000平方米，县级馆不小于5000平方米。申报国家方志馆分馆的，面积不小于20000平方米。

第七条　方志馆选址要符合当地城市、县城建设总体规划，考虑人员相对集中、交通便利、市政配套设施良好等因素，符合安全与环保等要求。方志馆建筑设计要充分体现地域特点、文化特色，注重实用性与时代性，符合方志馆的特有功能与技术要求。

第八条　方志馆一般应有固定的独立馆舍，与其他设施合建的，应自成体系，相对独立。支持鼓励方志馆采取与其他公共文化设施合建等方式扩大面积，实现优势互补、资源共享。方志馆建设要严格执行国家有关建筑、消防、抗震、承载、安全、防潮、防虫、防光、防尘、防污染、节能等标准与规定。

第九条　方志馆设收藏保护区、展览体验区、编纂研究区、学术交流区、信息技术区、公共服务区等主体功能区，并建设与之相配套的附属设施。设置公共停车场地、人员安全集散场地、绿化用地等。

第十条　按照信息化要求，方志馆应建立门户网站、资源库、电子阅览系统等，充分利用云计算、大数据、各类信息共享平台等互联网技术，为社会提供服务。

第十一条　各级方志馆在建设实体方志馆的同时，应建设数字方志馆。

第三章　管理规范

第十二条　加强方志馆人才队伍建设和资金保障。各级方志馆应按照每1000平方米配备工作人员3—5人的要求配备相应人员。可采取建立志愿者队伍等方式，满足方志馆日常管理和运行需要。

第十三条　各级方志馆要在健全管理制度、丰富馆藏内容、开展特色服务、扩大对外交流、提高信息化管理水平等方面不断完善提高，切实履行职责，积极发挥作用。

山东省地方史志编纂委员会关于印发《山东省地方综合年鉴编纂出版业务规范》的通知

鲁史志编发〔2017〕6号

各市、县（市、区）史志办公室，省直各部门、有关企事业单位，中央驻鲁单位：

现将《山东省地方综合年鉴编纂出版业务规范》印发给你们，请认真遵照执行。

山东省地方史志编纂委员会

2017年12月23日

山东省地方综合年鉴编纂出版业务规范

第一章　总　则

第一条　为规范全省地方综合年鉴编纂出版，提高年鉴编纂出版水平，推动年鉴事业科学发展，根据国务院《地方志工作条例》《山东省地方史志工作条例》和《地方综合年鉴编纂出版规定》，结合我省实际，制定本规范。

第二条　本规范所称地方综合年鉴（以下简称"年鉴"），是指县级及县级以上系统记述本行政区域自然、政治、经济、文化、社会和生态等方面情况的年度资料性文献。

第三条　年鉴编纂出版坚持以马克思列宁主义、毛泽东思想、邓小平理论、"三个代表"重要思想、科学发展观、习近平新时代中国特色社会主义思想为指导，坚持辩证唯物主义和历史唯物主义的立场、观点和方法，坚持围绕中心、服务大局，充分发挥存史、资政、教化作用。

第四条　年鉴编纂出版要严格执行党和国家关于民族宗教、对外和对港澳台事务有关政策或法规，遵守国家关于保密、著作权、出版、广告等有关法律、法规或规章。涉及重大敏感性问题，必须严格执行新闻宣传有关规定。

第五条　年鉴编纂要从本地实际出发，体现时代特征、年度特点和地方特色，编纂质量达到观点正确、框架科学、资料翔实、内容全面、特色鲜明、记述准确、编写规范，出版符合国家相关标准。

第二章　框　架

第六条　年鉴框架设计应体现分类的科学性、年度的变化性、区域的特殊性、结构的合理性、编排的规范性。

第七条　年鉴框架要依据本行政区域经济社会发展特点，结合实际社会分工，参照相关分类标准，按所记述的年度资料属性进行合理分类。

第八条　年鉴框架应涵盖年度内本行政区域的基本情况。大致包括以下方面：（一）本地概要情况；（二）中国共产党、人民代表大会、人民政府、政治协商会议、民主党派和工商联、群众团体、法治、军事等；（三）经济管理、农业、工业、建筑业、商贸等；（四）交通运输、邮政电信、财政、税务、金融业、城乡建设、环境保护等；（五）科技、教育、文化、卫生和计划生育、体育等；（六）人民生活、社会保障、民族、宗教等。

第九条　年鉴框架一般分类目、分目和条目等层次，也可在分目和条目之间增设一个层次。

各层次标题应准确、规范、简洁，能够揭示所记述内容的特点，避免重复。

第十条　年鉴框架应保持主体结构相对稳定，依据经济社会发展变化与时俱进、改革创新，体现稳定性与创新性的有机结合。

第三章　资　料

第十一条　年鉴资料应反映上一年度本行政区域自然、政治、经济、文化、社会、生态等方面的基本情况，以及与本行政区域密切相关的内容，一般不上溯下延。

第十二条　年鉴资料应做到一、二、三次文献比例适当，以二、三次文献为主。可采用参见、互见等形式避免交叉重复。

第十三条　年鉴资料应具有连续性和数据的可比性，能准确反映事物发展变化的脉络和轨迹。

第十四条　年鉴资料必须真实，人名、地名、时间、事实、数据、图片、引文等应准确。未经核实的资料不得收录。

第十五条　年鉴采用的数据应以统计部门提供的为准，未列入统计范围的，以业务主管部门提供的为准。数据不一致时，应加以说明。

第十六条　年鉴编纂单位应拓宽资料搜集渠道，资料除依靠各供稿单位提供外，还要通过查阅档案、报刊和提炼网络信息以及调查访问等方式进行搜集。

第四章　内　容

第十七条　年鉴内容应存真求实，客观反映经济社会发展中取得的成绩和存在的问题。

第十八条　年鉴内容记述应综合运用文字、图片、表格等形式，文字记述以条目为主体，辅以特载、专文（专记）、大事记、人物、附录等多种记述形式。

第十九条　条目分为综合性条目和单一性条目等类型。综合性条目反映年度内各个领域发展变化的总体情况和主要特点，具有高度的概括性；单一性条目一事一条，基本要素齐全。

条目选题选材注重有效性、完整性和新颖、准确、系统，突出新事、大事、特事、要事，反映社会热点。

条目一般由标题、释文、作者署名三个部分组成。标题精练、简约、规范，题文相符，中心词突出并前置。释文资料完整系统，一般应具备时间、地点、事件、人物、原因、结果等要素。作者署名文末。

条目编写应坚持述而不论、据实而书、直陈其事，寓观点于记述之中。消除部门工作总结、报告痕迹。不记述部门非主要职能的信息。

条目排列有序，避免单个条目构成分目。

第二十条　图片包括专题图片和随文图片。图片选用注重典型性、资料性和存史性，地方特色或年度特点鲜明，突出反映重大事件、重要成果和热点问题。

图片要清晰、美观，文字说明简洁、准确，反映的事物、时间、地点以及主要人物的姓名、位置、时任职务等要素齐全。应署作者或提供者姓名。

随文图片应与正文内容相符，以图释文。

使用领导人照片要严格把关，少用会议、楼堂馆所照片，不用人物标准照。

第二十一条　年鉴应刊载地图。地图的选用和绘制应遵守国家相关的法律法规，需通过有审核权的测绘地理信息行政主管部门审核，有审图号。行政区划图应使用最新版并与记述年度相关行政区划内容一致。

第二十二条　表格应包括表题、表体及表注。表格设计合理、要素齐全、数据准确，与正文内容有机组合、数据一致，摆放位置合理。

第二十三条　特载一般收录本行政区域具有重大影响和存史价值的重要文献。

第二十四条　专文（专记）一般收录对发生在本行政区域某一方面或某一问题撰写的重要专题文章。

第二十五条　大事记主要选录年度内本行政区域重大事件、活动和举措，做到重要事项不漏，准确无误，时间、地点、人物（单位）、结果等要素齐备，以时为序，采用编年体或纪事本末体记述。

第二十六条　入鉴人物要严格掌握标准，一般包括先进人物、新闻人物、著名专家学者、重要逝世人物等。可采用简介、名录、表等形式记述。人物记述应做到客观、准确、公允，重点介绍主要经历、重要事迹和成就。

第二十七条　附录收录年鉴正文不便收录的其他重要资料，一般为原文照录或摘录。

第二十八条　年鉴应设编辑说明，主要介绍年鉴编纂的指导思想、记述的时空范围、栏目设置、资料来源等事项。

第二十九条　年鉴应有完备的检索系统，包括目录和索引。目录置于卷首，详至条目，完整地体现年鉴的框架结构和整体内容，根据需要可编制英文目录。索引置于卷尾，一般为主题索引。

第五章　行　文

第三十条　年鉴行文应遵循国家语言文字规范和标准，使用现代语体文记述，用词准确、规范、精练、朴实，语句流畅。忌用模棱两可、感情色彩强烈、夸张性词语，杜绝虚浮之语和溢美之词。

第三十一条　年鉴的文体，除专文、引文外，均应为记述文体或说明文体。

第三十二条　年鉴行文除一次性文献外均应使用第三人称，人物直书其名，必要时可在姓名前冠以职务或职称；会议、组织、机构、法律法规、文件、专项活动等专有名称，除通用简称外，第一次出现时一律使用全称并括注规范简称，续文中可使用规范简称；外国国名、地名、人名、机构名称、学术名词等，均应译成中文，并视需要括注外文，译文一般以新华社或人民出版社的译名为准。

除入鉴人物外，记述内容涉及人物的，应以事系人，人随事出。

第三十三条　使用缩略语应准确传递本意，不产生歧义，避免使用地域性、专业性或行业性较强的缩略语。缩略语首次使用时应括注具体内容。英文缩略语使用应符合有关新闻出版规范。

第三十四条　涉及国家领土主权和港澳台用语，民族、宗教用语，国际关系用语，军事、计划生育工作用语，以及灾害、疫病、重大交通事故、安全生产、刑事案件和社会稳定等重大敏感性事件，严格执行国家相关规定，规范统一表述。

第三十五条　时间表述要准确，应写明具体年、月、日，避免使用模糊不清的时间代词；以月、日为标志的事件或节日，用汉字数字表示时，只在一、十一和十二月后用间隔号；当直接用阿拉伯数字表示时，月、日之间均用间隔号（半角字符）。

第三十六条　同一事物名称、事实、数据、时间、地点、计量单位、术语表述全书要统一。

第三十七条　标点符号、数字、计量单位等，按国家有关规定使用。

第六章　出　版

第三十八条　年鉴编纂应建立健全审读、审核和校对制度。编辑校对应符合国家出版物质量管理的规定，差错率不超过万分之一。

第三十九条　年鉴封面应印有年鉴名称、年度卷号、编者名和出版者名。封底应有条形码、书号及定价。

年鉴一般以本行政区域名称中的地名专名冠名（如：×× 年鉴），若使用地名专名产生歧义，可以行政区域名称冠名（如：×× 区年鉴），或冠以上一级行政区域名称（如：×× 市 ×× 年鉴）。年鉴名称使用国家标准字体，不使用个人题签。

年度卷号以记述年度的下一年份标识卷号。

封面、封底设计美观大方，年鉴名称、卷号醒目。

第四十条　年鉴书脊应有年鉴名称、年度卷号和出版者名。

第四十一条　年鉴主书名页（扉页）的信息要素及其版式应与封面一致。

第四十二条　年鉴版权页内容要全面、规范。

第四十三条　年鉴版权页后应设置编纂委员会成员名单、年鉴编审人员名单等。编辑说明置于年鉴编审人员名单之后。

第四十四条　年鉴正文排版设计疏密得当，版心规格合理，版面利用率高，留白少。

第四十五条　年鉴印刷、装订质量符合国家出版物质量标准。

第四十六条　年鉴开本一般采用16开本，文字横排。

第四十七条　年鉴应逐年编纂，连续出版。要在出版年度内由国家新闻出版广电行政部门审定的正规出版社公开出版。在保证质量的前提下，提速增效，缩短周期，增强为现实服务的能力。

第七章　附　则

第四十八条　专业年鉴、乡（镇、街道）年鉴等其他年鉴参照本规范执行。

第四十九条　本规范由山东省地方史志办公室负责解释。

文章选编

展现五千年自然人文变迁　传承弘扬齐鲁优秀传统文化

省政府办公厅党组成员、省史志办主任　刘爱军

在社会各界的关心支持下，由省地方史志办公室编纂的大型历史地理学术著作《山东省历史地图集（远古至清）》（以下简称《图集》）于2016年12月出版问世了。这部《图集》凝聚了省内外数十位知名专家学者10余载心血，包含《政区》《自然》《经济》《文化》《社会》《军事》《村镇》《古地图》8个分册，有地图1000余幅、图片600余张、文字200余万字，全面、真实、权威再现了齐鲁大地五千年自然与人文地理变迁，是我省历史地图及其研究领域的集大成之作，是学术界、方志界共同努力的结果，填补省内学术、出版领域空白，列入国家“十二五”重点图书，被列为“山东省文化强省建设的标志性工程”，对经济文化强省建设有着重要意义。

一、《图集》编纂得到了省委、省政府的高度重视

我省历史悠久、文化灿烂，是中华民族的重要发祥地。齐鲁文化在中国历史上发挥了重要作用，也对世界文明产生了重要影响。齐鲁历史文化一直是学术界研究的热点。进入21世纪后，随着学术界对齐鲁历史文化挖掘和研究的不断深入，对系统整理山东历史地图的需求也越来越迫切。2004年，一批省政协委员向省政协提出了《关于编制〈山东省历史地图集〉的建议》的提案。在提案落实过程中，省史志办充分发挥史志工作优势，积极向省政府争取，使这项工作很快获得了批准，并明确由省史志办牵头负责，随后，精心组织，抓紧落实，编纂工作很快启动。

省委、省政府始终高度重视《图集》编纂工作。2005年12月9日，省政府办公厅下发《关于成立山东省历史地图集编纂委员会的通知》，成立了高规格的编纂委员会，省长韩寓群担任编委会主任，副省长张昭福为常务副主任，省直相关部门、单位、院校负责人为副主任或委员。2013年公布了以省长郭树清为主任，省委常委、宣传部长孙守刚为第一副主任，副省长王随莲为常务副主任的编纂委员会。2006年1月18日，《图集》编纂委员会召开第一次会议，印发了编纂方案，并把《图集》编纂列为山东省文化强省建设标志性工程。编纂过程中，我省议事协调机构一再精简，但《山东省历史地图集》编纂委员会始终得以保留，并且始终由省政府主要领导担任主任，充分体现省委、省政府对这项文化工程的高度重视和关心支持，使我们受到极大的鼓舞，成为这项重要文化工程得以顺利完成的坚强保障。

二、《图集》编纂受到了社会各界的关心支持

《图集》编纂是一项重大的、系统的文化工程，涉及自然、政治、经济、社会、军事等诸多领域，要高质量完成这项工作，必须组织全省史志机构、省直有关部门、高等院校、科研院所和出版部门共同参与、共同努力。有幸的是，这项工作得到了方志界、学术界、出版界及各级各部门的关心支持，使我们迅速组织起坚强有力的编纂力量。

经过认真研究，并报省领导同意，我们对编纂工作实行分工负责制。其中，省史志办负责牵头组织并承担《政区》《村镇》《古地图》分册，省直相关部门、高等院校、科研院所承担相关领域的撰稿任务，计划编纂周期为8至10年。为了加强对编纂工作的组织领导，省史志办及时组建了总编纂组，设立了编辑部，具体负责组织和推动编纂工作。为了保证学术质量和权威性，我们精心选聘10余位国内历史地理学界著名学者担任学术顾问，对编纂工作中的重要业务环节进行指导和把关。这些专家学者主要来自北京大学、复旦大学、中国社会科学院、北京社会科学院、陕西师范大学、山西大学及省内的山东大学、中国海洋大学、山东师范大学、山东社会科学院等，主要有著名历史学家安作璋、乔幼梅、谢祥皓、孟祥才，著名历史地理学家邹逸麟、王文楚、史为乐、朱士光、韩光辉、尹钧科、谢鸿喜等。撰稿人则从有关省直部门、高等院校、科研院所中选聘，都是有关领域的中青年专家和骨干力量，有很好的政治觉悟、学术素养、专业知识和文字功底，有力地保证了《图集》的学术水准和学术质量。

全省史志部门积极参与编纂工作，发挥史志特色和优势，为丰富《图集》内容、提高编纂质量作出很大贡献。2006年6月，省史志办下发了《关于征集〈山东省历史地图集〉历史文化村镇资料的通知》。各市、县（市、区）史志部门积极响应，深入基层调研，搜集历史资料，积累了大量历史文化村镇资料，在此基础上，于2008年2月推出了《山东省历史文化村镇》，包括17个分册、200余万字、1000余幅照片。《图集》编辑部走访了国内外多家图书馆、博物馆、档案馆，翻阅了400余种明清以来山东地方志，搜集了2000余幅古地图，其中藏于美国国会图书馆的《山东运河全图》等非常珍贵，具有重要价值。这些资料为《图集》中的《古地图》《村镇》两部分册打下扎实的资料基础。2008年6月至2010年2月，省史志办先后组织召开了由学术顾问和专家组成员参加的各分册书稿评议会，对书稿进行严格的审查把关。会后，编辑部对相关单位和专家学者提出的600余条意见和建议进行了细致整理，集中精力对各分册、图组进行了全面修改完善。到2010年底，《图集》征求意见稿基本成型。

出版部门也给予了关心支持。2011年1月，山东省地图出版社报国家新闻出版总署批准，将《图集》列入国家“十二五”重点图书出版项目，并调集骨干技术力量组成出版编辑队伍，加班加点、不辞辛苦，为《图集》尽快出版印刷付出了辛勤劳动。2013年下半年始，各分册陆续报《图集》编委会及国土资源管理部门审定，分批交付印刷。

为方便查阅，我们还编辑制作了《索引》。经过10余年的努力，至2016年底，《山东省历史地图集（远古至清）》终于全面问世。

三、《图集》再现齐鲁大地数千年自然人文变迁，填补了省内学术、出版领域空白

《图集》分为《政区》《自然》《经济》《文化》《社会》《军事》《村镇》《古地图》8个分册，全面展现了齐鲁大地五千年自然与人文地理变迁。

《政区》分册设图40余幅，分为5个图组，并附设民国时期地图两幅，凸显历代山东政区地理沿革特点。部分朝代增加或补绘了图幅，部分图幅补充了大量信息，多数图幅按山东地区政区格局特点确定了标准年代，凸显地域特色，增强了学术性。

《自然》分册设图95幅，分为11个图组，反映古地理、海洋、植被、动植物、水系、湖泊、名山、名泉、名洞、气象灾害、水旱灾害、蝗灾、疫情、地震灾害等内容。黄河泛滥、海岸线变迁及大运河开凿是这一分册的重点与特色。

《经济》分册设图103幅，分为13个图组，反映农耕区、作物区、耕作制、农具、牲畜、水利工程、渔业、纺织业、陶瓷、琉璃业、矿冶业、盐业、土特产、货币、田赋、商贸、市镇、交通、近代企业等内容，彰显山东地区经济区位特点及地理特色。

《文化》分册设图58幅，分为10个图组，反映海岱与华夏、文化遗存、古墓葬、运河遗存、盐铁窑遗址、古建筑、出土文物、非物质文化遗产、文化名人、保护名录等内容。重点反映自新石器时代早中期至两汉时代数千年间山东地区先民留下的丰富文化遗存、以孔孟府邸庙堂为代表的儒家文化建筑群等古建筑、省以上重点文物保护单位名录等内容，彰显齐鲁文化在中华文明发展史上的独特地位和文化特色。

《社会》分册设图81幅，分为10个图组，反映民族、帝王巡视、望族世家、人口、移民、人物、先贤圣迹、宗教、会党组织、社会救助、方言等内容。其中山东历史上的民族迁徙、人口迁移与明清时期科举文化世家是这一分册的重点和特点。

《军事》分册设图87幅，分为5个图组，主要反映战场、战事、战例、驻军、军事设施、军事人物、兵学文献等内容，山东浓厚的军事文化积淀在这一分册中得到详尽反映。

《村镇》分册设图30余幅，分为3个图组，收录宋代以来的重要市镇、清末境内的重要村庄集市及全省1000多个历史文化村镇。宋元以后山东村镇分布特点和发展规律是这一分册人文地理的重要内容。

《古地图》分册设图近500幅，分为8个图组，根据山东地区历史地理资料特点，重点选录建置、城垣、海疆、运河、黄河河工、州县水道、源泉、名胜古迹等内容。其中明清时期彩绘的海疆、黄河、运河及古迹名胜等图是本册特色。

《图集》汇聚海量信息，集成最新成果，对有关领域进行了全面梳理和总结。编纂严格遵循学术规范，资料扎实全面，每图组后附有印证资料和资料来源，这在国内地图集中尚不多见。学术观点力求创新、权威，给读者以新启发、新收获。体例上以图幅、文字、表格、照片互证，做到可查、可读、可览、可信、可用。《图集》全面再现齐鲁大地五千年沧桑变化，生动反映山东先民在经济社会文化各方面的发明创造和独特贡献，体现山东人民勤劳勇敢、守礼好文、开拓进取的精神气质，凸显山东在中华文明发展历程中重要的历史文化地位，具有浓郁的齐鲁风格、中国气派，具备重要的“存史、资政、教化”作用，填补了省内学术界、出版界空白。

较之国内同规模同类型地图集，《山东省历史地图集》历时最短、信息量最为丰富、投入资源最少，并以一流的学术水准、丰富的历史信息含量受到了学术界高度赞誉。

四、《图集》对经济文化强省建设具有重要意义

《山东省历史地图集》以地图形式和地图语言直观、系统地再现山东地区从远古至清代五千年的文明发展史和环境变迁史，是山东历史文化研究重要的学术积累和学术总结，是对齐鲁优秀传统文化的深入挖掘和阐发，具有重要的学术文化价值，同时还可为生态保护、规划建设等领域提供科学参考，对推动经济文化强省建设具有十分重要的意义。

第一，《图集》系统总结山东历史地理研究成果，有利于推动学术研究深入发展。《图集》编纂广泛收集资料，参考2000余种古今文献、著作，吸收最新学术成果，系统梳理古今学者在山东历史、地理、经济、政治、文化、军事等方面的研究成果，并对学术难题组织精心论证，实地测量、考察，去粗取精、去伪存真，达到很高学术水平。《图集》不仅是重要的学术积累，也有许多学术创新，书稿中每一个图组的设计和内容的选取，每一幅地图的绘制，都是编绘者不断吸纳最新资料，多年潜心治学的研究成果。《图集》为学术研究提供了便利、全面、权威的借鉴和参考，有利于将齐鲁历史文化、历史地理研究引向深入，达到更高的研究水平。

第二，《图集》传承彰显了中华民族重视历史的优秀文化传统。中华民族具有重视历史、研究历史、以史为鉴的优良传统，前人为我们留下浩如烟海的文献典籍，古地图即是其中重要的一部分。早在公元3世纪，我国西晋地图学家裴秀就利用“制图六体”编绘了历史地图《禹贡地域图》。此后，历史地图编绘传统绵延不绝。新中国成立后，党和国家高度重视历史地图的编绘和出版，形成一批具有重要价值的文化成果，最著名的是谭其骧先生主编的《中国历史地图集》。省委、省政府也高度重视《山东省历史地图集》的编纂，这样一项重要的历史文化工程，不仅是对山东历史地图的系统整理和总结，也是对山东先民重视历史、研究历史优秀文化传统的传承和发扬。

第三，《图集》以独特角度对齐鲁优秀传统文化进行了深入挖掘和阐发。山东是华夏文明的重要发祥地。数千年来，我们的祖先在这片土地上创造了发达的农业、手工业和商品贸易业，也创造了璀璨夺目的齐鲁文化，为我们留下厚重的物质和精神文化遗产。改革开放以来，我省累计完成5000多种地方志的编汇，编纂了《山东通史》，整理出版了《山东文献集成》等地方文献丛书，以文字的形式对全省历史文化发展做了

系统梳理和总结。编纂《山东省历史地图集》，则是以地图形式和地图语言对山东人文与自然文化遗产进行深入挖掘和阐发，弥补了单纯文字历史的不足，直观再现齐鲁文化的源流和山川环境的变迁，以不同于一般历史文献的角度阐释了齐鲁优秀传统文化。

第四，《图集》的出版对经济社会发展有重要促进作用。首先，《图集》的出版为社会各界了解山东悠久灿烂的历史文化提供了一个新的、直观便捷的窗口，对我省加强与国内外的经济文化交流有很大促进作用。其次，《图集》将历史、地理、考古、地方志、出版和自然科学等领域的研究引向深入，将进一步推动我省哲学社会科学和自然科学的繁荣发展。再次，我省经济社会各项建设，特别是生态文明建设、规划建设等工作，都能从其中汲取历史经验和智慧，使齐鲁优秀传统文化更好更多地融入生产生活各方面，实现优秀传统文化的良性传承发展。

（刊载于2017年4月14日《大众日报》专版）

史志成果

2017 年全省省级志书出版情况统计表

序号	书名	编纂单位	主编	副主编	上限	下限	始修时间	终审定稿时间	出版单位	出版时间	书号或准印号	册数	字数（万字）	印数(册)	定价(元)
1	证券志	中国证券监督管理委员会山东监管局	赵洪军	刘常建 王殿祥	1880	2005	2004.10	2017.7	山东人民出版社	2017.7	ISBN 978-7-209-10728-0	1	40	1500	160
2	海关志	青岛海关	牟家骏	国恩松	1993	2005	2005	2017.8	山东人民出版社	2017.8	ISBN 978-7-209-10987-1	1	33	2500	160
3	煤炭工业志	省煤炭工业局	郭　强	刘雪荣	1991	2005	2006	2017.10	山东人民出版社	2017.10	ISBN 978-7-209-11026-6	1	48	2000	220
4	冶金工业志	山东省冶金工业总公司	耿庆山	宫鸿仑	1986	2005	2002	2017.10	山东人民出版社	2017.10	ISBN 978-7-209-11130-0	1	44.1	1000	218
5	供销合作社志	山东省供销合作社联合社	侯成君	张美华 张荣庆 宋生跃 杜鸣鸣	1991	2005	2003.6	2017.10	山东人民出版社	2017.10	ISBN 978-7-209-11138-6	1	43	3000	168
6	卫生志	省卫生计生委	袭　燕	于富军	1986	2005	2002.6	2017.12	山东人民出版社	2017.12	ISBN 978-7-209-10351-9	1	65	3000	200
7	电信志	省通信管理局	高　勇	王　静	1996	2005	2001	2017.12	山东人民出版社	2017.12	ISBN 978-7-209-10612-2	1	38	1500	168
8	出入境检验检疫志	山东出入境检验检疫局	姚志杰	刘炳军 郑　珂	19 世纪后期	2005	2007.7	2017.12	山东人民出版社	2017.12	ISBN 978-7-209-10988-8	1	52	1000	268
9	建设志	省住房城乡建设厅	潘岚君	张文成 孙增桂	1986	2005	2007.3	2017.12	山东人民出版社	2017.12	ISBN 978-7-209-11183-6	1	67	3000	220

续表

序号	书名	编纂单位	主编	副主编	上限	下限	始修时间	终审定稿时间	出版单位	出版时间	书号或准印号	册数	字数（万字）	印数(册)	定价(元)
10	共青团志	共青团山东省委	陈必昌	无	1994	2005	2009.5	2017.12	山东人民出版社	2017.12	ISBN 978-7-209-11190-4	1	38	2000	180
11	电力工业志	国网山东省电力公司	蒋　斌 孙可奇	无	1986	2005	2001.9	2017.12	山东人民出版社	2017.12	ISBN 978-7-209-11310-6	1	53.7	1000	298
12	教育志	省教育厅	荆　戈	张文哲	1991	2005	2006.2	2017.12	山东人民出版社	2017.12	ISBN 978-7-209-11321-2	1	58	1500	280
13	旅游志	省旅游发展委员会	于凤贵	张　鲲 孙其海 尚玉轩	1994	2005	2005.9	2017.12	山东人民出版社	2017.12	ISBN 978-7-209-11326-7	1	35	2000	180
14	粮食志	省粮食局	温洪镭	无	1986	2005	2002	2017.11	山东人民出版社	2017.12	ISBN 978-7-209-11369-5	1	38	1500	180

（王阳阳）

2017年全省市级志书出版情况统计表

序号	书名	编纂单位	主编	副主编	上限	下限	始修时间	终审定稿时间	出版单位	出版时间	书号或准印号	册数	字数（万字）	印数（册）	定价（元）
1	《青岛市志·经济上卷》（1978～2005）	青岛市史志办公室	高克力	王现军 任银睦 王书高 张子忠 杨学军	1978	2005	2003.1	2016.4	方志出版社	2017.3	ISBN 978-7-5144-2376-1	1	111.7	3000	658
2	《青岛市志·社会卷》（1978～2005）	青岛市史志办公室	高克力	王现军 任银睦 王书高	1978	2005	2003.1	2017.5	方志出版社	2017.5	ISBN 978-7-5144-2432-7	1	81.7	3000	528
3	《青岛市志》（精编）卷五	青岛市史志办公室	高克力	王现军 任银睦 王书高	事物发端	1985	2011.1	2017.7	中国海洋大学出版社	2017.7	ISBN 978-7-5670-21516-6	1	85.8	3000	698

续表

序号	书名	编纂单位	主编	副主编	上限	下限	始修时间	终审定稿时间	出版单位	出版时间	书号或准印号	册数	字数（万字）	印数（册）	定价（元）
4	威海市志	威海市地方史志编纂委员会	张海波 杨丽（副主审）	苗丰麟 冷文波 赵　刚 李美志 宋明岩 戚可平	事物发端	2007	2001.6	2017.11	方志出版社	2017.12	ISBN 978-7-5144-2497-3	4	622	8000	2600
5	日照市志（1989-2013）	日照市地方史志办公室		李世恩	1989	2013			方志出版社	2017.12	ISBN 978-7-5144-2863-6		360	10000	

（张　亚）

2017 年全省县级志书出版情况统计表

序号	书名	编纂单位	主编	副主编	上限	下限	始修时间	终审定稿时间	出版单位	出版时间	书号或准印号	册数	字数（万字）	印数（册）	定价（元）
1	历下区志（1986-2005）	济南市历下区史志办公室	赵光臣	张新林 刘建敏 邹　娟 王海燕 刘春梅	1986	2005	2006	2016.11	中国文史出版社	2017.12	ISBN 978-7-5034-8333-2		105.6	3000	398
2	济南市市中区志（1991—2006）	济南市市中区志编纂委员会	侯　江	于继东 陈皓富 程洪法 刘民训	1991.1	2006.12	2007.6	2017.9	方志出版社	2017.1	ISBN 978-7-5144-2473-7		91.7	3000	378
3	济南市槐荫区志（1989-2006）	济南市槐荫区史志编纂委员会	杨　军		1989	2006	2007	2017.3	方志出版社	2017	ISBN 978-5144-2628-1	1	120	3000	590
4	青岛市市南区志	青岛市市南区史志编纂委员会	刘　宇	吴大钢 王蜀鲁	事物发端	2012	2012.5	2017.3	方志出版社	2017.9	ISBN 978-7-5144-2566-6	2	160.9	4000	866

续表

序号	书名	编纂单位	主编	副主编	上限	下限	始修时间	终审定稿时间	出版单位	出版时间	书号或准印号	册数	字数（万字）	印数（册）	定价（元）
5	青岛市市北区志	青岛市市北区史志办公室	刘　伟	高京东	青岛建制初年	2002年底	2012.4	2017.9	中国文史出版社	2017.12	ISBN 978-7-5034-9846-6	1	127	2000	568
6	胶州市志（1987—2013）	胶州市史志编纂委员会	李兆进	王世俊 迟增芬 徐桂梅	1987	2013.12	2012.5	2017.7	方志出版社	2017.12	ISBN 978-7-5144-2772-1	1	152.6	6000	800
7	莱阳市志	莱阳市史志办	董明奎	宋新军 包令刚 赵松枝	1978	2005	2002	2015	中国法制出版社	2017.4	ISBN 978-7-5162-1120-5		120	5000	700
8	寿光市志（1991-2010）	寿光市地方史志编纂委员会	李　鹏	无	1991	2010	2010.7	2016.6	方志出版社	2017.4	ISBN 978-7-5144-2402-7		118.6	1000	560
9	昌邑市志（1986-2005）	昌邑市地方史志编纂委员会	于希群	孙　栋 刘伟刚	1986	2005	2005.10	2017.5	方志出版社	2017.11	ISBN 978-7-5144-2722-6		173.6	1000	680
10	梁山县志（1994-2013）	梁山县地方志编纂委员会办公室	孔庆金 袁绍信	邵凤霞 何清华 邓　佳	1994	2013	2013.3	2017.9	方志出版社	2017.11	ISBN 978-7-5144-3025-7	1	155	5000	696
11	禹城市志（1986-2010）	禹城市地方史志编纂委员会			1986	2010			方志出版社	2017.2	ISBN 978-7-5144-2034-0		168	3500	
12	惠民县志（1979—2005）	惠民县地方史志编纂委员会	田德贵 刘宝乾 左修和	张贵忠 谢玉洁	1979	2005	2004.10	2017.7	方志出版社	2017.10	ISBN 978-7-5144-2626-7	1	147	3000	510
13	邹平县志（1986—2005）	邹平县地方史志编纂委员会	赵玉群 王青山		1986	2005	2005.10	2017.10	方志出版社	2017.12	ISBN 978-7-5144-2939-8	1	164.3	3000	590

（张　亚）

2017 年全省行业志部门志专业志出版情况统计表

序号	书　名	编纂单位	主　编	副主编	上限	下限	始修时间	终审定稿时间	出版单位	出版时间	书号或准印号	册数	字数（万字）	印数（册）	定价（元）
1	济阳公路志	济阳县公路局	张立军	杨光明 刘春兴	1961.10	2015.12	2014	2016.12	济南出版社	2017.5	ISBN 978-7-5488-2531-9	1	47	600	100
2	青岛市崂山区第一中学校志	青岛市崂山区第一中学校志编纂委员会	韩济湘		1995	2015	2011	2016					40		
3	青岛市崂山区第二中学校志	青岛市崂山区第二中学校志编纂委员会	马志平	曲学世	1995	2015	2014	2016					40		
4	崂山区第十一中学校志	青岛市崂山区第十一中学校志编纂委员会	于泽梯		1965	2017	2014	2017					40		
5	淄博市地方史志志	淄博市地方史志志编纂委员会	毕建国	安永善 徐　杰 王世伟 郭延志	1981	2015	2016.1	2017.10	中国文史出版社	2017．10	ISBN 978-7-5034-9651-6		109	2000	230
6	沂源县教育志（1986—2010）	沂源县教育局	李志明		1986	2010	2015.6	2016.9	线装书局	2017.2	ISBN 978-7-5120-2691-9		58.2	1000	168
7	东营市物价志	东营市物价志编纂委员会	宋守强	刘金锋 刘占文 张俊贤 徐玉文 孙　杰 王廷茂	1983	2013	2013.1	2015.10	中华书局	2017.1	ISBN 978-7-101-12342-5	1	8	2000	218

续表

序号	书　名	编纂单位	主　编	副主编	上限	下限	始修时间	终审定稿时间	出版单位	出版时间	书号或准印号	册数	字数（万字）	印数（册）	定价（元）
8	东营市垦利区老干部工作志	东营市垦利区老干部工作志编纂委员会	许建华	张鹤良	1983	2016	2015.6	2017.7	线装书局	2017.12	ISBN 978-7-5120-3038-1	1	56.9	500	138
9	烟台工商业联合会志	烟台工商业联合会	孙忠杰	王大勇 刘凤鸣 等	1896	2011	2010	2012	中国文史出版社	2016.12	ISBN 978－7－5034－3665－9		202.6		1260
10	青州交通志	青州市交通志编纂委员会	郝传谋	张成祥	1949	2014.12	2013	2016.9	山东友谊出版社	2016.9	ISBN 978-7-5516-1118-3	1	85	2000	280
11	得利斯集团公司志	得利斯集团	郑汝才	郑淮茂	1986	2015	2015	2016	中国文史出版社	2016.10	ISBN 978-7-5034-8228-1	1	66	3000	180
12	高密市妇幼保健院（1956-2016）	高密市妇幼保健院志编纂委员会	张　敏	刘　芳 高镇田	1956.7	2016.6	2015.9	2016.12	线装书局	2016.12	ISBN 978-7-5120-2583-7		55.6	2000	360
13	景芝酒志	景芝酒志编纂委员会	刘全平	李福仁 冯英木	1948.1	2015.12	2011.5	2016.10	北京出版集团公司	2016.12	ISBN 978-7-5522-8223-8	2	100.6	3500	680
14	曲阜教育志 1986-（2015）	曲阜市教体局	朱年强	李东明 张景利 房立祯	1986	2015	2015.5	2016.10	内部发行	2017.1	无	1	26	2000	
15	曲阜市卫计志	曲阜市卫计局	熊宝玉 孔凡吉 孔凡成	于如华 丁兆祥 等	1840	2015	2015.3	2016.12	煤炭工业出版社	2017.6	ISBN 978-7-5020-5674-2	1	147	1000	268

续表

序号	书　名	编纂单位	主　编	副主编	上限	下限	始修时间	终审定稿时间	出版单位	出版时间	书号或准印号	册数	字数（万字）	印数（册）	定价（元）
16	尼山水库志	曲阜市尼山水库管理局	颜桂杰	尹承伟	1840	2016	2016.8	2017.6	济宁文广新局	2017.7	JWGX-2017 第 20 号	1	34	1500	
17	泰安市体育志	泰安市体育志编纂委员会	苏有森 执行主编：马　辉	任广中等	发端	2015	2014.12	2017.6	方志出版社		ISBN 978-7-5144 2495-9	1	148	1000	580
18	羊祜志	新泰市地方史志编纂委员会	马东盈 方　莉	杨增光 张　勇 张素贞	春秋时期	2017	2016.1	2017.10	中国文史出版社	2017.12		1	100	2000	520
19	文登地名志	文登地名志编纂委员会	连　疆	从龙海 邵洪旗	上溯事源	2013	—	2016	天津古籍出版社	2016.12	ISBN 978-7-5528-0447-8		106	1500	128
20	威海市环翠区国土资源志	威海市环翠区国土资源局	王竹亭	张敏才 张永恩	1987	2012	2012	2016	山东省地图出版社	2016.12	ISBN 978-7-5572-0295-8		73.9	1000	160
21	威海火炬高技术产业开发区国土资源志	威海市国土资源局高技术开发区分局	矫鲁渤	—	1991	2012	2012	2016	山东省地图出版社	2016.12	ISBN 978-7-5572-0299-6		50	600	
22	威海经济技术开发区国土资源志	威海市国土资源局经济技术开发区分局	李桂波 陈宝瑛	刘荣德 金继华 王安娜 董　华 刘春波 毕建军	1992	2012	2012	2016	山东省地图出版社	2016.11	ISBN 978-7-5572-0290-3		55.4	500	180
23	荣成市国土资源志	荣成市国土资源局	张立法 王　军	谢晓丽	1987	2012	2012	2016	山东省地图出版社	2017.1	ISBN 978-7-5572-0041-1		50	2000	180

续表

序号	书名	编纂单位	主编	副主编	上限	下限	始修时间	终审定稿时间	出版单位	出版时间	书号或准印号	册数	字数（万字）	印数（册）	定价（元）
24	乳山市国土资源志	乳山市国土资源局	—						山东省地图出版社	2016.11	ISBN 978-7-5572-0285-9		83.4	1500	
25	威海临港经济技术开发区国土资源志	威海市国土资源局临港经济技术开发区分局	孙先仁	车国进 马德军	2005	2013	2012	2016	山东省地图出版社	2016.12	ISBN 978-7-5572-0294-1		53	700	150
26	临港区民俗志	临港区史志办	张义江		无	2015			黄海数字出版社	2017.1	ISBN 978-7-89425-284-5		22	1000	218
27	东港区供销社志	东港区供销合作社志编委会	万克武	赵吉佐 山世勇	1929	2015	2006	2016.10	中国文化出版社	2017.5	ISBN 978-7-5034-9204-4		50	——	128
28	东港区卫生志	东港区卫生志编纂委员会	郑世君	—	—	2013	2009.8	2016.6	中国文化出版社	2017.8	ISBN 978-988-8461-80-6/Z.2665		58.3	1000	560
29	东港区公安志	东港公安之简编编纂委员会	杨乐清 王鹏	宋玉军 陈维芳 薄子山 王增伟 肖沂	1993.4	2015.12	2015.6	2016.10	齐鲁电子音像出版社	2017.4	ISBN 987-7-89396-528-9				166
30	莒县农业志	莒县农业局	卢绪波	史俊文	事物发端	2016.12	2015.9	2017.10	吉林人民出版社	2017.11	ISBN 978-7-206-14455-4		120	2000	180
31	莒县书画志	莒县地方史志办公室	史宗义	隽桂德 张同旭 陈维华	事物发端	2015.12	2014.3	2016.12	天津人民美术出版社	2017.6	ISBN 978-7-5305-8105-6		58	2000	278

续表

序号	书 名	编纂单位	主 编	副主编	上限	下限	始修时间	终审定稿时间	出版单位	出版时间	书号或准印号	册数	字数（万字）	印数（册）	定价（元）
32	莱芜金石志	莱芜市地方史志办公室	李贞锋	亓玉胜 毕泗国 亓军华	史前	新中国成立前	2017	2017	线装书局	2017.9	ISBN 978-7-5120-2850-0		51.3	1	268
33	郯城县第一人民医院志	郯城县医院	赵士文 吕克同	夏明华 张顺贤	1946	2015	1985	2017	中国文史出版社	2017.5	ISBN 978-7-5034-9212-9	1	40	1000	150
34	沂水县建设志	沂水县建设编纂委员会	刘长德	王善飞	上溯事物之发端	2014	2014.11	2016.10	新华出版社	2016.12	ISBN 978-7-5166-3017-4	1	120	3000	580
35	费县巾帼志	费县巾帼志编纂委员会 费县妇联联合会	魏 静	武善爱 王有瑞	有费县妇女文字记载始	2016	2014	2017.10	河北人民出版社	2017.9	ISBN 978-7-202-12340-9	1	67.8	1500	368
36	齐河县交通志	齐河县交通局	刘 军	—	1942	2012	2011.5	2014.1	—	2017.2	—		30	500	198
37	齐河县公安志	齐河县公安局	白承荣	于纪森	1939	2015	2011.5	2014.10	现代文化出版社	2017.3	ISBN 978-988-77006-4-7		108	1500	268
38	齐河县地税志	齐河县地税局	李佃雨	董桂娥 李洪亮 李 霞	1994	2015	2011.6	2016.10	中国国际出版社	2017.3	ISBN 978-7-301-69415-2		50.3	300	199
39	齐河县中医院志	齐河县中医院	李 伟	路振华 孟庆峰	1984	2012	2012.3	2014.2	—	2017.4			25	200	

续表

序号	书名	编纂单位	主编	副主编	上限	下限	始修时间	终审定稿时间	出版单位	出版时间	书号或准印号	册数	字数（万字）	印数（册）	定价（元）
40	齐河县人民法院志	齐河县人民法院	张　军	张　杰		2014.12	2014.11	2016.7	中国国际文化出版社	2017.4	ISBN 978-988-19717-4-6		55	300	298
41	齐河县人民代表大会志	齐河县人大常委会	赵常祥	段学涛 客风春 方　辉	1949	2015	2013.2	2016.10	线装书局	2017.6	ISBN 978-7-5120-2696-4		109	800	618
42	齐河县总工会志	齐河县总工会	马吉宝	王泽明	1923	2013	2014.8	2016.8	中国国际文化出版社	2017.6	ISBN 978-988-19668-5-8		40	300	268
43	齐河县经济和信息化志	齐河县经济和信息化局	魏　青	张光宝	—	2015	2011.5	2017.4	中国国际出版社	2017.11	ISBN 978-7-301-70687-9		92	200	286
44	庆云县残疾人联合会志	庆云县残疾人联合会	范晓华	魏　巍 王振云	1990	2016	2016	2017		2017.10		1	30	300	
45	东昌府区体育志	东昌府区体育志编纂委员会	朱永春	管振芹	1949	2015	2012.9	2017.3	线装书局	2017.3	ISBN 978-7-5120-2697-1	1	77.4	1000	500
46	阳谷县卫生志	阳谷县卫生志编纂委员会	王庆森	魏永敏	1949	2013	2014.8	2017.6	方志出版社	2017.10	ISBN 978-7-5144-1982-5		138	2050	469
47	我们方志人	莘县地方史志编纂委员会办公室	颜廷勇	赵艳霞			2016.8	2017.4	内部发行	2017.5		1	6	500	—

续表

序号	书　名	编纂单位	主　编	副主编	上限	下限	始修时间	终审定稿时间	出版单位	出版时间	书号或准印号	册数	字数（万字）	印数（册）	定价（元）
48	茌平县人大志	茌平县人大常委会	赵希亮 丁洁卉		1949	2016	2015.6	2016.10	方志出版社	2016.12	ISBN 978-7-5144-2299-3	1	94	2000	280
49	高唐县人民代表大会志	高唐县人大	薛兆臣		1949	2016.6	2016.1	2016.10	中国文史出版社	2016.12	ISBN 978-7-5034-8755-2	1	147.6	1000	298
50	高唐统一战线史	中共高唐县委统战部			1937.12	2016.6	2015.3	2016.8	内部发行	2016.11		1	18	500	
51	东明县政协志（2003-2017）	中国人民政治协商会议山东省东明县委员会	钟明伟	李洪春 王连生 陈银生	2003	2017	2017.3	2017.11	中国文史出版社	2017.12	ISBN 978-7-5034-9886-2	1	66.88		280

2017 年全省乡镇村志街道社区志出版情况统计表

序号	书　名	编纂单位	主　编	副主编	上限	下限	始修时间	终审定稿时间	出版单位	出版时间	书号或准印号	册数	字数（万字）	印数（册）	定价（元）
1	桑梓店镇志	桑梓店镇	张崇元	宗兆忠	事物发端	2016.9	2015.6	2016.12	桑梓店镇	2016.12	ISBN 978-7-5144-2261-0	1	185.6	1500	680
2	大辛庄志	大辛庄村委会	许建胜		1773	2016	2014	2017		2017			46.8	1000	168
3	怀仁镇志	怀仁镇志编纂委员会	庞佃军	王仕刚 亓甲元 王涓如	春秋战国时期	2016.6	2016.2	2016.9	中国文史出版社	2016.11	ISBN 978-7-5034-8007-2	1	80	1000	368
4	亓家庄志	亓家庄志编纂委员会	亓正鼎		建村	2010	2003.3	2016.7	方志出版社	2016	ISBN 978-7-5144-2109-5	1	90.4	6000	560

续表

序号	书名	编纂单位	主编	副主编	上限	下限	始修时间	终审定稿时间	出版单位	出版时间	书号或准印号	册数	字数（万字）	印数（册）	定价（元）
5	灵珠山街道志	灵珠山街道志编纂委员会	韩传伟		根据历史上溯	2010	2013	2016	黄河出版社	2017.1	ISBN 978-7-5460-0755-7	1	67	1000	498
6	木厂口社区志	木厂口社区志编纂委员会	薛鉴功	薛敬智	自建村始	2014	2012	2016	黄河出版社	2016.12	ISBN 978-7-5460-0755-7	1	60	1000	580
7	孙家村志	孙家村志编纂委员会	孙可英 孙敏贵		建村	2015	2015	2017					40		
8	栲栳岛村志	栲栳岛村志编纂委员会	段存良		建村	2014	2013	2016					48		
9	沟崖村志续编	沟崖村志续编编纂委员会	臧福峰		建村	2014	2014	2016					50		
10	大石头村志	大石头村志编纂委员会	刘永胜		建村	2015	2014	2016					43		
11	东田社区志	东田社区志编纂委员会	王乃明	王世显 刘红梅	1404	2015	2014.5	2017.8	黄河出版社	2017.10	ISBN 978-7-5460-0825-7		50	1000	398
12	北阁村志	即墨市北阁村志编纂委员会	李知生	江华	原始社会龙山文化时期	2016	2016.1	2017.3	黄河出版社	2017.5	—	1	18	500	160
13	胡家村志	即墨市胡家村志编纂委员会	范永双	于吉泳	明洪武时	2015.12	2016.3	2016.12	中国文史出版社	2017.1	ISBN 978-7-5034-1212-6	1	12	1300	128
14	李家村志	李家村志编纂委员会	李国经 孙方之		建村	2015	2015.8	2017.5	中国文史出版社	2017.4	ISBN 978-7-5034-9161-0		78		298
15	金马村志	双杨镇金马村	李世忠			2015	2016	2017.4	线装书局	2017.4	ISBN 978-7-5120-2745-9		57	3000	660
16	西营志	西营志编纂委员会	王爱国	李玉华	1969	2016	2014	2016		2017.8		1	56.9	600	360

续表

序号	书　名	编纂单位	主　编	副主编	上限	下限	始修时间	终审定稿时间	出版单位	出版时间	书号或准印号	册数	字数（万字）	印数（册）	定价（元）
17	孙路志	孙路志编纂委员会	路兆杰 孙明利 孙如武		1369	2013	2012	2016	中国图书出版社	2016.12	ISBN 978-988-37235-5-8	1	65.3	1000	186
18	新户镇东六合村志	河口区史志办	邢兆义		事物发端	2015.12	2015.9	2017.4	线装书局	2017.9	（2017）第239174		68	1000	369
19	垦利县人大志	垦利县人大志编纂委员会	孙海君	刘登涛 成爱民	2006	2016	1988	2016.12	线装书局	2017.3	ISBN 978-7-5120-2714-5	1	53.3	1000	298
20	垦利县供销合作社志	垦利县供销合作社志编纂委员会	王海强	宋江美	1986	2015	1986	2016.11	线装书局	2016.12	ISBN 978-7-5120-2571-4	1	62	500	128
21	东营市垦利区胜坨镇志	东营市垦利区胜坨镇志编纂委员会	种玉洪 执行主编：刘荣惠	陈学慧 王永华	发端	2014	2015.4	2017.11	方志出版社	2017.12	ISBN 978-7-5120-2958-3	1	39	1000	196
22	海北村志	海北村志编纂委员会	苟增国 执行主编：武金光	张良忠	发端	2015.12	2015.12	2017.10	中国图书出版社	2017.11	ISBN 978-988-35873-2-5	1	35	1000	198
23	北宋镇志	北宋镇人民政府	裴泽民		1949	2011	2008.7	2016.7	中国国际文化出版社	2017.5	ISBN 978-988-20592-9-0		70	1000	298
24	牟平区马家泊村志	马家泊村编委会	李　宁 王　兴 张正剑		事物发端	2015	2013	2015	内部出版	2016.12					

续表

序号	书　名	编纂单位	主　编	副主编	上限	下限	始修时间	终审定稿时间	出版单位	出版时间	书号或准印号	册数	字数（万字）	印数（册）	定价（元）
25	莱州南关史志	莱州市文昌街道南关村	侯希顺	綦国瑞	先秦	2016			山东人民出版社	2017.7	ISBN 978-7-209-10560-6	1	78	1000	360
26	营丘镇志	营丘镇人民政府	刘会勇		公元前1122	2016	2014	2016	方志出版社	2017.1	ISBN 978-7-5144-2338-9		85.7	2000	300
27	黄家庄村志	黄家庄村志编纂委员会	考尚猛	丰成功 付洪起 考振远	1390	2015	2016.3	2017.3	团结出版社	2017.5	ISBN 978-7-5126-4966-8	1	26		168
28	广陵村志	广陵村委	李安国	陈守仁 李建华			2011	2016.1	中国诗词楹联出版社	2016.12	ISBN 978-988-16.96-4-5（68）	1	70	1000	198
29	孙家集街道志	孙家集街道	杨茂森	王　艳	1860	2017.10	2017.3	2017.12	中国诗词楹联出版社	2017.12	ISBN 978-988-16069-4-5（17）	1	83	3000	240
30	粟山村志	粟山村	刘远顺		明洪武五年（1372）	2014	2013	2017	方志出版社	2017.12	ISBN 978-7-5144-2887-2	1	57.7	1000	380
31	沈家庄村志	沈家庄村志编委会	时振瑞	聂本亮 王洪军 孙成玉 刘怀富	1912	2015	2010	2016	青州市三友有限公司	2016	内部发行	1	30	1000	188
32	东傅村志	中心店镇东傅村村志编纂委员会	黄学贞	孔祥军 李　青 李广云 黄金福	民国末年	2015	2015	2017.3	中国文化出版社	2017.3	ISBN 978-988-13247-9-5	1	16.2	3000	98

续表

序号	书　名	编纂单位	主　编	副主编	上限	下限	始修时间	终审定稿时间	出版单位	出版时间	书号或准印号	册数	字数（万字）	印数（册）	定价（元）
33	中心一村志	中心店镇中心一村志编纂委员会	李景洲	张明堂 饶洪明	事物发端	2016	2016.8	2017.6	中国文化出版社	2017.6	ISBN 978-988-13247-9-6	1	16.9	2000	98
34	尚寨村志	中心店镇尚寨村志编纂委员会	孔祥立		事物发端	2015	2016.10	2017.6	中国文化出版社	2017.6	ISBN 978-988-23346-8-7	1	20.4	3000	128
35	中国名镇志·中心店镇志	中心店镇志编纂委员会	孙为民	曹德华 马琳琳	事物发端	2015	2016.10	2017.10	方志出版社	2017.10		1		3300	
36	池涯社区志	曲阜市池涯社区	贾祥彬	石玉铭 孔令章	公元前622年	2016	2016.11	2017.7	中国文史出版社	2017.8	ISBN 978-7-5034-8924-2	1	31	1000	168
37	三张曲村志	曲阜市三张曲村	叶长海	朱宁国	1921	2015	2014	2016.11	济宁文广新局	2017.9	JWGX-2017第24号	1	22	600	
38	东音义村志	东音义村村民委员会	苏鸿泉		建村始	2014	2016	2016.10		2016.12		1		1000	
39	东河口村史志	东河口村史志编纂委员会	丁书良	宋素杰 李忠效	新石器早期	2017	2014	2017	内部使用	2017.10	无		28	1000	无
40	陶家夼社区志	威海市环翠区地方史志办公室	沈燕萍	谷佩贞 陶建军			2016.11	2017.12	方志出版社	2017.12			29	2000	65

续表

序号	书名	编纂单位	主编	副主编	上限	下限	始修时间	终审定稿时间	出版单位	出版时间	书号或准印号	册数	字数（万字）	印数（册）	定价（元）
41	杨家滩志·谱	杨家滩志谱编纂委员会	杨机臣		明朝末年	2011		2012.12	香港银河出版社	2012.12	ISBN 962-475203		30		298
42	桥头往事		王苏宁				2011	2013.9	吉林大学出版社	2013.9	ISBN 978-7-5677-0567-8		33.3		129
43	草庙子镇志	威海临港区草庙子镇人民政府	张义江	于兆俊	1596	2000	2000	2003	方志出版社	2005	ISBN 978-7-80192-560-2/K·400		62.5	600	218
44	南湖镇志	南湖镇志编纂委员会	赵家峰	万　磊 高月平 王西辉	——	2013.12	2014	2016.10	中国文化出版社	2016.12	ISBN 978-988-13363-5-4/Z.2461		80.8	1000	968
45	西朱家庄志	西朱家庄编纂委员会	郭庆文	王新玲 江兆玲 付德庆	自元朝朱姓迁居始	2013	2013初	2016.10		2017.1	ISBN 978-7-5034-8278-6	1	70	3000	298
46	夏家沟村志	夏家沟村编纂委员会	夏培迎	刘培元 夏　磊	自明朝夏姓迁居始	2016	2014初	2017.1	地方文史出版社	2017.1	ISBN 978-7-5192-6278-4	1	22	2000	150
47	齐河县胡官屯镇志	齐河县胡官屯镇	郝　樯	王建锋	—	2014	2012.4	2016.1	中国国际文化出版社	2017.3	ISBN 978-988-77048-3-4		63	500	300
48	丁坞镇志	丁坞镇志编纂委员会	王江山	左　超 杨　磊	事物发端	2015底	2016.1	2016.10	中国文史出版社	2016.12	ISBN 978-7-5034-7341-8	1	60	500	168

续表

序号	书 名	编纂单位	主 编	副主编	上限	下限	始修时间	终审定稿时间	出版单位	出版时间	书号或准印号	册数	字数(万字)	印数(册)	定价(元)
49	大孙乡志	大孙乡志编纂委员会	席延军	宋立杰 高景忠	事物发端	2015底	2016.3	2016.10	中国文史出版社	2016.12	ISBN 978-7-5034-7691-4	1	52	500	128
50	朱集镇志	朱集镇志编纂委员会	陈建军		事物发端	2015底	2015.6	2016.11	中国文史出版社	2017.6	ISBN 978-7-5034-7341-8	1	61	500	168
51	黄夹镇志	黄夹镇志编纂委员会	苏绍文	李柯钧	事物发端	2015底	2015.6	2016.12	中国文史出版社	2017.6	ISBN 978-7-5034-7341-8	1	36.6	500	168
52	郑店镇志	郑店镇志编纂委员会	陈孝顺	朱长禄	事物发端	2015底	2016.3	2016.11	中国文史出版社	2016.12	ISBN 978-7-5034-7341-8	1	50	500	168
53	市中街道志	市中街道志编纂委员会	张连华	张翠翠	事物发端	2015底	2016.4	2016.12	内部资料	2017.1	内部资料	1	61	500	
54	花园镇志	花园镇志编纂委员会	聊秀武	徐 磊 苏前进	事物发端	2015底	2016.3	2016.10		2017.1		1	37	500	
55	枣牌刘村志	枣牌刘村志编纂委员会	范海营	范晶莹	事物发端	2015底	2016.2	2016.11	中国文史出版社	2016.12	ISBN 978-7-5034-7413-2	1	16.5	500	168

续表

序号	书　名	编纂单位	主　编	副主编	上限	下限	始修时间	终审定稿时间	出版单位	出版时间	书号或准印号	册数	字数（万字）	印数（册）	定价（元）
56	大牛韩村志	大牛韩村志编纂委员会	张德令	张金和	事物发端	2015底	2016.2	2016.11	中国文史出版社	2016.12	ISBN 978-7-5034-7413-2	1	15.5	500	168
57	东高村志	东高村志编纂委员会	孙善龙		事物发端	2015底	2016.3	2016.10	中国文史出版社	2016.12		1	16.5	500	168
58	东钟村志	东钟村志编纂委员会	张德元	徐书峰	事物发端	2015底	2016.3	2016.10	中国文史出版社	2016.12	ISBN 978-7-5034-7413-2	1	15	500	168
59	聊官厂村志	聊官厂村志编纂委员会	孙善龙		事物发端	2015底	2016.3	2016.11	中国文史出版社	2016.12	ISBN 978-7-5034-7413-2	1	15	500	128
60	姚孙村志	姚孙村志编纂委员会	王　静	史义芝	事物发端	2015底	2016.4	2016.11	中国文史出版社	2016.12	ISBN 978-7-5034-7413-2	1	21	500	168
61	禹迹南麓志	南街村	李洪岭	马鹏举 王　颖	上古	2014	2014	2015	新华出版社	2016.10	ISBN 978-7-5166-1936-0		25		60
62	临盘街道志	临盘街道志编纂委员会	王建华	王泽民	元朝大德年间	2015.12	2014	2016.1	中国文史出版社	2016.10	ISBN 978-7-5034-8235-9	1	124.2	1000	168

续表

序号	书　名	编纂单位	主　编	副主编	上限	下限	始修时间	终审定稿时间	出版单位	出版时间	书号或准印号	册数	字数（万字）	印数（册）	定价（元）
63	宿安乡志	宿安乡志编纂委员会	刘洪田		清末至民国	2015	2014	2015.8		2016.10		1	32	400	168
64	东庄镇志	东庄镇志编纂委员会	胡国强	许振朋 李义兰 孔祥水	因事而异	2014底	2014.5	2016.5	中国文史出版社	2016.11	ISBN 978-7-5034-7937-3	—	69	—	398
65	唐营村志	东平县新湖镇唐营村	董　峰	唐学森 刘学臣 刘秀武 解锡存	1403	2014	2014.1	2016.1	中国文化出版社	2016.12	ISBN 978-988-35386-6-4/I.447		58	1000	368
66	林寨村史与家谱		林春恒		事物发端	2015.1	2014.10	2017.6	内部发行	2017.10		1	18.6	800	26.8
67	苏堂村志	苏堂村志编纂委员会	赵　灿		事物发端	2017.1	2016.10	2017.3	内部发行	2017.7		1	11	200	—
68	任家庄村志	任家庄村志编委会	任绪村		1946	2016	2015	2016		2016.12		1	20	1000	
69	石家岭村志	石家岭村志编委会	石树来		事物发端	2015	2015	2016	中国文化出版社	2016.12		1	20	500	118

续表

序号	书　名	编纂单位	主　编	副主编	上限	下限	始修时间	终审定稿时间	出版单位	出版时间	书号或准印号	册数	字数（万字）	印数（册）	定价（元）
70	奚村志	枣庄市薛城区陶庄镇奚村志编纂委员会	张联东	关传允 张人午	夏朝	2017.8	2015	2017	方志出版社	2017.12	ISBN 7-5144-2829-2	1	53.1	1200	268
71	李家疃村志	周村区王村镇李家疃村	王焕尧		建村开始	2016	2016.11	2017.12	方志出版社	2017.12	ISBN 978-7-5144-2784-4		27.1		110
72	草山岭村志	草山岭村志编纂委员会	李茂禄		明代	2017.10	2016.3	2016.12	人民日报出版社	2017.11	ISBN 80153-572-0-/D.28	1	39	1000	198
73	岱岳区山口镇志	岱岳区山口镇人民政府	张继銮	禹朴乾	事务发端	2016	2015	2017.11	方志出版社	2017.12			38		
74	古店村志	肥城市新城街道古店村志编纂委员会	贾安东	辛德华 鹿淑江	1573	2017底	2016.4	2017.12	方志出版社	2017.12	ISBN 978-7-5144-2866-7	1	40.6	1000	216
75	伊家沟村志	肥城市新城街道伊家沟村志编纂委员会	贾安东	胡士惠	1368	2015底	2014.1	2017.12	方志出版社	2017.12	ISBN 978-7-5086-4592-6	1	47.7	1000	218
76	张庄社区志	新汶街道张庄社区	王慎武 高玉生	郑传儒	建村之始	201.12	2015.5	2017.9	中国文联出版社	2017.12	ISBN 978-7-5190-3406-1	1	60	2000	318

2017 年全省山水名胜古迹志出版情况统计表

序号	书名	编纂单位	主编	副主编	上限	下限	始修时间	终审定稿时间	出版单位	出版时间	书号或准印号	册数	字数（万字）	印数（册）	定价（元）
1	东平县风物志	东平县史志办	王圣雨	张作彬 杨福中 李姗姗（执行）	——	2016.12	2015.6	2016.12	中国文化出版社	2017.3	ISBN 978-988-8459-91-9/w.2481		52	1000	268
2	微山湖志	微山县史志办	董学军						黄河出版社				48	2000	
3	逢山影响万古传	青州历史文化丛书编委会	郑玉章	王国玮 关春红 田辉 刘娟			2011	2017	济南出版社	2017.12	ISBN 978-7-5488-2897-6	1	29	1000	79
4	青州纪胜	青州历史文化丛书编委会	郑玉章	王国玮 关春红 田辉 刘娟			2006	2017	济南出版社	2017.12	ISBN 978-7-5488-2896-9	1	29	1000	99

2017 年全省历代方志整理出版情况统计表

序号	书名	修纂者	整理单位	整理形式	主要整理人	出版单位	出版时间	书号或准印号	册数	字数（万字）	印数（册）	定价（元）
1	山东省历代方志集成（省卷）		山东省地方史志办公室	影印		齐鲁书社	2016.12	ISBN 978-7-5333-3680-6	17	737	1000	3280
2	山东省历代方志集成（济南卷）		山东省地方史志办公室	影印		齐鲁书社	2016.12	ISBN 978-7-5333-3681-3	18	818	1000	3680
3	山东省历代方志集成（青岛卷）		山东省地方史志办公室	影印		天津古籍出版社	2017.11	ISBN 978-7-5528-0568-0			1000	1280
4	山东省历代方志集成（淄博）		山东省地方史志办公室	影印		天津古籍出版社	2017.11	ISBN 978-7-5528-0568-0			1000	1280
5	山东省历代方志集成（枣庄卷）		山东省地方史志办公室	影印		天津古籍出版社	2017.11	ISBN 978-7-5528-0568-0			1000	880
6	山东省历代方志集成（东营）		山东省地方史志办公室	影印		天津古籍出版社	2017.11	ISBN 978-7-5528-0568-0			1000	480
7	山东省历代方志集成（烟台）		山东省地方史志办公室	影印		天津古籍出版社	2017.11	ISBN 978-7-5528-0568-0			1000	3180
8	明嘉靖章丘县志	祝文冕	黄氏印务公司	影印	李永杰 徐泳		2017.9		2	8	700	无
9	明万历章丘县志	董复亨	黄氏印务公司	影印	李永杰 徐泳		2017.9		5	13	700	无
10	清康熙章丘县志	钟运泰	黄氏印务公司	影印	李永杰 徐泳				5	17	700	无
11	清乾隆章丘县志	张万青	黄氏印务公司	影印	李永杰 徐泳		2017.9		6	10	700	无
12	清道光章丘县志	吴璋任 曹懋坚	黄氏印务公司	影印	李永杰 徐泳		2017.6		8	21	300	无
13	清光绪章丘县乡土志	杨学渊	黄氏印务公司	影印	李永杰 徐泳		2017.6		2	7.8	300	无
14	清道光章丘县志	吴璋任 曹懋坚	章丘区史志办	繁体点校	李永杰 徐泳	天津古籍出版社	2017.11	ISBN 978-7-5528-0557-4	8	37	700	5800
15	清道光章丘县志	吴璋任 曹懋坚	章丘区史志办	简体点校	李永杰 徐泳	天津古籍出版社	2017.11	ISBN 978-7-5528-0557-4	2	37	1500	860
16	清光绪章丘县乡土志	杨学渊	章丘区史志办	繁体点校	李永杰 徐泳	天津古籍出版社	2017.11	ISBN 978-7-5528-0557-4	2	10	700	860

续表

序号	书　名	修纂者	整理单位	整理形式	主　要 整理人	出版单位	出版 时间	书号或 准印号	册数	字数 （万字）	印数 （册）	定价 （元）
17	清光绪章丘县乡土志	杨学渊	章丘区史志办	简体点校	李永杰　徐泳	天津古籍出版社	2017.11	ISBN 978-7-5528-0557-4	1	10	1500	98
18	历乘校注	刘　敕	济南市史志办	点注	赵钟云 刘书龙	济南出版社	2017.12	ISBN 978-7-5488-2901-0	1	35.2	1000	298
19	民国续修平阴县志（点校本）	朱名炤	平阴县史志办	点校	李秀芝 于瑞东 周洪才 刘书龙	中国文史出版社	2016.11	ISBN 978-7-5034-8615-9	1	45	1000	320
20	续修平度州志	保　忠 吴　慈	平度史志办	重刊	张树林		2017.11		8	17.6	300	
21	利津县旧志集成	李俊三	利津县地方史志编纂委员会办公室	影标校注	孙明钦	线装书局	2016.11	中国版本图书馆 CIP 数据核字（2016）第303433号		83.6	1000	1000
22	昌邑县志（1840-1985）		昌邑市史志办	翻印								
23	乾隆甲午新修曲阜县志	潘相	曲阜孔家印务 曲阜市史志办	影印		北京 燕山出版社	2016.7	ISBN 978-7-5402-4044-8	1	60	1000	1980
24	清·光绪《日照县志》影印本	陈懋主持， 牟廷辅 郑作相 丁昉主修	日照市地方史志办公室	影印	李世恩	线装书局	2016.12	ISBN 978-7-5120-2687-2	1	16.2	500	560
25	嘉庆禹城县志	董鹏翱修 牟应震纂	禹城史志办德州知知堂	标点校注	马鹏举 刘志永 王炳云 张　丽 张小霞	中国文化出版社	2016.12	CIP 数据核字（2016）第20161038号	4	12	500	1780
26	康熙·庆云县志	李兴祖 李居一	庆云县史志办公室	点校出版	黄平正		2016.10		4	9	300	

续表

序号	书　名	修纂者	整理单位	整理形式	主　要整理人	出版单位	出版时间	书号或准印号	册数	字数（万字）	印数（册）	定价（元）
27	邢侗集	宫晓卫 修广利	校勘校注		宫晓卫 修广利	齐鲁书社	2017.3	ISBN 978-7-5333-3735-3	1	58.9	1600	186
28	夏津县志·明清本	明本：易时中修，王琳纂；清本：方学成修，梁大鲲纂	夏津县地方史志办公室	标点	夏津县地方史志办公室	中国文化出版社	2016.12	ISBN 978－988－91653－9－6/I6123	8	35	300	1580
29	夏津县志·民国本	谢锡文修；许宗海纂。	夏津县地方史志办公室	点校	夏津县地方史志办公室	中国文化出版社	2017.10	ISBN 978－988－91653－9－6/I6123	9	40	430	1780
30	德州乡土志集		德州市地方史志办公室	影印	李其常		2017.4		2		3000	
31	清·光绪 新修菏泽县志		牡丹区史志办 菏泽市历史与考古研究所 菏泽市历史文化与中华古代文明研究会	点校	潘建荣	中国文史出版社	2013.12			90.3		238
32	巨野县旧志集成		巨野县地方志办公室	影印校注	朱传成	线装书局	2017.6	ISBN 978-7-5120-2791-6	1			
33	清康熙五十六年单县志校注	王　镛		校注	刘勇先 许艳青	时代文献出版社	2017.5	ISBN 978-988-18772-7-7	1	48	1000	100
34	重修泰安县志	葛延瑛 吴元録 孟昭章	泰山区史志办	重印	刘玉朴	内部出版	2016.10	无	14	40	200	无
35	民国二十四年茌平县志	牛占诚 周之祯	茌平县地方史志办公室	影印	张海峰 项玉强	中国文史出版社	2017.10	ISBN 978-7-5034-7823-9		60	35	168
36	高唐州志三种	明嘉靖三十二年高唐州志金江纂修	高唐史志办	标点校勘	唐艳红	中国文化出版社	2016.12	ISBN 978-988-28476-5-2		14	1000	50

续表

序号	书 名	修纂者	整理单位	整理形式	主 要整理人	出版单位	出版时间	书号或准印号	册数	字数（万字）	印数（册）	定价（元）
37	高唐州志三种	乾隆七年高唐州续志毕一谦修 耿贤举纂	高唐史志办	标点校勘	唐艳红	中国文化出版社	2016.12	ISBN 978-988-28476-5-2		5		
38	高唐州志三种	光绪三十二年高唐州乡土志周家齐纂修	高唐史志办	标点校勘	唐艳红	中国文化出版社	2016.12	ISBN 978-988-28476-5-2		8		
39	清光绪十三年莘县志	张朝玮督修，孔广海总纂	莘县史志办	标点校勘	颜廷勇	中国文化出版社	2016.10	ISBN 978-988-63563-7-9/I.6125	一函四册	17	400	980
40	康熙十一年莘县志	刘维祯督修	莘县史志办	影印	史志办	中国文化出版社	2017.6	ISBN 978-988-63436-6-9/I.6125	一函三册	6.5	400	630
41	莘县乡土志三种	孔翼轩 吴式基 杨 沂	莘县史志办	影印	史志办		2017.3					
42	泰安府志（繁体版）	清 颜希深修 成 城著	泰安市地方史志办公室	标点		线装书局	2017.11	ISBN 978-5120-2721-4	2	80	4000	680
43	泰安府志（简体版）	清 颜希深修 成 城著	泰安市地方史志办公室	标点注释		线装书局	2017.11	ISBN 978-5120-2794-7	20	80	1000	5980
44	临清旧志		临清史志办	影印	方玉群 张 英 李星火		2016.11		4		300	
45	临清市志（1840-1990）		临清史志办	影印	方玉群 张 英 李星火		2016.11				600	

2017年全省教材理论著述工具书出版情况统计表

序号	书名	编纂单位	主编 副主编	上限	下限	始修时间	终审定稿时间	出版单位	出版时间	书号或准印号	册数	字数（万字）	印数（册）	定价（元）
1	山东地方治理历史经验参考	山东省地方史志办公室	刘爱军 李　刚 王耀生					方志出版社	2017.11	ISBN 978-7-5144-2659-5	1	3.9	2000	68
2	五莲县基层志书编纂业务指南	五莲县地方史志办公室	桑光军			2016.11			2017.6			30	500	
3	齐河县乡土志教本	齐河县地方史志办公室	郝德禄 冯新明		—	2015	2013	电子科技大学出版社	2017.8	ISBN 978-7-75647-4637-7		13	30000	23.5
4	冀鲁边精神	乐陵市委组织部 乐陵市党史史志办公室 乐陵市教育局	宋秀利 韩文龙 王东辉			2017.4	2017.10		2017.10	地方教材	1	5.5		
5	曹县县情（2017）	曹县地方志编纂委员会	董梁英 付　敏 陈子君	2016.1	2016.12					内部资料		20.5	1500	
6	黄河口抗日战争史	东营市垦利区党史史志办公室 编 薄文军 编著	种玉洪 宋慧峰 陈学慧 张乐忠	1935.12	1945.12		2017.6	中共党史出版社	2017.10	ISBN 978-7-5098-4353-6	1	62	3000	128

续表

序号	书名	编纂单位	主编 副主编	上限	下限	始修时间	终审定稿时间	出版单位	出版时间	书号或准印号	册数	字数（万字）	印数（册）	定价（元）
7	家蕴清风	垦利区家蕴清风编委会	种玉洪 耿宝民 陈常峰 丛明娟 荀守庆 尚梅君				2017.6	中国言实出版社	2017.12	ISBN 978-7-5171-2655-3	1	15	3500	78
8	大明状元赵秉忠		风信子	1573	1626	2006	2015	济南出版社	2016	ISBN 978-7-5488-1701-7	1	5	4000	20

2017 年全省省级综合年鉴出版情况统计表

序号	书名	创刊时间	卷号	主办单位	承办单位	主编或总编	副主编	出版单位	出版时间	书号刊号或准印号	字数（万字）	印数(册)	定价(元)
1	山东年鉴	1987	2017	山东省人民政府办公厅	山东省地方史志办公室	刘爱军 郭永生	徐 尉 温书义	山东年鉴社	2017.6	CN37-1237/Z	123	3000	500

（张 亚）

2017年全省市级综合年鉴出版情况统计表

序号	书名	创刊时间	卷号	主办单位	承办单位	主编或总编	副主编	出版单位	出版时间	书号刊号或准印号	字数（万字）	印数（册）	定价（元）
1	济南年鉴	1989	2017	济南市人民政府	济南市史志办公室	周云平	谭　伟 李经发 綦延辉 杜加臣 郭建群 张云雷	济南出版社	2017.9	ISBN 978-7-5488-2709-2	95	2000	268
2	青岛年鉴	1988	2017	青岛市史志办公室	青岛年鉴社	高克力	王现军 任银睦 王书高	青岛年鉴社	2017.9	ISBN 1671-9883CN37-1395/Z	130	3000	200
3	淄博年鉴	1987	2017	淄博市人民政府	淄博市地方史志办公室	毕建国		中国文史出版社	2017.9		110		230
4	枣庄年鉴	1993	2017	枣庄市人民政府	枣庄市地方史志办公室	王巍波 执行主编：张涛	杨　慧	中国文史出版社	2017.10	ISBN 978-7-5034-9655-4	95	1200	200
5	东营年鉴	1993	2017	东营市人民政府	东营市史志办公室	杜金华		方志出版社			116.2	1000	198
6	烟台年鉴	1990	2017	烟台市人民政府	烟台市地方史志办公室	季胜林	王福寿 李迎春 范宇明 谈洪奎	中华书局	2017.11	ISBN 978-7-101-12887-1	75.6	2000	300
7	潍坊年鉴	1995	2017	潍坊市人民政府	潍坊市地方史志办公室	魏永阳		方志出版社	2017.1		91	3000	218
8	济宁年鉴	2003	2017	济宁市人民政府	济宁市地方史志办公室	张树礼	何飞飞 王　凯	中国文史出版社	2017.9	ISBN 978-7-5034-9504-5	79.2	3000	2000
9	泰安年鉴	1991	2017	泰安市人民政府	泰安市地方史志办公室	王天宇	周美广 高兴学 曹成义 袁立轩	方志出版社	2017.10	ISBN 978-7- 5144-2610-6	82.4	2000	298
10	威海年鉴	1998	2017	威海市人民政府	威海市地方史志办公室	耿祥星 冷文波	赵　刚 李美志 宋明岩 李洪格	方志出版社	2017.8	ISBN 978-7-5144-2507-9	99.5	5000	300

续表

序号	书名	创刊时间	卷号	主办单位	承办单位	主编或总编	副主编	出版单位	出版时间	书号刊号或准印号	字数（万字）	印数（册）	定价（元）
11	日照年鉴	1995	2017	日照市人民政府	日照市地方史志办公室	李世恩	赵建华 丁海燕	方志出版社	2017.12	ISBN 978-7-5144-2933-6	88.6	1500	280
12	莱芜年鉴	1994	2017	莱芜市人民政府	莱芜市地方史志办公室	李贞锋 亓玉胜	毕泗国 亓军华	线装书局	2017.8	ISBN 978-7-5120-2838-8	63.6	2000	200
13	临沂年鉴	1995	2017	临沂市委、临沂市人民政府	临沂市地方史志办公室	刘志强	段 洪 唐少清 于 芹 王卫东	中华书局	2017.12	ISBN 978-7-101-12884-0	109	3000	320
14	德州年鉴	1992	2017	德州市人民政府	德州市地方史志办公室	李其常 王立云	郑 琳 马淑华 刘 振 孔祥龙	方志出版社	2017.11	ISBN 978-7-5144-2179-6	62	2500	300
15	聊城年鉴	1995	2017	聊城市人民政府	聊城市地方史志办公室			中国文史出版社	2017.11				
16	滨州年鉴	1997	2017	滨州市委、滨州市人民政府	滨州市地方史志办公室	王占锋	毛英全	中国文史出版社	2017.8	ISBN 978-7-5034-9442-0	97	2000	300
17	菏泽年鉴	1999	2017	菏泽市人民政府	菏泽市地方史志办公室	田文建	郑玉民 王 涛	天津古籍出版社	2017.12	ISBN 978-7-5528-0608-3	68	800	286

（张 亚）

2017 年全省县级综合年鉴出版情况统计表

序号	书名	创刊时间	卷号	主办单位	承办单位	主编或总编	副主编	出版单位	出版时间	书号刊号或准印号	字数（万字）	印数（册）	定价（元）
1	历下年鉴	2014	2017	济南市历下区人民政府	济南市历下区史志办公室	赵光臣 王海燕	张新林 刘建敏 邹娟 刘春梅	天津古籍出版社	2017.11	ISBN 978-7-5528-0580-2	57.5	1500	278
2	济南市市中年鉴		2017	济南市市中区人民政府	济南市历下区史志办公室	侯江	于继东	方志出版社	2017.11	ISBN 978-7-5144-2651-9	47.7	1000	260
3	槐荫年鉴		2017	济南市槐荫区人民政府	济南市槐荫区史志办公室	吴春国 杨军		济南出版社	2018.4	ISBN 978-7-5488-3150-1	61	1000	260
4	天桥年鉴	1994	2017	济南市天桥区人民政府	济南市天桥区史志办公室		何其臻 李延庆 李旭亮 刘小华	中国文史出版社	2017.12	ISBN 978-7-5528-0674-8	95	1500	267
5	历城年鉴		2017	济南市历城区人民政府	济南市历城区史志办公室	韩士春	韩会水 蒋慧 杨福生	中国文史出版社	2017.12	ISBN 978-7-5034-9654-7	55	1000	265
6	历城年鉴		2008-2015	济南市历城区人民政府	济南市历城区史志办公室	韩士春	韩会水 蒋慧 杨福生	中国文史出版社	2017.10	ISBN 978-7-5034-9230-3	52	2000	275
7	长清年鉴		2017	济南市长清区人民政府	济南市长清区史志办公室	陶明东	边绍林	线装书局	2017.12		80	1000	298
8	章丘年鉴		2017	济南市章丘区人民政府	济南市章丘区史志办公室	孙东	于庆 高长海 亓远程 袁传民	天津古籍出版社	2017.12	ISBN 978-7-5528-599	71.8	1000	380
9	平阴年鉴		2017	平阴县人民政府	平阴县委党史研究室、平阴县地方史志办公室	李秀芝 于瑞东（执行）	林克松 张霞 焦立卿	中国文史出版社	2017.12	ISBN 978-7-5034-9903-6	64.4	1000	268

续表

序号	书名	创刊时间	卷号	主办单位	承办单位	主编或总编	副主编	出版单位	出版时间	书号刊号或准印号	字数（万字）	印数（册）	定价（元）
10	平阴年鉴		2011—2015	平阴县人民政府	平阴县委党史研究室、平阴县史志办公室	李秀芝 于瑞东（执行）	于瑞东 林克松 张　霞 焦立卿 付媛媛（执行）	中国文史出版社	2017.8	ISBN 978-7-5034-9464-2	63.7	1000	268
11	济阳年鉴		2017	济阳县人民政府	济阳县史志办公室	刘　斌	孙长根 肖端良	方志出版社	2017.11	ISBN 978-7-5144-2764-6	53.8	800	258
12	商河年鉴		2017	商河县人民政府	商河县史志办公室	陈丽梅	潘成方	中国文史出版社	2017.11	ISBN 978-7-5034-9554-0	55	1000	198
13	商河年鉴		1991—2010	商河县人民政府	商河县史志编纂委员会	陈丽梅	李忠湖	方志出版社	2017.2	ISBN 978-7-5144-2137-8	156	400	598
14	市南年鉴	2009	2017	中共青岛市市南区委员会、青岛市市南区人民政府	青岛市市南区史志办公室、青岛市市南区档案局（馆）	吴大钢	王蜀鲁	中国海洋大学出版社	2017.12	ISBN 978-7-5670-1639-2	55	1000	298
15	市北年鉴	2009	2017	中共青岛市市北区委、青岛市市北区人民政府	青岛市市北区史志办公室、青岛市市北区档案馆（局）	刘　伟	高京东	中国文史出版社	2017.11	ISBN 978-7-5034-9735-3	53.3	1000	268
16	黄岛年鉴	2005	2017	青岛市黄岛区政府	青岛市黄岛区史志办公室	薛维来	刘　靖 徐桂珍 唐惠衍	线装书局	2017.7	ISBN 978-7-5120-2815-9	50	1000	258
17	崂山年鉴	2005	2017	青岛市崂山区人民政府	青岛市崂山区史志办公室	张　星	王清华 张　冰 臧先锋（执行） 闫雪梅	中国海洋大学出版社	2017.8	ISBN 978-7-5670-1535-7	48	1000	268
18	李沧年鉴	2010	2017	中共青岛市李沧区委员会、青岛市李沧区人民政府	青岛市李沧区档案馆（局）、青岛市李沧区史志办公室	王学青	孙丕乐 杨惠春	中国海洋大学出版社	2017.10	ISBN 978-7-5670-1599-9	51	910	200

续表

序号	书名	创刊时间	卷号	主办单位	承办单位	主编或总编	副主编	出版单位	出版时间	书号刊号或准印号	字数（万字）	印数（册）	定价（元）
19	城阳年鉴	2007	2017	青岛市城阳区人民政府	青岛市城阳区档案局、青岛市城阳区史志办公室	辛克寿	吴德明	线装书局	2017.10	ISBN 978-7-5120-2885-2	70	1000	280
20	胶州年鉴	2004	2017	胶州市人民政府	胶州市档案局、胶州市史志编纂委员会办公室	李兆进	王世俊 迟增芬 李明亮	山东省地图出版社	2017.10	ISBN 978-7-5572-0321-4	57	2000	220
21	即墨年鉴	1991	2017	即墨市人民政府	即墨市史志办公室	张可先	王洪涛 陈晓磊	黄河出版社	2017.10	ISBN 978-7-5780-0587-3	88.9	1000	120
22	平度年鉴	2004	2017	中共平度市委员会、平度市人民政府	平度市史志办公室、平度市档案局	张树林	陶瑞法 陈云孟	中国海洋大学出版社	2017.12	ISBN 978-7-5034-6031-9	28	2000	180
23	莱西年鉴	1988	2017	莱西市人民政府	莱西市史志办公室	陈　伟	于如宽 陈　磊	天津出版传媒集团天津古籍出版社	2017.11	ISBN 978-7-5528-0587-1	64.5	1000	200
24	淄川年鉴	2014	2017	淄博市淄川区人民政府	淄川区志办公室	李祖炬 李　利 高旭强		中国文史出版社	2017.12	ISBN 978-7-5528-0587-1	60	1000	368
25	张店年鉴	2008	2017	张店区人民政府	张店区档案（馆）张店区史志办公室		王东锋 李　香 申纪宝 邢吉才 周　珽	天津出版传媒集团天津古籍出版社	2017.12	ISBN 978-7-5528-0670-0	47.1	1000	238
26	博山年鉴	1999	2017	博山区人民政府	博山区地方史志办公室	杨雪莹	陈立波 刘海芹	中国文史出版社	2017.1	ISBN 978-7-5034-9581-6	62	800	200
27	临淄年鉴	2004	2017	临淄区人民政府	临淄区史志办公室	刘华武		中国文史出版社	2017.11	ISBN 978-7-5034-9730-8	94	1500	200
28	周村年鉴	1995	2017	周村区人民政府	周村区史志办公室	仇　勃	袁志华 柳桂云	九州出版社	2017.11	ISBN 978-7-5108-6451-3	62.1	1000	268
29	桓台年鉴	1987	2017	桓台县人民政府	桓台县地方史志办公室	董　杰	傅荣璋 王　静	九州出版社	2017.12	ISBN 978-7-5108-6343-1	59	1000	218
30	高青年鉴	2011	2017	高青县人民政府	高青县史志办公室	陈现彬	于领娣	九州出版社	2017.1	ISBN 978-7-5108-5598-4	69.6	600	298

续表

序号	书名	创刊时间	卷号	主办单位	承办单位	主编或总编	副主编	出版单位	出版时间	书号刊号或准印号	字数（万字）	印数（册）	定价（元）
31	沂源年鉴	2017	2017	沂源县人民政府	沂源县史志办公室	任嗣民	靳学华	方志出版社	2017.12	ISBN 978-7-5144-2932-4	52	1000	360
32	枣庄市市中区年鉴	1999	2017	枣庄市市中区人民政府	枣庄市市中区地方史志办公室	主编：周春梅	胡乐义	中国文史出版社	2017.12	ISBN 978-7-5205-0172-9	50	1200	160
33	薛城年鉴		2017	枣庄市薛城区人民政府	枣庄市薛城区地方史志办公室	主编：常　亮 王　健	-	中国文史出版社	2017.12	ISBN 978-7-5034-9203-7	50.6		186
34	峄城年鉴	2010	2017	枣庄市峄城区人民政府	枣庄市峄城区地方史志办公室	主编：张瑞华	孟庆祥 渠开选 倪守春	中国文史出版社	2017.12	ISBN 978-7-5034-8973-0	45	700	190
35	台儿庄年鉴	2012	2017	枣庄市台儿庄区人民政府	枣庄市台儿庄区地方史志办公室	主编：钟宜敏	胡立志 贾照伟 陈　静 杜　慧 赵　燕	中国文史出版社	2017.10	ISBN 978-7-5034-9625-7	43.5	1000	189
36	山亭年鉴		2017	枣庄市山亭区委山亭区人民政府	枣庄市山亭区地方史志办公室	主编：邢召辉	宋　刚 鞠金鑫 田春芳	中国文史出版社	2017.12	ISBN 978-7-5034-9662-2	46		160
37	滕州年鉴		2017	滕州市人民政府	滕州市地方史志办公室	主编：赵逢柏	-	天津古籍出版社	2017.12	ISBN 978-7-5528-0652-6	46		286
38	东营区年鉴	2000	2017	东营市东营区人民政府	东营市东营区地方史志办公室	李建波	郭大勇 李　鹏	方志出版社	2017.8	ISBN 978-7-5144-2500-0	50.3	1000	180
39	河口年鉴	1999	2017	东营市河口区人民政府	东营市河口区地方史志办公室	张振华 潘春芳	张泽红	方志出版社	2017.10	ISBN 978-7-5144-2575-8	76.2	1000	200
40	垦利年鉴	2004	2017	东营市垦利区人民政府	东营市垦利区党史史志办公室	种玉洪 陈学慧	宋慧峰 张乐忠 刘艳芳	方志出版社	2017.12	ISBN 978-7-5144-2847-6	76.8	1000	198

续表

序号	书名	创刊时间	卷号	主办单位	承办单位	主编或总编	副主编	出版单位	出版时间	书号刊号或准印号	字数（万字）	印数（册）	定价（元）
41	利津年鉴	2000	2017	利津县人民政府	利津县史志办公室	李俊三	王曰华	方志出版社	2017.9	ISBN 978-7-5144-2765-3	83	1000	168
42	广饶年鉴	1996	2017	广饶县人民政府	广饶县史志办公室	张登峰	石丰武 赵向前	方志出版社	2017.11	ISBN 978-7-5144-2548-2	81.2	1000	198
43	牟平年鉴	2017	2017	烟台市牟平区委区政府	牟平区史志办公室	宋宪际	王爱民	青岛出版社	2017.12	ISBN 978-7-5552-6565-8	80	550	380
44	龙口年鉴	2017	2017	龙口市人民政府	龙口市人民政府史志办公室	孙建义	田丽君 迟　静	中华书局	2017.12	ISBN 978-7-101-12916-8	46.6	1000	300
45	莱阳年鉴	1998	2011—2013	莱阳市人民政府	莱阳市史志办公室	董明奎	宋新军 包令刚 赵松枝	济南黄氏印务有限公司	2017.1	ISBN 978-7-89425-533-4	67	1000	268
46	莱州年鉴	2017	2017	莱州市人民政府	莱州市史志办公室	牟照旭	张　磊	齐鲁电子音像出版社	2017.12	ISBN 978-7-89396-697-2	54.1	1000	300
47	招远年鉴	1995	2017	招远市人民政府	招远市地方史志办公室	徐　革	付波涛 王微微 刘玉玫	黄海数字出版社	2017.9	ISBN 978-7-89425-553-2	60	800	316
48	栖霞年鉴	2007	2017	栖霞市人民政府	栖霞市地方史志编纂办公室	马贤修	林洪岩 李　芳 王建杰	黄海数字出版社	2017.12	ISBN 978-7-89425-635-5	30.5	1000	300
49	海阳年鉴	2010	2013-2015	海阳市人民政府	海阳市党史方志办公室	王文强 隋悦江	叶春华 刘　明	黄海数字出版社	2017.9	ISBN 978-7-89425-544-0	67	1500	300
50	潍城年鉴	1998	2017	潍坊市潍城区人民政府	潍坊市潍城区史志办公室	曲福刚	谭宝胜	华龄出版社	2017.12	ISBN 978-7-5169-1199-0	47	500	208
51	寒亭年鉴	2017	2017	潍坊市寒亭区人民政府	潍坊市寒亭区史志办公室	王海燕	王军亭 刘　玮 孙朋波	方志出版社	2017.12	ISBN 978—7—5144—2990—9	68	1000	210
52	奎文年鉴	2000	2017	潍坊市奎文区人民政府	潍坊市奎文区史志办公室	孙　涛	姚凤玲 谭绪刚 张红娟 田希峰 吴洪磊	方志出版社	2017.11	ISBN 978-5144-2733-2	44.8	1000	500
53	诸城年鉴	2016	2017	诸城市人民政府	诸城市史志办公室	孙铭杰	刘　云	中国文史出版社	2017.11	LSBN978-7-5034-9693-6	77	800	400

续表

序号	书名	创刊时间	卷号	主办单位	承办单位	主编或总编	副主编	出版单位	出版时间	书号刊号或准印号	字数（万字）	印数（册）	定价（元）
54	寿光年鉴	1996	2017	寿光市人民政府	寿光市史志办公室	李　鹏	无	方志出版社	2017.12	ISBN 978-7-5144-2845-2	72.3	1000	300
55	安丘年鉴	2017	2017	安丘市人民政府	安丘市史志办公室	林卫成	无	中国文史出版社	2017.12	2017249757	40	100	200
56	高密年鉴	1997	2016	高密市人民政府	高密市地方史志编纂委员会	李晓宁	无	中国出版集团现代出版社	2017.9	ISBN 978-7-5143-6577-1	49.6	800	200
57	高密年鉴	1997	2017	高密市人民政府	高密市地方史志编纂委员会	李晓宁	无	中国出版集团现代出版社	2018.1	ISBN 978-7-5143-6954-0	44.1	800	200
58	昌邑年鉴	2017	2017	昌邑市人民政府	昌邑市史志办公室	于希群	孙　栋 刘伟刚	方志出版社	2017.12	ISBN 978-7-5144-2858-2	75	1000	368
59	任城年鉴	2015	2017	济宁市任城区地方史志办公室	无	姚京燕	无	中国文史出版社	2017.9	ISBN 978-7-5034-9504-5	90	300	
60	兖州年鉴	1999	2017	济宁市兖州区人民政府	济宁市兖州区地方史志编纂委员会办公室	陈　勇	李传坤 杨陈丽 （特约）	中国文史出版社	2017.12	ISBN 978-7-5034-9504-5	63.7	1300	268
61	曲阜年鉴	1988	2017	曲阜市人民政府	曲阜市史志办公室	李广俊 张立忠	米玉红 翟盛军	中国文史出版社	2017.12	ISBN 978-7-5034-9504-5	112	1000	
62	邹城年鉴	1996	2017	邹城市人民政府	邹城市政府史志办	周广志	孟庆文	中国文史出版社	2017.12	ISBN 978-7-5034-9504-5	80	1000	
63	微山年鉴	2017	2017	微山县人民政府	微山县地方史志编纂委员会办公室	王学新 屈凡光	张永峰 张西海 闫红梅	中国文史出版社	2017.6	ISBN 978-7-5034-9504-5	53	800	167
64	鱼台年鉴	2011	2017	鱼台县人民政府	鱼台县地方史志办公室	郑　义	李　明 李春伟	中国文史出版社	2017.12	ISBN 978-7-5034-9504-5	60	1000	
65	金乡年鉴	2017	2017	金乡县人民政府	金乡县地方史志编纂委员办公室	张永良 李　泼	丁绍春 刘　利	中国文史出版社	2017.9	ISBN 978-7-5034-9504-5	63.7	1000	
66	嘉祥年鉴	2017	2017	嘉祥县人民政府	嘉祥县地方史志编纂委员会办公室	杜贵斌 姜建华 梁玉桥		中国文史出版社	2017.12	Isbn978-7-5034-9504-5	55.4	1000	166
67	汶上年鉴	2014	2017	汶上县人民政府	汶上县志办	张衍才		中国文史出版社	2017.11	ISBN 978-7-5034-9504-5	72	1000	

续表

序号	书名	创刊时间	卷号	主办单位	承办单位	主编或总编	副主编	出版单位	出版时间	书号刊号或准印号	字数（万字）	印数（册）	定价（元）
68	泗水年鉴	1992	2017	泗水县人民政府	泗水县地方史志编纂委员会办公室	孟　霞	侯广征	中国文史	2017.12	ISBN 978-7-5034-9504-5	62	1000	
69	梁山年鉴	2017	2016	梁山县人民政府	梁山县地方史志编委会办公室	孔庆金 袁绍信	胡克松 邵凤霞 何清华	中国文史出版社	2017.12	ISBN 978-7-5034-9583-8	49	1000	166
70	梁山年鉴	2017	2017	梁山县人民政府	梁山县地方史志编委会办公室	孔庆金 袁绍信	胡克松 邵凤霞 何清华	中国文史出版社	2017.12	ISBN 978-7-5034-9504-5	45.2	1000	166
71	泰山区年鉴	1999	2017	泰安市泰山区人民政府	泰安市泰山区委党史征集研究办公室、泰山区年鉴编辑委员会办公室	胡继峰 刘玉朴（执行）	栗长峥 周义红 刘令智 彭锡瑞 于宪忠	光明日报出版社	2017.11	ISBN 978-7-5194-3649-0	47	1000	168
72	岱岳区年鉴	2017	2017	泰安市岱岳区人民政府	泰安市岱岳区党史史志办公室	张玉成	程建民（常务） 张洪谱 常炳成 刘英泉	方志出版社	2017.10	ISBN 978-7-5144-2643-4	51.6	600	288
73	新泰年鉴	1998	2017	新泰市人民政府	新泰市地方史志办公室	刘新章	柏钦战 李安国 刘　晓	方志出版社	2017.11	ISBN 978-7-5144-2766-0	51.3	1000	216
74	肥城年鉴	1993	2017	肥城市人民政府	肥城市地方史志办公室	尉茂路	庄惠丽 项荣坤	方志出版社	2017.10	ISBN 978-7-5144-2590-1	90.9	1200	216
75	宁阳年鉴	1998	2017	宁阳县人民政府	宁阳县党史史志办公室	许华北	赵先法	方志出版社	2017.11	ISBN 978-7-5144-2644-1	58.5	1000	198
76	东平年鉴	2007	2017	东平县人民政府	东平县史志办公室	王圣雨	李姗姗 张作彬 杨福中	线装书局	2017.12	ISBN 978-7-5120-3071-8	60	1000	286

续表

序号	书名	创刊时间	卷号	主办单位	承办单位	主编或总编	副主编	出版单位	出版时间	书号刊号或准印号	字数（万字）	印数（册）	定价（元）
77	环翠年鉴	2014	2017	威海市环翠区政府	威海市环翠区地方史志办公室	谷佩贞	于海龙	线装书局	2017.11	ISBN 978-7-5120-2939-2	104.5	2000	280
78	文登年鉴	1997	2017	威海市文登区政府	威海市文登区地方史志办公室	许德忠	王淑君 鞠志强	天津古籍出版社	2017.12	ISBN 978-7-5528-0574-1	78.2	1500	198
79	荣成年鉴	2000	2017	荣成市政府	荣成年鉴编纂委员会	宋锡岗	连业功 连业萍 王军辉	方志出版社	2017.12	ISBN 978-7-5144-2841-4	124.9	2500	200
80	威海经济技术开发区年鉴	2013	2017	威海经济技术开发区工委管委	威海经济技术开发区年鉴编纂委员会	卢树刚	徐敬侠	线装书局	2017.10	ISBN 978-7-5120-2891-3	94	500	268
81	东港年鉴	2015	2017	日照市东港区委东港区政府	日照市东港区委党史研究室	李西胜	陈文祥	中国文化出版社	2017.6	ISBN 978-988-8461-08-0/Z.2625	32	1000	98
82	莒县年鉴	2016	2017	莒县人民政府	莒县地方史志办公室	史宗义	张同旭 陈维华	天津人民美术出版社	2017.7	ISBN 978-7-5305-8105-6	80.9	600	218
83	五莲年鉴	2009	2017	中共五莲县委、五莲县人民政府	五莲县地方史志办公室	桑光军	钊守亮 李业鹏	中国文化出版社	2017.6	ISBN 978-988-8397-88-4/Z.2357	125.6	1000	198
84	莱城年鉴	2013	2017	莱芜市莱城区人民政府	莱芜市莱城区党史史志办公室	孙启东	刘少波 徐志红	中国图书出版社	2017.11	ISBN 978-7-5144-2532-1	46	700	126
85	钢城年鉴	2013	2017	莱芜市钢城区人民政府	莱芜市钢城区地方史志办公室	亓圣勇	陈建新 魏 超 陈红梅	中国文化出版社	2017.11	ISBN 978-988-35813-2-5	46.6	1000	150
86	兰山年鉴	1996	2016	中共兰山区委兰山区人民政府	临沂市兰山区地方史志办公室	王友存 杨晓娜	寇利明 訾金刚	中国文史出版社	2017.7	ISBN 978-7-5034-9373-7	66	1000	280
87	兰山年鉴	1996	2017	中共兰山区委兰山区人民政府	临沂市兰山区地方史志办公室	王友存 杨晓娜	寇利明 訾金刚	方志出版社	2017.12	ISBN 978-7-5144-2931-2	65.7	1000	280
88	罗庄年鉴	1995	2017	临沂市罗庄区人民政府	罗庄区史志办公室	彭长强 张文强	李胜军	方志出版社	2017.12	ISBN 978-7-5144-2990-9	61.5	1000	360

续表

序号	书名	创刊时间	卷号	主办单位	承办单位	主编或总编	副主编	出版单位	出版时间	书号刊号或准印号	字数（万字）	印数（册）	定价（元）
89	河东年鉴	2010	2013-2014	临沂市河东区人民政府	临沂市河东区地方史志办公室	张永民	王丁文 刘楠楠 李瑞祥	山东城市出版传媒集团·济南出版社	2017.7	ISBN 978-7-5488-2588-3	52	1000	298
90	河东年鉴	2010	2017	临沂市河东区人民政府	临沂市河东区地方史志办公室	祁桂菊	刘楠楠 丁翱翔 姜非非 李晓琳	方志出版社	2017.12	ISBN 978-7-5144-2930-5	61.5	1000	298
91	沂南年鉴	1999	2017	沂南县人民政府	沂南县史志办公室	刘相尚 吴耿彬	范为菊 齐香玲 左安江 刘　英 徐庆芳	线装书局	2017.12	ISBN 978-7-5528-0677-9	56.5	500	400
92	郯城年鉴	2005	2017	郯城县人民政府	郯城县地方史志办公室	朱文江	孙长生 唐宏刚	线装书局	2017.12	ISBN 978-7-5120-3123-4	84	1000	198
93	沂水年鉴	1999	2016	中共沂水县委沂水县人民政府	沂水县史志办公室	高仲平 吴　方 贺卫东 于　华	徐　艳 韩　笑 王新玲	中国文史出版社	2017.5	75	1000	580	11
94	兰陵年鉴	2009	2017	中共兰陵县委兰陵县人民政府	兰陵县地方史志编纂委员会办公室	陈永亮	马建光 王　琳	方志出版社	2017.12	ISBN 978-7-5144-2878-0	56	1500	298
95	费县年鉴	2013	2017	中共费县县委费县人民政府	费县史志办公室	刘　露	侯宗良 王文明 吕　勇 陈宝安	中国文史出版社	2017.6	ISBN 978-7-5036-9342-7	79.6	2000	298
96	平邑年鉴	2014	2017	平邑县人民政府	平邑县史志办公室	巩祥军 席加铭	韩苏蔚 闫志强	黄海数字出版社	2017.1	ISBN 978-7-89425-596-9	76	1000	168
97	莒南年鉴	1999	2017	中共莒南县委莒南县人民政府	莒南县史志办公室	张玉杰	王颖锋 王洛泉 王振峰	中国文史出版社	2017.11	ISBN 978-7-5034-9695-0	87	1000	298
98	蒙阴年鉴	1993	2017	蒙阴县人民政府	蒙阴县史志办公室	公　鑫	张　军 秦元昊 唐贞新 刘　琳	黄海数字出版社	2017.12	ISBN 978-7-89425-633-1	80	1000	228

续表

序号	书名	创刊时间	卷号	主办单位	承办单位	主编或总编	副主编	出版单位	出版时间	书号刊号或准印号	字数（万字）	印数（册）	定价（元）
99	临沭年鉴	2006	2017	临沭县人民政府	临沭县史志办公室	王敬涛 崔　平	王庆彬 王庆国	方志出版社	2017.12	ISBN 978-7-5144-2945-9	74.9	1200	300
100	德城年鉴	2015	2017	德州市德城区人民政府	德州市德城区地方史志办公室	姜桂军	蔡学平	中国文史出版社	2017.6	ISBN 978-7-5034-9262-4	77	700	388
101	陵城年鉴	2016	2017	中共德州市陵城区委员会德州市陵城区人民政府	德州市陵城区地方史志办公室	王志浩		中国文史出版社	2017.12	ISBN 978-7-5034-7675-4	55.7	500	228
102	乐陵年鉴	2013	2017	中共乐陵市委乐陵市人民政府	乐陵市党史史志办公室	李　鹏		中国文史出版社	2017.1	ISBN 978-7-5034-7765-2	58.8	1000	298
103	禹城年鉴	2017	2017	禹城市人民政府	禹城市地方志办公室	冯小强	林双昌 张　丽	中国文史出版社	2017.12	ISBN 978-7-5034-9565-6	45	1000	298
104	宁津年鉴	2016	2017	中共宁津县委宁津县人民政府	宁津县委党史研究室宁津县地方史志办公室	张之江	王新枝 柴旭峰	中国文化出版社	2017.12	ISBN 978-988-13381-7-4/Z.2372	65	240	360
105	庆云年鉴	2013	2017	庆云县人民政府	庆云县地方史志办公室	黄平正	霍迎东 刘召臣 孙　斐	中国文史出版社	2017.7	ISBN 978-7-5034-9198-6	49.6	1000	268
106	齐河年鉴	2011	2016	中共齐河县委齐河县人民政府	齐河县地方史志办公室	郝德禄	葛全恩 刘　勇	中国文史出版社	2017.05	ISBN 978-7-5034-9219-8	109	500	268
107	平原年鉴	2016	2017	平原县人民政府	平原县地方史志办公室	崔宝晶	王　辉	中国文史出版社	2017.12	ISBN 978-7-5034-9658-5	50	500	298
108	夏津年鉴	2015	2017	中共夏津县委夏津县人民政府	夏津县地方史志办公室	史健利	李宏升 栗心利	中国文史出版社	2017.7	ISBN 978-7-5034-7862-8	56.1	1000	268
109	武城年鉴	2015	2017	中共武城县委武城县人民政府	武城县党史史志办公室	尹　莉	王如民 张　君	中国文史出版社	2017.09	ISBN 978-7-5034-9490-1	80.3	1000	300
110	东昌府年鉴	2013	2017	聊城市东昌府区人民政府	聊城市东昌府区地方史志编纂委员会办公室	马金成 张海峰	杨光英 王　健	方志出版社	2017.11	ISBN 978-7-5144-2652-6	62.1	1200	360

续表

序号	书名	创刊时间	卷号	主办单位	承办单位	主编或总编	副主编	出版单位	出版时间	书号刊号或准印号	字数（万字）	印数（册）	定价（元）
111	临清年鉴	1999	2017	临清市人民政府	临清市地方史志办公室	方玉群	张　英 李星火	方志出版社	2017.12	ISBN 978-7-5144-2944-2	84.5	700	368
112	阳谷年鉴	1996	2017	阳谷县人民政府	阳谷县地方史志办公室	韩学斌	许广录 范怀宇 曹　淼 岳　琨 张祥伟 徐玉昌 王世义 朱　朔	方志出版社	2017.11	ISBN 978-7-5144-2767-7	74.5	1500	218
113	莘县年鉴	2016	2017	莘县人民政府	莘县地方史志编纂委员会办公室	颜廷勇	赵艳霞	中国文史出版社	2017.8	ISBN 978-7-5034-9217-4	70	500	480
114	茌平年鉴	1997	2010-2015	茌平县人民政府	茌平县地方史志办公室	张海峰	项玉强	中国文史出版社	2017.12	ISBN 978-7-101-08693-5	70	200	198
115	茌平年鉴	1997	2017	茌平县人民政府	茌平县地方史志办公室	张海峰	项玉强	中国文史出版社	2017.12	ISBN 978-7-5034-9227-3	62	200	198
116	冠县年鉴	2016	2017	冠县人民政府	冠县地方史志编纂委员会办公室	崔海坡 史钊	么颖颖	天津古籍出版社	2017.12	ISBN 978-7-5528-0648-9	45.4	500	220
117	东阿年鉴		2017	东阿县人民政府	东阿县地方史志办公室	张冬青	王玉霞	中国文史出版社	2017.12	ISBN 978-7-5034-9878-7	56	1000	268
118	高唐年鉴	2000	2017	高唐县人民政府	高唐县地方史志编纂委员会办公室	张传庆	唐艳红 张汝芹 林春芳	天津古籍出版社	2017.12	ISBN 978-7-5528-0641-0	63.5	1000	160
119	高唐年鉴	2000	2014-2015	高唐县人民政府	高唐县地方史志编纂委员会办公室	张传庆	唐艳红 张汝芹 林春芳	中国文化出版社	2017.12	ISBN 978-988-14856-6-1/Z.1724	76	1000	158
120	滨城年鉴	1997	2016	中共滨州市滨城区委员会、滨州市滨城区人民政府	滨州市滨城区地方史志办公室	刘鸿雁 刘桂珍	苑立新 关增岭	中国文史出版社	2017.4	ISBN 978-7-5034-7862-8	46	1000	228

续表

序号	书名	创刊时间	卷号	主办单位	承办单位	主编或总编	副主编	出版单位	出版时间	书号刊号或准印号	字数（万字）	印数（册）	定价（元）
121	滨城年鉴	1997	2017	中共滨州市滨城区委员会、滨州市滨城区人民政府	滨州市滨城区地方史志办公室	刘鸿雁 刘桂珍	苑立新	华龄出版社	2017.12	ISBN 978-7-5169-1167-9	51	1000	260
122	沾化年鉴	1988	2017	中共滨州市沾化区委员会、滨州市沾化区人民政府	滨州市沾化区史志编纂委员会办公室	杨爱民	张金英 张爱芹 纪新生	齐鲁电子音像出版社出版	2017.12	ISBN 978-7-89396-767-2	80	1000	260
123	惠民年鉴	1999	2017	中共惠民县委员会、惠民县人民政府	惠民县地方史志办公室	左修和	张贵忠 谢玉洁	中国文史出版社	2017.12	ISBN 978-7-5034-9847-3	52.9	1000	268
124	阳信年鉴	1996	2017	中共阳信县委员会、阳信县人民政府	阳信县地方史志办公室	高智国		中国文史出版社	2017.12	ISBN 978-7-5034-9851-0	62.8	1000	300
125	无棣年鉴	1999	2017	中共无棣县委员会、无棣县人民政府	无棣县地方史志办公室	刘长雨	张玉春	九州出版社	2017.9	ISBN 978-7-5108-3459-2	46.7	1000	298
126	博兴年鉴	1986	2017	中共博兴县委员会、博兴县人民政府	博兴县地方史志办公室	吴瑞林 曹立红	张　军 逯　菲	华龄出版社	2017.12	ISBN 978-7-5169-0706-1	59.8	1000	180
127	邹平年鉴	1997	2017	邹平县人民政府	邹平县地方史志办公室	赵玉群		中国文史出版社	2017.12	ISBN 978-7-5034-9410-9	64.5	600	168
128	牡丹区年鉴	2016	2017	菏泽市牡丹区人民政府	菏泽市牡丹区史志办	王付明 赵玉梅	王　茹 褚中胜 王玉敏 邢美凝 孟　洁	天津古籍出版社	2017.12	ISBN 978-7-5528-0640-3	57.4	1000	225

续表

序号	书名	创刊时间	卷号	主办单位	承办单位	主编或总编	副主编	出版单位	出版时间	书号刊号或准印号	字数（万字）	印数（册）	定价（元）
129	定陶区年鉴	2017	2017	菏泽市定陶区人民政府	菏泽市定陶区史志办	朱向勇	吴　芳 陈　民 杨淑红 李　斌	中州古籍出版社	2017.11	ISBN 978-7-5348-7045-3	80	1000	298
130	曹县年鉴	2014	2017	曹县人民政府	曹县县志办	董梁英	付　强 付　敏 潘晓霞	华龄出版社	2017.10	ISBN 978-7-5169-1099-3	97	1000	386
131	单县年鉴	2016	2017	单县人民政府	单县县志办	尹　颖	金业军	中国文史出版社	2017.11	ISBN 978-7-5034-9740-7	27.25	1000	358
132	成武年鉴	1987	2017	成武县人民政府	成武县志办	杨海涛	李丙新 刘　刚 朱忠磊 杜丹丹	中国文史出版社	2017.11	ISBN 978-7-5034-7874-1	65.4	1000	298
133	巨野年鉴	2013	2017	巨野县人民政府	巨野县志办	赵永超		中州古籍出版社	2017.12	ISBN 978-7-5348-7537-3	54	1000	198
134	郓城年鉴	1999	2017	郓城县人民政府	郓城县志办	王志良	艾霏霏 侯　剑 张　浩 刘兆全	方志出版社	2017.12	ISBN 978-7-5144-2946-6	90.1	1000	298
135	鄄城年鉴	1997	2017	鄄城县人民政府	鄄城县志办	黄贤清 吴延灵	陈晓梅 苏兆翟 许海洲 孙凤春	中国文史出版社	2017.8	ISBN 978-7-5034-8375-2	63	1000	360
136	东明年鉴	2013	2017	东明县人民政府	东明县志办	孔建民	乔鹏涛 李纯毅	中国文史出版社	2017.11	ISBN 978-7-5034-8403-2	80.5	1000	360

（张　亚）

2017年全省行业年鉴部门年鉴专业年鉴出版情况统计表

序号	书　名	创刊时间	总卷数	主办单位	编纂单位	出版单位	出版时间	书号刊号或准印号	字数（万字）	印数（册）	定价（元）
1	山东档案年鉴（2017）	2012	6	山东省档案局	山东省档案局	中国文史出版社	2017.11	ISBN 978-7-5034-9745-2	92		168
2	山东人力资源和社会保障年鉴（2017）	2004	14	山东省人力资源和社会保障厅	山东省人力资源和社会保障厅	中国文史出版社	2017.12	ISBN 978-7-5034-9346-1	85		298
3	山东食品药品监督管理年鉴（2017）	2015	3	山东省食品药品监督管理局	山东省食品药品监督管理局	中国文史出版社	2017.11	ISBN 978-7-5034-9767-4	145		300
4	山东气象年鉴（2017）	2016	2	山东省气象局	山东省气象局	中国国际文化出版社	2017.10	ISBN 978-988-77518-6-1	21	500	200
5	山东中小企业年鉴（2017）	2016	2	山东省中小企业局	山东省中小企业局	中国文史出版社	2017.10	ISBN 978-7-5034-9728-5	117.3	1000	300
6	山东交通学院年鉴（2017）	2002	13	山东交通学院	山东交通学院	中国水利水电出版社	2017.12	ISBN 978-7-5170-6194-6	98		168
7	山东电力年鉴（2017）	2013	5	山东省电力企业协会	山东省电力企业协会	新华出版社	2017.11	ISBN 978-7-5166-3618-3	52.1	2000	260
8	胜利油田年鉴（2017）	1986	32	胜利石油管理局	胜利石油管理局	中国石化出版社	2017.12	ISBN 978-7-5114-4703-6	77	800	246
9	山东新闻出版广电年鉴（2017）	1994	23	山东新闻出版广电局	山东新闻出版广电局	中国广播影视出版社	2017.12	ISBN 978-7-5043-8082-1	79	1000	198
10	山东金融年鉴	2000	18	中国人民银行济南分行	中国人民银行济南分行	方志出版社	2017.8	ISBN 978-7-5144--2594-2	145.5	5000	280
11	齐鲁石化年鉴（2017）	1995	16	齐鲁石化公司	齐鲁石化公司史志办公室	中国石化出版社	2017.11	ISBN 978-7-5114-4710-4	46	1000	120
12	山东工会年鉴（2017）			山东省总工会	山东省总工运室	中国文史出版社	2017.11	ISBN 978-7-5034-9694-3	63		168
13	山东省农业科学院年鉴（2016）			山东省农业科学院	山东省农业科学院	中国文史出版社	2017.12	ISBN 978-7-5034-9235-8	62.7		164
14	中共山东年鉴（2016）	2002	15	中共山东省委党史研究室	中共山东省委党史研究室	山东人民出版社	2016.11	ISBN 978-7-209-10255-1	180	2600	268
15	山东档案年鉴（2016）	2012	5	山东省档案局	山东省档案局	中国文史出版社	2016.10	ISBN 978-7-5034-8030-0	87		168

续表

序号	书　名	创刊时间	总卷数	主办单位	编纂单位	出版单位	出版时间	书号刊号或准印号	字数（万字）	印数（册）	定价（元）
16	山东人力资源和社会保障年鉴（2016）	2004	13	山东省人力资源和社会保障厅	山东省人力资源和社会保障厅	中国文史出版社	2016.10	ISBN 978-7-5034-8689-0	72		298
17	山东国土资源年鉴（2016）	2011	6	山东省国土资源厅	山东省国土资源厅	山东省地图出版社	2016.12	ISBN 978-7-5572-0149-4	130.4	2500	268
18	山东旅游年鉴（2016）	2003		山东省旅游局	山东省旅游局	中国国际文化出版社	2016.10	ISBN 978-988-97048-7-3	87		380
19	山东食品药品监督管理年鉴（2016）	2015	2	山东省食品药品监督管理局	山东省食品药品监督管理局	中国文史出版社	2016.10	ISBN 978-7-5034-8248-9	145		300
20	山东地方史志年鉴（2016）	2015	2	山东省地方史志办公室	山东省地方史志办公室	中国文史出版社	2016.10	ISBN 978-7-5034-8400-1	64.5	1000	300
21	山东气象年鉴（2016）	2016	1	山东省气象局	山东省气象局	中国国际文化出版社	2016.11	ISBN 978-988-77518-6-1	21	500	200
22	山东中小企业年鉴（2016）	2016	1	山东省中小企业局	山东省中小企业局	中国文史出版社	2016.10	ISBN 978-7-5034-8230-4	170	1000	300
23	莱钢年鉴（2016）	1993	24	莱芜钢铁集团有限公司	莱芜钢铁集团有限公司	线装书局	2016.12	ISBN 978-7-5120-2593-6	52	1200	138
24	山东社会科学年鉴（2016）	2013	4	山东省社会科学界联合会	山东省社会科学界联合会	山东人民出版社	2016.12	ISBN 978-9-209-10487-6	72	1200	268
25	山东省农业科学院年鉴（2015）			山东省农业科学院	山东省农业科学院	中国文史出版社	2016.12	ISBN 978-7-5034-8775-0	50		170
26	山东理工大学年鉴（2016）	2003		山东理工大学档案馆	山东理工大学档案馆	线装书局	2016.12	ISBN 978-7-5120-2328-4	53.2	1000	98
27	山东交通学院年鉴（2015）	2002	12	山东交通学院	山东交通学院	中国水利水电出版社	2016.12	ISBN 978-7-5170-4873-2	81.8		168
28	枣庄统计年鉴（2016）			枣庄市统计局	枣庄市统计局	中国统计出版社	2016.9	ISBN 978-7-5037-7807-0		400	208
29	山东电力年鉴（2016）	2013	4	山东省电力企业协会	山东省电力企业协会	黄河出版社	2016.12	ISBN 978-7-5460-0708-3	46.3	2000	260
30	胜利油田年鉴（2016）	1986	31	胜利石油管理局	胜利石油管理局	中国石化出版社	2016.11	ISBN 978-7-5114-4307-6	77	800	158

续表

序号	书　名	创刊时间	总卷数	主办单位	编纂单位	出版单位	出版时间	书号刊号或准印号	字数（万字）	印数（册）	定价（元）
31	山东教育年鉴（2016）	2002	15	山东省教育厅	山东省教育厅	线装书局	2017.3	ISBN 978-7-5120-2711-4	96.5	1000	320
32	山东卫生计生年鉴（2016）	2009	8	山东省卫生计生委	山东省卫生计生委	黄河出版社	2017.3	ISBN 978-7-5460-0708-3	97.2	1000	298
33	山东新闻出版广电年鉴（2016）	1994	22	山东新闻出版广电局	山东新闻出版广电局	中国广播影视出版社	2017.2	ISBN 978-7-5043-7878-1	69.9	1000	198
34	山钢年鉴（2016）	2010	7	山东钢铁集团有限公司	山东钢铁集团有限公司	冶金工业出版社	2017.2	ISBN 978-7-5024-7462-1	84.3	700	199
35	济钢年鉴（2016）	1987	30	济钢集团有限公司	济钢集团有限公司	冶金工业出版社	2017.1	ISBN 978-7-5024-7425-6	47	200	128
36	山东统计年鉴（2017）	1989	29	山东省统计局国家统计局山东省调查总队	山东省统计局国家统计局山东省调查总队	中国统计出版社	2017.8	ISBN 978-7-5037-8203-9	190	1250	460
37	山东商务年鉴（2017）	2002	8	山东省商务厅	山东省商务厅	线装书局	2017.6	ISBN 978-7-5120-2603-2	52.7	500	238
38	山东地方史志年鉴（2017）	2015	3	山东省地方史志办公室	山东省地方史志办公室	中国文史出版社	2017.10	ISBN 978-7-5034-9697-4	60	1000	300
39	山东农业大学年鉴（2016）	1993	24	山东农业大学	山东农业大学	山东人民出版社	2017.8	ISBN 978-7-209-10994-9	55	800	36
40	济南统计年鉴（2016）	1983	34	国家统计局济南调查队	国家统计局济南调查队	中国统计出版社	2016.10	ISBN 978-7-5037-7979-4	45.5	1500	280
41	济南统计年鉴（2017）	1983	35	国家统计局济南调查队	国家统计局济南调查队	中国统计出版社	2017.9	ISBN 978-7-5037-8244-2	45	1300	320
42	济南市槐荫区统计年鉴（2016）	1992	20	济南市槐荫区人民政府	济南市槐荫区统计局	内部资料	—	—	—	—	—
43	平阴统计年鉴	1990	27	平阴县统计局	平阴县统计局		2017.10		10	300	120
44	商河统计年鉴	1972	42	商河县统计局	商河统计局	内部资料	2016.11			300	

续表

序号	书　名	创刊时间	总卷数	主办单位	编纂单位	出版单位	出版时间	书号刊号或准印号	字数（万字）	印数（册）	定价（元）
45	青岛市信访工作年鉴	2007	11	青岛市委市政府信访局	青岛市委市政府信访局	青岛市委市政府信访局	2017.5	内部刊号	33	300	无
46	青岛统计年鉴	1980	38	青岛市统计局	青岛市统计局国家统计局青岛调查队	中国统计出版社	2017.8	ISBN 978-7-5037-8193-3	110	700	280
47	青岛卫生计生年鉴	1997	20	青岛市卫生和计划生育委员会	青岛市卫生计生科技教育中心	中国海洋大学出版社	2016.12	ISBN 978-7-5670-1207-3	75	1000	198
48	青岛卷烟厂年鉴（2015）	1997	20	青岛卷烟厂	青岛卷烟厂	青岛卷烟厂	2016.12	—	约 30	350	无
49	青岛水务年鉴	2014	3	青岛水务集团有限公司	青岛水务集团有限公司综合部	青岛水务集团有限公司		｛青｝2016 017	28	200	无
50	中车青岛四方机车车辆股份公司年鉴	1994	24	中车青岛四方机车车辆股份公司	中车青岛四方机车车辆股份公司企业文化部	中车青岛四方机车车辆股份公司企业文化部	2017.7	青（2017）内资 第030号	40	350	无
51	颐中集团年鉴（2015）	2004	11	颐中集团	颐中集团	颐中集团	2016.12	—	23	200	无
52	莱西统计年鉴	1982	36	莱西市统计局	莱西市统计局	-	-	-	40	300	
53	中共淄博年鉴（2016）	2012	5	中共淄博市委	中共淄博市委党史委	中共党史出版社	2016.11	ISBN 978-7-5098-3882-2	115	3000	268
54	淄博财政年鉴（2016）	1998	19	淄博市财政局	淄博市财政局	新华出版社	2016.11	ISBN 978-7-5166-2815-7	68		138

续表

序号	书 名	创刊时间	总卷数	主办单位	编纂单位	出版单位	出版时间	书号刊号或准印号	字数（万字）	印数（册）	定价（元）
55	淄博统计年鉴（2017）			淄博市统计局	淄博市统计局		2017.8	内部出版	62		280
56	齐鲁石化年鉴（2015）	1995	15	齐鲁石化公司	齐鲁石化公司史志办公室	中国石化出版社	2016.12	ISBN 978-7-5114-4397-7	42	1000	120
57	淄博实验中学年鉴（2016）	2008	9	山东淄博实验中学	山东淄博实验中学年鉴编纂委员会			内部出版			
58	淄博市淄川统计年鉴	1986	31	淄川区统计局	淄川区统计局		2017	内部出版	15	300	
59	沂源统计年鉴（2017）	1974	44	沂源县统计局	沂源县统计局	沂源县统计局	2017.7	内部出版	50	200	
60	东营市统计年鉴（2017）	1990		东营市统计局国家统计局东营调查队	东营市统计局国家统计局东营调查队	内部出版	2017.1			700	
61	东营区统计年鉴	2003	15	东营市东营区	东营市东营区统计局				50	200	
62	利津人大年鉴（2011-2016）	2017	1	利津县人大常委会	利津县人大常委会	中国国际文化出版社	2017.1	ISBN 978-988-14215-3-1	26	1000	98
63	烟台统计年鉴	1985	32	烟台市统计局	烟台市统计局	烟台市统计局	2017.10	内部刊物	71		200
64	烟台日报传媒集团年鉴（2016）	2007	10	烟台日报传媒集团	烟台日报传媒集团年鉴编纂委员会	黄海数字出版社	2016.11	ISBN 978-7-89425-441-2	27.2	1000	60

续表

序号	书　名	创刊时间	总卷数	主办单位	编纂单位	出版单位	出版时间	书号刊号或准印号	字数（万字）	印数（册）	定价（元）
65	诸城统计年鉴			诸城市统计局	诸城市统计局		2016.11		38	300	
66	中共诸城年鉴（2016）	2003	14	中共诸城市委	中共诸城市委党史研究室	山东省新闻出版局	2016.12	山东省新闻出版局准印证［2016］潍第7号	79.2	600	
67	任城区统计年鉴	2013		任城区统计局	任城区统计局	内部资料					
68	微山财税年鉴（2016）	2016		微山财政局微山税务局	微山财政局微山税务局		2016.12		58	300	
69	泰安统计年鉴（2017）	1990	24	泰安市统计局国家统计泰安调查队	泰安市统计局国家统计泰安调查队	–	2017.9	–	–	–	–
70	泰安市泰山区统计年鉴（2017）	1985	–	泰安市泰山区统计局	泰安市泰山区统计局	–	–	–	–	–	–
71	泰安市岱岳区统计年鉴（2017）	1978	–	泰安市岱岳区统计局国家统计局岱岳调查队	泰安市岱岳区统计局和国家统计局岱岳调查队	–	–	–	–	100	–
72	新泰统计年鉴（2017）	–	–	新泰市统计局	新泰市统计局	–	–	–	–	–	–
73	肥城市统计年鉴（2016）	1991	26	肥城市统计局	肥城市统计局	–	–	–	–	–	–
74	宁阳统计年鉴（2017）	2001	–	宁阳县统计局	宁阳县统计局	–	–	–	–	–	–
75	东平统计年鉴（2017）	1962	–	东平县统计局	东平县统计局	–	2017.9	–	–	250	–
76	威海统计年鉴	1988	30	威海市统计局	威海市统计局国家统计局威海调查队		2017.10	内部资料		800	
77	威海文化年鉴	2014	4	威海市文广新局	威海市文广新局	威海市文广新局	2017.7	山东省内部资料性出版物准印证（威）2017005	20	700	

续表

序号	书　名	创刊时间	总卷数	主办单位	编纂单位	出版单位	出版时间	书号刊号或准印号	字数（万字）	印数（册）	定价（元）
78	荣成统计年鉴（2017）	1988		荣成市统计局	荣成市统计局	无	2017.9	无	无	无	无
79	乳山统计年鉴（2015）	1997	19	乳山市统计局	乳山市统计局		2016.9				
80	岚山统计年鉴（2017）	2017	15	岚山区统计局	岚山区统计局		2017.8		20.76	400	
81	日照统计年鉴（2017）	2017	17	日照市统计局	日照市统计局		2017.9			1000	180
82	莱芜统计年鉴	1991	27	莱芜市统计局	莱芜市统计局		2017.8			450	
83	临沂统计年鉴（2017）	1991	37	临沂市统计局	临沂市统计局		2017.8	内部资料		1000	
84	沂水统计年鉴（2016）	1964	18	沂水县统计局	沂水县统计局		2016.11	内部资料		200	
85	沂南统计年鉴（2017）	1992	19	沂南县统计局	沂南县统计局		2016.11	内部资料		200	
86	临沭统计年鉴（2016）	1995	15	临沭县统计局	临沭县统计局		2016.12	内部资料		200	
87	临沭检察年鉴（2016）	1992	10	临沭县检察院	临沭县检察院		2016.12	内部资料		200	
88	东昌府统计年鉴	2009		聊城市东昌府区统计局	聊城市东昌府区统计局	内部发行	2017.6	无		100	
89	茌平统计年鉴（2017）	2006	10	茌平统计局	茌平统计局	内部发行	2017	–	5	200	–
90	阳谷统计年鉴	2017		阳谷县统计局	阳谷县统计局		2017.5	无		300	
91	莘县统计年鉴（2017）	2013	10	莘县统计局	莘县统计局	内部发行	2017	–	6	200	–
92	高唐县统计年鉴（2017）	2012	10	高唐县统计局	高唐县统计局	内部发行	2017	–	5	400	–
93	滨州统计年鉴（2017）		1	滨州市统计局	滨州市统计局	滨州市统计局	2017.9	内部刊物			
94	中共定陶年鉴	2005		中共菏泽市定陶区委	菏泽市定陶区党史委	山东新华印务责任有限公司	2016.10	（菏）2016015	61	1000	
95	定陶统计年鉴	2010		菏泽市定陶区统计局	菏泽市定陶区统计局		2016.11	内部资料		350	
96	五莲统计年鉴（2016）	2017	43	五莲县统计局	五莲县统计局	五莲县统计局	2017.8		48	300	

2017 年全省地情书出版情况统计表

序号	书　名	编纂单位	主　编	副主编	上限	下限	始修时间	终审定稿时间	出版单位	出版时间	书号或准印号	册数	字数（万字）	印数（册）	定价（元）
1	山东简史	山东省地方史志办公室	刘爱军	李　刚 王耀生	四五十万年前	新中国成立	2015.10	2017.1	中国文史出版社	2017.1	ISBN 978-7-5034-8992-1	1	10.1	3000	36
2	济南历史文献选粹	济南市史志办公室	翟旭东	綦建辉 杜加臣 朱佩峰 郭建群			2016.1		中华书局	2016.12	ISBN 978-7-101-12257-2	1	34	1500	260
3	济南历史文献选粹	济南市史志办公室	翟旭东	綦建辉 杜加臣 朱佩峰 郭建群			2016.1		中华书局	2016.12	ISBN 978-7-101-12257-2	1	34	1500	260
4	清．民国济南笔记游记八种	济南市史志办公室	李经发	杜加臣 牛继兴 郭建群 张云雷					中国文史出版社	2017.12	ISBN 978-7-5034-9744-5	1	23		198
5	崂山区图志野鸟卷上下	青岛市崂山区史志办公室	张　星	王清华 张　冰 臧先锋 闫雪梅 王希明 陈素伟				2017	黄河出版社	2017.4	ISBN 978-7-54600725-0		19	1200	268
6	青岛西海岸新区区情资料手册	青岛西海岸新区史志办	薛维来	刘　靖 徐桂珍 唐惠衍		2016.12.31	2017.8	2017.11	线装书局	2017.12			21.3		

续表

序号	书 名	编纂单位	主 编	副主编	上限	下限	始修时间	终审定稿时间	出版单位	出版时间	书号或准印号	册数	字数（万字）	印数（册）	定价（元）
7	即墨蓝氏	即墨市史志办公室	张可先	王洪涛 陈晓磊	家族发端	清末	2016.3	2017.2	中国文史出版社	2017.3	ISBN 978-7-5460—0558-4	1	27	1000	68
8	明代鳌山卫指挥使述略	即墨谱牒研究会鳌山卫街道办事处党工委	何学进	焦升志	1388 年	1911	2015.4	2016.11	中国博学出版社	2016.12	ISBN 978-988-8453-36-8	1	12.2	2500	—
9	抚夏奏议	即墨市谱牒研究会	黄济显	孙 鹏 江志礼	1601（万历二十九年九月）	1611（万历三十九年）	2016.2	2016.10	中国文史出版社	2016.11	ISBN 978-988-8453-28-3	1	27.1	1000	—
10	平度史鉴	平度史志办公室	楚武昌	陶瑞法 陈云孟	不限	2015	2015	2016	中国文史出版社	2017.9	ISBN 978-7-5034-9476-5	1	26	2000	62
11	门小纪事	平度市门村小学	于 龙		1980	2016	2016	2017		2017.10		1	11	500	
12	淄博市情手册（2017）	淄博市地方史志办公室	毕建国	安永善 徐 杰 王世伟						2017.6		1	16.4	2000	
13	淄博史志	淄博市地方史志办公室	毕建国	安永善 徐 杰 王世伟	（期刊）						鲁连内资第C1007号	4		5000	
14	张店乡村记忆	政协淄博市张店区委员会	孙激波 徐俊杰	张京鲁	8000 年前	2017	2016.5	2017.8	线装书局	2017.9	ISBN 978-7-5120-2829-6	1	62	4000	168

续表

序号	书　名	编纂单位	主　编	副主编	上限	下限	始修时间	终审定稿时间	出版单位	出版时间	书号或准印号	册数	字数（万字）	印数（册）	定价（元）
15	博山区情手册（2017）	淄博市博山区史志办公室	张新清	陈立波											
16	周村史志之窗	淄博市周村区史志办公室	吴卓春		（内部刊物）							4		2000	
17	沂源地名故事	沂源县民政局	刘教武	谭立忠 王京法			2016.2	2016.12	线装书局	2017.3	ISBN 978-7-5120-2707-7		31.7	2000	48
18	枣庄地区佛寺考	枣庄市市中区甘泉寺	牛飞雁		2016	2017	2016.10	2017.9	宗教文化出版社	2017.10	ISBN 978－7－5188－0461－0		45	3000	76
19	东营区手册	东营市东营区地方史志办公室			2016	2016	2017.3	2017.6	东营市文化广电新闻出版局	2017.10	准印证（2017）第017号	1	9.3	300	
20	近代黄河三角洲成陆志考	东营市河口区史志办公室	张成儒				2009.3	2017.10	中国文史出版社	2017.12	ISBN 978-7-5034-9764-3		35.4	500	36.9
21	河口区投资服务手册	东营市河口区政府办河口区史志办公室	王景忠				2017.5	2017.8	内部资料	2017.10			14	500	60
22	家蕴清风	东营市垦利区家蕴清风编纂委员会	种玉洪	从明娟 荀守庆 尚梅君				2017.6	中国言实出版社	2017.12		1	20	4000	88

续表

序号	书 名	编纂单位	主 编	副主编	上限	下限	始修时间	终审定稿时间	出版单位	出版时间	书号或准印号	册数	字数（万字）	印数（册）	定价（元）
23	烟台往事	烟台市地方史志办公室	刘惠琴 陈海涛				2015	2017.9	齐鲁书社	2017.9	ISBN 978-7-5333-3876-3		25	2000	45
24	忠诚之路	诸城市公安局	王昌黎		1943	2016	2015	2016		2016		1	47	1000	
25	赵秉忠	青州历史文化丛书编委会	郑玉章	王国玮 关春红 田 辉 刘 娟	1573	1628	2011	2017	济南出版社	2017.12	ISBN 978-7-5488-2893-8	1	29	1000	49
26	青州寺庙综览	青州历史文化丛书编委会	郑玉章	王国玮 关春红 田 辉 刘 娟	东晋	清末	2006	2017	济南出版社	2017.12	ISBN 978-7-5488-2894-5	1	29	1000	79
27	青州古城	青州古城管委会	孟庆刚	王鸿光 冯殿佐 贺玉德 郇志侠 江玉坤	事物发端	1949	2012	2017	新华出版社	2017.11	ISBN 978-7-5166-0616-	2	118	3000	120
28	安丘帝傅名臣转		林卫成		春秋	清嘉庆	2010	2017.12	中国文史出版社	2017.12	ISBN 978-7-5031-9968-5	2	6	200	298
29	红色乳山	中共乳山市委宣传部 乳山市党史市志办公室	高玉山		1926	1949	2015.11	2016.10	山东人民出版社	2016.11	ISBN 978-7-209-1020-1	1	36	5000	50
30	人文乳山	中共乳山市委组织部			远古	当代	2016.5	2016.5		2016.5			18.6		

续表

序号	书　名	编纂单位	主　编	副主编	上限	下限	始修时间	终审定稿时间	出版单位	出版时间	书号或准印号	册数	字数（万字）	印数（册）	定价（元）
31	莱芜市情手册（2017）	莱芜市地方史志办公室	李贞锋	亓玉胜 毕泗国 亓军华	2016	2016	2017	2017		2017.7	内部资料	1	25.2	1000	
32	莲花山的传说		董瑞吉				2010.2	2017.10	古今奇闻故事杂志社	2017.10	ISBN-7-150902-02-2/X.45	1	40		49.9
33	民间故事	莒南县史志办莒南县文广新局	咸世文 彭圣学	王颖锋 王洛泉 王振峰			2016.6	2017.6	中国文史出版社	2017.7	ISBN 978-7-5034-9424-6	1	65	2500	198
34	春华秋实	齐河县地方史志办公室	郝德禄	—	2007	2016	2016.7	2016.11	中国文史出版社	2017.4	ISBN 978-7-5034-8891-7	1	38.2	800	286
35	冀鲁边	冀鲁边革命老区历史文化研究会	宋秀利	吕建新 李　鹏			2017.6	2017.9	内部资料	2017.10		1	15	600	
36	德州史话贰	德州市地方史志办公室	夏传玉	李　文					中国文史出版社	2017.5	ISBN 978-7-5034-8008-9	1	37	2000	39
37	德州大事记	德州市地方史志办公室	李其常		1840	2015	2015.4	2016.8	方志出版社	2016.9	ISBN 978-7-5144-2103-3	1	39.9	6000	260
38	成武村落图谱	政协成武县委员会	陈承旭	姜成文 祝进春 史建强 张迎军 李俄景 苏　鸣 陈宜新			2011	2016.12	中国书籍出版社	2017.4	ISBN 978-7-5068-6106-9	1	122.24	2000	680

续表

序号	书名	编纂单位	主编	副主编	上限	下限	始修时间	终审定稿时间	出版单位	出版时间	书号或准印号	册数	字数（万字）	印数（册）	定价（元）
39	东明金石录	东明历史文化研究会	程宪芳						线装书局	2016.10	174346	1	18	1500	158
40	大河春潮	政协东明县委员会	彭惠卿						线装书局	2016.12	174374	7	23	1000	280
41	东明石化集团大事记	东明石化集团	李湘平		1986.8	2017.6			东明石化集团内部资料	2017.10		1	18		
42	泰安市情	泰安市史志办	王天宇	高兴学 周美广 曹成义	季刊		2005		泰安市史志办	季刊	泰安市内部资料准印证 009 号		40	800	
43	肥城市情手册（2017）	肥城市地方史志办公室	尉茂路	庄惠丽 项荣坤 贾安东 石 峰	2016.1	2016.12	2017.2	2017.5		2017.5		1	15.1	1500	
44	明代内阁首辅许彬史料集	宁阳县史志办公室	许华北				2014.10	2016.11	中国文化出版社	2016.11	ISBN 978-988-37232-2-0		22	1500	46

续表

序号	书　名	编纂单位	主　编	副主编	上限	下限	始修时间	终审定稿时间	出版单位	出版时间	书号或准印号	册数	字数（万字）	印数（册）	定价（元）
45	乡 情	东平县史志办	王圣雨	李姗姗	季刊	季刊	2010.1	—	东平县史志办	季刊	—		—	400	—
46	使 命	东平县史志办、东平县移民局	尚梦峰 王圣雨	李姗姗 李吉明 陈国营 张作彬 杨福中	2006	2016	2016.6	2017.1	中国文化出版社	2017. 3	ISBN 978-988-35385-5-8		29.8	1000	128
47	千年古县水韵东平	东平县民政局	李子武	王志雪 张瑞泉 彭广德			2016.1	2016.10	中国文化出版社	2016.10	ISBN 978-988-35385-9-6		1.2	1800	298
48	淄博记忆乡村	政协淄博市委员会	丛锡刚 蒲绪章	李美英			2016.4	2017.8	山东人民出版社	2017.12	ISBN 978-7-209-11227-7		121	3000	368
49	博山美食博山美购博山美景_“大美博山”系列丛书	淄博市博山区地方史志办公室	杨雪莹	陈立波			2017.7	2017.12	九州出版社	2017.12	ISBN 978-7-5108-6392-9	3	11		156
50	乳山民俗	乳山市文化广电新闻出版局、乳山市文学艺术界联合会乳山市党史市志办公室	辛明路				2017.1	2017.11	山东画报出版社	2017.12	ISBN 978-7-5474-2639-5		31.7	5000	68

（刘伟红）

责任编校：张亚

索 引

说明：

1. 本索引为综合性主题索引。
2. 索引款目按汉语拼音（同音字按声调）顺序排列。
3. 款目后的阿拉伯数字表示内容所在的页码，数字后的字母 a、b 分别表示版面的两个区域。
4. 同一主题的内容在文中多处出现的，在其款目后用不同的页码标明。
5. 特载、附录栏目不作索引。

A

b

F

G

H

J

K

L

M

N

P

Q

R

S

T

Y

Z